W0195433

FARAMERZ DABHOIWALA

LUST

UND

FREIHEIT

Die Geschichte
der ersten sexuellen
Revolution

Aus dem Englischen
von Esther und Hainer Kober

Klett-Cotta

Für
Jocelyn, Zoë, Jo und Harriet

Mit all meiner Liebe

Klett-Cotta

www.klett-cotta.de

Die Originalausgabe erschien unter dem Titel

»The Origins of Sex. A History of the First Sexual Revolution«

im Verlag Allen Lane, London, 2012

© 2012 by Faramerz Dabhoiwala

© 2014 by J. G. Cotta' sche Buchhandlung Nachfolger GmbH, gegr. 1659, Stuttgart

Alle deutschsprachigen Rechte vorbehalten

Fotomechanische Wiedergabe nur mit Genehmigung des Verlags

Printed in Germany

Redaktion: Michael Kinzig, Heidelberg

Umschlag: Rothfos & Gabler, Hamburg, unter Verwendung eines Details

des Bildes »La Fornarina« (1516) von Raphael (Raffaello Sanzio von Urbino, 1483–1520),

Palazzo Barberini, Rom, Italien

Gesetzt von r&p digitale medien, Echterdingen

Gedruckt und gebunden von GGP Media GmbH, Pößneck

ISBN 978-3-608-94772-4

Bibliografische Information der Deutschen Nationalbibliothek

Die Deutsche Nationalbibliothek verzeichnet diese Publikation in der

Deutschen Nationalbibliografie; detaillierte bibliografische Daten

sind im Internet über http://dnb.d-nb.de abrufbar.

Inhalt

Prolog
Die Kultur der Disziplin 9
Der mittelalterliche Hintergrund 13
Reformierte Moral 21
Macht und Strafe 26
Die Grundlagen der sexuellen Disziplin 37

Kapitel 1
Verfall und Untergang der öffentlichen Bestrafung 47
Das Streben nach Vollkommenheit 49
Triumph und Scheitern 56
Gottes Revolution 64
Tugendgesellschaften 67
Vom Amateur zum Profi 74
Hierarchie und Heuchelei 80
Delikte und Strafen 86
Das Ende der gesetzlichen Disziplinierung 92

Kapitel 2
Der Aufstieg der sexuellen Freiheit 95
Religiöse und moralische Toleranz 97
Freiheit und Gewissen 102
Moralische Gesetze und moralische Wahrheiten 113
Naturrecht und natürliche Ethik 119
Private Laster, öffentliche Vorteile 132
Freiheit, eingegrenzt und erweitert 138
Das Undenkbare denken 152

Aufgeklärte Einstellungen 164

Kapitel 3
Der Verführungskult 167
Wissenschaftliche Erklärungen? 170
Aufstieg des Libertins 172
Wüstlinge und Huren 183
Frauenperspektiven 191
Neue Einstellungen 203

Kapitel 4
Die neue Welt der Männer und Frauen 215
Höflichkeit und Empfindsamkeit 217
Anlage und Umwelt 228
Heirat und Geld 241
Verführung bestrafen 253
Polygamie und Bevölkerung 257
Moderne Grundsätze 276

Kapitel 5
Die Ursprünge des Frauenhandels 279
Prostitution und Philanthropie 282
Reue und Rettung 296
Sex und Arbeit 300
Eigeninteresse und Fürsorge 308
Im Inneren des Magdalenenheims 317
Keuschheit und Klasse 324
Rettung und Besserung 333

Kapitel 6
Die Medien und die Botschaft 339
Der Aufstieg der Massenkultur 341
Sexuelle Prominenz 355
Die rasante Entwicklung des Druckwesens 375
Manipulation der Öffentlichkeit 382
Private und öffentliche Angelegenheiten 394

Ruhm und Reichtum 399
Selbstinszenierung und Ausbeutung 401
Inszenierung von Sexualität 408

Epilog
Moderne Sexualkulturen – vom Viktorianischen Zeitalter
bis zum 21. Jahrhundert 415
Repression und Kontrolle 417
Freiheit und Gleichheit 427

Anmerkungen 435

Verzeichnis der Abbildungen und Bildnachweis 501

Personen- und Sachregister 507

Prolog

DIE KULTUR DER DISZIPLIN

Wir könnten an einem beliebigen Ort auf den britischen Inseln beginnen, zu einem beliebigen Zeitpunkt von den Anfängen der Geschichtsschreibung bis zum Ende des 17. Jahrhunderts. Doch wir wollen uns für Westminster am Ufer der Themse entscheiden. Wir schreiben Dienstag, den 10. März 1612. Wenn wir uns beeilen, können wir im Gerichtsgebäude der Ortschaft noch die Richter bei der Verhandlung einer gewöhnlichen Strafsache antreffen. Ein Mann und eine Frau, nicht miteinander verheiratet, wurden verhaftet und vorgeführt. Sie werden angeklagt, miteinander Sexualverkehr gehabt zu haben. Die Frau gesteht. Der Mann leugnet. Das Gericht braucht nicht lange, um über ihr Schicksal zu entscheiden. Sie werden vor einer Jury aus männlichen Geschworenen angeklagt, befragt und schuldig befunden. In der Strafe kommt die »Abscheulichkeit« ihres Verbrechens zum Ausdruck: Sie hatten nicht nur Geschlechtsverkehr miteinander gehabt, sondern auch ein uneheliches Kind gezeugt. Dafür nimmt man Susan Perry und Robert Watson ihr Zuhause, ihre Freunde, ihre Familien, ihren Lebensunterhalt – und stößt sie auf immer aus der Gemeinschaft aus, in der sie lebten. Die Richter ordneten an,

> sie direkt ins Gatehouse-Gefängnis zu schaffen, beide von den Hüften aufwärts zu entkleiden und sie, dergestalt hinter den Karren gebunden, vom Gatehouse in Westminster bis Temple Bar auszupeitschen. Dort seien sie dann augenblicklich aus der Stadt zu verbannen.

Was mit ihrem Kind geschah, ist nicht überliefert.[1] Sexualverkehr ist eine universelle menschliche Praxis. Trotzdem hat die Sexualität auch eine Geschichte. Wie wir über sie denken, welche Bedeutungen wir ihr zuschreiben, wie wir als Gesellschaft mit ihr umgehen – alle diese Dinge unterscheiden sich erheblich je nach Zeit und Ort. Über weite Strecken der abendländischen Geschichte war die öffentliche Bestrafung von Männern und Frauen wie Robert Watson und Susan Perry der Normalfall. Manchmal wurden sie strenger behandelt, manchmal milder, aber jede sexuelle Betätigung außerhalb der Ehe war streng verboten, weshalb Kirche, Staat und Allgemeinheit große Anstrengungen unternahmen, sie zu unterdrücken und zu bestrafen. Es galt als selbstverständlich, dass verbotene Beziehungen Gott erzürnten, für das Seelenheil verderblich waren, persönlichen Beziehungen schadeten und die Gesellschaftsordnung untergruben. Ernsthaft bestritt das niemand, obwohl Männer und Frauen regelmäßig der Versuchung erlagen, woraufhin sie ausgepeitscht, in den Kerker geworfen, mit Geldstrafen belegt oder der öffentlichen Schande preisgegeben wurden, um sie zur Ordnung zu rufen. Im Einzelnen unterschieden sich die Maßnahmen zwar von Ort zu Ort, doch alle europäischen Gesellschaften vertraten das Ideal sexueller Disziplin und bestraften ihre Mitglieder für einvernehmlichen außerehelichen Geschlechtsverkehr. Nicht anders verhielt es sich in ihren kolonialen Ablegern, in Nordamerika und anderswo. Das war ein zentrales Merkmal der christlichen Kultur, das seit dem frühen Mittelalter ständig an Bedeutung gewonnen hatte. Allein in Großbritannien – aber nicht nur dort – mussten Anfang des 17. Jahrhunderts jedes Jahr Tausende von Männern und Frauen die Folgen ertragen. Wie wir sehen werden, hat man sie manchmal sogar hingerichtet.

Heute betrachten wir solche Praktiken mit Widerwillen. Wir fühlen uns an die Taliban erinnert, die Scharia, an Menschen, die fern von uns leben und befremdliche Weltanschauungen vertreten. Doch bis zur Aufklärung verfuhr man in unserer Kultur nicht anders. Das ist einer der Hauptunterschiede zwischen der vormodernen und modernen Welt. Daher war die Entstehung moderner Einstellungen zur Sexualität Ende des 17. und im 18. Jahrhundert eine tiefgreifende Umwälzung. In diesem Buch soll erklärt werden, wie sie zustande kam.

Das Thema ist von immenser Bedeutung, wurde aber noch nie untersucht – ja, seine Existenz wird kaum zur Kenntnis genommen. Vor mehr als dreißig Jahren erkannten Sir Keith Thomas und der verstorbene Lawrence Stone, die ersten bedeutenden britischen Historiker auf diesem Gebiet, dass die Periode zwischen 1660 und 1800 eine wichtige Zeitenwende darstellte, »einen weitreichenden säkularen Wandel der sexuellen Einstellungen und Verhaltensweisen«, die Geburt des modernen Bewusstseins. Doch ihre Ursprünge werden nicht erklärt. Seither hat die Geschichte der Sexualität, obwohl sie sich immer größerer Beliebtheit erfreut, eine zunehmende Spezialisierung erfahren. Akademische Historiker besitzen heute beeindruckende Kenntnisse über frühere Ideale der Femininität und Maskulinität, über Einstellungen zum Körper und andere sehr spezielle Themen. Einige Autoren sind von der eingehenden Erforschung einzelner Texte und Ideen fasziniert. Andere beschränken sich auf ein oder zwei Individuen und deren sexuelle Erfahrungen. Dieser weitgehenden Konzentration auf die »Bäume«, statt auf den »Wald« verdanken wir eine Fülle von brillanten Tiefenstudien und theoretischen Einsichten. Ich habe in hohem Maß von diesen Arbeiten profitiert und sie dankbar zu Rate gezogen. Doch mir scheint auch, dass sie den grundlegenden kulturellen Wandel übersehen, der für frühere, kühnere Forscher so offensichtlich war.[2]

Ich möchte im vorliegenden Buch diesen zentralen Umbruch beschreiben und ihn mit den großen politischen, geistigen und sozialen Tendenzen der Zeit verknüpfen. Gewöhnlich wird die Geschichte der Sexualität als Teil der Geschichte des Privatlebens oder der Körpererfahrung behandelt. Doch die sind ihrerseits eine Folge jener Aufklärung, die Sexualität als eine weitgehend persönliche Angelegenheit begreift. Mir dagegen geht es nicht in erster Linie darum, in die Schlafzimmer und unter die Betttücher der Vergangenheit zu blicken. Ich möchte zeigen, dass die Sexualität früher ein zentrales Anliegen der Öffentlichkeit war, und nachweisen, dass die Art und Weise, wie die Menschen über sie dachten und mit ihr umgingen, von den maßgeblichen geistigen und gesellschaftlichen Strömungen ihrer Zeit geprägt waren. Der Bürgerkrieg und die Hinrichtung Karls I. im Jahr 1649, die Revolution von 1688, die sich vertiefende religiöse Spaltung, das Wachstum der städtischen Gesellschaft und der Aufstieg des Romans – all diese und viele weitere Entwicklungen waren verflochten mit tiefgreifenden Veränderungen der sexuellen Kultur, die sich im Lauf des 17. und 18. Jahrhunderts vollzogen. Tatsächlich möchte ich vor allem zeigen, dass die sexuelle Revolution ein entscheidender Aspekt der europäischen und amerikanischen Aufklärung war: Dank ihrer konnte ein vollkommen neues Modell der westlichen Zivilisation geschaffen werden, dessen Grundsätze der individuellen Privatheit, Gleichheit und Freiheit bis auf den heutigen Tag gültig sind.

Im Vergleich zur Aufklärung in Frankreich, Deutschland oder Italien machte diejenige in der englischsprachigen Welt so wenig Aufhebens von sich, dass Historiker erstaunlicherweise noch immer darüber streiten, ob sie überhaupt stattgefunden hat. Dieses Buch geht von einem umfassenderen Aufklärungsbegriff aus – nicht von einigen um sich selbst kreisenden philosophischen Debatten unter Intellektuellen, sondern von einer Reihe gesamtgesellschaftlicher sozialer und geistiger Veränderungen, die die Vorstellungen fast aller Menschen über Religion, Wahrheit, Natur und Moral veränderten. Die sexuelle Revolution beweist, wie weitreichend und wie rasch sich aufgeklärte Denkweisen ausbreiteten und wie nachhaltig sie sich auf öffentliche Einstellungen und Verhaltensweisen auswirkten.

Was nicht heißen soll, dass sie alle Menschen gleichermaßen oder positiv beeinflusst hätten. Obwohl das Ideal einvernehmlicher sexueller Freiheit auf lange Sicht mehrheitlich akzeptiert wurde, profitierte davon kurzfristig – wie von anderen ähnlichen Freiheiten – vor allem eine Minderheit weißer, heterosexueller, wohlhabender Männer. Ich habe versucht, auf einige besonders offensichtliche Widersprüche und Ungleichheiten hinzuweisen, die sich besonders für Frauen ergaben. Meine Analyse wird hoffentlich andere Forscher anregen, ihren vielfältigen Konsequenzen nachzugehen: für Frauen und Männer, für gleichgeschlechtliche Beziehungen und für verschiedene soziale Schichten und Gruppen, sowie in anderen westlichen Gesellschaften.

In diesem Buch geht es nicht nur um neue Denkweisen, sondern auch um veränderte Lebensweisen. Ich versuche zu zeigen, wie die Überzeugungen der Menschen durch die gesellschaftlichen Verhältnisse beeinflusst wurden und wie neue Formen des Handels, der Kommunikation und der sozialen Organisation die Wahrnehmung – und Erfahrung – der Sexualität verwandelten. Traditionell lebte der größte Teil der Bevölkerung in kleinen, beschaulichen Landgemeinden, in denen sich gesellschaftliche und moralische Konformität leicht durchsetzen ließ. Anders war das Leben in den Großstädten mit ihrer Fülle und Anonymität, der immer rascheren Zirkulation von Nachrichten und Ideen und der leichten Verfügbarkeit sexueller Abenteuer. Hier bereitete die Durchsetzung sexueller Disziplin wachsende Probleme. Zuerst und vor allem wurden diese Veränderungen in London spürbar, weshalb wir dieser Stadt besondere Aufmerksamkeit schenken wollen.

In dem betrachteten Zeitraum entwickelte sich London zur größten Metropole der Welt. Für die englischsprachige Bevölkerung auf der ganzen Erde war es das Epizentrum der politischen Macht, der Literatur und Kultur und neuer Ideen. Moderne urbane Lebensstile und Einstellungen, neue soziale, geistige und sexuelle Tendenzen – alles wurde zuerst dort entwickelt, machte seinen Einfluss aber überall geltend. Was in London geschah, hatte nationale und internationale Auswirkungen, prägte den Umgang mit Fragen der Sexualität im gesamten britischen Empire – von Edinburgh bis Brighton, von Dublin bis New York, von Delhi bis Melbourne. Mitte des 19. Jahrhunderts lebte die Mehrheit der britischen Bevölkerung in Städten, und am Ende dieses Buchs werden wir uns im vertrauten städtischen Milieu des Viktorianischen Zeitalters und des 20. Jahrhunderts befinden. Doch unsere Geschichte beginnt in einer ganz anderen Welt.

Der mittelalterliche Hintergrund

Je weiter wir in der Zeit zurückgehen, desto lückenhafter werden die geschichtlichen Zeugnisse. Die meisten sind verloren gegangen, und was erhalten blieb, ist spärlich und verkürzt, sodass wir nur eine vage Vorstellung von der damaligen Rechtspraxis gewinnen können. Doch die allgemeine Tendenz ist klar: Verbotene sexuelle Handlungen waren Offizialdelikte, die vom Frühmittelalter an mit wachsender Härte verfolgt wurden.

Seit Anbeginn der Geschichte hat jede Zivilisation strenge Gesetze zumindest gegen einige Formen von sexueller Unmoral erlassen. Die ältesten erhaltenen Gesetzestexte (ca. 2100–1700 v. Chr.), verfasst von babylonischen Königen, stellten Ehebruch unter Todesstrafe, und auch die meisten anderen Kulturen des Nahen Ostens und klassischen Altertums behandelten ihn als schweres Verbrechen: So sahen es die Assyrer, die alten Ägypter, die Juden, die Griechen und bis zu einem gewissen Grade auch die Römer. Im Wesentlichen hatten diese Gesetze die Aufgabe, die Ehre und Eigentumsrechte von Vätern, Ehemännern und Gruppen mit höherem Status zu schützen. Das gleiche Bestreben lag der Rechtsprechung der germanischen Stämme zugrunde, die gegen Ende des Römischen Reichs in ganz Westeuropa und auf den Britischen Inseln siedelten – Franken, Goten, Sachsen, Jüten und andere. Daher spiegeln die aus dieser Zeit stammenden frühesten englischen Gesetzestexte eine Gesellschaft wider, in der Frauen gekauft, verkauft und ständig unter die Vormundschaft der Männer gestellt wurden. Selbst im Falle einvernehmlichen Geschlechtsverkehrs trug das Rechtssystem vor allem Sorge, dass ein Mann dem anderen eine Entschädigung für den ungesetzlichen Koitus mit dessen weiblichen Leibeigenen zahlte.

Die Gesetze Ethelberts (ca. 602), des angelsächsischen Königs von Kent, legten die verschiedenen Geldstrafen fest, die fällig wurden, »wenn ein Mann eine Witwe nimmt, die ihm nicht gehört«; wenn er Dienerinnen oder Sklavinnen anderer Klassen beiwohnte; wenn er Ehebruch mit der Frau eines anderen Freien beging – in welchem Fall der Missetäter nicht nur eine empfindliche Geldstrafe zu zahlen hatte, sondern auch »mit seinem eigenen Geld eine andere Frau beschaffen und sie in das Haus des geschädigten Mannes zu führen« hatte. Unzucht empfand man jedoch zunehmend als abstoßend und stellte sie unter strenge persönliche Strafe.

Die Gesetzessammlung von Alfred dem Großen (871–899) erlaubte jedem Mann, einen anderen zu töten, wenn er diesen »mit seinem angetrauten Weib, hinter verschlossenen Türen oder unter einer Decke oder mit seiner legitimen Tochter oder seiner legitimen Schwester oder seiner Mutter« antraf. König Knut (1020–1023) verbot verheirateten Männern sogar, Unzucht mit den eigenen Sklaven zu treiben, und befahl, Ehebrecherinnen der öffentlichen Schande preiszugeben, ihre Habe einzuziehen und ihnen Ohren und Nase abzuschneiden.[3]

Diese Strenge entsprach der Haltung der christlichen Kirche und deren wachsendem Einfluss auf die europäische Gesellschaft des Frühmittelalters. Obwohl von Christus nicht viele Äußerungen über das Thema überliefert sind, nahm er eine eher unversöhnliche Haltung gegenüber Ehebruch oder Promiskuität ein. Später hat der christliche Klerus immer restriktivere Grundsätze zur Sexualmoral entwickelt. Dabei stützten sich die Kirchenväter auf viele frühere Lehren, sodass sich am Ende, wie ein Forscher schreibt, »eine komplexe Mischung heidnischer und jüdischer Reinheitsgebote ergab, verknüpft mit primitiven Vorstellungen über die Beziehung zwischen Sexualität und Gottgefälligkeit, dazu stoischen Lehren zur Sexualethik und das Ganze durch ein Patchwork von [neuen] Lehrmeinungen zusammengehalten«.

Die Stoiker, die eine der einflussreichsten Strömungen der griechisch-römischen Philosophie repräsentierten, hatten der Sexualität grundsätzlich als einer niederen Lust von gefährlicher Verderblichkeit misstraut. Der gleiche Argwohn, der die Sexualität als eine rohe und schmutzige Angelegenheit verdächtigt, zieht sich durch die hebräischen Schriften. Zwar preist das Alte Testament die Ehe als eine sozial und religiös unverzichtbare Institution, glorifiziert auch schon mal (vor allem im Hohen Lied) die eheliche Erotik, was aber die grundsätzliche Botschaft nicht schmälert: Sexuelle Beziehungen sind unrein. Selbst die eheliche Sexualität unterlag strengen Auflagen in Hinblick auf Zeitpunkt, Ort und Zweck (nur zur Fortpflanzung, nicht um der Lust willen) und musste stets von einer rituellen Reinigung gefolgt sein, um den Schmutz dieser Handlung abzuwaschen. Noch stärkere Abscheu vor Befleckung wurde durch andere Formen der Sexualität hervorgerufen. In dieser Hinsicht sind Gottes Gebote detailliert und eindeutig. »Du sollst nicht ehebrechen«, lautet das sechste seiner Zehn Gebote. Ehebrecher und Ehebrecherin »sollen beide des Todes sterben«, befahl er daher. Das gleiche Schicksal verlangte er für jeden Menschen, der Inzest oder Sodomie beging sowie für Männer, die miteinander Unzucht trieben: Alle diese Menschen besudelten sich und ihre Gemeinschaft. Beging die Tochter eines Priesters Unzucht, sollte sie bei lebendigem Leib verbrannt werden. Wenn ein Mann einer menstruierenden Frau beiwohnte, »so sollen beide aus ihrem Volk ausgerottet werden«. Wohnte ein Mann einer verlobten Jungfrau bei, »so sollt ihr sie alle beide zum Stadttor hinausführen und sollt sie beide steinigen, dass sie sterben« – »so sollst du das Böse aus deiner Mitte verbannen«.⁴

Diese Grundhaltung übernahm die christliche Lehre und ging noch einen Schritt weiter. Das jüdische Gesetz war ziemlich tolerant gegenüber der Unzucht unverheirateter Männer und Frauen, gegenüber Männern, die zu nichtjüdischen Prostituierten gingen, und gegenüber Mätressen – tatsächlich hatten die alten Hebräer laut der Bibel nicht selten mehrere Frauen. Offenbar hat auch das Christentum in den ersten Jahrhunderten das Konkubinat geduldet. Grundsätzlich aber scheinen die Führer der neuen Religion aus Gottes Geboten ein Verbot jeglicher Sexualität außerhalb der Ehe herausgelesen zu haben: Nach ihrer Ansicht führte sie auf direktem Weg ins Höllenfeuer und in die Verdammnis. Viele dieser Kirchenmänner fühlten sich so abgestoßen von sexuellen Beziehungen, dass für sie selbst die

Ehe ein weniger reiner und wünschenswerter Zustand war als der vollständige Zölibat.

Bereits in den frühesten erhaltenen Texten des Christentums bringt der Apostel Paulus, die beherrschende Figur der Urkirche, diese Botschaft zum Ausdruck. »Es ist gut für den Mann, keine Frau zu berühren«, erläuterte er Mitte des 1. Jahrhunderts der christlichen Gemeinde in Korinth, denn durch die Sexualität würden Geist und Körper sogar in der Ehe ihrem höchsten Zweck entfremdet – der Zwiesprache mit Gott. Paulus selbst war rein, ledig und enthaltsam, und das war der gottgefälligste Zustand. »Ich wollte zwar lieber, alle Menschen wären, wie ich bin«, schrieb er und wandte sich dabei auch an die Ledigen und Witwen: »Es ist gut für sie, wenn sie bleiben wie ich. Wenn sie sich aber nicht enthalten können, sollen sie heiraten; denn es ist besser zu heiraten, als sich in Begierde zu verzehren« (1. Korinther 7, 1–40; vgl. auch Römer 1 zur Verurteilung gleichgeschlechtlicher Beziehungen). Mit anderen Worten, die Ehe war lediglich ein bedauerliches Zugeständnis an die Menschen, die zu schwach waren, um ihre körperlichen Triebe zu zügeln.

In den folgenden Jahrhunderten entwickelten die führenden Autoritäten der Kirche (zumeist selbst zölibatär lebende Männer) diese im Wesentlichen negative Auffassung der Sexualität weiter. Das asketische Ideal der Enthaltsamkeit, besonders für den Klerus, aber auch für die Laienschaft, wurde mit Nachdruck vertreten, während ein wachsender Lehrbestand die Ansicht stützte, dass körperliches Verlangen an sich schändlich und sündhaft sei. Der einflussreichste Vertreter diese Auffassung war Augustinus (354–430), Bischof von Hippo an der nordafrikanischen Küste: Wahrscheinlich hat niemand die christlich-abendländischen Einstellungen zur Sexualität tiefer und dauerhafter geprägt als er. In seiner Jugend sah es gar nicht danach aus. Während er als kluger junger Universitätslehrer an seiner Karriere arbeitete, zunächst in Nordafrika und dann in Italien, lebte er viele Jahre unverheiratet mit seiner Geliebten und mit ihrem gemeinsamen Sohn zusammen und fühlte sich weit stärker zum Manichäismus hingezogen als zur offiziellen Lehre des Christentums. Selbst als er allmählich zu der Überzeugung gelangte, dass er verkehrt lebte, wandte er sich, wie er in einer berühmten Stelle seiner *Bekenntnisse* berichtet, mit den Worten an Gott: »Gib mir Keuschheit und Enthaltsamkeit, aber bitte nicht sofort«, denn er war noch immer voller »Begierde, die ich lieber auskosten als auslöschen wollte«. Ihm erging es jedoch wie zahllosen späteren Kritikern der Sinnlichkeit – gerade weil er sich von der Macht menschlicher Leidenschaft hatte hinreißen lassen, zog er, nachdem er bekehrt und zölibatär geworden war, vehement gegen ihre »verderbten, kräftezehrenden Versuchungen« zu Felde. Am Ende sah Augustinus in der Wollust den gefährlichsten aller menschlichen Triebe. Wie viele mittelalterliche Theologen vertrat er die Auffassung, sie sei eine unmittelbare Folge des Sündenfalls – sexuelle Gefühle hätten überhaupt keinen Vorteil, sondern seien lediglich eine Strafe, die Gott über Adam und Eva und ihre Nachkommen verhängt habe, ein unauslöschliches Erkennungszeichen ihres sündhaften, verderbten Standes. Die Wollust hat laut Augustinus eine unvergleichliche Macht, die Vernunft und den Willen des Menschen zu überwältigen: In erregtem Zustand seien Männer und Frauen noch nicht einmal in der Lage, die Regungen ihrer Geschlechtsorgane zu beherrschen. Schlimmer noch, niemand könne – möge er sich auch noch so sehr bemühen – sicher sein, die Wollust ein für allemal überwunden zu haben. In fortgeschrittenem Alter, als er fast vierzig Jahre zölibatär lebte und sein Leben der Abtötung der Begierde widmete, fasste Augustinus seine Erfahrung in einem Brief an einen anderen Bischof – Atticus von Konstantinopel – zusammen. »Diese Begierde des Fleisches«, so klagte er, sei ein lebenslanger »Kampf« für alle – egal, ob jungfräulich, verheiratet oder verwitwet:

> *Denn sie drängt sich auf, wo sie überflüssig ist, und führt die Herzen gläubiger und gottgefälliger Menschen mit ihrem unziemlichen, ja frevelhaften Verlangen in Versuchung. Selbst wenn wir diesen ruhelosen Regungen ohne den geringsten Anflug von Einwilligung widerständen und sie bekämpften, würden wir doch aus einem frömmeren Verlangen wünschen, dass wir sie gar nicht erst hätten, wenn das denn möglich wäre.*

Doch es ist nicht möglich: Solange die Menschheit im Stand der Sünde verharrt, erläutert Augustinus, gibt die sexuelle Fortpflanzung das Übel von einer Generation an die nächste weiter: »Die Schuld dieser Sünde wird durch die Geburt zugezogen«. Selbst in der Ehe müssten Männer und Frauen ständig auf der Hut sein, um nicht durch unmäßige, unkeusche oder einer nicht der Fortpflanzung dienenden Geschlechtslust zu sündigen. Für jeden Christen sei die sexuelle Disziplin sein Leben lang eine grundlegende, unausweichliche Notwendigkeit.[5] Diese Lehren versuchte die Kirche ihren Anhängern überall dort einzuflößen, wo die neue Religion Fuß fasste. In England beschrieben die frühesten erhaltenen Handbücher für den angelsächsischen Klerus (aus der Zeit vom 7. bis zum 11. Jahrhundert) in anschaulichen Einzelheiten die vielen verschiedenen sexuellen Sünden – einsamer, heterosexueller oder homosexueller Art –, die von Laienvolk und Priesterschaft begangen werden konnten, und die Strafen für jede Sünde – monate- oder jahrelanges Fasten, Prügel, Scheidung, Verlust des geistlichen Amtes.[6] Die Verbreitung christlicher Moralvorstellung übte wachsenden Einfluss auf die Laienvorstellungen aus. Unter dem Druck der Geistlichkeit wurde die aristokratische Sitte, sich Konkubinen zu halten, allmählich abgelegt, sodass sich die Monogamievorstellung der Kirche nach und nach durchsetzte.[7]

Im Hochmittelalter verschärfte sich die Theorie und Praxis der sexuellen Disziplin erheblich. Im Laufe des 12. und 13. Jahrhunderts erzielte die Westkirche, entsprechend ihrer wachsenden gesellschaftlichen und geistigen Dominanz, auch auf diesem Gebiet einen enormen Machtzuwachs. Die Kirchengesetze zur Sexualität und Ehe, die in ganz Europa ausgearbeitet, vereinheitlicht und gestrafft wurden, galten für Klerus und Laienschaft, Könige und Bauern gleichermaßen. Zu diesem Zeitpunkt begannen beispielsweise die Kirchenführer eine konzertierte und zunehmend erfolgreiche Kampagne zur Durchsetzung des Zölibats für alle Geistlichen und zum Verbot der Priesterehe. Entsprechend veränderte die Einrichtung ständiger Kirchengerichte um 1200 die Bestrafung sexueller Delikte in der gesamten Bevölkerung. Waren sie zunächst eine Frage der privaten Beichte und einer Ad-hoc-Rechtsprechung, wurden sie nun zur Angelegenheit eines ständig an Macht gewinnenden Systems öffentlicher Inquisition. Mit dem Aufstieg der Städte traten neue, von bürgerlichen Gerichten verhängte Strafen für Ehebruch, Unzucht und Prostitution neben die älteren Formen des Königs-, Hof- und Kirchenrechts.[8]

Im weiteren Verlauf des Mittelalters wurde die außereheliche Sexualität durch ein dichtes Netz von Gerichtsbezirken ständig kontrolliert. Fälle von Unzucht und ehelicher Untreue beherrschten die Arbeit der englischen Kirchengerichte: Bereits Ende des 13. Jahrhunderts machten sie zwischen 60 und 90 Prozent aller Prozesse aus, deren Protokolle erhalten sind, und die meisten Zeugnisse vom Ende des 15. und Anfang des 16. Jahrhunderts belegen die gleiche extreme Fokussierung auf die Bekämpfung von Ehebruch, Unzucht und Prostitution. Die verhängten Strafen unterscheiden sich je nach Zeit und Ort. In Rochester mussten solche Männer und Frauen im 14. Jahrhundert zur Buße für ihre Sünde Pilgerfahrten unternehmen, oder den Armen Almosen geben, oder sie kamen stattdessen mit einer Geldbuße davon. Am häufigsten aber war die wiederholte Prügelstrafe vor der Pfarrkirche und auf dem Marktplatz, unter den Augen der ganzen Gemeinde.[9] Die gleichen Delikte wurden auch von Stadtgerichten bestraft.

1439 ordneten die Richter an, den Mützenmacher William Powlet zusammen mit seiner Geliebten »als abschreckendes Beispiel für die bei Sünde zu erwartende Strafe« auf einem offenen Karren durch die Stadt zu fahren und in Zukunft alle Ehebrecher auf die nämliche Weise zu behandeln. In London, Bristol und Gloucester errichtete man einen speziellen Käfig auf dem Marktplatz, in dem man Prostituierte, Ehebrecher und lüsterne Priester einsperrte und zur Schau stellte; andernorts wurden Huren mit dem sogenannten Schandstuhl, einer Art Pranger, bestraft.

Spätestens seit dem Ende des 14. Jahrhunderts kam es in London neben den üblichen Maßnahmen gegen Unkeuschheit immer wieder zu gezielten Kampagnen gegen sexuelle Missetäter. Außerdem hatten sich komplizierte Rituale weltlicher Strafen für überführte Huren, Kupplerinnen und Ehebrecher herausgebildet. Bei schweren Vergehen kleidete man die Delinquenten symbolisch in Schandgewänder und führte sie zum blechernen Klang aufeinandergeschlagener Töpfe und Becken auf langen Wegen durch die Stadt. Manchmal wurden sie auch ausgepeitscht, an den Pranger gestellt, kahl geschoren oder aus der Stadt verbannt.[10]

Die Häufigkeit, mit der diese Strafen im Spätmittelalter verhängt wurden, zeigt aber auch, dass die außereheliche Sexualität nicht unterbunden werden konnte. Sowohl in der mittelalterlichen Literatur wie im Alltag wurden unerlaubte Liebe und käufliche Sexualität entschieden nüchterner diskutiert, was darauf schließen lässt, dass die Beteiligten nicht immer für schuldig gehalten wurden. Viele Leute würden Unzucht für ein lässliches Vergehen ansehen, berichtete im 12. Jahrhundert ein Bischof aus Exeter. Obwohl die Ansicht, sie seien gänzlich schuldlos, im Jahr 1287 offiziell als Ketzerei eingestuft wurde, ließ sie sich nicht unterbinden.

Besonders nachsichtig wurden junge Menschen beurteilt, die sich ineinander verliebten und ihrer Leidenschaft nachgaben. In den 1540er Jahren beklagten die Führer der frühen Tudor-Kirche: »Bei vielen zählt es nicht mehr im Mindesten als Sünde, sondern als Zeitvertreib, als Tändelei, als jugendlicher Übermut: Man tadelt nicht, sondern zwinkert verständnisvoll, man straft nicht, sondern lacht darüber.«[11]

Auch in der offiziellen Haltung zur sexuellen Disziplin gab es offensichtliche Einschränkungen und Unstimmigkeiten.[12] Eheähnliche Gemeinschaften waren bei Geistlichkeit und Laienschaft bis ins Hochmittelalter an der Tagesordnung und hielten sich bis zur Reformation. Die Kriminalisierung der Unzucht wurde durch das eigene Eherecht der Kirche erschwert, das im 12. Jahrhundert kodifiziert (und in England bis zum *Marriage Act* von 1753 nicht verändert) wurde. Die einzige Voraussetzung für einen unauflöslichen Bund bestand darin, dass ein heiratsfähiges Paar sich das Ehegelöbnis im Präsens gab (geschah es im Futur, wurde die gesetzliche Eheschließung durch einen einzigen Geschlechtsakt vollzogen). Theoretisch war zur Legitimation der Sexualität nur das gegenseitige Einverständnis des Paars erforderlich – kein Priester, keine Zeugen, keine Feier.

In der Praxis versuchte die Kirche mit wachsendem Erfolg, alle Arten rascher, regelwidriger und heimlicher Heiraten zu verhindern: Bereits Ende des Mittelalters war es üblich, eine Trauung lange vorher öffentlich bekannt zu geben und von einem Priester feierlich vor der Gemeinde vollziehen zu lassen.[13] Doch die Grundidee starb nie ganz aus, letztlich bliebe es dem Paar überlassen, ob es im Angesicht Gottes heiraten wolle oder nicht (wie wir in Kapitel 2 sehen werden). Schließlich wurde auch die Prostitution geduldet und im Spätmittelalter sogar als notwendiges Übel erlaubt. Da es in der Praxis unmöglich sei – so meinte man –, die Wollust von unverheirateten Laien und Priestern einzudämmen, sei es besser, Bordelle zu erlauben, als Verführung, Vergewaltigung, Ehebruch und Schlimmeres herauszufordern. Ein gern zitierter mittelalterlicher Vergleich lautete: »Entferne den Abfluss, und du wirst den Palast mit Gestank erfüllen … entferne die Huren aus der Welt, und du wirst sie mit Unzucht erfüllen.«[14]

Gleichzeitig aber verstärkte sich mit der Zeit die Tendenz zu einer immer stärkeren Verfolgung und Bestrafung der außerehelichen Sexualität durch die säkulare wie kirchliche Obrigkeit. Außerdem zeigte sich, dass sich im Mittelalter der Abstand zwischen christlichen Geboten und öffentlichen Einstellungen stetig verringerte. Mochte man auch mit den Einschränkungen der sexuellen Disziplin hadern oder sich privat gegen ihren Zwang empören, so bekam man ihre Auswirkungen doch überall zu spüren und nahm ihre Notwendigkeit als selbstverständlich hin.

Reformierte Moral

Anfang des 16. Jahrhunderts lautete die Hauptkritik, dass die existierende Praxis viel zu lasch sei. Das war eine häufige Klage der protestantischen Bewegung, die um 1500 als eine Kampagne zur Reinigung und Reformierung der Kirche begann, sich aber schon bald zu einem radikalen Kampf um Wahrheit entwickelte, der die Einheit der westlichen Kirche entzweite. Ende des 16. Jahrhunderts sollte die westliche Welt (einschließlich ihrer überseeischen Kolonien) eine erbitterte und dauerhafte religiöse Spaltung erleben – zwischen Katholiken und Protestanten, aber auch zwischen verschiedenen Spielarten des Protestantismus. Den Protestanten gemeinsam war die Überzeugung, dass die Lehre und Praxis der katholischen Kirche korrupt und verweltlicht sei. Sie hatten sich vorgenommen wiederzuentdecken, was Gott wirklich von den Christen verlangte, und ihre Gesellschaften entsprechend zu organisieren: nicht nur in der religiösen Sphäre, sondern auch in jedem anderen Lebensbereich. Anstelle der im Laufe der Zeit kanonisierten Lehre der Kirche und deren Vermittlung durch Päpste und Priester, wollte sich der Protestantismus unmittelbar an Gottes Wort ausrichten: dem Text der Bibel.

Die Sexualität war von zentraler Bedeutung für die reformatorische Umgestaltung der Welt. Den Protestanten erschien die katholische Einstellung zur Sexualmoral durchgehend erbärmlich, lasch und verlogen. Sie betrachteten die Priesterschaft als einen Haufen lüsterner Parasiten und hielten das Ideal des Zölibats für einen Witz. Kirchengerichte brächten nicht annähernd die erforderliche Strenge auf, bei der Verfolgung sexueller Missetäter und der Bestrafung ihrer Todsünden. Besonders skandalös sei die Duldung der Prostitution. Zur Schau gestellte Laster seien eher noch gefährlicher als heimliche Liebschaften: Der Anblick von Huren und Bordellen sei ein schreckliches Beispiel für junge Menschen, verlocke Männern und Frauen zur Sünde und sei besonders empörend für Gott. Schlimmer noch, indem die katholische Kirche das sexuelle Gewerbe erlaube und re-

guliere, mäste sie sich buchstäblich am Erlös von Unzucht und Ehebruch.
»Oh Rom!«, lautete die übliche protestantische Anklage, »die Kurtisane
geht öffentlich ihrer Tätigkeit nach, zahlt jährlich ihre Abgaben an die
päpstliche Schatzkammer und erhält dafür die Konzession für ihr Gewerbe.«[15] Während die Kirche den moralischen Verfall untätig geschehen
lasse, bereichere sie sich an den Einkünften aus Geldstrafen, Ablässen und
anderen Schlichen, mit denen sie ihren arglosen Schäfchen das Geld aus
der Tasche ziehe. Kurzum, es gebe eine direkte Verbindung zwischen der
geistlichen und der sexuellen Verderbtheit des Papsttums – der »Hure Babylon« – und seinen Anhängern. Das erwies sich als eine außerordentlich
erfolgreiche polemische Verknüpfung, die sich die Protestanten fortan immer wieder zunutze machten.[16]

Anstelle solcher Verruchtheit verlangten die Protestanten eine reinere,
strengere Moral. Das katholische Streben nach dem Zölibat wurde als un-
realistisch und kontraproduktiv abgetan. Für alle Männer, einschließlich
der Pastoren, galt fortan die Ehe als das einzige Ventil für sexuelles Verlangen. Andererseits hielt man es für erforderlich, die vielen göttlichen Be-
kundungen gegen die »Hurerei« noch ernster zu nehmen: Jede sexuelle
Betätigung außerhalb der Ehe müsse streng bestraft werden. Die Todesstrafe für Ehebrecher gehörte zu den Idealvorstellungen von Luther, Zwingli,
Bucer, Bullinger und anderen maßgeblichen Reformatoren.[17] Infolgedessen
setzte überall dort, wo die Reformation erfolgreich war, das ängstliche Bemühen um eine Verschärfung der moralischen Disziplin ein: Schließung
der Bordelle, Vertreibung der Prostituierten und Einführung strengerer
Strafen für Ehebruch und Unzucht. In Reaktion auf die protestantische
Herausforderung wurde die striktere Überwachung des Sexualverhaltens
auch ein Merkmal der katholischen Gegenreformation. Überall in der westlichen Welt verschärften sich in dieser Zeit christliche Propaganda und
Ahndung von Unzucht, Ehebruch, Prostitution und Homosexualität.[18]

England bildete keine Ausnahme. Aus Gründen, die wir nicht kennen,
scheinen die Sitten dort bereits im Mittelalter weniger tolerant gewesen
zu sein als in der kontinentalen Christenheit. Offenbar wurden nur in wenigen Städten konzessionierte Bordelle zugelassen. Es gibt auch keinerlei
Hinweise auf religiöse Stifte, in denen reuige Prostituierte Hilfe finden
konnten – Einrichtungen, die es sonst überall in Westeuropa gab.[19] Während des 16. Jahrhunderts kam es zu vielen Versuchen, strengere nationale

Gesetze gegen sexuelle Missetäter zu erlassen. Ein Statut von 1534 verlangte für Homosexualität und Sodomie die Todesstrafe. 1576 ermächtigte ein anderes Gesetz Friedensrichter, die Eltern eines unehelich geborenen Kinds zu bestrafen.* Derweil setzten sich viele Kirchenleute und Mitglieder des englischen Parlaments für noch strengere Regelungen ein.

1552 empfahl eine vollständige Revision des Kirchenrechts unter Leitung von Erzbischof Cranmer, Ehebrecher mit lebenslanger Haft oder Verbannung zu bestrafen (obwohl die Steinigung, wie die Kommissionsmitglieder wehmütig anmerkten, »von unseren gottesfürchtigen Vorvätern ausdrücklich als Strafe für diese Fälle gedacht« gewesen sei).[20] Zumindest aber müssten Huren, Unzuchtsünder und Ehebrecher mit heißen Eisen an Wangen und Stirn gebrandmarkt werden, schlug der Schriftsteller Philip Stubbes vor, damit »ehrliche und keusche Christen von den ehebrecherischen Kindern des Satans unterschieden werden können«. Viele andere drängten darauf, Ehebruch zum Kapitalverbrechen zu erklären. Die offizielle Tudor-Homilie gegen Hurerei, die von 1547 an regelmäßig in jeder Pfarrkirche des Landes verlesen wurde, erwähnte billigend, dass viele fremde und heidnische Nationen der Vergangenheit und Gegenwart ihre Sünder wider die Sexualmoral mit dem Tod bestraften, so wie Gott es in der Bibel gebiete. Daher dürften im damaligen England alle Männer und Frauen gewusst haben, dass sie, sollten sie »bei den Türken … beim Ehebruch ertappt werden, sogleich und erbarmungslos – egal, ob Mann oder Frau – gesteinigt würden«.[21] Die Auswirkungen dieser wachsenden Missbilligung sind bis in die höchsten Stände zu beobachten. Viele Adlige des Mittelalters und des frühen 16. Jahrhunderts hatten sich zu ihren unehelichen Kindern bekannt oder öffentlich Mätressen ausgehalten. Nach der Reformation wurde solch Verhalten jedoch umstrittener – Anfang des 17. Jahrhunderts rief der »unsittliche« Lebenswandel der Aristokratie wachsende Besorgnis wegen der Degeneration der herrschenden Klassen hervor.[22]

Vom Ende des 16. Jahrhunderts an begannen die örtlichen Kirchenge-

---

* 25 Henry VIII c. 6; 18 Elizabeth c. 3. Letzteres Gesetz sollte vermutlich nur angewendet werden, wenn davon auszugehen war, dass das uneheliche Kind finanzielle Unterstützung von der Gemeinde brauchen würde. Die Aktualisierung der Gesetzgebung im Jahr 1610 machte unmissverständlich klar, dass fortan die Mütter von unehelichen Kindern, die dem Pfarrbezirk zur Last fielen, zu einem Jahr Zuchthaus mit Zwangsarbeit verurteilt würden. (7 James I c. 4). Oft wurden sie zusätzlich ausgepeitscht.

richte – in Übereinstimmung mit der Radikalisierung der Einstellungen – schärfere Maßnahmen gegen Sex vor der Ehe, außereheliche Schwangerschaften, uneheliche Kinder und ähnliche Fälle zu ergreifen.[23] Nicht anders verfuhren die weltlichen Organe der Ortschaften und Städte. In Southampton und Norwich wurden in den 1550er Jahren gerichtsnotorische Huren aus der Stadt verbannt, und für den Fall, dass sie zurückkehren sollten, drohte ihnen Auspeitschung und Brandmarkung. In Rye wurden Unzuchtsünder gezwungen, spezielle gelbe und grüne Kragen um den Hals zu tragen. Andernorts wurden sie ausgepeitscht, im Schandkarren umhergefahren oder in den Schandstock geschlossen. Besonders ausgeklügelte Rituale ließ man sich Ende der 1570er Jahre in Bury St Edmunds einfallen. An Sonntagen wurden sexuelle Missetäter vor aller Augen zum Auspeitschen an den Schandpfahl geführt. Den Frauen schnitt man die Haare ab. Dann blieben sie – dort festgebunden – einen Tag und eine Nacht lang der Willkür der Elemente und der Verachtung ihrer Gemeinde preisgegeben. Am folgenden Markttag wurden sie schließlich öffentlich ausgepeitscht: Sie »erhielten dreißig derbe Hiebe, bis das Blut kam«.[24]

Der Antrieb für diese wachsende Strenge entsprang teilweise religiösem Eifer: Mit besonderer Leidenschaft wurde die Hurerei von den fundamentalistischen Protestanten bestraft, die nach einer immer weitergehenden Reinigung der Gesellschaft strebten (*purification* im Englischen, daher die Bezeichnung »Puritaner«). Darin kamen aber auch gesellschaftliche Zwänge zum Ausdruck. Das 16. Jahrhundert war eine Zeit nie da gewesenen Bevölkerungswachstums und unerhörter wirtschaftlicher Umwälzungen. Mit Beginn der Regierungszeit von Elisabeth I. (1558–1603) führte das zu beträchtlicher Not, Überbevölkerung und Erschöpfung der örtlichen Ressourcen. Seit Ende des 15. Jahrhunderts löste die immer virulentere Ausbreitung der Syphilis wachsende Ängste aus, besonders in den Städten. Vor diesem Hintergrund machten sich die durch sexuelle Unmoral hervorgerufenen sozialen Probleme – Verbrechen, Krankheit, uneheliche Geburten, Verarmung – immer stärker bemerkbar. Daher lässt sich die Verschärfung der Maßnahmen gegen Ehebruch und Unzucht am Ende der Tudorzeit auch als Teil eines allgemeineren Versuchs zur Bekämpfung von Armut und sozialen Unruhen verstehen. Dazu gehörten die Gründung neuartiger Gefängnisse und Arbeitshäuser, ein vollkommen neues System der Armenpflege und ein rigoroseres Vorgehen gegen antisoziale Verhaltensweisen wie Trunksucht, Landstreicherei und Bettelei. Alles in allem weiteten sich die staatlichen Maßnahmen gegen wirtschaftliche und soziale Probleme beträchtlich aus.

London war das Epizentrum protestantischer Begeisterung, bürgerlicher und zentraler Macht und neuer Initiativen. Parallel zum Vordringen des Protestantismus und der Ausbreitung der Syphilis wurde seit dem Beginn des 16. Jahrhunderts Unmoral mit wachsendem Eifer bekämpft. Bereits 1506 wurden in Southwark konzessionierte Bordelle vorübergehend geschlossen; 1546 verbot man sie endgültig. Nachfolgende christlich-fundamentalistische Bürgermeister und Ratsherren führten ihre eigenen Kreuzzüge gegen sexuelle Missetäter – nicht nur, indem sie anordneten, Prostituierte zum Schandkarren zu verurteilen, an den Pranger zu stellen, auszupeitschen, zu verbannen oder durch die Themse zu ziehen, sondern auch, indem sie Unzuchtsünder und Ehebrecher systematisch nach weltlichem Recht aburteilten. Als der Bürgermeister Rowland Hill 1550 veranlasste, Honoratioren der Stadt zum Schandkarren zu verurteilen, empörten sich einige, »dass so viel Strenge unrecht sei, und meinten, es könne ihn teuer zu stehen kommen, wenn er aus dem Amt ausscheide, aber er ließ nicht ab in dieser Sache, obwohl viele Männer bereit gewesen wären, große Summen zu zahlen, um sich diese Schande zu ersparen«.[25]

Besonders wichtig war in den 1550er Jahren die Gründung von Bridewell, einer vollkommen neuartigen Strafanstalt für die Kleinkriminellen der Stadt – sexuelle Missetäter, Bettler, Landstreicher und andere. Dieses Gebäude an der westlichen Stadtgrenze – ursprünglich eines der Schlösser von Heinrich VIII. – war Englands erstes »Zuchthaus«, eine Institution, in die Straftäter grundsätzlich eingewiesen wurden, nicht nur um kräftig ausgepeitscht zu werden, sondern um dort eine wochenlange Haft abzubüßen und schwer zu arbeiten, was ihnen Gottesfurcht und Fleiß beibringen sollte. Dieses Modell wurde schließlich von allen anderen Städten und Grafschaften in England übernommen (der Name »Bridewell« wurde sogar zum Oberbegriff für die Zuchthäuser). Die Gründung von Bridewell wirkte sich augenblicklich auf die Bestrafung sexueller Straftaten in London aus. Allein in dieser Anstalt wurden jedes Jahr Hunderte von unkeuschen Männern und Frauen bestraft, zusätzlich zu der großen Zahl, die von anderen Institutionen verurteilt worden sein dürften: ihren Pfarrbezirken und Kirchengerichten, ihren Gemeindeversammlungen, Zünften und anderen

Körperschaften sowie ihren Friedensrichtern. Ende des 16. Jahrhunderts wurde sexuelle Unmoral wahrscheinlich strenger verfolgt als je zuvor.

Macht und Strafe

Die orthodoxen Ideale von Kirche und Staat gerieten ständig in Konflikt mit Einstellungen, die für verbotene Formen der Sexualität mehr Toleranz aufbrachten. Allerdings lassen sich diese abweichenden Ansichten in ihren Einzelheiten nicht leicht dokumentieren. Da sie weder ehrbar noch gründlich durchdacht waren, wurden sie nur selten in schriftlicher Form festgehalten. Zwar erging man sich in der Literatur in endlosen Lobpreisungen der Liebe, doch die sexuelle Leidenschaft wurde meist nur angedeutet und nicht direkt beschrieben. Doch der Grundgedanke – Sexualität bereite Vergnügen, und Männer wie Frauen verspürten den Wunsch nach ihr, ja, könnten auf sie nicht verzichten – kam in zahllosen Witzen, Volksbüchern und anderen Formen volkstümlicher Kommunikation zum Ausdruck. Beispielsweise spielte die Ballade *A Remedy for the Green Sickness* (um 1670) auf die volkstümliche Vorstellung des 17. Jahrhunderts an, dass es für Frauen ungesund sei, zu lange Jungfrau zu bleiben:

Ein hübsches, dralles Ding
lag schnaufend in dem Bette
war so grün wie Gras
und sagte voller Weh
Findet sich kein starker Bursch'
mir meinen Schmerz zu nehmen
so kann ich nicht mehr leben
ich seufz' und schmachte
*das Leben ist mir ganz zuwider.**

---

* A handsome buxom lass / lay panting in her bed / she looked as green as grass / and mournfully she said / to ease me of my pain / I cannot live / I sigh and grieve / my life now I disdain.

Bei der Übersetzung eines erotischen Textes schilderte etwa zur gleichen Zeit ein anonymer englischer Autor mit ungewöhnlicher Ausführlichkeit, wie wohl eine Frau des 17. Jahrhunderts die Wallungen der Leidenschaft beim Zusammensein mit ihrem Liebhaber empfunden und in unverblümterer Sprache beschrieben haben mochte:

Schließlich waren wir beide willens, uns Erleichterung zu verschaffen; daher legten wir uns flach auf das Bett, wobei er, mit aufgerichteter Rute, mich auf sich zog, und ich sie mir selbst in die Fotze schob, um also gleich mit meinem Arsch zu wackeln. Und sagte: »Ich ficke dich, mein Liebster.« *Worauf er mich bat, mich um meine Obliegenheiten zu kümmern und mit dem Ficken fortzufahren, dabei hielt er die Zunge die ganze Zeit über in meinem Mund und nannte mich:* »Mein Leben, meine Seele, meine geliebte Fickmaus«, *und hielt seine Hände auf meinen Arschbacken, [bis] endlich das Nahen der süßen Lust uns veranlasste, uns gegenseitig mit allen Kräften zu bearbeiten, worauf sie sich schließlich zur unvorstellbaren Befriedigung beider Parteien einstellte.*[26]

Die unvermittelten Stimmen realer Frauen sind weit schwerer zu finden. Selbst bei verheirateten Frauen stoßen wir vor dem 18. Jahrhundert nur selten auf Briefe, die auf sexuelle Leidenschaften anspielen – und sei es so verhüllt wie Maria Thynne um 1607 in einer Antwort auf einen verlorenen Brief ihres Mannes Thomas, der fern von London weilte. Ihre Verbindung war ungewöhnlich. Zum ersten Mal begegneten sie sich an einem Abend im Mai 1594 auf einem Fest in einem Gasthaus in Buckinghamshire. Sie war vom Hof der Königin Elisabeth dorthin gekommen, er aus Oxford, wo er studierte. Beide waren sie erst sechzehn. Doch noch am selben Tag heirateten sie heimlich und verbrachten ihre erste Nacht zusammen. Ihre einflussreichen Familien lebten in erbitterter Feindschaft, daher taten Thomas' Eltern alles, um die Ehe zu annullieren: Doch ihre Liebe war zu stark. Es ist gut möglich, dass ihre Geschichte kurz darauf William Shakespeare zu *Romeo und Julia* (um 1595/96) anregte. Hören wir Maria, inzwischen siebenundzwanzig, einige Jahre, nachdem sie und Thomas endlich zusammenlebten:

Mein allesgeliebter Thomken,
und du, mein hochgeschätztes Kerlchen,
wisst, dass ich nicht vergessen hab und nie vergessen werd, wie ihr mit
eurem ersten Brief mein keusches Blut in meine scheue Wange schie-
ßen ließt. Ihr drohtet mit tüchtiger Zahlung, und ich will mit gleicher
Münze heimzahlen, sodass – wenn wir uns dann wiedersehen – keiner
dem andern etwas schuldig bleibt und es munter hin und hergeht, all-
giges vltes fregnan* tolles, du weißt, wie mir zumute ist, wenn Du mich
auch nicht verstehst.

Toll wie eine Sardine und stolz wie ein Leng grüße ich dein über alles
geschätztes Selbst, indem ich dir die Wünsche deines letzten Briefs
zurückgebe, und so lebe dann noch einmal ewig wohl, mein bester
und süßester Thomken, und viele Tausend Mal mehr als diese
1 000 000 000 000 000 000 000 000 000 für deine lieben wollüstigen
Briefe.

> *Dein und immer nur Dein*
> *Maria*

Im Gegensatz dazu berichtet die unglücklich verheiratete Lady Sarah Cowper 1701, sie lebe seit über fünfunddreißig Jahren mit ihrem Ehemann und
habe vier Kinder von ihm empfangen, »ohne zu wissen, wie es ist, einen
unkeuschen Gedanken zu haben oder sinnliche Lust zu empfinden«.[27]
Damit wollte sie nicht nur ihre tugendhafte Einstellung zur Sexualität hervorheben, sondern sich auch über ihre Beziehung beklagen. Da in Verruf
geriet, wer sich unkeusch äußerte oder verhielt, sprachen gewöhnlich nur
Frauen, die ihren Lebensunterhalt mit der Sexualität (oder der sexuellen
Ausbeutung anderer) bestritten, positiv darüber – oder zumindest äußerten
nur sie sich so, dass sie Spuren in den historischen Aufzeichnungen hinter-
ließen. Um eine junge Verwandte dazu zu bringen, mit Männern zu schlafen, redete die Bordellwirtin Margery im Glastonbury des siebzehnten Jahrhunderts der Kleinen gut zu, indem sie ihr erklärte, »dass sie eine hübsche
Fotze habe, und sie bat, fleißigen Gebrauch von ihr zu machen. Andernfalls
würde sie sich selbst schaden, denn wenn man das Land nicht bestelle und

---

* Die absichtlich entstellte lateinische Wendung heißt in etwa »Du wirst dich häufig sammeln: Du wirst dich häufig aufrichten«.

dünge, werde es von Dornen und Gestrüpp überwuchert.« »Lieg nicht so träge auf mir drauf«, beschimpfte die erfahrene Ehebrecherin Susannah Cooke einen ihrer Liebhaber nicht weniger direkt, als sie im Bett lagen, »besteig mich und gib es mir nach rechter Art.« (Was er dann auch tat.)[28]

Zeitgenössische Ansichten über sexuelles Verlangen und insbesondere über seine Rechtmäßigkeit außerhalb der Ehe wurden überwiegend von Männern artikuliert (oder durch sie in ihrer Eigenschaft als Schreiber und Autoren). Drückte man solche Auffassungen öffentlich aus, schlug man in der Regel einen scherzhaften Ton an – 1631 kam beispielsweise der königliche Drucker Robert Barker in arge Bedrängnis, als seine Angestellten eine Bibel herstellten, in der das Wort »nicht« im sechsten Gebot fortgelassen wurde. (Dass es kein harmloser Druckfehler war, zeigt die Wiedergabe eines anderen Bibelverses, in dem von »*God's greatnesse*« – Gottes Größe – die Rede ist, als »*God's great asse*« – Gottes großer Esel.) Meist wurden sie jedoch aus Furcht vor Strafe privat geäußert.

Als beispielsweise Miles Horne und Elizabeth Powell im Mai 1576 festgenommen und nach Bridewell gebracht wurden, weil sie in einem Gasthaus in Southwark Sex gehabt hatten, erklärten sie schlicht, »dass sie begeistert bei der Sache waren und festgenommen wurden, bevor sie fertig waren«. Genauso nüchtern äußerte sich ein Bauer Anfang des 17. Jahrhunderts in Somerset, als er beim Geschlechtsakt mit seiner Geliebten überrascht wurde und man ihnen erklärte, »sie müssten damit rechnen, bestraft zu werden für das, was sie getan hätten«. »Habt Ihr noch nie gesehen, wie eine Kuh vom Bullen gedeckt wird?« gab er zurück. 1636 wurde ein verheirateter Geistlicher in Essex angeklagt, eine andere Frau geküsst zu haben, woraufhin er zu seiner Verteidigung einen ähnlichen Vergleich bemühte: »Ein Weidenwechsel macht fette Kälber, und ein Bissen woanders ist zwei zu Hause wert.« Ein einfacher Londoner brachte 1632 die Grundidee auf den Punkt, die in allen diesen Fragmenten mitschwingt: »Unzucht ist keine Sünde, wenn beide Seiten einverstanden waren.« Sogar ein bisschen außerehelicher, einvernehmlicher Sex zwischen einem Mann und einer Frau konnte als unschuldiges, natürliches Vergnügen angesehen werden.[29]

Die häufigste Rechtfertigung überhaupt war, dass das Paar zu heiraten beabsichtige. »Die Einschränkungen, die dem Geschlechtlichen auferlegt waren«, empörte sich ein Historiker der Zeit, »begannen zu bröckeln, sobald die Hochzeit nahte.« Die Sicht von Liebespaaren kennen wir vor allem

aus den Fällen, in denen die Werbung nicht zu einer Heirat führte und sie
wegen Unzucht oder unehelicher Kinder angeklagt wurden. Offensichtlich
hatten die Paare häufig Sex nach einem Heiratsversprechen, während sie
(oder einer von ihnen) in anderen Fällen glaubten, sie würden heiraten,
wenn die Frau schwanger würde. Dorothy Cornishs Liebhaber beispielsweise notierte sich,

> *als es zum zweiten Mal zur fleischlichen Vereinigung kam, in seinem*
> *Tabellenbuch, zu welchem Zeitpunkt die Geburt des Kindes stattfin-*
> *den würde und dass sie sich nicht vorsehen solle – wenn sie schwanger*
> *werden sollte, würde er sie heiraten.*

Als Miliard Davies aus Plaitford in Wiltshire 1602 Christopher Vincents
Kind zur Welt brachte, teilte sie dem Gericht ganz ähnlich mit:

> *Besagter Christopher und sie seien beide im selben Pfarrbezirk ge-*
> *boren worden und als Nachbarskinder aufgewachsen, und als sie*
> *seiner Überredung und seinem Verlangen nachgegeben habe und er*
> *sie fleischlich erkannt habe, sei sie guten Glaubens gewesen, dass er sie*
> *heiraten würde.*[30]

Vor diesem Hintergrund ist leicht zu erkennen, dass der Überwachung des
Sexualverhaltens Grenzen gesetzt waren. Schließlich gab es in dieser Gesellschaft keine strenge Geschlechtertrennung. Die meisten Menschen blieben unverheiratet, bis sie mit Mitte oder Ende zwanzig die erforderlichen
Fertigkeiten und Ersparnisse erworben hatten, um heiraten zu können und
einen eigenen Haushalt zu gründen. Hinzu kam, dass sich Männer und
Frauen in vielen Bereichen des gesellschaftlichen und wirtschaftlichen Lebens zwanglos mischten – bei Arbeit, Geselligkeit und heimlicher oder offener Werbung. Das galt sogar für ländliche Pfarrbezirke, vor allem aber
für London, das eine Welt für sich war, in der sich eine Fülle von Gelegenheiten für ungesetzliche Begegnungen bot: Bordelle, Strichmädchen,
Gasthäuser, Schenken, Kirchen, Schauspielhäuser, Jahrmärkte, Märkte und
Straßen, wo es von Fremden wimmelte.[31]

Daher mussten zahllose Ehebrecher, Unzuchtsünder, Prostituierte und
Sodomiten unentdeckt bleiben. Auch viele andere entgingen den öffentli-

Die Grundlage für die meisten Verfahren vor Kirchengerichten waren also keine handfesten Tatsachen, sondern ein »allgemeines Gerücht« oder der »Ruf« der Unsittlichkeit. Derartige Wendungen lassen auf allgemeine Bekanntheit und Einigkeit schließen und nicht nur auf private Verdächtigungen. Selbst öffentliche Meinungen hatten nicht das gleiche Gewicht: Sie wurden am Ruf derer, die sie vertraten, gemessen. Ein schlechter Leumund bei angesehenen Bürgern war eine ernste Angelegenheit; wurde er jedoch verbreitet durch »die bloße Anschuldigung einiger hämischer Weiber, die nur ihre eigene Bösartigkeit kundtun«, wie in einem zeitgenössischen Handbuch ausgeführt wurde, so handle es sich nicht um »einen Leumund, sondern ein falsches Gerücht«. Entsprechend wurde vor Kirchengerichten Schuld und Unschuld üblicherweise nicht durch einen Beweisprozess ermittelt, sondern durch öffentliche »Reinwaschung«, bei der die Meinungen der gesamten Gemeinde ermittelt wurden. Wenn der Angeklagte eine bestimmte Anzahl von rechtschaffenen Nachbarn beibringen konnte, die öffentlich beeideten, der Verdacht sei unbegründet, und wenn niemand sonst einen überzeugenden Widerspruch vorbringen konnte, ließ man die Anklage fallen: Andernfalls galt der schlechte Ruf als begründet. Zwischen Spätmittelalter und frühem 17. Jahrhundert scheint es immer schwerer geworden zu sein, den Prozess der Reinwaschung zu überstehen, was auch in der unnachsichtigeren Haltung gegenüber Sexualstraftätern zum Ausdruck kommt. In einer der bestdokumentierten Untersuchungen wird deutlich, dass es in den 1610ern und 1620ern im Archidiakonat Salisbury fast der Hälfte der Angeklagten in einer Stichprobe von mehr als zweihundert Fällen nicht gelang, sich reinzuwaschen und der Verurteilung zu entgehen.[34]

Auch die Zivilgerichtsbarkeit beruhte auf ähnlichen Einschätzungen von Glaubwürdigkeit, Ruf und Leumund. In der Praxis gab es keine großen Unterschiede zwischen den Sexualprozessen der Kirche und der weltlichen Richter. Nach dem Common Law konnten Männer und Frauen, die in den Verdacht sexuellen Fehlverhaltens gerieten, festgenommen und in das nächste Zuchthaus eingewiesen werden, wo sie gegebenenfalls ausgepeitscht und einige Tage oder Wochen lang Zwangsarbeit verrichten mussten. Hatten sie einen Hausstand, ließ man sie gegen Bürgschaft frei (mit anderen Worten, sie mussten ehrbare Gemeindemitglieder finden, die für sie bürgten), mussten aber vor Gericht erscheinen. Solche Strafen wurden im Allgemeinen nicht nur für ausgesprochen »böswilliges Verhalten«

oder eine offenkundige Störung des öffentlichen Friedens verhängt, sondern auch, wie in den Kirchengerichten, für »schlechten Leumund«, »Ruf«
oder »Berichte« über unmoralischen oder »verdächtigen« Lebenswandel.[35]
Angesichts dieser Auffassung konnte schon der Anschein oder Versuch
von Unkeuschheit ebenso verhängnisvoll sein wie die Tat selbst. Im Mai
1555, als die Versammlung der Ratsherren befand, ein Lehrling habe der
Frau seines Meisters einen unsittlichen Antrag gemacht, befahlen sie, ihn
augenblicklich »an der Außentür dieses Saals« bis zur Taille zu entkleiden,
»zum Reformationspfahl in Cheapside zu führen, dort kräftig auszupeitschen, bis das Blut kommt, dann hinten an einen Karren gebunden« zu
seiner Schande durch die Stadt zu führen und ihn vor den Toren symbolisch abzuwerfen. Nicht minder gefährlich war der private Kontakt von
Paaren, die nicht miteinander verheiratet waren. Zahllose Männer und
Frauen wurden nur deshalb angeklagt, weil sie »Umgang pflogen« mit Ehe-
partnern anderer. Pepys' Tagebuch (Samuel Pepys' Chronik von 1660–
1669) vermittelt einen flüchtigen Eindruck von der ständigen moralischen
Kontrolle, die diese Gesellschaft als gegeben hinnahm. Als er mit seiner
Frau und Freunden im August 1666 spätabends nach Hause fuhr, wurde
seine Kutsche an der Stadtgrenze angehalten und die Insassen ins Kreuzverhör genommen, weil festgestellt werden sollte, »ob wir Eheleute waren«.
Es versteht sich fast von selbst, dass jede Frau, die nach Anbruch der Dunkelheit allein angetroffen wurde, Gefahr lief, wegen des Verdachts auf unsittlichen Lebenswandel festgenommen (oder belästigt) zu werden.[36]
    Untermauert wurde diese fortwährende Beaufsichtigung durch die
ständige Indoktrination mit den Idealen der Monogamie und Keuschheit:
Dass Wollust gefährlich und schändlich, die Unzucht ein Übel und der
Ehebruch ein Verbrechen sei – diese Doktrinen wurden jedem Mann, jeder
Frau und jedem Kind in Wort und Schrift eingeimpft. Die meisten Menschen hatten sie tief verinnerlicht, auch wenn sie manchmal ganz anders
handelten. Das wird an den Büchern ersichtlich, die die Menschen lasen,
den Briefen, die sie schrieben, der Erziehung, die ihnen zuteil wurde, den
Predigten, denen sie lauschten, den Beleidigungen, mit denen sie sich trak-
tierten, der Verachtung, die sie für sexuelle Vergehen aller Art bezeugten.
Oberschicht und Aristokratie waren nicht gefeit dagegen, so wenig wie Könige und Königinnen. Denn nach den Worten, die jeder Erwachsene und
jedes Kind regelmäßig in der Kirche vernahm, war Hurerei eine »schmut-

zige, widerliche und abscheuliche … Sünde … ungesetzlich bei König wie Untertan, bei Amtsträger wie Privatperson … bei Frau wie Mann, gleich, welchen Ranges oder Alters«.[37]

Öffentliche Bestrafung war folglich nur der rigoroseste Ausdruck einer allgemeineren Kultur der sexuellen Disziplinierung. Wenn Gerichtsverhandlungen eingeleitet wurden, sollte damit nicht nur eine Überzeugung durchgesetzt, sondern der Angeklagte auch zur Besserung gezwungen werden. Es gab auch zahllose Fälle, wo die Disziplinierung auch außergerichtlich von Eltern, Pastoren, Freunden, Familienangehörigen, Nachbarn und Arbeitgebern erfolgreich praktiziert wurde, das heißt, Ehebruch im Keim erstickt, Unzuchtsünder ermahnt, Bordelle geschlossen wurden.

Eine Ahnung von diesem Hintergrundgeschehen bekommen wir immer dann, wenn die Gerichtsverhandlungen erkennen lassen, dass die rechtlichen Schritte nur der letzte Ausweg waren oder dass eine Strafe nicht für ein einzelnes Vergehen verhängt wurde, sondern für Widerspenstigkeit angesichts früherer Vergehen. So wurde eine Frau etwa angeklagt, weil sie unverheiratet mit einem Mann zusammenlebte und Unzucht beging, »denn obwohl du wiederholt mit großem Ernst und Nachdruck mündlich und brieflich ermahnt wurdest, von deiner schmutzigen und schlüpfrigen Lebens- und Redeweise Abstand zu nehmen, hast du die genannten Ratschläge in den Wind geschlagen«.[38]

Noch anschaulicher sind die vielen Belege aus Städten, Ortschaften und Dörfern im ganzen Land, die zeigen, wie im 16. und 17. Jahrhundert Huren und Ehebrecher von Nachbarn und der ganzen Gemeinde öffentlich verhöhnt und bloßgestellt wurden. Als Ann George eines Tages in einer Scheune beim Sex mit einem Soldaten ertappt wurde, »ergriffen die Nachbarn sie und tauchten sie in den Mühlbach, wobei sie erklärten, wenn sie *hot* [brünstig] sei, würde sie das abkühlen«.

Als im Winter 1605 in der Umgebung von Evesham in Worcestershire gerüchtweise verlautete, George Hawkins, ein einheimischer Gutsbesitzer, habe ein uneheliches Kind gezeugt, wurden noch raffiniertere Maßnahmen ergriffen. Als wohlhabender Mann von Stand und hoher Amtsträger in den Gerichtshöfen erlaubte ihm seine Stellung alle rechtlichen Konsequenzen eines solchen Fehltritts abzuwehren; aber der offenen Kritik seiner Untergebenen konnte er nicht entgehen. Eines Tages traf sich eine Gruppe von ihnen in Edward Fremes Gasthaus *Swan* und beschloss, etwas zu unternehmen. Da keiner von ihnen schreiben konnte, erzählten sie drei durchreisenden Händlern aus Coventry ihre Geschichte, die sie zu Papier brachten. Gemeinsam fertigten sie ein Spottlied auf Hawkins, seine Hure und den »Bankert« an und zeichneten dazu obszöne Bilder von dem schändlichen Trio. Anschließend schickten sie sich an, ihr Werk mit größtmöglicher Wirkung publik zu machen. Lancelot Ratsey, einer der Händler, fertigte rasch einen Stapel Kopien an und heftete diese an eine öffentliche Mauer. Kopien davon tauchten überall im *Swan* an den Wänden auf, und die Ballade wurde vor anderen Gästen vorgetragen. Im Laufe der nächsten Wochen wiederholten sie die Prozedur in der Ortschaft und in der umliegenden Region: Sie verteilten Kopien in allen örtlichen Pubs, hefteten sie an Türen, Wände und Pfähle und trugen die Ballade von Squire Hawkins und seiner Hure vor. Das Bänkellied hatte folgenden Wortlaut und bezog sich offenbar auf die (heute verschollenen) Zeichnungen, die darüber abgebildet waren:

> *»Ich kann nicht mehr«: / Das ist die Metze / Von Hasenfuß Hawkins / Er machte ihr ein Kind / an einem schlimmen Ort / zu schändlich des Name / Doch wollt ihr's wissen / will ich es sagen: / Es war auf einem Abtritt / Eklig und schmutzig / Urteilt selbst, Ihr Herren / Doch durchaus passend / Für einen Schurken und eine Dirne / und so treiben sie's weiter.*
>
> *Das ist der Bankert / Mit seinem Vater, der Memme, / George Hawkins, sein Nam' / Die ganze Grafschaft / Kennt keinen Squire / der ein größerer Schurk' / oh verfluchter Spross / Was blutet mein Herz, / Gedenk ich, wie du geboren / Deiner Mutter, der Metze / Und deinem Vater, dem Schurken / zum ewigen Hohn.*[*39]

---

* »I can no more«: / This is the whore, / Of cowardly George Hawkins. / He got [her] with child, / In a place most wild, / Which for to name it is a shame. / Yet for your satisfaction, / I will make relation, / It was in a privy, / A place most filthy, / As gent[lemen] you may judge. / Yet nothing too bad, / For a knave and a drab, / And so they pray go trudge. // This is the bastard, / With his father the dastard, / George Hawkins highte he so [i. e. he is called]. / In all this shire, / There is not a squire, / More like a knave I trowe [i. e. believe]. / O cursed seed, / My heart doth bleed, / To think how thou was born. / To the whore thy mother, / And the knave thy father, / An everlasting scorn.

Kurzum, es war eine Kultur, in der die Selbstdisziplin in allen Lebensbereichen als höchster Ausdruck der Zivilisation gepriesen und die Unkeuschheit nicht nur zum Spaß verhöhnt, sondern auch als markantes Zeichen der Schwäche gebrandmarkt wurde. Das Grundprinzip der herkömmlichen Ethik besagte, Männer und Frauen persönlich seien für ihre Taten verantwortlich, egal, wie groß die Versuchung gewesen sein mochte. Nur Tiere und Wilde würden den »Begierden der Natur hemmungslose Freiheit« gewähren – zivilisierte Christen seien bestrebt, »nicht dem Fleisch zu gehorchen«, sondern »die Natur der Macht der Vernunft, mit anderen Worten, den Körper der Regentschaft der Seele zu unterwerfen«.[40] Die geistige und körperliche Beherrschung der fleischlichen Begierden war entscheidend für die Kultur der Disziplin. Obwohl der sexuellen Disziplinierung viele Grenzen gesetzt waren, gab es keine alternative Ideologie sexueller Freiheit, die schlüssig oder ehrbar genug gewesen wäre, keine Möglichkeit, sich eine Gesellschaft ohne moralische Kontrolle vorzustellen. Sogar Pepys' privates Tagebuch, bis zum 18. Jahrhundert der kühnste Bericht über sexuelle Abenteuer, ist von einem viel tieferen Bewusstsein für Schuld und Schande geprägt als fast alle späteren Aufzeichnungen.

Warum dachten die Menschen so? Warum erschien ihnen die sexuelle Disziplin so grundlegend für die Gesellschaftsordnung? Sollten Sie, geneigter Leser, zufällig ein Mitglied der iranischen oder der saudischen Moralpolizei sein, die sogar heute noch ein ähnliches Ethos durchsetzt, können Sie sich die Antwort vermutlich selbst geben. Wenn nicht, dann lesen Sie weiter.

Die Grundlagen der sexuellen Disziplin

In Wahrheit war es ein überdeterminiertes Verhalten – viele verschiedene Denkmuster lagen der sexuellen Disziplinierung zugrunde, beziehungsweise wurden zu ihrer Rechtfertigung beschworen. Am fundamentalsten war das patriarchalische Prinzip, nach dem jede Frau das Eigentum von Vater oder Ehemann war, sodass jeder Fremde, der mit ihr Sex hatte, eine Art Diebstahl beging und ihren Verwandten eine schwere Kränkung zufügte. Tatsächlich müsse, so malte sich 1662 die Aristokratin Margaret Cavendish aus, in einer ehrbaren Familie jede derart besudelte Frau auf der Stelle von ihren Verwandten getötet werden

wegen der Schmach, Schamlosigkeit, Unredlichkeit und Ehrlosigkeit
der Unkeuschheit, die eine Beleidigung für die Gottesfürchtigen, ein
Makel für ihr eigenes Leben, ein Schimpf für ihr Geschlecht, eine
Schande für ihre Verwandtschaft und eine Schmach für ihre Familie
sei.[41]

Illegitime Sexualität betraf die Eigentumsrechte auch in konkreterer Weise:
Geschenke zwischen Liebenden, Zahlungen an Prostituierte und die Empfängnis unehelicher Kinder bedrohten Eigentum und Erbe anderer. Außerdem breiteten sich durch die Hurerei nach dieser Ansicht Geschlechtskrankheiten aus, brachte Kummer und trug Zwietracht in die Familien.
Weiterhin war sie die Ursache für Verbrechen und Unruhen und führte
unvermeidlich zu weiteren Sünden: Trunksucht, Diebstahl, Lügen, Betrug,
Kindstötung und Mord. Auf diese Weise verdarb der Charakter des Individuums und zerrüttete die Gesellschaftsordnung. Folglich waren Verbot
und Bestrafung Angelegenheiten von großer öffentlicher Bedeutung.

Diese Denkweise erschien durchaus logisch, denn im Allgemeinen gingen die Menschen selbstverständlich davon aus, dass die äußere Regulierung vieler Bereiche des persönlichen Lebens dem Allgemeinwohl diene.
Wirtschaftlich und gesellschaftlich betrachtet bestand die Gesellschaft nicht
aus autonomen Individuen, sondern aus Haushalten und Familien. (Wenn
ein junger Mann »herrenlos« oder eine Frau »auf sich gestellt« war, galten sie als verdächtig oder gar kriminell.)[42] Von Eltern und Arbeitgebern
wurde erwartet, dass sie ihre Kinder und Dienstboten beaufsichtigten, genauso wie es Freunde, Nachbarn und Verwandte für ganz selbstverständlich hielten, die Lebensweise des anderen kritisch im Auge zu behalten.
Diese Grundeinstellung herrschte auf jeder sozialen Ebene, besonders schwer
lastete sie aber auf den schwächeren Mitgliedern der Gesellschaft – auf
Frauen mehr als auf Männern von vergleichbarem Status; auf armen und
weniger angesehenen Personen stärker als auf höhergestellten. Da jede Gemeinde letztlich für den Unterhalt ihrer Mitglieder verantwortlich war,
wurde armen Paaren von ihren reicheren Nachbarn die Heirat manchmal
ganz verboten oder die Auflage gemacht, getrennt zu leben. Die Elisabethanischen Armengesetze, nach denen die wohlhabenden Mitglieder jedes Pfarrbezirks gemäß den Erfordernissen seiner Bedürftigen besteuert
wurden, bewirkte eine zunehmend rücksichtslose Behandlung der Männer

und Frauen, die der Gemeinde möglicherweise zur Last fallen oder mittellose Kinder in die Welt setzen konnten. Beispielsweise waren die tonangebenden Gemeindemitglieder von Adlington in Kent 1570 so »erbittert gegen« die beabsichtigte Heirat von Alice Cheeseman, dass sie Einspruch gegen die Eheschließung erhoben und »Alice androhten, sie aus dem Pfarrbezirk zu verbannen«, wenn sie sich über ihren »Hinderungsgrund« hinwegsetze.

Als Anthony Adams aus Stockton in Worcestershire 1618 versuchte, mit seiner frischgebackenen Braut, »einer anständigen jungen Frau«, in seine Heimatgemeinde zu ziehen, wollten die Einheimischen »ihm nicht gestatten, dass er sie in die Gemeinde bringe, und sagten, die Familie würde später eine Belastung für alle«. Die Frau wurde gezwungen, woanders zu leben.

Im spätelisabethanischen Terling (Essex) lebte der Arbeiter Robert Johnson mit Elizabeth Whitland zusammen, hatte ein Kind mit ihr und »hätte sie geheiratet, wenn die Einwohner ihn gelassen hätten«: Das taten sie aber nicht. Mehr als zehn Jahre später beklagte ein anderer Arbeiter im selben Pfarrbezirk, dass er seine Geliebte schon vor mehr als einem Jahr geheiratet hätte. Das Aufgebot war in der Kirche bekannt gemacht worden, aber »die Gemeinde wollte ihre Eheschließung nicht dulden« – und jetzt wurde das Paar wegen Unzucht und unehelichem Zusammenleben angeklagt.

Ende des 17. Jahrhunderts waren diese Praktiken in ganz England so verbreitet, dass sie immer wieder Diskussionen auslösten. »In vielen ländlichen Pfarrbezirken ist es eine Unsitte«, meinte der Autor Carew Reynell 1674, »dort hindern sie arme Leute mit allen ihren Kräften an einer Heirat«. Der Kaufmann Sir Dudley North berichtete: »›Oh‹, sagen die Kirchenvorsteher, ›sie werden mehr Kinder bekommen, als sie ernähren können, und so die Belastung der Gemeinde erhöhen‹«.[43]

Das 16. und 17. Jahrhundert hindurch trug diese Furcht vor zu vielen unehelichen Kindern als Ursache für soziale Unruhe, moralischen Verfall und kommunale Verarmung auf nationaler wie lokaler Ebene zur Verurteilung sexueller Zügellosigkeit bei. Als 1606 einflussreiche Bürger von Castle Combe in Wiltshire eine einzige uneheliche Schwangerschaft bemerkten, setzten sie sogleich eine Eingabe an die örtlichen Richter auf und drängten auf eine strenge Bestrafung der Frau wegen ihrer

schändlichen Hurerei – wobei ihr unsittlicher Lebenswandel nicht nur
Gottes Zorn auf die Einwohner dieser Stadt lenken, sondern ihr
schlechtes Beispiel auch andere verderben könnte, sodass uns mit dem
Unterhalt von unehelichen Kindern eine große und außergewöhnliche
Bürde aufgeladen werden könnte.

Wirkliche Not traf auf jeden Fall eine alleinstehende Frau, die schwanger wurde. Sie verlor nicht nur ihre Stellung, sondern in der Regel auch ihre Wohnung: Eine Frau zu beherbergen, die ein uneheliches Kind erwartete, war ein Verbrechen. Wenn sie, wie Margaret Wheeler 1616, in die Wehen kam, wurde sie, während sich ihre Qualen dem Höhepunkt näherten – »in höchstem Leid und Geburtsweh und fast ohne Hoffnung auf Leben« –, stundenlang von den Hebammen und Nachbarinnen befragt, ohne Hilfe gelassen und mit Tod und Verdammnis bedroht, bis sie, manchmal tatsächlich dem Tod nahe, endlich den Namen des Vaters preisgab.[44]

Deshalb war die ungewollte Schwangerschaft auch die größte Sorge für Paare in einer illegitimen sexuellen Beziehung. Einige versuchten offenbar, Schwangerschaften zu verhüten oder mit Hilfe von Kräutern und Tränken abzutreiben, weil aber die biologischen Grundtatsachen bis zum 19. Jahrhundert weitgehend unbekannt blieben, verfügte man über keine weithin verlässlichen Methoden zur Empfängnisverhütung. Die Risiken der Unzucht waren für jede Frau unermesslich viel größer als für den Mann, weil sie allein gezwungen war, die lebensbedrohlichen Gefahren von Schwangerschaft und Geburt sowie die Verantwortung für das Baby allein auf sich zu nehmen und vor der fast unmöglichen Aufgabe stand, die körperlichen Anzeichen ihrer Schande zu verbergen und sich einer strengen Bestrafung zu entziehen. So erklärte ein armes Dienstmädchen im 17. Jahrhundert dem Mann, der gern ihr Liebhaber geworden wäre:

Nein, wahrhaftig, du darfst nicht bei mir liegen, bis wir verheiratet sind,
denn du weißt, wie viele schon ihre Versprechen gebrochen haben ...
Ich bin nur eine Magd, und wenn deine Freunde sich nicht mit unserer
Heirat einverstanden erklären, sind wir zugrunde gerichtet.

War eine Frau schon verheiratet, konnte sie nicht mehr wegen unehelicher Geburten belangt werden, denn ein Kind, das sie dann empfing, galt nicht als unehelich. Doch selbst in solchen Fällen wurden illegitime Liebende von vergleichbaren Ängsten heimgesucht. Wie die Aussage einer verheirateten Frau Mitte der 1650er Jahre zeigt, konnte sich selbst ein unmoralischer und unreligiöser Verführer nicht über eine ständige Sorge hinwegsetzen:

> *Roger bedrängte sie dann … ihm ehrvergessen entgegenzukommen, und um sie geneigter zu machen, versprach er ihr, falls sie ein Kind von ihm bekomme, solle es genügend Mittel für seinen Unterhalt erhalten. Es gebe aber für jeden Menschen nur eine Bestrafung … nämlich die in diesem Leben, die eigentlich keine sei, solange er die Mittel habe, das Kind zu unterhalten: Nach diesem Leben sei keine Strafe mehr zu befürchten, weil es weder Himmel noch Hölle gebe.*[45]

Wenn arme Leute außereheliche Kinder bekamen, konnten sie ihnen aus ähnlichen, wirtschaftlichen Gründen weggenommen werden. Ende des 17. Jahrhunderts lebten Daniel Taylor und Sarah Ellis mit ihren drei Kindern im Londoner Eastend-Bezirk St. Botolph Aldgate. Im Dezember 1700, einige Zeit nach dem Tod von Sarah Ellis, gelangten die Kirchenvorsteher und Armenpfleger plötzlich zu dem Schluss, die restlichen Familienmitglieder seien eine unzumutbare Belastung für die Steuerzahler des Pfarrbezirks. Daniel Taylor wurde von zwei Friedensrichtern befragt und »gestand« – in deren Worten – »er sei nie mit besagter Sarah Ellis verheiratet gewesen, sondern habe nur als Mann und Frau mit ihr zusammengelebt, und alle besagten Kinder seien unehelich«. Zwei seiner Kinder, William und Sarah, wurden ihrem Vater daher fortgenommen und in den benachbarten Pfarrbezirk von St. Mary Whitechapel geschickt, wo sie geboren waren; aus den gleichen Gründen wurde das dritte, Elisabeth, von dem Rest der Familie getrennt und nach St. Botolph Bishopsgate überstellt. Letztlich wurde also das Recht auf Ausübung der Sexualität und Familiengründung von der Gemeinschaft reguliert.*

---

* Die Kirchenvorsteher von St Mary Whitechapel und St Botolph Bishopsgate legten im Anschluss Beschwerde gegen diese Beschlüsse ein, und die Kinder wurden wieder zurückgeschickt – solch brutales Hin- und Herschieben von Kindern und Erwachsenen, während die Gemeindevertreter sich über deren rechtmäßigen Wohnsitz stritten, war unter dem Armengesetz nicht unüblich: London Metropolitan Archives, CLA/047/LJ/13/1700 (City Sessions Papers, Dec. 1700).

Neben all diesen weltlichen Erwägungen gab es auch offenkundige religiöse Imperative für sexuelle Disziplinierung. Unkeuschheit musste bestraft werden, weil sie der Bibel zufolge Gott erzürnte. Wer seine Gebote übertrat, setzte sein Seelenheil aufs Spiel; Sünden färbten auf die größere Gemeinschaft ab, selbst wenn sie den Blicken entzogen waren. Während einer breit angelegten Kampagne gegen Ehebrecher Anfang der 1380er Jahre berichtete der Chronist Thomas Walsingham von Londonern:

> *Sie äußerten ihre Ängste, dass das ganze Bürgervolk durch solche insgeheim begangenen Sünden vernichtet werden könnte, wenn Gott sie strafe. Deshalb wollten sie diesen Schandfleck von der Stadt abwaschen, damit sie nicht in Trümmern stürze oder dem Schwert anheimfalle oder verschlungen werde, wenn die Erde sich öffne.*[46]

Mehr als 200 Jahre später handelten jene Bürger von Castle Combe, die von einer einzigen unverheirateten Schwangeren in Schrecken versetzt wurden, noch immer nach dem gleichen Grundsatz. Wenn eine Gemeinschaft derartige Beleidigungen des Allmächtigen duldete, würde sein Zorn sie alle treffen. Schließlich konnte er ganze Städte und Länder vernichten, wie er Sodom und Gomorra ausgelöscht hatte (z. B. 1. Mose 18–19; 5. Mose 29, 32; Jeremia 23; Judas 1). Aus diesem Grund – um Gottes rächende Vorsehung abzuwenden – waren Familien, Gemeinden, Städte und ganze Nationen so eifrig bemüht, die Unreinen zu überführen und aus ihrer Mitte zu verbannen. Je reiner ihre Gemeinschaft, desto wohlwollender würde der Allmächtige sie behandeln.

Aus demselben Grund gab es immer eine enge Parallele zwischen der Durchsetzung sexueller und religiöser Reinheit. In der vormodernen Gesellschaft war religiöse Vielfalt ein zutiefst fremder, unwillkommener Begriff. Vor und nach der Reformation hatte es immer nur eine legitime Kirche in England gegeben. Jeder war verpflichtet, ihr anzugehören und sich zu den gleichen religiösen Überzeugungen zu bekennen – die Strafe für die Verkündung heterodoxer Auffassungen war letztlich: der Tod. Es war eine unumstößliche Tatsache, dass Glauben und Gottesdienst keine Aspekte waren, die gefahrlos dem individuellen Urteil überlassen bleiben konnten.[47] Wie in sexuellen Fragen wurden die korrekten Formen vom Gesetz vorgeschrieben; ihre Befolgung setzte man durch, Abweichungen bestrafte man. Auch die Mittel dieser Durchsetzung waren verblüffend ähnlich. Bis zum Ausbruch des Bürgerkriegs im Jahr 1642, wurde die Befolgung der religiösen und sexuellen Vorschriften von den Kirchengerichten kontrolliert. Nach der Restauration im Jahr 1660 waren die säkularen Mechanismen, mit denen Dissenter verfolgt wurden, identisch mit denen, die zur Bestrafung sexueller Missetäter verwendet wurden.

In religiösen wie sexuellen Fällen hielt man die Bestrafung für ein wirksames Mittel, die Seelen zu läutern und den sozialen Zusammenhalt zu bewahren. Sie war vor allem in vierfacher Hinsicht erfolgreich. Erstens besänftigte die rituelle Bestrafung den Zorn der Gemeinde und entfernte die Verunreinigung aus ihrer Mitte. Zweitens schreckte sie andere ab. Drittens zwang sie die Missetäter, ihr ungesetzliches Verhalten einzustellen. Schließlich konnte sie auch zu einem echten Sinneswandel führen.

Ein Hauptanliegen sexueller Disziplinierung war immer, Reue zu erzeugen und eine Versöhnung zwischen den Sündern und denen, die sie gekränkt hatten, herbeizuführen. In Verbindung mit Erziehung und Überzeugungsarbeit hielt man die Verordnung von Schmerz und Leid für eine wirksame Methode, um die Sünder zu der Einsicht zu bringen, dass ihr Weg falsch war. Diejenigen, die sie verabreichten, betrachteten sich gern als wohlwollende Ärzte, die religiöse Geisteskrankheiten heilten, indem sie mit körperlichen Maßnahmen Krankheiten der Seele beseitigten. Was machte es, dass es nicht immer funktionierte? »Soll man der *Arznei* entraten, weil irgendeine *Seuche der Menschheit* unheilbar ist?«[48]

Tatsächlich wurden die Moralisten nie müde zu verkünden, dass die Bestrafung von Sündern und Apostaten ein Akt der Mildtätigkeit sei – »die denkbar größte Barmherzigkeit«, wie der Zuchthausgeistliche Edmund Cressy es 1675 ausdrückte. Denn was bedeuteten schon ein wenig Schande und Schmerz auf Erden im Vergleich zu den entsetzlichen, ewigen Qualen, die sie in der Hölle erwarteten?[49]

Infolgedessen gab es eine enge geistige Verbindung zwischen sexueller und spiritueller Disziplinierung. Ketzerei und Ehebruch seien Verbrechen gleicher Art, sagte Augustinus: Die Menschen behaupteten nur, sie folgten ihren Herzen, schuldig seien sie trotzdem.[50] Allgemein glaubte man an einen direkten Zusammenhang zwischen moralischer und religiöser Devianz. Die ganze Geschichte hindurch, meinte der Volksprediger William Clagett, habe man die »Lehre, die der Wollust Vorschub leistete«, dazu verwendet, »die Menschen vom Weg der Wahrheit abzubringen« und sie in den religiösen Irrglauben zu führen. Nach dem Abfall vom Glauben, so ein anderer Prediger, sei die zweitgrößte Sünde überhaupt »*Unreinheit*, die natürliche Folge der Liebe zum Irrglauben«.[51]

Diese Tendenz, einen Zusammenhang zwischen sexueller und religiöser Unreinheit herzustellen, hat eine außerordentlich lange (Vor-)Geschichte. Wie im Neuen Testament die religiöse Erleuchtung als Hochzeit mit Christus beschrieben wird, so bezeichnet Gott im Alten Testament die Abgötterei als eine »Hurerei«, die gegen ihn begangen werde.[52]* Die Bibel (z. B. 1. Korinther 7:5) und zahllose Lehren ließen auch keinen Zweifel daran, dass die immense Lust, die aus der Sexualität zu gewinnen war, lediglich eine List des Satans sei, was sie zur gefährlichsten Sünde überhaupt mache. Ein christlicher Gemeinplatz lautete, jeder, der diesem unreinen Verlangen nachgab, laufe Gefahr, eine fatale Sucht zu entwickeln. So warnte ein Geistlicher seine Leser: »Ihr kennt Euch wohl nicht sehr gut, wenn Ihr meint, Ihr könntet in einer solchen Situation Eure Skrupel bewahren. Nein, Sir, habt Ihr der Wollust erst einmal gefrönt, lässt sie nicht mehr mit sich reden. Schlimmer kann die Seele des Menschen nicht befallen werden.«

Während nämlich andere Verbrechen häufig Gewissensbisse hervorriefen, verhielt es sich in diesem Fall umgekehrt: »Der Gedanke an die Sünden der Unreinheit erneuert die Lust, was die Reue über sie äußerst erschwert« – »sie ist wie ein tiefer Graben, und eine enge Grube, aus denen ein Entkommen fast unmöglich ist.«[53] Dass sexuelle und religiöse Devianz einen engen Zusammenhang aufwies, wurde nach dieser Ansicht auch durch unzählige falsche Propheten und Sekten belegt, die im Laufe der Geschichte bis in die Gegenwart hinein dem Laster Vorschub geleistet hatten. Katholiken, Presbyterianer, Wiedertäufer, Atheisten, Muslime, Heiden und Häretiker: Von ihnen allen hieß es, sie huldigten der Wollust. (Wobei die meisten dieser Gruppen mit dem gleichen Eifer andere beschuldigten, unrein in Lehre und Moral zu sein.)[54]

Diese Überzeugung beruht auf der Annahme, es sei fatal, Religion und Moral der persönlichen Interpretation zu überlassen. Menschen könnten Auffassungen aufrichtig, sogar leidenschaftlich anhängen und sich trotz-

---

* Das gilt nur für die englische Übersetzung dieser Bibelstelle (3. Mose 20:5). In der Luther-Bibel heißt es lediglich: »… die mit dem Moloch Abgötterei getrieben haben …«.

dem auf einem gefährlichen Irrweg befinden. So lautete die Aufzählung eines gelehrten Autors: »1. Das Herz des Menschen ist trügerisch und hoffnungslos schlecht; und was will es nicht tun, wenn es tun kann, was es will? 2. Wenn die Menschen wissen, dass sie keinen Einschränkungen unterworfen sind, wird das ihre Begierden entfesseln und sie schlechter machen«.[55] Gemessen an der angeborenen Schlechtigkeit der menschlichen Seele waren Vernunft und Gewissen schwach, und die Kräfte des Irrtums und des Bösen lagen überall auf der Lauer, um sie zu umgarnen und zu verderben.

Die Vernunft sei »eine falsche Waffe« gegen die Sünde, erklärte der Arzt Richard Capel, denn sie sei ein Werkzeug des Teufels. »Wir verlieren sie mit einem Schlage, sobald wir uns auf eine Disputation mit einem alten Sophisten und gerissenen Fuchs wie dem Satan einlassen … unsere Vernunft ist verdorben und auf seiner Seite und wird uns an ihn ausliefern«. Was das Gewissen anging, so war es bei nicht reformierten Menschen als Ratgeber fast blind und nutzlos. Sogar bei äußerst tugendhaften Personen »ist es teilweise geschändet und verdorben und unvollkommen und folglich im Irrtum befangen und kann nicht als unsere Richtschnur dienen, und wir begehen eine Sünde, wenn wir unser Gewissen an die [Stelle] von Gottes Wort setzen«.[56]

Diese Gedanken waren allgegenwärtig in der volkstümlichen Religionslehre. Sehr lebendig werden sie in John Bunyans herrlicher Allegorie *Der Heilige Krieg* (1682) dargestellt, wo es um den ewigen Kampf zwischen den Heeren Gottes und des Teufels um die »Stadt Menschen-Seele« geht. Zunächst ergreift der Teufel von ihr Besitz, indem er Gottes Moralgesetze als »unvernünftig … verworren und … unerträglich« anprangert und mehr Freiheit und Erkenntnis verspricht. Nachdem er das Gewissen der Menschen-Seele verderbt und verwirrt hat, zerstört er alle »Lehren der Moral« und ersetzt sie durch die (besonders für die »Lüste des Fleisches« geltende) »völlige Freiheit« eines jeden, zu tun, was ihm gefällt. Daher lässt sich keines seiner »Gesetze, Statuten oder Rechte namhaft machen, das euch einen Schrecken einzujagen vermöchte«. Als Bürgermeister setzt er den bestialischen Herrn Lüstling ein; zu dessen Ratsherren zählen Herr Flucher, Herr Hurer und Herr Atheist. Selbst nachdem Immanuel die Stadt zurückerobert hat, verbleiben dort noch Kräfte des Bösen und warten, angeführt von »Herrn Hurer« und »Herrn Ehebruch« auf eine neue Chance. Die

Moral lautet, dass nur die Anleitung durch eine rechte Lehre und ausgezeichnete Lehrer die Menschen sicher zur Erlösung führen können.[57]*

Ferner folgte daraus, dass der Schutz des spirituellen Wohls der Menschen eine vorrangige Aufgabe des Staates sein sollte. Platon und Aristoteles scheinen außereheliche Sexualität für eine äußerst verderbliche Lust gehalten zu haben, worin sich die meisten vormodernen Kommentatoren einig sind.[58] »Wenn doch die Seele der wertvollere Teil des Menschen ist«, erklärte Richard Hooker, einer der einflussreichsten Theologen des 16. Jahrhunderts, »dann müssen die menschlichen Gesellschaften sich viel mehr um die Dinge kümmern, die dem eigentlichen Reich der Seele zuzurechnen sind, als um so irdische Dinge, deren dieses Leben bedarf«. In einem gottgefälligen Gemeinwesen, meinte der einflussreiche Geistliche und Schriftsteller Richard Baxter im 17. Jahrhundert, »sind Gottes Ehre und Wohlgefallen sowie die Erlösung der Menschen die wichtigsten Ziele, und ihr körperliches Wohlergehen jenen nur untergeordnet.« Die Bestrafung unkeuscher Personen zu ihrem eigenen Nutzen und dem der Gemeinschaft war eine christliche und öffentliche Pflicht, die allen Mitgliedern der Gesellschaft oblag.[59]

Folglich beruhte die Kultur der sexuellen Disziplin nicht nur auf festen Überzeugungen von den Gefahren der Unmoral, sondern auch auf zentralen politischen, philosophischen und psychologischen Annahmen über den Zweck des Regierens, die menschliche Natur, die Glaubensethik und die Unvollkommenheit des angeborenen Verstands. Die Praxis der Disziplinierung bestand seit so langer Zeit, war so eng mit der Struktur des sozialen Lebens verflochten, so tief in seinen geistigen Grundlagen verwurzelt, dass sich 1600 deren Abschaffung beim besten Willen niemand vorstellen konnte.

Doch ihr Verfall und Untergang standen unmittelbar bevor. Ursprünglich hatte die Reformation zu noch strengeren sexuellen Vorschriften geführt; zugleich aber zerstörte sie die Einheit des europäischen Christentums. Im Laufe der 17. Jahrhunderts sollte die Zunahme religiöser Teilung alles zunichte machen.

---

* Vgl. 1. Petrus: »[E]nthaltet euch von fleischlichen Lüsten, welche wider die Seele streiten«.]

Kapitel 1

VERFALL UND UNTERGANG DER ÖFFENTLICHEN BESTRAFUNG

Richter sollten gemeine Hurenknechte und Huren vor Gericht bringen; denn (nach maßgeblicher Auffassung) sind Ehebruch und Unzucht sowohl weltliche als auch religiöse Vergehen und eine Störung der öffentlichen Ordnung ... Ein Konstabler ... kann eine Manns- und eine Weibsperson, die miteinander Ehebruch begehen oder Unzucht treiben, verfolgen und in Gewahrsam nehmen.

Michael Dalton, The Countery Justice, 1618, S. 160.

Zur Unterdrückung der ruchlosen und empörenden Sünden von Inzest, Ehebruch und Unzucht, mit welchen dieses Land geschändet und der Allmächtige erzürnt wird; möge es erlassen werden ... Für den Fall, dass eine verehelichte Weibsperson ... fleischlich erkannt wird von irgendeinem Mann (außer ihrem Ehemann) ... sollen der Mann wie die Frau ... den Tod erleiden.

An Act for Suppressing the Detestable Sins of Incest,
Adultery and Fornication (1650)

Die Festnahme von ... Prostituierten ist durch kein existierendes Gesetz zu rechtfertigen.

Second Report from the Committee on the State of the Police of the Metropolis,
Parliamentary Papers, 1817, vii, S. 463.

Die sexuelle Revolution begann mit dem Zusammenbruch der öffentlichen Disziplinierung. Das war teilweise das Ergebnis zunehmenden sozialen Drucks. Vor dem 17. Jahrhundert lebten 90 Prozent der Bevölkerung auf dem Land. Abgesehen von London gab es keine Großstadt in England. Die traditionellen Methoden der moralischen Kontrolle hatten sich in kleinen Gemeinden entwickelt, in denen jeder jeden kannte und man ein wachsames Auge aufeinander hatte. Auf dem Land änderte sich das nur langsam: Sogar noch Ende des 18. Jahrhunderts bestraften die Kirchengerichte auch weiterhin Unkeuschheit auf die hergebrachte Weise. Anders waren die Verhältnisse in den Städten, vor allem in London. Ende des Mittelalters lebten dort nur rund 40 000 Menschen, doch 1660 waren es bereits 400 000; 1800 sollten es eine Million sein. Durch diese außerordentliche Bevölkerungsexplosion entstanden neue soziale Zwänge und neue Lebensgewohnheiten, gegen die sich die traditionellen Mechanismen sexueller Disziplinierung auf die Dauer nicht behaupten konnten.

Allerdings war der tiefere Grund nicht in erster Linie gesellschaftlicher oder rechtlicher, sondern theologischer Natur. Im England des 17. Jahrhunderts war der religiöse Konflikt, der aus der langsamen, unvollständigen englischen Reformation entstanden war, die stärkste geistige und politische Kraft. Um 1700 hatte er Veränderungen bewirkt, die noch ein Jahrhundert zuvor undenkbar erschienen wären: Bürgerkrieg, Königsmord, die Abschaffung der Monarchie und der Kirche von England, Religionsfreiheit. Dies sollte auch das System der öffentlichen sexuellen Disziplinierung beenden.

Das Streben nach Vollkommenheit

Der wichtigste Unterschied zwischen der katholischen und der reformierten Einstellung zur Sexualität war der protestantische Wunsch nach Vollkommenheit. Nach traditioneller katholischer Auffassung war die Wollust

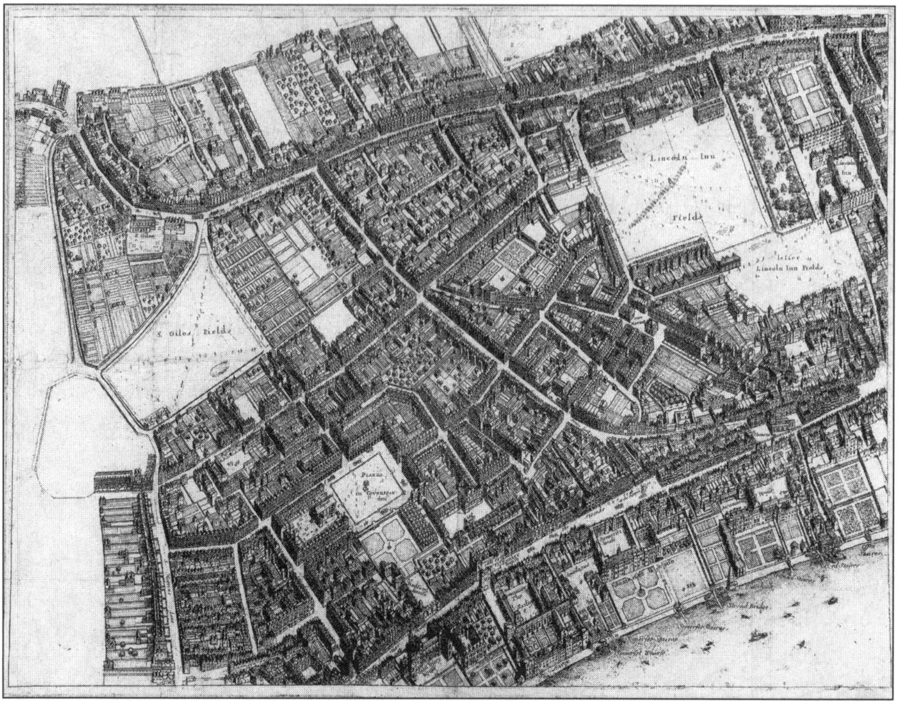

Abb. 2. Diese detaillierte Ansicht aus der Vogelperspektive des namhaften Kupferstechers Wenceslaus Hollar zeigt die ungeheure Ausdehnung des Londoner West End Anfang der 1660er Jahre.

tadelnswert, aber unvermeidlich: Sie vollkommen im Zaum zu halten, galt als fast unmöglich oder sogar schädlich. Infolgedessen wurde die sexuelle Disziplin durch ein gewisses Maß an Duldung organisierter Prostitution und geistlicher Mätressen ausbalanciert. Im Gegensatz dazu waren die Protestanten davon überzegt, Unkeuschheit lasse sich tatsächlich aus der Welt schaffen oder Christen hätten zumindest die Pflicht, sie so gründlich wie möglich auszurotten. In Erzbischof Cranmers richtungsweisendem Kirchengesetz von 1552 hieß es:»Unzucht und ungezügelter Wollust jeglicher Art ist mit strengsten Strafen Einhalt zu gebieten, auf dass diese Sünden schließlich aus dem Königreich ausgemerzt werden.«[1] Aus diesem Unterschied entwickelte sich ein größeres Bedürfnis nach persönlicher und äußerer Disziplin.

Von den unmittelbaren Auswirkungen der Reformation auf die Strafen für Unmoral war bereits die Rede. Nach 1600 setzte sich die Verhärtung dieser Auffassung in England und andernorts in Europa stetig fort. Besonders auffällig waren die Angriffe der Kirchengerichte auf die bis dahin weitestgehend geduldete Form gesetzeswidriger Sexualität – die von Paaren, die verlobt, aber nicht offiziell verheiratet waren. Früher waren solche Fälle nur vereinzelt bestraft worden. Doch Anfang des 17. Jahrhunderts wurde vorehelicher Geschlechtsverkehr mit nie dagewesener Strenge geahndet. In der Rechtsprechung vieler Landesteile (unter anderem in York, Oxford, Leicester, Canterbury und Essex) stieg die Zahl der Anklagen steil an. In Wiltshire zum Beispiel kamen bis Ende der 1590er Jahre nur eine Handvoll solcher Fälle jährlich vor Gericht, doch in den ersten beiden Jahrzehnten des 17. Jahrhunderts war die Zahl dieser Prozesse im Jahresdurchschnitt auf mindestens fünfzig geklettert (plus vieler weiterer Fälle, die sich anhand der erhaltenen Aufzeichnungen nicht mehr beziffern lassen). Ungefähr ein Fünftel aller Bräute war bei der Hochzeit schwanger, woraus folgt, dass viele Paare schon vor der Ehe sexuelle Beziehungen unterhielten. In der Folgezeit ging der Anteil der Frauen, die schwanger vor den Traualtar traten, stark zurück – und damit auch, wie wir schließen können, die voreheliche Sexualität. Ein ähnliches Muster zeigt sich bei der gewöhnlichen Unzucht und den unehelichen Geburten: mehr Anklagen, weniger illegitime Kinder – ein realer Wandel der allgemeinen Verhaltensweisen und Einstellungen. Die Ansprüche des Kirchenrechts wurden immer höher geschraubt. Als man 1604 das kanonische Recht der Kirche von England zum ersten

Mal seit der Reformation überarbeitete, wurde festgesetzt, dass die Kirchengerichte nicht nur gegen Ehebruch und Unzucht vorzugehen hatten, sondern auch gegen »jegliche andere Unreinheit und Verderbtheit des Lebens«. Auch in Literatur, Politik und Alltag gibt es eine Vielzahl von Belegen für die Verinnerlichung der kirchlichen Morallehre und für eine öffentliche Feindseligkeit gegen Unkeuschheit. Ohne Zweifel wurde der Grundsatz, Sexualität sei nur in der Ehe erlaubt, immer stärker vertreten und verinnerlicht.[2]

Ähnlich aufschlussreich ist der Umstand, dass Anfang des 17. Jahrhunderts das höchste Kirchengericht, der Court of High Commission, wiederholt bemüht wurde, um Mitglieder der Gentry und Aristokratie wegen Ehebruchs und anderer sexueller Vergehen zu bestrafen. In einigen Fällen mögen diese Prozesse zumindest teilweise durch Machtkämpfe innerhalb der politischen Elite motiviert gewesen sein, trotzdem zeigen sie, in welchem Maße mittlerweile auch die sexuellen Verfehlungen von Männern und Frauen der höchsten Kreise als Offizialdelikte behandelt wurden. 1634 wurde Sir Alexander Cave dazu verurteilt, in seiner Pfarrkirche Buße zu tun, die gewaltige Summe von 500 Pfund zu zahlen und im Gefängnis zu verbleiben, bis er sich einen Bürgen verschaffen konnte, weil er trotz vorangegangener Ermahnungen sein ehebrecherisches Verhältnis mit Amy Roe fortgesetzt hatte. Im selben Jahr betrug das Strafmaß für Thomas Cotton und Dorothy Thornton aus Lichfield wegen Ehebruchs: Buße in ihrer beider Pfarrkirchen und dem örtlichen Dom, eine Geldstrafe von 500 Pfund und eine Haftstrafe. Im Winter 1639 saßen sie noch immer im Gefängnis. Wegen mehrfachen Ehebruchs wurde Thomas Hesketh Esquire aus Rufford in Lancashire zu 1000 Pfund Strafe verurteilt und musste nicht nur in seiner Pfarrkirche, sondern auch in den Kathedralen von York und Chester Buße tun. Auch er wanderte ins Gefängnis und wurde erst freigelassen, nachdem er eine extrem hohe Kaution hinterlegt hatte. Sir Robert Howard, Sohne des Earls of Suffolk, und Frances, Lady Purbeck, die Schwägerin des Duke of Buckingham, hatten lange Zeit in der tiefsten Provinz von Shropshire ehebrecherisch zusammengelebt. Als sie im Frühjahr 1635 nach London reisten, wies der König persönlich den Erzbischof von Canterbury an, gegen sie wegen ihres schamlosen Verhaltens vorzugehen. Beide wurden umgehend festgenommen und eingekerkert. Sir Robert erhielt eine Geldstrafe von 3000 Pfund und saß wochenlang im Gefängnis; Lady

Purbeck sollte, wie alle anderen Ehebrecherinnen barfuß und in weißes Leinentuch gekleidet, in der Kirche öffentlich Buße tun.[*][3] In einer Fülle aus dieser Zeit erhaltener informeller und volkstümlicher Angriffe auf Unkeuschheit in höheren Kreisen kommt die gleiche Haltung zum Ausdruck. In politischen Schmähschriften, Pamphleten, Satiren und anderen literarischen Erzeugnissen und Aktionen ist die Unmoral der Oberschicht fast unvermeidlich Gegenstand scharfer Missbilligung, in der sich der wachsende Einfluss protestantischer Einstellungen zu Sünde, Gesellschaftsordnung und göttlicher Vergeltung äußert.[4]

Die zweite wichtige Konsequenz der Reformation war jedoch die wachsende Meinungsverschiedenheit unter Protestanten über die Grenzen der sexuellen Regulierung. Praktisch jeder, der sich öffentlich äußerte, war der Meinung, dass Unkeuschheit strenger geahndet werden müsse. Besonders die Puritaner klagten darüber: Die vorhandenen Strafen seien »so gering und leicht«, wurde Königin Elisabeth 1585 ermahnt, dass »Gott darob erzürnt sein muss über Eure Majestät«. Es sei skandalös, grollte 1617 der Geistliche William Yonger aus Norfolk, dass eine »so angesehene und bekannte Kirche wie die von England keine schärfere Form der Missbilligung für Ehebruch findet als ein weißes Leinentuch«.[5] Aber man war sich nicht einig, wie genau das aussehen sollte.

Seit dem Bruch mit Rom wurde das Thema gründlich diskutiert. Nicht nur fundamentalistische Protestanten sprachen sich für größere Strenge aus. Anfang des 16. Jahrhunderts waren viele katholische Humanisten der gleichen Ansicht; 1586 wurde der Ehebruch von dem tatkräftigen, aber früh verstorbenen Papst Sixtus V. (1585–1590) sogar in Rom kurzzeitig zum Kapitalverbrechen erklärt. Doch in der englischsprachigen Welt führten sicherlich die Puritaner den eifrigsten Feldzug gegen die Unmoral. Im Allgemeinen hatten sie die strengsten Ansichten hinsichtlich eines angemessenen Sexualverhaltens. Sogar der Geschlechtsverkehr zwischen Eheleuten galt als Bruch des göttlichen Gesetzes, wenn die Frau schwanger war oder ihre Regel hatte – John Cottons Mustergesetz aus dem Jahr 1636 für Massachusetts und New Haven erklärte auch diese Handlung zu einem Kapi-

---

[*] Um diesem Schicksal zu entgehen, floh sie, als Mann verkleidet, aus dem Gefängnis, entkam nach Paris, konvertierte, als der Court of High Commission sie selbst dort verfolgte, zum Katholizismus und ging in ein Kloster (wenngleich sie sich nach kurzer Zeit mit den Nonnen zerstritt und das Kloster wieder verließ).

talverbrechen. Grundsätzlich wollten viele Puritaner aufgrund ihres fundamentalistischen Glaubens an die biblischen Gebote wieder die Todesstrafe für Ehebruch und andere schwere sexuelle Vergehen einführen. Das entsprang nicht einer Rückwärtsgewandtheit, sondern einer radikal-progressiven Zielsetzung: Es sollte England mit den fortschrittlichsten protestantischen Gemeinwesen der modernen Welt gleichstellen. Schotten, Genfer, Deutsche, Böhmen: Es gab viele zeitgenössische Vorbilder für solche Strenge. (Die Bürger von Dundee verfolgten Sexualvergehen so eifrig, dass sie 1589 beschlossen, ein nagelneues Gefängnis für Ehebrecher und Unzuchtsünder zu erbauen.)[6] Dieser permanenten Debatte entnahm Shakespeare die Anregung zu seinem zeitkritischen Stück *Maß für Maß* (um 1604), in dem es um ungesetzliche Sexualität, Verlöbnis und die Möglichkeit der Todesstrafe für Unkeuschheit geht.

Dagegen erschien den meisten Puritanern die Praxis der meisten Kirchengerichte völlig unangemessen. Ihre »lächerlichen Strafen« (wie es in einem puritanischen Manifest aus dem Jahr 1572 hieß) seien ungeeignet, die Unmoral einzudämmen; es scheine dabei in erster Linie darum zu gehen, den Menschen das Geld für Gebühren aus der Tasche zu ziehen. Diese fundamentalistische Kritik verstärkte sich, als das Kirchenrecht seit dem Ende des 16. Jahrhunderts vom Establishment der anglikanischen Kirche zunehmend dazu verwendet wurde, puritanische Geistliche und Laien als religiöse Dissidenten anzuklagen (weil sie sich beispielsweise weigerten, das Kreuzzeichen zu machen, sich an das vorgeschriebene Gebetbuch der anglikanischen Kirche zu halten oder beim Abendmahl zu knien). Jetzt hatte es den Anschein, als wären die Kirchengerichte nicht nur korrupt und wirkungslos, sondern als würden sie auch gottgefällige Männer und Frauen wegen ihrer Gewissensentscheidungen verfolgen. Als sich die religiösen Gräben zwischen den englischen Protestanten Ende des 16. und im 17. Jahrhundert vertieften, erstarrte diese Wahrnehmung – so unfair sie auch in mancherlei Hinsicht war – zu einem polemischen Gemeinplatz. In den 1630er Jahren, als Karl I. und sein Erzbischof William Laud eine besonders unnachgiebige Kampagne zur Durchsetzung religiöser Einheitlichkeit unternahmen, war die moralische Autorität der Kirchengerichte in den Augen vieler puritanischer Beobachter längst untergraben.[7]

Infolgedessen drängten radikale Protestanten nachdrücklich darauf, die Verantwortung für die moralische Kontrolle in die zivile Gerichtsbarkeit zu verlagern. Im ersten Drittel des 17. Jahrhunderts wurden fast in jedem Parlament neue Gesetzesvorlagen für die strengere Bestrafung von sexuellen Vergehen eingebracht: 1601, 1604, 1606–1607, 1614, 1621, 1626, 1628 und 1629.[8]

Nach einem Gesetz aus dem Jahr 1610 waren unverheiratete Mütter zu mindestens einem Jahr Gefängnis zu verurteilen, wenn ihre unehelichen Kinder aller Voraussicht nach dem Pfarrbezirk zur Last fallen würden. 1624 führte die krankhafte Furcht vor einem Anstieg unehelicher Geburten und Kindsmord zu einem weiteren sehr harten Strafgesetz, das die Schuld jeder unverheirateten Frau voraussetzte (und ihre Hinrichtung verlangte), die die Geburt eines später tot aufgefundenen Säuglings verheimlichte, selbst wenn sie unter Eid beteuerte, es sei tot geboren worden oder eines natürlichen Todes gestorben.[9] Derweil sorgten eifernde Fundamentalisten überall dort, wo sie in Gemeinderäten oder Stadtparlamenten die Mehrheit gewannen, für eine empfindliche Verschärfung der örtlichen Vorschriften.

In Dorchester, das zur puritanischsten Stadt in England wurde, kam es in den Jahrzehnten vor dem Bürgerkrieg zu einem extremen Rückgang des vor- und außerehelichen Geschlechtsverkehrs.[10] Vom gleichen Geist waren die Zehntausenden Puritaner beseelt, die während desselben Zeitraums nach Nordamerika auswanderten, um dort ihr Neues Jerusalem zu suchen. Anfang des 17. Jahrhunderts verabschiedeten alle Kolonien Neuenglands unnachgiebige Gesetze gegen Unkeuschheit: Verbannung, Haft, schwere öffentliche Prügelstrafen, das lebenslange Tragen von scharlachroten Buchstaben und anderen erniedrigenden Symbolen. Viele, die wie die Gründer von New Haven der Meinung waren, dass die »Heilige Schrift ein vollkommenes Regelwerk« für das rechte Regieren darstelle, hielten sich an das Alte Testament und führten die Todesstrafe für Ehebruch ein.[11]

In der Praxis blieben die Hinrichtungen selten. Angesichts der schwierigen Beweislage wurden die neuenglischen Paare oft wegen geringerer Vergehen (beispielsweise wegen »lüsternen, anstößigen und verderbten Handlungen, die den Keim zum Ehebruch in sich tragen«) zu Bußgeldern, Prügelstrafen und öffentlicher Demütigung verurteilt.[12] Doch das Gewicht der Todesstrafe war von symbolischer Bedeutung. Um den sexuellen Sittenverfall anzuprangern und so gründlich wie möglich auszurotten, hielten es die radikalen Protestanten für unabdingbar, eine bessere Welt zu schaffen, Gott zu ehren und eine vollkommene Gesellschaft zu gründen.* In den frommen Gemeinwesen war diese Ideologie so verbreitet, dass selbst die Menschen, die mit ihrer Lebensweise gegen sie protestierten, sich ihrem Einfluss in Denken und Tun nicht entziehen konnten. Als der Massachusetts-Siedler James Britton im Winter 1644 erkrankte, glaubte er in »fürchterlicher Gewissensqual«, die Krankheit sei Gottes Strafe für seine einstige Unkeuschheit. Daher bekannte er seine Sünden öffentlich. Unter anderem erklärte er, er habe nach einem Saufgelage mit einigen Kumpanen (vergeblich) versucht, mit Mary Latham, einer jungen Braut aus guter Familie, Sex zu haben. Obwohl sie nun weit entfernt in der Kolonie Plymouth lebte, wurde das dortige Gericht informiert. Sie wurde ergriffen, verhaftet und durch die eisige Landschaft nach Boston befördert, wo ihr der Prozess gemacht wurde. Obwohl sie bestritt, tatsächlich Sex gehabt zu haben, wurde sie wegen Ehebruch verurteilt, brach zusammen, gestand und »zeigte sich sehr bußfertig, bewies tiefe Einsicht in die Verderbtheit ihrer Sünde … und war bereit, zu sterben, um der Gerechtigkeit Genüge zu tun«. Am 21. März, vierzehn Tage nach ihrem Prozess, wurde sie vor aller Augen zum Schafott geführt. Britton wurde neben ihr hingerichtet; auch er »starb sehr bußfertig«. Im Schatten des Galgens wandte sich Mary Latham an die versammelte Menge und ermahnte die jungen Frauen, sich ihr Schicksal als Warnung dienen zu lassen, und bekannte noch einmal, wie sehr sie ihr entsetzliches Verbrechen gegen Gott und die Menschen verabscheue und bereue. Dann wurde sie am Halse aufgehängt, bis der Tod eintrat. Sie war achtzehn Jahre alt.[13]

Triumph und Scheitern

Diese unzusammenhängenden lokalen und kolonialen Versuche, eine schöne neue Welt zu schaffen, die Gott geweiht und von Sünden gereinigt war, setzten sich in den 1640er und 1650er Jahre plötzlich landesweit durch. Innerhalb der englischen Gesellschaft blieben die Puritaner stets eine Min-

---

* Aus diesem Grund wurden in Schottland Missetäter, die Inzest, Homosexualität oder Sodomie begangen hatten, geköpft oder am Pfahl verbrannt, statt »nur gehängt« zu werden: George Mackenzie, *The Laws and Customes of Scotland* (1678), S. 160–162.

derheit, wenn auch eine mit unverhältnismäßig großem Einfluss. Die Bürgerkriege der 1640er Jahre, die 1649 in der Hinrichtung Karls I. und der Gründung einer Republik kulminierten, brachten sie an die Macht.

Der eskalierende Machtkampf zwischen Royalisten und Parlamentariern war im Prinzip, wenn auch nie ausschließlich, ein Religionskrieg, der zustandekam, weil jede Seite einer bestimmten Vision von Gottes Wille auf Erden anhing und davon überzeugt war, ihre Gegner seien entschlossen, sie auszumerzen. Die Puritaner fürchteten, die Religionspolitik der Krone sei im In- und Ausland darauf ausgerichtet, die Reformation rückgängig zu machen, das Papsttum wieder einzuführen und damit die englischen Freiheiten zu bedrohen und ihrer aller Seelenheil zu gefährden. Der König und seine Anhänger wiederum fürchteten und verfolgten die Puritaner, weil Krone und Hof sie für gefährliche und umstürzlerische Radikale hielten, deren Grundsätze und Handlungen die Stabilität der Kirche und die Autorität der Monarchie untergruben.

Mit seiner kompromisslosen Haltung erwies sich der König einen Bärendienst. 1640 wurde Karl von seinen schottischen Untertanen gedemütigt, die mit einer nationalen Erhebung auf seine Versuche reagierten, die Lehre und den Gottesdienst ihrer Kirche zu verändern. Das schottische Heer fiel in Nordengland ein und besetzte es; binnen weniger Monate griff das Blutvergießen auf Irland über, dieses Mal in Gestalt einer katholischen Revolte, bei der Tausende von Protestanten ums Leben kamen und sich die schlimmsten puritanischen Befürchtungen hinsichtlich der zweifelhaften religiösen Beweggründe des Königs zu bestätigen schienen. Noch vor Ausbruch des Krieges in England sah sich Karl gezwungen, weitreichende Zugeständnisse zu machen. Die erbittertsten Gegner des Königs erblickten 1648 in dessen endgültiger Niederlage ein untrügliches Zeichen dafür, dass Gott ihre Sache aktiv unterstütze und beschlossen habe, die korrupte alte Ordnung zu vernichten, um sein Reich auf Erden zu errichten.

Die Kirchengerichte gehörten zu den ersten Opfern dieses Konflikts. Im Dezember 1640, wenige Wochen nach Eröffnung des Langen Parlaments, brachten die Puritaner in der *Root and Branch Petition* ihre Reformforderungen vor und klagten über eine »große Zunahme von Hurerei und Ehebruch« als direkte Folge korrupter Kirchenjustiz. Im Juli 1641 wurde das oberste Kirchengericht – der Court of High Commission – und mit ihm alle kirchliche Strafgewalt abgeschafft. Stattdessen verlangte das Unterhaus ein neues Gesetz gegen Sexualvergehen. Wie viele andere Gesetzesvorhaben während der Kriegsjahre zog sich auch dieses lange hin, wurde aber im Frühjahr 1649 mit neuer Energie vorangetrieben – nachdem das Heer alle Parlamentarier bis auf die kompromisslosesten Abgeordneten ausgeschlossen, die Hinrichtung des Königs durchgesetzt, Monarchie und House of Lords abgeschafft und das Commonwealth – die Republik – ausgerufen hatte. Schließlich verabschiedete das gesäuberte Parlament am 10. Mai 1650 neben einer Fülle von moralischen Reformmaßnahmen das Gesetz »Zur Unterdrückung der ruchlosen und empörenden Sünden von Inzest, Ehebruch und Unzucht«. Ehebruch und Inzest wurden Kapitalverbrechen. Bordellbetreiber wurden ausgepeitscht, mit einem großen B auf der Stirn gebrandmarkt und zu einer dreijährigen Gefängnisstrafe verurteilt; bei Rückfälligkeit erwartete sie die Todesstrafe. Unzuchtsünder kamen drei Monate ins Gefängnis und wurden, wenn sie rückfällig wurden, möglicherweise (der Wortlaut ist nicht eindeutig) ebenfalls hingerichtet. Eine Kopie des Gesetzestextes wurde an jeden Pfarrbezirk in England geschickt, um den Beginn eines neuen Sexualstrafrechts zu signalisieren.[14]

Das schien ein großer Triumph zu sein. Schließlich waren nach mehr als hundert Jahren entschlossenem politischem Kampf die strengstmöglichen Gesetze zur Durchsetzung sexuellen Wohlverhaltens verabschiedet worden. Etwa zur gleichen Zeit wurden viele andere gesellschaftliche, religiöse und konstitutionelle Neuerungen verwirklicht oder erwogen. Die Aussicht, eine völlig neue, von Gottes auserwähltem Volk geführte und Seiner Ehre geweihte Gesellschaft zu schaffen, schien zum Greifen nahe. Während der 1650er Jahre ermahnten die einander ablösenden Regierungen der instabilen englischen Republik ihre Bürger immer wieder zur moralischen Reform: Die Ausrottung der Unreinheit und anderer Sünden wurde zu einem dringlichen Anliegen von Männern, die zutiefst davon überzeugt waren, die Instrumente eines täglich zu erfüllenden göttlichen Auftrags zu sein. Puritanische Richter fühlten sich ermächtigt, Sittlichkeitsverbrecher mit ganz neuem Eifer abzuurteilen. Wenige Wochen nach Verabschiedung des Gesetzes war Oliver Cromwells Schwager, der energische Armeeoffizier John Disbrowe, in Taunton der Vorsitzende in einem Prozess gegen eine Ehebrecherin, der mit ihrer Hinrichtung endete. Obwohl die Prozessakten der Zeit nicht vollständig erhalten sind, ist mit Gewissheit davon auszugehen, dass auch andere Männer und Frauen für dieses Vergehen gehängt wurden (Gleiches gilt für Schottland). Als Susan Bounty 1654 in Devon wegen Ehebruchs verurteilt wurde, bat sie um Gnade, da sie schwanger sei. Man erlaubte ihr, das Kind auszutragen. Als sie kurz nach der Niederkunft das Kind im Arm hielt, entriss man es ihr und fuhr sie zum Galgenberg. Nach ihrer Hinrichtung wurde der Säugling mehr als sechzig Kilometer über Land zu ihrem Witwer Richard gebracht, damit er sich um das Kind kümmerte und es aufzog.[15]

Generell aber wurde die praktische Wirkung des Gesetzes stark eingeschränkt. Es enthielt so viele Klauseln, dass eine Verurteilung fast unmöglich war, wenn nicht unanfechtbare Zeugen ein Paar tatsächlich beim Geschlechtsakt ertappt hatten. Indizien reichten nicht, auch wenn sie noch so schlüssig waren. Eheleute durften nicht gegeneinander aussagen; daher konnten selbst bei schuldigen Paaren das Geständnis des einen Partners nicht als Beweis gegen den anderen verwendet werden. Als Susan Wards Ehemann 1651 seine Geliebte in London mit nach Hause nahm und mit ihr Sex hatte, »während seine Frau mit ihnen im Bett lag«, nützte ihr der Adultery Act, das Ehebruchsgesetz, überhaupt nichts. Genauso wenig wie Robert Pegg 1655, als er spät nachts nach Hause kam und seine Frau im Bett antraf, während ihr Liebhaber sich hastig die Hose hochstreifte. Auch die Vertreter eines anderen Pfarrbezirks konnten sich nicht auf das Gesetz berufen, als sie im März 1652 das Bordell von Priscilla Fotheringham betraten und sie antrafen, »wie sie zwischen zwei Holländern saß, die Brüste nackt bis zur Hüfte und ohne Strümpfe, wobei sie trank und unanständige Lieder sang«. Angesichts der extrem hohen Ansprüche, die an die Beweisführung gestellt wurden, kann es nicht überraschen, dass es unter diesem Gesetz nur wenige offizielle Anklagen und noch weniger Verurteilungen gab. In Middlesex, zu dem die meisten Londoner Vororte gehörten, wurden im Lauf der 1650er Jahre mindestens vierzig Männer und Frauen wegen Ehebruchs angeklagt, viele von ihnen berüchtigt wegen ihres lockeren Lebenswandels, doch nur einer wurde schuldig gesprochen. (Einige mehr wurden stattdessen oder zusätzlich wegen Bigamie – auch ein Kapitalverbrechen, aber leichter zu beweisen – vor Gericht gestellt.)[16]

Stattdessen war der Haupteffekt der neuen Regelung eine Flut von geringfügigeren Anklagen und Strafen. In Middlesex wurden Hunderte von Männern und Frauen, die des Ehebruchs verdächtigt wurden, nicht vor

Gericht gestellt, sondern erhielten eine richterliche Verwarnung, das heißt, sie wurden gezwungen, ihre mutmaßliche Beziehung zu beenden, achtbare Bürger zu finden, die für ihr Wohlverhalten bürgten, und regelmäßig vor Gericht zu erscheinen, um über ihr Verhalten Rechenschaft abzulegen. Am Oberhofgericht erhob man weiterhin Anklage gegen Bordellbetreiber, ohne erkennbaren Bezug auf das neue Gesetz zu nehmen. In vielen Grafschaften gab es eine beträchtliche Zunahme der Prozesse wegen Unzucht und unehelicher Geburten: 1655, auf dem Höhepunkt von Disbrowes Kampagne gegen Unmoral machten diese Anklagen 30 Prozent aller Strafsachen in Devon aus.[17]

Ein Großteil dieser Prozessaktivität stützte sich nicht auf den Adultery Act, sondern auf ältere, die Unehelichkeit betreffende Gesetze (die, obwohl sie mit jenem eigentlich juristisch nicht vereinbar waren, in Kraft blieben), auf Gewohnheitsrecht und auf die Handlungsfreiheit, die eifrigen Richtern traditionell bei sexuellen Delikten zur Verfügung stand – selbst wenn sie dem Buchstaben des neuen Gesetzes widersprach. Wie früher wurden viele Missetäter offenbar zunächst verwarnt und erst angeklagt, wenn sie sich als unbelehrbar erwiesen. So wurde Elizabeth Ratcliffe im Februar 1652 nach der Geburt eines unehelichen Kindes zunächst nach dem Unzuchtgesetz angeklagt, dann aber, obwohl durch ihr Geständnis überführt, auf freien Fuß gesetzt, weil sie »ihren Fehltritt aufrichtig bereute«. Elizabeth Goodheart drohte die Todesstrafe in einem Prozess, in dem die Anklage wasserdicht war: Sie war mit Zwillingen niedergekommen, die nicht von ihrem Mann waren, und hatte den Ehebruch mit zwei Männern gestanden. Doch auch sie »bereute ihren Fehltritt aus tiefstem Herzen« und wurde von der Londoner Richterschaft freigesprochen.[18]

Die juristische Handlungsfreiheit konnte aber auch gegenteilig genutzt werden. Während der 1650er Jahre wurden in Middlesex mehrere Männer von der Anklage des Ehebruchs freigesprochen und trotzdem in die Besserungsanstalt oder das Gefängnis geschickt, bis sie unbescholtene Bürger fanden, die für ihr Wohlverhalten bürgten. Das »Parlamentsheer« war in seiner Rechtsprechung noch selbstherrlicher. 1642 machte es sich viel Mühe, um sein Missfallen einer jungen Frau gegenüber zum Ausdruck zu bringen, einer »Hure, die unserem Lager von London aus gefolgt war«. Zunächst »wurde sie durch die Stadt geführt, dann an den Pranger gestellt, dann in den Schandkäfig gesperrt, dann in den Fluss getaucht und schließlich aus der Stadt verbannt«. 1645, nach dem Sieg in der Schlacht von Naseby, gingen die republikanischen Roundheads mit großer Wut gegen die Marketenderinnen der besiegten Royalisten vor. Die Irinnen unter ihnen, rund hundert an der Zahl, wurden einfach niedergemetzelt. Jede englische Frau erhielt einen Säbelhieb quer über das Gesicht, der sie für immer entstellte. Auch viele Parlamentssoldaten und ihre Mätressen wurden wegen unmoralischen Verhaltens vor Gericht gestellt: Im Winter des Jahres 1651 erging beispielsweise im schottischen Leith folgendes Urteil gegen ein solches Paar:

> *Man wird sie bei Flut zwei Mal untertauchen, dann hinter einen Karren binden und ihnen auf dem Weg von der Hauptwache in Leith bis zum Hafen in Edinburgh 39 Peitschenhiebe auf den nackten Rücken versetzen … und sie anschließend von verschiedenen Häfen aus der Stadt in verschiedene Häfen befördern.*

In den Jahren 1655 und 1656 wurde die Militärherrschaft vorübergehend auf ganz England ausgedehnt. Gleichzeitig war die Republik bestrebt, ihre Plantagen auf den Westindischen Inseln zu sichern. Daher wurden im Frühjahr Soldatentrupps zu Razzien durch Londons Straßen und Wirtshäuser geschickt. Dort kidnappten sie mehr als 1 000 Frauen »von lockerem Lebenswandel«, kerkerten sie auf drei extra zu diesem Zweck bestimmten Schiffen ein und verschleppten sie um die halbe Welt nach Barbados, wo sie zur Besiedelung der Insel beitragen sollten. Der Adultery Act war durch eine Reihe von Verfahrensregeln abgesichert worden, weil allgemein befürchtet wurde, er könne zu Ungerechtigkeiten gegenüber achtbaren Männern und Frauen führen. Doch Huren hatten nicht die gleichen Rechte.[19]

Letztlich war also die Verabschiedung dieses Gesetzes ein Pyrrhussieg. Unzweifelhaft schränkte die Herrschaft der Puritaner die sexuelle Freizügigkeit ein: Die Zahl der außerehelichen Kinder fiel in den 1650er Jahre auf den niedrigsten Stand. Trotzdem war die Wirkung des Gesetzes in erster Linie symbolischer Art: Die meisten einschlägigen Maßnahmen stützten sich nicht auf den Adultery Act, und längerfristig erwies sich das puritanische Experiment sogar als fatal kontraproduktiv. Die Abschaffung der Kirchengerichte hatte desaströse Folgen. Dadurch entstand eine Riesenlücke in der Überwachung des sexuellen Verhaltens, die nur allmählich durch die Ausdehnung säkularer Mechanismen gefüllt wurde. Grundsätzlich zerstörte es ein Regelsystem, das sich bei all seinen Schwächen doch weitgehend in Einklang mit den Empfindungen der Bevölkerung befunden hatte – und ersetzte es durch ein System, dessen Prinzipien nur einer kleinen, eifernden Minderheit zusagten und dessen Strenge sich als nicht durchsetzbar erwies.[20]

1660 wurden die Monarchie und die Kirche von England wieder eingesetzt und der Adultery Act abgeschafft. Doch die Auswirkungen dieses Mitte des Jahrhunderts vollzogenen Umbruchs waren unumkehrbar. Schon vor dem Bürgerkrieg hatte das rasche Bevölkerungswachstum begonnen, die moralische Kontrolle zu untergraben.[21] Entscheidend war jetzt das zusätzliche Problem der sich vertiefenden religiösen Spaltung. In den 1640er und 1650er Jahren hatte sich nicht nur die Unzufriedenheit mit der alten Staatskirche verstärkt, sondern auch der Meinungsstreit unter den Puritanern selbst. Ohne Zensur und den Zwang zu religiöser Einheitlichkeit hatte sich eine große Vielfalt von Kirchen und Sekten entwickelt. In der wieder an die Macht gelangten Kirche von England war man entschlossen, diese Entwicklung umzukehren: Abtrünnigkeit vom rechten Glauben wurde abermals zum Verbrechen erklärt und alternative religiöse Versammlungen verboten, woraufhin die Kirchengerichte einen Großteil ihrer Zeit damit verbrachten, Leuten den Prozess zu machen, die gegen diese Verbote verstießen. Doch in den Städten erwies sich das als unmöglich: Längst war das Dissidententum zu verbreitet und zu tief verwurzelt. Außerdem stellte es die Behauptung der Kirchengerichte in Frage, im Sinne einer universellen Moral und religiösen Disziplin Recht zu sprechen. In einigen kleinen ländlichen Gemeinden gelang es den Kirchengerichten, selbst nach zwanzig Jahren ihre Jurisdiktion in Sachen Sexualvergehen wiederherzustellen und sie sogar noch das 18. Jahrhundert hindurch aufrechtzuerhalten. Doch in London und anderen großen Städten scheiterte dieses Vorhaben weitgehend.[22]

Obwohl die Disziplinierungsmechanismen erheblich geschwächt waren, blieb die sexuelle Unmoral im Visier der weltlichen Strafverfolgung. In den Jahrzehnten der Restauration kam es in London jedes Jahr zu fast tausend Anklagen wegen Sexualvergehen: eine beträchtliche Zahl, die zudem einen erheblichen Anteil aller Strafsachen in der Stadt ausmachte. In den meisten

Fällen ging es um offene Prostitution, die traditionell im Mittelpunkt weltlicher Maßnahmen stand. Doch wie in den 1650er Jahren kam es recht häufig vor, dass Männer und Frauen wegen unerlaubter vor- und außerehelicher Beziehungen belangt wurden. Im Vergleich zu den ersten Jahren des 17. Jahrhunderts, als die Kirchengerichte noch uneingeschränkt aktiv waren, ging jetzt, wie nicht anders zu erwarten, die Zahl der verhängten Strafen deutlich zurück. Trotzdem blieben Ehebruch und Unzucht im Fokus der Rechtsprechung, und es gab lebhafte Bestrebungen, sie dort zu halten.[23] In den Jahrzehnten nach 1660 bestätigten die Schotten und die Kolonisten in Neuengland, wie viele andere europäische Staaten auch, ihre strengen Gesetze gegen außereheliche Sexualität.[24] Auch in England wurde während der Regierungszeiten Karls II. und Jakobs I. verschiedentlich die Forderung erhoben, die vorhandenen Gesetze strenger anzuwenden, neue gegen Unreinheit zu verabschieden oder die Todesstrafe für Ehebruch wiedereinzuführen.[25]

Doch das Laster wurde nicht mehr von oben bekämpft. Zwar waren die Puritaner des Interregnums unübertrefflich in ihrem Eifer gewesen, doch alle Monarchen und Kirchenführer hatten bis dahin die strengere sexuelle Disziplinierung der breiten Bevölkerung unterstützt. Jetzt legte Karl II. noch nicht einmal ein Lippenbekenntnis dafür ab. (Den Grund dafür erfahren wir im nächsten Kapitel.) Seine Haltung wurde weit häufiger verurteilt als gepriesen. Bereits 1668 erfolgten die ersten politischen Aufstände während seiner Regierungszeit symbolträchtig in Form von Angriffen religiöser Dissidenten gegen Londons Bordelle. Die Regierung solle die sexuelle Unmoral unterdrücken, nicht aber religiöse Dissidenten verfolgen. In dem anschließenden Propagandakrieg geißelten die Kritiker des Königs dessen Zügellosigkeit und die Ausschweifungen seines Hofs. Das waren nicht nur zentrale Kritikpunkte der Opposition. Enttäuschung und Besorgnis über die königliche Frivolität waren auch unter prominenten Höflingen und Kirchenmännern weit verbreitet, wenn sie auch unausgesprochen blieben. Die orthodoxen Christen meinten, der Hof verspiele mit seinem schlechten Beispiel das Ansehen in der Bevölkerung und riskiere, was noch schlimmer war, den Zorn Gottes. Sexuelle Freizügigkeit führe zu Gottlosigkeit, sozialer Anarchie und politischem Unglück. Daher sei es unbedingt erforderlich, dieser Entwicklung Einhalt zu gebieten und Reformen durchzuführen.[26] 1688 bekamen die Orthodoxen ihre Chance.

Gottes Revolution

In der *Glorious Revolution*, der Glorreichen Revolution von 1688, in deren Verlauf der katholische Jakob II. durch die Invasion seines Schwiegersohns, des protestantischen holländischen Prinzen Wilhelm von Oranien, gestürzt wurde, sahen die englischen Protestanten eine göttliche Intervention. Auf diese Weise gebe Gott, so glaubten sie, England eine letzte Möglichkeit, sich von Sünde, Gottlosigkeit und Missregierung loszusagen. Daher löste die Revolution eine leidenschaftliche Bewegung für moralische und religiöse Reform aus, die bis weit ins nächste Jahrhundert andauerte – die nationale Kampagne für eine »Reformation der Sitten«. Begeistert unterstützten die neuen Monarchen die Bewegung, kontrastierte sie doch ihre Gottgefälligkeit mit der Unmoral ihrer Vorgänger und rechtfertigte die kostspieligen Kriege gegen das katholische Frankreich, auf die sie sich einließen.[27] Solche Unterstützung kam auch von Seiten zahlloser Politiker, Geistlicher, Richter, Schriftsteller, von engagierten Befürwortern der Reformbewegung und einfachen Menschen. Von dem Augenblick an, da Wilhelm und Maria den Thron bestiegen, kam es überall im Land zu spontanen Aktionen gegen unmoralisches Verhalten.

Die strengere Bestrafung ungesetzlicher sexueller Handlungen war von Anfang an ein entscheidendes Anliegen der Kampagne. Offenbar hoffte man, jetzt neue Gesetze verabschieden zu können. So meinte der Rechtsanwalt George Meriton, die vorhandenen Sanktionen gegen sexuelle Unmoral seien lachhaft »milde und geringfügig«. Wenn man das Laster eindämmen wolle, pflichtete ihm der Quäker und Philanthrop John Bellers bei, »dann lässt sich das ohne die Autorität des Parlaments nicht bewerkstelligen«.[28] Sogar noch bevor Wilhelm und Maria den Thron bestiegen, wurden sie gedrängt, sich dafür einzusetzen.[29] Im Februar 1690 ging der neue König, wie es von ihm erwartet wurde, in die Offensive, indem er einen offenen Brief an jeden Pfarrbezirk im Lande schickte. Darin ermahnte er Geistliche und Kirchenvorsteher, ihn bei »einer allgemeinen Reformation der Lebensweisen und Sitten aller unserer Untertanen« zu unterstützen und befahl den Kirchengerichten, allen Sittlichkeitsverbrechern augenblicklich den Prozess zu machen, allerdings nur, weil »es bisher keine ausreichende Rechtsgrundlage für die Bestrafung von Ehebruch und Unzucht gibt«.[30]

Während der 1690er Jahre wurden ernsthafte Anstrengungen unternommen, diesen Mangel zu beheben. 1690 brachte eine Gruppe von reformwilligen Bischöfen und Richtern einen Gesetzesentwurf ein, der die Wiedereinführung der Todesstrafe für Ehebrecher und der Gefängnisstrafe für Unzucht vorsah, außerdem sollten einige Schwächen des Gesetzes von 1650 beseitigt werden. Um Verurteilungen zu vereinfachen, wollte man den Beweisstandard senken: Von einer Schuld sei auszugehen, wenn ein unverheiratetes Paar »im Bett oder auch sonst unbekleidet angetroffen wird«. Prostitution wurde jetzt als eigenständiges Verbrechen angesehen und systematisch verfolgt – die käufliche Liebe war in London immer schwerer in den Griff zu bekommen, während die Hauptstadt exponentiell anwuchs und ältere Formen der kommunalen Kontrolle nicht mehr griffen. In dem Bemühen, die Initiative wieder an sich zu reißen, sollten die »gewöhnlichen Dirnen« in jedem Pfarrbezirk durch regelmäßige Razzien aufgegriffen und wegen Landstreicherei in Schnellverfahren abgeurteilt werden. Den Betreibern von Gasthäusern und Bierschenken war es verboten, verdächtigen Frauen nach Beginn der Dunkelheit Einlass zu gewähren. Zuhälter und Bordellbetreiber wurden mit Geldstrafen belegt, an den Pranger gestellt und, wenn notwendig, nach Übersee verbannt.[31]

1698 lag eine ähnliche Besorgnis über die Ausbreitung der Prostitution einem Gesetzesentwurf zugrunde, der sich gegen Hurerei und andere Laster richtete und der nicht nur bei Ehebruch und Unzucht Strafen wie Brandmarkung, Deportation und Hängen vorsah, sondern auch anstrebte, sexuelle Abenteuer an Orten wie Mietkutschen zu verhindern.[32] 1699 betrieben schließlich Bischöfe und Reformer gemeinsam mit erheblichem Druck die Vorlage eines weiteren Gesetzesentwurfs, nach dem Ehebruch und Unzucht als mindere Vergehen behandelt und mit einer Geldstrafe belegt werden sollten.[33]

Der Wunsch, das Gesetz gegen Prostitution, Ehebruch und Unzucht zu verschärfen, war unter Moralreformern weit verbreitet – selbst nach 1700 blieb die Hoffnung, dass »es möglich sein würde, im Unterhaus einen neuen Gesetzesentwurf gegen Unmoral durchzubekommen«. Diese gescheiterten Gesetzesentwürfe gehörten zu dem wiederauflebenden Kampf gegen das Laster im Allgemeinen, der zu Gesetzesvorlagen und tatsächlichen Gesetzen gegen Gotteslästerung, Gottlosigkeit, Glücksspiel und Duelle führte.[34] Ermutigt wurde er durch Entwicklungen in Neuengland und in Nachbarländern. In Holland bildete sich eine Bewegung zur »weiteren Reformation«, die unter anderem strengeres Vorgehen gegen Ehebruch, Unzucht und Prostitution verlangte und während des 17. Jahrhunderts erheblich an Bedeutung gewann. In Schottland war es im Anschluss an die Revolution zu einer entschlossenen Bewegung gegen »Verderbtheit, Ehebruch und andere Abscheulichkeiten« gekommen. In den Jahren 1690, 1693, 1695, 1696 und 1701 verlangten neue Gesetze energisches Vorgehen gegen Unmoral und die »strenge und entschlossene Anwendung« der Todesstrafe für notorische Ehebrecher.[35] In England stimmte eine Mehrheit der Abgeordneten 1699 für eine zweite Lesung der Gesetzesvorlage, die letztlich nur an wiederholten Vertagungen scheiterte. Doch es war nur eine eifernde Minderheit, die die Verabschiedung eines neuen Gesetzes für notwendig hielt. Ein skeptischer Politiker kommentierte diese Bestrebungen mit den Worten: »Wer das Neue und das Alte Testament nicht für eine Lebensregel hält, wird auch nicht durch ein Parlamentsgesetz eines Besseren belehrt werden.«[36]

Mangels neuer Gesetze verschärften die Moralreformer die Anwendung der vorhandenen Sanktionen des Common Law, nicht nur gegen Prostitution, sondern auch gegen alle Formen der Unkeuschheit. Anfang der 1690er Jahre wurden jährlich rund hundert Fälle von Ehebruch und Unzucht in London zur Anklage gebracht. Ganz ähnlich in Bristol, wo reformwillige Richter die Ordnungskräfte anwiesen, Listen mit Personen aufzustellen, »die vermutlich in Sünde oder Hurerei zusammenleben«, und Anstalten zu treffen, Huren aufzugreifen, die ihrem Gewerbe heimlich nachgingen. Fortwährend schärften die Vertreter der Reformation ihren Anhängern ein: »Ehebruch usw. und alle unzüchtigen Handlungen sind Landfriedensbrüche ... derentwegen Anklage erhoben wird.«[37]

Einige spätere Kommentatoren äußerten sich ähnlich. Obwohl Geld- und Schandstrafen im Vergleich zur Todesstrafe nur unvollkommene Waffen seien, meinte einer der Bischöfe von Georg II., »sollten sie streng und ohne Ansehen der Person« gegen Ehebrecher verhängt werden. Das ganze 18. Jahrhundert hindurch vertraten eifernde Richter die Auffassung, dass Männer und Frauen, die bei Hurerei ertappt würden, auch weiterhin angeklagt werden müssten: denn »unzüchtige Handlungen waren nach dem Common Law seit jeher strafbewehrt«.[38] Doch wie wir im nächsten Kapitel sehen werden, bewegte sich der intellektuelle Konsens stetig in die entgegengesetzte Richtung. Das Scheitern aller Bemühungen, den Grundsatz in der Rechtsprechung zu verankern, beschleunigte seinen Weg in die Bedeutungslosigkeit. Bereits 1703 hatte sich die Zahl der in London zur Anklage gebrachten Fälle im Vergleich zum Jahrzehnt davor halbiert. In den folgenden Jahren verblasste die Vorstellung allmählich, dass Ehebruch und Unzucht als Offizialdelikte behandelt werden sollten. 1730 berief sich kaum jemand noch darauf; die meisten Richter erkannten das Prinzip nicht mehr als Prozessgrund an. »Herrschende Meinung« war, wie der Herausgeber der Zeitschrift *State Trials* formulierte, dass solche Angelegenheiten nicht in Strafprozesse gehörten. Sogar in Schottland war dieser Trend deutlich erkennbar. Offenbar wurde in England Ehebruch als Offizialdelikt zum letzten Mal 1746 vor Gericht verhandelt.[39]

Tugendgesellschaften

Die Kampagne gegen Prostitution war in jeder Hinsicht erfolgreicher. Einige gottesfürchtige Richter und Beamte führten den Krieg gegen die Sünde mehr oder weniger im Alleingang, im Geist ihrer puritanischen Vorgänger. 1703 tapezierte Thomas Powell, der Bürgermeister von Deal, seine Stadt mit königlichen Proklamationen gegen das Laster und suchte persönlich Bürger auf, die geflucht, die Sonntagsruhe verletzt oder in anderer Weise gegen die guten Sitten verstoßen hatten. »Ich griff eine gewöhnliche Prostituierte von sehr anstößigem Verhalten auf«, schrieb er in sein Tagebuch,

> brachte sie zum Schandpfahl – der sich mitten auf dem Marktplatz befand, wo an die hundert Menschen zugegen sein mochten – und ließ ihr zwölf Hiebe verabreichen; bei jedem dritten Schlag redete ich sie an und forderte sie auf, allen Frauen ihres Gewerbes, wo immer sie sie träfe, mitzuteilen, dass der Bürgermeister von Deal ihnen das nämliche Schicksal bereiten werde, wenn sie nach Deal kämen und so unzüchtige Handlungen begingen wie sie.

Doch an den meisten Orten schlossen sich die Moralreformer zusammen und bildeten engagierte Gesellschaften zur Verfolgung von Personen, die in der Öffentlichkeit tranken, fluchten, um Geld spielten, die Sonntagsruhe störten, Ehebruch begingen und Unzucht trieben.[40]

Anfang des 18. Jahrhunderts waren überall auf den Britischen Inseln, in den nordamerikanischen Kolonien und in Kontinentaleuropa eine Fülle solcher Gesellschaften zur Verbesserung der Sitten gegründet worden. Es existierten ländliche und landesweite Vereinigungen in Bedfordshire, Buckinghamshire, Cheshire, Gloucestershire, Kent, Monmouthshire, Staffordshire, Pembrokeshire und auf der Isle of Wight; auch in vielen Kleinstädten gab es sie: Alnwick, Bangor, Tamworth, Kendal, Carlisle, Kidderminster, Lyme Regis, Shepton Mallet und Longbridge Deverill in Wiltshire (wo es sich um eine Gesellschaft von »eifrigen und tüchtigen« älteren Leuten handelte). Eine wichtigere Rolle spielten sie aber in größeren Städten, wo Laster und Sittenlosigkeit verbreiteter waren. 1699 wirkten diese Reformgesellschaften in Coventry, Chester, Gloucester, Hull, Leicester, Liverpool, Newcastle, Nottingham und Shrewsbury; andere waren in Bristol, Derby, Canterbury, Leeds, Norwich, Northampton, Portsmouth, Reading, Wigan, Warrington und York aktiv oder geplant; außerhalb Englands gab es sie in Dublin, Edinburgh, Boston, auf Jamaica, in Belgien, Deutschland, Holland, der Schweiz, Schweden und Dänemark.[41]

London war der Geburtsort und der Mittelpunkt der Bewegung.[42] Dort richteten sich die Bemühungen in erster Linie gegen die sexuelle Freizügigkeit. Einer ihrer ersten Vorsitzenden war Reverend Dr. Thomas Tenison, ein Mann, der vollkommen furchtlos gegen Ehebruch und Unzucht zu Felde zog. 1687 hatte er Nell Gwyn, die Mätresse Karls II., an ihrem Totenbett aufgesucht und sie aufgefordert, Buße zu tun. Nach der Revolution predigte er vor der Königin gegen Wollust und Verderbtheit, rügte den König, weil er sich eine Mätresse hielt, und wurde, nachdem er zum Erzbischof von Canterbury ernannt worden war, zu einem unermüdlichen Fürsprecher einer moralischen Reform. Tenison war es auch gewesen, der als Pfarrer von St. Martin in the Fields im West End als erster die Kampagne gegen das Laster propagiert hatte.

Bald nach der Krönung von Wilhelm und Maria im Sommer 1689 reichte sein Pfarrbezirk eine Petition gegen die örtlichen Bordelle ein; einige Wochen später begann eine Gruppe von Stadtvertretern das Viertel von Prostituierten zu säubern. In der City of London ergriff der neue Whig-Bürgermeister strenge Maßnahmen gegen die »liederliche und schändliche Praxis von Männern und Frauen, am Abend durch die Straßen zu streifen und andere schamlos zu gottlosem Tun aufzureizen.« Kurz nach diesen Initiativen in der City und im West End gründete eine Gruppe von Kirchenvorstehern, Konstablern und anderen Hausbesitzern im Eastend eine Gesellschaft (»Tower Hamlets«), die ausdrücklich dem Zweck gewidmet war, »die öffentlichen Bordelle zu beseitigen«. Sie beschlossen, untereinander Geld zu sammeln, Anwälte damit zu beauftragen, alle Betreiber und Kunden von Bordellen anzuklagen, ein Netz von »Inspektoren« zu knüpfen, die die Polizeibeamten im Viertel beaufsichtigten, sowie die Sammlung und Verwendung von Geldmitteln zu organisieren. Nach wenigen Monaten veröffentlichten sie in der Hoffnung, andere zur Nachahmung ihres Beispiels zu ermutigen, ein Manifest.[43]

Um 1700 gab es mehr als ein Dutzend verschiedene Gruppen in der Hauptstadt, die sich zum Ziel gesetzt hatten, das Laster vor Gericht zu bringen. Trotzdem blieb die in steter Expansion und Umstrukturierung begriffene Gesellschaft Tower Hamlets die wichtigste, stadtweit operierende Organisation im Kampf gegen die Prostitution. Ihre selbstgestellte Aufgabe war die Suche nach »Häusern, in denen Sittenverfall und Prostitution herrschten, und nach den Personen, die sie frequentierten, um sie anzuklagen, zu verurteilen und zu bestrafen«. Sie hat auch als erste eine jährliche Erfolgsbilanz veröffentlicht. Von 1694 bis 1707, bis die Zahlen zu groß wurden, legte die Gesellschaft eine »Schwarze Liste« vor, in der sie in exakter alphabetischer Reihenfolge die Namen und Verbrechen jedes Sittlichkeitsverbrechers aufführte, den sie in den letzten zwölf Monaten seiner gerechten Strafe zugeführt hatte. Tausende dieser Einblattdrucke wurden weit über die Grenzen der Hauptstadt hinaus verteilt und angeschlagen, den Sündern zur Warnung und deren Feinden zum Ansporn.[44]

Die neue Kampagne gegen Unkeuschheit richtete sich in erster Linie gegen Straßenprostitution und Bordelle: Diese Verbrechen schienen vor allem in London überhand zu nehmen. So schrieb ein Richter: »Wenn dem Laster privat und im Verborgenen gefrönt wird, geht es nicht mit solchen empörenden Begleiterscheinungen einher, wie wenn es auf euren Straßen und euren Märkten zur Schau gestellt wird und am helllichten Tag Gott und Religion verhöhnt.« Hinzu kam, dass sich die Prostitution von allen Sexualdelikten offenbar am schädlichsten auswirkte. Die Ausbreitung von Geschlechtskrankheiten raffte auch unschuldige Frauen und Kinder zu Tausenden hin; die Plage der Bordelle zerstörte den Frieden und die Lebensgrundlage ehrenwerter Bürger.

Dort verführen und verlocken schamlose Huren unsere Söhne und
Dienstboten, sich Ausschweifungen hinzugeben, woraufhin diese uns
Geld unterschlagen und stehlen, um ihre Metzen aushalten zu können;
hier verschleudern Tagelöhner ihren Verdienst, der eigentlich dazu
dienen sollte, ihre Schulden bei den Kaufleuten zu begleichen und Brot
für die Kinder zu kaufen, wodurch ganze Familien an den Bettelstab
kommen; hier werden ihre Körper mit der Syphilis verseucht und ihre
Taschen um beträchtliche Summen erleichtert, was nicht selten Strei-
tereien, Schlägereien, Blutvergießen ... Zusammenrottungen, Tumulte
und Aufruhr nach sich zieht, sehr zur Bekümmerung und Besorgnis
seiner Majestät friedfertiger Untertanen.[45]

Die Methoden, mit denen man gegen Straßenmädchen, Bordellbetreiber
und ihre Kunden vorging, erinnerten an die traditionellen Mittel und
Zwecke sexueller Disziplinierung. Doch obwohl sie ausgepeitscht, an den
Schandkarren gebunden und zu Zwangsarbeit verurteilt wurden, bemühte
man sich um Strafbefreiung von weniger hartgesottenen Delinquenten, indem man es bei einer Rüge, einem Privatgespräch über ihren Lebenswandel oder einer erbaulichen Literaturempfehlung bewenden ließ. Die neuartige Zuhilfenahme der Presse, um die Sexualstraftäter zu benennen und
bloßzustellen, orientierte sich an ähnlichen Grundsätzen. Hartnäckig hielt
sich die Hoffnung, man könne sogar in London die Kirchendisziplin wie-
derbeleben. Die Gesellschaft Tower Hamlets schlug vor, von den Geistlichen in allen Pfarrbezirken Inspektoren einsetzen zu lassen, damit diese
jene Personen heimlich überwachten, die für ihre Sittenlosigkeit »besonders bekannt oder verdächtig sind«. Jeden Sonntag »werde ich vor der Gemeinde die Namen und Delikte deutlich vernehmlich vorlesen lassen« und
sie vom Abendmahl ausschließen, »bis sie sich durch ein offenes Geständnis und sichtbare Zeichen der Reue reinigen«. Genau dasselbe geschah in
Schottland, und 1708 wies Königin Anna alle englischen Presbyterien und
Pfarrbezirke an, fortan genauso zu verfahren und »geeignete Personen zu
benennen ... damit sie Laster und Unmoral im Auge behalten, um dann

RECHTE SEITE: *Abb. 3. Die elfte Schwarze Liste (1706) mit den Namen*
und Delikten aller 830 Männer und Frauen, die im Vorjahr von der
»Tower-Hamlets-Gesellschaft zur Reformation der Sitten« bestraft wurden.

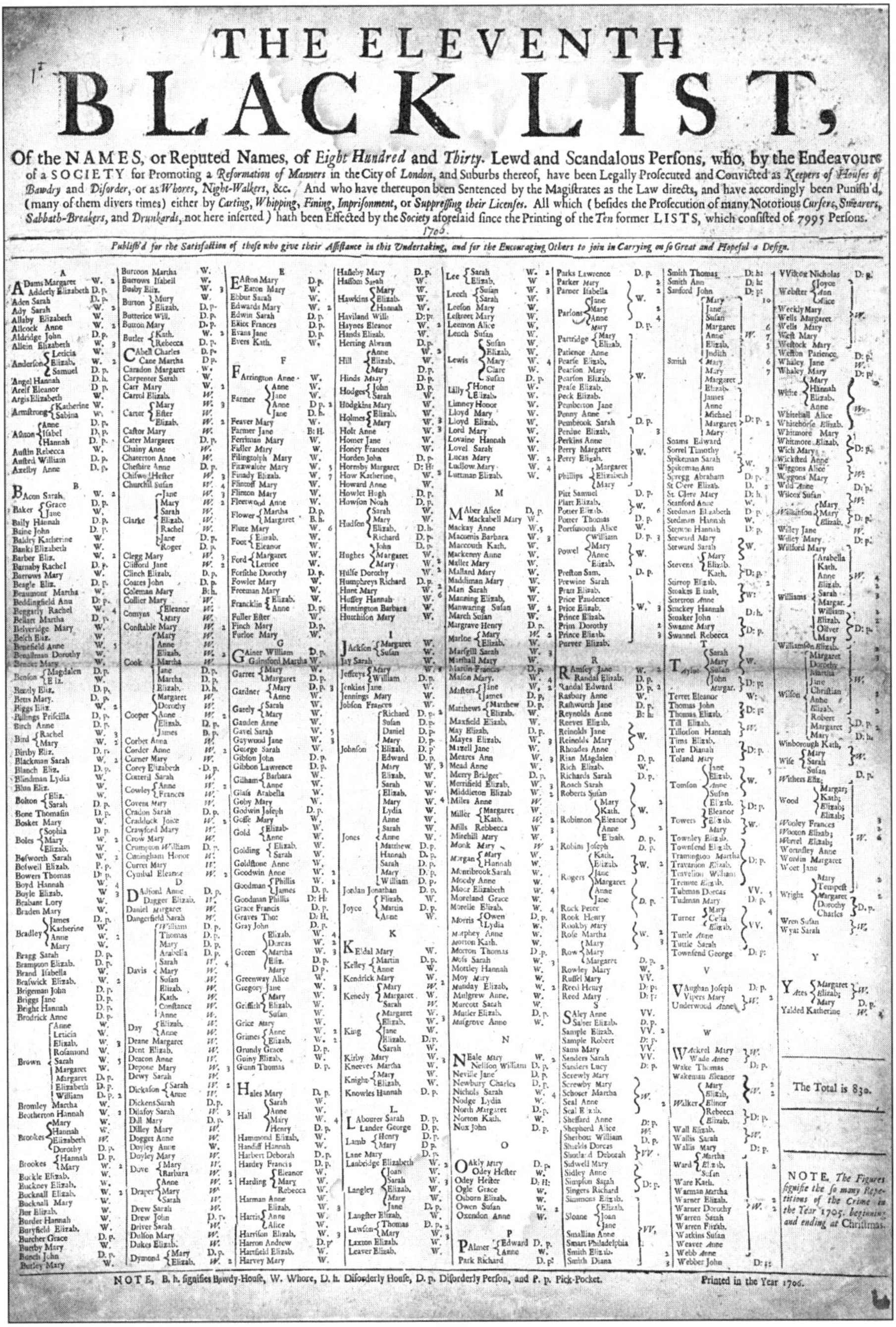

THE ELEVENTH
BLACK LIST,

Of the NAMES, or Reputed Names, of *Eight Hundred* and *Thirty*. Lewd and Scandalous Perſons, who, by the Endeavours of a SOCIETY for Promoting a *Reformation of Manners* in the City of London, and Suburbs thereof, have been Legally Proſecuted and Convicted as *Keepers of Houſes of Bawdry* and *Diſorder*, or as *Whores*, *Night-Walkers*, &c. And who have thereupon been Sentenced by the Magiſtrates as the Law directs, and have accordingly been Puniſh'd, (many of them divers times) either by *Carting*, *Whipping*, *Fining*, *Impriſonment*, or *Suppreſſing their Licenſes*. All which (beſides the Proſecution of many Notorious *Curſers*, *Swearers*, *Sabbath-Breakers*, and *Drunkards*, not here inſerted) hath been Effected by the Society aforeſaid ſince the Printing of the *Ten* former LISTS, which conſiſted of 7995 Perſons.

1705.

Publiſh'd for the Satisfaction of thoſe who give their Aſſiſtance in this Undertaking, and for the Encouraging Others to join in Carrying on ſo Great and Hopeful a Deſign.

[A densely printed multi-column alphabetical list of approximately 830 names follows, with single-letter abbreviation codes; the individual entries are largely illegible at this resolution.]

The Total is 830.

NOTE. *The Figures ſignifie the ſo many Repetitions of the Crime in the Year 1705, beginning and ending at Chriſtmas.*

NOTE, B. h. ſignifies Bawdy-Houſe, W. Whore, D. h. Diſorderly Houſe, D. p. Diſorderly Perſon, and P. p. Pick-Pocket.

Printed in the Year 1706.

diejenigen, die sich in dieser Weise schuldig gemacht haben«, in Zusammenarbeit mit der weltlichen Justiz anzuklagen. Letztlich ging es diesen Kräften um eine Gesellschaft, in der die Unmoral »von allen gemieden wird, bis auf die unreine Schar der Lasterhaften und Gottlosen, die gezwungen sind, sich in ständiger Angst, entdeckt zu werden, in dunklen Winkeln zu verstecken.«[46]

Die unmittelbare Wirkung der Kampagne war beträchtlich. 1693, in dem ersten Jahr, in dem die Gesellschaft Tower Hamlets in ganz London aktiv war, brachte sie mehrere Hundert Männer und Frauen wegen Promiskuität vor Gericht. Außerdem erreichte sie es, dass fast dreißig Bordellbetreiber in der City zu empfindlichen Geldstrafen und öffentlicher Auspeitschung verurteilt wurden, womit sie erheblich über dem allgemeinen Strafniveau der Restauration lagen. All das lässt auf eine beträchtliche Unterstützung für die Kampagne schließen, nicht nur durch die Richterschaft, sondern auch durch Normalbürger, die an vielen Prozessen teilnahmen, als Geschworene dienten und wiederholt die weitere Bestrafung von Bordellbetreibern und Straßenmädchen verlangten.[47]

Diese intensiven Bemühungen wurden viele Jahre lang beibehalten. Zwischen 1700 und 1710 wurden von den Gesellschaften jährlich weit über tausend Anklagen gegen Sittlichkeitsverbrecher eingebracht. Zwischen 1715 und 1725 waren die Zahlen sogar noch höher – gelegentlich betrugen sie fast zweitausend Verurteilungen jährlich. Besonders deutlich zeigten sich die Folgen in der City of London, dem symbolischen Herz und der Hauptstadt der Kampagne – wie der Nation. Nach wenigen Jahren traten Straßenstrich und Bordellbetrieb weit weniger in Erscheinung. 1709 konnten die Gesellschaften in ihrem Bericht über die Prozesse gegen Bordelle stolz verkünden, dass sie »in der City nur noch ein einziges« entdeckt hatten; einige Jahre später war »keines mehr in der City«. Selbst als die Kampagne zu Ende ging, scheint sich das Laster auf den Straßen der City kaum noch bemerkbar gemacht zu haben.[48]

Die Konsequenz dieses Eifers war, dass den Gesellschaften rasch die Hauptlast der sexuellen Kontrolle in der Hauptstadt oblag. 1693 nahmen die Betreiber der Kampagne das Verdienst an rund einem Viertel aller Anklagen für sich in Anspruch, wobei die meisten auf herkömmliche Weise von offiziellen Vertretern der Stadt und Privatleuten eingebracht worden waren. Binnen eines Jahrzehnts hatte sich dieses Verhältnis mehr als um-

Abb. 4. Mann und Frau bei einer nächtlichen Routinekontrolle in flagranti ertappt (Kopie eines Bildes, das Mitte des 18. Jahrhunderts von dem Original aus den 1710er Jahren angefertigt wurde).

gekehrt: 1703 gingen über 85 Prozent aller Verurteilungen auf das Konto der Gesellschaften. Gleiches galt für Anklagen wegen homosexueller Beziehungen, die ab Ende der 1690er Jahre weitgehend von den Gesellschaften erhoben wurden. Während die Kampagne anfangs die bestehenden sexuellen Disziplinierungsmaßnahmen ergänzte, hatte sie diese Aufgabe am Ende fast gänzlich übernommen. [49]

Doch selbst als die Gesellschaften die Rechtsprechung gegen unmoralisches Verhalten dominierten, sahen sie sich wachsenden Schwierigkeiten gegenüber. Das größte Problem war einfach die unaufhörliche Expansion der Großstadt. Vor diesem Hintergrund bekommt selbst der scheinbar beeindruckende Trend von Verurteilungen wegen Prostitution eine andere Qualität. Die ständig wachsende Zahl der jährlich bestraften Huren entsprach auch nicht annähernd der Gesamtzunahme an sexuellen Vergehen. Die Kampagne schien also erfolgreich zu verlaufen, doch tatsächlich war sie am Ende ihrer Aufgabe nicht gewachsen.

Vom Amateur zum Profi

Der Aufstieg und Fall der Tugendgesellschaften trug zu einem grundlegenden Wandel in der Beziehung zwischen Recht und Gesellschaft bei. Bis zu diesem Zeitpunkt beruhte die Ahndung sexueller Delikte und anderer Straftaten auf dem Prinzip der kommunalen Selbstverwaltung. Ämter wie die des Wachmanns, Konstablers oder Kirchenvorstehers wurden üblicherweise nach dem Rotationsprinzip von den Bürgern der einzelnen Pfarrbezirke ausgeübt, die kollektiv für die Aufrechterhaltung der Ordnung in ihrem Gemeinwesen verantwortlich waren. Die Gesellschaften zur Verbesserung der Sitten reklamierten für sich, diese Form öffentlicher Teilhabe wiederzubeleben.

Bisher hatte man angenommen, ihre Kampagne hätte eine große Zahl von gewöhnlichen Bürgern dazu veranlasst, als Tugendwächter tätig zu werden.[50] Tatsächlich war die aktive Mitgliedschaft der Hauptgesellschaft (Tower Hamlets) überraschend klein. Wenn die Mitglieder nicht zufällig Amtsträger der Pfarrgemeinde waren, begnügten sich die meisten Unterstützer mit einem vierteljährlichen Mitgliederbeitrag. Der Kern der Gesellschaft – die Mitglieder, die die monatliche Vollversammlung besuchten und sich für die verschiedenen Ämter zur Wahl stellten – belief sich lediglich auf »rund fünfzig Personen«; die meisten Aktivitäten wurden von einem neunköpfigen Aktionskomitee abgewickelt. Auch die Kampagne gegen sexuelle Unmoral stützte sich nicht auf ein Heer von Laienaktivisten, ganz im Gegenteil. Mit dem Aufspüren von Bordellen und der Strafverfolgung ihrer Betreiber war nur eine Handvoll bezahlter Angestellter befasst: gewöhnlich zwei Männer, die, unterstützt von gleichgesinnten Konstablern, mit Hilfe eines oder zweier zusätzlicher Helfer operierten.[51] Auch die Maßnahmen gegen Prostituierte beschränkten sich im Wesentlichen darauf, dass man die Gemeindevertreter und Richter ermahnte, ihre Pflicht zu tun. Mit ihrem Schrifttum, ihren bürokratischen Strukturen und ihrem Netzwerk von lokalen Agenten spornte die Gesellschaft reformwillige Konstabler an, während sie deren Arbeit gleichzeitig mit großen Geldsummen unterstützte und belohnte. 1694, dem einzigen Jahr, aus dem detaillierte Berichte erhalten sind, zahlte die Hauptgesellschaft ihren beiden Vollzeit-Bordellagenten und deren Gehilfen fast 200 Pfund; weitere 80 Pfund wurden für die Strafanträge gegen Bordellbetreiber ausgegeben; mit einer weiteren Summe entschädigte man eifrige Gemeindevertreter für ihre Ausgaben. Sogar die lokalen »Inspektoren« der Gesellschaft erhielten eine Provision für jede Spende, die bei ihr einging. »Da die Prozesskosten unseres Rechtssystems nicht gerade gering sind«, erklärte der Chefpropagandist der Kampagne mit ciceronischer Rhetorik, »muss es erlaubt sein, das Geld als Nerven dieses Krieges zu nutzen.«[52]

Die Haupttendenz der Kampagne zur Reformation der Sitten bestand also nicht darin, »eine Art Bürgerwehr zu gründen«, wie man herkömmlicherweise dachte, noch nicht einmal, »Normalbürger zur Beteiligung an der Durchsetzung von Gesetzen zu mobilisieren«, wie es in der *New Oxford History of England* heißt, sondern einfach darin, die Möglichkeiten existierender Kontrollmaßnahmen auszuschöpfen. Die Strafverfolgung von Sittlichkeitsverbrechern wurde fast immer von besonders eifrigen Richtern und Konstablern betrieben. Diese Bemühungen wurden von den Gesellschaften unterstützt, indem sie engagierte Gehilfen einstellten, systematisch Blanko-Durchsuchungsbeschlüsse verwendeten und durch Reform der Richterschaft für regelmäßige Sitzungen der Friedensgerichte sorgten. Mit Hilfe dieses Maßnahmenkatalogs konnte selbst eine Handvoll Männer eine große Anzahl von Verurteilungen in Schnellverfahren erreichen. Die gleichen Methoden prägten den Kampf der Gesellschaften gegen andere Laster. Wie die Propaganda der Kampagne zeigte, hatten die meisten ihrer Sympathisanten wenig Lust, sich selbst an die Gerichte zu wenden, weil ihnen die Bereitschaft, moralische Missetäter anzuzeigen, nur Schwierigkeiten, Kosten und Unbeliebtheit eintrug.[53]

Bemerkenswert ist, dass jene Freiwilligen, die sich auf Dauer aktiv an der Kampagne beteiligten, am Ende fast alle ihren Lebensunterhalt mit ihrer Tätigkeit im Dienst von Recht und Ordnung verdienten. Der berühmteste Aktivist dieser Gesellschaften war John Dent. Zu Beginn war er ein frommer junger Mann von bescheidener Herkunft. 1692 trat er der Bewegung bei, nachdem Mitglieder seiner Gebetsgruppe beschlossen hatten, moralische Missetäter anzuzeigen. 1702, zehn Jahre später, half er bei einer Aktion gegen »öffentliche Sittenlosigkeit« in Mayfair aus, als einer seiner Kollegen von Soldaten angegriffen wurde. Dent zog seinen Freund aus dem Kampfgetümmel und hielt den Sterbenden in seinen Armen. Zwischen 1704 und 1707 arbeitete er regelmäßig als Informant und brachte Vergehen wie Entweihung des Sonntags, Fluchen und Trunksucht zur Anzeige. 1709 wurde er zum Konstabler ernannt. Im März desselben Jahres wurde er dann selbst getötet, als er bei der Festnahme eines Straßenmädchens half. Obwohl Dent, wie seine Freunde lobend hervorhoben, ein ehrlicher, frommer Mann war, eine Stütze im »wohllöblichen Glaubenskampf«, war er doch so etwas wie ein berufsmäßiger Tugendwächter geworden, der sein Leben der Aufgabe widmete, »mehrere Tausend sittenlose und lasterhafte Personen [d. h. Prostituierte] nebst einer großen Anzahl von Leuten, die den Sonntag entweihten, gottlos fluchten und der Trunksucht frönten, festzunehmen und vor Gericht zu bringen«.[54]

Jonathan Easden, von Beruf Tischler, hatte sich der Kampagne noch vor Dent angeschlossen; er hatte sie sogar mitbegründet. 1690 gehörte er zu den Unterzeichnern des ursprünglichen Eastend-Manifests gegen Bordelle; binnen weniger Jahre war er zu einem der führenden Vertreter der Bewegung aufgestiegen. Doch von Anfang an wurden seine Motive öffentlich in Frage gestellt. Wiederholt wurde er wegen schikanöser Klageführung, Erpressung und Körperverletzung angezeigt. Das Gericht von Middlesex leitete gegen ihn eine Untersuchung wegen mutmaßlicher Erpressung von Bordellbetreibern ein; Gleiches tat das Unterhaus. Anfang der 1690er wurde er mit einer Geldstrafe belegt, geächtet und zu mehreren Monaten Gefängnis in Newgate verurteilt; mehr als zehn Jahre später kam er erneut vor Gericht. Dieses Mal bekam er wegen Betrugs eine Geldstrafe von 20 Pfund, Pranger und Gefängnis.[55]

Wie Laienaktivismus gegen Unmoral allmählich in Käuflichkeit übergehen konnte, zeigte auch das Beispiel von Easdens Kollegen Bodenham Rewse, eine weitere Stütze der Bewegung in ihren ersten Jahren. Offenbar hat Rewse ganz ähnlich angefangen wie John Dent: Als die Kampagne begann, war er das frisch verheiratete Mitglied einer religiösen Gesellschaft. Von Berufs wegen war er Sticker, wie seine Frau Thomasine; aber er nutzte die Bewegung, um sich im Schatten der Londoner Strafverfolgungsbehörden eine erfolgreiche Berufslaufbahn zu sichern. Zwischen 1693 und 1695 wurde er von der Gesellschaft Tower Hamlets als einer ihrer Bordell-Spione beschäftigt und bekam für diese Tätigkeit jährlich rund 75 Pfund an Lohn und Spesen. Das führte ihn zum einträglicheren Geschäft der Verfolgung schwerer Straftaten. Ende der 1690er machte er erfolgreiche Jagd auf Diebe und strich große Belohnungen für die Ergreifung von jakobitischen Verschwörern, von Betrügern und Falschmünzern ein. Innerhalb weniger Jahre hatte er genügend Geld verdient, um sich das Amt eines stellvertretenden Aufsehers im Newgate-Gefängnis zu kaufen, wo er bis zu seinem Tod im Jahr 1725 blieb. Wenn Rewse anfangs auch große Abneigung gegen sexuelle Unmoral empfunden haben mochte, so war diese um die Jahrhundertwende mit Sicherheit verschwunden, denn zu diesem Zeitpunkt verkehrte er mit Huren, steckte seine Frau mit der Syphilis an und begann, sie auf die grausamste Weise zu misshandeln.[56]

Wir haben es mit einem bemerkenswerten Paradox zu tun: Die Gesellschaften wollten möglichst große Teile der Bevölkerung ansprechen. Sie hatten das erklärte Ziel, die Bürger wieder zu einer stärkeren Beteiligung an der moralischen Disziplinierung zu veranlassen. Doch ihre Kampagne hatte genau den gegenteiligen Effekt. Obwohl sie in ihrer Rhetorik eine Basisbewegung beschworen, stützten sie sich in ihrer Arbeit tatsächlich auf eine kleine Gruppe von regelmäßigen Informanten und Amtsträgern. Statt aktiv zu helfen, begnügten sich die meisten Sympathisanten mit finanziellen Zuwendungen. Das hatte in erster Linie zur Folge, dass die Polizeiaufgaben der Hauptstadt stärker in die Hände bezahlter Ordnungskräfte gelegt wurden.

Diese Entwicklung hatte eine lange Vorgeschichte. Spätestens mit der

Herrschaft von Elisabeth I. hatte die Komplexität des Lebens in London
den Reiz und die Wirksamkeit des traditionellen Kontrollsystems untergraben, bei dem gewöhnliche Hausbesitzer als Konstabler und in anderen
Funktionen durch die Straßen patrouillierten. Zuerst wurde das Amt des
Nachtwächters geopfert, das offenbar schon Anfang des 17. Jahrhunderts
in einigen Teilen der Stadt weitgehend von bezahlten Ersatzkräften wahrgenommen wurde; um 1700 hatte sich diese Praxis so eingebürgert, dass in
einigen Vierteln zu diesem Zweck offizielle Steuern erhoben wurden. Auch
die Einstellung von Hilfskonstablern nahm in dem Maße zu, wie die Aufgaben anstrengender wurden. Trotzdem blieb der Grundsatz der persönlichen Verpflichtung unangetastet; viele Hausbesitzer nahmen das Amt
auch weiterhin persönlich wahr, zumal die vereinzelte Einstellung von Vertretern die Wirksamkeit des Systems nicht wirklich erhöhte. In dieser Situation entwickelten die Reformgesellschaften ihre Methoden: Geld durch
Mitgliederbeiträge zu erheben, engagierte Amtsträger zu belohnen und Voll-
zeit-Informanten einzustellen. Diese Neuerungen boten eine vollkommen
neue Lösung für den Zusammenbruch der ehrenamtlichen Tätigkeit. Ihr
relativer Erfolg ließ die Vorstellung von bezahlten Ordnungskräften Gestalt
annehmen und trug zur Professionalisierung der Polizei bei. [57]

Im Gegenzug fiel der Niedergang der Reformgesellschaften mit dem
allgemeinen Empfinden zusammen, dass die Ordnungsaufgaben in London nur unzulänglich wahrgenommen wurden. Infolgedessen kam es um
1740 zu einer vollständigen Umgestaltung des Systems. Jeder Pfarrbezirk
der Hauptstadt organisierte jetzt eine ständige, bezahlte Nachtwache. Immer häufiger wurden Berufskonstabler eingestellt. Überall in der Stadt
richtete man öffentliche Strafverfolgungsbehörden ein, deren Zahl ständig
zunahm. Die allgemeine Einführung dieser Veränderung beendete den altehrwürdigen Grundsatz, demzufolge die Ordnungsaufgaben persönlich
wahrzunehmende Bürgerpflichten seien. Fortan beschränkte sich die Aufgabe von Hausbesitzern darauf, für die Arbeit anderer zu bezahlen; profes-
sionelle Patrouillen und die geschäftsmäßige Erfüllung von administrati-
ven und richterlichen Aufgaben war nun die Regel und keine tadelnswerte
Ausnahme mehr.[58]

So kam es, dass Mitte des 18. Jahrhunderts gewöhnliche Bürger, die das
Laster bekämpfen wollten, nicht mehr selbst vor Gericht gingen, sondern
andere damit beauftragten. Angesichts der verheerenden Auswirkungen

der Bordelle in den 1750er Jahren bezahlten die Bewohner von Covent Garden Informanten, statt die Dinge selbst in die Hand zu nehmen. In dem Versuch, den Straßenstrich zu beseitigen, stellten die Hausbesitzer von St Martin's Ludgate in den 1760er Jahren einen Mann ein, der die Prostituierten in ihrem Auftrag vertrieb. Bei umfassenderen Kampagnen waren die Methoden ähnlich. Der Kampf gegen verschiedene Formen sexueller Sittenlosigkeit war eines der Ziele verschiedener, wiederbelebter Londoner Reformgesellschaften – etwa der Gesellschaft für die Reformation der Sitten, die von 1757 bis 1766 aktiv war, der nationalen Proclamation Society, die 1787 von William Wilberforce gegründet wurde, und der Society for the Suppression of Vice, die es seit 1802 gab. In allen diesen Fällen erhoben die Reformer Geld durch Beiträge und forderten Konstabler und Richter auf, die vorhandenen Gesetze anzuwenden. Doch nur in Ausnahmefällen beteiligten sie sich persönlich an der Strafverfolgung von Delinquenten: Das blieb jetzt weitgehend bezahlten Kräften und Spezialisten überlassen.[59]

Ähnliche Entwicklungen gab es auch in anderen Bereichen. Männer, die ihren Lebensunterhalt damit verdienten, andere vor Gericht zu bringen, bestimmten in zunehmendem Maß die Strafjustiz. Sogar die Regierung unterstützte diese Praxis, indem sie beträchtliche Belohnungen auslobte. Außerdem wurden – besonders nach 1750 – überall im Land Privatgesellschaften gegründet, die die Strafverfolgung von Wilderern, Dieben und anderen Schwerkriminellen förderten und finanzierten: Um 1800 dürfte es mehr als tausend bezahlte Strafverfolger gegeben haben. Immer häufiger war man bereit, Gehalt und Gewinn als angemessene Beweggründe für städtische Friedensrichter anzuerkennen: 1792 schrieb der Middlesex Justices Act die Besoldung von Richtern fest. Die wachsende Bedeutung professioneller Ordnungskräfte nach 1700 war symptomatisch dafür, dass normale Bürger persönlich kaum noch für die Aufgaben der Strafverfolgung in Anspruch genommen wurden.[60] Zwar blieb die ideologische Wirkung des Gesetzes erhalten, nahm in mancherlei Hinsicht sogar noch zu, doch seine kollektive Basis und seine Bedeutung im Alltag gingen unwiderruflich verloren. Die Folgen waren weitreichend. Die Kultur der gesetzlichen Disziplinierung hatte jahrhundertelang auf einer breiten Beteiligung der Bevölkerung beruht. Die war um 1800 weitgehend verschwunden.

Hierarchie und Heuchelei

Ebenso verblüffend war, dass die Kampagne für die Reformation der Sitten zu einem Streit um die Berechtigung der Strafverfolgung von gewöhnlichen Prostituierten und Bordellbetreibern führte. Um 1700 glaubte niemand, dass derartige Verbrechen ungesühnt bleiben dürften, daher konnten die Reformgesellschaften energisch gegen sie vorgehen. Doch obwohl ihre Taktik kurzfristig sehr erfolgreich war, rief sie auch wachsenden Widerstand hervor.

Nach 1688 lautete der häufigste Einwand gegen die Reformer nicht, die moralische Disziplinierung an sich sei falsch, sondern werde nur ungerecht in die Praxis umgesetzt. Es sei offensichtlich, wandten die Kritiker ein, dass nur die Armen für ihre Laster büßen müssten, während die Reichen sich ihrer Strafe entzögen. Das war ein altes Problem, das den Anhängern der sexuellen Disziplinierung seit jeher bekannt war und gegen das sie schon immer gekämpft hatten. Eine alte Forderung von ihnen lautete sogar, es sei *dringender*, das Laster in den höheren Gesellschaftsschichten zu bekämpfen, als es in den unteren zu verfolgen. Was nützt Euch eure Bedeutung und Größe, fragte ein Prediger aus der Zeit Jakobs I., »soll es Euch vor dem Bösen bewahren, soll es Euch eine wie auch immer beschaffene Straffreiheit gewähren, ein Vorrecht zu sündigen?« Im Gegenteil, »je bedeutender die Stellung der Menschen ist, desto abscheulicher und verwerflicher sind ihre wollüstigen Taten« und desto strenger seien sie zu bestrafen. Ende des 17. Jahrhunderts war es noch immer gängige Auffassung, dass ein »vornehmer Stand das Verbrechen erschwert« und dass die Bestrafung eines höher gestellten Delinquenten durch Beispiel und Wirkung mehr nütze »als die von zwanzig Delinquenten niederen Ranges«. Nur die »geringen Missetäter« zu strafen, nicht aber »die Hurengänger von Stand«, sei daher wirkungslos, für Gott eine Beleidigung und für die Welt ein schreiendes Unrecht.[61] Anfangs wurden vereinzelte Versuche gemacht, diese Grundsätze in die Praxis umzusetzen.[62]

Im Laufe der Zeit aber gaben sich die meisten Verfechter von Recht und Moral mit weniger zufrieden. Hurerei und Ähnliches seien, so ein Geistlicher im Jahr 1697, offensichtlich »nicht ausschließlich die Laster von Dienern, sondern auch von Herren; nicht nur von Leuten niederen Standes, sondern auch von Euresgleichen und höher Gestellten.« Eigentlich seien alle gleich schuldig an einem Vergehen, »das bei einem Menschen ebenso ein Verstoß gegen das Gesetz Gottes und der Welt ist wie bei einem anderen«. Dennoch lautete sein Rat an die Adresse der Reformer: »Ich denke, dort, wo es mehr Schaden als Gutes täte, solltet Ihr nachgeben … Um bedeutende und höher gestellte Männer zu rügen, wäre es manchmal am besten, ihnen vor Augen zu führen, welches die gerechte und verdiente Strafe für ihre eigenen Verfehlungen ist, indem Ihr Delinquenten von niederem Stand für die Dinge straft, deren sie sich schuldig gemacht.« Diese Haltung veranlasste Daniel Defoe 1698 zu einer seiner frühesten Veröffentlichungen. Eine nationale Reformation der Sitten sei »absolut unerlässlich«; zugleich aber beklagte er, dass »die Parteilichkeit dieses Reformeifers die eigentliche Arbeit unmöglich« mache. Es sei unvernünftig und ungerecht, das gemeine Volk zu bestrafen, aber die Oberschicht und die Würdenträger unbehelligt zu lassen, obwohl deren schlechtes Beispiel doch die eigentliche Ursache für den Sittenverfall in England sei. Zehn Jahre später kündigte Defoe – mittlerweile in Schottland lebend – aus ähnlichen Gründen seine Mitgliedschaft in der wichtigsten Reformgesellschaft Edinburghs: Deren Mitglieder hatten beschlossen, einen ihrer führenden Vertreter, einen notorischen Ehebrecher, ungeschoren zu lassen. Keine wirkliche Reformation, so Defoes bittere Warnung, könne jemals auf einer so heuchlerischen Grundlage gelingen.[63]

Doch genau diese Selektivität begann man im 18. Jahrhundert entschieden zu verteidigen. Es sei durchaus angebracht, meinte ein Bischof 1731, dass die Reformgesellschaften ihre Aktivität auf die unteren Stände beschränkten, »auf deren Fleiß und Tugend die Stärke und der Reichtum unserer Nation so sehr angewiesen sind«. Angehörige der Oberschicht könne man getrost ihrem Gewissen und dem Höchsten Richter überlassen. Zwar sei alle sexuelle Sittenlosigkeit zu verurteilen, meinte Sir John Fielding 1763, am schlimmsten seien die »vulgären und gemeinen Bordelle, wo das Laster billig angeboten wird und für die einfachen Leute erschwinglich ist, die die eigentliche Stütze der Verfassung sind«. Wichtiger noch als die Kontrolle des »privaten« Verhaltens der Oberklasse, erklärte die Society for the Suppression of Vice einige Jahrzehnte später, sei die Reglementierung des »öffentlichen« Verhaltens. Obwohl um 1800 der Sittenverfall der Aristokratie noch schärfer angeprangert wurde als ein Jahrhundert zuvor, hatte sich doch weithin die Vorstellung durchgesetzt, dass dem juristischen Vorgehen gewisse Grenzen gesetzt waren. Die Ansicht, dass irgendeine Gesellschaft »für die Unterdrückung öffentlicher Sittenlosigkeit« Delinquenten aller Stände zur Verantwortung ziehen sollte, war jetzt eher die Ausnahme als die Regel.[64]

Dieser Wandel der Grundsätze ist eine der Erklärungen dafür, dass im Laufe des 18. Jahrhunderts der sexuellen Disziplinierung immer heftiger, immer lauter und immer häufiger Ungerechtigkeit vorgeworfen wurde. Ende des Jahrhunderts war die Basis für die Strafverfolgung sexuellen Fehlverhaltens offensichtlich noch schmaler und parteiischer geworden. Besonders umstritten war der zunehmende Einsatz von Informanten, die einen Teil der dem Delinquenten auferlegten Geldstrafe beanspruchen konnten. In der moralischen Disziplinierung hatte dieses Verfahren bis dahin keine Rolle gespielt, in anderen Bereichen aber eine lange und umstrittene Geschichte. Bereits Anfang des 17. Jahrhunderts herrschte die Meinung vor, dass gewöhnliche Informanten »nicht aus Gerechtigkeitsliebe, sondern aus Bosheit und Eigennutz handelten«. Zur Regierungszeit von Karl II. und Jakob II. war ihre Verwendung im Kampf gegen religiöse Dissidenten besonders umstritten, da käufliche und gewissenlose Menschen dadurch die Möglichkeit erhielten, aus der Denunziation aufrichtiger Christen Profit zu schlagen. Zwischen 1682 und 1686, auf dem Höhepunkt der staatlichen Verfolgung von Nonkonformisten, wurden in London Tausende von Männern und Frauen wegen ihrer religiösen Ansichten festgenommen, mit Geldstrafen belegt und zu Haftstrafen verurteilt. Doch das war kein Anzeichen dafür, dass sich große Teile der Bevölkerung begeistert an der strengen Durchsetzung religiöser Einheitlichkeit beteiligten. Die meisten der Angeklagten lebten unbehelligt von ihren anglikanischen Nachbarn, bis sie von Banden zynischer, käuflicher Spitzel aufgespürt wurden.[65*]

Als nur wenige Jahre später die Kampagne für moralische Reformen die gleichen Methoden verwendete, sah sie sich einer Mauer von Zweifel und Feindseligkeit gegenüber. Selbst ihren Unterstützern musste ständig versi-

---

* 1683 beschwerten sich die Quäker-Führer George Whitehead und William Crouch beim Erzbischof von Canterbury »über die Unbilden, die unsere Freunde durch Informanten erleiden … und erzählten ihm, was für schlechte Menschen sie seien und Meineide schwüren, wofür sie angeklagt werden müssten: Und was es für eine Schande sei für ihre Kirche, die Menschen mittels der Verfolgung durch solche Agenten zur Konformität zu zwingen … Zur Entschuldigung antwortete er ihnen: ›*Es muss auch krummes Holz zum Bau eines Schiffes verwendet werden*.‹«. *The Christian Progress of … George Whitehead* (1725), S. 500.

chert werden, dass Informantendienste jetzt Gottes Werk seien, »so skandalös und schändlich dieser Begriff auch in letzter Zeit erschien, sind doch einige Informanten Agenten des Teufels gewesen, deren Absicht es war, andere zugrunde zu richten und sich selbst zu bereichern.« Obwohl die Spitzel, die über unmoralisches Verhalten berichteten, eigentlich kein Geld annehmen durften, hielt sich hartnäckig der Verdacht der Käuflichkeit. »Wir müssen bekennen«, gaben die Gesellschaften 1709 zu, »dass es einige niederträchtige und verderbte Personen gab … die Missetätern und manchmal auch ehrenwerten Männern Geld abgepresst haben.« Informanten über lasterhaftes Verhalten seien Ehrenleute, erklärte der Bischof von London 1724, und »sollte sich gelegentlich eine Person mit bösen Absichten unter sie mischen und unter dem Mäntelchen des Kampfes gegen Laster und Gottlosigkeit sein eigenes Süppchen kochen, so darf das nicht Wunder nehmen.« Allerdings waren die meisten Beobachter weniger nachsichtig. Die Unterdrückung des Lasters sei sicherlich, so schrieb der Journalist Edward Ward, »ein höchst löbliches Unterfangen«. Aber die ganze Sache sei »äußerst anrüchig«, weil man sich auf schmierige Spitzel verlasse, »die im Schmutz wühlen wie Fliegen auf einem Scheißhaufen«. Selbst offensichtliche Anhänger der sexuellen Disziplinierung zeigten sich zunehmend ernüchtert von den schäbigen Methoden und hatten Sorge, dass die ganze Grundlage dieser Bemühungen verfälscht und korrupt sein könnte. Das Projekt sei in bester Absicht begonnen worden, schrieb Jonathan Swift, dann aber »zu einem Gewerbe verkommen, an dem sich schäbige und gewissenlose Spitzel von niedrigster Herkunft bereichern – etwa gewöhnliche Konstabler und bankrotte Ladenbesitzer«.[66]

So wurde der lüsterne, heuchlerische Reformer im Schauspiel des frühen 18. Jahrhunderts zu einer komischen Figur mit hohem Wiedererkennungswert. In Mary Pixes Farce *The Different Widows* (1703) ist der Reformer Mr. Drawle ein frömmelnder Narr, den seine Frau verachtet. Als er bei einer jungen Frau unter dem Bett entdeckt wird, zwingt man ihn zu dem Eingeständnis: »Oft wurde ich in Versuchung geführt, wenn ich die Verworfenen tadelte« – so manche »hübsche Missetäterin« sei in seinem Bett gelandet, statt im Gefängnis. In *The Constant Couple* (1700) ließ George Farquhar Mr. Smuggler auftreten, einen älteren Ratsherrn, der mit seinem Kampf gegen das Laster prahlt, während er gleichzeitig der übel beleumdeten Madam Lurewell nachstellt. In dem Augenblick, da sie ihm nachzuge-

THE
SAINT turn'd SINNER;
Or, the Diſſenting Parſon's Text under the *Quaker*'s Petticoats.

Tune of a *Soldier* and a *Saylor*.

YOU Friends to Reformation,
 Give Ear to my Relation,
 For I ſhall now declare Sir,
Before you are aware Sir,
 The matter very plain.
 The matter very plain.
A Goſpel Cuſhion thumper,
 Who dearly lov'd a Bumper,
And ſomething elſe beſide Sir,
 If he is not bely'd Sir,
This was a holy Guide Sir,
 For the Diſſenting Train.

And for to tell you truly,
 His Fleſh was ſo unruly,
He cou'd not for his Life Sir,
 Paſs by the Draper's Wife Sir,
 The Spirit was ſo faint.
 The Spirit was ſo faint.
This jolly handſome *Quaker*,
 As he did overtake her,
She made his Mouth to Water,
 And thought long to be at her,
Such Sin is no great matter,
 Accounted by a *Saint*.

(Says he) *my pretty Creature,*
 Your charming handſome Feature,
Has ſet me all on Fire
 You know what I deſire,
 There is no harm in Love.
Quoth ſhe, if that's your Notion,
 To Preach up ſuch Devotion,
Such hopeful Guides as you Sir,
 Will half the World undo ſir,
A Halter is your due ſir,
 If you ſuch Tricks approve.

The *Parſon* ſtill more eager,
 Than luſtful Turk or Neger,
Took up her lower Garment,
 And ſaid there was no harm in't,
 According to the Text,
For *Solomon* more Wiſer,
 Than any dull adviſer,

Had many Hundred Miſſes,
 And why ſhou'd ſuch as this is,
 Make you ſo ſadly vext.

The frighted Female *Quaker*
 Perceiv'd what he wou'd make her,
Was forc'd to call the Watch in,
 And ſtop what he was hatching,
 To ſpoil the Light within,
 To ſpoil the Light within.
They came to her Aſſiſtance,
 As ſhe did make Reſiſtance,
Againſt the *Prieſt* and *Devil*,
 The Actors of all Evil,
Who were ſo grand uncivil,
 To tempt a Saint to ſin.

The Parſon then confounded,
 To ſee himſelf ſurrounded,
With Mob and ſturdy Watch-men,
 Whoſe Buſineſs 'tis to catch Men,
 In leudneſs with a Punk,
 In leudneſs with a Punk.
He made ſome faint Excuſes,
 And all to hide Abuſes,
In taking up the Linen,
 Againſt the Saints Opinion,
Within her ſoft Dominion,
 Alledging he was Drunk.

But tho' he feigned reeling,
 They made him pay for feeling,
And Lugg'd him to a Priſon,
 To bring him to his Reaſon,
 Which he had loſt before,
 Which he had loſt before.
And thus we ſee how Preachers
 That ſhould be Goſpel-Teachers,
How they are ſtrangely blinded,
 And are ſo fleſhly minded,
Like Carnal Men inclined,
 To lie with any Whore.

FINIS.

London, Printed for N. Pſ—er near Shoe-Maker-Row.

ben scheint, offenbart er die Wahrheit: »Ich bin ein alter Hurenbock und nicht halb so fromm, wie es scheint. Ich verstelle mich, du loses Frauenzimmer, weil unsere Frömmigkeit nur äußerlich ist, reine Heuchelei.« In einem anderen Stück ist der stellvertretende Ratsherr Mr. Driver ein »unerbittlicher Feind öffentlicher Sittenlosigkeit«, der allerdings gesteht, dass er »privat gleichfalls eine Metze« liebe und dass seine Reformgesellschaft Huren und Taschendiebe erpresse.[67]

Dieser Spott steht in der langen literarischen Tradition der Darstellung von Puritanern und anderen Eiferern als Pharisäer und Narren. Im 18. Jahrhundert verstärkte und verbreitete sich diese Einstellung, weil sich die ethischen Einwände, die sie erhob, als immer plausibler erwiesen. Nicht nur, dass die Moralreformer die ärmeren Sünder offenkundig benachteiligten, im Laufe der Zeit griffen sie auch immer unverhohlener auf bezahlte Agenten und skrupellose Mittel zurück. Man habe keine andere Wahl, als sich auf dieses Niveau zu begeben, meinten die Propagandisten der Vice Society im Jahr 1804, denn »die Ratte lässt sich nur mit einem Frettchen in ihrem Loch jagen und Niedertracht kann in ihrem Bau nur durch Ihresgleichen aufgespürt werden.« Das hatte zur Folge, dass viele Kritiker kaum noch einen moralischen Unterschied sahen zwischen Prostituierten und denen, die sie zur Rechenschaft zogen. »Ein moderner Moralreformer«, höhnte Ward 1700, sei »ein Mann, dessen schimpfliche Notlage ihm keine andere Möglichkeit lässt, als gleich einem Zuhälter von den Ausschweifungen anderer Leute zu leben. Jede Nacht, wenn er sich zu Bett legt, betet er inbrünstig, die Welt möge noch verderbter werden, denn seine und des Teufels Interessen sind absolut gleich.« Mehr als hundert Jahre später griff Sydney Smith die Vice Society mit ganz ähnlichen Worten an. »Rattenfänger schätzen es, wenn sie Ratten fangen; der Kammerjäger ist hocherfreut, wenn er den Schädling erwischt; und der Moralreformer ist überglücklich, wenn er sein Laster entdeckt. So wird Letzterer rasch zu einem Gewerbetreibenden wie die anderen; keiner von ihnen moralisiert oder beklagt, dass die Übel, denen sie den Kampf angesagt haben, in der Welt sind.«[68]

LINKE SEITE: *Abb. 5. Eine komische, allen »Freunden der Reformation« gewidmete Ballade über die Lüsternheit eines angeblich hochanständigen Geistlichen auf Abwegen.*

Delikte und Strafen

Nach 1688 wurde selbst die Verurteilung von Sittlichkeitsverbrechern in Schnellverfahren zunehmend in Frage gestellt. Im Mittelalter, im 16. und im 17. Jahrhundert war es, wie gesehen, gängige Praxis, Prostituierte für ihr sündiges Leben ohne viel Federlesen zu bestrafen. Die Reformgesellschaften setzten diese Praxis fort, indem sie systematisch von sogenannten Generalvollmachten Gebrauch machten, die die Konstabler ermächtigten, jede Person festzunehmen, die ihnen verdächtig vorkam. Doch in den ersten Jahrzehnten des 18. Jahrhunderts wurde diese Vorgehensweise höchst strittig.

Unter anderem können wir das am zunehmenden Widerstand der Öffentlichkeit gegen die Verhaftung von Straßenmädchen ablesen. In dem Maße, wie in London die Zahl der Soldaten und Seeleute ständig wuchs, wurde der Widerstand gegen die moralische Disziplinierung immer aggressiver und häufiger. 1702 und 1709 wurden Reformkonstabler bei dem Versuch, Straßenmädchen festzunehmen, erstochen. Im Frühjahr 1711 wurde eine Aktion gegen »sittenlose Frauenzimmer und ihre männlichen Begleiter« in Covent Garden vereitelt. Dabei wurden »ein Konstabler tödlich verwundet und die restlichen schrecklich verstümmelt, als sich Raufbolde und vierzig Soldaten vereinten, um die Frauen zu beschützen.« Ein andermal fiel im East End eine Menge von mehr als tausend Seeleuten über die örtlichen Richter her und befreite eine Gruppe verurteilter Prostituierter, die in ein Zuchthaus überstellt werden sollten.[69]

Neben diesem neuartigen gewaltsamen Widerstand gegen die moralische Kontrolle gab es auch ein wachsendes Unbehagen über deren juristische Grundlagen. 1709 verwandelte sich der Prozess gegen drei Soldaten, denen der Tod des Reformkonstablers zur Last gelegt wurde, in eine Grundsatzdebatte über die Frage, ob ein Ordnungshüter das Recht habe, eine Prostituierte festzunehmen, die nur einen Mann angesprochen, aber keinen Sex mit ihm gehabt habe. Vor 1688 wäre diese Fragestellung undenkbar gewesen: Niemand hätte daran gezweifelt, dass gewöhnliche Huren ohne Umstände bestraft werden könnten oder dass man sich um die komplizierten gesetzlichen Voraussetzungen ihrer Festnahme Gedanken machen müsse. Doch die Aktionen der Reformgesellschaften lösten zum ersten Mal ernsthafte Debatten darüber aus, wie weit das Gesetz im Interesse der moralischen Disziplin gedehnt werden dürfe, selbst wenn es um Dirnen und Gauner gehe. Die Tendenz der juristischen Auffassung war zunehmend skeptisch. »Wie denn!« meinte der Lord Chief Justice Sir John Holt, einer der höchsten Richter des Landes, in einer Interpretation, die von der Mehrheit seiner Richterkollegen gebilligt wurde, »darf eine Frau, mag sie auch sittenlos sein, nicht das Recht haben, ruhig durch die Straßen zu gehen? … Wie denn! Darf eine Frau aus der Stadt nicht durch die Straßen der Stadt gehen? … Also hat eine leichtfertige Frau das nämliche Recht, in den Straßen umherzugehen, wie jede andere.« Es sei unerträglich, dass »die Freiheit der Person von dem Wohlmeinen des Konstablers abhängt«; und dass er eine Frau »auf den bloßen Verdacht hin, sie sei sittenlos, festnehmen kann …, verstößt das nicht gegen die Magna Charta?« Aus ähnlichen Gründen erlitt die Reformkampagne 1725 einen schweren Schlag, als die Art und Weise, wie sie Generalvollmachten zur Festsetzung von mutmaßlichen Prostituierten verwendete, von der Richterschaft in Westminster für ungültig und ungesetzlich erklärt wurde.[70]

Natürlich glaubten die Reformer, diese juristischen Hindernisse seien aus dem Widerspruch gegen die Idee der moralischen Kontrolle erwachsen. Gewiss hatten viele Richter eine Abneigung gegen die Spitzel, weigerten sich, den Reformgesellschaften zu helfen oder erschwerten ihnen ihre Arbeit. Doch häufig galt das Missfallen den Methoden und nicht den Zielen der Kampagne – einige der Richter, die in besonderem Maße als Feinde der Reform diffamiert wurden, waren selbst aktive Streiter gegen Unmoral. Generell aber gingen die Schwierigkeiten, denen sich die Reformgesellschaften gegenüber sahen, auf einen tieferen, alle Arten von Straftaten betreffenden Wandel der Rechtsauffassung im 18. Jahrhundert zurück. Eine entscheidende Veränderung war der Umstand, dass Strafen immer häufiger nur bei Beweis eines bestimmten Fehlverhaltens verhängt wurden. Früher hatte häufig die Wahrnehmung unmoralischen Benehmens genügt: Das Gesetz gestattete seinen Vertretern, Männer und Frauen festzunehmen, wenn es von ihnen hieß, sie seien »liederlich, arbeitsscheu und verwahrlost« oder »allgemein übel beleumdet«. Jetzt wurde der Geltungsbereich der Gesetze allmählich auf bestimmte Handlungen eingeschränkt, sodass es sich nicht mehr auf den allgemeinen Charakter eines Menschen anwenden ließ; Richterschaft und Parlament waren bemüht, die Delikte spezifischer zu definieren. Da im 18. Jahrhundert die Gesetze immer stärker auf Schnellverfahren ausgerichtet waren, wurden in ganz ähnlicher Weise die Befugnisse von Richtern und untergeordneten Ordnungskräften schärfer geprüft, formalisiert und begrenzt. In diesem Klima größerer Gewissenhaftigkeit mochten die Methoden der Reformgesellschaften beunruhigend selbstherrlich erscheinen. Bei einer Befragung durch den Staatssekretär James Vernon im Jahr 1698 räumte ein presbyterianischer Reformer ein, in den Gesellschaften habe man manchmal gegen »die anerkannten gesetzlichen Regelungen« verstoßen, was aber »mit dem Vorrecht des Himmelskönigs, dessen Ehre auch mit außergewöhnlichen Mitteln verteidigt werden muss, gerechtfertigt werden kann«. Das war die Ansicht, die die Generalmajore der Puritaner in den 1650er Jahren vertreten hatten. Doch selbst zu diesem Zeitpunkt war sie schon ungewöhnlich gewesen; zu Beginn des 18. Jahrhunderts fand sie keine Zustimmung mehr.[71]

Infolge solcher Tendenzen wurde allmählich bezweifelt, ob sich Prostituierte überhaupt schuldig machten. Was allerdings nicht bedeutete, dass diese Frauen keine Schikanen, Festnahmen und Gefängnisstrafen mehr zu befürchten hatten: Das Kräfteverhältnis wirkte sich noch immer sehr zu ihren Ungunsten aus.[72] Trotzdem war es eine bemerkenswerte Entwicklung, die eine jahrhundertealte Rechtstradition aus den Angeln hob und ihnen – zumindest im Prinzip – nie dagewesene Rechte einräumte. Mitte des 18. Jahrhunderts hatte sich die Vorstellung durchgesetzt, dass Prostitution auf dem Straßenstrich an sich nicht strafbar sei. Um 1750 bezeichnete der Romancier und Friedensrichter Henry Fielding diese Rechtsprechung als einen Missstand, der dringend zu beseitigen sei. Während »das Recht einst ganz anders interpretiert wurde«, merkte er mit einer gewissen Frustration an, sei es inzwischen unmöglich, Prostituierte dafür zu bestrafen, dass sie Männer ansprachen und generell »sittenloses Verhalten« an den Tag legten. 1770 versicherte Henrys Halbbruder Sir John Fielding einem Parlamentsausschuss, dass es »bei der jetzigen Gesetzeslage äußerst schwierig ist, diese Missetäterinnen zu bestrafen, da sie als Prostituierte kaum, wenn überhaupt, unter geltendes Recht fallen«. Sogar Prostituierte, die ganz offen auf Kundenfang gingen »und sich auf der Straße der widerlichsten und obszönsten Sprache bedienen«, erklärte die Guardian Society for the Preservation of Public Morals eine Generation später, unterlägen nicht der Strafgerichtsbarkeit.[73]

Im 19. Jahrhundert gab es immer wieder Versuche, diese eklatante Gesetzeslücke zu schließen; aber deren Scheitern zeigt, wie weit sich die dem Recht zugrundeliegenden Annahmen mittlerweile von ihren vormodernen Ursprüngen entfernt hatten. Der Vagrancy Act von 1822 griff noch einmal vorübergehend auf die Interpretation aus der Zeit Jakobs I. zurück, indem er festlegte, dass »alle gewöhnlichen Prostituierten … die keine befriedigende Auskunft über ihre Verhältnisse geben können, als arbeitsscheue und verwahrloste Personen zu gelten haben«; doch zwei Jahre später stellte ein anderes Gesetz den Grundsatz wieder her, dass nur eine tatsächliche Störung der öffentlichen Ordnung strafbar sei. Die drei in den 1860er Jahren verabschiedeten Contagious Diseases Acts (Gesetze über ansteckende Krankheiten) ermächtigten Polizisten in bestimmten militärischen Bezirken, Frauen als »gewöhnliche Prostituierte« einzustufen und zur Registrierung zu zwingen. Doch dieses System der amtlichen Zulassung und Regulierung von Prostituierten stieß auf großen Widerstand und wurde 1886 nach einer landesweiten Kampagne aufgehoben.[74]

Die wichtigste und auffälligste Veränderung war die schwindende gesetzliche Handhabe gegen Kupplerinnen und Bordellbetreiber. Bis zum Ende des 17. Jahrhunderts waren Gerichtsverfahren gegen diese Personengruppe üblich und ziemlich wirksam. Anfang der 1670er Jahre gab es jährlich etwa 400 bis 500 solcher Anklagen im Stadtgebiet von London, die damit ein Viertel aller Strafprozesse an den wichtigsten Bezirksgerichten ausmachten. In den 1690er Jahren erhöhten die Reformgesellschaften den Druck noch weiter, besonders in der City of London, sodass pro Jahr Dutzende von Bordellbetreibern verurteilt wurden. Doch in der ersten Hälfte des 18. Jahrhunderts ging die Zahl der Verurteilungen stetig zurück, und Mitte des Jahrhunderts gab es praktisch keine gesetzliche Handhabe mehr gegen das Problem. 1748 brachte Saunders Welch, der tatkräftige neue High Constable von Holborn, persönlich die drei berüchtigtsten Bordellbetreiber und -betreiberinnen Londons vor Gericht: Peter Wood von *The Star*, Elizabeth Owen von *The Crown* und Anne Everett von *The Bunch of Grapes*, alles Etablissements auf dem *Strand*. Als Zeugen traten seine eigenen untergeordneten Konstabler auf. Rund hundert Bordellwirte wurden im Laufe des Jahres angeklagt, viele von ihnen mehrfach. Doch nicht einer wurde verurteilt.[75]

Das alles ist umso bemerkenswerter, als Bordelle und ähnliche Häuser Anfang des 18. Jahrhundert wachsender Feindseligkeit begegneten. Da es in Mode gekommen war, die persönliche Schuld einzelner Prostituierter herunterzuspielen, rückte jetzt die Rolle der niederträchtigen Zuhälter stärker in den Blick. Außerdem galten die Bordelle der Hauptstadt in zunehmendem Maße als Hauptursache von Raub, Einbruch und anderen Kapitalverbrechen.[76] Infolgedessen wurden in den mittleren Jahrzehnten des 18. Jahrhunderts die Bemühungen verdoppelt, das Problem auszumerzen. 1752 verabschiedete das Parlament ein neues »Gesetz zur besseren Vorbeugung von Diebstahl und Raub … und zur Bestrafung von Personen, die liederliche Häuser führen«, um die rechtlichen Probleme auszuräumen. Es schloss die häufigsten Verteidigungsstrategien aus, lobte hohe Belohnungen aus und zwang die Pfarrbezirke, die Prozesskosten zu übernehmen. Doch seine Wirkung war gering. 1758 konstatierte Saunders Welch bestürzt, dass es dem Gesetz noch nicht einmal gelinge, »die offenkundigen und schamlosen Hurenhäuser« zu beseitigen. Im selben Jahr gab es trotz seiner persönlichen Bemühungen wahrscheinlich in ganz London, einer Stadt mir rund 700 000 Einwohnern, nicht mehr als zehn oder fünfzehn erfolgreiche Aktionen gegen Bordellbetriebe. Im folgenden Jahrzehnt erwies sich das Gesetz für die neue Gesellschaft zur Reformation der Sitten als ebenso nutzlos. Gegen Ende des 18. Jahrhunderts konnten noch nicht einmal Eifer, private Freigebigkeit, maßgeschneiderte Gesetzgebung und ein günstiges Meinungsklima wirksame Maßnahmen gegen Bordelle zustande bringen.[77]

Der offenkundigste Grund dafür waren die Kosten. Bereits in den 1690er Jahren wurden verschiedene Gesetzesvorlagen gegen unmoralisches Verhalten eingebracht, die hier Abhilfe schaffen sollten. Denn obwohl die Reformgesellschaften riesige Summen für Gerichtskosten aufbrachten, hatten sie nicht genug Geld, um jeden Fall zu betreuen, und schon gar nicht, um alle entdeckten Bordellbetriebe anzuzeigen. Die meisten dieser Häuser wehrten sich erbittert, indem sie sich nicht nur zäh verteidigten, sondern auch bösartige Gegenklagen einbrachten, die die Reformer rechtlich einschränkten und finanziell schwächten. Andere moralische Verfehlungen waren dagegen vergleichsweise leicht und kostengünstig vor Gericht zu bringen. Als die Society for Reformation Ende der 1750er Jahre gegründet wurde, konnte sie für ungefähr siebzig Pfund pro Jahr Prozesse gegen mehr als 6000 Sonntagsfrevler, Spieler und Trunkenbolde anstrengen und über 40 000 Bücher und Handzettel verteilen. Trotzdem wurde ihre finanzielle

Situation heikler, als sie sich am Kampf gegen die Prostitution beteiligte. Die jährlichen Ausgaben kletterten auf 300 bis 400 Pfund, von denen mindestens die Hälfte aufgewendet werden musste, um bösartige Anzeigen von Seiten der Bordellwirte abzuwehren. Eine solche Gegenklage führte dann auch 1763 zur Auflösung der neuen Gesellschaft, als die Wirtin eines Freudenhauses in der Chancery Lane mithilfe meineidiger Zeugen einen hohen Schadenersatz gegen die Gesellschaft erstritt.[78]

Ein weiterer Grund war die wachsende Rechtskundigkeit hartgesottener Sexualdelinquenten. Zwar waren die Prozesse gegen diese Leute vermutlich immer besonders schwierig, doch im 18. Jahrhundert scheint sich das Blatt endgültig zu ihren Gunsten gewendet zu haben. Es sei erschreckend zu sehen, wie mühelos solche Freudenhäuser die Gerechtigkeit pervertierten, indem sie »Zeugen bestechen und vor ordentlichen Gerichten Meineide schwören lassen«, beklagte ein Priester 1734. Im Vergleich zu ihren Gegnern hatten die Bordellwirtinnen und ihre Verbündeten mehr Geldmittel und weniger Hemmungen, das Recht zu manipulieren. Ein wesentlicher Faktor scheint die wachsende Beteiligung von Rechtsanwälten zu sein, deren Einfluss sich um die Jahrhundertwende in der prozessualen Anfechtung von verschiedenen Klagen gegen Huren und Kupplerinnen äußerte.[79] In den 1730er Jahren kam es häufig vor, dass alle möglichen Anwälte Delinquenten ihre Dienste anboten, die einem Friedensrichter vorgeführt wurden, vor ein ordentliches Gericht kamen, Berufung einlegen wollten oder die Absicht hatten, auf Schadenersatz zu klagen. In Westminster ging dem Gericht wiederholt das Geld aus, um Konstabler gegen böswillige Klagen von Bordellbetreibern und -kunden zu verteidigen.[80] Mitte des Jahrzehnts nahmen selbst gewöhnliche Straßenmädchen gelegentlich die Hilfe von Rechtsanwälten in Anspruch. Ende des Jahrhunderts bewiesen einige von ihnen ein bemerkenswertes Rechtsvertrauen. 1791, als eine junge Frau von Viscount Dungarvan mitgenommen wurde und sie sich über die geschäftliche Abwicklung nicht einig werden konnten, verklagte das Strichmädchen ihn augenblicklich wegen Diebstahls. Zwar verlor sie den Prozess, aber erst nach einer ungewöhnlich langen Verhandlung, die fast sechs Stunden dauerte. In früheren Zeiten wäre es undenkbar gewesen, dass eine analphabetische Londoner Prostituierte gegen einen aristokratischen Freier wegen einer solchen Angelegenheit einen Prozess auf Leben und Tod hätte anstrengen können. (Sie hieß Elizabeth Weldon, alias

Troughton, alias Smith. Im Kreuzverhör gab sie unbefangen und selbstbewusst über ihr Leben und ihren Beruf Auskunft. Der Anwalt war ihr von ihrem Friseur empfohlen worden.)[81]

Die wachsende Prozessbereitschaft dieser erfahrenen Sexualdelinquenten hielt Konstabler und Friedensrichter von ihrer Verfolgung ab. Sie bedeutete eine solche Erschwernis für die Arbeit der Moralreformer, dass sie Ende der 1730er Jahre ganz auf den Rechtsweg verzichteten, während andere, wie die ersten Führer der Vice Society, selbst zu Betrug und Meineid Zuflucht nahmen. Vor allem aber verringerte diese Tendenz die Bereitschaft normaler Bürger, an der moralischen Disziplinierung teilzunehmen. Selbst in den 1690er Jahren waren Hausbesitzer noch so vertraut mit dem Rechtswesen, dass sie sich aktiv an der Strafverfolgung von Kupplerinnen und Huren beteiligen konnten. Doch nur wenige Jahrzehnte später nahmen sie aus Furcht vor Missbrauch, hohen Kosten und schikanösen Gegenklagen immer häufiger davon Abstand. Die meisten ehrbaren Gemeindemitglieder waren kaum noch mit den Ordnungsaufgaben in ihren Stadtvierteln befasst, weshalb sie sich lieber von so gefährlichen Gegnern fernhielten.[82] Die öffentliche Disziplin ließ sich immer schwerer durchsetzen, selbst bei weithin bekannten und angefeindeten Sexualstraftätern.

Das Ende der gesetzlichen Disziplinierung

1750 waren die meisten Formen von einvernehmlichem außerehelichen Sex dem Geltungsbereich des Gesetzes entzogen. 1700 – oder gar 100 Jahre früher – war diese Entwicklung nicht abzusehen, denn sie hob einen der ältesten Moral- und Rechtsgrundsätze der englischen Geschichte auf.

Bis zum Ende des 19. Jahrhunderts gab es immer wieder vereinzelte Versuche, bestimmte Formen der einvernehmlichen Unkeuschheit erneut zu kriminalisieren. Nacheinander wurde die Idee von verschiedenen Moralreformern in Gesetzesvorlagen verpackt; Entwürfe, die den Ehebruch unter Strafe stellten, wurden 1771, 1779, 1800, 1809 und 1856/57 in das Parlament eingebracht.[83] Die Argumente, mit denen sie gestützt wurden, waren kaum anders als diejenigen, mit denen diese Strafen in früheren Zeiten gerechtfertigt wurden: Das Delikt sei ein offenkundiger Verstoß gegen Gottes Gebote; es füge Personen und Familien großen Schaden zu; es störe die Ordnung der bürgerlichen Gesellschaft. Allerdings waren die Motive und Umstände dieses Mal ganz anders. Jetzt ging es nicht unbedingt darum, Unmoral zu bestrafen oder gar zu verhindern, sondern darum, das Scheidungsgesetz zu verbessern und die Privatklagen auf Schadensersatz wegen Ehebruchs (*criminal conversation*) einzuschränken. Vor allem aber hatte die Vorstellung, Ehebruch und Unzucht als Offizialdelikte zu behandeln, keine nennenswerte Basis mehr in der neueren Rechtsprechung, weshalb sich der Gedanke schwerlich durchsetzen konnte. Um 1700 war der Gesetzgeber bestrebt, eine Rechtspraxis zu stärken, die, obwohl im Niedergang begriffen, durchaus noch gängig war. Ein Jahrhundert später war die Strafjustiz, die viele Jahrhunderte mit großem Nachdruck betrieben worden war, fast vollkommen außer Gebrauch gekommen.

Was nicht bedeutet, dass Unkeuschheit nicht mehr verfolgt oder bestraft worden wäre. Bordellwirtinnen und Prostituierte sahen sich auch weiterhin gesetzlichen und halb gesetzlichen Schikanen und Strafen ausgesetzt. Homosexualität blieb ein Kapitalverbrechen und wurde ab 1700 mit wachsendem Eifer verfolgt, da es in den Ruf kam, das »unnatürliche« Sexualverhalten schlechthin zu sein. Männer und Frauen aus dem Proletariat, die uneheliche Kinder bekamen, wurden durch die einschlägigen Gesetze weiterhin kriminalisiert. In den besitzenden Klassen schuf die wachsende Bedeutung neuartiger Privatklagen und Scheidungsprozesse wegen Untreue einen – zumindest symbolischen – Ersatz für den Fortfall des öffentlichen Rechts.[84] In den USA sorgte die sehr viel stärkere Tradition der puritanischen Ideale dafür, dass die meisten Bundesstaaten noch 1800 – ja, bis weit ins 20. Jahrhundert hinein – Ehebruch und Unzucht auch weiterhin als Offizialdelikte behandelten, obwohl sich auch dort die sexuelle Kontrolle abschwächte. Generell wurde in dem Maße, wie die gerichtliche Bestrafung von Unmoral zurückging, immer größere Energie darauf verwandt, den Menschen sexuelle Sittlichkeit durch Erziehung, Literatur und soziale Normen einzuimpfen. Wie wir sehen werden, blieb die Keuschheit, auch wenn sie vom Gesetz nicht mehr verlangt wurde, besonders für Frauen ein Aspekt von überwältigender gesellschaftlicher Bedeutung.

Die sexuelle Disziplin umfasste also viele verschiedene Dinge. Doch der Verfall und Untergang der öffentlichen Kontrolle war dennoch eine Entwicklung von großer Tragweite. Seit den Anfängen der englischen Zivilisation hatten die staatlichen und kirchlichen Gerichte öffentlich durchgesetzt, dass verbotene sexuelle Handlungen von der Gemeinschaft nicht toleriert wurden. Doch seit 1800 nahm das Recht einen vollkommen neuen Standpunkt zu privaten und öffentlichen Angelegenheiten ein. Bislang haben wir die rechtlichen und gesellschaftlichen Aspekte dieses Wandels betrachtet. Wie wir gleich sehen werden, war er auch eine Folge des heftigsten geistigen Erdbebens, welches das Abendland je erschütterte: der Aufklärung.

Kapitel 2

DER AUFSTIEG DER SEXUELLEN FREIHEIT

Andere sagen, wahre Freiheit bestünde darin, allen Frauen beizuwohnen und die Möglichkeit zu haben, ihren Lüsten und Begehrlichkeiten Genüge zu tun: Aber das ist die Freiheit geiler, vernunftloser Tiere und mündet über kurz oder lang in Zerstörung.

Gerrard Winstanley, The Law of Freedom, 1652, S. 17.

Gott hat uns diese natürlichen Empfindungen und Begierden zur vernunftbestimmten Befriedigung gegeben, auf dass sie uns das Leben süß und angenehm machen … Die Befriedigung fleischlicher Begierde, ohne dass sie anderen Schaden zufügt, ist nichts Böses; noch ist es die Lust oder das Begehren selbst.

»Gideon Archer« [Peter Annet], Social Bliss Considered, 1749, S. iii, 83.

Liebe ist frei: Das Versprechen, ewig dieselbe Frau zu lieben, ist nicht weniger absurd als das Versprechen, demselben Glaubensbekenntnis treu zu bleiben … Ich denke, aus der Abschaffung der Ehe würden sich für sexuelle Beziehungen passende und natürliche Zusammenstellungen ergeben.

Percy Bysshe Shelley, Queen Mab, 1813, S. 147, 151.

Es bleibt [ein Argument], das wir für ausschlaggebend halten: nämlich die Bedeutung, die Gesellschaft und Recht der individuellen Entscheidungs- und Handlungsfreiheit in Fragen der individuellen Moral einräumen … Daher empfehlen wir, dass einvernehmliches sexuelles Verhalten im Privatleben Erwachsener keine Straftat mehr sein sollte.

Report of the Committee on Homosexual Offences and Prostitution, 1957, S. 24–25.

Die bedeutendste kulturelle Entwicklung im ausgehenden 16. und 17. Jahrhundert war die Ausprägung der religiösen Spaltung. Nach den Jahrzehnten des Bürgerkriegs und den sektiererischen Bemühungen, die Einheit der Kirche – wenn nötig, mit Gewalt – wiederherzustellen, legalisierte der Toleration Act von 1689 die religiöse Pluralität. Das Nachbeben dieser folgenschweren theologischen und politischen Auseinandersetzungen zerstörte allmählich die theoretischen Grundlagen der sexuellen Disziplinierung. Aus der religiösen Toleranz erwuchs die sexuelle Toleranz.

Diese Entwicklung war ein zentraler Aspekt der europäischen Aufklärung. Der Grundsatz der sexuellen Freiheit beschäftigte viele Denker des 17. und 18. Jahrhunderts, in ihm verkörperten sich die wichtigsten geistigen Strömungen des Zeitalters. Mehr noch, obwohl er in den theologischen und philosophischen Debatten einer bestimmten Zeit und eines bestimmten Ortes entstand, ist der Einfluss dieses Grundsatzes seither ungebrochen. Er hat unsere Vorstellungen über Sexualität dauerhaft verändert. Selbst heute noch, unter ganz anderen gesellschaftlichen und geistigen Bedingungen, löst er immer wieder neue Entwicklungen aus.

Religiöse und moralische Toleranz

Da die Theorie und Praxis sexueller und religiöser Disziplin traditionell eng verflochten sind, warf die Zunahme religiöser Freiheit Ende des 17. Jahrhunderts naturgemäß auch Fragen nach der moralischen Freiheit auf. Den meisten Beobachtern erschien das jedoch als eine höchst unerwünschte Entwicklung. Tatsächlich unterschied sich nach orthodoxer Auffassung der Toleranzbefürworter die Religionsfreiheit grundsätzlich von anderen Arten der Freiheit: Sie sei nicht gleichzusetzen mit einer allgemeinen Freiheit des Denkens oder Handelns. Noch weniger könne sie zur Rechtfertigung von Ehebruch, Unzucht oder anderen Formen der Sittenlosigkeit dienen. So schrieb der Presbyterianer John Shower:

Selbst die eifrigsten Fürsprecher schrankenloser Toleranz gegenüber unterschiedlichen Meinungen in Glaubens- und Bekenntnisfragen sind mit uns der Meinung, dass diese Fälle von Unmoral zu Recht in die Zuständigkeit der Zivilgerichtsbarkeit gehören, da sie großen Einfluss auf die Gesellschaft in Gänze haben und dem Allgemeinwohl sehr schaden. Daher kann niemand den Vorwurf erheben, wegen seiner Meinungen verfolgt zu werden, wenn er bestraft wird, weil er sich durch zutiefst unmoralische Handlungen gegen göttliches und staatliches Recht vergangen hat.[1]

Am einflussreichsten hat John Locke diesen Unterschied zwischen geistiger und moralischer Freiheit zum Ausdruck gebracht. Es gebe, schreibt er, zwei Gründe, warum es vernünftig sei, verschiedene religiöse Meinungen zu tolerieren. Erstens, die innersten Überzeugungen der Menschen könnten nicht durch Gewalt verändert werden.

Beschlagnahmung der Güter, Kerker, Tortur, nichts von der Art kann irgendeine Wirksamkeit für die Änderung des Urteils haben, das Menschen sich über die Dinge gebildet haben … Nur Einleuchtendes und Augenscheinliches können einen Wechsel in menschlichen Meinungen bewerkstelligen; und solche Erleuchtung kann in keiner Weise von körperlichen Leiden oder irgendeiner anderen äußeren Strafe ausgehen.[2]

Strafe sei daher nutzlos.

Zweitens, die religiösen Überzeugungen und Praktiken eines Menschen oder einer Kirche seien Privatsache. Egal, ob wahr oder falsch – sie seien keine Bedrohung für das Wohlergehen anderer oder der Gesellschaft als Ganzes; daher fielen sie nicht in die Zuständigkeit des Staates. Ihnen stellte Locke Überzeugungen und Praktiken gegenüber, die nicht zu erlauben seien, weil sie nicht rein privater Natur seien, sondern sich auf das Gemeinwohl auswirkten. Immer wieder beschwor er das Gespenst ungezügelter Laster wie »Ehebruch, Unzucht, Unreinheit, Lüsternheit«, die auch unter dem Mäntelchen der Religionsfreiheit nicht zu dulden seien. Was, so Lockes rhetorische Frage, wenn eine Kirchengemeinde die religiöse Eingebung habe,

sich wollüstig in promiskuitiver Unkeuschheit zu besudeln oder an-
dere grässliche Freveltaten zu begehen? Ist der Richter gezwungen, sie
zu dulden, weil sie in einer religiösen Versammlung vollzogen werden?
Meine Antwort ist Nein. Solche Dinge können weder im normalen
Leben noch im privaten Rahmen gesetzmäßig sein; daher sind sie es
auch nicht im Gottesdienst noch in irgendeiner anderen religiösen
Versammlung.

Locke legt Wert auf die Feststellung, dass es nicht seine Absicht sei »der
Duldung von Sittenverderbnis und ausschweifender Lebensweise das Wort
zu reden …, sondern darauf hinzuweisen, dass es die unbedingte Pflicht
der Gerichte sei, diese Auswüchse durch Strafen einzuschränken und zu
unterdrücken«.[3] Angesichts der traditionellen Verflechtung zwischen religiöser und moralischer Devianz sei es unbedingt erforderlich, dem Einwand vorzubeugen, Gewissensfreiheit würde zu einer allgemeinen Zügellosigkeit führen.

Doch dieses Programm erwies sich als schwierige Gratwanderung.
Viele Zeitgenossen hielten die Unterscheidung zwischen moralischer und
religiöser Freiheit für problematisch. »Kein Wunder«, höhnte einer der frühesten Kritiker Lockes, »dass dieser Autor seine Ausführungen mit Auf-
rufen zu Liebe und Einigkeit spickt und gegen die skandalösen Laster der
Hurerei etc. wettert … das sind nur Köder, unter denen sich der Haken
verbirgt, dazu bestimmt, den ausschweifenden Leser zu verlocken, ihn um
so gieriger hinunterzuschlingen.« Wenn es rechtens sei, wandte ein Oxfor-
der Don ein, die Religion der öffentlichen Kontrolle zu entziehen und sie
dem Gewissen zu überlassen, »halten es andere Menschen vielleicht für
vernünftig, auch andere Dinge, an denen sie Gefallen finden, davon auszu-
nehmen. Beispielsweise könnten einige die willkürliche Scheidung aus-
klammern, andere die Vielweiberei, andere die wilde Ehe, andere schlicht
und einfach die Unzucht« oder sogar den Inzest. Man müsse sich nur an
das Interregnum erinnern, um zu erkennen, welche Früchte die religiöse
Toleranz hervorbringe.[4]

Tatsächlich liefern die 1640er und 1650er Jahre ein aufschlussreiches
Beispiel. Damals wurden exakt dieselben Argumente für und gegen die Gewissensfreiheit ins Feld geführt. Die meisten Sektierer und Kongregationalisten behaupteten, es sei unmöglich und nicht zu rechtfertigen, Glau-

bensüberzeugungen zu erzwingen, und eine begrenzte Toleranz führe zu einer größeren Übereinstimmung zwischen den Protestanten und nicht umgekehrt. Sie waren ebenfalls davon überzeugt, jeder Versuch der Duldung von Unmoral müsse streng bestraft werden: Die Gewissensfreiheit dürfe nicht auf Ideen oder Praktiken ausgedehnt werden, die zum göttlichen Gesetz oder der Gesellschaftsordnung im Widerspruch standen. John Milton, der entschiedenste Theoretiker geistiger Freiheit während des Commonwealth, kritisierte dennoch alle Auffassungen, in denen sexuelle Freizügigkeit propagiert wurde (oder das Papsttum, das sie seiner Meinung nach förderte).[5] Der »einzige Weg zu wahrer Freiheit« seien »Unschuld des Lebens und Frömmigkeit der Sitten«. Selbst Denker wie William Walwyn (1600–1681), die für vollkommene Religionsfreiheit unter Einbeziehung von Muslimen, Heiden und Atheisten eintraten, widersprachen entschieden der Ansicht, daraus könne auch eine »größere Freiheit, lasterhaft zu sein«, abgeleitet werden. »Vervielfachen wir die Härte und Strenge des Gesetzes gegen alle Arten von Lastern und Freveltaten um das Zehnfache.« Wer gegen das Keuschheitsgebot verstoße, meinte Roger Williams, der Gründer von Rhode Island, »sollte nicht toleriert, sondern gemaßregelt werden«.[6]

Doch in der Praxis schienen die Ereignisse des Interregnums die traditionellen Auffassungen über die Gefahren jeder auch noch so geringfügigen Toleranz zu bestätigen. Gegen die Vorstellung, religiöse Freiheit könnte Frieden und Einheit fördern, sprachen politische Instabilität und die Bereitschaft gottesfürchtiger Gruppierungen, einander zu verfolgen. Argwöhnischen Beobachtern erschienen die sozialen Folgen ebenso schädlich. Miltons eigene Schriften über die Scheidung galten als Beispiel dafür, wie religiöse Duldung moralische Zügellosigkeit hervorbringe; schlimmer noch waren die ständigen Berichte über die angebliche Promiskuität von Rantern, Quäkern und anderen radikalen Gruppen. Auch den Levellern und Diggern wurde, da sie für religiöse und politische Freiheit eintraten, der Wunsch nach sexueller Freizügigkeit unterstellt. Als Oberstleutnant Daniel Axtell im März 1649 den Leveller-Führer Richard Overton in dessen Unterkunft verhaftete, sah er sich veranlasst, ihn immer wieder zu beschimpfen, weil er »Vielweiberei« betreibe. Auf Hof und Straße verkündete er den Soldaten und Nachbarn, das sei ein Freudenhaus, und alle Frauen, die dort lebten, seien Metzen, außerdem habe er mich im Bett mit dem

Weib eines anderen Mannes angetroffen.«[7] Diese Befürchtungen und Verunglimpfungen waren größtenteils grundlos,* aber sie blieben haften. Auch nach 1660 waren entsprechende Assoziationen zwischen Sittenlosigkeit, Tyrannei und religiöser Freiheit (jetzt speziell für das Papsttum) ein gängiges Klischee.[8]**

Lockes Trennung von religiösen und moralischen Aspekten war also aufgrund jüngerer Erfahrungen strittig. Aber auch seine eigenen Ansichten über Grenzen persönlicher Freiheit waren etwas fragwürdig. Einerseits trat er entschieden dafür ein, dass jeder Mann die Freiheit habe, mit seinem Eigentum, seiner Person und seiner Seele zu tun, was ihm beliebt. Gesetze und Strafen sollten weder die »Sorge um die Seelen« erfassen noch eines Menschen Gesundheit oder Zustand gegen »Vernachlässigung oder Raubbau« schützen. Wie »niemand einen Verschwender bestraft, weil er sein Vermögen in Schenken durchbringt« und »niemand gezwungen werden kann, reich oder gesund zu sein«, so »bleibt die Sorge um das eigene Seelenheil jedem Menschen selbst überlassen« – das alles seien Privatsachen.[9] Andererseits beharrte Locke ganz traditionell darauf, es sei rechtens und notwendig, das persönliche Verhalten zu reglementieren, in dem man die Menschen für ihre Laster bestrafe. Das sei zu ihrem eigenen Besten, denn es bringe sie und ihre Gesellschaft näher zu Gott. Angesichts von »Trunksucht, Wollust und Ausschweifungen aller Art« sollten und müssten die Richter daher

> *ihre Macht geltend machen, und zwar durch Strenge … ihnen die Ungehörigkeit ihrer Sitten austreiben und wieder Nüchternheit, Friedfertigkeit, Fleiß und Ehrlichkeit in Schwange bringen. Das ist ihre wahre Aufgabe, ihr göttlicher Auftrag, sowohl nach natürlichem Verstande wie der Offenbarung.*

Mit anderen Worten, die Menschen sollten »von den Richtern gezwungen werden, ein nüchternes, ehrliches und strenges Leben zu führen«, denn

---

* Wenn auch nicht ganz: *siehe* unten, S. 106.
** »Schenke der Nation die Freiheit«, befiehlt der König von *Sodom*, wobei die Verkündung der Homosexualität satirisch für Karls II. Declaration of Indulgence (1672), die Gewährung der Gewissensfreiheit, steht. »Lasst dem Gewissen seine Kraft der Freiheit«: Harold Love (Hg.), *The Works of John Wilmot, Earl of Rochester*, 1999, S. 305.

»im Leben der Menschen liegt das Haupthindernis für die rechten Auffassungen in der Religion«.[10]

Kurzum, vor 1700 war fast jeder Fürsprecher der Toleranz ängstlich bemüht, nicht die moralische Disziplin zu schwächen. Ganz im Gegenteil, viele wollten sie stärken. Doch diese Position bot der Kritik unübersehbare Angriffsflächen. Wenn sich die Menschen in der alles entscheidenden Frage ihres Seelenheils auf ihr Gewissen verlassen konnten, warum sollten sie ihm dann nicht auch in weniger wichtigen Fragen vertrauen? Wenn Zwang die Menschen nicht hinsichtlich religiöser Wahrheiten und Irrtümer umstimmen konnte, warum sollte ihm das dann im Kampf gegen moralische Verfehlungen gelingen?[11] Letztlich betrafen diese Fragen nicht nur die Grenzen der privaten Gewissensentscheidung und des Zwanges, sondern auch die Definition wahrer und falscher Erkenntnis, die Möglichkeiten des freien Willens und den Zweck der bürgerlichen Gesellschaft. Wie war die exakte Beziehung zwischen privaten Moralvorstellungen und dem Gemeinwohl? Wie weit durfte der Staat in das Leben seiner Bürger eingreifen? Wie frei stand es dem Einzelnen, bestimmte Überzeugungen zu hegen oder abzulehnen? Sie zu vertreten? Nach ihnen zu handeln?

Keine dieser grundsätzlichen Fragen war neu. Eigentlich erwuchsen sie alle aus dem zentralen Problem des politischen Denkens, dem von Gehorsam und Autorität. Doch im Mittelalter oder in der Renaissance wäre kein ernsthafter Theoretiker der Freiheit oder des Rechts auf die Idee gekommen, sie auf das Sexualverhalten zu beziehen. Traditionell wurde die persönliche Freiheit weitgehend politisch oder juristisch interpretiert. Erst Ende des 17. Jahrhunderts begann man, ihr einen größeren Geltungsbereich zuzubilligen, sodass sie nicht nur religiöse Entscheidungen umfasste, sondern bald auch moralische.

Freiheit und Gewissen

Es gibt zahlreiche wichtige Katalysatoren. Gegen Ende des 17. Jahrhunderts, nach einem langen Zeitraum, in dem Bevölkerungswachstum und Ressourcenknappheit die Unduldsamkeit gegenüber unmoralischem Verhalten verschärft hatte, schwächte sich der demografische Druck ab, und der Lebensstandard stieg wieder an: Vor diesem Hintergrund nahm auch

die Furcht vor unehelichen Geburten allmählich ab.* Das allgemeine Ideal
persönlicher Freiheit wurde mittlerweile erheblich durch die politischen
Entwicklungen des 17. und 18. Jahrhunderts begünstigt. Vom englischen
Bürgerkrieg bis zur amerikanischen Revolution und darüber hinaus war
die Spannung zwischen der Autorität des Staates und den Rechten des Einzelnen ein zentraler politischer Streitpunkt – und »Freiheit« vielleicht der
wirksamste ideologische Begriff überhaupt. Welche Grenzen der persönlichen Autonomie zu setzen seien, war nicht nur eine Frage des persönlichen
Gewissens, sondern des gesamten Bereichs öffentlichen Handelns. Kein
Wunder, dass viele Beobachter Anfang des 18. Jahrhunderts einen Zusammenhang zwischen wachsender Unmoral und dem neuen Geist politischer
Unabhängigkeit herstellten. Der allgemeine Anspruch auf persönliche Freiheit sei so stark und unbändig geworden, meinte ein Bischof im Jahr 1730,
dass er eine Lehre moralischer Zügellosigkeit hervorgebracht habe:

*Nichts gilt als Freiheit, was den Leuten nicht das schrankenlose Recht
gibt, zu sagen und zu tun, was ihnen gefällt, zumindest, soweit es sie
selbst betrifft. Vernunftgemäße Freiheit ist eine Sprache, die sie nicht
verstehen; die Freiheit endet ihrer Meinung nach in dem Augenblick,
da sie Regeln und Grenzen unterworfen wird.*[12]

Ein direkterer Einfluss war die Verabschiedung der Toleranzakte (1689),
die nonkonformistische Gottesdienstformen legalisierte. Allerdings geschah
das keineswegs, weil die Argumente für mehr Toleranz weitgehend akzeptiert worden wären. Im Gegenteil, die Vertreter gängiger Auffassungen
standen der Idee überwiegend kritisch gegenüber. Das neue Gesetz wurde
nur als begrenztes, bedauerliches politisches Zugeständnis eingebracht,
nachdem Jakob II. im Zuge der Revolution von 1688 abgesetzt worden war;
es sollte der neuen Regierung die Unterstützung der religiösen Dissidenten
sichern, galt aber an sich nicht als politisch wünschenswert. (Schon bald
bedauerten viele Kirchenleute seine Verabschiedung und bemühten sich
um Aufhebung).[13] Praktisch aber lief es nach kurzer Zeit auf eine fast vollständige Gewissensfreiheit hinaus, zumindest für Männer und Frauen, die
sich als Protestanten bezeichneten. Außerdem erlaubte es den Menschen

---

* *Siehe unten*, Kapitel 4, »Polygamie und Bevölkerung«.

trotz anderslautendem Gesetz, dem Gottesdienst gänzlich fernzubleiben. Vor allem aber untergrub die Einführung der Toleranz die Überzeugung, dass Pluralität in Glaubensfragen soziale Unordnung hervorrufe. Trotz der Heftigkeit, mit der man nach der Glorreichen Revolution 1688/89 die religiösen und politischen Differenzen austrug, wurde immer häufiger die Ansicht vertreten, Unterschiede der Rede und des Glaubens seien unvermeidlich und Gesetze dürften nur Handlungen und keine Gedanken betreffen. So wurde das öffentliche Leben in England durch eine nie dagewesene Vielfalt der Meinungen und Äußerungen geprägt.

Die Frage, inwieweit sich die persönliche Freiheit auch auf private Handlungen und Überzeugungen erstrecken sollte, geriet durch die Kampagne für die Reform der Sitten in den Blickpunkt des Interesses. Dadurch kam es zu einer Politisierung des Themas, das heißt, die sexuelle Disziplinierung ging eine enge Verbindung mit der Religions- und Parteipolitik ein. Denn die Bewegung wurde vorwiegend von den Whigs sowie von religiösen Dissidenten und deren Sympathisanten getragen. Ihre Methode, sich in Privatgesellschaften zu organisieren und Sünder mit weltlichen Maßnahmen zu bestrafen, stellte die Autorität der Kirche von England indirekt in Frage. Auch beschwor sie erneut das Gespenst der gefährlichen Interregnum-Ereignisse, denn die »Reformation der Sitten« war ein puritanisches Motto gewesen. Aus diesen Gründen rief die Bewegung die erbitterte Opposition der Tories und religiösen Konservativen hervor.[14]

Die Folge war, dass nach 1689 die Gegner des religiösen Dissidententums und Kritiker der Kampagne den Dissentern und Moralreformern regelmäßig vorwarfen, sie würden für sich jede Freiheit in Anspruch nehmen, sie aber anderen verweigern. Ob denn die Moral nicht auch eine Frage des persönlichen Gewissens sei? Wer sie denn seien, sich anzumaßen, allen anderen den rechten Weg zum Seelenheil zeigen zu können? »Warum könnt ihr nicht den Anstand aufbringen, andere so zu behandeln, wie ihr behandelt werden möchtet, und zu geben, was ihr nehmt? Denn ist es nicht vernünftig, dass die Menschen, um in den Himmel zu gelangen, selbst die *Geschwindigkeit* und den *Weg* bestimmen?« Warum sollte also jemand nicht beschließen, auf diesem Weg hin und wieder innezuhalten, »um etwas zu trinken (oder selbst zu einer Hure zu gehen)«? »Du bist für die Metze, ich für die Flasche«, meint eine Figur aus John Dennis' Theaterstück *Gibraltar* (1705). »Warum soll nicht jeder Mensch auf seine Weise

verdammt werden, wenn überall Gewissensfreiheit herrscht?«»Gewissensfreiheit, müssen Sie wissen, Madam«, sagt Octavio zu Belliza in *Love's
Contrivance* (1703), um die sexuelle Freizügigkeit zu verteidigen.»Ach,
das Gewissen der Männer ist sehr weit«, erwidert sie. Der Moralist Arthur Bedford erklärt, auf der modernen Bühne werde die Toleranzakte
vor »allem herangezogen, um zum Ehebruch aufzufordern«:»Wenn ein
Mensch bedenkenlos eine Sünde begehen könne, sagen sie, gewähre ihm
das Recht die Freiheit dazu und er könne damit fortfahren.«[15]
  In der wachsenden Verbreitung dieser Ansicht offenbaren sich politische und soziale Spannungen, die aus Differenzen über die Grenzen staatlicher Gewalt, der Duldung von Nonkonformismus und die Grundlagen
moralischer Disziplinierung erwuchsen. Aber sie verwiesen auch auf tiefere geistige Strömungen. Dabei trugen vor allem drei Ideen zu der Überzeugung bei, Sexualverhalten sei im Wesentlichen eine Privatangelegenheit: veränderte Vorstellungen über Gewissen, Strafen und Moralgesetze.
  Die Verteidigung sexueller Freiheit aus Gewissensgründen ergab sich
teilweise aus den Argumenten für religiöse Nachsicht. Einige Theoretiker
der geistigen Freiheit führten den Gedanken bis zu seiner logischen Konsequenz fort und meinten, das menschliche Gewissen *müsse* letztgültige
Richtschnur in allen Dingen sein. Diese allmähliche Aufwertung des in-
stinktiven Gefühls zur höchsten moralischen Instanz war eine der auf-
fälligsten begrifflichen Entwicklungen der Zeit.[16] Heute erscheint die Vorstellung, man solle seinem Gewissen folgen, wenn man mit ethischen
Problemen ringt, höchst einfach und naheliegend. Aber schon 1750 galt
dieser Grundsatz als selbstverständlich:»Es ist eine der wichtigen Regeln
der moralischen Vernunft, dass sich jeder Mensch in seinem Tun ohne
Rücksicht auf die Meinungen der restlichen Welt nach seinem Gewissen
richten sollte«, schrieb Samuel Johnson. Vor 1700 bedeutete diese Haltung jedoch eine klare Abkehr von den konventionellen Einstellungen zur
ursprünglichen Verderbtheit der menschlichen Natur und der Fehlbarkeit persönlicher Skrupel. Wer die Ehrlichkeit sich selbst gegenüber zum
höchsten Richter über seine Sündhaftigkeit machte, vernachlässigte die
unabdingbare Pflicht, sich hinreichend zu informieren, die Wahrheit zu
suchen und die Verantwortung für seine Fehler zu übernehmen. Ungerecht-
fertigterweise setzte diese Auffassung voraus, der Einzelne könne selbst
über Recht und Unrecht urteilen, ohne die Hilfe der Heiligen Schrift, der

Gesetze oder der Lehrer in Anspruch zu nehmen. Von allen umstürzlerischen Lehren, die einen Staat vergiften könnten, schrieb Thomas Hobbes 1651 im *Leviathan*, sei an erster Stelle die Maxime zu nennen: »Jeder einzelne Bürger hat das Recht zu entscheiden, was gute und böse Handlungen sind«, und an zweiter: »Jede Handlung gegen das Gewissen ist eine Sünde, denn wer so handelt, verachtet das Gesetz.«[17]

Doch Ansichten wie die vom Vorrang des »inneren Gefühls« vor der Schrift und äußerer Autorität oder die von der wirklichen Anwesenheit Gottes im Gläubigen hatten eine lange Geschichte. Sie erwuchsen aus dem mittelalterlichen und kontinentaleuropäischen Mystizismus und waren eng mit den orthodoxen Lehren über Gottes direkten, unvermittelten Einfluss auf sein auserwähltes Volk verbunden. Gleiches galt für die Vorstellung von der Erlösung der Menschheit durch Christus und die Überwindung aller Sünden durch religiöse Vervollkommnung.

Infolgedessen waren sie in den frühen Jahren der Reformation sehr einflussreich, als Fragen der Ehe und Sexualität große Debatten auslösten. Mit Beginn der 1520er Jahre experimentierten auf dem europäischen Kontinent verschiedene radikale Gruppen mit neuen Formen der ehelichen und sexuellen Beziehungen, wie beispielsweise einvernehmlicher Scheidung und Vielehe. Mehrere führende Reformatoren, unter anderem Martin Luther, Martin Bucer und Philipp Melanchthon, waren bereit, die Polygamie unter bestimmten Umständen zu billigen.

Ähnliche Ideen kursierten in England. Einige Lollarden hatten Ende des 14. und Anfang des 15. Jahrhunderts außereheliche Beziehungen, freie Liebe und Scheidung propagiert. Unter den Märtyrern zur Regierungszeit von Maria I. Tudor (1553–1558) in den 1550er Jahre waren etliche, die die Vielehe oder Weibergemeinschaft befürworteten – genauso wie andere Gruppen, die 1553 und 1572 entdeckt wurden.

Der einflussreiche Bernardino Ochino, den Erzbischof Thomas Cranmer während der Herrschaft von Eduard VI. (1547–1553) nach England geholt hatte, damit er die englische Reformation voranbringe, veröffentlichte eine auffällig neutrale Abhandlung über das Thema. (Darin nennt ein Protagonist ausführlich alle angeblich biblischen Rechtfertigungen seines Wunsches, mehr als eine Frau zu heiraten. Erfolglos versucht sein Widersacher, ihn zu widerlegen – am Ende sieht er sich zu dem Schluss gezwungen: »Wenn du also tust, wozu Gott dir die Neigung eingibt, sodass du sicher bist, Gottes Willen zu folgen, wirst du nicht fehlen.«) All das waren weniger Versuche, die persönliche Freiheit zu erweitern, als vielmehr das Bestreben, das Wesen von sexueller Reinheit, Disziplin und Patriarchat neu zu definieren – neben der obligatorischen Polygamie führten die Täufer in Münster auch die Todesstrafe für Ehebruch, Unzucht, den Geschlechtsverkehr mit einer schwangeren oder menstruierenden Frau, weibliche Bigamie und sogar das bloße Verlangen nach der Frau eines anderen Mannes ein.[18]

Der dauerhafte Einfluss dieser frühen Beispiele war überwiegend negativ. Die Assoziation zwischen Promiskuität und dem schrecklichen Münsteraner Beispiel trug dazu bei, derartige Ideen in den Augen der meisten Beobachter abzuwerten. Daraufhin gingen die maßgeblichen Reformer allmählich dazu über, wieder für die konventionellen Normen von Ehe und Monogamie einzutreten. Trotzdem hielten sich diese verdrängten und unterdrückten Auffassungen in einigen marginalen Gruppierungen der Kirche von England.[19] Denn wenn das Seelenheil allein eine Frage des Glaubens war, wie es der orthodoxe Calvinismus verkündete, ergab sich die logische Schlussfolgerung (die sogenannte »antinomianistische« Lehre), dass keine Handlung, und mochte sie noch so extrem sein, die innere Reinheit beeinträchtigen könne.

1616 kamen der charismatische, im Norden wirkende Prediger Roger Brereley (1586–1637) und seine Gemeinde in Schwierigkeiten, weil sie unter anderem behaupteten, dass »ein unverzagter Christ keine große Sünde begehen könne«. Robert Towne, auch ein Geistlicher, der in den 1630er und 1640er Jahren sein Amt in Lancashire und Yorkshire wahrnahm, vertrat mit ähnlicher Entschiedenheit die Auffassung, ein aufgeklärtes Bewusstsein und Gewissen stünde über dem in der Bibel verkündeten Moralgesetz. Normalerweise seien solche Aussagen nur in einem höheren theologischen und metaphorischen Sinne zu verstehen. Wer aus ihnen schließe, dass man Gottes Geboten nicht folgen müsse, begehe einen Fehler von »offenkundiger Schändlichkeit und Gemeinheit«, beklagte Towne. »Ich habe mich nie der Lüsternheit schuldig gemacht«, wehrte sich der Quäker-Führer James Naylor: »Ich verabscheue Unanständigkeit.«[20]

Trotzdem wurden diese Vorstellungen manchmal eher großzügig ausgelegt. In der fiebrigen Atmosphäre der 1640er und 1650er Jahre erkundete man sie, wie in früheren Zeiten religiöser Gärung, mit neu entdeckter Begeisterung. 1650 verkündete der volkstümliche Prediger Laurence Clarkson der Welt, da alle Handlungen von Gott eingegeben seien, könne nichts, was mit reinem Gewissen getan werde, sündig sein, »selbst wenn es sich um den sogenannten Ehebruch handelt« – »gleich, was die Schrift, die Heiligen oder die Kirchen sagen«. Ja, wer unschuldigen Sinnes außerehelichen Geschlechtsverkehr vollziehen könne, beweise damit spirituelle Freiheit: »Ich für meinen Teil vermochte mich, bevor ich diese angebliche Sünde beging, nicht über die Sünde zu erheben«, während er sich nun eins mit allen seinen Mitgeschöpfen fühle.[21]

Als die politischen und religiösen Instanzen ihre Macht verloren, verkündeten Ehebrecher, Bigamisten und sexuelle Abenteurer mit Hilfe der gleichen Rhetorik, dass öffentliche Disziplin lediglich »Gewissensverfolgung« sei; dass es Unrecht sei, eine Frau der »Knechtschaft« der Monogamie zu unterwerfen; und dass »der Ehebruch eines Mannes von Gott eingegeben und veranlasst wird«.[22]

Der Pfarrer von Langley Burrell in Wiltshire, der langhaarige, Musik liebende Antinomianist Thomas Webbe, gründete einen Hausstand mit seiner dritten Frau, seiner Geliebten, deren Ehemann und mehreren anderen Männern und Frauen. Anfang der 1650er Jahre, als er sich öffentlich zum Ehebruch bekannte und ihm deshalb zweimal der Prozess gemacht wurde, soll er zu seiner Rechtfertigung angeführt haben: »Es gibt keinen Himmel außer den Frauen und keine Hölle abgesehen von der Ehe«, »Gott bedarf keines Gehorsams gegenüber irgendwelchen biblischen Geboten«, er selbst »stand über allen Geboten« und »konnte bei jeder Frau liegen außer bei seiner Mutter«. Als er einmal »einen großen Täuberich« bei der Paarung beobachtete, habe Webbe, wie einer seiner Gefährten berichtete, der versammelten Gemeinschaft erläutert, die Kopulation »sei das Recht eines jeden Mannes und einer jeden Frau und sie müssten sich diese Freiheit miteinander nehmen, gleich den beiden Tauben, auch wenn sie nicht miteinander verheiratet seien«.[23]*

Obwohl sie erhebliches Aufsehen erregten, blieb die direkte Verbreitung solcher religiös motivierten Aufrufe zur sexuellen Befreiung immer

---

* Auch die sektiererische Praxis der privaten Heirat zog, wie nicht anders zu erwarten, den Vorwurf des Ehebruchs und der Unzucht auf sich: siehe z. B. *Truth Cleared from Reproaches*, 1654, S. 1–6; Laur[ence] Claxton [Clarkson], *The Lost Sheep Found*, 1660, S. 15–27; Adrian Davies, *The Quakers in English Society 1655–1725*, 2000, S. 39–40.

extrem begrenzt.[24] Doch in gewisser Hinsicht nahm die Geisteshaltung der Antinomianisten allgemeinere Strömungen vorweg. Vor allem ihre Auffassung, Sünde sei in erster Linie eine Angelegenheit persönlicher Skrupel, wurde im pluralistischeren Klima um die Jahrhundertwende zunehmend von den Gewissenstheoretikern geteilt. Hier ist vor allem der bedeutende hugenottische Denker Pierre Bayle (1647–1706) zu nennen, der durch die Verteidigung der religiösen Freiheit schließlich zu dem Ergebnis kam, es liege allein an der Absicht des Handelnden, ob etwas moralisch gut oder böse sei. Kein Tun, das im aufrichtigen Glauben an die Richtigkeit der Handlung geschehe, könne als falsch verurteilt werden. Um eines seiner Lieblingsbeispiele zu nennen: Eine Frau, die bei einem Mann schläft, den sie irrtümlich für ihren Ehemann hält, habe sich in keiner Weise schuldig gemacht; tatsächlich habe sie sogar löblich gehandelt. Da sie ihrem Gewissen gefolgt sei, habe sie weder Ehebruch noch eine Sünde begangen.[25]

Theologen wie Bayle haben immer klar unterschieden zwischen unmoralischen Meinungen, die notwendigerweise privat waren, und unmoralischen Handlungen, die es nicht waren.[26] Daher bedeutete die Aufwertung des Gewissens an sich nicht unbedingt eine Parteinahme für sexuelle Freizügigkeit. In erster Linie weitete sie den Horizont der persönlichen Freiheit so aus, dass er alle moralischen Urteile und Überzeugungen einschloss. Dadurch vertiefte sich allerdings die Spaltung zwischen privater Ethik und öffentlichen Handlungen: Nur letztere unterlagen jetzt noch dem Urteil von Kirche oder Staat.

Als sich die Auffassung durchsetzte, das menschliche Gewissen lasse sich nicht zwingen, büßte die Bestrafung sexueller Vergehen viel von ihrer traditionellen Rechtfertigung ein. Das war der zweite bemerkenswerte Trend. In den 1690er Jahren, zu Beginn der Kampagne für moralische Reformen, herrschte allgemein die Auffassung, die Bestrafung von Sündern könne deren innere Besserung bewirken. Doch innerhalb weniger Jahrzehnte verlagerte sich der Schwerpunkt hin zu der Ansicht, wahre Reue lasse sich nicht durch Zwang hervorrufen, sondern nur durch sanftere Methoden wie Nächstenliebe, Erziehung und Bekehrung. Allerdings verlor sich die Idee einer Rehabilitation durch Strafe nie vollständig. Doch die Auffassung, ethisches Verhalten sei im Wesentlichen Privatsache und liege jenseits von jedem gesetzlichen Zwang, engte den Spielraum der sexuellen Disziplinierung erheblich ein. Die Aufgaben des Rechts blieben von da an hauptsächlich auf die Aufrechterhaltung der öffentlichen Ordnung beschränkt. Es sollte sich mit den äußeren Handlungen der Menschen, nicht mit ihrem inneren Gewissen befassen. Sein Gebiet war nur das Verbrechen, nicht die Sünde. Der Versuch, Sünder zu bessern, sei nutzlos, räumte der Geistliche William Bisset 1704 ein. »Wir gestehen ihnen zu, dass sie mit ihren [Seelen] anstellen können, was ihnen gefällt ... Insgeheim mögen sie so gottlos, lüstern und weltlich sein, wie es ihnen beliebt«, niemand werde sie »gegen ihren Willen zu himmlischer Sinnesart oder gar dem Himmel selbst zwingen«. Mit Ordnungsmaßnahmen könne man nur dafür sorgen, dass *anderen* nichts passiere.[27]

So trennte man die Rechtsprechung zunehmend von dem Vorhaben ab, die Menschen tugendhafter zu machen, und maß ihr keine so fundamentale Bedeutung mehr bei. Bestrafung sollte lediglich die Auswirkungen des Lasters eindämmen; auf die Ursachen der Unmoral ließ sich nur mit konstruktiven Methoden einwirken. Diese Trennung ist eine Erklärung dafür, warum sich in England Anfang des 18. Jahrhunderts so viele neue Formen der Philanthropie entwickelten. Wohltätigkeitsgesellschaften, Erziehungsprojekte, Erbauungsschriften – solche Initiativen hielt man jetzt für die geeignetsten Maßnahmen, um die Moral der unteren Schichten zu verbessern. Man investierte enorm viel Energie in diese Projekte. Seit den 1720er und 1730er Jahren ließ sogar die Propaganda der Reformgesellschaften ihre verschiedenen präventiven und konstruktiven »Methoden der Unterweisung, Ermahnung und Zurechtweisung« erkennen: Strafen hielt man meist nur noch in besonders schweren Fällen für angemessen.

Die gleiche Verlagerung zeigt sich im neuen Ethos der Höflichkeit, das bei den besitzenden Klassen in Mode kam. Nun stützten sich die Argumente gegen den Ehebruch nicht mehr auf Furcht vor göttlichem Zorn und ewiger Verdammnis, sondern zunehmend auf gutes Benehmen, Höflichkeit und Gewissen. Man setzte voraus, der Antrieb zu tugendhaftem Verhalten müsse von innen kommen. Keiner der maßgeblichen Höflichkeitstheoretiker maß der Bestrafung größere Bedeutung bei. »Denn obwohl ich ein Reformer bin«, erklärte Richard Steele in der Zeitschrift *Tatler*, »verschmähe ich es, ein Inquisitor zu sein«, und wandte sich im Fortgang gegen die Heuchelei und Nutzlosigkeit der Kriminalisierung von sexuellen Verhaltensweisen.[28]

Diese Tendenz wurde dadurch verstärkt, dass die Idee der göttlichen

Vorsehung an Wirkung verlor. Während des Mittelalters, der Tudor-Zeit und des Beginns der Stuart-Herrschaft war die Furcht vor dem Zorn Gottes ein entscheidender Rechtfertigungsgrund für die öffentliche Bestrafung von Sexualsündern gewesen. In der Zeit des Interregnums lieferte sie ein Argument für die Verabschiedung des Adultery Act. Im Gefolge der Glorreichen Revolution unterstrich sie, wie dringend die Bemühungen um eine Verbesserung der Sitten waren. Doch im Laufe des 18. Jahrhunderts gelangten die meisten Anglikaner und gemäßigten Evangelikalen zu der Überzeugung, die göttliche Vorsehung wirke nur »im Allgemeinen«, durch die vorhersehbaren Gesetze von Ursache und Wirkung, und nicht »im Besonderen«, durch direkte Intervention zur Bestrafung menschlichen Handelns oder Nichthandelns.

Diese Interpretation war auch sehr beliebt bei Deisten und religiösen Skeptikern. »Die göttliche Vorsehung«, schrieb David Hume in den 1750er Jahren, »tritt nicht unmittelbar in irgendeiner Wirkung zutage, sondern bestimmt alles durch jene allgemeinen und unwandelbaren Gesetze, die seit Anbeginn der Zeit herrschen.« Die Behauptung, Gott habe jemals direkt eingegriffen, sei »offenkundig falsch«: Alle Dinge würden einfach von »den allgemeinen Gesetzen der Materie und Bewegung« abhängen. Als der Gedanke in der zweiten Hälfte des 18. Jahrhunderts von den Moralreformern ins Spiel gebracht wurde, war seine Wirkung naturgemäß begrenzter und seine Tonlage gründlich verändert.

Die Vorsehung galt nun meist als eine wohlwollende und ferne Macht. Obwohl England eine reformbedürftige Nation war, genoss es »unschätzbare Segnungen«, »eine gütige Regierung« und »nationale Erfolge«. Es war, wie es in einer Reformpredigt aus dem Jahr 1765 hieß, »dieses unser sündiges, wenngleich hochgeschätztes und hervorragendes Land«. Der Impuls, das Laster zu bestrafen, entsprang jetzt weniger moralischer Panik in Erwartung einer unmittelbar bevorstehenden Katastrophe als dem positiven Wunsch, die Gesellschaft zu verbessern und Gott zu ehren.[29]

Es gab eine ähnliche Tendenz, Christi Güte in den Mittelpunkt zu stellen und von der Überlegenheit des Evangeliums gegenüber den strengen und komplizierten Lehren des Alten Testaments auszugehen. Traditionell beteuerten die Theologen die grundsätzliche Kompatibilität der beiden Texte und entwickelten raffinierte Exegese-Systeme, um die scheinbaren Widersprüche in Gottes Wort zu erklären. Daher galten einige Teile des

Mosaischen Rechts (seine »moralischen Gesetze« wie etwa die Zehn Gebote) grundsätzlich als ewig, andere (seine »zeremoniellen« diätetischen und religiösen Vorschriften) als nicht mehr relevant, während die andauernde Gültigkeit der »richterlichen« Gesetze entschieden bestritten wurde. (Erregt notierte John Whitgift, der spätere Erzbischof von Canterbury, im Jahr 1574: »Heute wird an jedem Tisch die Frage debattiert, ob ein Richter notwendigerweise an die richterlichen Gebote Mose gebunden ist.«) Doch jetzt wurden diese gelehrten und komplizierten Begründungen für angeblich selbstverständliche Wahrheiten zunehmend in Frage gestellt. Stattdessen betonten selbst entschiedene Verfechter der Sexualdisziplin, die christliche Moral sei aus dem friedfertigen Beispiel Jesu entstanden. In dieser freundlicheren, einfacheren Theologie wurde die Last der Sünde und ihre Wiedergutmachung in weit höherem Maße dem privaten Gewissen als der öffentlichen Rechtsprechung aufgeladen. In neuerer Zeit strecke Gott die Hurengänger so selten nieder, meinte ein bestürzter Moralist im Jahr 1693, »dass wir nicht umhin können, die geduldige Leidensbereitschaft dieses reinen und unbefleckten Wesens mit Staunen und Verwunderung anzuerkennen«.[30]

Entsprechend wurde die Furcht vor künftiger Strafe immer mehr durch die zuversichtliche Hoffnung auf Gottes unendliche Gnade aufgewogen. Die Existenz der Hölle war immer der stärkste Einwand gegen die Sünde gewesen. Wie kämen moderne Christen dann dazu, so fragte 1720 ein Geistlicher, sich in so großer Zahl sexueller Freizügigkeit hinzugeben? Nicht etwa, weil die Menschen nicht an die Hölle glaubten, sondern weil sie zu der Überzeugung gelangt seien, Sünde und Seelenheil seien miteinander vereinbar. »Viele suchen Zuflucht bei der göttlichen Güte und Barmherzigkeit«, indem sie annehmen, Gott verstehe oder vergebe ihre Sünden; »andere reden sich ein, Gott drohe Sündern zwar ewige Strafe an, behalte sich aber die Entscheidung vor, ob er seine Drohung wahr mache, und werde sie am Ende vielleicht nicht in die Tat umsetzen«.[31] Gelegentlich wurde sogar die Auffassung vertreten, die Unkeuschheit sei nur deshalb so vorherrschend in der Welt, weil der allmächtige, gütige Gott sie erlaube: Folglich sei »die Sünde nicht so schändlich in ihrem Wesen oder so verderblich in ihren Folgen, wie von ihr behauptet wird«.[32]

Moralische Gesetze und moralische Wahrheiten

Als besonders zersetzend erwies sich die Idee, Unkeuschheit sei nicht immer schädlich oder falsch. Wie gesehen, war das ein uralter Einwand gegen die sexuelle Disziplinierung. Durch das ganze Mittelalter hindurch und in der Renaissance wurde die sexuelle Freiheit eigentlich nur schwach und versteckt verteidigt. Meist wurde das Argument nur beiläufig oder privat vorgebracht: als nicht ernstgemeinter Tropus oder zur Rechtfertigung bestimmter Delinquenten, aber nicht als öffentliche, aus allgemeinen Grundsätzen abgeleitete Doktrin. Außerdem sah es sich immer der geballten Macht der sozialen, geistigen und institutionellen Autorität gegenüber.

Gewiss, es gab eine ständige Kontroverse über die Frage, wie und in welchem Maße die Sexualdisziplin durchgesetzt werden sollte, aber die Idee, man könne sie gänzlich aufgeben, schlug niemand ernsthaft vor. Gegen Ende des 17. Jahrhunderts jedoch wurde die Vorstellung, Unkeuschheit könne harmlos sein, immer überzeugender und einflussreicher vertreten.

Das lag vor allem daran, dass die Frage nach der Definition von Moralgesetzen in die wichtigsten theologischen und philosophischen Kontroversen der Frühaufklärung einfloss – die Debatte über das Wesen und die Bestimmung der Wahrheit, über die Stellung der Bibel und über die wahren Grundlagen staatlicher und ethischer Autorität. Aus diesem Meinungsstreit entwickelten sich aus verschiedenen Richtungen neue Ideen, die das generelle Unkeuschheitsverbot zweifelhaft erscheinen ließen. Häufig war ihre Wirkung implizit oder unbeabsichtigt: Weder konservative noch radikale Ethik- oder Religionstheoretiker wollten sexueller Freizügigkeit das Wort reden. Trotzdem lief ihr Bemühen im Endeffekt darauf hinaus, dass die moralischen Normen auf eine weit liberalere und pluralistischere Grundlage gestellt wurden.

In der orthodoxen Theologie hatte es seit jeher viel Raum für die Neubestimmung sexueller Regeln gegeben. Zwar war die Grundaussage der biblischen Gebote immer eindeutig, aber ihre Definition im Einzelnen erwies sich als nicht ganz so einfach. So hängt der Keuschheitsbegriff selbst von der Definition einer gültigen Ehe ab. Daher war es wichtig, die biblischen Grundlagen für Aspekte wie den erlaubten Verwandtschaftsgrad, die Möglichkeit von Scheidung oder Wiederverheiratung und die Institution der Monogamie zu bestimmen. Obwohl die offizielle Linie besagte, das sechste Gebot erfasse alle unkeuschen Handlungen, ließ sich darüber diskutieren, wie die verschiedenen biblischen Verbote des Ehebruchs, der Unzucht, des Inzests, der Hurerei, der Unreinheit und der Lüsternheit ausgelegt werden sollten; wie widerspruchsfrei sie untereinander waren; und inwieweit sie sich mit den Normen vertrugen, die durch andere Bibelstellen nahegelegt wurden. Außerdem war da die viel diskutierte Frage der angemessenen Strafen. Viele Beobachter der Tudor- und frühen Stuart-Zeit waren der Auffassung, dass Ehebrecher hingerichtet werden müssten, wie es im Alten Testament gefordert wird (3. Mose, 20, 5. Mose, 22).

1650 fand dieses Strafmaß Eingang in den Adultery Act. Doch nach herkömmlicher Auffassung hielt man diesen Aspekt des Mosaischen Rechts – so instruktiv er auch war – schon seit langem nicht mehr für absolut bindend: »Daher steht es jedem Staat frei, das Vergehen entweder mit dem Tod zu bestrafen oder irgendeine andere schmerzhafte Buße zu verhängen.«[33] Eine weitere Komplikation war Christi scheinbare Ambivalenz: Einerseits schien er das moralische Gesetz gegen Unkeuschheit zu bestätigen oder sogar zu verschärfen (etwa in Matthäus 5 und Markus 10),[*] andererseits aber ließ er Gnade walten gegenüber der Frau, die beim Ehebruch ertappt worden war (Johannes 8): Ließ das auf eine nachsichtigere Beurteilung des Vergehens schließen oder nur auf seine Weigerung, »sich in Gerichtsangelegenheiten einzumischen«?[34]

Wie schon zuvor, während der Reformation und des Interregnums, brachte die Aufsplitterung der religiösen Einheit Ende des 17. Jahrhunderts erneut Bewegung in diese alten Fragen. So bestritt man, die biblische Verurteilung von Ehebruch und Hurerei erstrecke sich auch auf einfache Unzucht, »ein sehr alltägliches Verbrechen in jener Zeit«. Voreheliche Sexualität sei »unschuldig und harmlos«; das Alte Testament zeige, dass sie »schon in alter Zeit geduldet und erlaubt wurde«: »Wenn beide Parteien

---

[*] Matthäus 5, 17 f.,28: »Ihr sollt nicht wähnen, daß ich gekommen bin, das Gesetz oder die Propheten aufzulösen; ich bin nicht gekommen, aufzulösen, sondern zu erfüllen. Denn ich sage euch wahrlich: Bis daß Himmel und Erde zergehe, wird nicht zergehen der kleinste Buchstabe noch ein Tüttel vom Gesetz, bis daß es alles geschehe … Wer ein Weib ansieht, ihrer zu begehren, der hat schon mit ihr die Ehe gebrochen in seinem Herzen.« Markus 10, 11 f, 19: »Wer sich scheidet von seinem Weibe und freit eine andere, der bricht die Ehe an ihr; und so sich ein Weib scheidet von ihrem Manne und freit einen anderen, die bricht ihre Ehe. … Du weißt ja die Gebote wohl: ›Du sollst nicht ehebrechen.‹«

unverehelicht sind, wird keinem Dritten Schaden zugefügt.« So kam es in
Mode, sich bei der Verteidigung von Scheidung, wilder Ehe oder Polygamie auf biblische Präzedenzfälle zu berufen. Einige bemühten sogar die
Bibel, um sich für »halben Ehebruch« zu entschuldigen – den Beischlaf
zwischen einer verheirateten und einer alleinstehenden Person.[35] In den
1690er Jahren löste der Geistliche John Butler Empörung aus, als er sich in
Kirchengerichten und in seinen Schriften lang und breit darüber ausließ, es
sei unter bestimmten Umständen weder Ehebruch noch Unzucht, wenn
man unverheiratet mit einer Frau zusammenlebe – was er tat – und mit ihr
Kinder zeuge – was er ebenfalls tat –, ungeachtet der Tatsache, dass man
andernorts aus früherer Zeit Frau und Kinder habe.[36] Die Zweifel an den
traditionellen Normen erreichten eine noch breitere Öffentlichkeit, weil in
den neuen Periodika sehr ausführlich und offen über Sexualmoral diskutiert wurde. Argumente »zugunsten der freien Liebe, auch ohne die Forma-
lität einer Scheidung«, klagte Gilbert Burnet, der Bischof von Salisbury,
würden neuerdings offen propagiert, »indem man sie unter die Leute
bringt und fast überall erörtert.[37]

Doch den stärksten Einwand gegen die traditionelle Ethik brachte nicht
die Umdeutung der Heiligen Schrift, sondern um das Jahr 1700 die erbitterte Kontroverse über ihre besondere Wahrheit und Geltung. Die biblische Grundlage der Moral wurde aus zwei verschiedenen Richtungen unter
Beschuss genommen. Einerseits wollte man in der Bibel nichts als wahr
anerkennen, was vernunftwidrig war, und andererseits vertrat man die Ansicht, die moralischen Gesetze seien nicht gottgegeben, sondern, wie in
anderen Kulturen, einfach menschliche Konventionen und Erfindungen.

Die zweite These gewann an Bedeutung, weil sich für die Autoren des
17. Jahrhunderts immer deutlicher abzeichnete, wie groß die Zahl und Vielfalt der antiken und modernen Gesellschaften in anderen Weltregionen
war. Besonders erstaunlich fanden sie, dass die Sexualsitten anderer Völker
so grundverschieden zu sein schienen. Es gebe Nationen, »in denen Jungfrauen ihre Scham offen zur Schau tragen«, die Unzucht und Kindsmord
erlaubten oder die Prostitution von Bräuten festlich begingen. In anderen
Gesellschaften »werden öffentliche Freudenhäuser mit Männern betrieben« oder Betten gleichzeitig mit »zehn oder zwölf« Paaren belegt. Es gab
Gegenden, wo Frauen gekauft und verkauft oder nach Belieben geschieden
wurden; bei anderen Völkern deflorierte der König alle Jungfrauen vor

ihrer Heirat; wieder andere förderten den Inzest, machten alle Frauen zu Kollektivgut oder schätzten weibliche Promiskuität. Bei den antiken Britanniern, die keltischen Ursprungs waren, hätten, so berichtet Iulius Caesar, »zehn oder ein Dutzend Männer« eine einzige Frau gemeinsam, außerdem wohnten die Eltern häufig ihren eigenen Kindern bei. Unter den modernen Muslimen, so hieß es, werde ein Mann unter Umständen als »Heiliger … von größter Frömmigkeit und makelloser Tugend verehrt, weil er sich nie mit Frauen oder Knaben besudelt hat, sondern immer nur mit Eseln oder Maultieren«. Die Griechen schienen nichts gegen Homosexualität gehabt zu haben: Sogar »der göttliche Platon empfahl sie«.[38] Die Bibel selbst belege, Polygamie und Konkubinat würden in anderen, von Gott favorisierten Kulturen durchaus akzeptiert. Bewies das alles nicht, dass die Sexualethik wandelbar war? Warum sollte nur der monogame Beischlaf erlaubt sein?

Die übliche Antwort lautete, dass die christliche Moral, besonders die der Kirche von England, allen anderen überlegen sei. Es sei »absurd und vergeblich«, warnte ein Geistlicher im Jahr 1698, »wenn wir uns hinter den Beispielen und Sitten von irgendwelchen Zeitaltern oder Personen verstecken, die längst vergangen sind. Uns wird eine bessere und edlere Gnadenbezeigung zuteil, und deshalb sind wir an strengere Regeln und einen höheren Grad von Tugend gebunden.«[39] Dagegen seien die Moralkodizes der Heiden und Wilden nur »unzusammenhängende Apophthegmen«, untereinander so verschieden, weil sie kein solides Fundament hätten. »Was für Männer waren denn Sokrates und Cato, die Klügsten der Griechen und Römer?«, fragte Locke verächtlich. »Sie gewährten anderen Zugang zu ihrem Brautbett, liehen ihre Frauen an Freunde aus und machten sich damit zu Helfern der Wollust anderer Männer.« Jemanden zur ethischen Anleitung an die antiken Philosophen zu verweisen, heiße, ihn »in einen wuchernden Wald der Ungewissheit zu schicken, in ein endloses Labyrinth, aus dem kein Weg hinausführt: Verweisen wir ihn an die Religionen der Welt – noch schlimmer«. Die Wahrheit sei: »Für einen Verstand ohne Hilfe ist es zu schwierig, die Moral« überzeugend und umfassend zu begründen.[40] Dazu sind nach Meinung Lockes nur die »unmissverständlichen Gebote« der göttlichen Offenbarung in der Lage:

*Wenn jemand davon überzeugt ist, Jesus Christus sei von Gott gesandt,
um denen, die an ihn glauben, König und Gott zu sein, werden alle
seine Gebote zu Grundsätzen: Es bedarf keines anderen Beweises für
die Wahrheit dessen, was er sagte, als dass er es sagte. Dann bedarf es
auch keiner anderen Lektüre als derjenigen der Heiligen Schrift, um
unterrichtet zu sein: Alle Pflichten moralischen Verhaltens sind dort
klar, schlicht und leicht verständlich dargelegt.*[41]

Noch klarer formulierte es der Jurist John Selden (1584–1654):

*Ich vermag mir unter dem Naturrecht nichts anderes vorzustellen als
das göttliche Recht. Woher kann ich wissen, dass ich nicht stehlen und
nicht Ehebruch begehen soll, wenn es mir nicht jemand gesagt hat?
Natürlich ist es so, weil es mir mitgeteilt wurde? Weder ist der Grund,
weil ich denke, ich sollte es nicht tun, noch weil Ihr es denkt; denn
wäre es so, könnten wir anderen Sinnes werden. Woher kommt dann
die Zurückhaltung? Von einer höheren Macht, nichts anderes kann
uns verpflichten.*[42]

Dennoch erschien vielen Menschen um 1700 die Annahme, in ethischen
Fragen seien Glaube und Gehorsam wichtiger als rationales Denken, höchst
fragwürdig. Sie war durch die Ausbreitung religiöser Pluralität aufgeweicht
worden. Außerdem wirkte sie auch etwas antiquiert im Licht der zeitgenössischen Fortschritte auf dem Gebiet von Naturwissenschaft und Meta-
physik, die offenbar neue, wissenschaftliche Beweise für Gottes Wirken
versprachen. Nach neuerer Auffassung mussten die religiösen und moralischen Wahrheiten in erster Linie auf einer logischen, überprüfbaren
Grundlage begründet werden. So betrachtet konnte wahrer Glaube nur aus
wahrem Verständnis erwachsen: Nichts, was über die Vernunft hinausging,
konnte geglaubt werden. Nur die Naturgesetze seien in der Lage, die moralischen Regeln angemessen zu begründen und zu erklären, schrieb 1682 ein
Cambridger Theologe. Andernfalls sei etwas lediglich »gut oder schlecht
für den Verstand einer Frau, weil es so und nicht anders ist; mit diesem
Argument lässt sich sowohl beweisen, dass Mord und Ehebruch gut sind,
als auch, dass sie schlecht sind«.[43]

Die Argumente für rationales Urteilen überschnitten sich häufig mit denen für Gewissensfreiheit. Für beide war charakteristisch, dass sie die Möglichkeit von Beweisen in religiösen Fragen bezweifelten, die Zuverlässigkeit biblischer Texte skeptisch beurteilten, den Klerus für überheblich hielten, an die fundamentale Einfachheit wahrer Religion glaubten und auf die eingeborene Fähigkeit gewöhnlicher Männer und Frauen vertrauten, diese Religion zu deuten. »Wenn die Menschen Mut zu sich selbst fassten und dem eigenen Verstand nicht misstrauten«, mahnte Walwyn, würden sie rasch alle vorgeschobenen und nur dem eigenen Interesse dienenden Komplikationen verwerfen und feststellen, »dass alles erforderliche Wissen leicht und aus eigenen Kräften zu beschaffen ist«. Nichts, was verlangt werde, um der Heiligen Schrift Folge zu leisten, müsse geglaubt werden, wenn es der natürlichen Vernunft widerspreche, erklärte Bayle: Selbst Gottes moralische Gebote könnten unseren »normalen Vernunftbegriffen« nicht entgegenstehen. Diese Haltung fasste Hume 1755 wie folgt zusammen: »Das ganze Mosaische Recht ist hinfällig, soweit es nicht durch das Naturrecht begründet wird.«[44]

Im Rahmen der allgemeinen Kontroverse über die Vereinbarkeit von offenbarter und »rationaler« Religion begann sich gegen Ende des 17. Jahrhunderts der Blickwinkel der Debatte über Sexualmoral zu verlagern. Bis hierhin hatten sich alle ernsthaften Versuche, die Sexualnormen moderner zu definieren, auf Neuübersetzungen und -auslegungen der Bibel und der patristischen Schriften beschränkt. Sehr treffend hat Christopher Hill einst die Grenzen des Radikalismus Mitte des 17. Jahrhunderts beschrieben: »Egal wie ketzerisch ihre Schlussfolgerungen, egal wie ketzerisch ihre Theologie, ihr Fluchtweg aus der Theologie blieb theologisch.«[45] Doch als es intellektuell aus der Mode kam, moralische Vorschriften in erster Linie mit der Offenbarung zu begründen, musste man sich stärker an Argumenten orientieren, die als genuin »vernunftgemäß« oder »natürlich« galten. Damit tat sich ein weites Untersuchungsfeld auf. Unterstützte das Naturrecht Gottes Gebote gegen Unzucht und Ehebruch? Oder erlaubte es ein höheres Maß an sexueller Freiheit?

Naturrecht und natürliche Ethik

Das Problem wurde erschwert durch Meinungsverschiedenheiten über die Frage, wie das Naturrecht zu definieren sei und wie man sich den menschlichen Verstand vorzustellen habe. Doch im Wesentlichen zeichneten sich zwei Standpunkte ab. Im 16. und 17. Jahrhundert war man der Auffassung, das Naturrecht entspreche vollständig dem moralischen Recht, das in der Bibel niedergelegt sei. Alle Menschen auf der Erde, gleich ob Heiden oder Christen, seien zum Gehorsam ihm gegenüber verpflichtet »als dem Willen Gottes und der göttlichen Vernunft, die vom Himmlischen Vater in die Herzen aller Menschen eingeschrieben wurden; wodurch sie grundsätzlich zwischen Gut und Böse unterscheiden können«. Es vermittle allerdings nicht die für das Seelenheil unabdingbaren religiösen Vorschriften und werde häufig von den niedrigen Instinkten der Menschheit verschleiert.[46] Doch das, »was den Menschen von Natur aus unvollkommen in den Geist eingegeben ist, wird ihnen auf vollkommene Weise durch das Gesetz kundgetan, das Gottes Finger in die Tafeln aus Stein, d. h. die Zehn Gebote, schrieb und in anderen Teilen der Heiligen Schrift noch gründlicher darlegte«. Die Bibel sei »das Naturrecht in der lesbarsten Form«, und das sechste Gebot, eine von »Gottes Universellen Vorschriften«, die »erforderlich seien für jeden Staat, damit er sie anwende und durchsetze, und ethisch für das Gewissen jedes einzelnen«.[47]

Einige gottesfürchtige Autoritäten vertraten sogar die Ansicht, das Naturrecht schreibe, wie das Alte Testament, die Todesstrafe für Inzest und Ehebruch vor. Das verlange »die allgemeine Gerechtigkeit … nach dem Recht oder Instinkt der Natur, die allen Menschen gemeinsam ist«, erklärte William Perkins; ihre universelle Kraft zu leugnen, so Thomas Cartwright, hieße, »gegen die Gewissheit der Natur anzukämpfen« (allenfalls wollte er einräumen, dass je nachdem, ob mildernde Umstände vorlägen oder nicht, das *Verfahren* der Hinrichtung »roher oder schonender« gewählt werden könne).[48]

Diese Argumentation war in der Regel ziemlich vorurteilsbehaftet, denn sie begann mit den biblischen Vorschriften und suchte sich dann weitere Belege andernorts. Daher versuchte man im 18. Jahrhundert immer wieder zu beweisen, das Monogamie und Keuschheit ein Gebot der Natur waren. Doch jetzt bemühten sich die meisten Theologen und Philosophen um größere Objektivität, indem sie zunächst angeblich universelle Begriffe wie Gerechtigkeit, Mildtätigkeit und Wahrheit begründeten und sich anschließend auf sie bezogen. Auf diese Weise wurde das biblische Moralgesetz nur zu einem weiteren Beispiel für das Ergebnis der vernunftgemäßen Herleitung. In England waren unter anderem Locke, Cudworth und Cumberland die Wegbereiter dieser Methode, die dann von den meisten gemäßigten deistischen und christlichen Denkern des 18. Jahrhunderts weiterentwickelt wurde.

Zu der Schlussfolgerung, Unkeuschheit sei Unrecht, konnte man auf unterschiedliche Weise gelangen. Einige Beobachter waren der Meinung, Handlungen müssten in erster Linie nach ihrer öffentlichen und privaten Wirkung beurteilt werden, und sexuelle Freiheit würde stets Schaden anrichten.[49] Die meisten aber nahmen den entgegengesetzten Standpunkt ein, das heißt, sie glaubten, es gebe eine absolute, natürliche Moral, die älter als Gottes Gebote oder menschliches Recht sei. Nach dieser Auffassung verletzte sexuelle Unmoral das Naturrecht, ungeachtet des Kontextes oder der Konsequenzen. Unkeuschheit sei prinzipiell »wider Vernunft und Wahrheit«, schlussfolgerte William Wollaston.[50] Kein Zweifel, räumte Joseph Butler ein, dass sie manchmal (selbst »unter schockierendsten Umständen«) mehr Glück als Unglück zu stiften scheine – aber trotzdem werde sie stets automatisch und absolut durch unsere angeborene moralische Fähigkeit verurteilt. Zu ähnlichen Schlussfolgerungen gelangten Richard Fiddes, Francis Hutcheson, Richard Price, Joseph Priestley, Robert Malthus und zahllose weniger bedeutende Denker.[51*]

Doch die Gefahr eines rein logischen Ansatzes zum Problem der Moral lag darin, dass er, selbst wenn es ihm um die Stärkung der Tugend ging, gelegentlich von den herkömmlichen Normen wegführen konnte.[52] Nachdem Hutcheson ein vollkommen rationales System der Sexualethik entwickelt hatte, sah er sich zu der Schlussfolgerung veranlasst, dass das »Fehlen von Nachkommen« Männern eine Rechtfertigung liefere, sich Mätressen

---

* Der Beweis für den allen Menschen angeborenen Hang zur Keuschheit ist nach Hutcheson darin zu sehen, dass Wüstlinge tugendhafte Frauen trotz der Verfügbarkeit von Prostituierten zu verführen suchten: »Keuschheit an sich besitzt einen *starken* Zauber in den Augen der ausschweifenden Männer, selbst wenn sie sie zu zerstören trachten.« (*An Inquiry into the Original of Our Ideas of Beauty and Virtue*, 1725, S. 235; das gleiche Argument findet sich in dem weit verbreiteten anonymen Einblattdruck *A Conference about Whoring*, 1725, S. 26.)

zu halten.[53] Andere Moralisten wie Adam Smith und der dritte Earl of
Shaftesbury, Anthony Ashley-Cooper (1671–1713), vertraten den ethischen
Grundsatz, die Unterscheidung zwischen zulässigem und unzulässigem Sexualverhalten sei im Wesentlichen eine der Abstufung, bei der es darum
gehe, Unmäßigkeit zu vermeiden, und nicht darum, es auf bestimmte Be-
ziehungsformen zu beschränken. Bei dem Affekt, »durch den die Natur die
beiden Geschlechter eint«, so erläutert Smith, »ist doch jeder starke Ausdruck desselben bei allen Gelegenheiten unanständig«, gleich, ob ein Paar
verheiratet ist oder nicht. Während Shaftesbury seine Leser lediglich war-
nend darauf hinwies, dass so, »wie durch Kitzeln hervorgerufenes Geläch-
ter gelegentlich ungeheuer schmerzhaft ist«, auch maßvoll ausgeübte Sexualität lustvoll sein könne, aber »im Übermaß genossen … Unordnung und
Unglück verursacht«.

Solche Lehren waren nicht unbedingt dazu gedacht, sexuelle Freiheit zu
fördern, aber sie weichten die Definition von Keuschheit doch erheblich
auf.[54] Wie wir in Kapitel vier (»Polygamie und Population«) sehen werden,
ergab sich eine ähnliche Gefahr aus der wachsenden Neigung, die Sexualethik aus der Sicht der demografischen und wirtschaftlichen Theorie zu
betrachten. Wie Malthus im Jahr 1803 räumten die Kommentatoren jetzt
nicht selten ein, »dass es ungeregelte Beziehungen zu Frauen gab, die beiden Teilen zum Glück gereichten und keinen kränkten«, eine Vorstellung,
die für frühere Kommentatoren undenkbar gewesen wäre.[55]

Die Wirkung dieser ethischen Unvoreingenommenheit griff allmählich auch auf höchste Kreise des Klerus über. So konnte einer der höchsten
Geistlichen der Kirche von Schottland in einer Abhandlung ernsthaft »einen weit freieren Verkehr der Geschlechter« empfehlen. Damit meinte Reverend Robert Wallace, es solle beiden Geschlechter erlaubt sein, nacheinander mit beliebig vielen Partnern zusammenzuleben, und es sei an der
Zeit, sich von der falschen Vorstellung weiblicher Schamhaftigkeit zu befreien – denn »dass eine Frau unter gesitteten Umständen von einem Dutzend Männer besessen wurde, macht sie für einen dreizehnten keineswegs
weniger geeignet oder angenehm«.[56] Nicht ganz so kühn in seinen Gedanken, aber ebenso überraschend war die gelassene Einstellung, die Lancelot
Blackburne (1658–1743), Erzbischof von York unter Georg II., an den Tag
legte. »Häufig speiste ich mit ihm zu Abend«, berichtete Horace Walpole
(1717–1797):

Seine Geliebte Mrs. Cruwys saß am oberen Ende des Tisches, und Hayter, sein natürlicher Sohn von einer anderen Frau und ihm sehr ähnlich, am unteren Ende ... Ich erinnere mich an eine Geschichte, die zeigt, wie sehr er ein Mann dieser Welt war – die Königin persönlich hat sie meinem Vater gegenüber wiederholt. Auf der letzten Reise des Königs nach Hannover befand sich der Erzbischof, bevor Lady Yarmouth [die Mätresse des Königs] herüberkam, in Gesellschaft Ihrer Majestät und sagte zu ihr: »*Madam, als ich bei Eurem Minister Walpole war, sagte er mir, Ihr wäret eine kluge Frau und nähmet keinen Anstoß daran, dass Euer Gemahl eine Mätresse hat.*«[57]

Es ist kaum vorstellbar, dass man vor 1700 von irgendeinem protestantischen Bischof eine ähnliche Geschichte hätte berichten können.[58] Hören wir noch einen weiteren Geistlichen, Reverend Charles de Guiffardière (1720–1810), der später ein großer Günstling Georgs III. und seiner Familie werden sollte, wie er sich seiner jüngsten Affäre rühmt und einem jungen Mann erläutert, die Bibel sei für die moderne Sexualethik ohne Belang:

Glaubt mir, die Moral unseres Herzens ist die einzige Moral, von der wir uns leiten lassen dürfen. Diese entsetzliche Fülle von Vorschriften, welche die Menschen seit langem nicht mehr lesen und die aus wer weiß was für absurden Grundsätzen geschöpft wurden, sind nur für die groben und ungeschliffenen Seelen bestimmt, die unfähig sind, das Maß an Feinfühligkeit zu erreichen, das einer wohlgeborenen Seele erlaubt, jene Erlesenheit des Geschmacks zu entwickeln, die ihr ermöglicht, all das zu empfinden, was liebenswert an der Tugend und hassenswert am Laster ist, ungeachtet der lächerlichen Gründe, die von unseren Weisen vorgebracht wurden ... Vor allem aber, widmet Euch den Frauen.[59]

Diese Ansichten verbreiteten sich und führten schließlich zu der dem Naturrecht entgegengesetzten Annahme, in der Sexualität sei *Laissez-faire* normal und das Keuschheitsgebot künstlich. Der Gedanke war kaum neu, denn die christliche Lehre von der Wollust als Ausdruck menschlicher Sündhaftigkeit legte diese Ansicht nahe. Der Unterschied lag darin, dass das Ausleben der sinnlichen Begierde zunehmend höher geschätzt wurde als die Zurückhaltung. In ihrer extremsten Form stellte dieser Ansatz die Beziehung zwischen Christentum und Moral auf den Kopf. Radikale Deisten und Freidenker behaupteten, die organisierte Religion lehre keine Tugend, sondern verschleiere sie. Gottes Gesetze seien einfach und vernünftig, nicht geheimnisvoll, und er habe sie in der Natur und nicht in der Bibel niedergelegt. Priester und Herrscher seien für die komplizierten Rituale und abergläubischen Vorstellungen verantwortlich, welche die Menschen daran hinderten, die moralische Wahrheit und die »Naturreligion« ohne Vermittlung anderer zu erkennen. Nachdem er Jahre »ernsthaft geforscht und nachgedacht« habe, um die Grundlagen der Religion zu erkennen, schrieb der Edinburgher Student Thomas Aikenhead 1697, kurz bevor er wegen Gotteslästerung hingerichtet wurde, stehe für ihn absolut fest, dass »die Moral großenteils (wenn nicht gänzlich)« eine rein menschliche Erfindung sei. In Wahrheit, »kann alles moralisch schlecht, aber auch moralisch gut sein und infolgedessen alles sittlich oder unsittlich, moralisch oder unmoralisch«.[60] Ähnliche Auffassungen griffen unter gebildeten Engländern um sich. So stand der junge Anwalt John Bowes, der spätere Lordkanzler von Irland, nicht allein, wenn er seinen Freunden verkündete, das Christentum sei lediglich ein Sammelsurium von zweifelhaften und frei erfundenen Doktrinen, und es sei die natürliche Bestimmung der Frauen, »der Lust eines Mannes zu dienen«. Die meisten seiner männlichen Leser, meinte Daniel Defoe, betrachteten die Monogamie als »einen bloßen Kirchenbetrug, ein Stück Pfaffenlist, bar jeder vernünftigen Grundlage«. »Wenn wir die Äußerungen unserer angeblichen Lüstlinge betrachten«, schrieb ein Philosoph 1725, »werden wir feststellen, dass nach ihrer Vorstellung ihre Laster in ein vorteilhaftes Gewand aus Freiheit gekleidet sind, aus Großzügigkeit, gerechter Empörung über die Erfinder verschlagener Regeln, um die Männer zu versklaven und ihres Vergnügens zu berauben«.[61]

Solche Deutungen entsprangen teilweise den großen Debatten des 17. Jahrhunderts über den Naturzustand und die Grundlagen der bürgerlichen Gesellschaft. Eine der bekannten Erläuterungen von Hobbes zur weltlichen Macht besagte, Ehebruch sei zwar nach dem Naturrecht verboten, aber nur durch menschliche Vorschriften könne genau bestimmt werden, was darunter zu verstehen sei. Daher werde das Verbrechen von Kultur zu Kultur ganz verschieden definiert – sodass »ein Geschlechtsverkehr, der in einer

Stadt der Ehe zugerechnet wird, in einer anderen schon als Ehebruch gilt«.[62] Sir John Vaughan, während der Restauration Richter und ein enger Freund von Hobbes, Selden und Matthew Hale, ging noch einen Schritt weiter, indem er die Ansicht vertrat, es gebe keine Moral in der Natur. »Daher kann weder der Beischlaf irgendeines Mannes mit irgendeiner Frau noch die Auswirkung eines solchen Beischlafs durch Zeugung als unnatürlich bezeichnet werden«: Nur Sitte und Überlieferung hätten ihn dazu gemacht.[63]

Ähnliche Schlüsse ließen sich aus Spinozas Moralphilosophie ziehen.[64] Sogar Locke kam privat zu dem Schluss, ein Mann, der mit einer oder mehreren Frauen in freier Ehe zusammenlebe und Kinder mit ihnen habe, sei nach dem Naturrecht grundsätzlich unschuldig und seine Handlungsweise werde erst durch die Vorschriften und Sitten der Gesellschaft zu »einem verabscheuungswürdigen Laster«.[65]

Während der Thronfolgerkrise in den 1670er und 1680er Jahren vertraten auch einige Anhänger des Herzogs von Monmouth, des unehelichen Sohns Karls II., diese politische Idee und ihre Implikationen. (Viele Protestanten hätten es lieber gesehen, wenn er den Thron geerbt hätte und nicht der katholische Jakob, Herzog von York und spätere Jakob II.) Der Whig-Anwalt William Lawrence veröffentlichte eine längere Zusammenstellung von Argumenten aus Natur, Vernunft, Geschichte und Religion, um zu beweisen, dass alle bestehenden Ehegesetze nur bösartige Erfindungen des Klerus seien. Schon der bloße Begriff der Unehelichkeit widerspreche dem göttlichen und natürlichen Recht, und nach den gleichen Kriterien sei der Beischlaf zwischen unverheirateten Personen keine Unzucht, sondern die reinste Form der »Privatehe«, die zu wählen »der Gewissensfreiheit aller Menschen überlassen bleiben müsse«.* Auffassungen wie diese verspottete John Dryden 1681 in den ersten Versen seines berühmten Gedichts »Absalom and Achitophel«:

---

* Monmouth selbst lebte und starb in Übereinstimmung mit diesen Grundsätzen. Als ihn bei seiner Hinrichtung im Jahr 1685 zwei Bischöfe auf dem Schafott bedrängten, seinem ehebrecherischen Leben abzuschwören, und ihm sogar das Abendmahl verweigerten, erwiderte er zornig, ihm habe sehr viel mehr an seiner Geliebten als an seiner Frau gelegen und ihr sei er immer treu gewesen: *Oxford Dictionary of National Biography (= ODNB 2004).*

In frommen Zeiten, eh' die Pfaffenlist begann / bevor Polygamie zur Sünde ward / als der Mensch noch frei sich fortgepflanzt / eh' eins am andern zur ewgen Bindung ward verdammt / Als Natur noch förderte und kein Gesetz verwehrte / die wahllos Lust an Konkubin' und Braut.[66]*

Weitere Argumente für die Auffassung, Heirat und Keuschheit seien nur erdachte Konventionen, lieferte der kulturelle Relativismus, der in der radikalen Theologiedebatte sehr in Mode kam. Mühelos ließ sich aus der Vielfalt der Religionen in der Welt und ihren widersprüchlichen ethischen Vorschriften schließen, dass es letztlich keine objektiven Maßstäbe für Gut und Böse oder richtiges und falsches Verhalten gab. »Tugend?«, ruft eine Figur in einem Stück von Vanbrugh aus, solche modischen Anschauungen karikierend, »leider hat Tugend mit der so bezeichneten Sache nicht mehr gemein als mit dem Laster selbst. Wahre Tugend ist Güte, Ehre, Dankbarkeit, Aufrichtigkeit und Mitleid und nicht mäkelige, verbitterte, moralinsaure Keuschheit.«[67] Sexuelle Enthaltsamkeit sei nicht gut an sich, sondern künstlich. Selbst die Annahme, dass der Beischlaf in der Öffentlichkeit ungehörig sei, meinte Bayle spöttisch, sei offenbar nur »dem willkürlichen Joch der Sitten und … Meinungen zu verdanken«.[68]

Als man im 18. Jahrhundert entdeckte, welche sexuellen Freiheiten in überseeischen Zivilisationen offenbar gang und gäbe waren, diente das als empirischer Beleg für diese Thesen; genauso wie die viel beachteten gesellschaftlichen Entwicklungstheorien, in denen die Unterschiede und Verfeinerungen der Sexualnormen oft eine zentrale Rolle spielten.[69] Als sich das britische Empire über Nordamerika und Asien ausbreitete, als James Cook und andere Entdeckungsreisende den Fernen Osten und Pazifik durchquerten, wurde über die sexuellen Sitten der Indianer, der indigenen Völ-

---

* In pious times, e'r priestcraft did begin,
Before *polygamy* was made a sin;
When man, on many, multiply'd his kind,
E'r one to one was, cursedly, confined:
When nature prompted, and no law deny'd
Promiscuous use of concubine and bride.

ker und Pazifikinsulaner mit wachsender Faszination Buch geführt.* Doch bereits Ende des 17. Jahrhunderts hatte der gleiche anthropologische Ansatz zur Aufwertung von alternativen, nicht christlichen Moralphilosophien beigetragen und die These gestärkt, Tugend sei ein künstlicher Begriff. Zu dieser Zeit wurden Epikur und Lukrez mit ihrer Lobrede auf die natürlichen Begierden und ihrem Verweis auf die göttliche Nachsicht außerordentlich einflussreich in der englischen Literatur und lieferten damit ein weiteres starkes Argument für die sexuelle Freiheit.[70]

Die verschiedenen Rechtfertigungen der sexuellen Freiheit wurden begeistert, wenn auch nicht immer sehr schlüssig, von den sexuellen Libertins der Restauration aufgegriffen (wie wir im nächsten Kapitel sehen werden). Karl II. »mochte nicht glauben, dass Gott einen Mann ins Elend stürzt, nur weil er sich ein bisschen Vergnügen abseits der Regel verschafft«. Sexuelle Enthaltsamkeit sei nur ein Produkt »des Temperaments oder der Eitelkeit«: Niemand sei keusch »aus Prinzip«. So ließ sich die gesamte Moralphilosophie von John Wilmot, dem Earl of Rochester, in zwei Maximen zusammenfassen: Tue nichts, was 1.) dir selbst und 2.) einem anderen schadet. Unmoral sei kein Vergehen gegen Gott, denn Er sei zu groß, um Seine Geschöpfe zu hassen oder zu strafen: »Er konnte nicht glauben, dass ein Wesen von Seiner Güte ihn verdammen würde«. Ebenso wenig glaubte er an die Hölle (eine Sanktion, »die zu extrem sei, um für Sünden verhängt zu werden«). Die Religion sei lediglich »ein Schwindel von Priestern«; die Bibel und ihre Wunder seien widersinnige und unglaubhafte Geschichten und christliche Moral lediglich eine Heuchelei, der die »pöbelhafte Welt« gehorche, weil sie es nicht besser verstehe. Es sei absurd, an den Sündenfall zu glauben, als ob »irgendeine Verworfenheit in der Natur des Menschen sei« oder als ob uns die Vernunft gegeben sei, um unsere fleischlichen Triebe zu zügeln – die einzig wahren »Regeln für Gut und Schlecht« würden uns durch unsere körperlichen Sinne geliefert, und der einzig wirkliche Sinn des Lebens sei das Streben nach Glück. Daraus folge, dass die

---

* Allerdings konnten unbeirrbare Verfechter der konventionellen Moral solche Berichte als Phantasiegebilde abtun. »Als ich auf ein vielgerühmtes Buch stieß, einen Band von Captain Cooks Reisen«, berichtete John Wesley am 17. Dezember 1773 in seinem Tagebuch, »setzte ich mich nieder und begann es mit großen Erwartungen zu lesen. Doch welch eine Enttäuschung! Ich hörte 1. von absolut unglaubwürdigen Dingen: Ein Volk ... ohne Schamgefühl! Männer und Frauen, die sich am helllichten Tage unter den Augen einer Menschenmenge paarten! ... Hume oder Voltaire mögen das glauben: aber ich vermag es nicht.«

Begriffe der Monogamie und der Keuschheit »unsinnige Einschränkungen der menschlichen Freiheit seien«. Ganz im Gegenteil müssten wir der sexuellen Lust »frönen, da sie der Befriedigung unserer natürlichen Begierden diene. Es erscheine töricht, dass sie dem Menschen nur eingegeben sein sollten, damit er sie unterdrücke oder auf ein so enges Betätigungsfeld beschränke«.[71]

Vor 1700 erleichterte die Verknüpfung solcher Argumente mit Gottlosigkeit und Ausschweifungen den orthodoxen Moralisten, sie als fadenscheinige Sophisterei abzutun. Sie seien nichts als »faule Ausreden«; die verlogenen Märchen von Männern, die, »ihren Begierden hemmungslos hingegeben …, entschlossen sind, ihnen nachzugeben, wo immer sie sich befinden; und die raffiniertesten Argumente ersinnen, um ihr Tun zu verteidigen«; ihre Argumentation sei zwangsläufig »einseitig, voreingenommen und eigennützig«, denn »das ist der Einfluss, den Ehebruch, Unzucht und alle Zügellosigkeit des Fleisches unvermeidlich auf den Geist ausüben«.[72] Es war durchaus etwas Wahres an diesen Vorwürfen. Im Vergleich zur begrifflichen Strenge der herkömmlichen Moralphilosophie, wirkten die frühen Versuche zur Verteidigung der sexuellen Freiheit häufig schludrig und widersprüchlich und schienen eher das Produkt gesellschaftlicher und intellektueller Posen als ernsthafter Gedankenarbeit zu sein. 1675 meinte ein Satiriker, der moderne Libertin, der »leugnet, dass ein grundlegender Unterschied zwischen Gut und Böse« existiere, gebe vor, er folge den Lehren des *Leviathans* – »doch er hat das Buch sein Lebtag nicht gesehen« und habe keine Ahnung, worum es bei Hobbes tatsächlich gehe.[73]

Doch Anfang des 18. Jahrhunderts wurden die weitgehend gleichen Argumente sehr viel schlüssiger und objektiver vorgebracht. Obwohl die Forderung nach sexueller Freiheit umstritten blieb, fanden die Ansichten über Natur, Vernunft, und Sitte, die ihrer Begründung dienten, jetzt weit mehr Zustimmung.[74] Mit beiden war das Lesepublikum inzwischen so vertraut, dass sie von den bedeutendsten Romanciers der Epoche parodiert werden konnten. Samuel Richardsons Antiheld Lovelace ist fasziniert von der Logik der jährlichen Heirat und Scheidung – einer Regelung, die mit Ehebruch und Unzucht ein für allemal Schluss machen würde. Als der deistische Philosoph in Fieldings *Tom Jones* als unzüchtiger Lüstling entlarvt wird, versucht er den Protagonisten davon zu überzeugen, dass niemandem Schaden zugefügt worden sei: »›Die Zweckmäßigkeit der Welt wird regiert von der Natur der Dinge, nicht von Gewohnheiten, Bräuchen, Vorschriften, Polizeigesetzen. Nichts verstößt im Grunde gegen die Harmonie als das, was unnatürlich ist.‹ ›Sehr richtig!‹ rief Jones. ›Was gibt es Unschuldigeres als die Stillung einer natürlichen Begierde? Oder was Lobenswerteres als die Fortpflanzung unserer Gattung?‹« »Genau«, erwiderte Mr. Square.[75]

Auch in ernsthaften Schriften wurde dieser Gedanke jetzt häufig im Rahmen von allgemeineren philosophischen Entwürfen entwickelt. Matthew Tindals machte sich in seiner viel gerühmten deistischen Abhandlung *Christianity as Old as the Creation* (1730) über die christlichen Sexualnormen lustig und bezeichnete sie als Pfaffenerfindungen, die zu einem modernen Staat ebenso wenig passten wie die biblischen Verbote von Wucher und Blutverzehr. Wirklich beurteilen könne man sie nur anhand ihrer Fähigkeit, das menschliche Glück zu befördern:

> *Bei einer Frau zu liegen oder sie zu begehren, lässt sich ohne Berücksichtigung der Umstände weder als gut noch als böse bezeichnen; dieses wunderbare Verlangen, das der menschlichen Natur eingepflanzt ist, kann kein Verbrechen sein, denn es befördert das Glück aller Beteiligten und dient der Vermehrung und somit der Erhaltung der Art.*[76]

Das wahre Ziel Christi, so ein zeitgenössischer *philosophe*, habe darin bestanden, die Menschheit »vom Fluch des mosaischen Rechts zu erlösen«. Er habe den Ehebruch für eine harmlose Handlung gehalten, »die alle Menschen ständig im Denken oder Tun begehen«. Zwar seien Jesu Lehren von der Kirche pervertiert worden, doch in ihrer ursprünglichen Form zeigten sie, dass es ihm darum gegangen sei, das Naturrecht wiederherzustellen, wie man es in allen glücklichen, unschuldigen Gesellschaften antreffe, in denen »Frauen und alle anderen Sachen Gemeinschaftsgut waren«. Tatsächlich bestünden Güte und Glück in erster Linie in der Befriedigung der natürlichen Bedürfnisse: »bei Hunger im Essen; bei Durst im Trinken; wenn sie durch die Empfindungen der Begierde angeregt werden, bedarf es des Beischlafs« – »vulgär« sei die Ansicht, es gebe in sexuellen oder anderen Angelegenheiten so etwas wie »gute und schlechte Moralvorstellungen«.[77]

Ganz ähnlich argumentierte der Arzt und Philosoph Bernard Mandeville 1714: Die Einteilung in moralisch Gut und Böse sei den Menschen zu

allen Zeiten nur von gerissenen Politikern aufgezwungen worden. Die sogenannte Tugend sei immer »wider den Naturtrieb gewesen«; nur die
künstlichen Regeln der Religion und Gesellschaft versuchten, die Lust her-
abzuwürdigen, zu unterdrücken, ihre Macht zu leugnen: »Lieber soll ein
Weib schmachten, vergehen und sterben als sich auf unerlaubtem Wege
eine Erleichterung verschaffen«. Sexuelle Freiheit gehöre nämlich, so verkündete 1749 ein bekannter Schriftsteller, »zu den Grundrechten der
menschlichen Natur und zu den rechtmäßigen Freiheiten unserer Art …
die Natur und die Neigung von Männern und Frauen, einander zu umfangen, ist beschaffen und angelegt, wie Gott sie gewollt, und die Befriedigung
der ihnen gemeinsamen Verlangen und Begehren dient in der Regel ihrem
gemeinsamen Wohl«. Daher sei nichts Unrechtes darin zu sehen, wenn unverheiratete Menschen beieinander lägen, Kinder hätten und zusammenlebten; wenn man die öffentliche Prostitution erlaubte; oder den Menschen
gestattete, sich scheiden zu lassen und jemand anderen zu heiraten, wenn
sie es wünschten. Die gleiche Haltung finden wir bei den frühen Aufklärern,
die für eine vernünftigere Einstellung zu Verbrechen und Strafen eintraten.
Die sexuelle Leidenschaft zwischen den Geschlechtern, so Cesare Beccaria,
sei eine unbezwingbare Naturkraft. Ehebruch entspringe einer »natürlichen
Notwendigkeit«; in der Regel führe er »nicht zur Zerstörung der Gesellschaft«; daher sei es sinnlos und schädlich, ihn unter Strafe zu stellen.[78]

Die anspruchsvollste Synthese, die sich aus der Kontroverse über Natur
und Moral im 17. und 18. Jahrhundert ergab, war David Humes Interpretation der Sexualsitten, die er zuerst in *A Treatise of Human Nature* (1739–
1740) und dann – überarbeitet – in *An Enquiry Concerning the Principles of
Morals* (1751) darlegte. Ursprünglich war Hume der Ansicht, die Menschen
besäßen ein angeborenes Moralempfinden, aus dem sie bestimmte natürliche Tugenden gewönnen, wozu aber die Keuschheit nicht gehöre – »Be-
schränkung des Verlangens ist nicht natürlich«. Im Gegenteil, Lust habe
gewöhnlich »eine starke Verbindung mit allen angenehmen Gefühlen«,
während Keuschheit nur eine künstliche Tugend sei, in erster Linie für
Männer ersonnen, damit sie sicher sein könnten, dass »ihre Kinder … wirklich ihre eigenen sind.«[79] In der *Enquiry* ging er noch einen Schritt weiter,
indem er das libertäre Standardthema von der großen Vielfalt sexueller
Normen in verschiedenen Gesellschaften aufnahm. Humes Beitrag bestand
in der mittlerweile alltäglichen Erkenntnis, dass moralische Unterschei-

dungen aus bestimmten Konventionen und Interessen resultieren, und in
der Absicht, systematisch zu erklären, dass die unterschiedlichen Sexualnormen alle einer gemeinsamen Logik gehorchen. Die tiefere Wahrheit sei,
dass »die Prinzipien, auf deren Basis die Menschen moralische Erwägungen anstellen, immer dieselben sind, obwohl die Schlüsse, die sie daraus
ziehen, oft sehr verschieden ausfallen«. Obwohl er selbst Polygamie und
Scheidung ablehnte, teilte er die modische Auffassung, »freie Liebe« oder
sogar Ehebruch seien weniger abscheulich oder schädlich als, sagen wir,
Trunkenheit.[80]

Um 1750 hatte sich also eine ziemlich schlüssige Lehre von der sexuellen Freiheit entwickelt, die nicht nur die geltende Rechtsprechung ablehnte,
sondern auch, von anderen Prämissen ausgehend, die Grenzen zwischen
zulässigem und unzulässigem Verhalten neu bestimmte. Gewöhnlich stützte man sich dabei auf zwei Voraussetzungen. Erstens, dass das Verhalten
natürlich (und damit, wie gewöhnlich im Anschluss festgestellt wurde, für
das Individuum harmlos) sei. In Wahrheit war das natürlich keine objektive, sondern eine kulturell bestimmte Definition. Verhalten, das als »unnatürlich« galt, wie Homosexualität oder Masturbation, konnte vor dieser
Auffassung nicht bestehen,[81] doch ansonsten galt das, was man mit seinem
eigenen Körper anstellte, als Privatsache. Nicht zufällig verteidigten Ende
des 17. und Anfang des 18. Jahrhunderts viele Autoren, die für größere sexuelle Freiheit eintraten, auch das Recht auf Selbstmord, indem sie sich
entsprechend auf die persönliche Freiheit beriefen.[82]

Andererseits konnte sich die sexuelle Freiheit natürlich auch auf andere auswirken. Das zweite Kriterium besagte daher, dass das Gemeinwohl
nicht ernsthaft beeinträchtigt oder dass zumindest nicht mehr Schaden
als Gutes angerichtet werden dürfe. Das wurde im Unterschied zur Vergangenheit nicht an einem absoluten Maßstab gemessen, sondern an den Bedingungen und Wirkungen. So wurde beispielsweise das kaum als neu zu
bezeichnende Argument, Untreue richte keinen Schaden an, solange sie
verschwiegen werde, immer häufiger diskutiert.[83*] Entsprechend ging man

---

* »Wenn ich höre, wie ein vornehmer Herr den Frauen fortwährend von seiner *Ehre*
spricht«, schrieb ein Autor Mitte des 18. Jahrhunderts, »scheint es mir genauso, als sagte er:
*Meine Damen, Ihr könnt meinem Wunsch getrost willfahren und mich bei Euch liegen lassen,
denn ich versichere Euch, dass ich ein Mann von Ehre bin und mich nie damit brüsten werde,
Eure Gunst genossen zu haben«: An Essay on Modern Gallantry*, ca. 1750, S. 9.

davon aus, dass die sexuellen Regeln jeder Gesellschaft sich an dem orientierten, was nach kollektivem Urteil dem »öffentlichen Wohl« diente. Da Kulturen und sogar Individuen aus vielen berechtigten Gründen unterschiedlich wahrnähmen, was dem »gemeinsamen Interesse und Nutzen« diene, hätten sie auch unterschiedliche Sexualnormen. Aus dieser Denkweise folgten zwei Dinge. Sie bewirkte eine sehr viel strengere Trennung zwischen privatem und öffentlichem Lebensbereich, als früher üblich war. Doch sie warf auch schwierige Fragen hinsichtlich der genauen Definition und Beziehung der beiden auf. Der Haken war, wie Hume ganz richtig darlegte, dass es immer eine Spannung zwischen den beiden Zielen der modernen, säkularen Morallehre gab – der Maximierung persönlicher Lust und dem Bemühen um gesellschaftlichen Nutzen. In Hinblick auf Sexualität »sind beide Zwecke gut und nicht leicht miteinander zu vereinen; auch sollten wir nicht überrascht sein, wenn die Sitten der Völker mal zu sehr zu der einen Seite und mal zur anderen neigen«. Letztlich und paradoxerweise sei das sexuelle Begehren sowohl die Grundlage der Zivilisation – »das erste und ursprüngliche Prinzip der menschlichen Gesellschaft« – als auch eine stets gegenwärtige Bedrohung des sozialen Zusammenhalts.[84]

Trotzdem wurde im Endeffekt die Ansicht bestätigt, Sexualität bleibe in erster Linie eine Privatangelegenheit. So fühlten sich alle bestätigt, die unkeusch lebten, wie der vierte Earl of Sandwich, der meinte, die Welt sollte »mir meine Schwächen vergeben, solange diese sich mit meinem Auftreten als öffentliche Person vertragen«. »Öffentliches Verhalten« und »privater Charakter«, so wurde argumentiert, seien zwei »verschiedene, voneinander unabhängige Dinge«.[85] Die vordringliche Frage lautete daher, wie sich eine Grenze zwischen ihnen ziehen lasse. Ende des 18. Jahrhunderts wurde diese Entscheidung zu einem entscheidenden Prinzip der öffentlichen Ordnung. Im 19. und 20. Jahrhundert änderte sich nichts an dieser Einstellung, und sie ist auch noch heute für unser Denken maßgeblich. Obwohl der genaue Grenzverlauf zwischen privater und öffentlicher Sphäre ständigen Schwankungen unterworfen war, blieb diese Trennung in der Folgezeit eines der wichtigsten Bollwerke der sexuellen Freiheit. Selbst die radikalsten Freiheitstheoretiker neigten zu der Annahme, dass unmoralische Handlungen in dem Augenblick ihren privaten Charakter verlören und schuldhaft würden, wo sie andere in Mitleidenschaft zögen. Nach John Stuart Mills Ansicht schloss die Freiheit des Einzelnen unbedingt auch die

Unzucht ein – wenn vielleicht auch nicht in gewerblicher Form und auf keinen Fall als öffentliche Handlung. Entscheidend aber war, »dass das Verhalten eines Menschen in sexuellen Beziehungen als unbedeutende und rein private Angelegenheit angesehen werden sollte, die nur ihn allein angeht«. Er hoffe von ganzem Herzen, so erklärte er 1854, dass die Praxis, Männer und Frauen für solche Dinge öffentlich zur Rechenschaft zu ziehen, »eines Tages zu den abergläubischen und barbarischen Verirrungen aus den Kindertagen der Menschheit gerechnet wird«.[86]

Private Laster, öffentliche Vorteile

Die allmähliche Trennung von persönlicher Moral und öffentlichen Angelegenheiten zu Beginn des 18. Jahrhunderts bahnte den Weg für eine noch radikalere Forderung, nämlich die Idee, dass die Gewährung außerehelicher sexueller Beziehungen dem Gemeinwohl dienen könne. Daher wurde eine gewisse sexuelle Freizügigkeit nicht nur geduldet, sondern sogar gefördert.

Diese Vorstellung stand in direktem Widerspruch zu der orthodoxen protestantischen Auffassung, wonach die Duldung der Prostitution die Sittenlosigkeit nicht etwa einschränken, sondern ganz im Gegenteil stärker aufstacheln würde. »Wenn die Lust die Oberhand gewinnt und sich nach Belieben entfalten darf«, warnte ein Prediger im Jahr 1704, »dann wird sie nicht aufs gemeine Vieh beschränkt bleiben, sondern auch die Keuschheit von Jungfrauen und ehrbaren Frauen versuchen, sodass fast keine Tugend vor ihr sicher sein kann«. Es sei ein großer Irrtum, schrieb 1699 ein anderer Autor, anzunehmen, »dass man, wenn man die natürliche Äußerung der Lust einschränkt, die Männer dazu bringt, sie unnatürlich auszuüben«, denn Homosexualität »ist nirgendwo auf der Welt häufiger anzutreffen als in Italien, wo achtzigtausend Huren in den Büchern des Papstes stehen.[87]

Doch wie unsere Beispiele erkennen lassen, scheint um 1700 das Interesse an der Tolerierung der Prostitution wieder erwacht zu sein. In einem Brief an den *Athenian Mercury* fragte ein Leser 1691, ob es nicht besser wäre, für die Straßenmädchen einen bestimmten Ort zu reservieren, an dem sie sich abends versammeln könnten, wie es in Amsterdam der Fall sei. Die Redaktion antwortete, es sei »eine sehr unchristliche Maxime, ein Übel zu fordern, um zwei zu vermeiden«, räumte aber ein, dass das – die Religion einmal beiseitegelassen – in der Tat eine recht vernünftige Maßnahme wäre, mit der sich viele Missstände vermeiden ließen«. Die gleiche Annahme findet sich im Tagebuch eines schottischen Geistlichen, der 1689 London besuchte. »Damit die züchtigen Frauen nicht in Versuchung geführt werden«, berichtete er, »macht man den liederlichen Weibspersonen Avancen, die in der Dämmerung die Straßen bevölkerten«.[88] Im Laufe der folgenden Jahrzehnte setzte sich der Gedanke langsam durch.

Mitte des 18. Jahrhunderts war es selbst unter Geistlichen und Richtern zum Gemeinplatz geworden, die Prostitution sei unvermeidlich und möglicherweise sogar nützlich, und man war allgemein vertraut mit den antiken, mittelalterlichen und kontinentalen Vorbildern. Bei den alten Griechen und Juden, schrieb John Potter, der künftige Erzbischof von Canterbury in einem vielgelesenen Bericht, seien Huren, Mätressen und Bordelle überall erlaubt gewesen. »Der weiseste der heidnischen Weisen«, habe die Jugend aufgefordert, »ihre Lust an diesen Geschöpfen auszulassen«, statt ehrbare Frauen zu bestürmen: Niemand glaube, dass solche sexuelle Freiheit »wider die guten Sitten sei«.[89] Es sei weder möglich noch wünschenswert, erklärte der Friedensrichter Saunders Welch, »die Hurerei gänzlich zu unterdrücken«; Prostituierte bildeten ein wichtiges »Brachland«, ohne dass sich die Männer der Homosexualität zuwenden könnten. Viele andere äußerten sich ähnlich: Ohne eine Gelegenheit »der Stimme der Natur zu folgen«, würde es unvermeidlich zu Homosexualität, Vergewaltigung und Mord kommen.[90] Der Gedanke, Prostituierten tatsächlich eine behördliche Genehmigung zu erteilen, war umstrittener, aber auch er gewann allmählich an Zustimmung. Das Übel zu unterdrücken, sei, so meinte der einflussreiche Richter und Sozialreformer Patrick Colquhoun, »ebenso unmöglich wie dem Gezeitenstrom zu widerstehen«; da sei es besser, »eine vernünftige und zurückhaltende Regulierung« der gewerblichen Unzucht unter polizeilicher Aufsicht vorzunehmen.[91] Mitte des 19. Jahrhunderts wurden entsprechende Maßnahmen allgemein empfohlen. Die Contagious Diseases Acts (Gesetze über ansteckende Krankheiten) führten dann in den 1860er Jahren ein System staatlicher Registrierung und Kontrolle von Prostituierten ein.

Dieser Trend wurde durch mehrere praktische Entwicklungen verstärkt. Einer war die wachsende Besorgnis über die vermeintliche Ausbreitung der

Homosexualität, die neue Nahrung erhielt, als Anfang des 18. Jahrhunderts in London eine weit gefächerte Subkultur homosexueller Männer entdeckt wurde – mit speziellen Absteigen, Transvestiten-Treffs und flüchtigen sexuellen Kontakten in Parks und öffentlichen Toiletten.[92] In dem Maße, wie die Hauptstadt und ihr Nachtleben sich im Laufe des Jahrhunderts ausdehnten, trat die Prostitution immer deutlicher in Erscheinung und ließ sich immer schwieriger in den Griff bekommen. Von entscheidender Bedeutung für diese Entwicklung war die massive Aufstockung der britischen Land- und Seestreitkräfte. Die regelmäßige Anwesenheit von Soldaten und Seeleuten in London beziehungsweise anderen Hafen- und Garnisonsstädten schuf einen riesigen neuen Markt für käuflichen Sex und schürte die Angst vor Geschlechtskrankheiten. Karl II. unterhielt ein stehendes Heer von vielleicht 7000 Mann und eine Kriegsmarine, die sich zu Kriegszeiten auf 25 000 Mann belief. In den 1690er Jahren hingegen kletterte die Gesamtzahl der Streitkräfte auf mehr als 115 000 an; zur Zeit des Amerikanischen Unabhängigkeitskriegs hatte sie 190 000 erreicht.[93] In einem allgemeineren Sinne gehörte die Vorstellung, junge Männer aller Schichten brauchten ein Ventil für ihren Geschlechtstrieb, damit sie nicht unschuldige Frauen vergewaltigten oder verführten beziehungsweise auf unnatürliche Praktiken verfielen, zu einer obsessiven Beschäftigung mit Verführung und der Geldheirat von Frauen (wie wir im folgenden Kapitel sehen werden).

Die Idee, Prostitution zu tolerieren, fand besonders durch die Schriften von Bernard Mandeville (1670–1733) und die durch sie hervorgerufene Kontroverse Verbreitung. Seine Abhandlung *Die Bienenfabel oder private Laster, öffentliche Vorteile,* erstmals 1714 veröffentlicht, enthielt unter anderem eine spitzfindige Verteidigung der öffentlichen Prostitution mit dem Argument, »daß eine Notwendigkeit besteht, einen Teil der Frauen zu opfern, um den andern zu erhalten und eine Sittenverderbnis noch scheußlicherer Art zu verhindern«. Ein Jahrzehnt später, als dieser Abschnitt plötzlich enorme Aufmerksamkeit erregte, heizte er die Debatte zusätzlich an, indem er anonym eine humoristische Fortsetzung schrieb, die den Titel *A Modest Defence of Publick Stews* trug. Wie seine Philosophie im Allgemeinen war auch diese Breitseite gegen die Gesellschaften zur Verbesserung der Sitten gerichtet, deren Methoden (wie im letzten Kapitel gesehen) so viel Unruhe hervorgerufen hatten. »Wenn Kurtisanen und Dirnen mit solcher Strenge, wie manche einfältige Leute möchten, verfolgt würden«, heißt es in der Fabel, »welche Schlösser und Schranken würden dann ausreichen, um die Ehre unserer Frauen und Töchter zu bewahren?« Freudenhäuser seien so notwendig wie Klohäuschen; Prostituierte seien »bereits verdorben und eines weiteren Schutzes nicht wert«; wenn man die totale sexuelle Ausbeutung dieser Frauen gestatte, »wird dadurch die Sicherheit der übrigen gewährt«.[94]

Mandeville war so geistreich und einfallsreich in seiner Argumentation, so kompromisslos in seiner Opposition zur herkömmlichen Moral und so beschlagen und belesen, dass seine Verteidigung der Prostitution zum Ausgangspunkt aller weiteren Debatten über das Thema wurde. Bereits 1760 waren ein halbes Dutzend Auflagen der *Modest Defence*, ein Dutzend Ausgaben der *Bienenfabel*, etliche Teilplagiate des Textes sowie zahllose Kritiken und Kommentare erschienen. Seine philosophischen Grundgedanken waren so weit verbreitet, dass sich kaum ein Intellektueller des 18. Jahrhunderts finden lässt, der sie nicht zur Kenntnis genommen hat. Auch in der breiten Leserschaft ist die Wirkung seiner Sexuallehre nicht zu übersehen: Allgegenwärtig sind die beiläufigen Verweise in Satiren, Traktaten, Predigten, Reden und volkstümlichen Schriften.[95]

Allerdings verdankte Mandeville seine Auffassungen in beträchtlichem Maße früheren Denkern, nicht zuletzt Pierre Bayle, den er wahrscheinlich in seiner Jugend kennengelernt hatte und aus dessen Werk er ausführlich zitierte. Seine Schriften spiegelten auch die Kritik an der moralischen Disziplinierung wider, die seit langem in der satirischen und volkstümlichen Literatur gang und gäbe waren. Obwohl er sie bis an ihre Grenzen trieb, war – wie gezeigt – sein Grundgedanke, dass Tugend und Moral künstliche Begriffe seien, schon lange vor 1700 ein Gemeinplatz der radikalen Theologie und Philosophie. Allerdings hätten Mandevilles Ideen, wenn sie tatsächlich ganz neu gewesen wären, sicherlich keinen so überwältigenden Zuspruch erfahren. Seine Leistung lag vielmehr darin, eine Handvoll ziemlich schlichter und respektloser Gedanken aufzugreifen und sie in ein flammendes Manifest für sexuelle Freizügigkeit umzuwandeln – indem er sie systematisch darlegte, ihre logischen Konsequenzen erläuterte und sie in einen allgemeineren philosophischen Entwurf einordnete. Damit stellte er nicht nur die orthodoxe Sexualmoral in Frage, sondern auch alle tradierten Vorstellungen über die Beziehung zwischen persönlichem Handeln und

Gemeinwohl. Ohne Umschweife erklärte er die herkömmliche Auffassung in Bausch und Bogen für falsch: So paradox es erscheinen mochte, die privaten Laster konnten seiner Meinung nach zum Gemeinwohl beitragen. Damit meinte er nicht, dass *alle* Laster nützlich seien, sondern nur, dass bestimmte Handlungen, die herkömmlicherweise als lasterhaft galten, in Wahrheit für die Gesellschaft förderlich seien. So nennt er einige Beispiele aus dem Bereich der Wirtschaft:

> *Der vergnügungssüchtige Höfling, dessen Luxus keine Grenzen kennt, die launenhafte Kurtisane, die sich jede Woche nach einer neuen Mode kleidet … der liederliche und ausschweifende Erbe, der sein Geld sinn- und zwecklos hinauswirft … Wer von seinen Mitmenschen die größte Anzahl in Bewegung setzt und die raffiniertesten Handelsartikel erfindet, der ist, ob nun zu Recht oder zu Unrecht, der größte Freund der sozialen Gemeinschaft.*[96]

Wie in Handel und Industrie so verhalte es sich auch im Sexualleben: Askese, Mäßigung und konventionelle Tugenden seien kontraproduktiv. Tatsächlich würden Menschen von ihren egoistischen Leidenschaften getrieben, daher seien die gesellschaftlich günstigsten Ergebnisse vom rechten Umgang mit diesen Impulsen und nicht von ihrer Unterdrückung zu erwarten. Mit einem Schlag stellte er damit die meisten der noch verbliebenen Rechtfertigungen für die sexuelle Disziplinierung in Frage.

Wie nicht anders zu erwarten, rief seine Behauptung tiefe Empörung und heftige Angriffe hervor. Sie sei lächerlich unlogisch, wetterte ein Bischof, im Gegensatz »zur Erfahrung aller Zeiten und Völker … [die] ihre Blütezeit meist im Zeichen von Religion und Tugend erlebten, um dann in dem Maße an Kraft zu verlieren, wie ein allgemeiner Überfluss und Sittenverfall um sich griff, bis sie schließlich gänzlich zugrunde gingen«. Nachdem sich der Geistliche und Moralreformer John Disney durch die antiken und mittelalterlichen Gesetze der Juden, Griechen, Römer, Westgoten, Langobarden und anderer bedeutender Zivilisationen hindurchgearbeitet hatte, war auch er sich sicher, dass alles überkommene Wissen gegen die »neue Maxime« spreche. Trotzdem war sie Mitte des 18. Jahrhunderts allgemein bekannt. »Von Lebemann zu Lebemann«, sagt Lovelace in Samuel Richardsons *Clarissa* behaglich lachend zu Belford. Es könne doch kein

Zweifel daran bestehen, dass die Verführung von Frauen »ein notwendiges Übel« sei? Seine eigenen Handlungen entsprächen »gänzlich der Regel meines verdienstvollen Freundes Mandeville, die da besagt, dass private Laster öffentliche Vorteile schaffen.« In den 1750er Jahren war das Argument so geläufig, dass die Verfasser des Handbuchs des Magdalen-Stifts für reuige Prostituierte sich bemüßigt fühlten, auf den ersten Seiten den entgegengesetzten Standpunkt zu beziehen und zu erklären, dass private Laster öffentliche Nachteile bewirkten.[97]

Die neue Denkweise führte also zu einer dauerhaften Verschiebung der Parameter der Diskussion. Selbst das letzte unbestrittene Prinzip der sexuellen Disziplinierung – öffentliche Hurerei schade dem Gemeinwohl– wurde jetzt ernsthaft in Frage gestellt und das Lager seiner Fürsprecher in die Defensive gedrängt. Zwar wurde die These, Gesellschaftsordnung und Prosperität könnten von Laster und Unkeuschheit profitieren, häufig abgelehnt, aber dessen ungeachtet endlos diskutiert. Im Laufe der Zeit wurde die herrschende Meinung von vielen dieser Argumente unterwandert. Ein typisches Beispiel für ihre gedankenlose Wiederholung finden wir 1747 in einem Nachruf auf Sir Thomas de Veil, seines Zeichens oberster Friedensrichter von Middlesex und notorischer Schürzenjäger. »Alles in allem«, hieß es im *Gentleman's Magazine*, nachdem dort seine sexuellen Eskapaden aufgezählt worden waren, »scheint er ein bemerkenswertes Beispiel dafür zu sein, in welchem Maße das Laster in der Öffentlichkeit das Bedürfnis nach privater Tugend wecken kann.«[98]

Von Wirtschaftshistorikern wurde darauf hingewiesen, dass Mandeville mit seinen Gedanken über den Nutzen des Eigeninteresses spätere Denker wie Adam Smith beeinflusst und damit den Weg geebnet habe für neue Theorien des sozialen Fortschritts, die sich auf ein Ethos des Konsums statt der Sparsamkeit und Enthaltsamkeit stützten.[99] Vieles von dem trifft auch für seine moralischen Auffassungen zu. Um 1800 hatte sich die Meinung durchgesetzt, das Verbot aller außerehelichen Sexualität werfe mehr Probleme auf, als sie löse. Die Idee, freien Menschen solle »das natürliche Recht beschnitten werden, über sich selbst nach eigenem Begehren zu verfahren«, beklagten einige Kommentatoren als völlig widersinnig. Die Kenntnis früherer Epochen zeige deutlich, so ein Jurist im Jahr 1785, »wie viel Bosheit, wie viele private Konflikte, wie viele schändliche und scheußliche Verbrechen aus einer falschen Auffassung der Religion hervorgegan-

gen sind, indem sie einen ewigen Krieg mit den Geboten der Natur her-
aufbeschworen haben«.[100] Inzwischen fand die Auffassung, dass eine
Lockerung der Sitten den Staat keineswegs in den Abgrund reißen würde,
sondern vielmehr ein akzeptabler Nebeneffekt des gesellschaftlichen und
wirtschaftlichen Fortschritts sei, immer neue Anhänger. Ähnliche Ansichten über die Moral von Luxus und Konsum fassten seit Anfang des 17. Jahrhunderts Fuß.[101] Doch ihre Anwendung auf die Sexualethik war eine neue
Entwicklung, die die traditionellen protestantischen Grundüberzeugungen
völlig auf den Kopf stellte. Statt als selbstverständlich vorauszusetzen, dass
die Bestrafung des Lasters und die Verschärfung der sexuellen Disziplin
zur Stabilität der Gesellschaft beitrage, ging diese Auffassung vom Gegenteil aus.

Folglich profitierte die Entwicklung der sexuellen Freiheit auch von der
wachsenden Verbreitung neuer Wirtschaftsphilosophien und ihrer unbe-
fangenen Haltung zu Moral, Enthaltsamkeit und Wohlstand. Wie sehr sich
die Einstellungen Ende des 18. Jahrhunderts veränderten, zeigt sich sehr
schön in einer Unterhaltung, die William Wilberforce im Sommer 1787 mit
seinem politischen Gegner, dem vierten Earl Fitzwilliam, führte. »Ich
stimmte ihm darin zu«, berichtete Fitzwilliam, »dass es viel Ausschweifung
und Zügellosigkeit gebe und wenig Frömmigkeit.« »Doch dann vermochte
ich ihm nicht mehr zuzustimmen, als er behauptete, es werde nie anders
sein, wenn denn die Entwicklung zu Handel, Wandel und Reichtum an-
halte. Ich erklärte ihm, dass jene diese hervorriefen und dass er, wenn er
jene nicht wolle, das richtige Rezept anwenden müsse, nämlich diese abzuschaffen.« Sogar Wilberforce selbst, der eifrigste Moralreformer seiner Zeit,
räumte diesen Aspekt öffentlich ein. Man müsse zugeben, schrieb er 1797,
»dass der Geschäftsgeist, so sehr wir ihm auch verpflichtet sind, der Aufrechterhaltung religiöser Prinzipien in einem tatkräftigen und lebendigen
Staatswesen nicht eben zuträglich ist«.[102]

Freiheit, eingegrenzt und erweitert

Wenn wir verfolgen, wie sich die sexuelle Freizügigkeit bis 1800 entfaltete,
werden wir Zeugen einer folgenreichen ideologischen Umwälzung. Herkömmlicherweise hatte man die sexuelle Kontrolle mit dem Hinweis ge-

rechtfertigt, dass unmoralische Handlungen – und sogar unmoralische Überzeugungen – gefährlich seien. Sie würden den Einzelnen verderben und das Wohlbefinden der Gesellschaft untergraben; daher sei es gerechtfertigt, ja, unbedingt erforderlich, sie zu bestrafen. Ende des 18. Jahrhunderts war jede Prämisse dieser Lehre ernsthaft in Frage gestellt. Man unterschied viel stärker zwischen vermeintlich privaten und öffentlichen Angelegenheiten.

Die Auffassung, Staat und Öffentlichkeit hätten kein Recht, die Gewissensfreiheit der Menschen einzuschränken, und das betreffe auch ihre moralischen Entscheidungen, fand immer mehr Anhänger. Danach sollten auch unmoralische Handlungen als Privatangelegenheiten behandelt werden. Es wurde sogar behauptet, ein gewisses Maß an sexueller Freizügigkeit sei etwas Positives, ein Zeichen für Gesundheit und Fortschritt, nicht für Verdorbenheit und Verfall der Gesellschaft. Kurzum, an die Stelle der sexuellen Disziplin traten die Ideale der persönlichen Freiheit in Denken und Tun.

Anfang des 19. Jahrhunderts wurde sexuelle Freiheit also systematischer und öffentlicher verteidigt als jemals zuvor. Diesem Wandel lagen vollkommen neue Begriffe von der menschlichen Natur, der christlichen Lehre, der Moralphilosophie und dem Sinn der irdischen Existenz zugrunde. Der größte Triumph der Aufklärung wird manchmal darin gesehen, dass sie das Streben nach Glück zum höchsten Ziel des Lebens erhoben habe. So verkündete der Schriftsteller und Politiker Soame Jenyns 1757, Gott habe es in seiner »unendlichen Güte« und mit seiner »unendlichen Macht« so eingerichtet, dass »Glück die einzige Sache von wirklichem Wert in unserer Existenz sei; Reichtum, Macht, Weisheit, Wissen, Stärke, Schönheit, Tugend, Religion oder das Leben selbst sind nur insofern von Belang, als sie zu seiner Entstehung beitragen«.

Nirgendwo zeigt sich die wachsende Bedeutung dieser Idee deutlicher als in der veränderten Einstellung zur sexuellen Lust. Statt als Sünde, Teufelswerk oder Zeichen des Sündenfalls galt die Freude am Geschlechtsverkehr jetzt als Beweis für den fundamental positiven Charakter einer Handlung und für Gottes Güte. Sexuelles Begehren war keine unreine Leidenschaft mehr, sondern ein körperliches Vergnügen, dem man nach Herzenslust frönen durfte und sollte. Denn, so fragte der deistische Autor und Lehrer Peter Annet,

wenn die Handlung böse wäre, warum hat sich dann keine andere
Möglichkeit gefunden, die menschliche Spezies hervorzubringen?
Wenn es angebracht ist, Gott für unsere Existenz zu danken, ist es
dann angebracht, die Mittel und Werkzeuge zu schmähen, mit denen
er jenen Zweck erreicht, für den wir ihm danken? Wenn es böse ist,
einem Mitmenschen Schmerzen zuzufügen oder das Leben zu neh-
men, ist dann nicht das Gegenteil gut, das heißt, Freude zu schenken,
Leben hervorzubringen und für Vermehrung zu sorgen? [103]

Allerdings lebte die alte Furcht weiter, Sexualität sei unrein und verderblich – und das nicht nur in besonders gottesfürchtigen Kreisen. Beispielsweise mahnte der asketische Gelehrte Lord Monboddo, die Geschlechtslust
sei so angenehm, dass sie leicht den Geist verwirren könne. Wie James
Boswell berichtete, würde Monboddo »keinem Philosophen gestatten, sich
einer Frau um der Lust willen zu widmen, sondern allenfalls, sie als Mittel
der Entleerung zu betrachten; denn er sagte, ein Mann, der die Umarmun-
gen der Frauen für seine Lust verwende, würde dieses Vergnügen bald zu
seinem geschäftlichen Vorteil nutzen, obwohl es nichts gebe, was für einen Mann schändlicher sei«. Doch selbst in solchen Versuchen, die Wirkung sexueller Befriedigung zu diffamieren, offenbart sich noch, wie sehr
ihr Status inzwischen aufgewertet war. Mitte des 18. Jahrhunderts feierten
nicht nur Libertins die Lust als die wunderbarste aller Leidenschaften, »das
kostbarste und ekstatischste Vergnügen« im Leben. So schrieb ein einflussreicher Denker 1785, die Frage der sexuellen Freiheit sei von höchster philosophischer Bedeutung: zum einen, weil ihre praktischen Auswirkungen
beträchtlich seien, vor allem aber, weil »dieses Thema die größte und möglicherweise einzige Lust der Menschheit betrifft und insofern ein Thema
von größtem Interesse für uns Sterbliche ist«.[104] (Etwas ungeschminkter
hatte es John Wilkes in seinem *Essay on Woman* ausgedrückt: »Im Leben
gibt's kaum mehr zu erben / als ein paar gute Ficks und dann zu sterben.«)
     Obwohl die Lehre immer stärker in den Vordergrund rückte, hatte sie
sich intellektuell noch keineswegs durchgesetzt. Die These von den Vorzügen fleischlicher Zügellosigkeit wurde ständig beklagt und angegriffen,
denn die meisten Männer und Frauen hielten auch weiterhin am Ideal
der sexuellen Disziplin fest. Samuel Johnson meinte, alle Männer hätten
zwar einen natürlichen Hang zur Unzucht, es sei aber absurd und unnötig,

deshalb Unzucht, Prostitution oder irgendwelche anderen Formen eines
»wie auch immer gearteten unzulässigen Beischlafs zu dulden«. »Um der-
gleichen zu verhindern, würde ich es weit häufiger bestrafen, als es gegenwärtig der Fall ist«, teilte er Boswell mit – »Sie können sich drauf verlasen,
Sir, strenge Gesetze, konsequent angewendet, würden zur Bekämpfung
dieser Übel ausreichen.«[105] Von der Mitte des 18. bis ins 19. Jahrhundert
hinein erfreute sich, wie wir im Epilog sehen werden, eine evangelikale
Reaktion gegen offene sexuelle Freizügigkeit wachsenden Zuspruchs. Tatsächlich stützten sich die Doktrinen, die im Viktorianischen Zeitalter
und im 20. Jahrhundert sexuelle Enthaltsamkeit empfahlen, häufig auf die
gleichen rationalen, progressiven Ideologien wie die libertären Gegenent-
würfe.[106] Doch obwohl die Fortschritte der sexuellen Befreiung umstritten
blieben, trugen sie zu größerem Meinungspluralismus bei und bereiteten
die Einsicht vor, dass moralische Normen, ob es einem gefiel oder nicht,
intra- wie interkulturelle Unterschiede aufwiesen.[107]

Außerdem waren manche Argumente für persönliche Freiheit auf bestimmte Verhaltensweisen leichter anzuwenden als auf andere. Das galt
auch für die beiden Anschauungen, die man freizügig und libertär nennen
könnte: die eine, die im Wesentlichen Promiskuität verteidigte, die andere,
die das sexuelle Verhalten von unvernünftigen Regeln und Traditionen befreien wollte. In beiden Fällen blieb die Rechtfertigung, dass es sich bei der
Sexualität um eine gesunde, natürliche Betätigung handle, fast immer auf
den heterosexuellen Verkehr beschränkt. Ganz ähnlich hieß es gelegentlich,
dass alle Beziehungen zwischen Männern und Frauen frei sein sollten,
doch generell wurde der Grundsatz eher bei Unverheirateten als bei Verheirateten akzeptiert. Unzucht und Prostitution ließen sich relativ leicht als
prinzipiell private Handlungen rechtfertigen, die anderen Menschen nicht
wirklich schadeten. Schwieriger war es, den Ehebruch derselben Kategorie
zuzuordnen – denn natürlich litten Ehepartner und Kinder erheblich unter
ehelicher Untreue.*

Aus moderner Sicht sind die krassesten Einschränkungen schicht- und
geschlechterspezifisch.[108] Obwohl die Idee von der Befreiung der fleisch-

---

* Obwohl Kritiker der sexuellen Toleranz sogleich darauf hinwiesen, dass auch Prostituierte »Ehefrauen und Töchter« seien, deren Familien durch ihr Gewerbe in Mitleidenschaft
gezogen würden: [George Bluet?], *An Enquiry whether a General Practice of Virtue tends to
the Wealth or Poverty, Benefit or Disadvantage of a People?*, 1725, S. 141–146.

lichen Lust auf allen Ebenen der Gesellschaft formuliert wurde und freie
Verbindungen verschiedenster Art im späten 18. und im 19. Jahrhundert
in vielen Arbeiterkommunen praktiziert wurden, bezog sich ihre rationale Rechtfertigung doch in erster Linie auf Männer der höheren Kreise.
Im Gegensatz dazu galt sexuelle Schicklichkeit vielfach als ein Erkennungsmerkmal ehrbarer Mittelschichtzugehörigkeit.[109] Daher hielt man es in
den gebildeten Schichten für selbstverständlich, dass die Moral der Arbeiterschicht eine öffentliche Angelegenheit war, denn die Stärke und
der Wohlstand der ganzen Nation hingen unmittelbar von ihr ab und die
unehelichen Geburten der Armen stellten eine Belastung für die Bevölkerungszahlen und Ressourcen der Pfarrbezirke dar. »In jeder zivilisierten
Gesellschaft«, schrieb Adam Smith 1776, gebe es zwei Moralkodizes: einen
»strengen« für die einfachen Leute, und einen »milden« für die besseren
Leute. Nur Letztere könnten sich das Streben nach Vergnügen leisten, indem sie sich »die Verletzung der Keuschheit, wenigstens bei einem der
beiden Geschlechter« zunutze machten. Obwohl Ende des 18. Jahrhunderts
die »Bastardgesetze«, die Gesetze über uneheliche Geburten, wahrscheinlich die wichtigste noch verbliebene öffentliche Ordnungsmaßnahme gegen Unkeuschheit waren, ist es nicht überraschend, dass die Fürsprecher
der sexuellen Freiheit aus der Oberschicht sie weitgehend ignorierten.[110]

Weiter machte Smith deutlich, dass die sexuelle Freiheit auch den Männern in weit höherem Maße zugutekam. Manchmal wurde die Anschauung
allerdings ganz allgemein formuliert; dann und wann (besonders entschieden in Aphra Behns Gedichten aus den 1680er Jahren) wurde behauptet,
sie gelte für beide Geschlechter. Meist wurde aber explizit das Recht der
Männer betont, Frauen zu »benutzen« oder zu »genießen«. Kaum jemals
wurde in der öffentlichen Diskussion das Recht der Frauen auf sexuelle
Freiheit gefordert. Im Gegenteil, die Verlagerung von religiösen Moralkriterien hin zu einer stärkeren Berücksichtigung weltlicher Gesichtspunkte
trug eher noch zu einer Stärkung der sexuellen Doppelmoral bei. In vielen Diskussionen über sexuelle Freiheit räumte man ein, dass weibliche
Keuschheit letztlich ein künstlicher Begriff sei und durch Erziehung indoktriniert werde: 1740 hielt Hume das für »so offenkundig«, dass es keiner
Erklärung bedürfe. Trotzdem glaubte man, sie unbedingt erhalten zu müssen, wobei die gleichen praktischen, patriarchalischen Argumente zur Begründung dienten, die traditionell von den Verteidigern der sexuellen Dis-

ziplin ins Feld geführt wurden. Am wichtigsten war dabei die Annahme, dass Männer, wie Bischof Gilbert Burnet schrieb, »ein Eigentumsrecht an ihren Frauen und Töchtern haben, sodass, wenn die einen geschändet und die anderen verdorben werden, die Männer Unrecht und Schaden erleiden.« Noch ein anderer Grund wurde gemeinhin hervorgehoben: Eine unkeusche Frau konnte ihrem Mann außerehelich gezeugte Kinder unterschieben und damit das Erbe und die väterliche Treue untergraben, was umgekehrt nicht möglich war. »Von dieser trivialen und anatomischen Beobachtung«, meinte Hume, »leitet sich der enorme Unterschied in der Erziehung und den Pflichten der beiden Geschlechter her.« Da diese Unsicherheit hinsichtlich der Abstammung und des Eigentumsrechtes die Interessen der bürgerlichen Gesellschaft unmittelbar bedrohte, konnte die weibliche Unkeuschheit nicht als harmlose oder private Angelegenheit betrachtet werden.[111] (»Obwohl eine kürzere Erklärung der Sache lauten würde«, meinte ein anderer Autor, »dass Gesetze im Allgemeinen von Männern entworfen und ausgelegt werden«.)[112]

Während also immer lauter verkündet wurde, sexuelle Freiheit sei etwas Natürliches, betonte man oft im gleichen Atemzug, wie wünschenswert die Keuschheit ehrbarer Frauen sei. Sogar Samuel Johnson glaubte trotz seiner allgemeinen Abneigung gegen sexuelle Zügellosigkeit, es gebe einen »grenzenlosen« Unterschied zwischen dem diskreten Seitensprung eines Ehemanns, der »nichtig« sei, keinen »nennenswerten Schaden« für die Ehefrau bedeute, und weiblicher Untreue, die die Gefahr heraufbeschwöre, »alle Eigentumsverhältnisse in der Welt« zu untergraben.[113]

Natürlich gab es im 18. Jahrhundert Frauen, vor allem in den höheren Schichten, die ein erstaunliches Maß an unverhüllter sexueller Freiheit zur Schau trugen.* Es gibt auch Belege dafür, wie sie ihr Verhalten rechtfertigten. 1751 entschloss sich Frances, Lady Vane, zu dem ungewöhnlichen Schritt, einen 50 000 Worte umfassenden Bericht über ihr ehebrecherisches Liebesleben zu schreiben, die kaum verhüllten »Memoirs of a Lady of Quality«, die als Teil von Tobias Smolletts Roman *The Adventures of Peregrine*

---

* Laut Barbara Taylor kamen in den 1780er und 1790er Jahren auf das Konto von Georgiana Cavendish, Herzogin von Devonshire, und ihrer Schwester »zwei Ehen, sieben Affären (darunter bei der Herzogin vermutlich zwei lesbische, davon eine *Ménage à trois* unter Beteiligung ihres Mannes), sowie neun Kinder, drei von ihnen unehelich«: *Mary Wollstonecraft and the Feminist Imagination*, 2000, S. 200.

Pickle erschienen. Da ihr zweiter Ehemann sich als so grausam und niederträchtig wie impotent erwiesen habe, sei es nach ihrer Ansicht ihr Recht gewesen, ihre Treue auf andere Männer zu übertragen. Solche Verbindungen »waren mir so heilig wie irgendeine eheliche Verpflichtung und weit bindender als eine erzwungene oder unnatürliche Eheschließung«. Ihrem Ehemann gegenüber empfand sie nur eine einzige Verantwortung: dass sie ihm nicht das Kind eines anderen als Erbe seines Besitzes unterschob.[114]

Genauso argumentierte eine Freundin von Boswell, »dass sie sich in Liebesdingen die nämlichen Freiheiten herausnehmen könne wie ihr Ehemann, solange das nicht zu einem störenden Element in der Familie werde«. Boswells junge Liebhaberin Jean Home, die Tochter von Lord Kames, beurteilte ihren Ehebruch ähnlich:

Sie war eine feinsinnige Philosophin. Sie sagte: »Ich liebe meinen Mann als Ehemann und dich als Liebhaber, einen jeden in seiner Sphäre. Bei ihm komme ich allen Pflichten einer guten Ehefrau nach. Bei dir gebe ich mich köstlichen Freuden hin. Wir bewahren unser Geheimnis. Die Natur hat es so eingerichtet, dass ich niemals Kinder bekommen werde. Unsere Liebe fügt niemandem Leid zu. Mein Gewissen macht mir nicht zu schaffen, und ich bin sicher, dass auch Gott keinen Anstoß daran nehmen kann.

Als Boswell gestand, dass ihm ihre heimliche Affäre Sorgen bereite, »beharrte sie, obschon durchaus liebevoll und großzügig, auf ihrem Standpunkt. Sie machte mir meine Schwäche zum Vorwurf. Was konnte ich tun? Ich setzte meine verwerfliche Liebschaft fort … « Damals war Jean Home erst sechzehn oder siebzehn Jahre alt. Ein Jahrzehnt später ließ sich ihr Mann Patrick Heron von ihr wegen Ehebruchs mit einem Offizier scheiden. Als diese Affäre entdeckt wurde, erklärte sie, »sie hoffe, Gott der Allmächtige werde sie nicht für das einzige Verbrechen bestrafen, das sie sich vorzuwerfen habe, nämlich die Befriedigung jener Leidenschaft, die er selbst in ihre Seele gesenkt habe.«[115]

Doch trotz unübersehbarer Parallelen erreichten solche Argumente nie die gleiche Bedeutung und schon gar nicht die gleiche Akzeptanz wie die Rechtfertigung männlicher Freizügigkeit in Liebesdingen. Kames selbst vertrat die konventionelle Auffassung, Ehebruch bei einem Mann könne »gelegentlich vorkommen, ohne die Zuneigung wesentlich zu beinträchtigen«, sei bei einer Frau aber unverzeihlich. Er und Lady Kames sandten ihre Tochter nach der Scheidung ins Exil nach Frankreich und wechselten nie wieder ein Wort mit ihr.[116] Kurzum, die Vorstellung, wohlhabende Frauen hätten ein Recht auf sexuelle Freiheit, wurde von Literaten und Kritikern besonders freizügiger Individuen kaum ernsthaft in Betracht gezogen, sondern überwiegend mit Besorgnis oder Belustigung zur Kenntnis genommen. Entsprechend verurteilte man die Häufigkeit solcher Verhaltensweisen in den unteren Schichten als beklagenswerte Folge männlicher Verführung oder als Anzeichen eines minderwertigen moralischen Charakters – eine Art freiwilliger Prostitution.[117] Wie wir in den nächsten beiden Kapiteln sehen werden, führte die wachsende Überzeugung, weibliche Zurückhaltung, selbst wenn sie angeboren sein mochte, beruhe vor allem auf Erziehung und ständiger Wachsamkeit vor der männlichen Lust, zu immer restriktiveren und asexuellen weiblichen Verhaltenscodes.

Daher war die sexuelle Freiheit vor 1800 in mehreren wichtigen Aspekten eingeschränkt. Doch in den folgenden Jahren sollten viele ihrer zentralen Prämissen – über Privatheit, moralische Freiheit, die Grenzen des Strafrechts und die rationalen und kulturellen Voraussetzungen der Sexualethik – Gemeinplätze der orthodoxen Rechts- und Sozialtheorie werden. Fortan wurden allenfalls ihre genauen Definitionen angezweifelt, nicht die Behauptungen selbst. Im Vergleich zum 17. und 18. Jahrhundert scheinen im 19. und 20. die Grundsätze der sexuellen Freiheit bemerkenswert selten diskutiert worden zu sein, selbst als sich die Auffassung unter Intellektuellen allmählich durchsetzte. Selbst James Fitzjames Stephen, der entschiedenste viktorianische Kritiker der progressiven Argumente für moralische Freiheit, setzte in seinem Buch *Liberty, Equality, Fraternity* (1873–1874) charakteristischerweise als selbstverständlich voraus, dass »Gesetzgebung und öffentliche Meinung in allen wie auch immer gearteten Fällen die Privatsphäre gewissenhaft respektieren sollten«, und dass die moralischen Maßstäbe verschiedener Gesellschaften unvermeidlich voneinander abwichen und notwendigerweise dem Nützlichkeitsprinzip gehorchten. »Möglicherweise wird es eines Tages«, meinte er, »natürlich und richtig erscheinen, Ehebruch, Verführung und möglicherweise auch Unzucht zu bestrafen, doch gegenwärtig liegt diese Aussicht in unbestimmter Ferne, und es erscheint zweifelhaft, dass wir uns überhaupt in diese Richtung bewegen.«[118]

In dem Maße, wie sich der Grundgedanke durchsetzte, dass einvernehmlicher Sex zwischen Erwachsenen als Privatsache zu behandeln sei, erweiterte sich auch sein Anwendungsbereich. Die offensichtliche Folge war, dass während des 19. und 20. Jahrhunderts die Duldung männlicher Promiskuität immer größere Akzeptanz erfuhr, ungeachtet wiederkehrender Kritik von Seiten der Anhänger traditioneller Moralvorstellungen. Als 1834 die »Bastardgesetze« radikal überarbeitet wurden, beschworen die Mitglieder der Poor Law Commission die Gesetze der Natur und Vorsehung, um die Frauen aus der Unterschicht für den unerlaubten Sex verantwortlich zu machen, da sie diesen entweder herausforderten oder in ihn einwilligten, während die Männer von den Strafen für die Folgen ausgenommen wurden.[119] In Hinblick auf die männliche Sexualität meinte Charles Dickens 1848 zu einem ausländischen Besucher: »Zügellosigkeit sei in England so üblich, dass er, wenn sein Sohn sich als ungewöhnlich keusch erweisen sollte, sich so große Sorgen machen würde, als gehe es um seine Gesundheit.« Wenn Männer Prostituierte benutzten, erklärte eine Königliche Kommission 1871, dann sei das lediglich als »unbotmäßige Befriedigung eines natürlichen Triebes« anzusehen. 1886 kam ein internes Papier, das sich mit dem einschlägigen Verhalten von Staatsbediensteten beschäftigte, zu dem Ergebnis, es sei »eine unbestreitbare Feststellung, dass Männer sich stets unmoralisch verhalten«.[120] Der wachsende Einfluss von Freudschen und anderen erklärtermaßen wissenschaftlichen Sexualtheorien im 20. Jahrhundert sorgte in erster Linie für die Bestätigung des heterosexuellen männlichen Sexualtriebs. Doch im Laufe der Zeit eigneten sich auch andere Gruppen das Ideal der sexuellen Freiheit an.

Ihre offene Ausdehnung auf Frauen stand in engem Zusammenhang mit dem Aufstieg des Feminismus und anderen gesellschaftlichen Gleichheitsideologien. Das war jedoch kein direkter Zusammenhang. Die meisten der frühen Feministinnen und ihrer Unterstützer beklagten die Ausbreitung männlicher Freizügigkeit; sie gingen davon aus, Frauen seien das keuschere Geschlecht, und wollten die männliche Selbstbeherrschung fördern, statt Frauen die gleichen sexuellen Freiheiten zu verschaffen, wie sie die Männer genossen. Das war die Botschaft, die fast alle Verfechter der Frauenrechte im 18., 19. und frühen 20. Jahrhundert vermittelten. 1854 legte John Stuart Mill beispielsweise »großen Wert darauf, die Nachwelt von meiner festen Überzeugung in Kenntnis zu setzen, dass im menschlichen Leben keine großen Verbesserungen zu erwarten sein werden, solange der tierische Sexualtrieb darin den völlig unverhältnismäßigen Platz einnimmt, den er gegenwärtig innehat«. Josephine Butler, die brillante und charismatische Führerin der erfolgreichen, landesweiten Kampagne gegen die Contagious Diseases Acts (1864–69 verabschiedet und 1886 außer Kraft gesetzt) vertrat die Auffassung, dass Geschlechtskrankheiten bei Männern wegen deren Promiskuität »fast universell« verbreitet seien. 1913 schätzte die Suffragette Christabel Pankhurst diesen Anteil auf 75 bis 80 Prozent aller Männer. »Stimmrecht für Frauen und Keuschheit für Männer« wurde daher der Slogan ihrer Women's Social and Political Union. Kurzum: Mehr Rechte für die Frauen und eine sexuelle Mäßigung beider Geschlechter würden eine bessere Gesellschaft hervorbringen.[121] Häufig wurde auch mit einer gewissen Berechtigung vorgebracht, dass größere sexuelle Freiheit für Frauen nicht die männliche Ausbeutung der weiblichen Sexualität beenden würde. Doch neben dieser vorherrschenden Forderung nach sexueller Mäßigung, begann sich – nicht immer in ausgesprochener Opposition zu ihr – Ende des 18. Jahrhunderts ein bemerkenswertes feministisches und kommunitäres Interesse an freier Liebe als Mittel zur Emanzipation von Frauen und zur Schaffung einer gerechteren Gesellschaft zu entwickeln.

Die Idee nahm viele verschiedene Formen an, in denen die verschiedenen Ursprünge und Anliegen radikaler und dissidenter Strömungen zum Ausdruck kamen. Der Hauptgrund war die allgemeine Unzufriedenheit mit dem vorhandenen Heiratssystem. Der Gedanke, dass eine Scheidung ins freie Ermessen der Eheleute gestellt werden sollte, wenn eine Beziehung gescheitert war, wurde seit der Reformation von Zeit zu Zeit ins Spiel gebracht.[122] Jetzt verstärkte sich diese Tendenz erheblich, weil progressiven Intellektuellen zunehmend klar wurde, in welchem Maße die geltenden Ehegesetze und -konventionen die Freiheit der Frauen einschränkten. Manchmal wurde das System als Machenschaft korrupter christlicher Geistlicher angegriffen – eine Sichtweise, die von frühen Deisten und Freidenkern übernommen worden war. Weitere Lieblingsthemen waren die Parallele zwischen Ehe und Sklaverei sowie die These, dass die obsessive Forderung nach weiblicher Keuschheit nur dazu diene, die Prostitution zu fördern, das rote Tuch der Feministen und Sozialreformer im 19. Jahrhundert. Außerdem waren viele frühen Sozialisten der Meinung, dass die konventionelle Organisation der sexuellen und familiären Beziehungen eng mit dem kapitalistischen Wirtschaftssystem verknüpft und genauso schädlich sei. Infolgedessen vertraten einige radikale Beobachter die Auffassung, dass Eheleute in der Lage sein sollten, sich nach Belieben scheiden zu lassen und wiederzuverheiraten, während andere Kritiker die gänzliche Abschaffung der Ehe vorschlugen.

Besonders bekannt für die Verbreitung solcher Ideen wurden in den Jahren vor 1800 die radikalen Philosophen William Godwin und Mary Wollstonecraft: zunächst unabhängig voneinander, dann als Liebespaar und schließlich, in den letzten Monaten vor ihrem Tod im Jahr 1793, als Eheleute. Als sie sich kennenlernten, arbeitete er bereits an der ersten Auflage seiner Schrift *Über die politische Gerechtigkeit*, die im Original 1793 erschien und unverblümt verkündete, dass »die Institution der Ehe … ein betrügerisches System sei«, dass »die Abschaffung der Ehe keine Übel« nach sich ziehen werde und dass Frauen und Männer das Recht haben sollten, Geschlechtsverkehr (»eine sehr triviale Angelegenheit«) zu haben, mit wem es ihnen gefalle und solange es ihnen gefalle. Als der gramgebeugte Godwin ein Jahr nach dem Tod seiner Frau eine Erinnerung an sie veröffentlichte, schockierte er die ehrbare Welt mit dem ehrlichen Bericht über ihre Affären, ihre uneheliche Mutterschaft und ihr offenes Bekenntnis zu ihrer Beziehung. Beispielsweise (wie er es auf seine schwerfällige Weise ausdrückte):

Ungefähr vier Monate nach ihrer Ankunft in Paris im Dezember 1792 ging Mary eine Verbindung von der Art ein, nach der sich ihr Herz insgeheim gesehnt hatte … [einige Monate später] wurde ihre Zuneigung zu Mr. Imlay durch ein neues Band verstärkt, als sie Anlaß zu der Vermutung hatte, schwanger zu sein.

Als sie und Godwin begannen, miteinander zu schlafen, heißt es entsprechend:

»Dennoch heirateten wir nicht sofort … es [gibt] gewiß nichts so eindeutig Lächerliches, das dem Gang der Gefühle derartig widerspricht,

wie die Forderung, man solle mit den überströmenden Empfindungen
bis nach einer Zeremonie warten ... Mary war gänzlich von der mo-
ralischen Richtigkeit ihres Verhaltens überzeugt.«[123]

Richard Carlile, der vom Blechschmied zum Herausgeber der Zeitung *The*
Republican aufstieg, setzte später seine Grundsätze mit der Feministin Eliza
Sharples in die Tat um und publizierte in den 1820er Jahren eine Reihe von
außerordentlich erfolgreichen Schriften. Darin forderte er Sex zur Lustge-
winnung, Geburtenkontrolle, regelmäßigen Geschlechtsverkehr für alle
jungen Leute und freie und gleiche Beziehungen zwischen den Geschlechtern, egal, ob verheiratet oder nicht. »Der Geschlechtsverkehr hat in keinerlei Hinsicht«, erläuterte er,

eine engere Beziehung zur Moral als zusammen zu essen oder zu trin-
ken ... Ein echter Moralist erblickt kein Verbrechen in dem, was natür-
lich ist, und wird niemals einen Beischlaf verurteilen, bei dem weder
Gewalt ausgeübt noch Verletzungen irgendwelcher Art zugefügt wer-
den ... Er ist ein Quell menschlichen Glücks und gleichermaßen wich-
tig für Gesundheit, Schönheit und Ausgeglichenheit des Gemüts ...
Eine Frau, die einwilligt, ohne den Segen der Kirche mit einem Mann
einen Monat, ein Jahr oder ein Leben lang zusammenzuleben, ist ge-
nauso tugendhaft, als wäre sie offiziell verheiratet ... Selbst wenn sie
auf diese Weise mit Hunderten von Männern verführe, bliebe ihre
Tugend doch unangetastet. Nur die Religion, die Profitgier der Kirche
und Ignoranz sind schuld an dem Protestgeschrei.

Viele Anhänger und Korrespondenten von Carlile stimmten ihm begeistert
zu. So teilte ihm ein unbekannter Weinhändler aus Canterbury mit:

Ich bin schon lange davon überzeugt, dass kein Gesetz außer dem der
gegenseitigen Sympathie zur Regelung sexueller Beziehungen taugt.
Mit diesen Gefühlen trat ich vor sieben Jahren in den Stand der Ehe
und seither hat meine Erfahrung mich in dieser Auffassung fortwäh-
rend bestätigt und bestärkt. Im Übrigen bin ich insofern Epikureer, als
ich Lust und Tugend für Synonyme halte – wie übrigens auch Laster
und Leid. Nach meiner Meinung ist es ein Höchstmaß an moralischer

Rechtschaffenheit, in der Welt lustvolles Empfinden ohne ein entspre-
chendes Gegengewicht an Übel hervorzurufen.

Zu den Helfern, die sich bemühten, diese Anschauungen unter die Leute
zu bringen, gehörten der bedeutende radikale Reformer Francis Place
und der jugendliche John Stuart Mill. Das Ideal, dass Frauen und Männer
sich auf der Basis von Gleichberechtigung frei verbinden und trennen sollten, wurde Ende des 18. und Anfang des 19. Jahrhunderts auch von anderen gesellschaftlichen, politischen und religiösen Reformern propagiert,
darunter William Thompson und Anna Wheeler, Mill und Harriet Taylor,
William Linton, Robert Owen, viele »Owenites« und – am berühmtesten –
Percy Bysshe Shelley sowie Mary Wollstonecraft Godwin, alias Mary Shelley, Verfasserin von *Frankenstein* und einziges Kind von Mary Wollstonecraft und William Godwin.[124]
Wie Carliles Beispiel zeigte, trat man jetzt sogar vereinzelt für weibliche
Promiskuität ein. »Die Liebe zur Vielfalt«, meinte ein bekannter Schriftsteller, sei »für Frauen genauso natürlich wie für Männer«: Alle antiken und
neuzeitlichen Gesellschaften würden zeigen, dass ein »gewisses Maß an
natürlicher Freiheit« für beide Geschlechter unvermeidlich und wünschenswert sei. Der Geschlechtsakt sei »moralisch, humanisierend, erzieherisch,
wohltuend«, behauptete Robert Dale Owen in einem viel gekauften Traktat:
»Ohne ihn ist die soziale Erziehung keines Menschen wirklich vollendet …
Die Lust, die aus diesem Trieb gewonnen wird, … ist gut, rein und wert,
dass man sie bewahrt und genießt«. Es sei unvermeidlich, dass junge
Frauen flüchtige und »ungesetzliche Verbindungen« eingingen – man solle
ihnen Verhütungsmittel und keine Prügel verabreichen. (Im frühen 19. Jahrhundert wurde auch zum ersten Mal überhaupt die allgemeine Geburtenkontrolle öffentlich empfohlen – als Mittel, um das Bevölkerungswachstum zu begrenzen und die Lebensverhältnisse der Arbeiterschicht zu
verbessern; die Protagonisten waren Sozialreformer wie Owen, Carlile und
Place.)[1253]
Angeregt von Wollstonecraft, zeitgenössischen deutschen Debatten über
das Wesen der Frauen und anthropologischen Berichten über sexuelle Sitten anderer Kulturen, veröffentlichte der Dichter James Lawrence in den
Jahren um 1800 eine Reihe bemerkenswerter Schriften, in denen er darlegte,
welche gesellschaftlichen Vorteile es hätte, die Ehe abzuschaffen, Frauen

vollständige sexuelle Freiheit zu gewähren und die Matrilinearität einzuführen. Er behauptete, beide Geschlechter seien von Natur aus promisk: »Einen Mann per Gesetz zu zwingen, eine Frau morgen zu lieben, weil er sie möglicherweise heute liebt, ist nicht vernünftiger, als von einem Mann zu verlangen, mit einer Frau beim nächsten Ball zu tanzen, weil er zufällig auf dem letzten ihr Partner gewesen ist.« Mit einem Wort, »das Glück und die Freiheit der Menschheit« hänge von der sexuellen Befreiung der Frauen ab: »Lasst jede Frau bar jeder männlichen Kontrolle leben und all die Freiheiten genießen, deren sich die Männer gegenwärtig erfreuen; lasst sie so viele Liebhaber, gleich welchen Standes, haben, wie ihr genehm ist.«[126]

Das war einer der Gründe, warum sich Shelley in einer der meistgelesenen Dichtungen des frühen 19. Jahrhunderts, begeistert für ein Ende aller sexuellen Vorschriften aussprach: »Liebe welkt unter dem Zwange: ihr eigentümliches Element ist Freiheit … Was aus der Aufhebung der Zwangsehe entspringen würde, wäre naturgemäß und richtig, weil Wahl und Wechsel vom Zwange befreit wären.« Seine Schwägerin Claire Clairmont behauptete, nur uneheliche Kinder (»der Freiheit und Liebe entsprungen«) könnten wahre Mutterliebe hervorrufen. Wenn sich andere »freie Frauen«, so mutig wie sie, gesellschaftlich behaupten könnten, dann, so behauptete sie, würden schon bald Frauen in ganz Europa »ihren Männern davonlaufen, so schnell sie können«.* In den Vereinigten Staaten experimentierten verschiedene frühe kommunitäre Siedlungen mit neuen sexuellen Beziehungsmodellen. Ende der 1820er Jahre verteidigte die unbeugsame Sozialreformerin Frances Wright die Praxis der freien Liebe und interkulturellen Ehe in ihrer multiethnischen abolitionistischen Gemeinde in Tennessee; ähnlich lebten ab 1848 die Mitglieder der utopischen Kommune in Oneida, im Norden des Staates New York, in »komplexen Ehen«, in denen die Mitglieder gezwungen waren, ihre Sexualpartner regelmäßig zu wechseln.[127]

Zwar setzten sich während der folgenden Jahrzehnte in der herrschenden Meinung kontinuierlich restriktivere Ideale weiblichen Verhaltens

---

* Obwohl sie später in einem unveröffentlichten autobiografischen Fragment heftig attackierte, was sie mittlerweile für männliche Tyrannei hielt: »Die Verehrer der freien Liebe beuten nicht nur einander, sondern auch sich selbst aus und verwandeln ihr Dasein in die reinste Hölle … Der Egoismus, die Treulosigkeit, die Niedertracht und Grausamkeit, die diese Ehegegner an den Tag legten … übertraf in dieser Hinsicht alles, was durch die Ehe angerichtet wurde.« Abgedruckt in: Daisy Hay, *Young Romantics*, 2010, S. 307–309.

durch, doch Anfang des 20. Jahrhunderts hatten sich zu beiden Seiten des Atlantiks auch etliche Organisationen, Zeitschriften und Koalitionen einzelner Protagonisten gebildet, die sich entschieden für unverheiratete Partnerschaften, sexuelle Freiheit der Frauen, die wissenschaftliche Untersuchung abweichender Sexualpraktiken und die Anwendung der Geburtenkontrolle als Mittel weiblicher Unabhängigkeit einsetzten. In England gehörten dazu die Legitimation League (1893 gegründet), deren Zweck es war, die öffentliche Meinung »im Sinne freier sexueller Beziehungen« zu beeinflussen, und die Malthusian League (1877), deren Mitglieder teilweise freie Liebe praktizierten oder predigten. Ihr unermüdlicher Gründer Charles Robert Drysdale lebte in unverheirateter Glückseligkeit mit Alice Vickery, Arztkollegin und Feministin, und ihren beiden Kindern. George Drysdale, sein älterer Bruder und Ideengeber, verkaufte 90 000 Exemplare seiner Schrift *Physical, Sexual, and Natural Religion* (1855), in der er sich kompromisslos für Empfängnisverhütung, Frauenrechte und die Bejahung sexueller Lust aussprach. Ihm ging es vor allem darum, »die sexuellen Beziehungen unverheirateter Menschen ehrbar und legitim zu machen«, denn »unverheiratete und ungefesselte Liebe« sei

> *die einzig wahre Form sexueller Vereinigung; auf sie verweist uns die Natur, und wir dürfen sicher sein, dass jede Institution, wie etwa die Ehe, die sich gegen die Naturgesetze der Liebe stellt, am Ende ungeheure Übel heraufbeschwören wird; mit der Zeit werden sie sich häufen, während die Menschheit immer freier, immer aufgeklärter in Hinblick auf die physischen und moralischen Gesetze ihres Daseins wird.*[128]

Das Undenkbare denken

Noch bemerkenswerter war die allmähliche Ausdehnung der Vorstellungen von sexueller Freiheit auf homosexuelle Kontakte. Das war eine Entwicklung, die für die meisten frühen Verteidiger sexueller Freizügigkeit undenkbar gewesen wäre, denn zu deren Programm gehörte ja oft gerade die Verhinderung von homosexuellen Beziehungen.[129] Im 18., 19. und dem größten Teil des 20. Jahrhunderts blieben sie auch ein Reizthema für die öffentliche Meinung. Tatsächlich nahm die gesetzliche Bestrafung der Homosexualität und ihre Diffamierung als Pervertierung des normalen sexuellen Verhaltens nach 1700 *zu*: Bis in die 1830er Jahren fanden in England regelmäßig Hinrichtungen wegen homosexuellen Geschlechtsverkehrs statt. Doch neben der offiziellen Diskriminierung und Unterdrückung bildete sich ein halb verborgenes, alternatives und minoritäres Argumentationsmuster zur Rechtfertigung gleichgeschlechtlicher Beziehungen.

Das war nicht nur eine geistige Entwicklung. In diese Zeit fiel auch die Herausbildung einer vollkommen neuen Kultur männlicher Homosexualität in London und anderen westeuropäischen Städten. Das urbane, pluralistische Milieu, in dem sich zunächst die Theorie und Praxis heterosexueller Freiheit entwickelte, förderte auch die Entstehung ausgesprochen moderner Formen gleichgeschlechtlichen Lebens und Denkens.[130]

Dabei waren homoerotische Gefühle an sich nicht neu. Besonders wenn sie Männer verbanden, galten sie als durchaus vereinbar mit den wichtigsten Ursprüngen der englischen Kultur. Zwar verurteilte die Christenheit den homosexuellen Akt einhellig als Sünde, doch da sie religiöses Engagement als Liebe und Ehe mit Christus auffasste, sahen sich Männer im 16. und 17. Jahrhundert manchmal veranlasst, sich in unverhohlen sinnlicher Sprache auszudrücken. »Zerschmettre mein Herz, dreieiniger Gott ...«, schrieb John Donne in einem seiner *Holy Sonnets*, »Nimm mich zu dir / Kerker mich ein, denn ich werde, / niemals frei sein, so du mich nicht betörest / Noch jemals keusch, so du mir nicht Gewalt antust.«[*] Noch expliziter war der neuenglische Puritaner Edward Taylor, als er sich vorstellte, wie sein »Schoß« vom »Samenquell« Christus durchdrungen und befruchtet wurde:

> *O lass dein köstlich Strom von Liebe rinnen*
> *auf mich herab und spei' den reinen Geist*
> *in mein Gefäß, und das Behältnis füll*
> *mit deinem Leben ...*[**]

---

[*] »Batter my heart, three personed god ... / »Take me to you, imprison me, for I / Except you enthrall me, never shall be free / nor ever chaste, except you ravish me.«
[**] O let thy lovely streams of love distill / Upon myself and spout their spirits pure / Into my phial, and my vessel fill / With liveliness ...

Auch das hohe Ansehen, das die antiken literarischen Vorbilder genossen, sorgte für ein erhebliches Maß an gleichgeschlechtlichen Phantasien in der Renaissanceliteratur und generell für eine größere Vertrautheit mit der Tatsache, dass die Liebe zwischen Männern in der Antike geschätzt und durchaus üblich war. Außerdem erlaubten die normalen Verhaltensmuster der sozialen Beziehungen viel emotionale und körperliche Intimität zwischen Männern (und zwischen Frauen). Doch selbst in ihrer intensivsten Form wollte man solche »homosozialen« Freundschaften von homosexuellen Akten und Tendenzen unterschieden wissen. Homosexuelle Praktiken wurden wie heterosexuelle Unkeuschheit – nur noch entschiedener – als extreme Kränkung Gottes verurteilt, eine hochgefährliche Form sexueller und sozialer Sittenlosigkeit, deren Duldung zeigte, wie minderwertig und verdorben andere Kulturen waren.[131*]

Insofern ist bemerkenswert, dass die Homosexualität etwa zur gleichen Zeit prinzipiell und mit ähnlichen Gründen wie die heterosexuelle Freiheit gerechtfertigt wurde. Eine Argumentation lautete, dass Gott die Praxis gar nicht so empörend finde. In der einfachsten Form entsprach sie dem, was der Nonkonformist George Duffus vorbrachte, als er 1721 festgenommen wurde: »Wir sind allzumal Sünder«, Homosexuelle nicht mehr als andere Christen. Doch in ihrer ausgefeiltesten Form ging die Idee noch ein gutes Stück weiter. Bei dem Versuch, den unerfahrenen William Minton im November 1698 zu verführen, schenkte ihm Edward Rigby Wein ein, setzte sich ihm auf den Schoß, küsste ihn, steckte ihm die Zunge in den Mund und die Hand in seine Hose, um ihn unverblümt zu fragen, »ob er ihn ficken solle«. Als Minton überrascht äußerte »Wie soll das gehen?«, erwiderte Rigby: »Das will ich dir zeigen, denn es ist nichts anderes als in unser Vorväter Zeit getan wurde: Unser Heiland nannte Johannes daher seinen schönen Apostel ... Liest du denn nicht in der Heiligen Schrift?« (siehe

---

* König Jakob I., der eine berüchtigte Neigung zu männlichen Günstlingen hatte, erklärte 1617 seinen Kronräten, »er liebe den Earl of Buckingham mehr als jeden anderen Mann«, was sie aber nicht missverstehen dürften, denn schließlich »habe Jesus nichts anderes getan als er ... denn Christus habe seinen Johannes gehabt wie er seinen George«. Außerdem informierte er seinen Erben und alle Untertanen öffentlich, dass Homosexualität ein »unverzeihliches« Verbrechen sei und mit dem Tode bestraft werden müsse: ODNB, George Villiers, erster Duke of Buckingham; Βασιλικόν Δώρον (Edinburgh, 1599), S. 38; *Calendar of the Manuscripts of the most Hon. the Marquis of Salisbury*, Bd. 21, 1609–1612, hg. v. Dyfnallt Owen, 1970, S. 274.

Tafel 1). Die Anspielung weist auffällige Ähnlichkeit mit den Worten auf, die ein Jahrhundert früher Christopher Marlowe zugeschrieben wurden – dass nämlich »der Evangelist Johannes der Bettgenosse Christi war, dass er immer an dessen Busen ruhte und von ihm benutzt wurde, wie es die Sünder von Sodom taten«.[132]

Weitere Beispiele waren berühmte Männer und Hochkulturen. »Ist es nicht das, was große Männer taten?«, fragte Rigby unverblümt. »Der französische König tat es, der Zar von Moskau erhob Alexander, einen Zimmermann, zu diesem Zweck in den Fürstenstand.« Das schwerste Geschütz waren die Sitten des klassischen Altertums. In den 1740er Jahren gehörte das antike Vorbild ganz selbstverständlich zum homosexuellen Bewusstsein – worüber sich Smollett in seinem Roman *Roderick Random* lustig macht. Als der Protagonist den ungewöhnlich zärtlichen Lord Strutwell kennenlernt, offenbarte dieser dem Leser seine wahre Neigung, indem er »eine intime Kenntnis der antiken Autoren« bewies. Er zog aus seinem Brustgewand ein Exemplar des *Satyricons* und verkündete, dass jede Missbilligung der »Liebesneigung« des Petronius

mehr auf Vorurteil und Missverständnis zurückzuführen [ist] als auf wahren Verstand und Überlegung. Der beste Mann der Antike soll dieser Leidenschaft gefrönt haben; einer ihrer weisesten Männer ihre Duldung empfohlen haben; die berühmtesten Dichter hatten keine Skrupel, sie anzuerkennen.[133]*

Aus einer ähnlichen Geisteshaltung entstand die erste ausführliche öffentliche Verteidigung homosexueller Beziehungen in englischer Sprache: Thomas Cannons *Ancient and Modern Pederasty Investigated and Exemplify'd* (1749), wo der Verfasser, nachdem er wider besseres Wissen vorgegeben

---

* Oder hören wir, was der libertäre Dichter und Politiker Sir Charles Hanbury Williams in einer privaten, scherzhaften Ode an den jungen, schönen Horatio Townshend (angelehnt an Ode IV von Horaz) schrieb: »Come to my Breast, my Lovely Boy! / Thou Source of Greek and Roman Joy! / And let my Arms entwine 'ye; / Behold my strong erected Tarse, / Display your plump, and milk-white Arse, / Young, blooming, Ligurine!« [»Komm an meinen Busen, holder Knabe / Du Quell der griechisch-röm'schen Freuden / und lasse dich umfangen / umfasse meinen steif erhob'nen Schwanz / Entblöße deinen prallen Arsch so weiß wie Milch / du junges, blühendes Ligurierkind!]: Yale Lewis Walpole Library, MS CHW 69, fol. 19, 1740.

hatte, die Praxis sei nun überall »unterdrückt ... und verleugnet«, sie beschrieb als »jene gefeierte Leidenschaft, die von Sensualisten gepriesen, Philosophen vertreten und Königen angebetet« werde. Daraufhin schickte er sich an, »sie frei und mit höchster philosophischer Genauigkeit zu beschreiben«. In seiner Einleitung erklärt Cannon: »Jeder Dilettant weiß aus seinen Klassikern ..., dass Knabenliebe die höchste Verfeinerungsstufe fast jedes aufgeklärten Zeitalters war.«[134] Als er die Schrift gegenüber seinen besorgten Druckern rechtfertigte, entfaltete er auch hier »seine ganze Gelehrsamkeit, bemühte Petronius Arbiter und Aretino und zitierte weitere antike Autoren, Griechen wie Römer«.[135]

Besonders privat wurde homosexuelle Freiheit mit wachsendem Selbstvertrauen als natürlich, harmlos und alltäglich gerechtfertigt. Im Sommer 1726, kurz nachdem es in London zu einer Reihe von Razzien und Hinrichtungen von Homosexuellen gekommen war, trieb sich William Brown auf der Suche nach anonymem Sex in Moorfields herum, einem bekannten Homosexuellen-Treff. Er erkannte Thomas Newton, einen bekannten Strichjungen; was er nicht wusste: Nachdem Newton selbst festgenommen worden war, arbeitete er jetzt als Spitzel und lieferte andere ans Messer. So sah sich Brown, nachdem er die Hand des anderen Mannes in seine Hose geführt hatte, plötzlich eingekreist und verhaftet. Auf die Frage, »warum er sich so schändliche Freiheiten herausnehme ...«, antwortete er ohne Scham: »*Ich tat es, weil ich ihn kannte, und ich sehe kein Verbrechen darin, meinen Körper so zu gebrauchen, wie es mir gefällt.*« »Daran ist nichts Unrechtes, mein Lieber«, soll der lüsterne Leiter des Wadham College in Oxford 1737 gesagt haben, als sein Barbier, während er sich über den Rektor beugte, um ihn zu rasieren, »bemerkte, dass dieser versuchte, die Hand in seine Hose zu führen«.* »Ich fragte ihn, was er vorhabe?«, sagte einer von George Duffus' Bettgenossen. »Er antwortete: *Nichts Unrechtes, nichts als Liebe.*« »Er meinte zu mir«, berichtete ein zweiter, »dass ich nicht besorgt oder verwundert sein müsse über das, was er getan habe, denn das sei ganz alltäglich. Er habe es schon oft mit anderen praktiziert.«[136]

---

* Als er den nächsten Besuch wagte, so sagte der Barbier aus, »sagte der Rektor, kaum dass ich den Raum betreten hatte: ›Wie geht es dir, mein liebster Barbier? Wir haben schönes Wetter, mein liebster Barbier. Was macht der Schwanz, mein liebster Barbier? Lass mich ihn fühlen‹, und ging ihn dann küssen«: *A Faithful Narrative of the Proceedings in a late Affair between the Rev. Mr. John Swinton and Mr. George Baker*, 1739, S. 18.

Solche Äußerungen waren nicht ungewöhnlich. »Er habe schon häufig dasselbe mit verschiedenen anderen Personen getan«, teilte ein anderer Mann dem Weber John Jones Anfang der 1690er Jahre mit, nachdem er diesen in eine Bierschenke mitgenommen und überredet hatte, »ihm einen runterzuholen« – im Übrigen hoffe er, sie könnten es einmal wiederholen.[137] Thomas Rix, der 1806 wegen homosexuellen Verkehrs gehängt wurde, berichtete, dass er rund zwanzig Jahre früher in homosexuelle Praktiken eingeführt worden sei, als er eines Nachts auf dem Weg nach Hause von einem Pub in Manchester Halt machte, um zu pinkeln. Sein Zechgenosse »sei ihm gefolgt und habe seinen Schwanz gepackt«; dann »hätten sie sich gegenseitig gerieben, bis die Natur ihren Lauf genommen habe«; der Freund versicherte Rix, dass »es viele andere Personen gebe, die täten, was sie getan haben«. Cannon erklärte, homosexuelle Lust sei nicht anders als jede andere Lust: »Unnatürliche Lust ist ein Widerspruch in sich selbst; gänzlicher Unsinn. Begierde ist ein erotischer Trieb unserer innersten Teile: Sind sie denn – wie immer sie beschaffen sein und uns entsprechend antreiben mögen – keine Natur?« Die körperlichen und affektiven Genüsse der Homosexualität seien, genaugenommen, größer als die des Beischlafs mit Frauen.[138]

Die endgültige Umkehrung des konventionellen Denkens war die These, dass die Duldung des Geschlechtsverkehrs zwischen Männern sogar größere gesellschaftliche Vorteile haben könnte. Diese sehr abstrakte Behauptung war schwierig zu begründen, aber sie wurde offensichtlich diskutiert. Lord Strutwell führte an, sie gebiete unehelichen Geburten, Verführung, Prostitution und Geschlechtskrankheiten Einhalt. Unfruchtbar war diese Praxis ebenso wie Verkehr mit einer Schwangeren, argumentierte Cannon; während der Umstand, dass Homosexualität generell keinen Bevölkerungsschwund hervorrufe, »unstrittig dadurch bewiesen wird, dass ganz China von Menschen wimmelt, obwohl man sich dort hingebungsvoll und unkontrolliert der Päderastie widmet«.[139]

Noch schwieriger sind Aussagen über gleichgeschlechtliche Beziehungen zwischen Frauen. Im Vergleich zur männlichen Homosexualität war das ein höchst obskurer Bereich. An sich handelte es sich um keine kriminellen Handlungen; sie waren nie Gegenstand größerer theologischer oder moralischer Besorgnis gewesen; die Beweise für solche Beziehungen waren sehr begrenzt; daher kamen sie in der zeitgenössischen Diskussion auch

nur entsprechend vage und fragmentarisch vor. Doch ab dem Ende des
17. Jahrhunderts scheint sich ihre Wahrnehmung ganz ähnlich entwickelt
zu haben.

In den 1740er Jahren war es – zumindest in libertären Kreisen – möglich, einen direkten Vergleich zwischen den gleichgeschlechtlichen Beziehungen von Männern und Frauen anzustellen – nicht nur in Hinblick
auf intime Freundschaften und natürliche Leidenschaften, sondern auch
hinsichtlich ihrer Harmlosigkeit. So in dem scherzhaften Dialog zwischen
dem Politiker Thomas Winnington und seiner Geliebten, der Viscountess
Townshend; sie verteidigt die ihr vorgeworfene Affäre mit Catherine Edwin,
die sie nicht nur lustvoll nennt, sondern auch sicherer als den Sex mit
Männern: denn »wenn ich schmelze in der süßen Kitty Schoß / fürcht'
ich weder Kind noch Tripper«.[140] Als in den ersten Jahren des 19. Jahrhunderts Anne Lister, eine Dame von Stand aus Yorkshire, die erste umfassende, wenn auch private, Rechtfertigung lesbischer Liebe auf Englisch
schrieb, bediente sie sich derselben Begründungen, die von den Fürspre-
chern anderer Formen sexueller Freiheit ins Feld geführt wurden. Ihre Beziehungen mit anderen Frauen, so ihr Argument, würde von Gott nicht
verdammt, sondern verstanden und vergeben werden – »der Herr übt Gnade gegen mich und nicht Gerechtigkeit«. Außerdem legte sie den Gedanken zugrunde, dass sexuelle Normen kulturell bestimmt seien und Frauen
ungerecht unterdrückten, wobei sie auf die freieren Sexualbräuche anderer Religionen verwies und die Ehe einer ihrer Liebhaberinnen als bloße
»legalisierte Prostitution« bezeichnete. Sie selbst habe »keinen Priester, sondern Liebe«. Eine Fülle von positiven Beispielen lieferte ihr die antike Literatur mit ihren Anspielungen auf die männliche und weibliche Homosexualität und den Hermaphroditismus, die sie sorgsam zusammenstellte,
interpretierte, sie notfalls gegen ihren frauenfeindlichen Strich las und ihr
aufschlussreiches Verschweigen aufgriff, um ihre eigenen Thesen zu unter-
streichen. Weitere Anregungen entnahm sie Schriften, wie etwa Byrons
Dichtungen, die männlichen Libertinismus und romantische Freiheitsideen
verteidigten. Schließlich legte Anne Lister, wie alle Fürsprecher der sexuellen Freiheit vor ihr, großen Nachdruck auf die Natürlichkeit ihrer Gefühle
und Handlungen: »Mein Verhalten und meine Empfindungen sind ganz
gewiss natürlich, da sie nicht angelernt, nicht gespielt, sondern instinktiv
sind.«[141]

Berücksichtigt man, wie nachdrücklich das öffentliche Eintreten für gleichgeschlechtliche Beziehungen verurteilt und unterdrückt wurde, ist es kein Wunder, dass solche Ansichten hauptsächlich in eigener Sache, indirekt und fragmentarisch formuliert wurden. Thomas Cannon, ihrem furchtlosesten Vertreter wurde der Prozess gemacht, und sein Werk verschwand. Er floh ins Exil, aus dem er gewandelt und gebrochen zurückkehrte: Gezwungen, einen reuigen Widerruf zu schreiben, verbrachte er Jahre in stiller Zurückgezogenheit, schrieb Prosa und Verse, in denen er die Deisten schmähte, die Wahrheit des Christentums pries, die Tugenden der Keuschheit feierte, seiner Sehnsucht nach »Jesus, meiner einzigen, brennenden Liebe« und seinem *unermesslichen* Verlangen« nach dem Tod Ausdruck verlieh.[142] Wie im Fall der sexuellen Freiheit für Frauen wirkte daher die Entwicklung neuer Einstellungen zur Sexualität auf doppelte Weise. Die Wahrnehmung und Verfolgung der Homosexualität als im Wesentlichen »unnatürlich« wurde sicherlich dadurch verstärkt, dass der Definition des »natürlichen« Verhaltens erhöhte Bedeutung beigemessen wurde. Doch die neue Anschauung von der menschlichen Natur, von Recht und Ethik, die die Idee der heterosexuellen Freiheit vorangebracht hatte, ermöglichte Ende des 18. Jahrhunderts, die Forderung nach homosexueller Freiheit ebenso grundlegend, schlüssig und objektiv zu begründen.

Am deutlichsten zeigt sich diese Entwicklung in der fortwährenden kritischen Aufmerksamkeit, die Jeremy Bentham, der bedeutendste Reformer seines Zeitalters, diesem Thema während seines ganzen Erwachsenenlebens widmete. Auf vielen Hundert Seiten Notizen und Abhandlungen, die er in den 1770er und 1780er Jahren schrieb, untersuchte er nicht nur systematisch jedes herkömmliche Argument gegen die Duldung der Homosexualität und widerlegte es, sondern griff auch die vorhandenen Rechtfertigungen für heterosexuelle Freiheit auf und wendete es mittels logischer Erweiterung auf homosexuelle und andere, angeblich unnatürliche Akte an.[143]

Benthams Angriff auf die religiösen Grundlagen der Homophobie (»die angebliche Rechtfertigung durch die Bibel«) waren zweigleisig. Wie viele seiner Vorgänger vertrat er die Ansicht, der Gesellschaft sei die ganze jüdisch-christliche Keuschheits-Obsession künstlich von Priestern und Herrschern zu deren verderblichen Zwecken aufgezwungen worden. Diese »falsche Religion« habe »ein endloses Labyrinth« irrationaler sexueller Verbote geschaffen.[144] So verdiene in fortgeschrittenen Kulturen das Homosexualitätsverbot der Juden nicht mehr Beachtung als ihre Ernährungs- und Kleidervorschriften oder das Verbot des Beischlafs mit einer menstruierenden Frau.[145]

Doch um den Feind auf dessen eigenem Terrain zu schlagen, ging er bei der seiner Auffassung gemäßen Neuinterpretation der biblischen Präzedenzfälle höchst extrem zu Werke. Nach seinem Verständnis der Bibel waren die Bewohner von Sodom nicht wegen ihrer homosexuellen Praktiken bestraft worden waren, sondern weil sie die Fremden zu diesen gezwungen hatten: Es seien Vergewaltigungen und Verletzungen der Gastfreundschaft gewesen, die Gott so erzürnt hätten.[146] Außerdem erklärte er, dass die Israeliten häufig das mosaische Verbot der Sodomie missachtet und homosexuelles Verhalten offen toleriert hätten. Die Beziehung zwischen David und Jonathan sei fraglos eine »äußerst leidenschaftliche sexuelle Liebe« gewesen, und es gebe viele ähnliche Fälle. Ein solches Verhalten sei als natürlich, alltäglich und löblich angesehen worden: Manchmal sei es sogar von der Obrigkeit gefördert worden. Schließlich berichte das Alte Testament auch über »die Häuser der Tempelhurer [in der englischen Bibelübersetzung: *sodomites*], die an dem Haus des Herrn waren.« (2. Könige 23, 7) Also »weit entfernt davon, bestraft zu werden, finden wir sogar verschwiegene Orte für diese Art von Befriedigung, die in verschiedenen Epochen Judäas von der Obrigkeit eingerichtet und unterhalten wurden«.[147] Am aufschlussreichsten war das Beispiel Jesu selbst, dessen wahre Botschaft (»Sexualität nicht zu verdammen, sondern den Menschen ans Herz zu legen«) sei später von Paulus und dessen Nachfolgern verschüttet und entstellt worden. Christus habe nicht nur »die endgültige Abschaffung des mosaischen Rechts verkündet« (einschließlich der Zehn Gebote), als »bloß menschliches Recht ... das dem Wohl der Gesellschaft nicht förderlich ist«, es sei auch offensichtlich, dass Jesus für alle Formen von »asketischer Selbstverleugnung« und von Strafen für »sexuelle Vergehen« nur »Hohn und Spott« übrig gehabt habe: »Zu dem gesamten Bereich, in dem Moses seine Gesetzgebung mit solch peinlicher Genauigkeit und leidenschaftlicher Strenge entfaltet, sagt Jesus kein einziges Wort«.[148] In Wahrheit sei er »ein Epikureer« gewesen, der keine Form sexueller Befriedigung für sündhaft gehalten habe. Er habe zu einer Zeit und an einem Ort gelebt, wo »die betreffende Praxis allgemein verbreitet« gewesen sei. Sein treuester Begleiter sei ein junger Prostituierter gewesen, dem er ohne jede Missbilligung begegnet sei. Christus selbst sei nicht nur sexuell aktiv mit Frauen wie Maria Magdalena gewesen, sondern habe wahrscheinlich auch »an der attischen Vorliebe teilgehabt« und ein sexuelles Verhältnis zu Johannes dem Apostel unterhalten.[149]*

Warum sollten also einvernehmliche sexuelle Handlungen zwischen Männern in einer modernen Gesellschaft nicht erlaubt sein? Bentham räumte ein, dass solche Praktiken, sehe man von ihren Adepten ab, als »äußerst widerwärtig und abscheulich« galten. Er selbst hatte sie in seinen frühen Schriften noch als »schändlich«, »verderbt« und »verabscheuungswürdig« bezeichnet, als eine »pervertierte Vorliebe«, eine »Unflätigkeit«, »Infektion«, »körperliche Unreinheit«, »absurde Neigung«, »lasterhafte Begierde« und »Scheußlichkeit«.[150] Doch der Umstand, dass die Sitte von der Mehrheit des Gemeinwesens verabscheut werde, rechtfertige die Bestrafung der Homosexualität ebenso wenig wie die Ermordung von Juden, Mauren, Ketzern, Wiedertäufern, Hermaphroditen, Rauchern oder Menschen, die Austern äßen. »Um einen Menschen zu vernichten, sollte es gewisslich einen besseren Grund geben als die Missbilligung seines Geschmacks, mag sie auch noch so stark sein.«[151] Die beanstandete Praxis sei freiwillig und offensichtlich lustvoll für die Beteiligten. Sie richte keinen unmittelbaren Schaden an und bedeute keine Störung für den Frieden Dritter. Sie werde von anderen zeitgenössischen Gesellschaften geduldet und sei von bedeutenden Männern der Vergangenheit praktiziert worden. Daher müsse die eigentliche Frage lauten, welchen Schaden sie anrichtete?[152]

Trug die Sitte der Homosexualität, wie manchmal behauptet, zur Entkräftung der Männer und damit zur Schwächung des Staates bei? Es gebe keine physiologischen Beweise dafür, erklärte Bentham, und die Geschichte lege das Gegenteil nahe. Die alten Griechen und Römer seien stärker und tapferer als irgendeine moderne Nation gewesen, trotzdem sei »diese Neigung bei ihnen überall vorherrschend gewesen« – »jeder hat sie praktiziert; niemand sich ihrer geschämt«.[153] Führte sie zu Bevölkerungsschwund?

---

* »Es fehlt nicht gänzlich an Beweisen für solche Teilnahme, wenn sie auch sicherlich nicht absolut schlüssig sind«, lautete Benthams abschließendes Urteil zu dem letzten Punkt (Bentham MSS, clxi, S. 339). »Würde vermutlich einen Prozess geben, wenn sie heute veröffentlicht würden«, schrieb der Bibliothekar, als er in den dreißiger Jahren auf diese Papiere stieß.

Auch diese traditionelle Furcht werde durch das Beispiel anderer Gesellschaften widerlegt; und sei um 1800 ohnehin durch die malthusische Sorge hinsichtlich der Überbevölkerung ersetzt worden. In jedem Fall war der Einfluss der Homosexualität auf die Bevölkerungszahlen laut Bentham *a priori* weit weniger wichtig als wirtschaftliche Verhältnisse, absichtliche Ehelosigkeit, weibliche Biologie, heterosexuelle Verführung und Prostitution und andere äußerliche Faktoren.[154] Verletzte Homosexualität schließlich die Rechte der Frauen, indem sie die Männer veranlasste, ihnen gleichgültig zu begegnen und damit die »geschlechtliche Lust« zu vermindern, die sie empfingen? Da den Frauen in allen zivilisierten Gesellschaften Lustbefriedigung nur innerhalb der Ehe gestattet sei, antwortete Bentham, müsse die Frage verneint werden. Denn nach allen Belegen zu urteilen, seien gleichgeschlechtliche Beziehungen in der Regel nicht dauerhaft oder ausschließlich: Nur unter dem Eindruck der Verfolgung sei das manchmal der Fall. Homosexualität verhindere oder verzögere die Eheschließung nicht, noch füge sie einer Ehefrau größeres Unrecht zu als heterosexueller Ehebruch.[155] Kurzum, es sei harmlos, »ein eingebildetes Verbrechen«: Nicht gefährlicher für eine Gesellschaft als die Angewohnheit, sich die Nase zu kratzen oder zu schneuzen; die Strafverfolgung »gründet sich allein auf Vorurteile«.[156]

Möglicherweise sei die Duldung der Homosexualität sogar gesellschaftlich von Vorteil, überlegte Bentham. Denn vermutlich schränke sie die Masturbation ein, die, obwohl nicht strafbar, doch von allen sexuellen Handlungen »unbezweifelbar am schädlichsten ... für die Gesundheit und das dauerhafte Glück derer ist, die sich ihr hingeben« (das war die gängige Auffassung des 18. Jahrhunderts, von der sogar Bentham überzeugt war).[157] Anders als heterosexueller Geschlechtsverkehr führe der homosexuelle Akt nicht zur Verführung und Prostitution von Frauen, ungewollten Schwangerschaften, gefährlichen Geburten, Abtreibung, Kindstötung, unehelichen Geburten oder Überbevölkerung. So vertrat er mit immer tieferer Überzeugung die Auffassung, es sei tendenziös und falsch, die Praxis »unnatürlich« zu nennen. Lust sei ein natürliches menschliches Verlangen: Die Vorliebe für diese besondere Form der Befriedigung werde immer dann verstärkt, wenn zivilisierte Nationen es für angebracht hielten, ihre kräftigen jungen Männer in enger Gemeinschaft zu erziehen und ihren Umgang mit Frauen einzuschränken.[158]

Im Übrigen war Benthams Rechtfertigung »unzulässiger« Sexualpraktiken nicht auf Homosexualität beschränkt. Aus den gleichen Gründen vertrat er die Duldung sexueller Kontakte zwischen Frauen, Schülern und Lehrern, Mensch und Tier sowie jeglichen einvernehmlichen Geschlechtsverkehr zwischen Erwachsenen, innerhalb oder außerhalb der Ehe – denn »wenn eine Vorstellung lächerlicher ist als eine andere, dann die eines Gesetzgebers, der, nachdem sich ein Mann und eine Frau auf eine Handlung dieser Art geeinigt haben, sich zwischen sie wirft, Situationen prüft, Zeiten regelt sowie Art und Stellung vorschreibt«.[159] Im Gegenteil, aus utilitaristischer Sicht sei der Gesamtbetrag an menschlicher Lust, der sich aus der Sexualität gewinnen lasse, unvergleichlich. Er sei die universellste, zugänglichste, intensivste, »die verschwenderischste Quelle des Genusses«, »von allen Vergnügen das köstlichste«; nichts, das lasse sich mathematisch beweisen, sei »dem Glück zuträglicher«. Ließe sich eine »allumfassende Freiheit für alle Formen der sexuellen Befriedigung« schaffen, einschließlich der Duldung von Empfängnisverhütung, Abtreibung, Kindsmord und Scheidung, so wären die Vorteile für die Menschheit riesig und dauerhaft: »Wie sollte sich die Gesamtmenge der dadurch erzeugten Lust berechnen lassen!«[160]

Interessanterweise hat Bentham diese Vorschläge nie veröffentlicht, obwohl er wiederholt daran dachte.[161]* Er wusste nur zu genau, dass sie seine Philosophie und seinen persönlichen Charakter in Verruf gebracht hätte in einem Klima, in dem, wie er selbst so scharfsinnig analysierte, die Homophobie zu einem Prüfstein ehrbarer Gesinnung geworden war.[162] Doch »im Interesse der Menschheit« fühlte er sich genötigt, diese Probleme in

---

* Als Bentham in den 1770er Jahren diese frühen Ausführungen zur Entkriminalisierung der Homosexualität formulierte, plante er sie als Teil eines umfangreicheren Werks über Strafrecht, wobei er beabsichtigte, sie auf Latein drucken und nur in »einige Exemplare« des Buchs aufnehmen zu lassen. Gegen Ende seines Lebens dachte er daran, seine Argumente für sexuelle Toleranz umfangreicher und anonym als zweiteiliges Werk unter dem Titel *Not Paul, but Jesus* (»Nicht Paulus, sondern Jesus«) zu veröffentlichen. 1817 setzte er eine Ankündigung der Schrift auf und richtete sie an den ungeheuer reichen bisexuellen Schriftsteller und Kunstsammler William Beckford. Der erste Teil, der 1823 unter diesem Titel veröffentlich wurde, wobei Bentham sich des Pseudonyms »Gamaliel Smith« bediente, war dazu bestimmt, die Autorität und Lehren des Paulus mit Hilfe der konventionellen, asketischen christlichen Moral zu untergraben. Der zweite Teil, »erst einige Zeit nach dem ersten zur Veröffentlichung bestimmt« und dazu gedacht, aus Nützlichkeitserwägungen »die Freiheit der [sexuellen] Neigungen zu bewahren«, blieb unvollendet und unveröffentlicht.

allen Einzelheiten zu durchdenken, sie wiederholt und ausführlich zu Papier zu bringen, sie im privaten Kreis zu erläutern und zu hoffen, dass dies alles am Ende zur »freien Diskussion« und allgemeinen Akzeptanz beitragen könnte: »Auf jeden Fall«, erklärte er, »wird die Menschheit nach meinem Tode davon profitieren«.[163]

Im Übrigen können wir mit Sicherheit davon ausgehen, dass diese Ideen unter seinen Freunden und in radikalen intellektuellen Kreisen generell diskutiert wurden. Während Bentham sie Mitte der 1810er Jahre überarbeitete, lebte er in enger Gemeinschaft mit seinen Freunden und Helfern Francis Place und dem politischen Philosophen James Mill (sowie dessen jungen Sohn John Stuart Mill, dessen spätere Kritik an »der (sogenannten) christlichen Moral« und an ihrem »Abscheu vor der Sinnlichkeit« offensichtlich Benthams Einfluss verpflichtet ist). Von Benthams Auffassungen über Sexualität wussten augenscheinlich so einflussreiche Denker und Reformer wie William Godwin, Aaron Burr, Peter Mark Roget, Etienne Dumont und Benthams Bruder und Mitarbeiter Samuel.[164] Bereits als junger Mann, Anfang der 1770er Jahre, hatte Bentham »mehr als einige wenige« heterosexuelle Männer kennengelernt, die wie er die irrationale Verfolgung »harmloser« Männer entschieden ablehnten, da deren sexuelle Neigungen »niemandem schadeten«. Kurz nach seinem Tod wurden viele der Argumente, die er privat entwickelt hatte, in dem bemerkenswerten anonymen Gedicht »Don Leon« abgedruckt, einem Plädoyer für die Duldung der harmlosen, natürlichen Leidenschaften von Homosexuellen, das zunächst mehr oder weniger unter der Hand, ab den 1830er Jahren aber auch öffentlich zirkulierte.[165] Zwar bleiben solche Auffassungen außergewöhnlich und anstößig, doch ihre wachsende Elaboration beweist, dass das Ideal sexueller Freiheit bei Anbruch des 19. Jahrhundert mitunter sehr weit reichte.

Aufgeklärte Einstellungen

Diese Entwicklung sexueller Freiheiten war keine Besonderheit Englands, sondern Teil der gesamteuropäischen Aufklärung. Da sie so spärlich untersucht wurde, lässt sich schwer entscheiden, wie sich ihre Ideale bis zum Ende des 18. Jahrhunderts in anderen Ländern verbreiteten, obwohl klar zu sein scheint, dass sie überall vorankamen. Wahrscheinlich hing die Rechtfertigung dieser Freiheit im Einzelnen auch vom jeweiligen nationalen Kontext ab.[166] Trotzdem dürfte kein Zweifel daran bestehen, dass sich die englischen theologischen und philosophischen Ideen auch in diesem Fall, wie seit dem Mittelalter, parallel zu den geistigen Strömungen auf dem Kontinent entwickelten und gründlich von ausländischen Schriftstellern und Beispielen beeinflusst wurden.[167] Die radikalsten Vertreter sexueller Freiheit – von Adriaan Beverland bis Charles Fourier – waren im Ausland zu finden; während die einflussreichsten heimischen Vertreter der persönlichen Freiheit – von Hobbes bis Bentham – teilweise von internationalen Debatten über Toleranz, Naturrecht, Strafrecht und persönliche Ethik angeregt wurden.

Ebenso klar ist, dass der Fortschritt der sexuellen Freiheit ein weitgehend ungeordneter und unbewusster Prozess war. Er war nicht Teil eines philosophischen oder politischen Programms: Nur sehr wenige Denker haben ihn systematisch behandelt. Hauptsächlich lebte er von dem allmählichen Einsickern neuer Denkweisen und ihrer öffentlichen Rezeption, ihrer Veränderung und Weiterführung. Die Idee sexueller Freiheit konnte aus biblischen oder militant antireligiösen Quellen bezogen werden – genauso, wie es durchaus möglich erschien, die konventionelle Moral mit radikal säkularen Philosophien zu vereinigen. In der Praxis gab es keinen zwangsläufigen Zusammenhang zwischen einem bestimmten Ansatz und einer bestimmten Schlussfolgerung.[168]

Der Wandel der sexuellen Einstellungen um 1800 vollzog sich also auf eine bemerkenswert chaotische und unerwartete Weise: durch die unsystematische und manchmal widersprüchliche Assimilation alter und neuer Ansichten. Aber ist das nicht die Art und Weise, wie sich die meisten Ideen verbreiten und wie die meisten von uns verfahren, um die Welt zu verstehen? Dieser Verbindung aus Ideenvielfalt und – allgemeiner gesagt – einem grundsätzlichen Wandel der Denkweisen ist es zuzuschreiben, dass die Entwicklung der sexuellen Freiheit, obwohl nie ein erklärtes Ziel der Aufklärung, doch zu einer ihrer nachhaltigsten Wirkungen wurde.

Das erklärt auch, warum – wie viele Denker des 18. Jahrhunderts erkannten – das Ergebnis am Ende nicht ein neuer Konsens über das Ausmaß der sexuellen Freiheit war, sondern eine größere Pluralität der moralischen Anschauungen, zwischen denen unauflösbare Spannungen herrschten.

Das lag nicht nur daran, dass noch immer auf die orthodoxen Denkweisen verwiesen wurde, die die Grundlage für die Kultur der sexuellen Disziplin gebildet hatten. Es lag auch unmittelbar an den aufgeklärten Einstellungen zu Vernunft, Natur und Gesellschaft, denn indem diese die Parameter der Debatte verlagerten, provozierten sie viele neue Fragen und Interpretationen. So schrieb der Philosoph Francis Hutcheson 1725, es sei leicht zu begreifen, warum es eine solch »gewaltige Vielfalt der moralischen Grundsätze« in der Welt gäbe – sie erklärten sich aus »verschiedenen Meinungen über das Glück, das natürliche Wohl und die brauchbarsten Mittel, es zu befördern«, aus Meinungsverschiedenheiten über das »öffentliche Wohl und die Mittel, es zu befördern,« und aus unterschiedlichen »Anschauungen über das göttliche Wollen oder Recht«.[169]

Mit einem Wort, der Begriff der sexuellen Freiheit ergab sich nicht aus einer Kette allgemein anerkannter Schlussfolgerungen, sondern aus einer Reihe von Ideen, die viele verschiedene Interpretationen zuließen. Wo genau verlief die Trennlinie zwischen öffentlichen und privaten Akten? Wie waren die Grenzen des »natürlichen« Verhaltens zu ziehen? Wie sollte man »Schaden« oder »Einverständnis« definieren? Welche Möglichkeiten blieben dem Staat, Beziehungen zu sanktionieren, die Moral aufrechtzuerhalten, die Gesundheit zu fördern, untragbares Verhalten zu definieren und die Schwachen zu schützen? Und was sollte geschehen, wenn die sexuelle Freiheit mit anderen Grundwerten kollidierte? Im Vergleich zur Definition einer gültigen Ehe, die die zentrale Frage der traditionellen Ethik gewesen war, hatten – und haben – die Menschen es mit weit komplizierteren und schwierigeren Problemen zu tun. In unserer Kultur verwandeln sich die Fragen fortwährend. Häufig sind wir höchst unterschiedlicher Meinung: Einige der heftigsten Debatten des 19., 20. und 21. Jahrhunderts wurden um Recht, Philosophie, Politik und öffentliches Leben geführt.[170] Aber das ist der Preis, den wir dafür bezahlen, dass wir versuchen, unsere moralischen Werte auf die Vernunft statt auf göttliche Gebote zu gründen.

Kapitel 3

DER VERFÜHRUNGSKULT

Welches Dorf, welches Land wüsste nicht zu berichten von der Weiber
unnatürlicher, unersättlicher Lust?
[Robert Burton], The Anatomy of Melancholy, 1621, S. 541.

Warum sollten Frauen in der Liebe mehr Erfindungsgabe beweisen als
Männer? Das kann nur sein, weil ihre Begierden größer, ihre Leidenschaften fordernder, ihre Lüste heftiger und ihre teuflischen Anteile zahlreicher
sind.
William Wycherley, The Country-Wife, 1675, V. Akt, 2. Szene.

Als Geschlecht sind Frauen keuscher als Männer … Männer sind ihren
Begierden sicherlich stärker unterworfen als Frauen.
Mary Wollstonecraft, A Vindication of the Rights of Woman, 1792, S. 281, 312.

Die Mehrheit der Frauen wird (zum Glück) nicht sonderlich von sexuellen Gefühlen irgendwelcher Art belästigt. Was bei Männern üblich ist, geschieht Frauen nur in Ausnahmefällen.
William Acton, The Functions and Disorders of the Reproductive Organs,
4. Aufl., 1865, S. 112.

Seit Anbeginn der abendländischen Kultur ging man immer von der Annahme aus, dass Frauen das lustfähigere Geschlecht seien. Nach der extremsten, frauenfeindlichsten Version dieses Arguments war die Seele der Frauen so verderbt, ihr Schoß so unersättlich, ihr »Liebesfeuer« so gefräßig, dass »wahrlich, wenn sie es nur wagten, alle Frauen Huren wären«.[1] Allgemeiner besagte dieses Urteil schlicht und einfach, dass Wollust zwar eine universelle Versuchung sei, Frauen aber geistig, moralisch und körperlich schwächer seien als Männer – weniger vernunftgesteuert, weniger in der Lage, ihre Leidenschaften zu beherrschen, weniger fähig zur Selbstdisziplin. Tatsächlich resultiere die ganze menschliche Sündhaftigkeit, so wurde den Christen gelehrt, letztlich aus der Urschwäche Evas, der ersten Frau: Die Entweihung der Sexualität sei nur eine Manifestation dieser Erbsünde. Die These von der weiblichen Willensschwäche und Wollust war ein Gemeinplatz des biblischen, klassischen, mittelalterlichen und des Renaissance-Denkens. Wie Historiker, Literaturkritiker und -wissenschaftler zur Genüge nachgewiesen haben, war sie ein Grundbaustein der vormodernen Begriffswelt.[2]

Da die rasche sexuelle Erregbarkeit der Frau als selbstverständlich vorausgesetzt wurde, ging man bis zum 18. Jahrhundert auch allgemein davon aus, der weibliche Orgasmus sei eine wesentliche Voraussetzung der Schwangerschaft. Vermeintlich konnte kein Kind ohne ihn empfangen werden. Aus diesem Grund bekam es Samuel Pepys, nachdem er bei einer seiner gesetzeswidrigen Geliebten zum Höhepunkt gekommen war, sogleich mit der Angst zu tun, er hätte sie auch so weit gebracht – bis der Ton ihrer Stimme ihm die beruhigende Gewissheit gab, dass dies nicht der Fall gewesen war. Es erklärt auch die Aufregung der Dienstmagd Anna Harrison, die in den 1690er Jahren ihr Einkommen durch flüchtige sexuelle Kontakte mit Bekannten aufbesserte. »Beeilt euch bitte, beeilt euch«, rief sie, als ein Mann in sie eindrang, »Ich habe Angst, ihr könntet mir ein Kind machen … Nein, nein, ich muss Acht geben, es ist ein übel Ding, ein Kind zu haben, aber keinen Vater, der sich zu ihm bekennt.« Die orthodoxe Auffassung vertrat auch der strenggläubige, monogame John Evelyn, als er 1676 einer jungen Braut erklärte, der Versuch, den weiblichen Orgasmus beim Geschlechtsakt zu vermeiden, sei »nicht nur unmöglich, sondern auch töricht«.[3]

Doch um 1800 hatte sich genau die entgegengesetzte Idee durchgesetzt. Jetzt glaubte man, Männer seien von Natur aus libidinöser und stets geneigt, Frauen zu verführen. Dagegen hielt man Frauen für vergleichsweise feinfühlig, zurückhaltend und sexuell passiv, weshalb sie ständig auf der Hut vor männlicher Zudringlichkeit sein müssten. Der weibliche Orgasmus galt nicht mehr als notwendige Voraussetzung für die Empfängnis.

Mitte des 18. Jahrhunderts war dieser Wandel schon weit gediehen. Besonders auffällig manifestierte er sich in den großen englischen Romanen, die in den 1740er und 1750er Jahren erschienen. Wie der Kritiker Ian Watt vor mehr als fünfzig Jahren unterstrich, war die dort propagierte Sexualideologie »eine historische Neuheit … in völligem Widerspruch« zu der gesamten früheren Literatur: Sie war »ein höchst bedeutsames Ereignis in der Geschichte unserer Kultur«. Nie zuvor hatte es diese Unterscheidung zwischen der unverbesserlichen Lüsternheit der Männer und der natürlichen Asexualität tugendhafter Frauen gegeben; doch von nun an wurde diese Auffassung der Sexualität »ein wesentliches Merkmal unserer Kultur«. Fortan galt es als ausgemacht, dass die weibliche Sexualität von Natur aus weniger zur Lüsternheit tendierte als die männliche. Die Auswirkungen dieser neuen Annahme waren womöglich noch tiefgreifender. Das ganze 19. und 20. Jahrhundert hindurch war die Vorstellung von der relativ passiven weiblichen Sexualität grundlegend für die Geschlechterdynamik in der westlichen Welt.[4] Ihre Wirkung war allgegenwärtig – und ist es noch.

Wissenschaftliche Erklärungen?

Die Frage, wie dieser Wandel zustandekam, wird fast nie gestellt.[5] Historiker, Literaturkritiker, Philosophen, Rechtswissenschaftler und andere Forscher nehmen ihn einfach hin und konzentrieren sich stattdessen auf seine Folgen, wobei sie häufig voraussetzen, der Sinneswandel sei das Ergebnis neuer wissenschaftlicher Erkenntnisse. Für die Zementierung dieser These sorgte vor allem das zu Recht hochgelobte Buch *Making Sex: Body and*

Gender from the Greeks to Freud (1990) von Thomas Laqueur, das gegenwärtig die geschichtswissenschaftliche Literatur über Sexualität und Geschlechterrollen bestimmt. Das Buch ist eine schöne Fallstudie über die Konstruktion medizinischer Ideen im Laufe der abendländischen Geschichte. Wie Laqueur zeigt, waren die Begriffe, mit denen Wissenschaftler den Körper beschrieben, nie neutral, sondern erwuchsen aus den kulturellen Annahmen über die Natur von Männern und Frauen. Von der Antike bis zur Aufklärung ging man prinzipiell davon aus, dass beide Geschlechter über die gleiche anatomische Grundausstattung verfügten; erst später wurden die vermeintlich angeborenen körperlichen Unterschiede zwischen ihnen stärker, wenn auch nie ausschließlich, betont.[6]

Professor Laqueur ist sehr wohl klar, dass die sich verändernden Annahmen über die menschliche Anatomie eher allgemeine kulturelle Wandlungen widerspiegeln als wissenschaftliche Fortschritte – das ist ein Teil seiner Argumentation. Doch um zu erkennen, welche »neuen gesellschaftlichen und politischen Entwicklungen« tatsächlich verantwortlich waren und in welcher Beziehung sie zu den geistigen Veränderungen standen, »brauchen wir eingehendere Untersuchungen«, so Laqueur. Trotzdem vertritt auch er die Ansicht, dass »die Neugestaltung des Körpers« die stärkste Veränderung sei: »Sie prägt die großen Diskursfelder, die den konkurrierenden Ideologien zugrunde liegen, Konfliktbedingungen festlegen und verschiedenen Debatten Bedeutung verleihen.« Sie wurde nicht »*verursacht*« von, sondern war »untrennbar verbunden« mit

dem Aufstieg der evangelikalen Religion, der politischen Theorie der Aufklärung, der Entwicklung neuer öffentlicher Räume im 18. Jahrhundert, Lockschen Ideen über die Ehe als Vertrag, den umwälzenden Möglichkeiten für soziale Veränderungen, die die Französische Revolution geschaffen hatte, postrevolutionärem Konservatismus, postrevolutionärem Feminismus, dem Fabriksystem mit seiner Umgestaltung der geschlechterspezifischen Arbeitsteilung, der Entwicklung freier Märkte für Dienstleistungen und Waren, der Geburt der Klassen.

Wenig verwunderlich, dass sich heute viele Historiker mangels einer alternativen Erklärung damit zufriedengeben, die veränderten medizinischen Vorstellungen des späten 17. und 18. Jahrhunderts zu bemühen, um zu erklären, wie diese neuen Einstellungen zur männlichen und weiblichen Sexualität entstanden.[7]

Tatsächlich können wir die Veränderung nur erklären, wenn wir eine umfassendere Perspektive wählen. Selbst noch um 1800 war der unabhängige Einfluss biologischer Vorstellungen vom Sexualverhalten weit geringer, als er im 19. und 20. Jahrhundert werden sollte. Allerdings begann man im Laufe des 18. Jahrhunderts den weiblichen und den männlichen Körper unterschiedlich zu sehen, worin sich allerdings nur der allgemeine kulturelle Wandel ausdrückte. Wie wir sehen werden, traten diese veränderten Vorstellungen über die relative Lustbereitschaft von Männern und Frauen früher und einflussreicher in anderen Medien zutage, die die Rolle von Natur, Kultur und Gesellschaft reflektierten: in Theaterstücken und Romanen, in Journalismus, Dichtkunst, theologischen Werken, Philosophie und moralischen Kommentaren. In diesem Kapitel erkläre ich zunächst die augenfälligsten Merkmale dieser Veränderung, um zum Schluss auf die verblüffenden Parallelen zwischen zwei der dauerhaftesten kulturellen Neuerungen des 18. Jahrhunderts einzugehen – die Erfolgsgeschichte des Romans und den Verführungskult.

Aufstieg des Libertins

Die erste Entwicklung war die wachsende Überzeugung, dass Männer unverbesserliche Raubtiere seien. Natürlich war der Gedanke eines ausgeprägten Sexualtriebs nicht neu. Es war ein Gemeinplatz der christlichen Lehre, dass die Wollust ein Grundtrieb sei, Teil der gefallenen Natur beider Geschlechter. Daher war man sich immer der Gefahr bewusst, dass Frauen vergewaltigt oder verführt werden könnten. »Wie viele Jungfrauen werden ihrer Unschuld beraubt, wie viele Frauen entehrt, wie viele Witwen geschändet«, wenn Männer ihrer sündigen Leidenschaft nachgeben, klagte die offizielle Tudor-Homilie. 1616 schrieb Dorothy Leigh: »Wir Frauen wissen, dass die Männer überall auf der Lauer liegen, uns Frauen zu täuschen, wie die Ältesten Susanna hinters Licht führten.« Bereits im Mittelalter hatten Kirchenleute beklagt, dass Frauen durch Heiratsversprechen ins Bett gelockt würden. Ganz ähnlich gab man in vielen ernsthaften Erörterungen des Ehebruchs den Männern die größere Schuld daran, dass die Frauen anderer in Schande kamen und Ehen zerbrachen. So meinte im 17. Jahrhundert ein geistlicher Würdenträger der Kirche von Schottland: »Der Mann ist gewöhnlich der Versucher.« »Hätte Gott die Wollust nicht durch Gesetze eingeschränkt«, schrieb ein anderer maßgeblicher Theologe 1673, »wäre das weibliche Geschlecht zu tiefster Verächtlichkeit und Verelendung herabgesunken und würde von den Männern schlechter als ein Hund behandelt werden« – sie würden nach Belieben vergewaltigen und schänden oder eine Frau nach der anderen benutzen und wegwerfen.[8]

Auch in der Realität waren die Männer sexuell aggressiver. Obwohl sie in ihrer Haltung gegenüber Frauen von den gängigen Annahmen über deren Begierden und moralischen Schwächen bestimmt wurden, war doch der überlieferte Alltag des überwiegenden Bevölkerungsteils von männlicher Zudringlichkeit und Belästigung geprägt. Theoretisch gab es eine klare Unterscheidung zwischen einvernehmlichem und erzwungenem Sex. Vergewaltigung war ein Kapitalverbrechen: Kein Mann hatte das Recht, einer Frau Gewalt anzutun (obwohl dieses Prinzip in der Ehe, da eine Frau ihrem Mann gehörte, als bedeutungslos galt). Doch weil das Stigma der Unkeuschheit auch vergewaltigten Frauen anhaftete und weil es unmöglich war, eine Verurteilung ohne Beweise in Form von ernsthaften Verletzungen oder ohne die Aussage von Zeugen zu erreichen, kam es nur selten zu Vergewaltigungsprozessen. Die verbreitete Überzeugung, dass ohne weiblichen Orgasmus keine Empfängnis möglich sei, bedeutete eine weitere entsetzliche Erschwernis für Frauen, die von einem Vergewaltiger geschwängert worden waren. 1632 berichtete eine junge Frau aus Waltham Holy Cross vor Gericht, ihr Vergewaltiger habe »sie mit großer Gewalt übers Feld geschleift und gesagt, er würde sie totschlagen, wenn sie sich nicht zu ihm legte, und in großer Not und Furcht um ihr Leben habe sie ihn dann gewähren lassen«. Doch da sie mit seinem Kind schwanger war, bestrafte man sie und zwang sie, in der Kirche öffentlich Buße zu tun. So legitimierte die weitverbreitete Annahme, dass Frauen in allen Fällen, mit Ausnahme der Vergewaltigung, mitverantwortlich seien oder wenigstens keinen Anlass zur Klage hätten, eine große Bandbreite von Verhaltensweisen, die in Wahrheit übergriffig und keineswegs einvernehmlich waren. Ein angesehener englischer Gelehrter des 17. Jahrhunderts kam denn auch zu dem Schluss, dass »sexuelle Belästigung in irgendeiner Form von sehr vielen Frauen, möglicherweise den meisten, erduldet wurde«.[9]

Hören wir zum Beispiel den 30-jährigen Samuel Pepys im Februar 1664, wie er Zeuge des Missbrauchs einer jungen Frau wird und den Wunsch verspürt, sich daran zu beteiligen:

> *Als ich heute Abend zu später Stunde mit meiner Kutsche Ludgate Hill hinauffuhr, sah ich zwei Kavaliere und ihre Diener mit einem hübschen Frauenzimmer, auf die ich kürzlich selbst ein Auge geworfen hatte, … eine Verkäuferin von Galanteriewaren. Sie schienen etwas Gewalt anzuwenden, aber das Frauenzimmer ließ sich fortführen, und ich denke, sie bekam ihren Teil; aber Gott vergebe mir, mit welcher Inbrunst ich dachte und wünschte, an Stelle der beiden zu sein.*

Im selben Jahr berichtet er über einige seiner frühesten Begegnungen mit der hübschen Frau seines Untergebenen William Bagwell. Mehr als fünfundzwanzig Jahre sollte er Bagwell fördern: »Ich bin ihr Freund und werde es immer bleiben«, schrieb er dem Mann 1687. Den Namen seiner Frau kennen wir nicht: Er wird in keinem von Pepys' Tagebüchern und Briefen erwähnt. Doch von dem Augenblick an, da er das Ehepaar kennenlernte, stellte Pepys ihr rücksichtslos nach – er schlief noch immer mit ihr, als sein erstes Tagebuch 1669 endete. Nach mehreren vorbereitenden Begegnungen, bei denen er sich trotz ihres offenkundigen Widerstands Zudringlichkeiten in Form von Küssen und Grabschereien erlaubte, begann ihre sexuelle Beziehung wie folgt:

> *15. Nov. 1664 [in einer Schenke]: und dort karessierte ich sie und aß und trank, und das arme Geschöpf bedachte mich mit vielen bösen Blicken und Seufzern, und ich denke wahrhaftig, sie war sehr bekümmert über das, was ich tat; aber schließlich und schrittweise gelangte ich, trotz all ihrer Proteste, mit großer Lust an das Ziel meiner Wünsche.*

> *20. Dez. 1664 [in Bagwells' Haus]: die armen Leute bereiteten mir ein Dinner nach ihrer Art – von dem ich ebenfalls kräftig aß. Nach Tisch fand ich eine Gelegenheit, ihn fortzuschicken; und als ich dann mit ihr allein war, je tentais à faire ce que je voudrais, et contre sa force je le faisais, bien que passe à mon contentment [= versuchte ich zu tun,*

wonach mir gelüstete, was mir auch gegen ihren Widerstand zu mei-
ner Zufriedenhait gelang].

23. Jan. 1665: ... traf Mrs. Bagwell nach dem Abendessen im Büro war-
tend an, elle [= sie] und ich gingen in ein Variété, wo wir schon vorher
été (= gewesen); und dort genoss ich toute l'après-dîner [= während der
ganzen Zeit nach Tisch] ihre Gesellschaft und hatte mon plein plaisir
of elle [= mein ungeteiltes Vergnügen an ihr] – aber merkwürdig zu se-
hen, wie eine Frau, ungeachtet aller Beteuerungen der Liebe à son mari
[= zu ihrem Mann] und der Religion, vaincue [= besiegt] werden kann.

20. Feb. 1665: ... bei Dunkelheit trat ich heimlich en la maison de la
femme de Bagwell [= in das Haus von Bagwells Frau], und dort genoss
ich sa compagnie [= ihre Gesellschaft], wenn auch nur unter großen
Schwierigkeiten; néanmoins, enfins j'avais ma volonté d'elle [= trotz-
dem bekam ich am Ende von ihr, was ich wollte]. Und davon befrie-
digt ging ich heim.

21. Feb. 1665: Aufgestanden und ins Büro (dabei schlimme Schmerzen
im Zeigefinger meiner linken Hand verspürt – eine Zerrung von ges-
tern Abend infolge des Gerangels avec la femme que je [= mit der Frau,
die ich] gestern erwähnte).[10]

Noch roher waren die Aufdringlichkeiten zahlloser Männer (wiederum
Pepys eingeschlossen), die sich die Wehrlosigkeit ihrer jungen, im Haus
lebenden Dienstmädchen zunutze machten. Erst wenn die drangsalierten
Frauen schwanger wurden, bestand eine Chance, dass diese Fälle akten-
kundig wurden; doch der resignierte Tonfall, in dem üblicherweise von
ihnen berichtet wurde, und die zeittypischen Reaktionen auf sie vermitteln
eine Ahnung davon, wie fest etabliert die Kultur der sexuellen Ausbeutung
unter dem Deckmantel patriarchalischer Ansprüche war. Alice Ashmores
Arbeitgeber, ein Koch, »benutzte und erkannte sie im Fleische« ein Jahr
lang, »manchmal in seiner Kammer und auf seinem Bett, aber auch an
verschiedenen anderen Orten, wo er sie allein antraf«. Wenn sie Nein
sagte, erwiderte er schroff: »Du bist meine Dienerin, und ich kann mit dir
machen, was mir gefällt«; doch als sie schwanger wurde, leugnete er die

Schwangerschaft, und sie wurde in Bridewell wegen unehelicher Geburt angeklagt. Wann immer sie das Zimmer ihres Herrn betreten habe, so sagte im gleichen Jahr 1605 ein anderes Dienstmädchen vor Gericht in Bridewell aus, »zog er mich zu seinem Bett und verging sich dort an meinem Leib.« Die brutalste Form sexueller Ausbeutung stellten die heimliche Vergewaltigung und der Missbrauch von Kindern dar, offenbar gelegentlich veranlasst durch den tragischen Aberglauben, dass der Geschlechtsakt mit einem jungfräulichen Mädchen den Mann von einer Geschlechtskrankheit heilen könne. Überall, selbst zwischen gesellschaftlich Gleichgestellten, gab es stets die unüberbrückbare Kluft zwischen der Überzeugung der meisten Männer, berechtigterweise auf ihre sexuellen Ansprüche pochen zu können, und der Erfahrung der meisten Frauen, schutzlos zu sein. Aus diesem Grund ist selbst bei Shakespeare, trotz seines beispiellosen Ideenreichtums, die Sprache der Sexualität immer von diesen Grundthemen bestimmt: der Mann, der die Frau jagt, besitzt, belagert und erobert.[11] Gemessen an unseren Maßstäben war das Machtgleichgewicht massiv verschoben und das Mitspracherecht der Frauen an sexuellen Beziehungen höchst begrenzt.

Die allgemeinen Begriffe, die damals verwendet wurden, waren ebenso zeittypisch. Im 18. Jahrhundert war die Grundbedeutung von »Verführung«, eine Frau zu einem unerlaubten, aber einvernehmlichen Geschlechtsakt zu veranlassen. Obwohl der Verkehr für beide Teile strafbar sein mochte, war die Verführung selbst kein Verbrechen – selbst wenn sie durch Täuschung zustande kam, etwa durch ein falsches Eheversprechen. Doch da die sexuelle Gewalt von Männern in der Regel bagatellisiert wurde, überschnitten sich die zeitgenössischen Bedeutungen von »Verführung« mit Verhaltensweisen, die wir heute als sexuelle Belästigung, Nötigung, Entführung oder Vergewaltigung werten würden. In dieser Kultur galt sogar die Vergewaltigung gemeinhin als Scherz – weil doch alle Frauen insgeheim wünschten, dass ihnen Gewalt angetan würde, und weil man ihnen nie glauben konnte, wenn sie behaupteten, gegen ihren Willen genommen worden zu sein. Das war eine uralte Botschaft, die nicht nur in zahllosen Männerphantasien aufgegriffen, sondern auch von frühen Dramatikerinnen wie Mary Pix und Charlotte Lennox zur Unterhaltung des Publikums aufgewärmt wurde. Wie viele Männer seiner Zeit war beispielsweise auch Henry Fielding von sexueller Gewalt fasziniert. Wir werden im Fortgang dieses Kapitels sehen, dass er sich sein ganzes Leben hindurch mit den schwierigen Fragen der männlichen und weiblichen Leidenschaft, Verführung und sexuellen Ungerechtigkeit auseinandersetzte. Hier wollen wir, um uns in die Geisteshaltung einzustimmen, die er und seine Zeitgenossen übernommen hatten, lediglich seine Ovid-Paraphrase anhören. Es handelt sich um den berühmten, immer wieder zitierten Rat für Liebende, in dem der römische Dichter erklärt, was Frauen mögen, was sie wirklich wollen und wie man es ihnen gibt. »Wir Männer«, so unterrichtet er – in Fieldings Version – seine Leser,

> *sind eher in der Lage, unsere Gefühle zu beherrschen, auch sind unsere Begierden nicht so wild und grenzenlos wie die [der Frauen] ... Jede neue Liebe gefällt ihnen, und alle schmachten sie nach den Liebhabern und Ehemännern anderer Frauen. [...]*
> *Vielleicht wird sie kratzen und dir sagen, du seist grob: Ungeachtet ihres Kratzens wird es ihr gefallen, wenn du die Oberhand gewinnst ... Bist du dann beim Küssen angelangt [fahre fort] bis ans Ende deiner Reise! ... Die Mädchen mögen es Gewalt nennen, aber es ist eine Gewalt, die sie genießen. Häufig verlangt es sie danach, dass du ihnen gegen ihren Willen Genuss bereitest. Denn eine Frau, die ohne ihr Einverständnis genommen wird, ist häufig, ungeachtet allen zornigen Gebarens, tief befriedigt in ihrem Herzen und empfängt deine Unverschämtheit als Gunst; während diejenige, die – obwohl geneigt, sich zwingen zu lassen – unangetastet davon kommt, zwar ein Lächeln vortäuschen mag, in Wahrheit aber übel gelaunt ist.*

Obwohl Fielding seine modernen Leser sofort belehrt, dass es sich um Ovids Auffassung handelt und nicht um seine eigene (denn »Vergewaltigung ist in unserer Epoche wahrlich aus der Mode gekommen«), gibt es viele andere Stellen in seinem Werk und im gesamten westlichen Literaturkanon vor und nach dem 18. Jahrhundert, die von einer ähnlichen Auffassung zeugen.[12] Die Grenzlinie zwischen Nötigung und Einverständnis ist nicht immer leicht zu erkennen. In allem Folgenden, besonders in Hinblick auf die damaligen Einstellungen zur Verführung, müssen wir uns diese prinzipiellen Unterschiede zwischen unseren eigenen Vorstellungen über Geschlechterbeziehungen und denen von Männern und Frauen (besonders Männern) früherer Zeiten vor Augen halten.

Natürlich wurde auch vor dem 18. Jahrhundert die endlose öffentliche Wiederholung der Plattitüden über weibliche Lüsternheit bis zu einem gewissen Grad aufgewogen durch das Wissen um die männliche Zudringlichkeit. Doch eben weil man sich bewusst war, dass die Lust eine so gefährliche Kraft war, legte man traditionell großen Wert auf ihre Beherrschung. Da die Männer den Frauen selbstverständlich geistig und körperlich überlegen waren, musste ihnen natürlich auch diese Selbstbeherrschung leichter fallen. Die absolute Gleichsetzung von Keuschheit mit vernunftbestimmter Selbstdisziplin war ein weiterer Grund, warum in Antike, Mittelalter und Renaissance die männliche Unmoral oft für vorsätzlicher und tadelnswerter gehalten wurde als die sexuellen Fehltritte von Frauen und Jugendlichen, dieser schwächeren und weniger reifen Geschöpfe.[13] Doch in den letzten Jahrzehnten des 17. Jahrhunderts begann sich das uralte System der sexuellen Disziplin aufzulösen. Wie wir gesehen haben, wurde ihr begriffliches Fundament nach und nach durch die Argumente zugunsten größerer sexueller Freiheit für Männer untergraben, während sie ihre konkrete Macht durch Faktoren einbüßte wie die wachsende Komplexität des städtischen Lebens, die fatale Schwächung der Kirchengerichte und den Niedergang der moralischen Ordnungsmaßnahmen in Gemeinden und Pfarrbezirken. Mit einem Wort, einige der wichtigsten Druckmittel, um Männer zu sexueller Enthaltsamkeit zu zwingen, begannen plötzlich wegzubrechen.

Die Auswirkungen dieser veränderten Verhältnisse lassen sich an der Zunahme libertiner Einstellungen am Hof Karls II. ablesen. Im Zuge einer bewussten Umkehrung konventioneller Werte kultivierten die Libertins sittliche Grundsätze, nach denen das hemmungslose Ausleben der Wollust dem Ansehen eines Mannes zuträglich war, statt ihm zu schaden. Die unmittelbare Reaktion darauf war äußerst feindselig, sogar bei den treuesten Anhängern des Königs. Die meisten Beobachter beurteilten das Verhalten nach konventionellen Kriterien als persönliches Versagen von Männern, denen es an Selbstdisziplin fehlte und die sich von ihren niedrigsten Instinkten leiten ließen. Verstärkt wurde diese Auffassung durch die Furcht vor dem göttlichen Zorn sowie durch den traditionellen Zusammenhang zwischen Sittenlosigkeit und politischer Tyrannei. Sogar Libertins machten sich diese Assoziation zwischen Wollust und Degenerierung zu Eigen. Denn bei aller Prahlerei mit ihren sexuellen Eroberungen erweisen sich die Libertins in ihren Schriften über Sexualität besessen von der Unersättlichkeit der Frauen und der zehrenden Wirkung sexueller Exzesse. So zum Beispiel der Earl of Rochester, der uns über einen fiktiven Dialog zwischen zwei Mätressen Karls II. berichtet (»Sodom« war ein zwielichtiges Londoner Viertel; die letzte Zeile bezieht sich auf zwei weitere der vielen Liebhaber der Duchess of Cleveland):

Sprach die Duchess of Cleveland zur Rätin Knight / Hätte so gerne einen Schwanz, könnt ich ihn mir nur besorgen / Hoffe, Ihr seid verschwiegen und gönnt mir Euren Rat: / Ist die Fotze auch nicht schüchtern, soll der Ruf doch nicht leiden.
In einen Keller in Sodom sollt Euer Gnaden sich bemühn / wo Träger mit schwarzen Krügen um Kohlefeuer hocken / Dort öffnet die Schatulle, Euer Gnaden, und Ihr werdet / flugs ein Dutzend Schwänze für ein Dutzend Ale bekommen.
»Ist es so?« sprach die Duchess. »Ja, bei Gott!« drauf die Hur'. / «Dann gebt mir den Schlüssel, der die Hintertür öffnet, / Denn lieber solln mich Träger und Fuhrleute ficken, / als Churchill und Jermyn ihren Missbrauch mit mir treiben.«. [*]

Genauso beißend beschrieb er den König selbst und Nell Gwyn, eine andere seiner Mätressen:

Zepter und Schwanz hat er von stattlicher Läng' / Und sie kann den Mann gängeln, der mit jenem spielt … / Armer König! Dein Schwanz

---

[*] Quoth the Duchess of Cleveland to counselor Knight,
»I'd fain have a prick, knew I how to come by 't.
I desire you'll be secret and give your advice:
Though cunt be not coy, reputation is nice.«

»To some cellar in Sodom Your Grace must retire
Where porters with black-pots sit round a coal-fire;
There open your case, and Your Grace cannot fail
Of a dozen of pricks for a dozen of ale.«

»Is't so?« quoth the Duchess. »Aye, by God!« quoth the whore.
»Then give me the key that unlocks the back door,
For I'd rather be fucked by porters and carmen
Than thus be abused by Churchill and Jermyn.«

*beherrschet dich / wie deine Narren bei Hofe, weil er dir zum Zeitver-
treibe dient … /Ruhelos stolperst du von Hur' zu Hur'. Glücklich dieser
König, skandalös und arm …*
*Ihr glaubtet's, hätt ich die Zeit, zu schildern, / Wie viel Müh' es kostet
Nelly, bedauernswert und fleißig, / mit Händen, Fingern, Mund und
Schenkeln, / aufzurichten jenes Glied, das sie entzücket.**

Vielfach fürchtete man, dass solche Verderbnis die ganze Gesellschaft an-
stecken müsse. So kritisierte ein anderer Dichter Karl II. mit den Worten:

*Dein elendes Beispiel entehrt die ganze Stadt, / denn jeder hält sich
Hur'n, ob Edelmann, ob Narr. / So sind die Früchte dieser Weiber ungesetzlich Samen; / Keine legitimen Kinder, sondern Bastardbrut. / Du
und Deinesgleichen, ihr habt die Art verdorben / Nimmermehr wird's
geben einen Welp' von reiner Rasse.***[14]

Da es sich um den Sittenkodex einer männlichen Elite handelte, der unge-
straft blieb, stärkte dieser öffentlich gelebte Libertinismus trotz des allgemeinen Unbehagens die Assoziation zwischen sexueller Freizügigkeit und
herausgehobener sozialer Stellung. Auch jenseits von Hof und Hauptstadt
wurden libertine Ideale jetzt als modern verteidigt. Nachdem ein Mann aus
Leicestershire in den 1660er Jahren sein Dienstmädchen vergewaltigt und

---

*   His sceptre and his prick are of a length;
    And she may sway the one who plays with th' other …
    Poor prince! thy prick, like thy buffoons at Court,
    Will govern thee because it makes thee sport …
    Restless he rolls about from whore to whore,
    A merry monarch, scandalous and poor…

    This you'd believe, had I but time to tell ye
    The pains it costs to poor, laborious Nelly,
    Whilst she employs hands, fingers, mouth, and thighs,
    Ere she can raise the member she enjoys …

** Thy base example ruins the whole town,
    For all keep whores, from gentleman to clown.
    The issue of a wife is unlawful seed;
    And none's legitimate, but mongrel breed.
    Thou, and thy branches, have quite cross'd the strain,
    We ne'er shall see a true-bred whelp again.

geschwängert hatte, rechtfertigte er sich mit kühler Gleichgültigkeit: »Das ist heute Mode … Gentlemen der höchsten Kreise halten sich in diesem Land eine Hure in ihren Häusern.«[15]

Gegen diese wachsende Verrohung der Sitten richteten sich ab 1688 die Bemühungen der Reformbewegung.[16] Doch da sich die Kampagne de facto auf die Lasterhaftigkeit der unteren Klassen konzentrierte und gleichzeitig die Argumente für sexuelle Freizügigkeit an Bedeutung gewannen, kam es zu einer signifikanten Veränderung in der Einschätzung männlicher Hemmungslosigkeit. Wie im vorangegangenen Kapitel gesehen, hatte sich Anfang des 18. Jahrhunderts die Überzeugung durchgesetzt, dass der Verfall der sexuellen Sitten zu universell sei, um ihn durch Reformbemühungen an Einzelpersonen zu bekämpfen – von gewaltsamen Maßnahmen gar nicht zu reden. Man hatte jetzt den Eindruck, dass die Bestrafung von sexuellen Missetätern nur eine oberflächliche Schönheitskorrektur war. Das eigentliche Problem bestand nicht darin, dass einige Individuen sich für das Laster entschieden oder ihm verfielen: Im Allgemeinen waren es Männer, vor allem Männer aus höheren Schichten, denen es an Moral fehlte. Sie hätten so wenig davon, meinte Jonathan Swift 1709, dass »ein jeder … uns so beiläufig mitteilt, dass er zu einer Hure gehe oder sich einen Tripper geholt habe, als würde er über eine öffentliche Neuigkeit berichten«. Für einen Mann, der ein elegantes Leben führe, so hieß es einige Jahre später im *Guardian*, sei das Streben nach Keuschheit »lächerlich geworden«. Zwar litten Lebemänner und Verführer noch immer unter Anflügen von Schuldgefühlen, doch die waren leicht zu überwinden. Heute wird bei »Herren, die mit der Mode gehen, die Furcht vor Schimpf und Schande durch die Vorherrschaft der Sitte zerstreut«.[17]

Dieser Pessimismus prägte auch schon die Einstellung vieler früher Moralisten. Doch Anfang des 18. Jahrhunderts verstärkte er sich. Das Umfeld hatte sich radikal verändert: Theorie und Praxis der sexuellen Disziplin wurde zum ersten Mal überhaupt ernsthaft in Frage gestellt. Außerdem gewannen neue Erklärungsmuster der sexuellen Unmoral an Boden, die die christliche Grundannahme, dass der Mensch persönliche Verantwortung für sein moralisches Verhalten habe, in Zweifel zogen. Im Rahmen der Versuche, die Welt auf empirisch anspruchsvollere Weise zu verstehen, verschob sich das Gleichgewicht. Im Mittelpunkt des Interesses stand nicht mehr, wie bisher, der freie Wille, sondern eher die unpersönlichen, struk-

turellen Kräfte in Natur und Gesellschaft, die Mitglieder verschiedener Geschlechter und Klassen vermeintlich zwangen, sich auf bestimmte Weise
zu verhalten.

Zusammen mit der Verstärkung libertiner Einstellungen schufen diese
Entwicklungen allmählich den ungeheuer wirksamen Gemeinplatz vom
Mann als Verführer und der Frau als Opfer. Viele Jahrhunderte hindurch
hatte es die hartnäckige Assoziation zwischen weiblicher Lust und der
Erbsünde von Eva, des Teufels Gehilfin, gegeben, die nach dieser Ansicht
durch ihre Schwäche und durch die Verlockung Adams zur Fleischeslust
für alle Zeiten die hinterlistigen Schliche der Frauen vorgezeichnet hatte.
Jetzt wurden alle diese negativen Eigenschaften auf den sexuellen Charakter der Männer übertragen. »In unserem allgemeinen Streben nach sexueller Betätigung«, schrieb Daniel Defoe bereits 1706, »übernimmt der Teufel
im Allgemeinen die Rolle des Mannes und nicht der Frau.« »Jede Kunst,
die angewendet, jede Schlinge, die ausgelegt werden kann, um Schönheit
und Tugend zu fangen«, schrieb ganz ähnlich Henry Fielding, »wurde zu
dieser Zeit von Männern geknüpft und verwendet.« – »Wird bei diesen
Gelegenheiten nicht zu den niedrigsten Listen und Hinterhältigkeiten ge-
griffen?« Frauen dagegen, »kommen nur selten vom rechten Weg ab, und
wenn, dann sind es die Männer, die sie in die Irre führen; von denen werden sie enttäuscht, verdorben, verraten und häufig an Körper und Seele
zerstört«. »Der Mann«, meinte ein Kritiker kurz und knapp, »ist immer der
Versucher und Verführer.«[18]

Eva selbst galt nicht mehr als des Teufels Werkzeug, sondern als die
erste verführte Frau. Ihr Sündenfall wurde zum Vorboten »einer allgemeinen Verführung ihres Geschlechts; denn jede Frau im Stand der Unschuld
wird heutzutage von einem Versucher gleichen Formats bestürmt …, wenn
die Frauen die Leichtgläubigkeit und Schwäche Evas geerbt haben, so sind
die Männer wohl versorgt mit der Kunstfertigkeit und Tücke des Teufels«.
Wie eine Schlange, so warnte ein Priester, »eifert der Verführer danach, erst
zu faszinieren und dann zu zerstören!« Der lüsterne Mann, so der Verfasser der Schrift *Advice to Unmarried Women* (1791), sei eine allgegenwärtige, heimtückische Gefahr, die es zu meiden gelte, »denn die Schlange hat
schon die erste eures Geschlechts betört«. Denn – darüber herrschte Einigkeit – die Männer folgten nicht nur den Einflüsterungen des Teufels, sondern besaßen auch alle seine unfairen Vorteile gegenüber ihrer schwäche-

ren, nichtsahnenden Beute. Wie er waren sie Meister der Andeutungen und Täuschungen, getrieben von dem Wunsch, die unschuldige Jungfrau zu verderben: »Der Verführer wirft seine Netze für die arglos vertrauensselige Unschuld aus. Güldene Träume und köstliche Wonnen betören ihre Phantasie und ihr Gewissen: Und sie denkt an nichts anderes, bis sie aus ihrem Schlaf erwacht – und feststellt, dass sie zugrunde gerichtet ist.« Durch seine männlichen Komplizen füge Satan nun den Frauen »das gleiche unsägliche Unheil zu, das sich vor so vielen Tausend Jahren im Garten Eden ereignete«.[19]

Wüstlinge und Huren

Sogar die Einstellung zu Prostituierten war in den Jahrzehnten nach 1700 einer radikalen Veränderung unterworfen. Traditionell hatte man ihnen nur wenig Mitgefühl entgegengebracht. Schließlich verkörperte der biblische Archetyp der wollüstigen Hure, die arglose Männer zerstörte, die herkömmliche Auffassung von der Frau als dem lasziveren, gefährlicheren Geschlecht. Wie Maria Magdalena konnten Prostituierte bereuen, ansonsten aber wurde ihr Verhalten meist als eine extreme Form weiblicher Promiskuität aufgefasst. Trotz der uralten Behauptung, sie sei ein notwendiges Übel, weil Männer sonst »Ehebruch, Schändung von Jungfrauen, widernatürlicher Unzucht und Ähnliches« begehen würden, kam der Gedanke, Prostituierte könnten selbst Opfer männlicher Verführung oder wirtschaftlicher Not sein, in der ernsthaften Literatur vor 1700 praktisch nicht vor. Nur auf der Bühne wurden Prostituierte manchmal als Frauen porträtiert, die mehr waren als vorsätzliche, habgierige Sünderinnen. Aber selbst hier blieb die männliche Schuld an ihrem Schicksal ein sehr untergeordnetes Thema. Obwohl die Prostitution ein offenkundiges Symbol für die Amoralität und Verderbnis der Welt war, glaubte man, dass Huren für ihre moralischen Entscheidungen, ihre Sünden und ihre Erlösung letztlich selbst verantwortlich seien. Im Drama des 16. und frühen 17. Jahrhunderts kommt es ebenso häufig vor, dass Frauen Männer sexuell betrügen, verführen und täuschen, wie umgekehrt. Der Geschlechterkampf, so scheint es, ist weitgehend ausgewogen, und das moralische Los der Individuen liegt weitgehend in ihrer eigenen Hand und in der des Schicksals.[20] Noch Ende des 17. Jahrhunderts blieben die meisten Kommentatoren diesen Auffassungen treu. In der Schrift *The Night-Walker* (1696 – 1697), die veröffentlicht wurde, als ausführlich über die Prostitution diskutiert wurde, verknüpfte der namhafte Journalist und Buchhändler John Dunton angeblich wahre Undercover-Geschichten und Interviews miteinander, um zu beweisen, dass die meisten Prostituierten einfach ihrem verdorbenen Charakter nachgäben. Viele würden ursprünglich zur Unzucht verführt, »um ein kleines Gelüst nach einem verstohlenen Vergnügen zu befriedigen«, und einmal erregt, sei die weibliche Libido – »dieser machtvolle Drang der Natur« – schwer zu bändigen. Wenn ihre Ehemänner diesem Begehren nicht genügen könnten, nötige es die Frauen, Lehrlinge zu verführen, Fremde zu bezahlen oder in die Stadt zu gehen. Tatsächlich sei »die Sünde so betörend«, dass viele Prostituierte ihrem Gewerbe treu blieben, »nur um die Gelüste des Fleisches zu befriedigen«. Obwohl auch andere Faktoren beteiligt sein könnten, liege die Hauptverantwortung für ihr Schicksal gewöhnlich bei den Frauen selbst. In ähnlicher Weise brandmarkte die Schrift die männliche Sittenlosigkeit als persönlichen, vorsätzlichen Verstoß einzelner Männer gegen die richtigen Verhaltensmaßstäbe.[21]

Doch kaum ein Dutzend Jahre später, im Klima eines wachsenden Widerstands gegen die Reformgesellschaften, bekannte sich die herrschende öffentliche Meinung klar zur gegenteiligen Auffassung von der Prostitution und der männlichen Hemmungslosigkeit. In den 1710er Jahren kam es in Mode, Unmoral vorwiegend unter dem Gesichtspunkt von sozialen Zwängen und strukturellen Bedingungen zu analysieren, die sich in verschiedenen gesellschaftlichen Gruppen unterschiedlich auswirkten. Wie im *Spectator* (1711–1714), der einflussreichsten und meistgelesenen Zeitschrift der Zeit, wiederholt zu lesen stand, waren »die armen, öffentlichen Huren« keine schuldbeladenen Sünderinnen, die sich aus freien Stücken zu ihrem Gewerbe entschieden hatten, sondern weitgehend unschuldige Opfer – Opfer finanzieller Not, der Ausbeutung durch Bordellwirtinnen und der Verführung durch Männer höheren Standes. »Das bedauernswerte Schicksal sehr vieler Frauen war«, so hieß es abschließend, dass sie »ohne den geringsten Verdacht, vorherige Versuchung oder Warnung umgarnt wurden«. Entsprechend wurde »der lockere Umgang mit Weibspersonen, besonders die Kunst des Betörens ... die Praxis, Frauen zu verführen«, zunehmend als etablierte soziale Norm dargestellt, eines der Hauptlaster der

Zeit. Kupplerinnen und Libertins wurden jetzt in erster Linie verantwortlich gemacht, sodass ihre Verfehlungen in krassem Gegensatz zur Unschuld der bedauernswerten Frauen standen, deren Leben jene zerstört hatten. »Servitus crescit nova«, warnte Richard Steele, Horaz zitierend – »eine neue Schar von Sklavinnen wächst heran.«[22]

Die gleiche Auffassung setzte sich auch stetig in populären Schriften durch. Es sei offensichtlich, erläuterte 1723 ein Zeitungsschreiber, dass Prostituierte »heruntergekommene Geschöpfe seien, die nicht unsere Verachtung verdienen, sondern unser Mitleid«. Tatsächlich »kann die Leidenschaft keiner Frau so stark sein, dass sie in Liebesdingen irgendwelche verbrecherischen Handlungen begeht, wenn nicht die gewalttätige Lust von Männern und ihre verderblichen Künste dieses Feuer in unschuldigen und arglosen Jungfrauen entfachen, was oft in ihr völliges Verderben führt«. Ein anderer meinte, im Grunde verhalte es sich so, dass »das Werben des Mannes sie zur Lüsternheit verführt, auf die Sünde die Not folgt und die Bedürftigkeit die Scham besiegt«. Das ist genau die Geschichte, die William Hogarth in seiner berühmten Bilderfolge *Lebenslauf einer Dirne* (1730–1732) erzählt. Schon das erste Bild zeigt den Augenblick, der im *Spectator* zwei Jahrzehnte früher geschildert wurde: »Ein Gasthaus in der Stadt«, die Ankunft »einer Kutsche vom Lande«, »die verschlagenste Kupplerin der Stadt prüft das wunderschöne Mädchen vom Lande, das mit derselben Kutsche gekommen ist« – im Hintergrund der Wüstling, für den sie bestimmt ist. Danach der unvermeidliche Gang der Dinge: Entehrung, Abstieg und Untergang, »vom luxuriösen Laster in den Häusern der Reichen, zu einer aus der Not geborenen Sittenlosigkeit, dann aus der Zuflucht des Bordells vertrieben«, schließlich ihr schimpflicher Tod (vgl. Abbildung 21).[23]

Daher bekamen die Diskussionen über Prostitution und Schuldfrage um 1730 einen ganz anderen Akzent als gegen Ende des 17. Jahrhunderts. Zwar hielt man weiterhin an dem Gemeinplatz fest, dass Huren einen gefährlichen und verderblichen Einfluss auf unvorsichtige junge Männer ausübten. Doch nun wurde diese Auffassung mehr und mehr aufgewogen durch die Erkenntnis, dass diese Frauen ursprünglich selbst unschuldige Opfer der Verführung durch Kupplerinnen und Wüstlinge gewesen waren und dass sie an ihrer Lebensweise in erster Linie aufgrund wirtschaftlicher Not und sozialer Ausgrenzung festhielten. Der tiefere Grund des Problems war also männliche Verführung und nicht weibliche Wollust.

Die neue Einstellung wurde gestützt durch Mandevilles Schriften über Prostitution, in denen er die Meinung vertrat, der männliche Sexualtrieb sei eine unbezähmbare Naturkraft und der sittliche Niedergang der Frauen seine unvermeidliche Folge. Dass diese Ansicht immer mehr Anhänger fand, zeigte sich auch in George Lillos Theaterstück *The London Merchant*, einer der frühesten englischen Tragödien über die moralischen Dilemmata ganz alltäglicher Menschen. Bei seiner Premiere im Jahr 1731 wurde das Drama begeistert aufgenommen und blieb noch im späten 18. Jahrhundert eines der erfolgreichsten Stücke auf englischen und amerikanischen Bühnen. Die Geschichte war aus einer alten, sehr bekannten Erzählung übernommen – der des George Barnwell, eines Londoner Lehrlings, der von seiner Geliebten, einer Prostituierten, zu Diebstahl und Mord verleitet wird und schließlich am Galgen endet. In allen früheren Fassungen der Geschichte wurde die Verführerin Sarah Millwood als durch und durch böse geschildert, als doppelzüngige Hure. Doch bei Lillo bekommt sie zum ersten Mal eine Biografie, die ihren Charakter erklärt. So war sie nicht durch eigene Neigung, sondern durch das selbstsüchtige, heuchlerische und lüsterne Verhalten der Männer auf die schiefe Bahn geraten: »Was für Mühen, welche Schliche nehmen sie auf sich, um uns von unserer Unschuld abzubringen und uns, selbst in unseren eigenen Augen, in gemeine und böse Geschöpfe zu verwandeln?« Einst sei sie selbst arglos und ohne Fehl, geistreich und schön gewesen: Doch die Männer »nahmen mir diese Eigenschaften, bevor ich ihren Wert erkannte; dann verließen sie mich zu spät, um ihren Wert am Verlust zu erkennen. Einer nach dem andern kam, um mich weiter zu verderben, und alles, was ich davon hatte, waren Armut und Schande.« »Wir sind nur Sklavinnen für die Männer«, ruft sie bitter aus; es sei die Ausbeutung durch das »barbarische Geschlecht« gewesen, die Frauen wie sie gelehrt habe, böse und geldgierig zu sein. Einmal ruiniert, hätten sie keine andere Möglichkeit gehabt, ihren Lebensunterhalt zu verdienen, als sich ihrerseits schadlos zu halten an »den jungen und unschuldigen Vertretern dieses Geschlechts, die, da sie Frauen nie etwas Böses angetan, auch nichts Böses von ihnen befürchteten«.[24]

Mitte des Jahrhunderts hatte sich die Vorstellung von der Prostituierten als Opfer sogar in juristischen Kreisen fest etabliert. Als sich der Gerichtssekretär Jushua Brogden einem hübschen, scheinbar sittsamen Straßenmädchen am Morgen nach ihrer Festnahme gegenübersah, ließ er alle Beweise für ihre trunkene Kundenwerbung beiseite und konzentrierte sich auf den wirklichen Verbrecher: ihren ursprünglichen Verführer. »Was verdient der Schuft, der dieses unschuldige, liebliche Geschöpf zugrunde gerichtet hat?« Prostitution stürze, so beklagte Henry Fielding, »eine große Zahl junger, gedankenloser, hilfloser, armer Mädchen ins Unglück, die ebenso häufig verraten und sogar zur Schuld gezwungen werden, wie man sie durch Geschenke dazu verleitet«. Es sei völlig klar, erklärte ein Priester 1759, dass die meisten gefallenen Frauen »durch jede unentschuldbare Methode, welche die grausame und rohe Wollust dem findigen Verführer eingegeben habe«, vom rechten Weg abgebracht worden seien. Selbst unter den »im höchsten Grade verdorbenen« Huren, meinte ein späterer Experte, habe er nicht »ein einziges Beispiel« finden können, »wo nicht die Heimtücke eines Mannes der Ursprung allen Unheils war«.[25]

Ganz ähnlich behandelten unzählige literarische Erzeugnisse Ende des 18. Jahrhundert Verführung, Prostitution und das Unglück unschuldiger Jungfrauen. In seinem erfolgreichen Roman *Adventurer* (1753–1754) berichtete John Hawkesworth von einem Wüstling, der zunächst eine unschuldige Dienstmagd verführt und sich zwanzig Jahre später anschickt, mit einer jungen Prostituierten zu schlafen. Zu seinem Entsetzen stellt sich heraus, dass es sich um seine eigene, ausgesetzte, uneheliche Tochter handelt, die durch Armut, Misshandlung und eine böse Bordellwirtin zur Prostitution gezwungen wurde. In Samuel Johnsons Essays wird die Prostituierte Misella von ihrem Vormund zugrunde gerichtet und verlassen. In William Dodds *The Sisters* (1754) sind Lucy und Caroline Sanson von diesem schrecklichen Los bedroht; am Ende stirbt auch ihr Vater vor Kummer. In *Nature and Art* (1796), einem Roman der radikalen Reformerin Elizabeth Inchbald, wird die Tochter eines armen Häuslers von einem Bösewicht, der vom jugendlichen Libertin zum herzlosen Richter mutiert, zunächst verführt, dann zur Prostitution gezwungen und schließlich zum Tode verurteilt. Um 1800 war dieses Handlungsmuster selbst dem Provinzpublikum so vertraut, dass sich der ganze Erzählbogen in wenige Absätzen schlagen ließ. In der billigen, volkstümlichen Druckschrift *Innocence Betrayed* (die selbst in so entlegenen Städten wie Hull, Banbury und Penrith nachgedruckt wurde) genügten knapp fünf Seiten, um das tragische Leben der Sarah Martin zu erzählen. Die schöne Bauerntochter wurde von »einem dieser verkommenen Schufte, deren Lieblingsbeschäftigung die Verführung unschuldiger Mädchen ist, in Schande gebracht«, in London verlassen, »von der Not gezwungen, ein elendes Auskommen als Prostituierte zu verdienen«, und schließlich in den Selbstmord getrieben.[26]

Endlos wurden die immer gleichen Versatzstücke in Gedichten, Bildern und juristischen Werken verwendet (siehe Tafel 2). Hören wir Thomas Holcroft mit seinem Gedicht »The Dying Prostitute« (1785), die sich abwechselnd an den gerührten Leser und den heimtückischen, bestialischen Libertin wendet, der sie zugrunde gerichtet hat:

Bewein das Unglück einer elend' Jungfrau / Die einem Manne Ruf und Gesundheit opferte / Die für Liebe, Wahrheit und Vertrauen nichts erhielt / als Not und Gram, Krankheit und Schande ohne Ende.

Verfluch nicht die Verlorne, die alles Übel / das von herzlos-stolzen Männern kommen kann, ertragen muss / Verflucht genug ist sie, über die sein Wille, / von wilder Leidenschaft entflammt, schrankenlos regiert. [...]

Dass ich einst war tugendhaft und schön dazu / und mein Ruf ganz unbefleckt von bösen Zungen / macht nur größer meine Qual und den endlos' Tränenfluss / schlimmer meine Schuld und Schande heute. [...]

Oh, sag du böser Dämon! Unhold, du! Wo? / Was für einen Ruhm hat dir mein Untergang gebracht? / Macht dich glücklich, dass ich nicht mehr unbescholten? / Oder prangt dein Lorbeerkranz auf meinem Totenhemd?[*][27]

---

* Weep o'er the mis'ries of a wretched maid,
   Who sacrificed to man her health and fame;
   Whose love, and truth, and trust were all repaid
   By want and woe, disease and endless shame. –
   Curse not the poor lost wretch, who ev'ry ill
   That proud unfeeling man can heap sustains;
   Sure she enough is cursed o'er whom his will
   Enflamed by brutal passion, boundless reigns. [...]
   That I was virtuous once, and beauteous too,
   And free from envious tongues my spotless fame:
   These but torment, these but my tears renew,
   These aggravate my present guilt and shame. –
   Ah! Say, insidious Damon! Monster! where?
   What glory hast thou gained by my defeat?
   Art thou more happy for that I'm less fair?
   Or bloom thy laurels o'er my winding-sheet? ...

Aus dieser neuen Geisteshaltung entwickelte sich ein höchst widerstands-
fähiger literarischer Archetyp der Moderne: die Nutte mit Herz. Dieser
Typus des schönen und unschuldigen »gefallenen Engels« war bereits in
den 1740er Jahren Gegenstand der erotischen und seriösen Schriften von
John Cleland.* Nach 1800 wurde er von Thomas de Quincey, Charles Dickens, Dante Gabriel Rossetti, Elizabeth Gaskell, Thomas Hardy und zahllosen anderen Schriftstellern und Malern aufgegriffen und weiterentwickelt. Das ganze 19. und 20. Jahrhundert hindurch war die Hure mit dem
goldenen Herzen ein Versatzstück von Romanen, Theaterstücken, Opern,
Filmen und Fernsehproduktionen.[28]

Das war sicherlich nie die einzige Perspektive. In satirischen Druckschriften, der volkstümlichen Presse und moralischen Traktaten hielten
sich noch zwei ältere Einstellungen weit über das Jahr 1800 hinaus. Die
eine war faszinierte Bewunderung für die Strichmädchen und Kurtisanen, die als selbstbewusste Unternehmerinnen jederzeit in der Lage waren,
ihre schwerfälligen Freier auszutricksen (siehe Abbildung 6). Die andere
war Furcht vor der Gefahr, die von diesen »verruchten« und aggressiven
Geschöpfen für die Gesundheit und Ordnung der Gesellschaft ausging:
In den Kapiteln 4 und 5 werden wir sehen, wie sehr selbst Philanthropen
überfordert waren, wenn sie versuchten, den Abscheu vor den Objekten
ihrer Nächstenliebe abzuschütteln. Die Selbstwahrnehmung proletarischer
Frauen, die von ihren Liebhabern sitzengelassen worden waren oder die
sich ihre sexuellen Dienste bezahlen ließen, war in der Regel auch weniger
melodramatisch als die Mittelschichtsrhetorik von männlicher Lüsternheit,
weiblicher Unschuld und Prostitution. Als beispielsweise Winifred Lloyd,
eine Bordellwirtin mittleren Alters, Mary Macdonald und Hanna Smith,
zwei jungen, willigen Dienstmädchen, das Angebot unterbreitete, sich mit
ihrem Klienten Mr. Janssen zu amüsieren, waren die Frauen überzeugt,
dass der ganze Prozess keineswegs eine Herabwürdigung bedeutete, sondern den Übergang zu Unabhängigkeit und Erwachsensein. Nachdem
Mary das erste Mal mit dem freundlichen Squire geschlafen hatte, wofür
sie die gewaltige Summe von fünf Guineen bekam, lobte Mrs. Lloyd sie

---

* »… jene unglücklichen Frauen, die von der Prostituition leben«, schrieb Adam Smith
1776 ganz ähnlich, waren »die schönsten Frauen im ganzen britischen Königreich«: *Der
Wohlstand der Nationen*, München 2009, I, 1. Buch, 2. Teil, S. 140.

SQUIRE THOMAS JUST ARRIV'D. *Touch me not! I'm still a Maid.*

Publish'd Nov.r 18.th 1778. by W. Humphrey.

Abb. 6. In dieser Karikatur aus dem Jahr 1778 zeigt uns James Gillray einen rundlichen Burschen vom Lande, der zur sexuellen Beute einer Gruppe zudringlicher Londoner Prostituierter wird: »Fasst mich nicht an! Ich bin noch Jungfrau!«, kreischt er in höchstem Schrecken.

»und sagte ihr, sie sei nun zur Frau gemacht worden«. Hanna, die erst vierzehn war, bemitleidete sie wegen der Schmerzen beim Geschlechtsverkehr – »Oh«, sagte sie, »als er zum ersten Mal bei mir lag, schrie ich Zeter und Mordio, aber wenn du vierzig bist, tut es nicht mehr weh« – und »sprach ihr auf ähnliche Weise Mut zu, indem sie ihr sagte, er werde sie auf immer zur Frau machen.« Die East-End-Prostituierte Anne Carter erklärte 1730, das, was sie für ihren Lebensunterhalt tue, sei nicht der letzte Ausweg einer verzweifelten Frau, sondern ein Tauschgeschäft: Geld gegen »die vertragsgemäße Befriedigung … die ihr Körper liefere«.[29]

Doch die Sprache des Mitleids und der männlichen Treulosigkeit unterwanderte allmählich auch diese alternativen Standpunkte. Sie wurde so bestimmend, dass Prostituierte und andere unkeusch lebende Frauen von der Gesellschaft – und den Betroffenen selbst, wenn sie sich öffentlich äußerten – einfach als »unselige« oder »unglückliche« Personen bezeichnet wurden.[30] Das Stereotyp der verführten Dirne war folglich eine der bemerkenswertesten und einflussreichsten kulturellen Neuerungen des 18. Jahrhunderts. Es warf uralte, tief verwurzelte Einstellungen zu Huren über den Haufen; es setzte sich in ungewöhnlich kurzer Zeit durch; und es bestimmte die Wahrnehmung der Prostitution ab der Mitte des 18. Jahrhunderts. Das ganze 19. und 20. Jahrhundert hindurch sollte diese neue Art, Prostituierte zu betrachten – nicht mehr als eigenverantwortliche, unabhängige Anbieter sexueller Dienstleistungen, sondern als Opfer von Verführung, Nötigung und Verarmung – die bestimmende Auffassung der gewerblichen Liebe bleiben.

Frauenperspektiven

Die veränderte Einstellung zur Prostitution war nur ein Aspekt des öffentlichen Interesses am Problem der Verführung. Grundlegend dafür war ein neues, vorherrschendes Männerbild: Der Mann als Egoist und Betrüger in der Liebe. Viele der beredtesten Verfechter dieser Ansicht waren selbst Männer – aber entscheidend war doch, dass immer mehr Frauen in der Öffentlichkeit als Schriftstellerinnen, Dichterinnen, Schauspielerinnen und Philosophinnen in Erscheinung traten, wodurch die weibliche Sicht stärker in die herrschenden kulturellen Urteile über sexuelle Beziehungen einfloss.[31]

Das war eine nie dagewesen Entwicklung, deren Wirkung in einer Hinsicht bemerkenswert unterschätzt wurde. Bis dahin hatten Frauen höchst selten in die öffentliche Diskussion eingegriffen. Vom alltäglichen Gespräch abgesehen, monopolisierten Männer jedes Medium, in dem die Eigenschaften von Männern und Frauen vorgeschrieben und bekräftigt wurden – Roman, Drama, Dichtung, Predigt, Journalismus, Erziehung, volkstümliches Schrifttum, moralische Polemik, Theologie und Philosophie. Daher wurden Frauen in der Öffentlichkeit unterbewertet. Doch Ende des 17. Jahrhunderts begann sich das in mehreren, einander überschneidenden Bereichen zu verändern.

Eine Neuerung war, dass nach 1660 Berufsschauspielerinnen auf englischen Bühnen zugelassen wurden. Bis dahin waren den Frauen öffentliche Darbietungen jeder Art verboten: Die Schauspielerei galt als ausgesprochen unweiblich, daher wurden weibliche Rollen von Knaben übernommen. Auf italienischen, spanischen und französischen Bühnen tauchten Frauen allerdings schon Ende des 16. Jahrhunderts auf – eine Mode, die Karl II. stark beeinflusste. Königin Henrietta Maria, seine französische Mutter, setzte sich in den 1620er und 1630er Jahre persönlich für diese Neuerung ein, während Karl sich an sie gewöhnte, als er während der 1650er Jahre lange auf dem Kontinent im Exil lebte. Nach seiner Rückkehr im Jahr 1660 ließ er die öffentlichen Theater in England wieder eröffnen (die 1642 von den Puritanern geschlossen worden waren) und gab sogleich die Erlaubnis für die Mitwirkung von Schauspielerinnen. Das veränderte die Behandlung weiblicher Charaktere im Drama, dem wichtigsten Medium des öffentlichen Unterhaltungssektors. Wenn jetzt die Sexualität der Schauspielerin theatralisch verwertet wurde, ging es in erster Linie um ihre Unterwerfung unter die männliche Eroberung. Im Vergleich zu den Stücken aus der Zeit Elisabeths I. und Jakobs I. wurde nun der Gegensatz zwischen männlicher Lüsternheit und weiblicher Hilflosigkeit schärfer herausgearbeitet. Die Vergewaltigung entwickelte sich zu einem regelmäßigen Bestandteil der tragischen Handlung und wurde sogar völlig unmotiviert in die Adaptationen älterer Stücke eingefügt. Das sexuelle Leid sorgte für manchen Kitzel auf der Bühne, prägte dem Publikum aber auch die Vorstellung ein, dass selbst die unschuldigsten Frauen den männlichen Begierden schutzlos ausgeliefert seien. Auch die traditionelle Grundlage für die Unterdrückung der Frauen wurde gezeigt. Unvermeidlich war der Bühnenvergewaltiger ein

Mann von höherem Stand, der sich seine Opfer weniger durch rohe Gewalt gefügig machte als durch den Missbrauch seiner sexuellen, sozialen und politischen Gewalt.[32]

In der Komödie führte das Erscheinen echter Frauen auf der Bühne zu jener zynischen Betrachtung von Liebeswerben, Liebe und Heirat, die ein charakteristisches Merkmal des Restaurationsdramas war. Zum ersten Mal wurden Prostituierte und Mätressen als die unglückseligen Opfer männlicher Verführung und sozialer Missverhältnisse dargestellt. In der Tragödie fand eine deutliche Verlagerung zu häuslichen »Frauentragödien« statt: Die Frau als Opfer sexueller Gewalt von Männern. In Nahum Tates Aktualisierung von *König Lear* (1681), entführt Edmund Cordelia und beabsichtigt, sie zu vergewaltigen. In John Banks' *Vertue Betray'd* (1682) wird Anne Boleyn durch eine List dazu gebracht, Heinrich VIII. zu heiraten, obwohl sie einen anderen liebt. In Thomas Otways endlos gelesenem und aufgeführtem Stück *The Orphan* (1680) schwört der böse Libertin, die schutzlose Heldin so zu behandeln wie »Wie der stöß'ge Stier durch Wiesen streift / Und sich sein Weibchen aus der Herde wählt, / Es nimmt und dann verlässt, ganz wie's ihm gefällt.«* Vergeblich hütet sie sich vor den Männern, die »bekannt für schmeichlerische Reden [sind] … um leichter zugrund' zu richten arme Mädchen.«.** Umsonst die Warnung anderer Männer:

Trau keinem Mann; wir sind von Haus aus falsch
Voll Lug und Trug, sehr roh und unbeständig
Wenn Liebe spricht ein Mann, so trau ihm nur bedingt
*Doch schwört er gar, will mit Gewissheit er dich täuschen.****

Vergebens, dass sie heimlich einen andern liebt und heiratet: Alles ist umsonst.[33]

Zu Beginn des 18. Jahrhunderts war dieses neue Frauenbild – die leidende Frau – zu einem Topos des englischen Theaters geworden. Nicholas

---

* »The lusty bull ranges through all the field, / And from the herd singling his female out, / Enjoys her, and abandons her at will.«.
** »For flattery and deceit renown'd! … T'undo poor maids and make our ruin easie«
*** Trust not a man; we are by nature false, / Dissembling, subtle, cruel, and inconstant: / When a man talks of love, with caution trust him; / But if he swears, he'll certainly deceive thee.

Rowes *The Fair Penitent*, 1703 erstmals auf die Bühne gebracht und danach immer wieder inszeniert, neu aufgelegt und zitiert, beruht auf einem
Stück vom Beginn des 16. Jahrhundert, in dem eine ruchlose Ehebrecherin
von ihrem erbosten Ehemann umgebracht wird. Im Zeichen der neuen
Empfindsamkeit verwandelte sich diese Figur in die tragische Jungfrau Calista, die der herzlose Lothario (das Stück war so populär, dass sein Name
sprichwörtlich wurde) verführt und verlässt. Statt der Geschichte einer lüsternen Schurkin war es jetzt ein Lehrstück über die Schliche libertärer
Männer, die sozialen Einschränkungen von Frauen und die schrecklichen
Folgen ungesetzlicher Liebe. »Treuloser Mann!«, ruft Calistas Vertraute
aus, »Mann! Dem unser Untergang zur Freud' gereicht! / Gemeine Kreatur,
bekennender Verräter unseres Geschlechts ... Behüt mich vor den Männern / Vor ihren trügerischen Zungen, ihren Schwür'n und Schmeicheleien.«*
»Schwer ist die Bedingung unseres Geschlechts«, beklagt sich Calista bit-
terlich, »In allen Lebensaltern die Sklavin eines Mannes.« Sie tadelt die eigene Schwäche (sie sündigte, »weil ich liebte und eine Frau war«), aber wie
der Epilog zeigt, war das wirkliche, grundlegende Problem die männliche
Zügellosigkeit – »Wenn ihr jemals strebt nach mehr Beständigkeit / müsst
zunächst ihr bessern euch mit Sicherheit«. Der gleiche Wandel zeigt sich in
den Bearbeitungen, die man im 18. Jahrhundert an der Geschichte der *Jane
Shore* vornahm, der legendären Mätresse Eduards IV., die bis dahin stets
als intrigante Hure dargestellt worden war. Jetzt verklärte man sie – als erster Rowe in seiner eigenen *Jane Shore* (1714) – zum schönen, tragischen
Opfer der sexuellen Doppelmoral:

> *Sieh, welch parteiisch Recht uns wird zuteil / Dies ist das Los, das uns
> in unsrem Unglück trifft / und dies der Fluch, der auf uns lastet / Dass
> der Mann, der ruchlos Wüstling, kann streifen / Durch der Liebe freies
> Land ganz ungebunden / Die Frau dagegen, Opfer ihrer Sinne und
> Natur, / Wenn, schwach, sie bricht der Tugend Regel, / Wenn sie, ganz
> betört, verlässt den dornig Weg / um den süß'ren Pfaden ihrer Lust zu
> folgen / Dann kommt der Niedergang, die Reue und die Schande ohne
> Ende / Ein falscher Schritt vernichtet ihren Ruf / Vergebens alle Trä-*

---

* »Man! Who makes his mirth of our undoing! / The base, professed betrayer of our sex ...
Guard me from men, / From their deceitful tongues, their vows and flatteries ....«

nen, die den Verlust beweinen, / Vergebens jeder Blick zurück auf das,
was sie einst war, / So sinkt sie, wie bei Sternenfall, um niemals wieder
aufzugehen.*34

Wie allgemein bekannt, hatte auch das Restaurationsdrama jede Menge
lüsterner weiblicher Charaktere zu bieten – die ehebrecherischen Frauen,
intriganten Mätressen und geldgierigen Huren verschwanden nicht schlag-
artig von der Bühne. So machten Figuren wie Betty Frisque (Springinsfeld)
in John Crownes *The Country Wit* (1676), Mrs. Tricksy (Mrs. Durchtrie-
ben) in Drydens *The Kind Keeper* [Der freundliche Wärter] (1678), und
Madam Tricklove [Madam Schwindelliebe] in Thomas D'Urfeys *Squire
Oldsapp* [Squire Alter Depp] (1678) ihren Namen alle Ehre. Die neuen Rol-
lenfächer entwickelten sich allmählich parallel zu den traditionellen Figuren, statt sie über Nacht zu ersetzen. Doch um die Jahrhundertwende hatte
sich ihr Einfluss erheblich verstärkt.

So erfreuten sich Stücke wie *The Orphan* und *The Fair Penitent* im Laufe
des 18. Jahrhunderts wachsender Beliebtheit, während Dramen, in denen
Frauen als lüsterne Intrigantinnen dargestellt wurden, weitgehend aus der
Mode kamen. Bereits in den 1670er und 1680er Jahren deutete sich der
Wandel dadurch an, dass die Libertins auf der Bühne die traditionelle Rhe-
torik von der weiblichen Treulosigkeit auf eine Weise herunterleierten, die
ihre Künstlichkeit unterstrich. »Such ein Lied, das mir gefällt«, befiehlt der
Schurke Polydor seinem Pagen in *The Orphan,* als er einen Angriff auf die
Tugend einer unschuldigen Jungfrau vorbereitet – ein Lied,

---

* Mark by what partial justice we are judged;
   Such is the fate unhappy women find,
   And such the curse entailed upon our kind,
   That man, the lawless libertine, may rove
   Free and unquestioned through the wilds of love;
   While woman, sense and nature's easy fool,
   If poor weak woman swerve from virtue's rule,
   If, strongly charmed, she leave the thorny way,
   And in the softer paths of pleasure stray;
   Ruin ensues, reproach and endless shame,
   And one false step entirely damns her fame
   In vain with tears the loss she may deplore,
   In vain look back to what she was before,
   She sets, like stars that fall, to rise no more.

... das beschreibt / wie heuchlerisch die Frauen, wie verschlagen in
ihren Schlichen / wie gespielt ihr Lächeln und ihre Tränen, wie unbe-
ständig ihr Sinn / wie künstlich die Farben, die sie schmücken, wie
verdorben ihr Denken / Die Summe all dessen, was falsch und töricht
an ihnen ist. *

Als seine Beute widersteht, bedenkt er sie mit den gleichen frauenfeindlichen Schmähungen. Doch wir, das Publikum, sollen das ganze Geschimpfe
als zynische Manipulation durchschauen. Denn wir vergleichen es mit
dem, was tatsächlich auf der Bühne geschieht. Eine schwache, bemitlei-
denswerte Frau sieht sich den Nachstellungen eines rücksichtslosen, mächtigen Mannes ausgesetzt. Wie so oft beim Moralverständnis der Restauration lautet die tiefere Botschaft, dass das gesellschaftliche Leben von
irrationalen Sitten bestimmt werde. Bei genauerer empirischer Prüfung
zeige sich, dass es sich bei den uralten Tropen über weibliche Lüsternheit
und Doppelzüngigkeit um bloß konventionelle, herkömmliche und künstliche Denkweisen handle.[35]

Diese neuen Einstellungen waren nicht nur dem Umstand zu verdanken, dass jetzt Frauen auf die Bühne durften, sondern auch der Tatsache,
dass zum ersten Mal Frauen dauerhaft in die Welt der Gelehrsamkeit
einzogen.[36] Als Dramatikerinnen, Dichterinnen, Romanautorinnen und
Schriftstellerinnen anderer Literaturgattungen beeinflussten sie männliche
Autoren, orientierten sich aneinander und wandten sich direkt an das Publikum. Obwohl ihr Weiblichkeitsbegriff häufig konventionelle Vorstellungen über den Wankelmut verliebter Frauen einschloss, verwiesen weibliche
Autorinnen jetzt immer häufiger auf die Übergriffe und Doppelzüngigkeit,
deren sich die Männer in der Liebe schuldig machten. Beispielsweise waren
Dramatikerinnen eher geneigt, sich über männliche Anmaßung lustig zu
machen und ausführlicher auf weibliche Sichtweisen einzugehen. Daher ist
es kein Zufall, dass die ersten einfühlsamen und eindringlichen Schilderungen unglücklicher gefallener Frauen in englischer Sprache aus der
Feder von Aphra Behn stammen, einer große Pionierin bei der Erkundung

---

* »Women's hypocrisies, their subtle wiles, / Betraying smiles, feigned tears, inconstan-
cies, / Their painted outsides, and corrupted minds, / The sum of all their follies, and their
falsehoods ...«

der sexuellen Gefühlswelt von Frauen. Besonders aufschlussreich war ihre Bearbeitung (*The Revenge*, 1680) von John Marstons *The Dutch Courtesan* (1605). Im Original ist die Protagonistin eine teuflische Hure, die ihre wohlverdiente Strafe bekommt; bei Behn wird sie in Corina verwandelt, ein tragisches, unschuldiges Opfer. Von dem Mann, den sie liebt, verführt und verraten, wird sie als Hure behandelt, verhält sich aber nie wie eine. Als klar wird, wie niederträchtig er ist, macht sie ihrer Wut und Qual Luft:

> *Ist es wahr, dass du mich verlassen hast? Kannst du vergessen, wie oft wir glücklich waren, wie viele Stunden wir verschwendeten, um uns unsre Liebe zu gestehen, wie wir alle Unterbrechungen verwünschten, wenn sie keine Küsse waren, die ich dir zwischen deinen betörenden Worten gab; wenn der liebe lange Tag uns viel zu kurz erschien, wir aber die kommende Nacht priesen? Hast du vergessen, dass du Mein-eide geschworen und dein Wort gebrochen wie mein armes verlorenes und verlassenes Herz? Wie konntest du wollen, dass ich diesen Wandel erlebe! Auch wenn du es vor der geschwätzigen Welt zu verstecken vermochtest, wie konntest du glauben, es könnte dem Empfinden mei-nes Herzen verborgen bleiben! Du törichter, rücksichtsloser, treuloser Mann!*

In großen Teilen der von Frauen verfassten Texte über sexuelle Beziehun-gen lautete die Quintessenz, wie die jugendliche Dichterin Sarah Fyge 1686 darlegte, dass Männer immer versuchten, aus keuschen Frauen »eine Beute zu machen«. All ihr Geschrei über weibliche Lüsternheit und Treulosigkeit sei nur der Versuch, Frauen zum »Sündenbock« zu machen – tatsächlich seien es die Männer, die Frauen ständig bestürmten; unersättlich in ihrem Drang nach neuen Eroberungen und schamlos in ihrem Vorgehen:

> *Statt ihre Heldentaten zu verbergen / tun sie kund die graus'gen Dinge und brüsten sich;*

und dennoch:

> *redet ihr uns ein, wir ganz allein, / nicht ihr, wär'n schuld an allen Freveln, /*

Und da ihr alle, die ihr konntet, zu Hur'n gemacht / würdet ihr be-
haupten – wenn Ihr's wagtet – alle Frauen wären so.[*37]

Noch einflussreicher war auf lange Sicht die Rolle der Frauen für die neu
entstehende Gattung des Romans, der sich Mitte des 18. Jahrhunderts ur-
plötzlich zur einflussreichsten literarischen Gattung entwickelt hatte und
zu einem sehr wichtigen Medium der moralischen und sozialen Erziehung
geworden war. (Wie sein namhaftester Vertreter 1747 erklärte, sollte »die
Geschichte oder Unterhaltung für den Leser kaum mehr sein als ein Mittel
zur erforderlichen Belehrung«.) Obwohl der Roman nie eine feste oder
einheitliche Kategorie war, sondern eine ständig sich entwickelnde Misch-
form, war die Wirkung dieser gerade in Mode gekommenen Erzählgattung
unverkennbar. Immer stärker erhoben seine Autoren Anspruch auf Realismus – darauf, dass sie das Leben wirklicher Menschen abbildeten und
keine fiktiven Figuren. Die Gattung erlaubte auch weit tiefere Einblicke in
die Gedanken und Gefühle ihrer Protagonisten, als es dem Theater mit
seinen Einschränkungen von Handlung, Zeit und Sprache jemals gelungen
war. Hier ergaben sich unbegrenzte Möglichkeiten zur Zergliederung ver-
änderlicher Gemütsverfassungen, innerer Gedankenprozesse und subjek-
tiver Wahrnehmungen, die sich der einzelne Leser in Ruhe durch den Kopf
gehen lassen konnte. Aus all diesen Gründen, waren Liebeswerben und
Verführung vorrangige Romanthemen. Von Anfang an spielten Frauen in
der neuen Gattung eine wichtige Rolle als Autorinnen, Leserinnen und
Heldinnen. Zu Beginn des 19. Jahrhunderts konnte Jane Austen selbstbewusst feststellen, dass die Romanschriftstellerinnen, obwohl als trivial ge-
schmäht, mit ihrer Erkundung von Frauenschicksalen zweifellos »größeres
und aufrichtigeres Vergnügen bereitet haben als … jede ander[e] litera-
risch[e] Innung der Welt«. Das seien literarische Erzeugnisse, »in denen
sich die größten Geisteskräfte offenbaren, in denen die gründlichste Kennt-

---

* Instead of hiding their prodigious Acts,
They do reveal, brag of their horrid Facts;

You'd persuade us, that 'tis we alone
Are guilty of all crimes and you have none,

And 'cause you have made whores of all you could,
So if you dared, you'd say all women would …

nis der menschlichen Natur, die treffendste Schilderung ihrer Spielarten, die heitersten Ergüsse von Witz und Humor der Welt in erlesener Sprache übergeben werden«.*38

Die Heldinnen bei Austens frühen Vorgängerinnen, etwa Aphra Behn, Delarivier Manley und Eliza Haywood, waren keinesfalls frei von sexuellen Wünschen und Begierden. Allerdings wurde dieses Thema, wie bei den frühen Dramatikerinnen, allmählich überlagert durch die Hervorhebung anderer Aspekte: männliche Verführung, Untreue und Unbeständigkeit sowie die eingehende Schilderung des Blickwinkels weiblicher Opfer. In der ersten Episode von Manleys *New Atalantis* (1709) erleben wir eine laszive junge Frau, die von zwei niederträchtigen Männern getäuscht und bestraft wird. Die zweite, noch schonungslosere zeigt uns einen mächtigen Aristokraten, der die Verführung und Vergewaltigung seines Mündels, einer unschuldigen Jungfrau, plant, um sie dann zu verstoßen und ihrem elenden Schicksal zu überlassen:

> *Der Rest ihres Lebens war eine endlose Folge von Schrecken, Kummer und Reue. Ihr Tod war ein wahres Mahnmal, eine Warnung an alle gutgläubigen Jungfrauen, sich vor dem Schiffbruch an der gefährlichen Felsküste männlicher Schwüre und vorgetäuschter Leidenschaften zu hüten.*39

Von Philosophinnen wurde die prinzipielle Verlogenheit und Niedertracht männlicher Einstellungen zur Sexualität theoretisch aufgearbeitet. So schrieb Mary Astell 1700 brillant und bitter: »Es kümmert sie nicht weiter, wenn sie [die Männer] Frauen, die als ihre Sklavinnen geboren werden, hin und wieder für ihr Vergnügen zugrunde richten … Ewig würde es dauern, all die verschiedenen Listen aufzuzählen, die Männer verwenden, um ihre Beute zur Strecke zu bringen.« Keine Frau könne je »zu sehr auf der Hut sein«. Ähnliche Auffassungen äußerten Margaret Cavendish, Damaris Masham und andere frühe Feministinnen. Nicht dass die von ihnen vorgebrachten Argumente undenkbar gewesen wären. So kommen sie beispiels-

---

* »Für einen Historiker« dagegen, »sind keine großen Fähigkeiten … erforderlich«, sagte Samuel Johnson, »denn in historischen Abhandlungen ruhen alle großen Kräfte des menschlichen Verstandes« – »kein Schriftsteller hat eine leichtere Aufgabe als ein Historiker«: Boswell's father, aetat. 54 (1267).

weise 1640 kurz in den Blick, als der namhafte Dichter John Taylor bei diesem Thema versuchte, sich in die Gefühle einer Frau hineinzuversetzen. Huren würden nicht geboren, sagte er, sondern durch die Treulosigkeit der Männer gemacht:»Wer verdarb sie denn, wenn nicht ihr, die ihr tugendhaft erscheinen wollt? Oder wer schändete sie, wenn nicht ihr, die männlichen Krokodile? … Nicht eine einzige Frau kann die Welt als Hure brandmarken, ohne dass es einen Hurenbock gibt, der sie dazu macht.« Die Männer seien »süchtig nach Fleischeslust«, die Frauen dagegen von Natur aus keusch.⁴⁰ Ähnliche Überlegungen haben einige mittelalterliche Kritiker der Frauenfeindlichkeit angestellt.⁴¹ Doch erst gegen Ende des 17. Jahrhunderts begann man, diese Auffassungen öffentlich, ausführlich und so häufig zu äußern, dass sie sich merklich auf die herrschende Meinung der Zeit auswirkten.

Sogar ganz gewöhnliche Frauen bekamen jetzt die Möglichkeit, ähnliche Ansichten zu vertreten und zu veröffentlichen – das belegen die Leser und Korrespondenten der wie Pilze aus dem Boden schießenden Periodika. Um 1690 begannen die Zeitungen generell ihre Leser aufzufordern, Fragen, Beobachtungen, Aufsätze und Gedichte zur Veröffentlichung einzuschicken. Dabei wandten sich viele Presseerzeugnisse speziell an Frauen; noch weit mehr Publikationen gingen von einer gemischten Leserschaft aus. Infolgedessen wurden weibliche Einstellungen, Liebe und Liebeswerben zu äußerst beliebten journalistischen Themen. Bislang waren die Versuche von Frauen, sich in Druckmedien zu äußern, überwiegend kontrovers aufgenommen worden. Angesichts der explosionsartigen Ausbreitung und Demokratisierung von Presse, Buch, Alphabetisierung und Korrespondenz wurden jetzt weibliche Stimmen und Interessen zu einem ständigen, alltäglichen Bestandteil der öffentlichen Diskussion. Frauen wandten sich regelmäßig und selbstbewusst an eine riesige und weiter wachsende Leserschaft.⁴²

Alle diese gesellschaftlichen und geistigen Entwicklungen (mit denen wir uns in Kapitel 6 eingehender beschäftigen werden) kommen in einem ungewöhnlichen Brief zum Ausdruck, der am 20. Mai 1726 von einer jungen, untröstlichen Frau aus London geschrieben wurde. Während der Abwesenheit ihres Mannes auf See war sie von einem Bekannten verführt (vielleicht auch vergewaltigt) worden, hatte sich anschließend zu einer Affäre mit ihm verleiten lassen, war geschwängert und schließlich verlassen worden. Verzweifelt und hochschwanger war sie ihrem Geliebten einhundertfünfzig Kilometer nach Kent nachgereist, hatte ihm Nachrichten an Bord seines Schiffs geschickt, das vor der Küste von Deal lag. Als er ihre Briefe unbeantwortet ließ und sie herzlos als »gewöhnliche Hure« bezeichnete, ging sie ins Wasser. Wenige Tage nach ihrem Selbstmord wurde ihr Abschiedsbrief an eine Freundin, der in ihrer Unterkunft gefunden worden war, auf der Titelseite des *London Journal* abgedruckt, sodass ihn Tausende von Männern und Frauen im ganzen Land lesen konnten. Diese letzten von ihr überlieferten Worte lauteten:

Madam,

… Ich wollte, ich könnte zu denken aufhören. Die Schande ertragen kann ich nicht; und meinen Freunden unter die Augen zu treten oder gar der Welt, wäre für mich schrecklicher als der Tod. Lichten Herzens vergebe ich der ganzen Welt und sogar Mr. L., dem ärgsten Feind, dem ich je in ihr begegnete … Ich muss es mir selbst ankreiden, dass ich ihm so viel Vertrauen schenkte: Möge meine unglückliche Situation anderen zur Warnung dienen, damit sie den treulosen Männern nicht zu viel Vertrauen schenken.

… Mr. L. sollte nicht so viel in Mr. Lockes Büchern lesen und dann so wenig davon umsetzen; dieser spricht von der Notwendigkeit, andere so zu behandeln, wie wir von ihnen behandelt werden möchten, und Lügen zu vermeiden, es sei denn, es geht um die Rettung eines Menschenlebens. Möge er daran denken, wenn er an mich denkt. Er kann nicht vergessen haben, in welcher Verwirrung ich mich befand, als er sich zum ersten Mal meine Schwäche zunutze machte und ich nicht die Kraft hatte, ihm zu widerstehen: Dann lag er auf seinen Knien und bat mich um Verzeihung, versprach mir alles Menschenmögliche, rief Gott an, ihn ewig zu verdammen, wenn er sich jemals niederträchtig gegen mich aufführen sollte …

Er erklärte mir, dass er mich fortan nicht mehr als seine Freundin, sondern als seine Ehefrau betrachten würde; zwar stehe es nicht in seiner Macht, mich dazu zu machen, doch schulde er mir die gleiche Liebe und Pflicht. Oh, hätte er doch immer Wort gehalten! Dann könnte ich noch immer glücklich sein; doch nicht an die Gesellschaft von Männern gewöhnt, war ich auch nicht mit ihrer Treulosigkeit vertraut …

Trotzdem kann ich ihm vergeben und mich zu meiner Schuld be-
kennen. Möge niemand zu schnell urteilen, der meine Gründe nicht
kennt.

Ihre ergebene Dienerin
H. B.[43]

Das war eine echte Tragödie unter Menschen, die so unbekannt waren, dass wir noch nicht einmal ihre vollständigen Namen kennen. In keiner früheren Epoche wäre es denkbar gewesen, dass eine Frau die Geschichte ihres gesellschaftlichen und moralischen Abstiegs geschildert und dafür ganz selbstverständlich die sexuell motivierte Niedertracht der Männer verantwortlich gemacht hätte; ganz zu schweigen davon, dass dieser persönliche Bericht eines Opfers männlicher Verführung augenblicklich veröffentlicht und landesweit auf das Interesse einer sympathisierenden Leserschaft gestoßen wäre. Doch Anfang des 18. Jahrhunderts war das alles möglich. Ende des 17. und Anfang des 18. Jahrhunderts setzte sich also eine neue Auffassung von den Beziehungen zwischen den Geschlechtern durch. Dass ihr die Annahme männlicher Lüsternheit zugrunde lag, hatte wesentlich mit der wachsenden kulturellen Bedeutung von Schauspielerinnen, Autorinnen, Theaterzuschauerinnen und Leserinnen zu tun. In früheren Epochen, so Samuel Johnson 1750, »als die Fähigkeit zu schreiben, hauptsächlich eine männliche Begabung war, richtete sich der Vorwurf, die Welt ins Unglück zu stürzen, gegen die Frauen«: Aber jetzt hätten sie mit ihrer Aufhebung des männlichen Schreibmonopols und ihren »besseren Argumenten« die alten männlichen Lügen entlarvt, nach denen Frauen das flatterhafte und lüsterne Geschlecht sind.[44] Ironischerweise wurde die neue Einstellung von den Verteidigern wie den Kritikern männlicher Freizügigkeit geteilt. Umso einflussreicher wurde sie natürlich. Bereits in den 1730er Jahren war es zum Gemeinplatz geworden, dass Männer, vor allem bessere Herren, ständig und kaltschnäuzig bestrebt waren, Frauen für ihre Begierden zu benutzen – dass sie all ihre geistige und soziale Macht einsetzten, um unschuldige Frauen hinters Licht zu führen, während sie gleichzeitig für den Fortbestand jener Doppelmoral sorgten, die das Opfer statt den Verführer verurteilten.

Neue Einstellungen

Das ist der Grund, warum die ersten großen Romanciers der englischen Sprache so auf Verführung fixiert waren. An erster Stelle ist Samuel Richardson zu nennen, dessen Werke *Pamela* (1740), *Clarissa* (1747–1748) und *Sir Charles Grandison* (1753–1754) im 18. Jahrhundert hinsichtlich Bekanntheitsgrad und Einfluss alles in den Schatten stellten. Sie waren ein klassisches Beispiel für die wachsende Bedeutung weiblicher Standpunkte. Trotz aller Originalität der Behandlung ist sein Werk doch in Ansatz und Themenwahl den vielen Romanen von Schriftstellerinnen wie Penelope Aubin, Jane Barker, Mary Davys, Eliza Haywood und Elizabeth Rowe sehr verpflichtet, deren Heldinnen umworben, verführt, vergewaltigt und unterdrückt werden. Viele Frauen halfen ihm – Bekannte, Leserinnen, Korrespondentinnen; daher bot sein Werk eine authentische Sicht von ehrbaren Frauen, die sich den Nachstellungen von lüsternen, höher gestellten Männern ausgesetzt sahen. Richardsons Bücher waren in erster Linie dafür verantwortlich, dass sich der Roman als wichtigste Gattung der englischen Literatur und die Verführungserzählung als ihr wichtigstes Handlungsmuster etablierte. Im ganzen 19. Jahrhundert sind kaum ernstzunehmende Romanciers zu finden, die dieses Thema *nicht* behandelt hätten.[45]

Richardsons erzielte mit seinen Büchern so große Wirkung, weil er sich bewusst an Beispielen aus der Realität orientierte, ihnen dokumentarischen Charakter verlieh und bestrebt war, seine Leser über Liebe, Werben und Begehren zu informieren. Viele seiner Themen skizziert er bereits in seinen früheren, unverhohlen didaktischen Veröffentlichungen. Bereits in seinem ersten Buch, den *Familiar Letters*, war die Gefahr der sexuellen Begierden von Männern ein zentrales Thema. Unverblümt teilt ein Vater seiner Tochter mit: »Männer sind Betrüger.« »Dass gegenwärtig die Mehrheit der jungen Burschen lasterhaft ist«, so erklärt ein anderer, »bringt Risiken mit sich, auf die sich eine tugendhafte junge Frau gefasst machen muss.« Wieder ein anderes Mädchen wurde davor gewarnt, »mit einem Gentleman von schlechtem Charakter Umgang zu pflegen, der bereits zwei, wenn nicht sogar drei Töchter ehrenwerter Kaufleute in Schande gebracht hat und sicherlich auch dich zugrunde richten wird, gleich, welche Eheversprechen er dir macht«. Denn Libertins seien allgegenwärtig und unverbesserlich. Gewöhnlich seien sie nur auf sexuelle Eroberung aus, wobei sie

sich »mit allen Mitteln einer ehrenhaften Liebe« einschlichen, bevor sie
ihre niederträchtigen Absichten in die Tat umsetzten. Die größte Bedrohung gehe von Männern höheren Standes aus, dem Lebemann, der »seiner
Beute an Vermögen« weit überlegen sei; dem Herrn, der einen »niederträchtigen Anschlag« auf die Keuschheit seiner Dienstmagd verübe.[46]

In diesem letzten Beispiel finden sich Anklänge an echte Fälle, die
Richardson kannte. Es gab eine bestimmte Geschichte, die ihm zu Ohren
gekommen war: Auf eine schöne, junge Dienstmagd »wurde der Sohn ihrer
Herrin aufmerksam, ein junger Gentleman von freien Sitten, der sich nach
dem Tod seiner Mutter mit allen Mitteln der Versuchung und Tücke bemühte, sie zu verführen«.* Außerdem gab es unzählige weitere Beispiele,
die privat erzählt oder in den Zeitungen kolportiert wurden, etwa von
Frauen wie Isabella Cranston, die Anfang der 1720er Jahre in das Bordell
der Sarah Jolly »unter dem Vorwand, dort als Dienstmagd zu arbeiten«,
»gelockt« und dort dem Libertin Colonel Francis Charteris ausgeliefert
wurde. Oder wie Anne Bond gegen Ende des Jahrzehnts, die »ohne Anstel-
lung vor der Tür des Hauses saß, in dem sie wohnte, als eine Frau, die sie
nicht kannte, zu ihr trat und sie fragte, ob sie eine Stellung suche, denn sie
bringe Dienstboten in Lohn und Brot.« Diese Frau war Elizabeth Needham,
eine ehemalige Nachbarin von Mrs. Jolly und eine ebenso verrufene Bordellwirtin und Kupplerin; auch Anne Bond musste Colonel Charteris
zu Diensten sein. Zehn Tage lang schloss er sie bei sich ein, ließ sie in seinem Schlafzimmer übernachten, »bot ihr … mehrere Male einen Beutel
Gold an, versprach ihr schöne Kleider und Geld und ein Haus, in dem sie
leben könne. Sogar einen Ehemann wollte er ihr besorgen«. Dann gab er
die Versuche auf, sie zu überreden, vergewaltigte sie und warf sie hinaus.[47]

Wie so viele Zeitgenossen war Richardson offensichtlich fasziniert von
den Frauen, die mehr oder minder gewaltsam verführt und zur Prostitution gezwungen wurden. In die *Familiar Letters* nahm er eine bemerkenswerte Erzählung von einer jungen Frau auf, die neu in London ist und
unter dem Vorwand, als Dienstmädchen bei einer vornehmen Dame eingestellt zu werden, in ein Bordell gelockt wird. Dort begegnet sie einer an-

---

* Zu einem ähnlichen realen Fall Mitte der 1740er Jahre mit bemerkenswerten Parallelen
zu *Pamela* siehe Giles Worsley, »The Seduction of Elizabeth Lister«, *Women's History Review*
13, 2004 – fast möchte man annehmen, dass die Protagonisten Richardsons Roman gelese-
nen hätten.

deren jungen Frau, die ihr unter Tränen berichtet, wie man sie geködert, vergewaltigt und zur Prostitution gezwungen hatte:

> *In dieser schrecklichen Situation musste ich jeden Tag fassungslos erleben, wie verabscheuungswürdig und zudringlich sich die verschiedenen Männer mir gegenüber verhielten; und obwohl ich äußersten Widerstand leistete, siegte am Ende doch immer die nackte Gewalt. In diesem schandbaren Kreislauf von Schuld und Schrecken dämmerte ich zehn Monate dahin, mehr Qualen ausgesetzt, als Worte ausdrücken können.*

In dem Bemühen, seinen Leser klarzumachen, dass diese Szenen real waren, fügte er von all den 173 Briefen des Buchs diesem Bericht als einzigem ein Postskriptum hinzu, in dem er dessen absolute Echtheit versicherte: »Anmerkung: Diese erschütternde Geschichte stammt aus dem Mund der jungen Frau selbst, die mit knapper Not aus der Falle der ekelhaften Kupplerin entkam, und entspricht in jedem Punkte der Wahrheit.«[48]

In seinen Romanen erweckt er diese Fakten zu eindringlichem Leben. Seine Heldinnen sind ausnahmslos Jungfrauen, die von rücksichtslosen, überlegenen Männern verfolgt, entführt und fortwährend bedroht werden. In *Pamela* stellt der lüsterne Squire (Mr. B.) seiner fünfzehnjährigen Dienstmagd nach: nicht weil er ein besonders schlechter Mensch wäre, sondern weil in seiner Gesellschaftsschicht toleriert wird, dass ältere, reichere, einflussreichere Männer arme Mädchen von geringem Stand zugrunde richten. Wie eine Bordellwirtin hält die Wirtschafterin Mrs. Jewkes, »eine verruchte Kupplerin«, Pamela gefangen und versucht sie durch Drohungen und Schmeicheleien dazu zu bringen, ihrem Herrn gefügig zu sein. »Sind die beiden Geschlechter nicht füreinander geschaffen? Ist es nicht die natürlichste Sache der Welt, dass ein vornehmer Herr eine schöne Frau liebt? Und gesetzt den Fall, er kann sein Begehren befriedigen, ist das so schlimm?« »Verderben«, sagt sie, sei ein »törichtes Wort«, und schwärmt von der Stellung einer ausgehaltenen Mätresse, »Keine Lady im Land lebt glücklicher als du, wenn du es möchtest, oder findet eine ehrenhaftere Verwendung.« Als Pamela trotzdem standhaft bleibt, verliert die Ältere die Geduld. Sie schlägt und misshandelt das Mädchen, ermuntert Mr. B. und hält Pamela fest, damit er sie vergewaltigen kann (siehe Tafel 3). »Was ist

denn eigentlich geschehen«, meint ein Nachbar von Mr. B. angesichts der
Notlage der Heldin, »außer dass der Squire, unser Nachbar, ein Auge auf
die Kammerzofe seiner Mutter geworfen hat? Und wenn er dafür sorgt,
dass es ihr an nichts fehlt, kann ich nicht erkennen, dass ihr großes Unrecht
geschieht. Damit tut er keiner Familie Unrecht.« (Womit er meint: Mr. B.
schadet niemandem, der zählt, niemandem aus der eigenen Gesellschaftsschicht). Selbst der Gemeindepfarrer kapituliert vor den Verhältnissen: »…
denn«, so sagte er, »der Fall war zu häufig und üblich, als dass ein oder zwei
private Geistliche etwas dagegen hätten unternehmen können«. Als Mätresse eines bedeutenden Mannes ausgehalten zu werden, sei vollkommen
anständig, »schließlich handeln alle jungen Herren in dieser Weise«.[49]

In seinem Meisterwerk *Clarissa* arbeitet Richardson die Archetypen der
Laster- und Tugendhaftigkeit noch schärfer heraus. In *Pamela* errettet die
Tugend und Standhaftigkeit der Heldin Mr. B., der noch »nicht gänzlich
verworfen ist«[*]: Er scheut vor der Vergewaltigung zurück, sie heiraten und
leben glücklich bis ans Ende ihrer Tage. Doch die Kritik jener Leser, die
diese Bekehrung für wenig glaubhaft hielten und vor allem bezweifelten,
dass Pamela so unschuldig war, wie sie dargestellt wurde, war offenbar
nicht ganz spurlos an Richardson vorbeigegangen. Daher ist die Handlung
in *Clarissa* zielstrebiger, der Ton viel düsterer, die Analyse der sozialen und
sexuellen Verderbtheit weit tiefgründiger. Robert Lovelace Esq., »ein Mann
von Stand und Reichtum«, ist ein hartgesottener und herzloser Wüstling.
Er verliebt sich in Clarissa Harlowe, die reich und schön ist, aber gesellschaftlich unter ihm steht, und möchte sie heiraten; allerdings liebt er auch
den Kitzel, Jungfrauen nachzustellen, zu verführen und zu erobern. Dutzende hat er schon auf diese Weise zur Strecke gebracht. Es ist undenkbar,
dass eine Frau seiner ungeheuren Willenskraft widerstehen kann. Unaufhörlich lügt und intrigiert er, bringt Clarissa so weit, dass sie nach London
flieht, hält sie gefangen und setzt sie fortwährend unter Druck. Als sie
immer noch nicht nachgibt, schafft er sie durch eine List in ein Bordell, wo
er sie betäubt und vergewaltigt (siehe Tafel 5). Doch selbst nach diesem

---

* Ein dilettantischer Verführer sei er, monierte ein Kritiker: »Wie linkisch stellt er sich an,
und was für Schnitzer begeht er!« Wäre er etwas listiger und entschlossener zu Werke gegangen, »hätte der Widerstand sicherlich rasch nachgelassen, und er hätte sein Verlangen
vermutlich befriedigt, bevor Miss Pamela noch gewusst hätte, wie ihr geschah«: *Critical
Remarks on Sir Charles Grandison* (1754), S. 22–23.

äußersten Schicksalsschlag bleibt sie tugendhaft, stirbt wie eine wahre Christin und triumphiert so über ihre irdischen Feinde.[50]

Richardsons Darstellung männlicher Lüsternheit und der Verführung von Frauen entfaltete enorme Wirkung – nicht nur auf die englischen Einstellungen im späten 18. und 19. Jahrhundert, sondern auch in der literarischen Kultur der gesamten westlichen Welt. Das wird ersichtlich in *De historie van Mejuffrouw Sara Burgerhart* (1782), dem ersten bedeutenden Roman in holländischer Sprache, und in den Werken zahlloser anderer namhafter Schriftsteller, darunter Rousseau, Diderot, Laclos, Goethe, Kleist, Puschkin und sogar der Marquis de Sade. Susanna Rowsons Buch *Charlotte Temple* (1791) verlegte Richardsons Themen in ein transatlantisches Umfeld und wurde ein fulminanter Bestseller – Anfang des 19. Jahrhunderts der bei weitem erfolgreichste fiktionale Text Amerikas. In der gesamten englischsprachigen Welt wurden Richardsons Romane fortwährend gepriesen, zitiert, gelesen und von anderen Autoren nachgeahmt.[51]

Natürlich machte sich nicht jeder Richardsons Annahmen gänzlich zu Eigen. Einige hochgemute Romanautorinnen machten sich über das Stereotyp des allmächtigen Wüstlings lustig – obwohl sie damit natürlich auch zeigten, wie verbreitet diese Figur war. So hatte Sir Edward Denham, der Antiheld in *Sanditon*, Jane Austens letztem, unvollendeten Roman (1817)

mehr rührselige Romane gelesen, als ihm guttat. Seine Vorliebe für sie war schon frühzeitig durch all die leidenschaftlichsten und anstößigsten Stellen in den Romanen von Richardson geweckt worden. Und [all jene Autoren], die seitdem aufgetaucht waren, um seinem Beispiel zu folgen (zumindest in der Beziehung, in der die Männer den Frauen hemmungslos nachstellten, ohne Rücksicht auf widerstrebende Gefühle und Ablehnung), hatten seither den überwiegenden Teil seiner täglichen Lektüre gebildet und seinen Charakter geprägt.

Daher war es

Sir Edwards großer Ehrgeiz im Leben, unwiderstehlich zu sein. Mit so vielen persönlichen Vorzügen, wie er sie besaß und deren er sich bewußt war, und solchen Talenten, die er zu besitzen sich einbildete, betrachtete er es sozusagen als eine Ehrensache. Er fühlte sich dazu

geschaffen, ein gefährlicher Mann, ganz in der Art solcher Lovelaces,
zu sein … Er war gegen das Höchstmaß von Gleichgültigkeit oder Ab-
neigung gewappnet. Wenn sie durch Liebe nicht zu gewinnen war,
mußte er sie eben entführen. Er kannte seinen Weg.[52]

In Wirklichkeit taten Lebemänner weibliche Sittsamkeit dagegen häufig als
künstliche Zurückhaltung ab. »Ich habe meine eigene Auffassung über die
Sittsamkeit«, erklärte Boswell, »von der ich nur das *äußere Erscheinungs-*
bild schätze: denn eine Frau ohne Liebeswallungen ist eine langweilige
Gefährtin.«[*][53] Ähnliche sittliche Grundsätze scheinen einem privaten Rat-
schlag zugrunde zu liegen, den Lord Chesterfield seinem Sohn erteilte und
der einen Skandal verursachte, als er 1774 veröffentlicht wurde. (In Samuel
Jackson Pratts Roman *The Pupil of Pleasure* (1776), in dem der Autor Ches-
terfields Moral satirisch aufs Korn nimmt, meint sein Antiheld Philip Sed-
ley verächtlich: »Richardson ist ein Kind … sein Lovelace ein Stümper.«)
Als Byron 1813 die Auffassungen seiner zukünftigen Frau über die Beziehungen zwischen den Geschlechtern las, spottete er »sie scheint verwöhnt
worden zu sein – nicht verwöhnt wie ein Kind – sondern systematisch cla-
rissaharlowt zu einer Art pedantischer Korrektheit – mit dem Vertrauen
auf die eigene Unfehlbarkeit, das sie zu irgendeinem kapitalen Fehler verleiten kann oder wird« (den sie natürlich beging: durch die Heirat mit
ihm).[54]

So gab es neben der herrschenden Meinung, die sich obsessiv mit der
männlichen Lüsternheit beschäftigte, auch andere geistige Strömungen.
Trotzdem ist es bemerkenswert, wie weit Mitte des 18. Jahrhunderts der
Konsens über das Wesen männlicher und weiblicher Sexualität reichte. Um
den Beweis für diese These anzutreten, brauchen wir nur einen Vergleich
anzustellen zwischen Richardsons Ansichten und Fieldings Auffassungen,
seinem entschiedensten literarischen Gegenspieler.

Von Anfang an schrieb Fielding seine Romane in bewusstem Gegensatz
zu Richardsons Werken, indem er sich explizit von deren Stil, Ton und
Aufbau distanzierte. Auch in der Wirklichkeit gehörten die beiden Autoren

---

* Es sei lächerlich, wie besessen jeder von dem »fiktiven Wert« weiblicher Keuschheit sei,
beklagte Shelley 1812: Tatsächlich sei »Verführung« ein Begriff, der »in einer rationalen
Gesellschaft ohne Bedeutung sein müsse«. *The Letters of Percy Bysshe Shelley,* hg. v. Frederick
L. Jones, 2 Bde. (1964), I, S. 323.

zu grundverschiedenen gesellschaftlichen Milieus. Richardson, der steife, spärlich gebildete Kaufmann aus der Mittelschicht umgab sich mit tugendhaften Frauen, die ihn anbeteten, war stolz darauf, dass er nie einer unkeuschen begegnet war, und wandte sich genauso sehr an weibliche wie an männliche Leser. Fielding dagegen war ein Eton-Zögling und Rechtsanwalt, Sohn eines Libertins, eng verwandt mit einflussreichen Aristokraten und Höflingen. Als junger Mann hatte er das wüste, promiskuitive Leben eines West End-Dramatikers geführt; in mittleren Jahren schwängerte er (und heiratete schließlich) seine Haushälterin; gegen Ende seines Lebens setzte er sich als Friedensrichter täglich mit den erbärmlichen Lebensumständen der Kuppelei und Prostitution auseinander. Seine Welt war libertin und maskulin – und das kam auch, wie seine zeitgenössischen Kritiker meinten, im Charakter seiner Schriften zum Ausdruck. Richardson selbst, Samuel Johnson und Charles Burney beklagten alle Fieldings »lockeren Lebenswandel und die Verworfenheit fast aller seiner männlichen Charaktere. Wer würde es wagen, seine Romane sittsamen Frauen vorzulesen? Seine Romane dienen dem *männlichen* Vergnügen.«[55]

Daher kann kaum überraschen, dass die beiden Schriftsteller lange Zeit als Anhänger moralischer Gegenpositionen galten. Auf den ersten Blick sieht Fieldings Ethik tatsächlich ganz anders aus. Da vertritt er in seiner Arbeit einen weltlichen Standpunkt sexueller Freiheit, der seine frommen Leser empörte. Außerdem ließ er sexuell erfahrene Frauen auftreten, die heißblütig, verführerisch und gefährlich für die Männerwelt waren. In seiner höchst amüsanten Parodie *Shamela* (1741) erweist sich Pamela als ein schamloses Flittchen, eine Hure und Mutter eines unehelichen Kindes, die gemeinsam mit ihren ebenso gerissenen Dienstboten, den ahnungslosen Mr. »Booby« in den Ehestand manövriert. In *Joseph Andrews* (1742) wird Pamelas unschuldiger Bruder von der lüsternen Witwe Lady Booby verfolgt. Die männlichen Protagonisten in *Tom Jones* (1749) und *Amelia* (1751) erliegen beide den Schlichen erfahrener Frauen.

Doch trotz aller leichtfertigen und unzüchtigen Scherze weisen Fieldings grundlegende Einstellungen zu Lust und Verführung eine bemerkenswerte Ähnlichkeit zu denen seines großen Rivalen auf. Er teilt die Grundannahmen ihrer gemeinsamen Kultur, nach denen Männer im Allgemeinen Frauen nachstellen, die weibliche Unschuld ständig von den Schlichen der Männer bedroht wird und gefallene Frauen die Opfer libertiner Verführer sind. Diese Auffassungen vertrat er nicht nur in seinen journalistischen Arbeiten, sie prägten auch seine Romane. Die Lüsternheit von Shamela, Lady Booby und Lady Bellaston (in *Tom Jones*) ist eine komisch gemeinte Umkehrung der natürlichen Ordnung – er glaubt nicht wirklich, dass Frauen von Natur aus schamlos sind. Im Übrigen hält Fielding es zwar für unvermeidlich, dass Männer Unzucht treiben, lässt aber auch keinen Zweifel daran, dass er die Verführung von Jungfrauen für verachtenswert und die zölibatäre und monogame Lebensweise für bewundernswert hält. Sogar in *Tom Jones*, wo Fielding seinem Vergnügen an menschlicher Torheit und Unvollkommenheit freien Lauf lässt, beachtet er diese Regeln: Zunächst scheint er sich über die Wendungen und glücklichen Überraschungen der Handlung lustig zu machen, um ihnen dann aber doch zum triumphierenden Durchbruch zu verhelfen. Die unvollkommene, aber menschliche Moral, die Fielding preist, wird auch von Jones selbst vertreten:

> *Ich bin kein scheinheiliger Heuchler, auch erhebe ich nicht den Anspruch, die Tugend der Keuschheit in höherem Grade zu besitzen als meine Mitmenschen. Ich habe mich an Frauen versündigt, das bekenne ich, doch wüßte ich nicht, daß ich einer ein Leid angetan hätte. Auch würde ich niemals, um mir ein Vergnügen zu verschaffen, wissentlich ein menschliches Wesen ins Elend bringen.*

Diese Haltung kontrastiert Fielding mit der bösartigen Amoral libertärer Männer, die, wie bei Richardson, eine allgegenwärtige Gefahr sind. Sie behandeln Frauen als »Feinde«, und gehen bei Eroberungen »nach einem festen und vorbedachten Schlachtplan« vor. Ihre Heiratsversprechen sind ohne Wert. Sie begehen »unverantwortliche Verrätereien«. Wie Lord Fellamar, der versucht Sophia Western zu vergewaltigen, damit sie gezwungen ist, ihn zu heirateten, sind sie alle Kopien von Lovelace.[56]

Besonders deutlich arbeitet Fielding diesen Aspekt in *Amelia*, seinem letzten und düstersten Roman heraus. Zuerst begegnen wir Miss Mathews, einer scheinbar amoralischen Femme fatale, die den Helden vorübergehend vom rechten Weg abbringt. Doch dann hören wir ihre Geschichte, die uns ihren Charakter erklärt. Einst wurde sie selbst von einem gut aussehenden, niederträchtigen Offizier in Schande gebracht, der sie zynisch verführte, sie als Mätresse hielt und sie wiederholt für andere Frauen verlässt – bis sie ihm schließlich, von seiner Herzlosigkeit zu äußerster Wut und Verzweiflung getrieben, einen Dolch ins Herz jagte. »Oh, möge mein Schicksal eine Warnung für jede Frau sein«, rief sie aus,

> *damit sie ihre Unschuld bewahre und jeder Versuchung widerstehe, in der sicheren Gewissheit, dass sie den törichten Handel bereuen wird. Möge mein Schicksal ihr eine Warnung sein, damit sie den Menschen sorgsam und vorsichtig begegne; damit sie jeden Anflug von Ehrlosigkeit vermeide und niemals zu sehr auf die Ehrlichkeit oder die Charakterstärke eines Mannes vertraue, steht doch unendlich viel auf dem Spiel für sie; möge sie sich immer bewusst machen, dass sie auf einem abschüssigen Weg geht und dass sie, wenn sie strauchelt, von einem bodenlosen Abgrund verschlungen wird; ja, wenn sie einen einzigen falschen Schritt macht.*[57]

Eine weitere zentrale Figur, die tugendhafte Frau eines verarmten Geistlichen, fällt einem kalt berechnenden Aristokraten zum Opfer, einem jener Serienverführer, für die Frauen »Feinde« sind, die es zu verfolgen und zur Strecke zu bringen gilt: Er schläft mit ihnen nur ein einziges Mal, da ihn nur »Neuheit und Widerstand« erregen. Mit Hilfe eines festen Netzes von Zuhältern und »einem lange vorher festgelegten, raffinierten Plan« lockt er die Frau auf einen Maskenball und vergewaltigt sie. Dabei steckt er sie mit einer Geschlechtskrankheit an. Anschließend holt sich ihr Mann, der Geistliche, das Leiden von ihr und erkennt die Wahrheit. Toll vor Kummer versucht er sich und seine Frau umzubringen und stirbt kurz darauf. Die Heldin selbst wird wiederholt von hinterhältigen und erfahrenen Lebemännern verfolgt. Ihr Widerstand beweist ihre Tugend, aber auch ihr Glück in schier aussichtslosen Situationen. Solche Gefahren lauern überall, und lasterhafte Männer aus höheren Kreisen nutzen jedes Mittel, das ihnen zur Verfügung steht: Einflüsterung, Schmeichelei, Reichtum, Bestechung, ihre Macht über Ehemänner und Väter, Patronat, Alkohol und andere Rauschmittel, Maskenbälle, Kupplerinnen, Zuhälter, Lügen und brutale Gewalt.[58] Letztlich verbirgt Fielding hinter dem komödiantischen Ton seine tiefe Betroffenheit ob der männlichen Lüsternheit und der weiblichen Viktimisierung.

Verblüffend ist allerdings auch, wie selbstverständlich Richardson und seine Bewunderer die Prämisse hinnahmen, dass Männer gar nicht anders könnten, als sich sexuelle Freiheiten herauszunehmen – die einzige Unterscheidung war die zwischen »maßvollen Lebemännern« und unbelehrbaren Libertins. Zu Richardsons Enttäuschung beschönigten selbst seine tugendhaftesten Leserinnen die Laster von Männern wie Lovelace und Sir Hargrave Pollexfen, dem Libertin, der in *Grandison* einen Vergewaltigungsversuch unternimmt. Doch sogar der Autor selbst traf diese Unterscheidung. In dem ersten Entwurf zu *Sir Charles Grandison* ist die Heldin durchaus gewillt, einen sexuell erfahrenen Mann zu heiraten, sofern er bereit ist, seinen sittenlosen Lebenswandel aufzugeben – aber hören wir sie selbst: »Es muss vielleicht nicht unbedingt für notwendig erachtet werden, eingehende Erkundungen über das frühere Leben und Handeln des Mannes einzuziehen, gegen den wir keine sehr gewichtigen Einwände haben.«[59] Die gleiche voreheliche Duldsamkeit wird Mr. B. in *Pamela* und Belford, Lovelaces Mitvergewaltiger in *Clarissa*, zugestanden. Selbst bei Richardson sind also männliche Unzucht und sogar Verführung immer potenziell entschuldbar.

Als er in seinem letzten Roman versucht, einen vollkommen keuschen Helden zu porträtieren, ist er sich daher durchaus bewusst, dass er hier eine extreme Auffassung vertritt. Gegen einen »maßvollen Lebemann«, meinte eine seiner Bewunderinnen, könnten doch wohl nur »Frömmler oder Zimperliesen« Einwände erheben. Auf die Frage, wie der »Charakter eines braven Mannes« zu bestimmen sei, antwortete Colley Cibber, Richardsons älterer Freund, ein solcher Musterknabe würde sich auf jeden Fall von seiner Mätresse trennen, bevor er um die Hand einer ehrbaren Frau anhielte. »Als ich Einwände gegen die Mätresse erhob«, berichtete der Romancier, »zeigte sich Cibber erstaunt: ›Eine männliche Jungfrau‹, sagte er – ha, ha, ha, hah!‹ … und er brachte mich mit seinem Lachen gänzlich aus der Fassung!« Es sei ein Fehler, Sir Charles Grandison »noch immer seine Jungfräulichkeit« zu lassen, meinte ein anderer, ansonsten durchaus angetaner Kritiker, »das hat seinen Charakter bei den Damen erheblich beeinträchtigt«. Zu Richardsons Bestürzung, vertrat sogar Lady Bradshaigh, seine engste Vertraute und erste Fürsprecherin des Romans, ebenfalls die Auffassung, dass Frauen ein gewisses Verständnis für die männliche Unkeuschheit zeigen müssten. Ein Mann könne durchaus sexuell aktiv sein, ohne ein »verkommener Liederjan« zu sein, genauso »wie ein Mann gele-

gentlich etwas zu viel trinken kann, ohne gleich ein Säufer zu sein«. »Denn
es gibt so wenige gute Männer«, schloss sie, »dass die Mädchen lieber Lebemänner heiraten, als überhaupt nicht zu heiraten.«*[60]

Mitte des 18. Jahrhunderts hatten sich eine Reihe neuer Einstellungen
zu Sexualität, Verführung und der naturgegebenen, zwangsläufigen Unkeuschheit der Männer fest etabliert. Sie wurden von Menschen ganz verschiedener Herkunft geteilt. Besonders lautstark wurden sie von den Für-
sprechern der sexuellen Freiheit verkündet. Überall, besonders in den
privaten Schriften und Gesprächen der Zeit, stoßen wir auf die Bewunderung für die weltmännische Kunst der rücksichtslosen und frauenfeindlichen sexuellen Eroberung – nicht nur, um die sinnliche Lust zu genießen,
sondern auch, um Macht über die sozial unterlegenen oder abhängigen
Frauen auszuüben. So erklärte der elegante Radikale John Gawler, öffentlich wegen seines Esprits und Charmes bewundert, in einem privaten Gespräch mit William Godwin, er schlafe nicht mit Frauen, weil er Spaß am
Sex habe, sondern einfach, um sie zu erniedrigen: »Rein sinnlich betrachtet, bereitet es mehr Vergnügen zu wichsen …, die größere Lust im anderen
Fall resultiert daraus, eine Frau zu überlisten, sich von ihr zu holen, was sie
dir eigentlich nicht geben will.«[61] Doch das Grundprinzip der männlichen
Lüsternheit und der weiblichen Passivität wurde auch von denen akzeptiert,
die die männliche Zügellosigkeit beklagten. Das Thema prägte die Literatur
der Zeit. Diese neue Einstellung zu Lust und Geschlechterrollen sollte im
19. und 20. Jahrhundert die Ansichten über Sexualität bestimmen.

---

* In dem ersten Brief, den sie jemals an Richardson schrieb – sie war mitten in der Lektüre
von *Clarissa* -, bekannte sie bereits (anonym), »obwohl ich mich schämen sollte … kann
ich nicht umhin, Lovelace zu mögen«, und träumte von seiner Errettung: »Einen fehlerlo-
sen Ehemann habe ich aus ihm gemacht, der sogar über die Gefahr eines Rückfalls erha-
ben war« (*The Correspondence of Samuel Richardson*, hg. v. Anna Laetitia Barbauld, 6 Bde.
(1804), IV, S. 180–181).

Kapitel 4

DIE NEUE WELT DER MÄNNER UND FRAUEN

Die Männer werden deine Zurückhaltung beklagen. Sie werden dir versichern, dass dich ein freieres Verhalten liebenswerter erscheinen lasse. Aber glaube mir, sie sind nicht ehrlich, wenn sie dir das erzählen.

John Gregory, A Father's Legacy to his Daughters, 2. Aufl., 1774, S. 36.

In den verschiedenen Nationen [der Welt] finden wir Männer in unterschiedlichen Graden von Rohheit bis zu beträchtlicher Bildung und Zivilisiertheit. Ich kenne keinen Bereich, in dem diese Gradeinteilung so genau und zuverlässig ist wie bei der Behandlung von Frauen. Man könnte sie als moralisches Thermometer bezeichnen.

Letters on Love, Marriage, and Adultery, 1789, S. 37.

Die extreme Strenge, mit der Frauen, die vom Weg der Tugend abgekommen sind, behandelt werden, [resultiert aus] der Notwendigkeit, sie gänzlich von den tugendhaften zu trennen ... Eine tugendhafte Frau muss nicht nur rein an ihrem Körper, sondern auch an ihrer Seele sein: Man sollte sie von der Kenntnis solcher Dinge vollkommen fernhalten.

An Address to the Guardian Society, 1817, S. 10–11.

Wie allgemein bekannt, machen Frauen in ihrem Naturzustand – unverdorben, nicht verführt und gesund – selten, wenn überhaupt, einen jener Annäherungsversuche, die unmissverständlich von sexuellem Verlangen sprechen; und der absolut einleuchtende Grund ist, dass sie es nicht empfinden.

William Andrus Allcott, The Physiology of Marriage, 1856, S. 167.

Die Revolution in den Einstellungen zur männlichen und weiblichen Sexualität hatte weitreichende Konsequenzen. Obwohl es, wie gezeigt, den Anschein hatte, als sei der Verführungskult in besonderem Maße der angeblichen Lüsternheit der Männer aus der Oberschicht anzulasten, lag seine offenkundigste Wirkung in den sozialen Einschränkungen, die dem Verhalten von Frauen auferlegt wurden. Mit den fundamentalen Geschlechterkonzepten waren komplizierte Vorstellungen über Klasse, Privileg, Reinheit und Macht verknüpft. Die Neudefinition von Männlichkeit und Weiblichkeit im Zuge der Aufklärung führte zu einigen der kompliziertesten sozialen und ethischen Fragen der modernen Geschlechterbeziehung. Wie viel Verantwortung hat jeder für sein eigenes Handeln? Welche übergeordneten Kräfte prägen menschliches Verhalten? Wie sollten sich Männer und Frauen benehmen?

Höflichkeit und Empfindsamkeit

Das erste Thema, das allen Diskussionen der Sexualität nach 1688 zugrunde lag, war die Verderbtheit der Männer und die Verbesserung der männlichen Sitten. Da die Männer sich so schlecht benahmen und die äußeren Ordnungsmaßnahmen weitgehend fortgefallen waren, stellte sich die dringende Frage, wie sich ihre vermeintlich naturgegebene Rücksichtslosigkeit und Promiskuität zähmen lasse.

Frühere Modelle für Ehre und Anstand von Männern hatten das andere Geschlecht weitgehend außer Acht gelassen und sich auf die Interaktionen zwischen Männern beschränkt. Man ging im Allgemeinen von einer Unterlegenheit der Frauen in Hinblick auf Tugend und Selbstbeherrschung aus: Sie konnten für die Männer also kein Vorbild für rechtes Verhalten sein. Doch im 18. Jahrhundert kehrte sich diese Vorstellung um. Allmählich setzte sich die feste Überzeugung durch, Frauen verfügten über ein höheres sittliches Empfinden. Daher galt der soziale Verkehr mit ihnen als ein wichtiges Mittel, um das Verhalten von Männern zu verbessern, das heißt, um ihnen die neuen Ideale der »Höflichkeit«, »Empfindsamkeit« und einer allgemeinen Verfeinerung der Sitten zu vermitteln.[1]

Die meisten zeitgenössischen Beobachter führten den Ursprung dieser Ansicht auf das Mittelalter zurück, in der Überzeugung, die Geburt der Ritterlichkeit sei ein entscheidender Fortschritt der abendländischen Kultur gewesen. »Die große Achtung und Verehrung für die Damen«, erläuterte John Millar in seiner vielgelesenen Schrift *Origin of the Distinction of Ranks* (1779) »hat noch immer großen Einfluss auf unser Verhalten ihnen gegenüber und hat dazu geführt, dass wir ihnen mit einem Maß an Höflichkeit, Zartgefühl und Aufmerksamkeit begegnen, das den Griechen und Römern – und vielleicht allen Völkern der Antike – fremd war«. Allerdings kam Mary Wollstonecraft der Wahrheit viel näher als sie »vor allem Ludwig XIV.« vorwarf, er sei schuld an den steifen Konventionen männlicher »Achtung und Aufmerksamkeit«, denen die Frauen zu ihrer Zeit unterworfen waren.[2] Die unmittelbaren Vorläufer dieser neuen Einstellung hatten sich im Frankreich des 17. Jahrhunderts entwickelt.

Anfang des 17. Jahrhunderts brachten mehrere maßgebliche französische Philosophen die neue Idee vor, Frauen stünden in puncto Sittlichkeit keineswegs hinter den Männern zurück, sondern verkörperten alles, was gut und schön sei. Ebenfalls in Frankreich wurden erstmals die Argumente für Geschlechtergleichheit in Dingen der Vernunft aufgegriffen und weiterentwickelt, was teilweise aus Descartes' revolutionärem Geist-Körper-Dualismus resultierte. Am französischen Hof, in seinen Salons und, allgemeiner, in den höheren Kreisen der französischen Kultur erfuhr die Stellung der gebildeten Frau als Schirmherrin, Intellektuelle und Schiedsinstanz männlicher Sitten eine bemerkenswerte Aufwertung. So konnte Christopher Wren bei einem Besuch im Jahr 1665 feststellen: »die Frauen … bestimmen hier Sprache und Mode und mischen sich in Politik und Philosophie ein«.[3]

Doch die Übertragung dieser Ideale auf England vollzog sich nur langsam und umständlich. Sicherlich prägten sie den Kult der platonischen Liebe am Hof von Karl I. nachhaltig; doch der Ausbruch des Bürgerkriegs unterbrach diese Entwicklung. Gegen Ende des 17. Jahrhunderts verbreiteten einige englische Schriftsteller vergleichbare Ansichten. Einer der Ärzte von Karl II., William Ramesey, der in Montpellier studiert hatte, erklärte:

»Frauen unterscheiden sich von uns in nichts als den eigenartigen Zeu-
gungsorganen. In der Regel sind sie gescheiter und geistig beweglicher als
Männer … meist erweisen sie sich als mitfühlender, gottesfürchtiger, treuer,
barmherziger, keuscher und schöner als Männer.« Ihr innerstes Wesen sei
aus »einer edleren und feineren Substanz«.[4] Allerdings war das nicht die
vorherrschende Meinung am Restaurationshof, und in England gab es
keine Gegenkultur gemischter intellektueller und gesellschaftlicher Salons,
in denen sich solche Ideen hätten verbreiten können.

Nach 1688 indessen wurde die Vorstellung vom weiblichen Anreiz begeistert aufgegriffen. Das gehörte zu einer allgemeinen Entwicklung, in
deren Verlauf libertäre Normen im öffentlichen und privaten Leben durch
gesittetere Verhaltensstandards ersetzt wurden, die aus der Kampagne für
die Verbesserung der Sitten erwuchsen. Wie die Glorreiche Revolution
eine Epoche des Wohlstands und der politischen Stabilität einleitete, so
versinnbildlichte das Ideal der Höflichkeit, wie es Addison, Steele und anderen Autoren des 18. Jahrhunderts propagierten, ein neues, verfeinertes,
aber tugendhaftes und urbanes Männerbild, das gut in die moderne, vom
Handel geprägte Welt passte. Von zentraler Bedeutung war dabei die Annahme, dass die Frauen zur Verfeinerung der Sitten beitrugen (wobei die
französischen und aristokratischen Ursprünge dieser Entwicklung passen-
derweise in Vergessenheit gerieten). Da »Frauen dazu erzogen wurden,
die Menschheit zu mäßigen und sie auf Zartheit und Mitgefühl einzustimmen«, wurden jetzt regelmäßige Gespräche mit ihnen, die respektvolle
Aufnahme ihrer Ansichten und der Antrieb ihrer Tugenden als entscheidende Mittel angesehen, Höflichkeit zu lernen und ein echter Gentleman
zu werden. Das »Bestreben der Männer, dem anderen Geschlecht zu gefallen, gibt ihnen jenen Schliff und Anstand, der ihnen hilft, das Betragen
abzulegen, das ihnen eigentlich am natürlichsten ist«; ohne diesen Ansporn »wäre der Mann nur ein unglückliches, rohes Geschöpf ohne höhere
Lebensart«.[5]

Wie weit die Männer in ihrem Wunsch, den Frauen zu gefallen und sie
nachzuahmen, gehen sollten, war natürlich eine entscheidende Frage. Einige frühe Verfechter der Höflichkeit glaubten, die männlichen Sitten ließen sich effektiver in männlicher Gesellschaft verbessern, doch das war
eine Minderheitenposition. »Galanterie und Damen müssen an allem teil-
haben, was in unserer Zeit als höflich gilt«, murrte der dritte Earl of Shaf-

tesbury 1705 – »unser Pech«. Ende der 1730er Jahre war das zum Gemeinplatz geworden. »Höflichkeit lässt sich auf keine andere Weise erwerben«, hieß es unmissverständlich in einem vielgelesenen Benimmbuch:

Lektüre kann uns die richtigen Ideen vermitteln, Erfahrung unser Urteil verbessern, aber nur die Vertrautheit mit Damen kann uns die Leichtigkeit im Umgang geben, durch die sich der kultivierte Gentleman vom Gelehrten und Geschäftsmann unterscheidet.

»Ohne den Umgang mit Frauen« hielt auch Swift den Erwerb von Höflichkeit für unmöglich. »Stets führen sie uns auf den rechten Weg und sorgen dafür, dass wir dort bleiben.« Es gebe keine »bessere Schule des Benehmens als die Gesellschaft tugendhafter Frauen«, schrieb Hume, »wo das wechselseitige Bestreben zu gefallen den Geist unmerklich verfeinert, wo sich das Beispiel weiblicher Sanftmut und Sittsamkeit ihren Bewunderern mitteilt und wo die Feinfühligkeit dieses Geschlechts jeden zur Rücksichtnahme veranlasst«.[6]

Die Wirkung dieser Idee war außerordentlich weitreichend. Von ihr ausgehend, entwickelte man die Theorie, die ganze menschliche Zivilisation sei der wachsenden Aufmerksamkeit und Achtung der Männer für das andere Geschlecht zu verdanken – wenn Frauen einen solchen Effekt auf moderne Männer hätten, müssten sie die gleiche Wirkung auch in der Vergangenheit ausgeübt haben. Die progressive Verfeinerung sukzessiver Epochen sei mit der Aufwertung der Stellung von Frauen im Laufe der Geschichte verknüpft gewesen. Umgekehrt lasse sich die relative Rückständigkeit anderer Kulturen am mangelnden Respekt der Männer für die Frauen ablesen. Diese Analogie war bereits in den 1710er Jahren implizit in einigen Schriften von Addison enthalten. Besonders tonangebend wurde sie nach 1740, als die Aufklärer bestrebt waren, die Fortschritte der menschlichen Gesellschaft in exakte Stadien einzuteilen. Für die Schriften vieler früher Anthropologen und Historiker war charakteristisch, was William Alexander 1779 über »das schicksal der frauen in jenen staaten, die noch zunächst an rohe wildheit grenzen« berichtet:

wir werden daher die frauen unter wilden völkern fast allezeit zu jeder art niedriger oder vielmehr sklavischer arbeit verurteilt finden, und

eben so beständig werden wir finden, dass sie im nämlichen masse,
worin die männer sich aus unwissenheit und grobheiten zu einsichten
und einer feinern lebesart erheben, sich aus diesem zustande der skla-
verei empor schwingen. der rang und stand, worin wir das weibliche
geschlecht in irgend einem lande findet, zeiget uns demnach und
genau die stufe in der leiter des bürgerlichen und gesellgen lebens,
welche das volk eines solchen landes erreicht; und wenn seine ge-
schichte auch alle anderen dinge ganz mit stillschweigen überginge,
und nur die art seines betragens gegen seine frauen erzählte, so würde
dies allein uns schon in den stand setzen, ein ziemlich richtiges urteil
von der rohheit oder kultur seiner sitten zu fällen.[7]

Ebenso tiefgreifend waren die Folgen für die Sexualnormen. Die Grundannahme, Frauen seien den Männern in gewisser Hinsicht überlegen, sollte im
späten 18., im 19. und 20. Jahrhundert ein zentraler Aspekt der Geschlechterbeziehung werden. Im September 1813 schrieb Byron an Annabella Milbanke, wobei er diese Plattitüde aufwärmte, wie wohl zahllose Verehrer vor
ihm:»Ich denke, die schlimmste Frau, die es je gegeben hat, hätte es immer
noch zu einem *Mann* von passablem Ruf gebracht – sie sind alle besser als
wir –, und der Ursprung ihrer Fehler, so sie denn welche haben, muss bei
uns liegen.« Auch in der Öffentlichkeit wurde diese Vorstellung sowohl von
Männern wie von Frauen endlos gepriesen. Bereits Mitte des 18. Jahrhunderts wurde ihre wachsende Auswirkung deutlich erkennbar. In dem Stereotyp des von der Liebe einer braven Frau geläuterten Libertins kam die
Annahme zum Ausdruck, dass Promiskuität bei Männern natürlich und
sogar attraktiv sei, aber durch den Umgang mit Frauen und ihrer höheren
Sittlichkeit geheilt werden könne. Kein Autor setzte sich so hartnäckig mit
dem Thema auseinander wie Richardson. Es sei doch empörend, meinte er
in privatem Kreis, »dass viele, sehr viele junge Frauen … einen guten Mann
bewundern, aber einen schlechten heiraten. – Sind Lebemänner nicht hübsche Burschen?«»Selbst wenn von einem Mann bekannt ist, dass er sich
gegen *andere* Frauen niederträchtig verhalten hat, redet sich jede Frau ein,
dass er *sie* nicht so behandeln werde, behandeln könne.« Entsprechend
warnte Richardson in seinen *Familiar Letters*:»Die abenteuerliche Behauptung, ein Wüstling könne einen guten Ehemann abgeben, war die gefähr-
lichste Meinung, die sich eine junge Frau zu Eigen machen konnte«; und

Clarissa war, wie der Autor bekannte, geschrieben worden, um »vor der gefährlichen, aber leider viel zu häufig übernommenen Vorstellung [zu warnen], *dass ein geläuterter Wüstling den besten Ehemann abgebe*«.[8]

Paradoxerweise aber gab es kaum einen anderen Autor, der eine exaltiertere Auffassung von der läuternden Kraft weiblicher Keuschheit über männliche Lüsternheit vertrat. In seinem ersten Roman ruft der ständige Umgang mit Pamelas Tugend in dem Libertin Mr. B. den Eindruck hervor, »dass ich mir nicht einbilden darf, ich verdiente sie, bevor ich nicht meine Sitten, Gefühle und Handlungen in Übereinstimmung mit den ihren bringen kann«. Wie die Einleitung des Romans zeigt, sollte die Heldin die gleiche Wirkung auf die Leser ausüben: »Möge jeder hartgesottene Libertin, in dessen Hände du fällst, bekehrt werden«, hieß es dort, »und jede in Versuchung geführte Jungfrau, die dich liest, deine Tugend nachahmen und die Belohnung [der Heldin] erhalten.« So verwandelt Clarissas höhere Gesittung auch Lovelaces engsten Freund John Belford, sodass er bereut, sich bessert, beschließt, alle seine früheren Opfer aufzusuchen und zu erretten, und als glücklicher Ehemann und Vater endet. Selbst die schlimmsten Lebemänner bereuen nach dem Kontakt mit einer keuschen Jungfrau am Ende ihres Lebens ihre früheren Taten. So ergeht es Sir Hargrave Pollexfen, dem bösartigen Libertin in *Sir Charles Grandison*, und auch Lovelace selbst. Im Roman wie in der Wirklichkeit war die Vorstellung von der moralischen Überlegenheit ungeheuer populär.[9]

Hinter dieser naheliegenden, trivialen Schlussfolgerung verbarg sich eine tiefere Wahrheit. Die Ansicht, dass Frauen die männliche Sexualität durch die bloße Darbietung ihrer vermeintlich angeborenen Sittsamkeit zähmen könnten, brachte in Wahrheit die Überzeugung von der Unterlegenheit der Frauen zum Ausdruck und verewigte sie. Die meisten Autoren setzten sie voraus und begrüßten sie. »Da die Natur dem Manne den Vorrang vor der Frau eingeräumt hat, indem sie ihn mit einer größeren Stärke des Geistes und des Körpers ausstattete«, schrieb Hume, »liegt es nun an ihm, diese Überlegenheit so weit wie möglich zu mildern, indem er sich in seinem Verhalten als großzügig erweist und allen ihren Neigungen und Meinungen mit Ehrerbietung und Entgegenkommen begegnet.« »Nehmt keinen Anstoß daran, dass ein so liebenswürdiger und erhabener Charakter zu einer Stellung ehrenvoller Unterordnung bestimmt ist«, meinte ein Geistlicher Georgs III., denn

ein Geist von solcher Sanftmut und Schönheit veredelt die Unterord-
nung in eine Position der Stärke, der Überlegenheit und Herrschaft.
Denn ihr wohnen der Einfluss und die unwiderstehliche Kraft der Tu-
gend inne, die in der Lage sind, die wildesten Leidenschaften zu zügeln
und durch das stetige Verharren in Güte auch noch das verstockteste
Herz zu erweichen und zu gewinnen.[10]

Schlimmer noch, die neuen Konventionen der Höflichkeit machten die
Frauen zum fortwährenden Gegenstand sexuellen Interesses, während sie
gleichzeitig dazu beitrugen, Männer vor der Verantwortung von ihrer angeblich natürlichen Lüsternheit zu entbinden. Wie Romanciers und Beobachter gerne betonten, waren gefährliche Männer häufig elegante und attraktive Gesellschafter. Die»unwiderstehlichsten Herren in unserem Kreis«
seien tatsächlich »eure Verderber der Damen« gewesen, die sich der Kunst
des »Frauen-Schlachtens« verschrieben hätten. Selbst »zartfühlende Frau-
en«, klagte Hannah More, wetteiferten zu häufig,»um die Aufmerksamkeit
eines bekannten Libertins, dessen redegewandte Plaudereien sie bewundern, dessen witzige Nichtigkeiten sie zitieren und den sie möglicherweise
gerade durch ihre Gunst daran hindern, ein besserer Mensch zu werden,
weil sie ihm das Gefühl geben, ein annehmbarer Mensch zu sein, so wie er
ist«. Da aber die strenge Kritik an weiblicher Unkeuschheit nicht entsprechend gelockert wurde, führte diese Entwicklung im Endeffekt dazu, die
psychologische und praktische Verantwortung für korrektes Verhalten
hauptsächlich den Frauen aufzubürden. Der unkeusche Mann, meinte die
Schauspielerin Mary Robinson bitter,

beruft sich auf die Schwachheit der menschlichen Natur … er streitet
für die Souveränität der Leidenschaften, die Herrschaft der Sinne, das
Recht einer lange bestehenden Gewohnheit. Er ist ein Mann von voll-
kommener Galanterie; folglich wird er von der Mehrheit der Frauen
umschwärmt und angebetet, obwohl er stets und in allen seinen Hand-
lungen beweist, dass die Frau das Opfer seiner Falschheit ist.

Liebeswerben zwischen Männern und Frauen, so schrieb Lady Mary Wortley Montagu einem Verehrer im Jahr 1710, sei nichts als eine grausame
Hetzjagd: »Für euch ist es ein Spiel«, aber »für uns der Tod.« So wie die

Dinge lägen, meinte Steele, »riskieren Frauen alles gegen jene, die nichts zu verlieren haben«; und hinterher »bleibt ihnen nichts als leere Seufzer, Tränen und Vorwürfe für diejenigen, die sie wirklich in Trauer und Schande gestürzt haben«.* Kurzum, trotz des ganzen Geredes darüber, dass die höhere weibliche Sittlichkeit die männliche Sexualität disziplinieren könne, war die Hauptkonsequenz der neuen Lehren über Höflichkeit und Artigkeit die Einschränkung *weiblichen* Verhaltens.[11]

Natürlich war der Ausdruck männlicher Lust in Wahrheit nicht »natürlicher« als die Konventionen, die für die Einschränkung weiblichen Verhaltens sorgten: Männer konnten – bewusst oder unbewusst, mehr oder weniger – libertäre Einstellungen annehmen oder ablehnen. Doch im Laufe der Zeit erhielt die These, dass Frauen im Gegensatz zu Männern von Natur aus keusch seien, eine immer elaboriertere wissenschaftliche Begründung. Anfang des 18. Jahrhunderts legten die Höflichkeitstheorien bei beiden Geschlechtern besonderen Nachdruck auf das Erlernen korrekter Manieren. Mitte des Jahrhunderts begann man jedoch, den Ausdruck einer angeblich natürlichen Empfindsamkeit stärker zu betonen. Von Lockes und Newtons Erkenntnissen ausgehend, entwickelten die führenden Wissenschaftler und Ärzte der Zeit ein neues maßgebliches Paradigma der Psychologie, der Sinneswahrnehmung und des Nervensystems. Unter den vielen Medien, durch die es popularisiert wurde, spielten die Romane, mit ihrer Fixierung auf Gefühlszustände, eine herausragende Rolle – Richardson ließ sich beispielsweise von seinem Freund und Arzt George Cheyne beraten, um genau zu beschreiben, wie Menschen Gefühle und Ereignisse erleben. Diese Denkweise wurde jetzt zur Grundlage für die Überzeugung, dass Frauen von Natur aus – physisch – über mehr »Delikatesse«, »Zartheit«, »Sanftmut«, »Phantasie«, »Empfindsamkeit« und sexuelle Reinheit verfügten. Daraus folgte, dass die körperlichen und seelischen Ursachen und Wirkungen der Unkeuschheit bei den beiden Geschlechtern große Unterschiede aufwiesen:

---

* Vgl. *Disraelis Reminiscences*, hg. v. Helen M. Swartz und Marvin Swartz, 1975, S. 120: »Lady Tankerville fragte Lord Lyndhurst, ob er an platonische Freundschaft glaube. ›Hinterher, aber nicht vorher‹, lautete die Antwort.«

Untreue wirkt sich bei Eheleuten sehr unterschiedlich aus. Es liegt in der Natur des Mannes, dass er neben seiner Frau unter Umständen auch zu anderen Frauen Beziehungen unterhält und ihr trotzdem aufrichtig zugetan ist; eine verheiratete Frau dagegen kann ihre Tugend nicht opfern, ohne gleichzeitig jedes Gefühl für Ehre, Schicklichkeit und Anstand zu opfern, die doch die Garanten für Eheglück und häuslichen Frieden sind.[12]

Dass Keuschheit zunehmend als »natürlicher« Wesenszug der Frau angesehen wurde, veränderte allmählich die geistigen Grundlagen des Patriarchats. Um 1700 waren viele der altehrwürdigen Rechtfertigungen für die untergeordnete Stellung der Frau durch die allgemeine politische und philosophische Entwicklung zweifelhaft geworden. Die normative Geltung der biblischen und patristischen Literatur sah sich durch einen neuen, »vernunftbestimmten« Wahrheitsbegriff in Frage gestellt. So wurde die Annahme einer unveränderlichen und göttlich verhängten paternalistischen Ordnung durch die Absetzung Jakobs II. und den Erfolg der politischen und gesellschaftlichen Vertragstheorien tief erschüttert. Außerdem büßten die existierenden Gesellschaftstheorien ihre Wirkung durch neue ökonomische und soziale Entwicklungen ein: den Rückgang des höfischen Prestiges, die Bedeutungszunahme des städtischen Lebens sowie die Ausbreitung neuer Formen des Handels, der Kommunikation und der gesellschaftlichen Organisation.

In ähnlicher Weise entwickelten sich die Rechtfertigungen für die männliche Überlegenheit. Früher hatte man Patriarchat und Sexualität vorwiegend theologisch verstanden und die Unvollkommenheit *aller* Menschen vorausgesetzt. Ungeachtet aller frauenfeindlichen Tendenzen war man immer davon ausgegangen, dass Frauen zwar schwächer als Männer seien, aber doch eine gemeinsame psychologische und biologische Basis hätten. Doch um 1800 verloren die biblischen Belege für die untergeordnete Stellung der Frau ihre konventionelle Geltung; genauso wie die Theologie der Erbsünde und der weiblichen Schwachheit; oder wie die medizinischen Theorien, nach denen der weibliche und der männliche Körper zwar ähnlich seien, sich aber in Hinblick auf das Gleichgewicht der »Körpersäfte« unterscheiden würden. Zwar verschwand keine dieser Ideen vollständig, doch suchte man die Gründe für die Geschlechterdifferenz jetzt meist in anthropologischen und historischen Theorien über Entwicklung und Zweck sexueller und sozialer Beziehungen und in angeblich unanfechtbaren biologischen Fakten der geistigen und körperlichen Geschlechterunterschiede.

In einigen Bereichen ermöglichte diese Argumentation größere Gleichheit – ein offenkundiges Beispiel ist die zunehmende (wenn auch partielle) Bereitschaft, Frauen zu akzeptieren, die für die Öffentlichkeit schrieben, was in früheren Zeiten als eine zutiefst unweibliche Beschäftigung galt. Allerdings fand auf dem Gebiet der Sexualität eine gegenläufige Bewegung statt: Die scharfe Trennung zwischen dem angeblichen sexuellen Charakter von Männern und Frauen vertiefte sich. Im Allgemeinen ging man davon aus, dass der Versuch, Frauen größere sexuelle Autonomie zu gewähren in die Anarchie führen werde. Infolgedessen dienten häufig neue Beschreibungen der menschlichen Natur zur Verteidigung dieses Grundprinzips. Oft hieß es dort, Keuschheit sei für beide Geschlechter erstrebenswert und verhelfe Männern wie Frauen zum Glück. Andererseits aber wurde nicht selten als gegeben angenommen, dass Männer in der Regel promiskuitiver seien. Und fast immer gelangte man zu dem Schluss, der Naturzustand der Frau sei die Keuschheit. So erläuterte der maßgebliche Moralist John Brown 1765, letztlich besitze »die wunderbare weibliche Tugend der Keuschheit ihre stärksten und unerschütterlichsten Fundamente« in der offenkundigen »Zartheit des Körpers« und der »zarten Scheu ihres Geistes«. Die gleiche Grundannahme – Frauen seien von Natur aus sittsam – war Ende des 18. Jahrhunderts eine zentrale These der vorherrschenden Lehren von Jean-Jacques Rousseau, dem großen Theoretiker von Natur und Sitte.[13]

Diese zunehmende »Naturalisierung« der Vorstellungen über weibliche Keuschheit prägte die späteren Modelle angemessenen Verhaltens von Frauen nachhaltig. Während die Konversation zwischen den Geschlechtern immer häufiger als ein wesentlicher Bestandteil zivilisierter Lebensart gepriesen und die Frauen aufgerufen wurden gesellschaftlichen Umgang mit Männern zu pflegen, wurde ihnen gleichzeitig auferlegt, ihre vermeintlich überlegene, asexuelle Sittlichkeit auf immer kunstvollere Weise zum Ausdruck zu bringen. Empört prangerten Feministinnen Ende des Jahrhunderts an, was in ihren Augen ein durch diesen doppelten Druck erzeugter, hirnloser und künstlicher Verhaltenscode der Weiblichkeit war. Es sei abartig, erklärte Mary Hays, wie Männer »über weibliche Tugend reden und sie, sogar mittels ihrer Gesetze, für das wichtigste Band der Gesellschaft zu halten scheinen, doch keine Skrupel hätten, dieses Band« mit arglistiger Täuschung zu zerreißen. Frauen würden »durch missverstandene Vorstellungen von weiblicher Vorbildlichkeit außerordentlich erniedrigt«, beklagte Mary Wollstonecraft: »Frau, schwache Frau! Durch ihre Erziehung zur Sklavin der Empfindsamkeit gemacht, wird von ihr auch noch in schwierigsten Situationen verlangt, dieser Empfindsamkeit, das heißt, ihren Empfindungen, zu widerstehen.«* Hören wir dazu die geistreiche (unverheiratete) Historikerin Lucy Aikin:

Ach, die falsche Demut, die dem Hohn verbündet,
die sich neigt, um zu erobern, schmeichelt, um zu höhnen
Lerne, unbedachte Frau, lerne, solche Künste zu durchschaun
*Und fürchte dieses böse Omen … den Mann, der kniet!*** [14]

Um 1800 hatte man die zugrunde liegenden Annahmen jedoch so sehr verinnerlicht, dass selbst Wollstonecraft als selbstverständlich voraussetzte, Frauen seien *tatsächlich* tugendhafter: »Alle Ursachen weiblicher Schwäche … erwachsen aus einem tieferen Grund – der mangelnden Keuschheit der Männer«; daher sei es eine vordringliche Notwendigkeit, dass Männer »keuscher und tugendhafter werden«. Davon gingen auch die meisten anderen Feministinnen aus. Ihre Freundin Mary Hays, obwohl eine ebenso kühne Denkerin, Autorin und lebenslange Feindin sexueller Konventionen, hielt es für offenkundig,

---

* Das gleiche Argument brachte John Stuart Mill 1826 vor: »Gute Behandlung von Frauen … ist eines der sichersten Erkennungszeichen einer höheren Zivilisationsstufe. Aber man scheint sich kaum Gedanken darüber zu machen, worin eine gute Behandlung von Frauen besteht. Sicherlich nicht darin, sie als Götzenbilder anzubeten oder als Schmuckstücke zur Schau zu stellen; auch nicht darin, sie wie Juwelen in einer Schatulle zu verschließen, um sie vor Sonnenlicht und Männerblicken zu schützen. In beiden Fällen beweist die Behandlung, dass man ihnen hohe Wertschätzung entgegenbringt; warum würde man sich sonst so viel Mühe um sie geben? Doch in beiden Fällen handelt es sich um die Wertschätzung, die man schönen Schmuckstücken angedeihen lässt; der Wert, den man ihnen zumisst, verträgt sich durchaus mit vollkommener Gleichgültigkeit gegenüber ihrem Glück oder Elend.« *The Collected Works of John Stuart Mill,* hg. v. J. M. Robson u. a., 33 Bde. (1963–1991), xx, S. 45–46.
** Ah! feigned humility to scorn allied, / hat stoops to conquer, flatters to deride! / Learn, thoughtless woman, learn his arts to scan, / And dread that fearful portent … kneeling man!

dass Tugend Frauen in höherem Maße angeboren ist als Männern.
Die Geschichte aller Nationen – der gesamten Menschheit, gleich, ob
wild oder zahm, sozial oder brutal – alle, alle sind sie sich einig in
dieser großen Wahrheit; und ließe es das Taktgefühl zu, ließen sich
Abertausende von Argumenten für diese so unleugbare, so heilig
wahre Tatsache beibringen; – die so wichtig für das Glück des Einzel-
nen und der Gesellschaft; – so unentbehrlich für den häuslichen Segen.
Und zugleich eine Wahrheit, die höchst ehren- und schmeichelhaft für
das weibliche Geschlecht ist; versklavt und gedemütigt, wie sie in so
vielen anderen Fällen sind.[15]

Für sie war es ein Vernunft- und Naturgesetz zugleich, dass Frauen im Allgemeinen keuscher waren als Männer. Das 19. und 20. Jahrhundert hindurch hat diese Idee ständig an Kraft gewonnen, bis sie schließlich generell
als selbstverständlich anerkannt war. In diesem Zeitraum war sie auch eine
der zentralen feministischen Prämissen und für die Frauen in ihrer Forderung nach gesellschaftlichen und politischen Rechten eine Quelle großer
moralischer Autorität. Historisch betrachtet war das paradox. Ursprünglich war die Idee von der moralischen Überlegenheit der Frauen propagiert
worden, um die Sitten der Männer zu verbessern – doch in der Praxis
führte sie schließlich zu einer Stärkung der Doppelmoral.

Anlage und Umwelt

Bislang haben wir uns mit der Entstehung neuer Vorstellungen von Männlichkeit und Weiblichkeit im Allgemeinen beschäftigt. Das zweite wichtige Thema jeder Diskussion über männliche Promiskuität und weibliche
Keuschheit war die Frage nach dem gesellschaftlichen Unterschied. Wie
wir gesehen haben, war das ein fester Bestanteil aller Ideen über männliches Verhalten. Man ging immer davon aus, Libertins wählten sich ihre
Opfer unter Frauen von niedrigerem Stand und suchten bei ihnen die
Bestätigung ihrer Potenz, ohne dabei am sozialen Machtgefüge zu rütteln.
Auch der Gedanke, Milieu- und Gesellschaftseinflüsse würden Sitten prägen, war von zentraler Bedeutung für die Höflichkeitsideale. Er gewann
auch an Bedeutung für die Einstellung zur weiblichen Sittlichkeit, denn

selbst der überzeugteste Vertreter der These von der angeborenen Tugend der Frauen räumte ein, Sittlichkeit müsse auch gelernt und verstärkt werden – »besonders in einer Zeit wie der unseren«, hatte William Ramesey geschrieben, »in der sie mit einem Übermaß an Tugend ausgestattet werden müssen, um sich der ständigen Angriffe zu erwehren, welche die Männer auf ihre Tugend unternehmen«.[16]

Jeder konnte der Feststellung zustimmen, Sittlichkeit sei das gemeinsame Ergebnis von Anlage und Umwelt. Die entscheidenden Fragen waren komplizierter. Wie sah das genaue Verhältnis zwischen den beiden aus? Wie ließ sich der Nachwuchs am besten zu Tugend erziehen? Wie konnte Erziehung jemals die Einschränkungen von Geburt und Schichtzugehörigkeit überwinden? Waren arme Frauen nicht automatisch zu geringerer Keuschheit und weniger vollkommener Weiblichkeit verurteilt? Solche Fragen hatten implizit schon in früheren Überlegungen zur Unmoral eine Rolle gespielt, doch um 1700 begannen sie in allen Diskussionen über Sexualmoral, Sozialpolitik und die Geschlechterbeziehungen größere Bedeutung zu gewinnen und deutlicher ausgesprochen zu werden. Das Ergebnis war eine weit engere Verbindung zwischen Keuschheit und Gesellschaftsschicht, als es sie jemals gegeben hatte.

Untrennbar verbunden mit der neuen Fixierung auf männliche Verführung waren viele ältere Gemeinplätze über die Schwäche, Eitelkeit und Minderwertigkeit von Frauen, über ihre sexuelle Schuldhaftigkeit und die besondere Schändlichkeit unkeuscher Frauen. Sogar die Behauptung, alle Frauen seien insgeheim wollüstig (denken wir an Alexander Pope: »Jede Frau ist im Grunde ihrer Seele eine Dirne«[17]), lebte fort, wenn auch in der unauffälligen Gestalt satirischer und erotischer Schriften. Jetzt wurde es jedoch üblich, darauf hinzuweisen, Frauen würden nur bei unangemessener Aufreizung sexuell offensiv. Die weibliche Lust sei meist eine latente Leidenschaft. Wenn sie außerhalb ihres legitimen Ortes, der Ehe, geweckt werde, könne sie außer Kontrolle geraten und ihre Trägerin in ein unweibliches Ungeheuer verwandeln: Genau das geschehe mit gefallenen Frauen. Doch normalerweise reiße sie Frauen nicht in gleichem Maße hin wie Männer. Daher laute die entscheidende Frage: Was macht manche Frauen anfälliger für männliche Verführung als andere?

In erster Linie schien die Antwort Erziehung und Umwelt zu betreffen. Denn offenbar prägten diese Kräfte das moralische Empfinden jeder Frau –

indem sie entweder ihre weibliche Schwäche hervorhoben, was sie anfälliger für Fehltritte machte, oder sie vor dieser Schwäche beschützten und ihre Tugenden stärkten. Vor 1700 hätte das bedeutet, dass man sie religiös indoktriniert und vor schlechter Gesellschaft bewahrt hätte. Man glaubte, Frömmigkeit würde Sittsamkeit hervorbringen; während religiöse Ignoranz und falsche Freunde Männer und Frauen auf die schiefe Bahn des Lasters brachten. Doch im 18. Jahrhundert sah und beschrieb man die Auswirkungen der Umwelt in einem viel weiteren Horizont.

Die alte Furcht, ganz tief in der weiblichen Psyche lauere eine Leidenschaft, die derjenigen der Männer in nichts nachstehe, äußerte sich jetzt in Gestalt immer detaillierterer Vorschriften zur Unterdrückung weiblicher Sexualität. So wies Clarissa selbst ihre Freundin Anna Howe darauf hin, Frauen müssten größere Selbstbeherrschung aufbringen, wenn sie am Ende nicht genauso verdorben wie Männer sein wollten:

> *Lerne, meine Liebe, ich flehe dich an, lerne, deine Leidenschaften zu bezwingen. Was deine Beweggründe auch sein mögen: Übermaß bleibt Übermaß. Diese Leidenschaften, um deren Zähmung wir uns nicht bemühen, haben möglicherweise den gleichen Ursprung wie die, die wir so häufig in ihrer heftigen und rücksichtslosen Form beim anderen Geschlecht verurteilen und die bei ihm vielleicht durch Gewohnheit und seine freiere Erziehung so verstärkt werden. Lass uns beide, meine Liebe, diesen Gedanken in unserem Herzen bewegen, in uns hineinschauen und schaudern.*[18]

Doch selbst in der präskriptiven Literatur wurde das nie uneingeschränkt zum Ideal erhoben. Mehr noch, wie die Romanciers der Epoche sehr einfühlsam darstellten, erzeugte der neue Nachdruck, der auf die Asexualität und Unschuld von Frauen gelegt wurde, einen tiefen Zwiespalt.[19] Wenn Tugendhaftigkeit angeboren war, wie ließ sie sich dann ausbilden? War Naivität eine bewundernswerte Eigenschaft, das eigentliche Wesen der Tugend; oder war sie tatsächlich eine gefährliche Schwäche, durch die die Mädchen den Schlichen der Welt schutzlos ausgeliefert wurden? Das war die tiefere Spannung in allen Romanen des 18. Jahrhunderts, in denen es um Liebeswerben, Verführung und das sexuelle Dilemma von Frauen ging – das Minenfeld, das alle diese Heldinnen durchschreiten mussten.

Umgekehrt stellte sich die Frage, welche Art von Erziehung und Umwelt eine Frau wohl empfänglicher für Unmoral machte? Im 16. und 17. Jahrhundert war diese Frage immer allgemein beantwortet worden: Die Menschen fehlten, weil es ihnen nicht gelang, ihre verderbten Neigungen zu beherrschen. Im 18. Jahrhundert wurde der Verweis auf die persönliche Verantwortung zunehmend durch eine Berücksichtigung der sozialen Kräfte überlagert, die auf die verschiedenen gesellschaftlichen Gruppen einwirkten. Daniel Defoes *Moll Flanders* (1722) ist ein frühes Beispiel für diesen neuen Ansatz. In vielerlei Hinsicht folgt die Schilderung von Molls Werdegang einem alten, universellen Erzählmuster von persönlicher Sünde und Erlösung. »Der Teufel« lockt sie immer tiefer in die Verderbtheit, und ihre eigene Schwäche lässt sie der Verlockung nachgeben. Überall in dem Buch finden sich allerdings deutlichere Hinweise auf moderne Auffassungen als sonst in Defoes Werken aus den 1720er Jahren – auch Hinweise auf fortschrittlichere Einstellungen zu der besonderen, strukturellen Fehlbarkeit armer und ungebildeter Frauen. Besonders aufschlussreich ist beschrieben, wie Moll ihre Jungfräulichkeit verliert und auf die schiefe Bahn gerät, die ins Verderben führt. Wie bei jeder Sünde tragen ihre Leidenschaften einen Teil der Schuld. Sie unterliegt der »üblichen Eitelkeit meines Geschlechts« und »in meinem Kopf waren jetzt nur hochmütige und stolze Gedanken«, was sie zu einer leichten Beute macht. Doch die wirklichen Kräfte des Bösen treten in doppelter Gestalt auf. Die erste ist die sexuelle Tücke der Herren aus der Oberschicht. Wie Pamela nach ihr, wie zahllose andere junge, ahnungslose Dienstmädchen, wird sie von einem niederträchtigen, erfahrenen Junggesellen umgarnt, der genau weiß, »Frauen in seinem Netz zu fangen«, während sie ihrerseits von sich sagt: »Aber da ich die Verderbtheit der Zeit nicht kannte, hatte ich keine Ahnung davon, daß auch meine Tugend hier in Frage kommen könne.«[20]

Die zweite wichtige Ursache ist Molls unzureichende Erziehung, denn sie »verfügte über ein fast unbegrenztes Maß an Eitelkeit und Stolz und über einen nur zu geringen Vorrat an Tugend«. Wie jeder orthodoxe Autor vor ihm und nach ihm setzte Defoe als selbstverständlich voraus, nur eine tiefreligiöse Erziehung und Umwelt könnten den Menschen eine zuverlässige Richtschnur fürs Leben vermitteln. Ohne solche »divine assistance« könnten selbst die gutwilligsten Männer und Frauen »ihre tugendhaftesten Vorsätze nicht erfüllen«. Stattdessen nimmt Moll, ursprünglich ein ehrliches, fleißiges Waisenmädchen, Schaden an ihrer Tugend, weil sie durch Erziehung und Gewöhnung auf eine Lebensweise vorbereitet wird, der ihre tatsächliche gesellschaftliche Stellung nicht gerecht werden konnte.[21] Binnen weniger Jahrzehnte, als ein strukturelles Modell anstelle der alten Erklärungen für die Verführung und Erniedrigung von Frauen trat, wurde dieser Aspekt immer wieder bemüht und ausgesponnen, schien er doch zu beschreiben, wie Anlage und Umwelt so zusammenwirkten, dass manche Frauen anfälliger (und manche Männer rücksichtsloser) waren als andere.

Die wachsende Überzeugung, Erziehung sei wichtiger als angeborene Sündhaftigkeit, beruhte auf neuen Vorstellungen über die Formbarkeit der menschlichen Natur. Besonders die außergewöhnliche, ständig zunehmende Autorität von John Lockes Theorien über Selbst und Gewohnheit, die er in den Schriften *Essay Concerning Human Understanding*, 1689 (*Ein Versuch über den menschlichen Verstand*) und *Some Thoughts Concerning Education*, 1693 (*Gedanken über Erziehung*) darlegte, trug Mitte des 18. Jahrhunderts dazu bei, die herkömmliche Lehre von der Erbsünde – alle Menschen werden sündig geboren und bedürfen der Erlösung – zu überwinden. Stattdessen vertrat man in Anlehnung an Locke in der Regel die Ansicht, »daß unter zehn Personen immer neun durch Erziehung das sind, was sie sind, gut oder bös, der Gesellschaft schädlich oder nützlich«.[22] Danach waren charakterliche Unterschiede nicht angeboren, sondern weitgehend erlernt.

Allmählich begann diese Auffassung die Erklärung von sexuellen Verhaltensweisen zu bestimmen. 1739 meinte ein Kritiker, eine Hauptursache des Ehebruchs sei offensichtlich »die falsche, ich möchte sagen, erbärmliche Erziehung unserer Jugend: besonders unserer jungen Damen« – »Ich bitte Sie, mein Herr, überlegen Sie einmal, wie unsere jungen Damen von Rang und Herkunft – und sogar die Töchter einiger Landbesitzer, erzogen werden.« Wenn man sie Frivolität, Luxus und dem ständigen gesellschaftlichen Umgang mit Männern aussetze, wie es inzwischen Mode sei, bringe man sie auf einen Weg, der direkt ins Unglück führe. Um 1740 waren Richardsons Figuren alle in diesem Sinn zu verstehen. Wie ist Libertinismus zu erklären? Ganz einfach: Mr. B. ist so zügellos,

weil seine liebe Mutter ihn von Anfang an verwöhnte. Wie ich hörte, brauchte er sich als Kind von niemandem etwas sagen zu lassen oder

Widerspruch zu dulden. Daher wurde er nicht an Beherrschung ge-
wöhnt und kann es heute nicht ertragen, dass sich seinem heftigen
Willen das Geringste in den Weg stellt.

Warum werden manche Frauen leichter verdorben als andere? Lovelace
erklärt es: Sally Martin und Polly Horton, die Archetypen gefallener Mädchen in *Clarissa*, waren »Geschöpfe, die, da sie für ihr bescheidenes Vermögen zu vornehm erzogen worden waren und Geschmack an Vergnügungen und Unterhaltungen gefunden hatten, eine leichte Beute für seine
Verführungskünste.« Nicht sie selbst, sondern ihre Eltern,

die in hohem Maße für das Scheitern ihrer Töchter verantwortlich
waren, da sie diese mit den eleganten Torheiten und kostbaren Dingen
eines Zeitalters verwöhnten, welches sich mit seinen Unterhaltungen
und Vergnügungen so sehr eignet, Menschen von nur mittlerem Ver-
mögen allen nützlichen Beschäftigungen des Lebens zu entfremden
und junge Frauen zu einer leichten Beute für Wüstlinge und Libertins
zu machen.[23]

In allen Analysen der Verführung und Prostitution sollte das ein zentraler
Aspekt werden. Erziehung oder Ansprüche, die über ihren Stand hinaus-
wiesen, waren nach dieser Auffassung, die entscheidende Schwäche, die
einige Frauen besonders anfällig für sexuelle Gefahren machten. Allerdings wurde das manchmal auch einfach als angeborene weibliche Neigung wahrgenommen. »War es Eitelkeit, der kindische Stolz auf ein Kleid,
der Sie so betört?«, schalt ein Geistlicher 1791 eine gefallene Frau seiner
Pfarrgemeine,

hast du dem Drängen eines Höhergestellten nachgegeben um des
Wunsches willen, dich besser zu kleiden, Geld zu erhalten und bequem
zu leben? Und hast du geglaubt, dass die nämliche Fülle, die dir zuteil
wurde, dir weiterhin in der Weise gewährt würde, wie dein törichtes
Herz sich wohl wünschte? Die Erfahrung hat dir deinen Fehler vor
Augen geführt ... Daher reiß aus deinem Herzen den Wunsch, in dei-
ner Kleidung oder deinen Ansprüchen über den Platz hinaus zu stre-
ben, an den dich Gottes Vorsehung gestellt hat. Wenn du also von

*Höherstehenden gelockt wirst – gleich ob von deinen Herren, deiner
Herren Söhne oder Freunde oder von sonst jemandem –, wirst du gewisslich in dein Verderben rennen, wenn du nicht die Entschlusskraft
besitzt, den Geschenken zu widerstehen, mit der deine Tugend besto-
chen werden soll.*[24]

Ging man nach dieser orthodox-christlichen Auffassung davon aus, Ver-
führungsversuche müssten selbstbeherrscht abgewehrt werden, so waren
törichte Frauen zumindest teilweise selbst schuld an ihrem Untergang.
Meist aber wurden die Eltern für solche Einstellungen verantwortlich gemacht, weil sie ihren Töchtern eine allzu noble Erziehung hatten angedeihen lassen. Dass dadurch die frivolen, leichtlebigen Opfer aufgezogen
würden, die in sexueller Hinsicht besonders gefährdet seien, war das Stan-
dardargument in den meisten fiktionalen Werken – selbst in der extrem
komprimierten Schrift *Innocence Betrayed* wurde beiläufig erwähnt, der
Vater der armen, schuldlosen Sarah Martin habe »seine Tochter weit über
ihre Verhältnisse erzogen«. Daher sei das rechte Ideal, arme Mädchen, die
dem Risiko der Verführung ausgesetzt seien, »nicht in müßigen Dingen
jenseits ihres Standes zu unterweisen, sondern in den bescheidenen Pflichten von Hausbediensteten«.[25]

Den Gedanken, die Erziehung konditioniere Frauen gewissermaßen
zum Laster, sodass sie keine Schuld traf, griffen auch systematischere Denker auf. Durch seine historischen Studien überzeugte sich Henry Fielding
davon, dass selbst die Verfehlungen der verkommensten Dirnen früherer
Epochen »eher dem damals herrschenden allgemeinen Sittenverfall zuzuschreiben seien als irgendeiner ungewöhnlichen Andersartigkeit ihres Wesens; und dass sogar Livilla, Messalina, Agrippina oder Poppäa unter güns-
tigeren Zeitumständen zu keuschen und tugendhaften Matronen geworden
wären«. Es sei klar, so schloss er, »dass, wenn schwache Frauen fehlen, / *Die
Zeiten* sind's und nicht die armen Seelen«.[26]

Dieser Denkansatz bürgerte sich vor allem bei Feministinnen ein, die
daraus eine vernichtende Kritik an der Indoktrination von Frauen entwickelten. Mehr Frauen würden zur Unkeuschheit verführt, schrieb Catharine Macaulay 1790, »durch Unwissenheit, Vorurteile und berechnende
List derer, die sie erziehen, als durch irgendeine andere auf ihre Natur oder
den Zufall zurückzuführende Ursache«. Es sei absurd, Frauen zu Unschuld

und Weltfremdheit zu erziehen. Bestenfalls mache sie das zu hilflosen Nervenbündeln; schlimmstenfalls verwandle es in hirnlose, kokette Geschöpfe. In jedem Fall erhöhe eine derartige anerzogene Schwäche das Risiko von Verführung, Unkeuschheit und Prostitution. Die tatsächliche Lösung für diesen Missstand bestehe nicht darin, den Frauen immer größere Einschränkungen aufzuerlegen, sondern damit aufzuhören, sie als einfältige Sexualobjekte zu behandeln. Nur wenn Männer und Frauen die gleiche Freiheit hätten, ihre natürliche Vernunft zu entwickeln, bestehe Aussicht auf echte Keuschheit bei beiden Geschlechtern. Das war eines der Hauptthemen in Mary Wollstonecrafts *A Vindication of the Rights of Woman* (1792) wie in vielen früheren und späteren Schriften gegen die Künstlichkeit und Ungleichheit der modernen Geschlechterrollen.[27]

In der zweiten Hälfte des 18. Jahrhunderts gingen also die Erklärungen für die sexuelle Verführbarkeit von Frauen weit auseinander – ihnen gemeinsam aber war die Neigung, unerwünschte soziale Bestrebungen verantwortlich zu machen, und nicht angeborene weibliche Wollust. Allerdings waren die praktischen Auswirkungen dieser neuen Denkweise höchst zwiespältig.

Einerseits trug sie zu der Erkenntnis bei, auch gefallene Frauen könnten ein gewisses Maß an Unschuld bewahren, ihr weiterer Abstieg sei nicht unvermeidlich, und sie könnten wieder in die Gesellschaft eingegliedert werden – ein Gedanke, der offensichtlich in der orthodoxen christlichen Lehre von persönlicher Sünde und Erlösung wurzelte. Er griff auch das berühmte Argument des Augustinus auf, Keuschheit »sei nicht ein Gut, das wider den Willen des Geistes gar nicht entrissen werden könne«. So hieß es 1757 in einer Schrift: »Verlorene Unschuld ist nicht immer ein Beweis für Unkeuschheit. Viele brave Mädchen wurden durch Schmeicheleien gewonnen, vertrauten auf falsche Versprechungen und gaben sich einer unbesonnenen Zuneigung hin, haben aber trotzdem ihre Keuschheit nicht verloren und blieben unbefleckt in ihrer Seele.« »Lasterhaft war ich nicht so sehr durch eine Verdorbenheit des Charakters als vielmehr durch eine Art gewohnheitsmäßiger Ehrvergessenheit«, erläuterte 1773 eine im Gefängnis einsitzende Prostituierte. Sie habe den Keim einer tugendhaften Erziehung bewahrt; sie sei nicht bar »jeder zarten Empfindung, jeder Feinheit des Denkens, jeder Eigenschaft, die geeignet ist, unser Geschlecht liebenswert zu machen. Und obwohl ich sie ruhen ließ oder ihnen gestattete, sich mit gröberen Leidenschaften zu mischen, habe ich sie nicht gänzlich verworfen«.[28]

Die Ansicht, sexuelle Laster könnten nicht nur gelernt, sondern auch verlernt werden, wurde im späten 18. und im 19. Jahrhundert immer häufiger von Philanthropen vertreten (davon mehr im nächsten Kapitel). Sie wurde auch von Feministinnen und anderen Kommentatoren aufgegriffen, die erkannten, dass der moralische und gesellschaftliche Abstieg verführter Frauen im Wesentlichen eine Frage der Sitten und Konventionen war. Betroffene Frauen wurden nicht in die Prostitution getrieben, weil ein Fehltritt unwiderruflich ihren moralischen Untergang brachte, sondern weil die Welt (und insbesondere die anderen Frauen) sie so grausam ausgrenzten. Niemand ächte libertine Männer, beklagte Mary Robinson – die selbst viele Liebhaber hatte –, doch wie ungerecht sei im Vergleich dazu das Schicksal der meisten gefallenen Frauen:

SITTE, diese biegsame und bequeme Freundin des Mannes, erklärt die Frau für ehrlos …
Ihr bleibt kein Mittel. Sie appelliert an die fühlenden und denkenden Teile der Menschheit; sie haben Mitleid, aber sie tun nichts, um sie aufzurichten; sie flieht zu ihren Geschlechtsgenossinnen, aber die verurteilen sie nicht nur, sondern meiden sie auch.

Es sei eine »wohlfeile und törichte Ansicht«, meinte Catharine Macaulay,

dass die erste Verfehlung gegen die Keuschheit den Charakter einer Frau heillos zugrunde richte. Doch so zerbrechliche Geschöpfe bringt die Natur nicht hervor. Der menschliche Geist ist aus edleren Stoffen gemacht, die nicht so leicht verderben; trotz aller Nachteile ihrer Lage und Erziehung sind die Frauen selten völlig verloren, bevor sie nicht durch die giftige Rachsucht ihres eigenen Geschlechts in einen Zustand völliger Verzweiflung geworfen werden.

So natürlich es auch sein möge, schrieb Mary Hayes, Prostituierten mit einem Gefühl von »Hass, Verachtung und Schauder« zu begegnen, es sei falsch. Selbst die schlimmsten Huren seien letztlich die Opfer »lasterhafter Männer« und »unglücklicher Umstände«. Daher sollte jede Frau lieber »in

ihr Inneres schauen und sagen: Wenn ich mehr Reinheit in meinem Herzen und Betragen habe als diese unglücklichen Schwestern, ist das dann
nicht eher ein Grund für Dankbarkeit als Triumph?«[29]

Andererseits neigten selbst die mitfühlendsten Reformer zu der Auffassung, fortgesetzte Promiskuität mache Frauen »zu einer Schande ihres Geschlechts und der menschlichen Natur«. Noch häufiger war die Annahme,
ein einziger Fehltritt verderbe eine Frau unwiderruflich und vernichte ihre
Tugend. William Paley, Ende des 18. Jahrhunderts einer der gewichtigsten
Moralisten, stand beileibe nicht allein mit seiner Meinung, eine Frau werde auch dann, wenn sie durch falsche Versprechungen verführt worden
sei, augenblicklich in eine Hure verwandelt: »Da die Tugend einer Frau
an diesem Punkt angesiedelt ist, bedeutet der Verlust ihrer Keuschheit im
Allgemeinen *die Zerstörung ihres moralischen Prinzips*; und diese Konsequenz ist zu erkennen, gleich, ob der kriminelle Beischlaf entdeckt wird
oder nicht.« Sogar Bentham hielt es für unlogisch, von der Verführung
einer »Konkubine« oder »gemeinen Hure« zu sprechen. Solche Frauen hätten keine Tugend zu verlieren: Sogar ihre Vergewaltigung sei nicht notwendigerweise ein Verbrechen.[30] Mit einem Wort, neben der Aufwertung der
weiblichen Unschuld und einem neuen Mitgefühl für die Prostituierte als
Opfer, begegnete man im 18. Jahrhundert gefallenen Frauen auch weiterhin – und in gewisser Weise verstärkt – mit Verachtung.

Warum das so war, lässt sich leicht nachvollziehen. Der Fortfall der gesetzlichen Bestrafung und die größere Freiheit für Männer stellten erhöhte
Anforderungen an ehrbare Frauen. Ihre Selbstbeherrschung war jetzt der
Schlüssel zu sexuellem Wohlverhalten. Wenn eine Frau dieser Pflicht nicht
genügte, war es unverzeihlich, da ihre ganze Sittlichkeit davon abhing. In
diesem Punkt waren sich sogar Libertins und Geistliche einig. So höhnte
Lovelace: »Ist der Umstand, dass wir *Männer* der Versuchung nicht widerstehen können, ein Grund dafür, dass *Frauen* es auch nicht müssen, wo
doch ihre ganze Erziehung darauf gerichtet ist, sie zur Vorsicht zu mahnen
und vor unseren Versuchen zu warnen?« War es nicht. Bestenfalls signali-
sierte die Unkeuschheit einer Frau eine fatale Schwäche, schlimmstenfalls
erregte sie den Verdacht einer lüsternen Mittäterschaft. In jedem Fall verwandelte der Fehltritt die Frau in einen sexuellen und sozialen Feind. Gefallene Frauen nahmen anständigen die Männer weg; sie verkamen zu abstoßenden, unweiblichen Harpyien; und sie drohten, andere Frauen mit

ihrem Lebenswandel anzustecken. Aus all diesen Gründen mussten sie ausgegrenzt werden – besonders von ihrem eigenen Geschlecht.[31]

Diese Haltung wurde noch verstärkt durch die Verknüpfung von Erziehung und Keuschheit. Der Umstand, Frauen aus der Arbeiterklasse liefen größere Gefahr, verführt zu werden, sicherte ihnen ein gewisses Mitleid. (Frauen »aus niedrigen Lebenssphären«, schrieb Paley, seien »Versuchungen dieser Art am stärksten ausgesetzt«.) Doch bei vielen Beobachtern rief ihre Gefährdung Verachtung statt Mitgefühl hervor, schien es doch die Grundüberzeugung zu bestätigen, ärmere Frauen seien unkultivierter – und neigten daher stärker zu Unmoral. Frauen unterhalb »der mittleren Schichten«, schrieb Mandeville 1724, seien unzulänglich in Sittsamkeit unterwiesen, und wenn sie nur ein »Mindestmaß an Schönheit besitzen … um junge Männer aufzureizen … vermag ihre Keuschheit unmöglich längere Zeit standzuhalten, sondern muss unabwendbar nachgeben«. Alle Frauen seien in gewissem Maße vor Wollust »zu bewahren und zu schützen«, meinte auch Defoe, als er diese Passage las, aber eine solche »angeborene Sittsamkeit … bei Menschen von Stand lässt sich immer durch Erziehung verbessern«.[32]

Um 1740 vollzog sich diese Verschmelzung von gesellschaftlicher Herablassung mit sexueller Doppelmoral und bekam zentrale Bedeutung für die Handlung von *Pamela*, wo die Heldin nicht nur den Zwängen konventioneller weiblicher Unterordnung ausgesetzt ist, sondern auch ihrer extremen gesellschaftlichen Unterlegenheit. Die Schwierigkeit des Mädchens, ihre Keuschheit zu verteidigen, ohne den gesellschaftlichen Anstand zu verletzen, ist ein Hauptthema des Buchs. Alle höherstehenden Männer setzen voraus, dass sie angesichts dieses doppelten Handikaps gar keine andere Wahl hat, als sich ins Unvermeidliche zu fügen. Doch wenn sie es tut, wird sie von ihnen zweifach verurteilt – wegen ihrer Schwäche und wegen ihrer Unsittlichkeit. Sie sei nur »angemalter Dreck«, höhnt Mr. B.s Schwester, als sie meint, Pamela habe nachgegeben. »Solange ich glaubte, du seist unschuldig, hatte ich wirklich Mitleid mit dir«, aber jetzt empfinde sie nur Verachtung für sie: »Oh, *Pamela, Pamela*, du jammerst mich, wie du so vornehm tust und die Leute nachäffst, die über dir stehen; ich sehe, wie verwöhnt du bist! Einst warst du ein tugendhaftes, unschuldiges Mädchen und bescheiden dazu, nun bist du zu nichts mehr tauglich in dieser Welt als für das Eine, fürcht ich.« Ähnliche Vermutungen speisten viele feindselige Reaktionen von »Anti-Pamela«-Lesern wie Henry Fielding, der einwandte, die Geschichte sei zutiefst unglaubwürdig, sogar subversiv. Nach ihrer Ansicht musste die Frau aus der Unterschicht in einer solchen Situation mit Sicherheit nachgeben oder sich insgeheim sogar zur Komplizin machen – in jedem Fall würde sie ihre Tugend und Keuschheit verlieren. Ein Kritiker aus besseren Kreisen meinte verächtlich, Pamela sei nur »ein kleines Luder, das jeder Mann mit Verstand oder Geschick in ein oder zwei Wochen herumgekriegt hätte«.[33]

Seit langem herrscht Einigkeit darüber, dass in England während der Jahrzehnte um 1800 die Mittel- und die Arbeiterklasse zum ersten Mal als Gruppen mit spezifischem Zusammengehörigkeitsgefühl und Bewusstsein in Erscheinung traten und dass in diesem Zeitraum der Klassenbegriff auch zum vorherrschenden Werkzeug der Gesellschaftsgliederung wurde. Außerdem konnte in jüngerer Zeit gezeigt werden, dass Geschlechterideologien von zentraler Bedeutung für die Bildung der Klassenidentität waren.[34] Umgekehrt verhält es sich in Debatten über Moral und Sozialstruktur: Dort beeinflusste die wachsende Bedeutung des Klassenbegriffs die Männer- und Frauenbilder.

In Viktorianischer Zeit wurden immer neue und kompliziertere Hypothesen über diesen Zusammenhang vorgeschlagen. Aus physiologischen wie kulturellen Gründen, so die christliche Ärztin und Feministin Elizabeth Blackwell in den 1880er Jahren, sei die Arbeiterklasse sexuell genauso zügellos wie primitive Völker und Tiere: »Im Rohzustand, in den naturbelassen Regionen unseres Landes und in den Elendsvierteln aller großen Städte sind Männer und Frauen über die Maßen unkeusch.« Für zahllose gebildete Beobachter stand die Sittenlosigkeit und Lüsternheit plebejischer Frauen außer Frage.[35]

Die ersten Ansätze dieser Einstellungen lassen sich bereits ein Jahrhundert zuvor beobachten. »Die Frauen aus den niederen Klassen«, meinte 1772 ein gebildeter Autor naserümpfend, hätten überhaupt keine sexuellen Hemmungen. Sie fühlten sich zu schwarzen Männern hingezogen, »aus Gründen, die zu schamlos sind, um sie zu erwähnen; sie würden sich auch mit Pferden und Eseln paaren, wenn das Gesetz es zuließe«. Das war eine extreme Auffassung, aber aus Sicht vieler Kommentatoren schien Ende des 18. Jahrhunderts offenkundig zu sein, Frauen aus der Arbeiterklasse seien weniger gebildet, daher weniger kultiviert, weniger weiblich und folglich auch weniger tugendhaft. Das war nach dieser Auffassung kein persönlicher Fehler, sondern ein strukturelles gesellschaftliches Problem. »London ist eine wahre Senkgrube des Lasters, daher sind die niederen Klassen sehr verdorben«, meinte 1786 ein Geistlicher. »Es gibt wenige Dienstmädchen in London, ja, im ganzen Land, die keine Huren sind; das mag eine lieblose Feststellung sein, trotzdem ist sie wahr.« Unkeuschheit sei ohne Belang für einfache Frauen, meinte auch ein Rechtsanwalt: »Bei Menschen niederen Standes geht die Bedeutung solcher Transaktionen aus Mangel an zarteren Gefühlen verloren«. Weibliche Keuschheit sei offenkundig das Ergebnis von »Sitte, Gewohnheit und Erziehung« und nicht »naturgegeben und angeboren«, erklärte ein anderer Kritiker, und aus diesem Grund gebe es »unter Leuten von Stand und Vermögen weniger unkeusche Frauen, selbst im Verhältnis zu ihrer Gesamtzahl, als man keusche Frauen unter Leuten von niederer Herkunft findet, obwohl das Leben ersterer gewöhnlich müßig und luxuriös ist«. Auch Samuel Johnson war fest davon überzeugt, dass die Menschen »umso sittsamer werden, je besser man sie unterrichtet«, und dass deshalb, »soweit ich beobachten konnte«, gelte: »Je höher von Rang und je reicher die Damen, desto besser ihre Bildung und desto größer ihre Tugend.«[36]

Diese Auffassung blieb nicht unwidersprochen. Boswell zum Beispiel war ganz anderer Meinung. »Unser Weltwissen, Sir«, erwiderte er, »sagt uns, dass es um die Moral der Frauen von Stand schlechter bestellt ist als um die der Frauen von niederer Herkunft«. In der Tat fällt auf, dass Ende des 18. Jahrhunderts verstärkt Kritik an der angeblichen Unmoral von Männern und Frauen der höheren Kreise laut wurde. Aber das war Teil desselben »Paradigmenwechsels«. Entscheidend und üblich war es Ende des 18. Jahrhunderts, Moral unter dem Gesichtspunkt der Klasse zu beurteilen und als selbstverständlich vorauszusetzen, verschiedene soziale Gruppen hätten unterschiedliche Sexualnormen.[37]

Letztlich liefen diese verschiedenen Auffassungen der Wirkung von Anlage und Umwelt auf ein tiefreichendes Doppelbewusstsein hinaus, das seinen Höhepunkt in Viktorianischer Zeit erreichte und sich bis ins 20. Jahrhundert fortsetzte. Auf der einen Ebene gab es die feste Vorstellung von der sexuellen Unschuld und Opferrolle der Frau, die für viele Beobachter auch für Prostituierte galt. Doch gleichzeitig wurde die Sexualität ungebildeter Frauen häufig mit Argwohn betrachtet und Huren – sogar von Philanthropen – in der Regel als abstoßend und verkommen empfunden. So war es gleichzeitig möglich, die Lüsternheit von Männern zu beklagen, aber gefallene Frauen gesellschaftlich zu ächten und Frauen aus der Arbeiterklasse die Weiblichkeit abzusprechen. Das Verhältnis von Mitgefühl und Abscheu unterschied sich offensichtlich von Beobachter zu Beobachter; doch nur wenige Kommentatoren konnten sich dieser Doppelperspektive ganz entziehen. Sie profitierte von den neuen Verknüpfungen zwischen Moral, Erziehung und Klasse, die sich während der Aufklärung herausbildeten.

Heirat und Geld

Das dritte wichtige Thema, das im 18. Jahrhundert alle Diskussionen über Verführung beherrschte, war die Besorgnis über den Zustand der modernen Ehe. Die Menschen schienen nur wegen des Geldes zu heiraten – oder überhaupt nicht. Wohlhabende Männer verachteten die Ehe, weil es sehr leicht geworden war, »sich an verbotenem Beischlaf schadlos zu halten«. Schlimmer noch, sie missbrauchten die Rituale des Liebeswerbens, um Frauen zu verführen: Sie versprachen ihnen die Ehe, um mit ihnen zu schlafen und sie dann zu verlassen. Wenn Männer und Frauen aus falschen – finanziellen – Gründen heirateten, führte dies zu schlecht zueinander passenden Paaren, unglücklichen Verbindungen und Ehebruch.[38]

Zuerst wurden diese Grundthemen in den Romanen, Gedichten und Dramen des 17. Jahrhunderts eingehender abgehandelt. In seiner utopischen Fabel *Neu-Atlantis* (*New Atlantis*, 1627), beklagt Francis Bacon den Niedergang der Ehe:

> *Da jedoch den Menschen ein Heilmittel erst dann angenehm ist, wenn ihre Begierden bereits verdorben sind, ist die Ehe fast beseitigt. Daher sieht man bei euch unzählige Männer, die keine Frauen nehmen, sondern vielmehr ein zucht- und zügelloses Junggesellenleben dem ehrenvollen Joch der Ehe vorziehen ... Wenn sie aber eine Ehe eingehen, was ist ihnen dann die Ehe anderes als ein bloßes Geschäft? Man fragt dabei nach Verwandtschaft, Mitgift oder Ansehen ... Keineswegs aber kommt ihnen jene treue eheliche Gemeinschaft zwischen Mann und Frau, die von Anbeginn das Wesen der Ehe ausmacht, in den Sinn.*

Einige Jahrzehnte später schrieb Samuel Butler:

Zum bloßen Handel wird die Ehe, / um Interessen und Geschäft zu dienen; / geschlossen nicht aus Liebe, sondern nur aus Vorbedacht, / um Land und Häuser günstig einzutauschen.*

In tragischen Theaterstücken wurde häufig beschrieben, wie unselig die Folgen sein konnten, wenn junge Leute zu lieblosen Eheschließungen gezwungen wurden. Auch in Komödien war der Gegensatz zwischen spontaner Liebe und Vernunftehe ein beliebtes Thema.[39] Doch wie viele Forscher zeigten, handelte es sich immer nur um eine begrenzte Kritik. Denn gleichzeitig wurde das Ideal der glücklichen, liebevollen Ehe gepriesen, und die Kritik durch die unübersehbare Künstlichkeit der theatralischen Handlungsentwürfe und -orte abgeschwächt.

Erst nach der Glorreichen Revolution von 1688, als man sich große Sorgen um den moralischen Zustand der Nation machte, wurde der vermeintliche Niedergang der Ehe zu einem Thema ernsthafter öffentlicher Diskussionen. Die meisten frühen Kommentatoren glaubten, es handle sich um eine jüngere Entwicklung, doch schon bald wurde dieser Trend zu einem Hauptargument der Gesellschaftskritik. *Tatler, Guardian, Spectator* – sie alle beklagten die Situation. 1727 prägte Daniel Defoe den Ausdruck »legale Prostitution«, der rasch zu einem beliebten und überdauernden Kürzel für die lieblose, arrangierte Eheschließung wurde.[40]

Es war auch ein Lieblingsthema vieler früher Feministinnen. Die meisten Männer würden nur des Geldes wegen heiraten, klagte Mary Astell, die ihr Leben lang unverheiratet blieb; wie Sklaven würden Frauen »in geldgierige Hände … verkauft« und von ihren Ehemännern tyrannisiert. Sarah Cowper, eine von Astells Leserinnen, die reiche, verwaiste Tochter eines Kaufmanns, war gefangen in der Ehe mit einem ehrgeizigen Baronet. Verbittert schrieb sie in ihr Tagebuch: »Ich habe all meine Tage wie eine Sklavin gelebt.« Als ihr Mann schließlich 1706 starb, ermahnte sie sich selbst, fortan »ein Leben in Freiheit und Ungebundenheit zu leben und sich nicht

---

*   For matrimony's but a bargain made
    To serve the turns of interest and trade;
    Not out of love or kindness, but designs,
    To settle land and tenements like fines.

wieder in Sklaverei zu begeben«. Die Wollust und berechnende Habgier des modernen Mannes seien so groß, klagte Sarah Fyge (die bald schon selbst zu einer solchen lieblosen Verbindung gezwungen wurde), dass selbst wenn »Polygamie wär' erlaubt«,

> *Verabscheut würden alle Ehefrauen / und angebetet manch gemeine*
> *Hure / Ehefrau, verhasst ist ihnen dieses Wort / Dennoch muten sie*
> *sich eine zu / Um ein legitim gebor'nes Kind zu haben / Als Erben,*
> *wenn mit Besitz sie ausgestattet / Oder nur als Träger ihres Namens;*
> *am Ende also / nehmen sie ein Weib, zum Wohlgefallen ihrer Freunde /*
> *Die das genauso haben wollen / und zu diesem Zweck vielleicht Besitz*
> *verschenken / Der dann jedoch ganz anders wird verwendet; / An un-*
> *gesetzlich Brut wird Recht verraten / und diese samt den Dirnenmüt-*
> *tern ausgehalten / Hingegen müssen Ehefrau und Kinder darben /*
> *Elend und arm, mit nichts als gutem Grund zum Klagen, / Bis ihre*
> *Freunde wiederkehren.*[*][41]

Mitte des 18. Jahrhunderts wurde in Romanen und Abhandlungen ständig erörtert, die Geldheirat sei ein universelles Problem der besitzenden Klassen – die Hauptursache für Unglück, Verführung, Prostitution, Ehebruch und Unmoral. Alle führenden Maler und Schriftsteller gingen von dieser Voraussetzung aus. Die Pervertiertheit des Heiratsmarktes war eines der wichtigsten Themen von Richardson. In *Clarissa* wird diese Form der Ehe-

---

[*] Yet all his wives would surely be abhorr'd,
   And some common *Lais* be ador'd.
   Most mortally the name of wife they hate,
   Yet they will take one as their proper fate,
   That they may have a child legitimate,
   To be their heir, if they have an estate,
   Or else to bear their names: so, for by ends,
   They take a wife, and satisfy their friends,
   Who are desirous that it should be so,
   And for that end, perhaps, estates bestow;
   Which, when possess'd is spent another way;
   The spurious issue do the right betray,
   And with their mother-strumpets are maintain'd;
   The wife and children by neglect disdain'd,
   Wretched and poor unto their friends return,
   Having got nothing, unless cause to mourn.

schließung sogar für Lovelaces schlechten Charakter verantwortlich gemacht. Erst als ihn die Frau, die er heiraten will, für einen Aristokraten sitzen lässt, wird er zum Bösewicht und schwört, sich »an so vielen Angehörigen dieses Geschlechts zu rächen, wie in meiner Macht steht«.[42] Hogarths Bilderfolge *Heirat nach der Mode* (1745) liefert eine glänzende Illustration des Themas. In der ersten Szene begegnen wir den Protagonisten: dem einfältigen, verschwenderischen Grafen in entsetzlicher Geldnot; seinem degenerierten Sohn, durch zu viel Hurerei bereits von der Syphilis befallen; dem reichen, ungehobelten Ratsherrn, der seine Tochter gegen den Statusgewinn eintauscht; und dem Mädchen selbst, das durch diese unnatürliche Heirat zu schändlichem Ehebruch gezwungen wird. Am Ende wird ihr Liebhaber hingerichtet, weil er ihren Ehemann umgebracht hat, die unglückliche Frau vergiftet sich, und ihr geiziger, hartherziger Vater streift ihr die Juwelen vom sterbenden Leib. Der einzige unschuldige Beteiligte, ihr neugeborenes Kind, ist bereits von der ererbten Syphilis entstellt – ein Symbol nicht nur für die schreckliche Erkrankung seiner Eltern, sondern auch für die gefährliche moralische und physische Fäulnis der ganzen herrschenden Klasse (vgl. die Tafeln 6 und 7).

Warum diese Fixierung auf die Geldheirat? Der Hauptgrund war das geschärfte Bewusstsein dafür, dass die Ehe keine zeitlose, gottgegebene Institution war, sondern nur eine fragile menschliche Erfindung. Bis zur Reformation war sie ein heiliges Sakrament. Doch Ende des 18. Jahrhunderts hatte sich die Auffassung durchgesetzt, die Ehegesetze seien veränderbare Konventionen: Infolgedessen klopfte man die Ehekonventionen sorgfältig auf Anzeichen für soziale Missstände ab. So meinte Samuel Johnson (auch als »Dr. Johnson« bekannt), dieser bedeutende moderne Konservative, die Ehe sei ein gänzlich künstliches, aber gesellschaftlich unentbehrliches Gebilde, das jede denkbare Unterstützung von Gesetzen und Konventionen brauche:

Im Zustand der Ehe zu leben, ist für Mann und Frau so unnatürlich, dass alle Beweggründe, die sie haben könnten, um in dieser Verbindung zu bleiben, und alle Hindernisse, die die zivilisierte Gesellschaft ihnen auferlegt, um eine Trennung zu verhindern, schwerlich ausreichen, um ihren Zusammenhalt zu sichern.[43]

Es gab auch verschiedene spezifische Gründe für die wachsende Obsession. So führte die größere Freizügigkeit der Männer zu einer Häufung der Fälle von Unzucht und Verführung mit Hilfe von Heiratsversprechen. 1778 schrieb Joseph Priestley: »Die Zahl der Frauen, die von Männern in Schande gebracht werden, welche tatsächlich zu dem Zeitpunkt ehrliche Heiratsabsichten hatten, ist klein im Vergleich zur Zahl derer, die von Männern ohne solche Absichten verführt wurden.« Das können wir grob, aber zuverlässig, an der Zahl der Kinder ablesen, die außerehelich empfangen wurden. Während des 17. Jahrhunderts war diese Zahl extrem niedrig: 1650 waren nur rund ein Prozent aller Geburten unehelich. Danach stieg die Zahl stetig auf nie dagewesene Höhen an. Um 1800 war ungefähr ein Viertel aller Frauen bei der Geburt ihres ersten Kindes unverheiratet. Wie viele von ihnen Opfer einer geplanten Verführung und keiner gescheiterten Werbung waren, werden wir nie erfahren (abgesehen davon, dürften die Übergänge fließend gewesen sein). Doch viele dieser Frauen haben sicherlich in Erwartung einer späteren Heirat in den Beischlaf eingewilligt. Das war offensichtlich ein allgemeiner Trend: um 1800 waren fast 40 Prozent der Frauen, die *tatsächlich* heirateten, bereits schwanger.[44]

Im London des 18. Jahrhunderts war der Anteil der unehelichen Geburten (und damit, wie wir vermuten dürfen, die Verführungshäufigkeit) weit höher angestiegen als im übrigen Land. Die wenigen Statistiken, die wir haben, lassen darauf schließen, dass Männer, die Frauen aus der Arbeiterklasse schwängerten und dann sitzen ließen, bei Junggesellen aus der Mittel- und Oberschicht überrepräsentiert waren. Ihre Geschichten spiegeln sich wider in Moll Flanders' Bericht darüber, wie der Sohn ihrer Herrin sie zum Beischlaf überredete, indem er so tat »als gäbe es überhaupt keine andere Liebe, als die mit einer gesetzmäßigen Ehe endigte«, und ihr versicherte, »er sei fest entschlossen, mich zu heiraten, so bald er in den vollen Besitz seiner Güter gelange; und mittlerweile würde er mich, wenn ich seine Bitte erfülle standesgemäß unterhalten; und mittlerweile würde er mich, wenn ich seine Bitte erfülle, standesgemäß unterhalten … noch tausendmal beteuerte er mir seine Aufrichtigkeit und seine Zuneigung; sagte, er werde mich nie verlassen«. Erst später wurde ihr klar, »daß er, seit ich seine Geliebte geworden, nie mehr davon geredet hatte, mich später auch zur Ehefrau zu nehmen«.[45]

Libertins aus der besseren Gesellschaft bedienten sich der gleichen Vorgehensweise. Beispielsweise verwendete Charles Calvert, Lord Baltimore, diese Taktik, als er Anfang der 1720er Jahre die junge attraktive Witwe Mary Pendarves verfolgte. Mehrere Jahre machte er ihr den Hof, während er heimlich mit anderen Frauen schlief. Schließlich versuchte er, die Sache mit einem intensiven Gespräch voranzutreiben. Offen erklärte er ihr seine Liebe und gab vor, der Liebesakt sei ein notwendiges Vorspiel für eine glückliche Heirat. »Unsere Unterredung«, schrieb Mary später,

> *begann mit einer Plauderei über die neuesten Nachrichten. Einige Ehen wurden erwähnt, und wir waren uns einig, dass das Glück wenig Chancen hatte in den meisten dieser neumodischen Verbindungen, wo die Beteiligten nach dem wirtschaftlichen Interesse und nicht nach ihren Neigungen gingen. Schließlich sagte er, er sei entschlossen, niemals zu heiraten, wenn er sich der Zuneigung der Heiratskandidatin nicht ganz sicher sein könne. Meine Antwort lautete: »Könnt Ihr (wenn die Person frei über sich verfügen kann) einen stärkeren Beweis haben, als dass sie in die Ehe einwilligt?« Er antwortete, das sei nicht ausreichend.*

Was er meinte, war klar. (Als sie sich sträubte, ging er fort und ließ sie mit gebrochenem Herzen zurück.) Mitte des Jahrhunderts war diese List so berüchtigt, dass Lady Bradshaigh es für unverzeihlich hielt, wenn sich ein vernünftiges Mädchen »durch einen so altbekannten Köder wie ein Heiratsversprechen locken ließ«.[46]

Ein anderer Grund für die Sorge wegen der Geldheiraten war das Wachstum des Heiratsmarktes. Eheschließungen waren schon immer Gegenstand kühler Berechnungen. Je größer ein Familienbesitz, desto stärker das Bedürfnis, ihn zu erhalten, und desto wahrscheinlicher, dass Eltern und Verwandte die Verbindungen sorgfältig arrangierten, statt sie den jungen Leuten selbst zu überlassen. Auf allen Ebenen der wohlhabenden Kreise gehörten Verhandlungen über Geld (Mitgift, Anteile, Güterstand und Erbschaften) zu den üblichen Vereinbarungen im Vorfeld einer Ehe.[47] Über das Thema spottete man schon auf den Bühnen des elisabethanischen Zeitalters. Allerdings rückten diese materiellen Gesichtspunkte Ende des 17. und Anfang des 18. Jahrhunderts noch stärker in den Vordergrund.

Am Anfang dieser Zeit gab es einen regelrechten Mangel an in Frage

kommenden Männern aus der Oberschicht und eine enorm wachsende
Zahl von Söhnen aus aristokratischen Familien, die reiche Bürgertöchter
heirateten. Außerdem fanden die Heiratsvermittlungen immer häufiger
in größeren und öffentlichen Foren statt. Während dieser Zeit verzeichne-
ten die Provinz- und Badeorte überall im Land ein beträchtliches Wachstum, was den Damen, wie ein Beobachter 1732 vermerkte, Gelegenheit verschaffte, »sich zu zeigen und eine gute Partie zu machen«. So wurde der
Wettbewerb um wohlhabende Ehekandidatinnen sehr viel öffentlicher ausgetragen. Verstärkt wurde diese Entwicklung durch den Aufstieg der Zeitungen und anderer Printmedien, die nicht nur angelegentlich über den
Heiratsmarkt berichteten, sondern ihm auch Vorschub leisteten. In den
1740er Jahren wurde über Wohnsitz und Verfügbarkeit reicher Erbinnen in
Zeitungen und Zeitschriften so eingehend berichtet, dass ein geschäfts-
tüchtiger Mitgiftjäger in der Lage war, zweiunddreißig eng beschriebene
Seiten mit den relevanten Daten (Namen, Adressen, Aktienbesitz und kol-
portiertes Vermögen) über das aktuelle Angebot an gutbetuchten unverheirateten Frauen zu füllen (vgl. Abbildung 7). Schließlich, zweifellos in
Reaktion auf diese gesellschaftlichen Entwicklungen, verschärfte die Oberschicht kollektiv die väterliche Kontrolle der Eheschließungen und bewies
damit, in welchem Maße sie wirtschaftlichen Zwecken dienten. Ende des
17. Jahrhunderts wurden die Besitzrechte von Ehefrauen und Kindern
durch Gesetzesänderungen geschwächt, während das Ehegesetz von 1753
jungen Leuten weitgehend die Möglichkeit nahm, ohne angemessene Aufsicht und Zustimmung ihrer Familien zu heiraten. Heimliche (oder »ver-
stohlene«) Heiraten – nach 1660 sehr beliebt – wurden gesetzlich verboten;
alle Eheschließungen mussten in der Pfarrgemeinde des Paares stattfinden
und vorher öffentlich bekannt gegeben werden; kein Mann oder keine Frau
unter zwanzig durfte gegen den Willen eines Elternteils heiraten. Jeder
Geistliche, der das Gesetz missachtete, wurde als Schwerkrimineller behandelt und auf vierzehn Jahre nach Amerika deportiert (ein oder zwei taten
es und wurden verurteilt).[48]

Als diese Tendenzen in der Öffentlichkeit registriert wurden, verbreitete sich Unbehagen über die zunehmende Kommerzialisierung der Gesellschaft – ein Unbehagen, das verschärft wurde, weil gleichzeitig das entgegengesetzte Ideal an Bedeutung gewann, nach dem die Ehe in erster
Linie auf Zuneigung zwischen freien Individuen gründen sollte. Die wach-

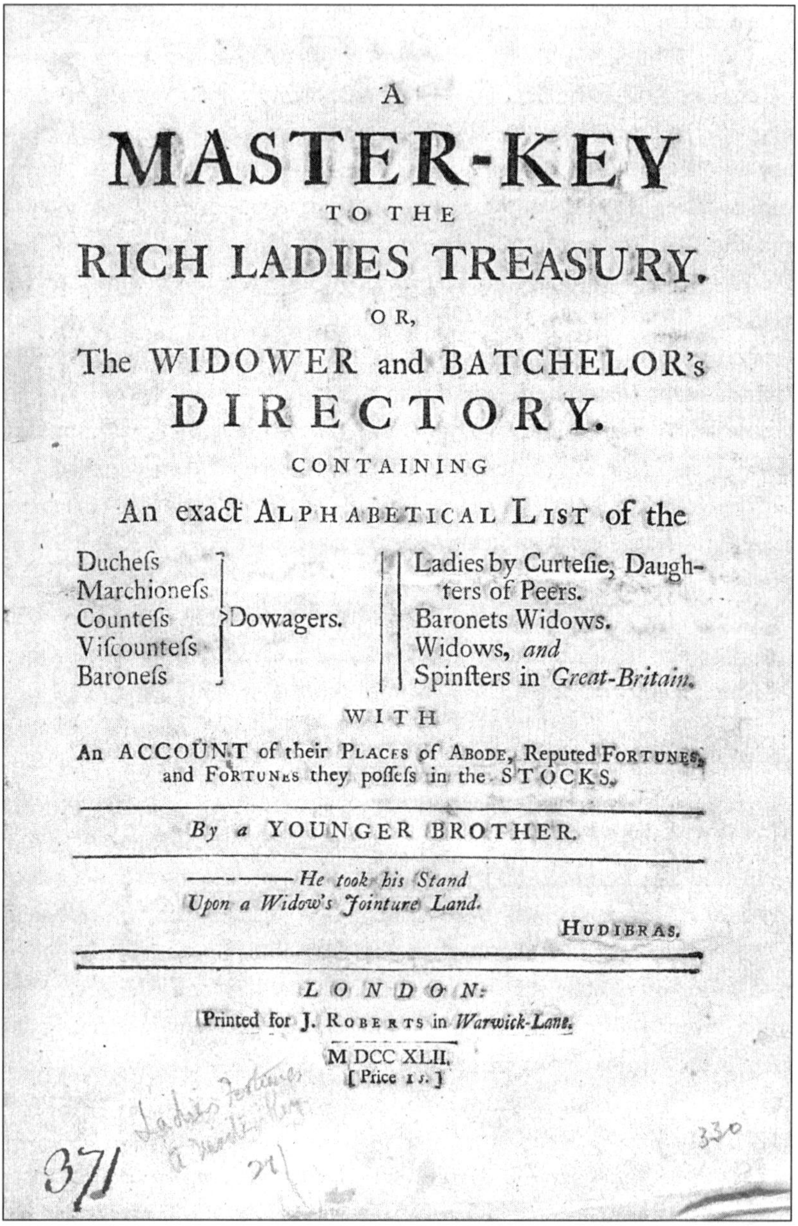

A

MASTER-KEY

TO THE

RICH LADIES TREASURY.

OR,

The WIDOWER and BATCHELOR's

DIRECTORY.

CONTAINING

An exact ALPHABETICAL LIST of the

Duchefs ⎤		Ladies by Curtefie, Daugh-
Marchionefs ⎪		ters of Peers.
Countefs ⎬ Dowagers.		Baronets Widows.
Vifcountefs ⎪		Widows, *and*
Baronefs ⎦		Spinfters in *Great-Britain.*

WITH

An ACCOUNT of their PLACES of ABODE, Reputed FORTUNES, and FORTUNES they poffefs in the STOCKS.

By a YOUNGER BROTHER.

———— He took his Stand
Upon a Widow's Jointure Land.

HUDIBRAS.

L O N D O N:

Printed for J. ROBERTS in *Warwick-Lane.*

M DCC XLII.
[Price 1 s.]

Abb. 7. »A Master-Key to the Rich Ladies Treasury«: Junggesellenführer für die besten Angebote auf dem Heiratsmarkt des Jahrs 1742.

[20]

Spinſters.

Names.	Places of Abode.	Reputed Fortunes.	In the Stocks.
Miſs			
Coulthurſt -	Baſinghall-ſtreet -	8,000	
Clark -	York-buildings -	10,000	1000 E. I.
Chowne -	Forſter-lane -	5,000	
De Caſtro -	Beavers Mark -	10,000	1000 E. I.
Cholmley -	Theobalds,Hertfordſh.	12,000	1000 E. I.
Clayton -	Brook-ſtreet -	15,000	
Cotefworth -	Conduit-ſtreet -	16,000	1000 E. I. 1000 B.
Cotefworth -	Hexam, Northumberl.	16,000	1000 E. I. 1000 B.
Chock -	Villars-ſtreet -	10,000	1000 E. I.
Craile -	Pall-mall -	15,000	
Cudworth -	Cecil-ſtreet -	10,000	1000 E. I.
Crofs -	Mill-bank -	15,000	
Cutler 2 -	- - -	10,000 Each	1000 B. Each
Carpue -	Haymarket -	5,000	
Cox 2 -	- - -	10,000 Each	1000 B. Each
Cox Jenny -	Princes-ſtrt.Stocks-Mt.	6,000	
Clerk -	Kenſington -	8,000	
Cooke 2 -	- - -	10,000 Each	1000 B. Each
Craggs -	Bond-ſtreet -	20,000	
Coulſton -	- - -	12,000	1000 B.
Cornwallis -	Sackvile-ſtreet -	15,000	
Cater -	- - -	20,000	1000 B.
Cotton 3 -	Dover-ſtreet -	10,000 Each	
Carey -	- - -	12,000	1000 B.
Cock -	- - -	10,000	1000 B.
Collins -	- - -	15,000	1000 B.
Cloſe -	- - -	10,000	1000 B.
Calamy 3	- - -	8,000 Each	1000 B. Each
Carpenter -	Highgate -	7,000	
D			
Dixon -	Hackney -	20,000	1000 B. 1000 E. I. 1000 S. S.
Drake -	Cavendiſh-ſquare	20,000	
Decker -	St. James's-ſquare	30,000	1000 E. I.
Dives -	St. James's	20,000	
Decker 3 -	Golden-ſquare -	15,000 Each	
Davis -	St. Alban's-ſtreet -	10,000	1000 E. I.
Dickens 3	Golden-ſquare -	10,000 Each	
Derham -	Drayton, Middleſex	12,000	1000 E. I.

Spinſters

sende Attraktivität dieser Ideologie war der dritte Grund für die immer lauter werdende Kritik an Geldheiraten. Das Prinzip gegenseitiger Anziehung war in der Kultur des Mittelalters und der Renaissance tief verwurzelt und dem berechnenden Abwägen nie so absolut entgegengesetzt, wie die Rhetorik der Zeit es glauben machen wollte. Trotzdem profitierte das Prinzip von den Forderungen, die im Zusammenhang mit dem Grundsatz der sexuellen Freiheit erhoben wurden: der Aufwertung des Gewissens, den Idealen der persönlichen Freiheit und des Strebens nach Glück sowie der Ansicht, in allen Lebensbereichen seien natürliche Instinkte wichtiger als künstliche Konventionen und kühle Erwägungen. Förderlich war auch der Umstand, dass die weibliche Perspektive auf Liebeswerben und Treue stärker ins öffentliche Bewusstsein drangen, denn die Kritiker der arrangierten Ehe beklagten, sie benachteilige die Frauen.

Heute halten wir Liebe und individuelle Wahl ganz selbstverständlich für die Grundlage der Ehe: Das ist eines der Charakteristika westlicher Gesellschaften. Allerdings ist die Vorherrschaft dieses Grundsatzes eine vergleichsweise junge Errungenschaft. Im 18. und frühen 19. Jahrhundert hatte das Prinzip in den besitzenden Klassen nur eine sehr begrenzte politische und gesetzliche Basis. Das Heiratsgesetz von 1753 stand in krassem Gegensatz dazu: Es sollte verhindern, dass verliebte junge Leute gegen den Willen ihrer Eltern heirateten, stufte also das individuelle Glück weit unter den materiellen Interessen der patriarchalischen Familie ein. Wie der Historiker David Lemmings überzeugend ausgeführt hat, befleißigten sich selbst die Parlamentarier, die bei der Bekämpfung des Gesetzes die Ideologie von Liebe und Zuneigung in die Waagschale warfen, nur einer zynischen Rhetorik. Tatsächlich seien sie Mitgiftjäger gewesen, »die den Heiratsmarkt für Gleichgesinnte erhalten wollten«: Reiche Erbinnen, fanden sie, sollten Freiwild für jedermann bleiben. Trotzdem setzte sich die Einstellung allmählich durch. Das war eine Erklärung für die auffällige Zunahme an heimlichen Heiraten, die im späten 17. und im 18. Jahrhundert zu beobachten war. Ihre Thesen waren allgegenwärtig, nicht nur in der präskriptiven Literatur, sondern auch im Bewusstsein der mondänen Welt. Viele Frauen aus der Oberschicht schienen sie verinnerlicht zu haben, selbst wenn sie selbst aus wirtschaftlichen Motiven heirateten. All das erklärt, warum in den 1750er Jahren der Unterschied zwischen Liebesheirat und Geldheirat so breit diskutiert wurde.[49]

Daher war die Liebesheirat ein faszinierendes Thema, denn sie verdeutlichte die Spannungen zwischen Leidenschaft und Vorsicht, männlichen und weiblichen Interessen, echter Liebeswerbung und zynischer Verführung. Im Übrigen ging ihre Bedeutung für die meisten Beobachter weit über die Motive des Paares selbst hinaus. Die Pervertierung der Ehe warf auch tiefere, verstörendere Fragen zur Gesellschaftsordnung und Willfährigkeit auf.

Bereits 1701 hatte der Schriftsteller und Diplomat Sir William Temple geklagt, dass »Geldheiraten, die ohne Liebe, Wahl oder Neigung« geschlossen würden, zur körperlichen und moralischen Degeneration des Adels führen. Mitte des 18. Jahrhunderts war es ein Gemeinplatz der Gesellschaftskritik, in den höheren Schichten werde weniger geheiratet als in den unteren und ihr Bestand verringere sich entsprechend. Für viele Radikale und Feministen kam in diesem Phänomen die tiefe Verderbtheit der herrschenden Klasse zum Ausdruck. Die Aristokratie leide unter hoffnungsloser Inzucht, meinte ein Gegner des Heiratsgesetzes von 1753, und die Erschwernis von klassenüberschreitenden Eheschließungen (eine zwangsläufige Folge stärkerer elterlicher Kontrolle) durch das neue Gesetz könne die Situation nur noch verschlimmern: »Wollt ihr, dass die Menschen aus den höheren Kreisen nur untereinander heiraten und sie daran hindern, durch ein wenig gesundes Blut aufgefrischt zu werden, das sie so nötig brauchen? Wollt ihr schlechte Gesundheit mit schlechter Laune verheiraten?« »Die einfachen und armen Leute«, meinte ein Bevölkerungswissenschaftler etwa zur gleichen Zeit, sind im Allgemeinen fruchtbarer, und »ihre Kinder sind meist kräftiger, gesünder, derber, langlebiger, weniger anfällig für Erbkrankheiten und fähiger, große Anstrengungen zu ertragen«. Doch offenbar war auch auf deren Moral kein Verlass. Letztlich, so ein Zeitungskorrespondent 1752, betreffe das Problem beide Enden des gesellschaftlichen Spektrums:

In den unteren Schichten heiraten die Menschen oft ohne ein anderes Interesse als die sinnliche Befriedigung einer aktuellen Begierde: Die Paarung des Pöbels ist nicht besser als die gesetzlich oder kirchlich sanktionierte Unzucht … In den höheren Schichten ist die Ehe ein bloßer Handel, ein Tausch- und Kaufgeschäft, bei dem beide Teile bestrebt sind, den jeweils anderen zu übervorteilen.[50]

Man fürchtete, Wollust und Geiz würden den ehelichen und gesellschaftlichen Zusammenhalt in allen Teilen der Gesellschaft zerstören. Das entscheidende Problem war das Machtverhältnis zwischen Eltern (vor allem Vätern) und ihren Kindern (vor allem Töchtern). Offenbar wurden junge Paare von ihren Eltern häufig um des Geldes willen zur Ehe überredet. Das erzeugte ein moralisches und gesellschaftliches Problem. Die Vorstellung von der väterlichen Weisheit und Vormachtstellung war so tief verwurzelt, so offenkundig in ihrer Bedeutung für die Stabilität der Familie und, infolgedessen, der Gesellschaftsordnung, dass sich kaum die Meinung vertreten ließ, irgendein Kind, geschweige denn alle Kinder, hätte das Recht, sich den ausdrücklichen Wünschen des Vaters zu widersetzen. Trotzdem stellte sich die Frage, wo die Grenzen elterlicher Kontrolle zu ziehen waren? Was, wenn die Eltern so uneinsichtig waren, auf einer unglücklichen, von finanziellen Interessen bestimmten Verbindung zu bestehen?

Ende des 17. Jahrhundert wurden diese Fragen umso dringlicher, als sie von unübersehbarer politischer Bedeutung waren. Schließlich war die Monarchie – ein Regierungssystem, das sich auf patriarchalische Prinzipien gründete – in den 1640 und 1650er Jahren angegriffen und zerstört worden und nach 1688 zunehmend von neuen, vertragsorientierten Ideen verändert worden. Infolgedessen wurden häufig Vergleiche zwischen der Macht des Königs, des Vaters und des Ehemanns angestellt. Das war ein Teil des begrifflichen Hintergrunds aller Debatten über die Ehe. Auf unterschiedliche Weise ließ sich also die scheinbare Zunahme elterlicher Tyrannei und Geldgier als ein wesentliches Merkmal der modernen Geistesverfassung ansehen und als letztendliche Ursache für andere schwerwiegende gesellschaftliche Übel haftbar machen: mangelhafte Kindererziehung, Verführung, Ehebruch und Eheprobleme. Das war ein zentrales Thema von *Clarissa,* das weithin Resonanz fand. »Sind solche Eltern nicht verantwortlich für das Fehlverhalten des Kindes, das sie so grausam gepeinigt haben?«, fragte eine Leserin des Romans beim Gedanken über die realen Schicksalsgenossinnen der Heldin. »Nach meiner Ansicht sind ihnen alle jammervollen Folgen anzulasten. Sie sind verdorbener, unendlich viel schlechter als ein Lovelace.«[51] Das war eine klassische aufklärerische Sichtweise. Abermals machte die Erklärung nicht persönliche Schlechtigkeit geltend, sondern ein strukturelles gesellschaftliches Problem: den moralischen Verfall der elterlichen Autorität.

Verführung bestrafen

Mitte des 18. Jahrhunderts war also die wachsende sexuelle Freizügigkeit der Männer von der Sorge um die Folgen begleitet. Für die meisten Beobachter kam weder die Rückkehr zur alten Disziplin noch die Aufhebung aller sexuellen Einschränkungen in Frage. Wie also ließ sich die Wollust so kanalisieren, dass die Gefahren für Frauen möglichst gering blieben? Letztlich waren diese Fragen auf die zwanghafte Fixierung auf die Verführung zurückzuführen.

Am nächstliegenden war die Duldung der Prostitution. Wie in Kapitel 2 gezeigt, setzte sich verstärkt die Auffassung durch, es sei von Vorteil, für diese Zwecke eine eigene Klasse von minderwertigen Frauen zu schaffen, damit die ehrbaren Frauen nicht in Gefahr gerieten. Folglich wurde die Tolerierung der Prostitution in Theorie und Praxis ab der Mitte des 18. Jahrhunderts zu einem zentralen Anliegen der englischsprachigen Welt. Ende des 19. Jahrhunderts wurde die staatliche Regulierung der Prostitution im ganzen Britischen Empire und in vielen anderen westlichen Gesellschaften eingeführt. Mit dem Wachstum der Städte, der Industriewirtschaft, den Streitkräften, dem Welthandel, dem Transportwesen und den überseeischen Kolonien nahm auch die Größenordnung der gewerblichen Liebesdienste außerordentlich zu. Erst Ende des 20. Jahrhunderts, mit der massenhaften Verbreitung von Verhütungsmitteln und der sexuellen Befreiung der Frauen, ging die Bedeutung der Prostitution wieder zurück.

Allerdings brachte die Prostitution es nie zu einer allgemein akzeptierten Lösung. Ihre vielen Kritiker (egal, ob christlicher, liberaler, radikaler oder feministischer Provenienz) waren beunruhigt, weil damit die männliche Promiskuität institutionalisiert wurde und weil man davon ausging, Huren seien entbehrliche Menschen zweiter Klasse. Auch vertrug sie sich nicht mit der Ansicht, Prostituierte selbst seien Opfer von Verführung, sozialer Ausgrenzung und wirtschaftlicher Not. Bei dieser Strategie war man weit davon entfernt, unschuldige Frauen vor dem moralischen Verderben zu bewahren, sondern brauchte sie als Prostituierte. Wie wir im nächsten Kapitel sehen werden, sollten diese Einstellungen einen nachhaltigen Eindruck auf Philanthropie, Sozialfürsorge, Feminismus und Politik des 18., 19. bis ins 20. Jahrhunderts ausüben.

Die Alternative bestand darin, die männliche Freizügigkeit auf eine

neue Art einzuschränken. Ende des 17. Jahrhunderts, als die Kirchengerichte ihre Machtfülle einbüßten, entwickelte man eine Reihe neuer (oder
neuerlich erweiterter) rechtlicher Maßnahmen, um Ehebrecher und Hurengänger vor Gericht zu bringen. Im Gegensatz zu den traditionellen Ordnungsmaßnahmen, durch die in der Praxis die Frauen häufiger bestraft
wurden als Männer, beruhten diese Verfahren alle auf der Vorstellung,
Frauen seien Opfer männlicher Übergriffe. Im Wesentlichen ging es bei
diesen Klagen weniger darum, die Unmoral um ihrer selbst willen zu bestrafen, als vielmehr die Frauen zu schützen, die Institution der Ehe zu
stärken und die sexuellen Eigentumsrechte von Vätern und Ehemännern
zu bewahren. Ein Mann, der eine Frau verführte, sie dann aber sitzen ließ,
konnte wegen Bruchs des Eheversprechens gerichtlich belangt oder von
den Eltern auf Schadenersatz verklagt werden. Die gleichen patriarchalischen Prinzipien lagen der Klage wegen Ehebruchs zugrunde: Ein Ehemann konnte den Liebhaber seiner Frau verklagen und eine Entschädigung für die Schmach verlangen, die ihm angetan worden war.[52]

Doch hier handelte es sich ausschließlich um Zivilverfahren. Die einzige Entschädigung bestand in Geld, und die geschädigte Partei musste
eine Klage einreichen mit all den erheblichen Kosten, Risiken und Be-
schwerlichkeiten, die damit verbunden waren. Nur wenige Opfer konnten
sich das leisten. Infolgedessen setzten sich viele Kommentatoren Ende des
18. und Anfang des 19. Jahrhunderts für ein allgemeines Gesetz gegen Verführung ein. Es handle sich um eine Straftat, die weit schädlichere gesellschaftliche Folgen hervorrufe als die meisten Kapitalverbrechen, schrieb
William Paley: Es sei skandalös, dass »das Gesetz für dieses Delikt keine
Strafe vorsieht, die über eine finanzielle Entschädigung für die betroffene
Familie hinausgeht«. Absurd sei es, meinte ein anderer Autor 1780, ein
Mann habe geringere Strafe zu fürchten, wenn er »*tausend Frauen*, verheiratet oder unverheiratet, verführt, schändet, der Prostitution und dem Verderben preisgibt, als wenn er einen *Ochsen* oder ein *Schaf stiehlt*, *tötet*, oder
auch *böswillig verstümmelt oder verletzt*«.[53]

Viele führende Juristen und Gesetzgeber der Zeit waren der gleichen
Ansicht. Ende des 18. und Anfang des 19. Jahrhunderts wurde in den Diskussionen über die Ehebruchs- und Scheidungsgesetze immer wieder gefordert, dass alle Verführer verheirateter Frauen mit Geld- oder Haftstrafen
belegt werden müssten. In den 1770er Jahren setzten sich Jeremy Bentham und

der Lord Oberrichter Lord Mansfield auch Gesetzesentwürfe gegen die Verführung unverheirateter Frauen auf. Die waren eine der Grundlagen für Patrick Colquhouns bekannten Entwurf für eine umfassende Gesellschafts- und Rechtsreform, in der er sich über die zersetzende moderne »Unterscheidung … zwischen öffentlichen und privaten Straftaten« beklagte – Verführer müssten mit Zwangsarbeit, Gefängnis oder lebenslanger Deportation bestraft werden.[54]

Noch verbreiteter war die Auffassung, Männer, die unschuldige Jungfrauen verderben, müssten dazu verpflichtet werden, sich um sie zu kümmern. »Wenn ein Mann eine Frau verführt«, schrieb Mary Wollstonecraft, »muss er per Gesetz gezwungen werden, die Frau und ihre Kinder zu unterhalten.« Für die Gesellschaft und die Individuen wäre es am besten, wenn alle Verführer einfach dazu angehalten wären, ihre Opfer zu heiraten. Das war eine sehr alte Idee, die schon im Alten Testament erwähnt wird (5. Buch Mose, 22); viele frühe Protestanten hatten sich für ihre Wiedereinführung eingesetzt.* Ihre Prinzipien sprachen auch im 18. Jahrhundert die Empfindsamkeit vieler Menschen an. »Immer wenn einer Jungfrau die Tugend von einem ehelosen Mann genommen wird«, schrieb 1753 ein vielgelesener Autor, »muss oder sollte angenommen werden, dass er bei ihr durch ein Eheversprechen zum Ziel gelangt ist; und daher müsste er gezwungen werden, seinen Vertrag zu erfüllen.«[55] In zahllosen Fällen war das im privaten Umfeld bereits durch familiären oder gesellschaftlichen Druck erreicht worden. Augenscheinlich gab es auch öffentliche Präzedenzfälle, denn bis zur Reform des Armengesetzes im Jahr 1834 zwangen die Armenaufseher die Eltern unehelicher Kinder häufig zur Heirat. Infolgedessen war es naheliegend, diese Praxis auf alle verführten Frauen auszudehnen. Das war auch Henry Fieldings Lösung, als er in seiner Eigenschaft als Friedensrichter mit einem jungen, unverheirateten Liebespaar zu tun hatte, das im Bett ertappt worden war: »Nach einer Ermahnung durch den Friedensrichter und einige Drohungen, erklärte der Bursche sich bereit, alle Wiedergutmachung zu leisten, die in seiner Macht stand, und sofort zu

---

* Wenn auch nicht Sir Sydney Montagu, der während der frühen Stuart-Zeit Parlamentsabgeordneter war und betonte, »wenn ein Mann eine Dirne schwängert und sie dann heiratet, ist das so, als scheiße er in seinen Hut und klatsche ihn sich danach auf den Kopf«: *The Diary of Samuel Pepys*, hg. v. Robert Latham und William Matthews, 11 Bde., 1970–1983, i, S. 261.

heiraten.« Und so geschah es. (Einige Jahre zuvor hatte Fielding selbst die entsprechenden Konsequenzen gezogen, als er seine von ihm geschwängerte Dienstmagd Mary Daniel geheiratet hatte.)* Selbst in Fällen von Vergewaltigung wäre es, meint Colquhoun – falls die Frau einverstanden sei –, »von Vorteil für die Gesellschaft, wenn man die nämliche Regel anwendet«. Im 19. und im frühen 20. Jahrhundert wurden diese Grundsätze in Nordamerika geltendes Recht. In den meisten Bundesstaaten galt Verführung nach dem Gesetz als Verbrechen, wobei die Ehe die angestrebte Sühne war – für die Gerichte und, natürlich, für die meisten Frauen, die sie angerufen hatten.[56]

Doch was, wenn der Verführer bereits verheiratet war? Sollte dann das gleiche Prinzip gelten? Seit 1603 war Bigamie ein Kapitalverbrechen, doch im 18. Jahrhundert wurde sie zu einem vieldiskutierten Gegenstand. Zahlreiche seriöse Beobachter erwogen ernsthaft, die Bigamie als Wiedergutmachung für Verführung einzuführen. Wenn alle der Meinung seien, die Eheschließung sei am besten für Frauen, Kinder und Gesellschaft, und es erscheine andererseits unvernünftig, Männer auf eine einzige Partnerin einzuschränken, biete sich dann nicht die Polygamie als die nächstliegende Lösung an? Könne sie nicht, da Scheidung nicht in Frage kam, eine vernünftige Möglichkeit bieten, um männliche Lüsternheit und sexuelle Verantwortlichkeit in ein ausgewogenes Verhältnis zu bringen und sogar die Institution der Ehe zu stärken?**

---

* Seine entschiedenen Ansichten zu diesem Thema kommen auch in seiner anonymen Ovid-Übersetzung zum Ausdruck, die genau zu der Zeit entstand, als sich seine Beziehung zu Mary Daniel entwickelte. Bei seinen Empfehlungen zu Schmeichelei und Täuschung hatte der römische Dichter Männern geraten: »Wenn ein Mädchen auf einem Heiratsversprechen besteht, gib es ihr und besiegel es mit vielen Schwüren: Denn auf einen Meineid dieser Art steht keine Strafe.« Diese Zeilen versieht Fielding, der an keiner anderen Stelle die Moral des Werks kritisiert, mit einer nachdrücklichen Fußnote: »Das ist der ungewöhnlichste Abschnitt des ganzen Werks … wir können nicht umhin, unserem Abscheu ob dieser Haltung Ausdruck zu verleihen, die selbst einem heidnischen Schriftsteller ungeheuerlich erscheint«: [Henry Fielding], *Ovid's Art of Love Paraphrased*, 1747, S.71.
** Der Philosoph Francis Hutcheson dachte, er habe eine noch bessere Idee – Ehebrecher sollten geschieden werden, aber »den Partner ihrer Schuld« nicht heiraten dürfen; stattdessen müsse man sie zwingen, »Personen zu heiraten, die in der Vergangenheit gefehlt haben, aber genügend Wollust aufbieten, um sie daran zu hindern, andere zu verderben«: Francis Hutcheson, *A System of Moral Philosophy*, 2 Bde., 1755, ii, S.181 .

Capt Edward ✱✱✱ Rigby of Leyton in Lanca-shire

F. Murray pinx.   J. Smith f

Tafel 1: Edward Rigby präsentiert sich 1702 in herausfordernder Pose. Dieser Stich wurde nur wenige Monate nach Beendigung seiner Haftstrafe wegen Unzucht angefertigt (siehe Kapitel 2, »Das Undenkbare denken«).

The VICTIM.

From the Original Picture by John Collet, in the possession of Carington Bowles.

426

Printed for & Sold by CARINGTON BOWLES, at his Map & Print Warehouse, N°.69 in St Pauls Church Yard, LONDON. Published as the Act directs.

Tafel 2: Eine junge Frau wird der Lüsternheit eines Wüstlings geopfert: Melodramatische Drucke zu diesem Thema erfreuten sich im späten 18. Jahrhundert großer Beliebtheit (siehe Kapitel 3, »Wüstlinge und Huren«).

RECHTE SEITE OBEN *Tafel 3: Pamela fällt in Ohnmacht, als sie Mr. B. entdeckt, der sich versteckt hat, um ihr Gewalt anzutun. Dahinter sehen wir Mrs. Jewkes, seine Komplizin, auf beliebten Illustrationen zu Samuel Richardsons skandalösem und höchst einflussreichem Roman »Pamela« (1740) (siehe Kapitel 3, »Neue Einstellungen«).*

UNTEN *Tafel 4: Dass William Blake sein Leben lang von der Vielehe faszi-niert war, beweist dieser Stich aus dem Jahr 1795: Er zeigt Lamech, den ers-ten Polygamisten, der in der Bibel erwähnt wird, und links seine beiden Frauen Ada und Zilla (1. Mose 4,19) (siehe Kapitel 4, »Polygamie und Bevölkerung«).*

CLARISSE HARLOW.

Consider me Dear Lovelace by that honor, by your humanity, by all you have Vowed, I Conjure you not to make me abhor myself not to make me vile in my own eyes.

Je vous supplie cher Lovelace, par cet honneur, par votre humanité, par tous les Sermens que vous m'avez faits Je vous conjure de ne point me rendre un Objet d'horreur à mes propres yeux.

Tafel 5: Clarissa Harlow, deren Kleid bereits vom ruchlosen Vergewaltiger Lovelace aufgerissen ist, fleht vergeblich um Gnade. Eine Illustration aus dem späten 18. Jahrhundert zu Samuel Richardsons »Clarissa« (1747–1748), mit Bildunterschriften nicht nur auf Englisch, sondern auch auf Französisch für die unzähligen kontinentalen Leser des Romans (Kapitel 3, »Neue Einstellungen«).

OBEN *Tafel 6: William Hogarth, »Der Ehevertrag« (1745), erstes Bild der Folge. Links sitzt der syphiliskranke Viscount Squanderfield und ignoriert seine zukünftige Frau, welche mit Mr. Silvertongue, einem der Anwälte, anbändelt. Rechts feilschen die beiden Väter um den Ehevertrag, ausschließlich an den materiellen Aspekten der Verbindung interessiert.*

UNTEN *Tafel 7: »Der Ehevertrag« (1745), letzte Szene. Die verzweifelte Gräfin hat sich vergiftet, nachdem sie von der Hinrichtung ihres Liebhabers erfuhr. Während ihr verkrüppeltes syphiliskrankes Baby ihr lebloses Gesicht betastet, zieht der gefühllose, habgierige Vater ihr die Ringe vom Finger (siehe Kapitel 4, »Heirat und Geld«).*

W.Hoare Pinx.ᵗ   Dixon Fe.ᵗ

Robert Dingley Esqʳ. Treasurer to the Magdalen House.

(Done from an Original Picture presented to that Charity by Mʳ. William Hoare)

*Tafel 8: Der patriarchalische Philanthrop: Robert Dingley war Kaufmann
und Gründer des Magdalen-Stifts für reuige Prostituierte. Auf dem Titelbild
des »Account« (1761), den die Stiftung veröffentlichte, ist eine Reumütige zu
sehen (siehe Kapitel 5, »Selbstinteresse und sexuelles Interesse«).*

OBEN *Tafel 9: Die achteckige Kapelle des Londoner Magdalen-Stifts in der Blackfriars Road, die 1772 eröffnet wurde und 500 Besuchern Platz bot. In der Mitte der Galerie saßen die Reumütigen selbst hinter einem durchsichtigen Gazeschirm (siehe Kapitel 5, »Selbstinteresse und sexuelles Interesse«).*

UNTEN *Tafel 10: Der Speisesaal des (1758 gegründeten) Lambeth-Asyls für arme Waisenmädchen. Die uniformierten Heimkinder bekommen hier Besuch von einer bürgerlichen Familie (siehe Kapitel 5, »Keuschheit und Schicht«).*

Tafel 11: Einer der zahllosen Konsumgegenstände, die auf Hogarths Bilder-
serie »Der Werdegang einer Dirne« (1732) basieren: ein wertvoller handge-
malter Meissener Porzellanteller (um 1740) mit einer Kopie der zweiten
Szene (siehe Kapitel 6, »Die Entwicklung der Massenkultur«).

RECHTE SEITE   Tafel 12: Emily Warren, eine berühmte Kurtisane, 1781 von
Joshua Reynolds als Thaïs porträtiert, der Lieblingsprostituierten von Alexander dem Großen (siehe Kapitel 6, »Sexueller Ruhm«).

Louise Dutchess of Portsmouth &c.

P. Lely Pinxit   A. Blooteling fecit et Ex:

Tafel 13: Louise de Kéroualle, Herzogin von Portsmouth: eine der einflussreichsten Mätressen Karls II. und Gegenstand eines nie erlahmenden öffentlichen Interesses (siehe Kapitel 6, »Sexueller Ruhm«).

The Sculpters part is done the features hitt
of Madam Gwin, No Arte can shew her Witt,

P. Lely Pinxit.   G. Valck Sculp. et exc.

Tafel 14: Nell Gwyn, deren Rivalität mit der Herzogin von Portsmouth zeit-
genössische Beobachter faszinierte (siehe Kapitel 6, »Sexueller Ruhm«).

Tafel 15: James Gillarys anzügliches Wortspiel mit dem Namen und der Rolle Dorothy Jordans (»jordan« bedeutet im Englischen Nachttopf), der langjährigen Geliebten des Herzogs von Clarence und späteren Königs Wilhelm IV. (siehe Kapitel 6, »Sexueller Ruhm«).

Tafel 16: Eines von Joshua Reynolds bekanntesten und meistkopierten Bildern (1759). Kitty Fisher als Kleopatra, die eine kostbare Perle in Wein auflöst, um Marcus Antonius zu beeindrucken (siehe Kapitel 6, »Eigenwerbung und Ausbeutung«).

Tafel 17: Einer der Kupferstiche, die Reynolds und Fisher sofort nach der Fertigstellung des Porträts in Auftrag gaben, um das Bild einer breiten Öffentlichkeit zugänglich zu machen (siehe Kapitel 6, »Eigenwerbung und Ausbeutung«).

Tafel 18: Ein weiteres der vielen Bilder, die Kitty Fisher in Auftrag gab, um ihren Ruhm zu mehren (1765). Das Goldfischglas lieferte nicht nur ein Wortspiel auf ihren Namen, sondern spiegelt auch eine Menschenmenge, die durch das Fenster blickt, um einen Blick auf die berühmte Kurtisane zu erhaschen (siehe Kapitel 6, »Eigenwerbung und Ausbeutung«).

OBEN *Tafel 19: William Heath, »Wer ist der Schmutzigste?« (1820). Das zerstrittene Königspaar Caroline und Georg IV. bewerfen sich mit Dreck – an ihm bleibt er haften, an ihr nicht (siehe Kapitel 6, »Eigenwerbung und Ausbeutung«).*

UNTEN *Tafel 20: Mary Anne Clarke, ihr Drucker und ihr Verleger freuen sich über die enorme Abfindung, während der Prinz von Wales und andere Adlige alle Beweise, die sie belasten könnten, verbrennen.*

OBEN *Tafel 21: Eine Satire aus dem Jahr 1825 über die Gepflogenheit von Harriette Wilson, ihren ehemaligen Geliebten Erpresserbriefe zu schreiben, in denen sie ihnen anbot, sich aus ihren Memoiren freizukaufen (siehe Kapitel 6, »Eigenwerbung und Ausbeutung«).*

UNTEN *Tafel 22: Der zentrale Kultgegenstand des Sexclubs »Beggar's Benison«: der Teller, auf den die Mitglieder kollektiv ejakulierten (siehe Kapitel 6, »Sexualität zelebrieren«).*

Polygamie und Bevölkerung

Offenbar wurden die Argumente für und gegen Polygamie bereits um 1700 weithin in Predigten, Gesprächen, privaten Aufzeichnungen und in Druckschriften erörtert.[57] In ihrer vielgelesenen Schrift *New Atalantis* (1709) ging Delarivier Manley auf mehrere Passagen ein, die ihre eigene Heirat mit einem Bigamisten betrafen (von dem sie sich schon bald trennte), und behandelte auch das Arrangement von William Cowper, dem führenden Whig-Politiker und Lordkanzler, der gleichzeitig zwei Frauen (und von ihnen Kinder) hatte, die beide behaupteten, seine Ehefrauen zu sein. Manley erklärte, seine zweite Mätresse habe sich von Cowpers »gelehrten Reden über die Gesetzmäßigkeit von Doppelheiraten« überreden lassen:

So erklärte er, dass Frauen zu allen Zeiten in Besitz genommen worden seien: dass dem weiblichen Geschlecht unter anderem zum Nutzen und zur Unterscheidung der Kinder die Polygamie zu Recht verweigert worden sei, da die Kälte ihrer Physis, die Länge ihrer Schwangerschaft und andere Umstände gegen sie zu sprechen schienen; doch ein Mann, der in seiner Fähigkeit zur Mehrung der Art unbeeinträchtigt sei, müsse alle oben erwähnten Nachteile in der Bindung an nur eine Frau finden, welche das Naturrecht ebenso wie die Sitten und Bräuche vieler Staaten und der meisten Religionen ihm vorzuschreiben scheinen. Die alten Juden, die behaupteten, das Gesetz von ihrem einzigen Gott empfangen zu haben, hätten nicht nur das Zusammenleben mit mehreren Frauen geduldet, sondern auch den unbegrenzten Gebrauch des Konkubinats … Die Türken hätten wie alle anderen Menschen auf der Erde, bis auf die Europäer, das Privileg bestehen lassen. Dass deren Verhalten, wie man zugeben müsse, in allen Dingen weniger verfälscht sei als das unsere, dass ihre Wahrhaftigkeit, Moral und Lebensweise weniger verdorben sei: dass die Europäer unter dem Vorwand, ihre Missstände zu beseitigen, nur ihre Laster verfeinert hätten … Dass er zwar promiskuitives Treiben verurteile, weil es unvernünftig und schamlos sei, dass aber, wenn eine oder mehrere Frauen, gleich, ob verheiratet oder nicht, nur einem Mann angehörten, dies ganz und gar nicht gegen das Naturrecht verstoße, sondern ihm vielmehr genüge.[58]

Zu den Denkern, die sich Mitte des Jahrhunderts von dieser Idee fasziniert zeigten, gehörte auch Samuel Richardson. Ende der 1730er Jahre veröffentlichte er zwei Auflagen eines langen und gelehrten Buchs seines Freundes Patrick Delany, dem führenden irischen Gelehrten, gegen die Polygamie, der darauf hinwies, dass die Lehre »täglich in gewöhnlichen Gesprächen und häufig in Druckschriften mit einer Vielzahl *plausibler* Argumente verteidigt« würde.* Kurz darauf machte Richardson im zweiten Teil von *Pamela* (1741) Mr. B.s angebliche Vorliebe für die Polygamie zu einem zentralen Handlungselement. Auch Lovelace beschäftigt das Thema, wenn er an die Patriarchen denkt, »die zahllose Frauen und Konkubinen hatten!« – kein Wunder, dass diese Idee so verlockend erschien. Anfang der 1750er Jahre, als sich Richardson mit dem Problem auseinandersetzte, dass Sir Charles Grandison gleichzeitig zwei verschiedene Frauen liebte, bekannte Richardson in privatem Kreis, er sehe eigentlich keinen besonders treffenden Grund, der gegen diese Praxis spreche. Sie verstoße offenbar nicht gegen das Naturrecht noch gegen die biblischen Gesetze. Im Gegenteil: Beide erlaubten sie offenbar, genauso wie die meisten modernen Kulturen. Wenn sie in England erlaubt werde, so meinte er, »kann ich nicht mit Gewissheit sagen, dass ich nicht schwach würde«; außerdem war er sich ziemlich sicher, Polygamie würde die Menschen insgesamt glücklicher und nicht sittenloser machen. (Mrs. Richardsons Ansichten sind nicht überliefert.)[59]

Der gleiche Schluss wurde eifrig und wiederholt von James Boswell gezogen. Als er in jungen Jahren in die Schweiz reiste, um seinen Helden Rousseau zu treffen, war dies eines der Themen, bei denen ihm an der Zustimmung des großen Mannes besonders gelegen war. »Die Moral«, erklärte er,

---

* Obwohl Delany – wie nicht anders zu erwarten – die orthodoxen Argumente gegen die Polygamie mit Nachdruck vertrat, war es vielleicht nicht ohne Bedeutung für sein Interesse an dem Gegenstand, dass er einige Jahre zuvor seine eigene Ehe mit einer reichen Witwe aus reinen Vernunftgründen geschlossen hatte – er war bereits in niemand anderen verliebt als in Mary Pendarves (die wir an früherer Stelle dieses Kapitels kennengelernt haben), und sie in ihn. Als seine erste Frau 1742 starb, reiste Delany augenblicklich nach England, machte Mary Pendarves einen Antrag und heiratete sie endlich – mehr als ein Jahrzehnt, nachdem er sie kennengelernt hatte. Sie sollte eine von Richardsons bevorzugten Korrespondentinnen und Kritikerinnen werden.

scheint mir eine ungewisse Sache zu sein. Könnte ich beispielsweise mein Verlangen befriedigen, stünde mir der Sinn nach dreißig Frauen? … Bedenken Sie: wenn ich reich bin, kann ich viele Mädchen haben; ich mache ihnen Kinder; auf diese Weise trage ich zur Vermehrung bei. Sie erhalten Mitgiften von mir, und ich verheirate sie mit braven Bauern, die sehr glücklich sind, die Mädchen zu bekommen. So kommen sie nicht später unter die Haube, als wenn sie Jungfrauen geblieben wären, und ich für mein Teil hatte den Nutzen, mich mit einer großen Vielfalt von Frauen zu vergnügen.

Als Rousseau wider Erwarten zögerte, platzte Boswell mit der anderen Variante seiner Fantasie heraus: »Aber kann ich nicht dem orientalischen Brauch folgen?« oder auch »Ich würde es gern den alten Patriarchen gleichtun, würdigen Männern, denen ich ein ehrenvolles Andenken bewahre.« Jahre später – inzwischen schon lange verheiratet – war er noch immer von diesen Argumenten besessen und erörterte sie mit sich selbst, seinen Freunden und seiner Frau.* Etwa zur selben Zeit begann der charismatische Dissident Westley Hall, John Wesleys Schüler und Schwager, zu predigen, Monogamie sei kein Teil des realen Urchristentums: Er setzte seine Überzeugungen auch mit mehreren Frauen in die Tat um.[60]

Auch objektivere Denker griffen die Idee auf. Martin Madan, ein bekannter evangikaler Prediger, Großneffe von Lordkanzler Cowper und Seelsorger am Lock Hospital für kranke Prostituierte, veröffentlichte in den frühen 1780er Jahren die ungeheuer umfangreiche und vielgelesene Schrift *Treatise on Female Ruin*, in der er empfahl, dass »jeder Mann, der eine Frau mit oder ohne Heiratsversprechen verführt, bei Todesstrafe oder zumindest unter Androhung von lebenslanger Haft gezwungen werden sollte, sie öffentlich zu ehelichen«, selbst wenn er bereits verheiratet sei. Das sei die offenkundige, gottgewollte Lösung der verschwisterten Übel Verführung und Prostitution – schließlich habe Gott verfügt: »Wenn jemand eine Jungfrau beredet, die noch nicht verlobt ist, und bei ihr schläft, der soll ihr geben ihre Morgengabe und sie zum Weibe haben« (2. Buch

---

* Zu Samuel Johnsons charakteristisch zwiespältigen Ansichten zu dem Thema (Bigamie sei falsch, aber er selbst träumte oft davon, einen Harem zu haben) siehe *Boswells Dr. Samuel Johnson, Leben und Meinungen*, Zürich 1981, S. 717.

Mose, 22, 16).* Daran entzündete sich eine breite öffentliche Diskussion, in der all die Argumente für und gegen die Polygamie, die in den zurückliegenden zwei Jahrhunderten zusammengetragen worden waren, wiederholt und ausgeführt wurden. Noch Monate nach dem Erscheinen von Madans Buch staunte der Geistliche der Pfarrgemeinde Cheshire, weit entfernt von London, darüber, das Problem sei »noch immer das Hauptthema der Gespräche aller Geselligkeiten, die ich besuche«.[61]

Es gab drei entscheidende Gründe für die Vorherrschaft des Themas. Zunächst schien die Bibel die Männer regelrecht zu ermuntern, sich mehrere Frauen zu nehmen. Die Polygamie der Patriarchen und der Mangel an eindeutigen Hinweisen auf die Verurteilung dieser Praxis im Neuen Testament gab den Theologen seit langem ein Rätsel auf.[62] Wie in Kapitel 2 gezeigt verführte die Autorität der biblischen Vorbilder viele frühe Protestanten dazu, mit der Mehrehe zu experimentieren. Zusätzlichen Auftrieb erhielt das Interesse an dieser Lebensform in den 1650er Jahren, als es den Anschein hatte, als fände eine radikale Umgestaltung der Gesellschaft statt. Zu denen, die zu diesem Zeitpunkt die Überzeugung gewannen, Polygamie »sei eine echte Form der Ehe«, »legitim und ehrbar« und von Gott vorbehaltlos gebilligt, gehörten Milton, der republikanische Abgeordnete Henry Marten und Francis Osborne, Hobbes' »wunderbarer Bekannter«, ein gefeierter Autor und Richter, der in seinen vielgelesenen Schriften die Monogamie als eine Erfindung »verschlagener Priester« anprangerte. 1657 veröffentlichte ein Freund Osbornes eine englische Übersetzung von Ochinos berühmter Verteidigung der Polygamie; im folgenden Jahr wurde der Lordprotektor öffentlich aufgefordert, die Mehrehe zu erlauben. Dazu erklärte Hobbes, das Verbot der Polygamie erfolge aus einer willkürlichen, von Menschen geschaffenen Konvention: »In einigen Regionen der Welt steht es den Männern frei, sich viele Frauen zu nehmen: An anderen Orten wird ihnen diese Freiheit nicht zugestanden.«

Das wurde gelegentlich auch von Gegnern der Polygamie eingeräumt. Töricht sei, schrieb 1731 ein Cambridge-Professor, wer nicht zugebe, dass die Bibel in dieser Hinsicht beträchtliche Freiheiten gewähre: »nicht nur

---

* Genau die gleichen Argumente wurden in einem mit »M. M.« unterzeichneten Brief an den *London Chronicle* vom 12.–14. Juli 1759 vorgebracht – wahrscheinlich war der Absender Madan, hatte er sich doch mehr als zwanzig Jahre mit diesem Thema auseinandergesetzt.

mehrere Ehefrauen, sondern darüber hinaus auch noch eine Anzahl Konkubinen«.[63]

Während des späten 17. und 18. Jahrhunderts spielten die biblischen und patristischen Texte auch weiterhin in allen ernsthaften Diskussionen über Polygamie eine Rolle. Als Madan 1780 die Bibelexegese zum Stützpfeiler seiner Argumentation machte, ordnete er sich selbstbewusst in diese geistige Tradition ein. Er glaubte, er vollende nur das wichtige Werk, das die ersten protestantischen Reformer begonnen hatten, indem sie das überflüssige katholische Beiwerk entfernt und zur schlichten christlichen Ehepraxis zurückkehrten, wie sie Gott ursprünglich vorgesehen hätte. (Die wahre Botschaft des Alten und des Neuen Testament besage, der Geschlechtsverkehr stifte eine unauflösliche Ehe und jeder Mann dürfe mit mehreren Frauen ehelich verbunden sein; alle anderen Riten und Interpretationen seien lediglich spätere, priesterliche Erfindungen). In den 1580er Jahren sei eine so eingehende und gelehrte Bibelkunde die einzig mögliche Vorgehensweise gewesen. Selbst in den 1680er Jahren habe es noch als der respektabelste Ansatz gegolten. Dass Madan in den 1780er Jahren auf ihn rekurrierte, zeigt, welch zentrale Bedeutung die fundamentalistische Bibelauslegung für die religiöse Renaissance Ende des 18. und Anfang des 19. Jahrhunderts hatte und in welchem Maße sie Evangelikale zu radikalen sozialen Reformen anspornen konnte. Doch zu diesem Zeitpunkt lag diese Auffassung schon weit außerhalb der herrschenden kirchlichen Lehre, von der Laienmeinung gar nicht zu reden.[64]

Nach 1700 erwuchs die Beschäftigung mit der Polygamie in erster Linie aus der allgemeinen Entwicklung der sexuellen Freiheit. Das war der zweite Grund für das wachsende Interesse an ihr. Allmählich wurden dabei die biblischen Argumente von anderen Gesichtspunkten verdrängt – der natürlichen Promiskuität der Männer; der Künstlichkeit der Sexualethik; der Verschleierung des Urchristentums durch die Priesterschaft; dem Rückgriff auf das Naturrecht; dem Beispiel anderer Kulturen; dem patriarchalischen Besitzanspruch auf Frauen und Kinder. Wie der evangelikale Drang, auf die wahre Bedeutung der Heiligen Schrift zurückzugehen, setzte auch dieser Ansatz voraus, die jüngeren Ehegesetze seien in erster Linie menschliche Erfindungen, zog daraus aber den umgekehrten Schluss: Eheregeln hätten sich nach menschlicher Vernunft und nicht nach biblischer Tradition zu richten. Mitte des 18. Jahrhunderts war diese Ansicht vorherrschend. »Gott sei Dank,« rief der Kronanwalt Sir Dudley Ryder 1753 im Parlament aus, als er den Gedanken verwarf, die Ehe sei eine unverrückbare göttliche Institution, »haben wir heute diese Ansicht genauso wie viele andere abergläubische Vorstellungen überwunden.« Bereits als junger Mann in den 1710er Jahren hatten er und seine Freunde darüber diskutiert, ob Polygamie und Scheidung wünschenswert seien, und angenommen, »die Interessen der Welt«, und nicht des Herrn, sollten über solche Fragen entscheiden.[65]

Die Frage, ob die Polygamie im nationalen Interesse liege, war unlängst im Zusammenhang mit königlichen Eheschließungen aufgeworfen worden. Anfang des 16. Jahrhunderts waren Luther, Bucer und Melanchthon übereinstimmend zu dem Schluss gekommen, Heinrich VIII. würde rechtmäßig handeln, wenn er Anne Boleyn einfach als Zweitfrau ehelichen würde – eine Auffassung, die offenbar mehrere maßgebliche katholische Theologen teilten. Später, in den 1530er Jahren, rechtfertigten die gleichen Argumente die bereits bestehende Bigamie Philipps von Hessen. Genau die gleiche Situation wiederholte sich Ende des 17. Jahrhunderts, als Karl II. einsehen musste, dass von seiner Gemahlin kein legitimer Thronfolger zu erwarten war. Unter den verschiedenen ernsthaft erwogenen Lösungen befanden sich auch Scheidung und Polygamie. John Locke, Sekretär Lord Ashleys (des künftigen ersten Earl of Shaftesbury), legte seinem Arbeitgeber wiederholt dar, warum beide Möglichkeiten toleriert werden könnten. 1671 holten Ashley und einige enge Ratgeber des Königs die Meinung weiterer maßgeblicher Juristen und Geistlicher ein, um zu zeigen, keine der beiden Vorgehensweisen laufe göttlichem Recht zuwider. Der eifrige Parlamentarier Michael Malet, dem sehr daran gelegen war, dass der König seinen papistischen Huren entsagte und einen protestantischen Nachfolger zeugte, versuchte vier Jahre später einen Gesetzesentwurf einzubringen, der Mehrehen zuließ – gestützt auf die Behauptung, deren Verbot sei lediglich ein Überbleibsel katholischen Aberglaubens.[66]

Im 18. Jahrhundert wurde die Polygamie mit einer allgemeineren politischen Frage verknüpft: der demografischen Situation des Landes. Bevölkerungspolitische Erwägungen hatten immer großen Einfluss auf die Einstellungen zu sexuellen Sitten. Im Hochmittelalter war der Bevölkerungsdruck ein Grund, warum Theologen die Meinung vertraten, Jungfräulichkeit sei der Ehe überlegen, obwohl Gott Adam und Eva geboten hatte: »Seid fruchtbar und mehret euch« (1. Mose, 9, 1).[67] Auf ganz ähnliche Weise fiel, wie in vorangehenden Kapiteln gezeigt, die wachsende Überbevölkerung Ende des 16. und Anfang des 17. Jahrhunderts mit einer Verschärfung der Haltung gegenüber sexueller Unmoral zusammen. Die gleiche Beziehung ließ sich erneut Anfang des 19. Jahrhunderts beobachten: Die Übernahme der Ideen von Malthus führte erneut zur Furcht vor den Gefahren eines Bevölkerungsüberschusses, was wiederum der Forderung nach sexueller Mäßigung neuen Nachdruck verlieh. Erst mit der massenhaften Verfügbarkeit von Verhütungsmitteln Ende des 20. Jahrhunderts löste sich diese enge Beziehung zwischen Einstellungen zur Sexualität und Bevölkerungssituation auf.

Innerhalb dieser längeren Geschichte erwies sich die Zeit zwischen 1650 und 1800 als entscheidender Wendepunkt. In dieser Epoche entstanden die Sozialwissenschaften, wie wir sie kennen, und gewannen demografische Überlegungen (die sich zuvor als weit unbestimmtere und eingeschränktere Besorgnis geäußert hatten) zum ersten Mal zentrale Bedeutung für die gesellschaftlichen und politischen Einstellungen zur Sexualität. Eine der ersten Manifestationen dieses neuen Ansatzes war die Entwicklung der »politischen Arithmetik«, einer neuen Methode der Bevölkerungskunde. Dabei war »Arithmetik« ein Kürzel für die neuartige wissenschaftliche Sammlung großer Datenmengen über Bevölkerung, Fertilität, Sterblichkeit, Besitz, Sozialstruktur und so fort. Die Methode war »politisch«, weil sie letztlich das Ziel hatte, den Wohlstand der Nation zu verbessern. Dieser tiefgreifende Einstellungswandel fand in einer demografisch und wirtschaftlich relativ entspannten Situation statt, die allerdings auch von ständigen Kriegen, ökonomischem Wettbewerb und imperialer Expansion gekennzeichnet war.[68] Infolgedessen war die Wirkung der neuen Methode beträchtlich: Fortan war jede soziale Frage solchen Berechnungen unterworfen. Das war letztlich der Grund, warum Polygamie damals ein Thema von besonderem Interesse war.

Das wichtigste Resultat der politischen Arithmetik besagte nämlich, die Stärke eines Staates hänge vor allem von der Anzahl seiner Einwohner ab, wozu Paley bemerkt: »Der Niedergang der Bevölkerung ist das größte Übel, das einen Staat treffen kann; und ihre Förderung das Ziel, um das man sich in allen Ländern mehr als um irgendein anderes politisches Anliegen bemühen sollte.«[69] Folglich musste das vordringliche Bestreben darin bestehen, die Geburtenzahlen zu erhöhen und herauszufinden, durch welche ehelichen und sexuellen Regelungen sich das am besten bewerkstelligen ließ. Welche Auswirkungen hatte die Förderung der Ehelosigkeit, wie in vielen wohlhabenden katholischen Staaten geschehen, die Duldung der Prostitution oder der Scheidung – welche Auswirkungen die Unterstützung der Polygamie wie in der Türkei? Verschaffte diese Regelung anderen Nationen einen Vorteil?

Die meisten orthodoxen Kommentatoren waren nicht dieser Ansicht. Seit langem wurden in der kirchlichen Tradition die Gründe aufgeführt, warum die monogame Ehe jeder anderen sexuellen Lebensform überlegen sei (wobei selbstverständlich ihre protestantische, englische Spielart als beste von allen galt). Jetzt wurden die demografischen Aspekte dieses Arguments immer differenzierter ausgearbeitet. Danach sah man in Unzucht, Ehebruch, Ehelosigkeit und Prostitution Beeinträchtigungen der Bevölkerungsentwicklung: Diese Praktiken waren weniger fruchtbar und ihre Produkte nicht so gesund und geliebt wie die Kinder, die auf legale Weise gezeugt wurden. In einem volkstümlichen Traktat aus dem Jahr 1700 hieß es, jedermann wisse, dass »die ausgetretenen Pfade immer unfruchtbar sind und niemals Früchte tragen«; und weiter, »allem, was einem ehebrecherischen Bett entspringt, ist selten längere Dauer beschieden«. Außerdem herrschte die Auffassung, die Mehrehe sei nicht produktiver, weil es keinen Frauenüberschuss in der allgemeinen Bevölkerung gebe und weil diese Lebensform für die armen Ehemänner eine unzumutbare Belastung darstelle. »Da die Polygamie an den Kräften der Väter zehrt«, verkündete ein patriotischer Autor, »bringt sie natürlich eine schwache und kränkliche Nachkommenschaft hervor [und] verhindert jegliche Vermehrung der Menschheit.«[70]*

Die zunehmende Bedeutung demografischer Überlegungen regte auch neue praktische Initiativen an. Der Wunsch, nach Möglichkeit jedes Leben zu retten, war im 18. Jahrhundert ein Beweggrund für die Schaffung neuer Wohltätigkeitseinrichtungen für die Förderung der Gesundheit und Fort-

---

* Charakteristischerweise argumentierte Malthus, die Polygamie wie die Hurengängerei seien *einerseits* weniger produktiv und führten *andererseits* – unter gewissen Umständen – zu Überbevölkerung und Elend: T. R. Malthus, *An Essay on the Principle of Population* [Aufl. von 1803–1826], hg. v. Patricia James, 2 vols, 1989, i, 28, 32–34, 55, 88, 92, 111; und ders., i. 80, 90–92.

pflanzung der arbeitenden Klassen – angefangen mit dem Londoner Foundling Hospital, das, 1741 gegründet, uneheliche oder aus anderen Gründen unerwünschte Säuglinge aufnahm. Das Konzept war nicht neu, aber man hatte es in England bisher immer aus moralischen Gründen abgelehnt. Dass man diesen Weg in den 1730er und 1740er Jahren dann doch beschritt, hing mit der wachsenden Bedeutung der politischen Arithmetik zusammen. Die neue Denkweise verstärkte auch die Furcht vor Verführung und sinkender Heiratsbereitschaft zu verstärken. Viele Beobachter fürchteten, das Heiratsgesetz könnte die Zahl der Eheschließungen verringern und infolgedessen die Bevölkerungsentwicklung beeinträchtigen, weil es die kostspielige und umständliche kirchliche Hochzeit anstelle der billigen, raschen und heimlichen Eheschließung, die von den ärmeren Leuten vorgezogen wurde, vorschrieb. 1750 schrieb ein politischer Arithmetiker: »Wir sollten die Leute aus dieser Klasse dazu ermutigen, aus Gründen der Fortpflanzung zu heiraten und ihnen nach Möglichkeit alle gesetzlichen Hinderungsgründe aus dem Weg räumen.« Fälschlicherweise begünstige das Gesetz wohlhabende Familien auf Kosten des Allgemeinwohls, meinte der Duke of Bedford 1765: »Um Tausende zu retten, hat es Millionen zugrunde gerichtet.«[71]

Aus diesen Gründen und in Anlehnung an andere alte und moderne Gesellschaften begann man, allgemeine Maßnahmen zur Förderung von Eheschließungen und Geburten zu empfehlen. Zwischen 1695 und 1706 wurde der Krieg gegen Frankreich teilweise durch eine jährliche Steuer für alle kinderlosen Witwer und Junggesellen über fünfundzwanzig finanziert, die je nach Stand gestaffelt war: Beispielsweise betrug die Abgabe für einen unverheirateten Herzog 12 Pfund 11 Schilling pro Jahr, für einen Bischof 5 Pfund 1 Schilling und für einen Arbeiter 1 Schilling. Während des ganzen 18. Jahrhunderts wurden weitere Vorschläge gemacht: Man wollte Junggesellen weitergehend besteuern, von öffentlichen Ämtern ausschließen oder anderweitig unter Druck setzen, damit sie ihrer öffentlichen Pflicht genügten, indem sie Ehemänner und Väter wurden. Ehelose Männer müssten streng bestraft werden, meinte Josiah Tucker, besonders die wohlhabendsten, denn »sie sind die Menschen, die ein schlechtes Beispiel abgeben und mittels ihrer Stellung, ihres Vermögens, durch Hinterlist und Schliche jene jungen Frauen in Schande bringen, die hinterher die gewöhnlichen Prostituierten in den Städten werden«. Und daher, so ergänzte 1782

ein Geistlicher »schickt sich dieses Ungeheuer Prostitution an, das Land
mit Riesenschritten zu entvölkern« – so würden jedes Jahr Tausende von
Leben zugrunde gerichtet, Ehen vereitelt und Geburten verhindert. Der
Schaden sei unermesslich.[72]

Doch die Grundidee, jede Bevölkerungszunahme sei vorteilhaft, wurde
sogar von vielen Verfechtern größerer sexueller Freiheit befürwortet. Da
die Fortpflanzung ein göttliches Gebot sei und von entscheidender Bedeutung für das Wohl des Gemeinwesens, so ihre Argumentation, stärke jeder
Geschlechtsakt die Nation. Diese Einstellung vertrug sich sehr gut mit der
Ansicht, Sexualität sei gesund und natürlich, sodass sie in fast jeder Diskussion über sexuelle Freiheit eine Rolle spielte. Wenn Unzucht ohne Einschränkung erlaubt werde, so spottete 1735 ein junger Geistlicher über
diese Argumente, würden Wohlstand und Bevölkerung des Landes exponentiell anwachsen, sodass »wir bald der Schrecken Europas und die größte
Macht auf dem Antlitz der Erde sein wären«:

> *Hier haben wir also eine Maßnahme, bei der beide Seiten nur das
> Gute wollen; die während ihrer Durchführung außerordentlich ange-
> nehm ist und mit vorteilhaften Folgen für die Gesellschaft aufwarten
> kann; folglich muss sie mit Inhalt und Sinn der Bibel vereinbar sein,
> mit dem, was wir Vernunft nennen, übereinstimmen und der Würde
> unserer Natur gerecht werden.*[73]

Die Polygamie gewann seriöse Unterstützer aus beiden Lagern der Debatte.
Viele Kommentatoren meinten, sie würde zu einem Bevölkerungswachstum führen und sei der Prostitution vorzuziehen. 1695 schrieb ein Autor,
die Prostitution sei »sehr schädlich für den Staat und steht einer stärkeren
Vermehrung der Menschen im Wege« – »Bigamie, Polygamie oder welche
Gamie auch immer ist besser als das.« Wenn man den Männern gestatte,
mehrere Frauen zu heiraten, könne man auch den schrecklichen, die Bevölkerung so minimierenden Mord an Tausenden von »Bastardkindern«
pro Jahr verhindern. Ferner sei das offenkundig natürlicher als die rigide,
künstliche Einschränkung der Monogamie, die nur ein neuerlicher papis-
tischer Schwindel in einem winzigen Winkel der Welt sei – in der übrigen
Welt und in der europäischen Vergangenheit sei die Polygamie die Norm
gewesen und habe den Menschen mehr Glück und Wohlstand gebracht.

So verkündete der einflussreiche Politiker und Philosoph Henry St John, der erste Viscount Bolingbroke: »Daher war die Polygamie immer am häufigsten vertreten, ist es im Allgemeinen noch immer ... und erweist sich als besonders nützlich für die Zeugung und Erziehung von Kindern« sowie die Förderung des Bevölkerungswachstums. Kurzum, ihr »Verbot ist absurd«.[74]

Außerdem versprach die Polygamie die männliche Freizügigkeit mit sozialer Verantwortlichkeit auszusöhnen. Daher erschien sie Boswell, Thomas Jefferson und unzähligen Männern, die von der sexuellen Herrschaft der Patriarchen träumten, so verlockend. Dabei verstanden sie sich nicht als Libertins: Sie legten Wert auf moralisches Verhalten und verabscheuten Verführung. Boswell, der mit zahllosen verheirateten und unverheirateten Frauen aus allen sozialen Schichten schlief, hielt sich trotzdem eisern an den Grundsatz, »nie ein unschuldiges Mädchen zu verderben«. Denn die Patriarchen aus dem Alten Testament und die mächtigen Potentaten aus dem Morgenland schienen ein verantwortungsvolles und ethisch einwandfreies Vorbild dafür zu liefern, wie männliche Freiheit und Macht gegenüber Frauen ausgelebt werden konnte, ohne sie zugrunde zu richten. »Wäre es nicht besser, ehrlicher, unserer Pflicht dienlicher und dazu angetan, schwerwiegende Störungen zu vermeiden«, fragte ein moderner Philosoph 1759, wenn Männer gezwungen wären, alle Frauen zu heiraten, die sie in Schande gebracht haben, statt sie zu verstoßen? Würde es nicht »wesentlich zu Gesundheit, Glaubwürdigkeit, Stärke, Anstand und Mehrung unserer Art beitragen«? Wenn man Mehrehen zuließe, erklärte Madan, »würden Millionen von Frauen (besonders von niederem Stand) vor dem Verderben bewahrt«.[75]

Daher wurde die Polygamie häufig als ein Mittel zur Erweiterung der Ehe und zur Stärkung der sexuellen Zucht gegen die ausufernde Lüsternheit der Männer angesehen. Was sei »das häufigste und schädlichste moralische Übel«, das größte Problem des Jahrhunderts, fragten 1789 die Anhänger Emanuel Swedenborgs 1789. Sicher nicht »die Beziehung eines unverheirateten Mannes zu einer ungebundenen Frau oder ein einfaches Konkubinat, das in einem freien Staat unter bestimmten Auflagen niemals verboten werden dürfte«, sondern vielmehr:

(1.) Ehebruch. (2.) Die Lust an der Abwechslung. (3.) Die Lust an der Entjungferung. (4.) Die Lust an der Schändung. (5.) Die Lust an der Verführung der Unschuld. Wenn in einer Gesellschaft diese fünf Arten der Lüsternheit nicht ausgemerzt werden können, was besonders für Männer gilt, die kirchliche oder staatliche Ämter bekleiden oder sich in sonstigen herausgehobenen Stellungen befinden und damit anderen als Vorbild dienen sollten ... dann ist diese Gesellschaft ... nichts anderes als ein Hort für Laster jeglicher Art und eine Wohnstatt für Not der verschiedensten Abstufungen.[76]

Die gleiche Einstellung bewog eine Leserin von Madans Werk, die »die Ursachen des weiblichen Verderbens zum Gegenstand ihres besonderen Interesses gemacht hatte«, eine öffentliche Debatte »über die Konsequenzen [zu organisieren], die dieses Land zu erwarten hätte, wenn man die Vielweiberei erlaubte, um Verführung und Prostitution zu verhindern«. Auch Boswells Freundin Peggy Stuart

hatte eine klare Meinung dazu, denn sie sagte, es gebe viele Männer, die sich keine Ehe leisten könnten, weshalb zahlreiche Frauen keine Verwendung fänden; dass, angenommen es gebe so viele Frauen wie Männer auf der Erde, ein Mann, der viele Ehefrauen oder andere Weiber unterhalten könne, damit keinen Mann um seinen Anspruch bringe, weil man keinen Mann beraube, wenn man etwas nehme, was er sowieso nicht bekommen könnte.[77]

Das waren die Gründe, warum die Idee einer begrenzten Polygamie Richardson, Madan und anderen ernsthaften christlichen Moralisten so verlockend erschienen, denn ihnen ging es nicht in erster Linie darum, die sexuelle Freizügigkeit voranzubringen, sondern die männliche Lüsternheit zu zügeln, Ehe, Patriarchat und Familienleben zu fördern und »das *schwächere* Geschlecht vor der Niederträchtigkeit, Heimtücke und Grausamkeit des *stärkeren*« zu schützen. »Welch Unheil kann schon aus der Polygamie erwachsen, wenn sie von einer vergleichsweise kleinen Zahl von Personen praktiziert wird?«, fragte ein anderer ihrer Befürworter 1786, im Vergleich *zu dem unendlichen Leid, welches sich daraus ergibt, dass wir nicht jeden Mann, der eine Jungfrau verführt, dazu zwingen, sie gemäß göttlichen Gebots zu heiraten. Ist es nicht diesem Grund zuzuschreiben, dass jede Stadt, jede Ortschaft, jedes Dorf von Prostituierten wimmelt? Ist es nicht ihm zuzuschreiben, dass so viele Kindesmorde begangen werden? Ist es nicht ihm zuzuschreiben, dass die Ehelosigkeit so vorherrscht, können Männer doch ihre Leidenschaften befriedigen, ohne für eine Familie sorgen und all die damit verbundenen Unwägbarkeiten in Kauf nehmen zu müssen? Ist es nicht ihm zuzuschreiben, dass die schändlichste aller Krankheit so häufig ist? Ihm ist weitgehend die allgemeine Profanität, Gottlosigkeit, Verkommenheit und Selbstsucht zuzuschreiben, alles, was der Vaterlandsliebe und aller Tugend entgegenwirkt, mit einem Wort, fast alle Übel der Gesellschaft.*[78]

Ende des 18. Jahrhundert war die Polygamie also Gegenstand einer breiten Diskussion, weil sie auf die eine oder die andere Weise den Vertretern ganz verschiedener Standpunkte zusagte. Sie belegt die fortdauernde Wirkung und Faszination biblischer Vorstellungen, den Einfluss demografischer Überlegungen, die patriarchalische Geisteshaltung der meisten Männer und Frauen im 18. Jahrhundert und die Schnittmengen zwischen den Anschauungen der Befürworter und der Gegner größerer sexueller Freiheit. Entsprechend variierte auch das, was verschiedene Beobachter unter »Polygamie« verstanden. Wenn Boswell sich mit »patriarchalischen« oder »asiatischen« Beispielen befasste, dachte er offenbar häufig an ziemlich oberflächliche Beziehungen, aber es ging ihm und vielen anderen auch um echte, lebenslange Eheverhältnisse zu mehreren Frauen. Nie wurde die Auffassung vertreten, alle Männer sollten Polygamie praktizieren oder Polygamie sei der Monogamie zwangläufig überlegen, sondern lediglich, sie sei nicht »schlecht an sich«, sie werde durch kein göttliches oder natürliches Recht ausdrücklich verboten und sie könne ein Mittel sein, um für eine gewisse »Anzahl von Personen« größere Übel zu mildern, wie Kinderlosigkeit, Verführung oder einfach den Umstand (wie Boswell überlegte, wobei er sich mit Philipp von Hessen verglich), dass »ein Mann *zu viel* für eine Frau ist«.[79]

Allerdings erklärt dieses Meinungsspektrum auch, warum sich die Idee

nie offiziell durchsetzen konnte. Zahllose Männer (und Frauen) scheinen
sich privat mit dem Gedanken getröstet zu haben, ihre unverheirateten
Verhältnisse glichen dem natürlichen, von Gott gebilligten Konkubinat anderer, schönerer Zeiten und Orten. Wenn aber die Polygamie als ernsthaf-
tes, staatlich abgesegnetes Mittel gegen Verführung vorgeschlagen wurde,
genügte ihre weit zurückreichende Assoziation mit Unmoral, um sie in den
Augen der meisten Beobachter unseriös erscheinen zu lassen. Seine Argumente seien reines »Gift« wurde Madan von seinen Kritikern vorgehalten;
sie würden »sehr viele gefährliche und schädliche Lehren enthalten«; er
habe ein Programm vorgeschlagen, »das, wenn es in der Welt Anklang
findet, zur Einführung von Zuchtlosigkeit und zum Verzicht auf jeden
Grundsatz gesellschaftlichen Anstands führen muss«.[80] Die Panik über
den moralischen Niedergang und den sozialen Auflösungsprozess nach der
Amerikanischen und der Französischen Revolution lieferte den Argumenten für die traditionelle christliche Monogamie als dem perfekten Baustein
einer zivilisierten Gesellschaft neue Nahrung. Genauso wirkten sich die
Ausdehnung des Kolonialreichs und die missionarische Tätigkeit im Laufe
des 18. und 19. Jahrhunderts aus: Die Polygamie wurde zunehmend mit
archaischen, dunkelhäutigen Heiden und ihren fremdländischen Religionen gleichgesetzt. Doch da das Parlament nach 1700 häufiger Scheidungen
erlaubte, da die sexuelle Disziplinierung zurückging, das informelle Konkubinat erleichtert wurde und eher natürliche als biblische Gründe für die
sexuelle Freiheit geltend gemacht wurden – wenn denn die Ehe ihrem
Wesen nach unnatürlich und überflüssig war, warum dann zu ihrer Zahl
noch beitragen? –, sahen die wohlhabenden Männer angesichts all dieser
Veränderungen keinen so dringenden Anlass mehr, gewichtige Gründe zugunsten der Polygamie zu ersinnen.

Seit langem hatte man auch die Ansicht vertreten, die Polygamie bein-
trächtige die Stellung von Ehefrauen. Da die weibliche Auffassung von der
Ehe immer stärker berücksichtigt wurde, gewann dieser Aspekt an Bedeutung. »Was scheren mich die Patriarchen!«, rief Lady Bradshaigh, sich gegen die Polygamie wendend. »Wenn sie meinen, Tyrannen sein zu müssen,
warum sollten wir sie dann als nachahmenswerte Vorbilder gelten lassen?«
Für Hume, Priestley und später auch Wollstonecraft, wurde dies zum wichtigsten Einwand.[81]

Als der unermüdliche Abolitionist und Sozialreformer Granville Sharp

1776 den berühmten Tahitianer Omai traf, stützte er sich daher auf viele dieser Argumente, um zu erklären, Polygamie, wie Ehebruch, verletze jeden Grundsatz der modernen, aufgeklärten Sittenlehre: das Naturrecht, die Prinzipien göttlicher Gerechtigkeit, die Rechte und Gefühle von Frauen und das Einfühlungsvermögen, das alle Menschen verbindet. »Mr. Omai«, berichtete er später, »war ein *schwarzer Mann,* der wie alle Maroons und Afrikaner durch Sitte und Erziehung eingefleischte Vorurteile zugunsten der Vielweiberei hegte«:

> »Ohh!«, *sagte er,* »zwei Frauen – sehr gut; drei Frauen sehr, sehr gut.« – »Nein, Mr. Omai«, sagte ich, »nicht so; das widerspräche dem ersten Grundsatz des Naturrechts.« – »Erster Grundsatz des Naturrechts«, sagte er; »was das? Was das?« – »Der erste Grundsatz des Naturrechts«, sagte ich, »besagt, dass niemand etwas tun darf, von dem er nicht will, dass man ihm es tu.« … »Nun, Mr. Omai«, sagte ich, »nehmt an, dass eure Frau euch sehr liebt; ihr würde es nicht gefallen, dass ihr eine andere Frau liebtet; denn die Frauen haben die gleichen Leidenschaften, Gefühle und Liebesempfindungen den Männern gegenüber, die wir den Frauen gegenüber hegen; daher müssen wir uns in unserem Verhalten ihnen gegenüber von unseren Gefühlen leiten und uns von diesen sagen lassen, was wir an treuer Liebe und Pflichterfüllung von den Frauen uns gegenüber schätzen und erwarten.«[82]

Obwohl die Polygamie viel diskutiert worden war, hatten verschiedene theoretische und praktische Aspekte dazu geführt, dass sie von der öffentlichen Meinung nicht mehr akzeptiert wurde. 1795 wurde das Gesetz, das sie verbot, im Parlament bestätigt. Kurz darauf bewirkte das grundlegende malthusianische Umdenken in Bevölkerungsfragen, dass das polygame Konzept weiter an Glaubwürdigkeit verlor. Doch selbst unter diesen Umständen lebte es fort, denn viele seiner Voraussetzungen waren in den allgemeinen Diskurs der sexuellen Freizügigkeit eingeflossen. Martin Madans Patensohn Samuel Wesley, Neffe des Begründers der methodistischen Bewegung, wuchs in der Überzeugung auf, allein der Beischlaf sei die wahre Grundlage für eine gültige Verbindung zwischen zwei Menschen. Obwohl kein »Eiferer« in dieser Sache, hatten ihn doch das Buch seines Patenonkels und die eigene Bibellektüre in der Überzeugung bestärkt, die »Polygamie sei

Abb. 8. Omai Anfang zwanzig, etwa zu der Zeit, als er Granville Sharp begegnete.

Abb. 9. Granville war Anfang vierzig, als er Omai begegnete. Er hat nie geheiratet.

rechtmäßig« – wenn ein Mann und eine Frau »sich geistig und körperlich
vereinigen ... ist die Ehe geschlossen, ohne dass dazu eine zusätzliche Zeremonie von Priestern welcher Religion auch immer ersonnen oder er-
zwungen werden muss«. Auf der Grundlage dieser Überzeugung trotzte er
der heftigen Missbilligung seiner Familie, indem er viele Jahre offen mit
seiner Geliebten Charlotte Martin zusammenlebte und ein Kind mit ihr
hatte. »Nach allen Gesetzen Gottes und der Natur ist sie wirklich und
wahrhaftig meine Ehefrau«, schrieb er 1792 zornig an seine Mutter. »Kein
käuflicher Trick eines religiösen Schwindlers kann sie in höherem Maße
dazu machen ... [Nicht] eine Million Zeremonien, unendlich wiederholt
durch ebenso viele Nachfolger und Nachahmer von Simon Magus, können
sie glücklicher oder ehrbarer werden lassen.« Schließlich vollzogen sie den
zeremoniellen Akt; doch anschließend zog Wesley mit seiner Haushälterin
Sarah Suter zusammen, bei der er dann fast dreißig Jahre blieb und mit der
er viele Kinder hatte. Wie das Leben etlicher Fürsprecher der Polygamie
Anfang des 19. Jahrhunderts zeigte, wurde nicht immer eine klare Trennung zwischen freier Liebe und Mehrehe gezogen. So erklärte Edward Trelawny, Byrons und Shelleys Freund, die Polygamie sei »nicht nur gesetzmäßig, sondern auch verdienstvoll«.[83]

Die Geltung der polygamen Idee überdauerte auch in verschiedenen
radikalen protestantischen Sekten, die sogar nach 1800 in der Form des
16., 17. und 18. Jahrhunderts fortdauerten, indem die biblischen Vorbilder
auf moderne Verhältnisse angewendet wurden. Zu den englischen Anhängern des von Swedenborg empfohlenen vor- und außerehelichen Konkubinats gehörte auch der Maler und Dichter William Blake, der offenbar von
der Polygamie fasziniert war. Selbst noch als älterer Mann verkündete er in
den 1820er Jahren, dass es nach der Bibel »Weibergemeinschaft geben soll«
(siehe Tafel 4). Ebenso glaubte James Edward Hamilton, der selbsternannte
»Ebionit«, »Gott erlaube sogar *heute* die Polygamie« – und nur »bigotte
und voreingenommene Menschen« könnten die klare Bedeutung der Bibel
ignorieren.[84]

Vor allem aber fasste die Idee in den Vereinigten Staaten Fuß. Bereits
Anfang 1780 gab es Neuengländer, die predigten und schrieben, Gottes
Wort billige die Polygamie. Nach der Jahrhundertwende sprachen sich
mehrere messianische Führer von den Rändern der religiösen Erweckungsbewegung für die Vielweiberei aus. Seit den 1810er Jahren breitete sie sich

erst in Maine und dann im Upstate New York unter den Anhängern von Jacob Chochran aus, der lehrte, die monogame Ehe vertrage sich nicht mit der biblischen Lehre und der Praxis der Apostolischen Kirche. In den 1830er und 1840er Jahren wurde sie von den Mitgliedern der Kirche der Heiligen der Letzten Tage (oder Mormonen) übernommen, deren frühe Mitgliedschaft sich mit den Cochraniten überschnitt. Ab Anfang der 1830er Jahre wurde die Mehrehe von dem Mormonengründer und -propheten Joseph Smith Jr. praktiziert und gepredigt, der behauptete, er beziehe sein Wissen aus wiederholten Engelerscheinungen. 1843, als sich die Polygamie unter den Kirchenführern ausbreitete, schrieb Charlotte Haven ihrer Familie einen erregten Brief über die »wunderbaren Offenbarungen, die noch nicht bekannt gegeben wurden«. Als einer der Ältesten mit einer zweiten Frau aus England zurückkehrte, söhnte sich die erste

bald mit diesem zunächst unwillkommenen Gast in ihrem Heim aus … denn ihr Ehemann und einige andere haben ihr erläutert, dass die Vielweiberei in der Bibel gelehrt wird, dass Abraham, Jakob, Solomon, David und eigentlich all die alten Propheten und bedeutenden Männer mehrere Frauen hatten und dass es, wenn es jenen frommte, auch den Heiligen der Letzten Tage frommt.

1852, nachdem die Gemeinschaft in das westliche Gebiet von Utah umgezogen war, erhob Smiths Nachfolger Brigham Young die Polygamie zur offiziellen Lehre der Kirche. Die Mormonen verteidigten ihre Offenbarung mit denselben Argumenten wie ihre Vorgänger im 18. Jahrhundert: dem Vorbild der Patriarchen des Alten Testaments, dem Geist der christlichen Lehre, Gottes Gebot »Seid fruchtbar und mehret euch«, den Überlegungen früher Reformer wie Luther und Milton, der Verschleierung der göttlichen Wahrheit durch »Vorurteile und Pfaffenlist«, dem Umstand, dass die meisten Kulturen der Erde die Monogamie ablehnten, und dem Grundsatz der Religionsfreiheit.[85] Erst 1890, nach Jahrzehnten heftigen militärischen und politischen Drucks durch die amerikanische Bundesregierung verzichtete die Kirche auf die Praxis.

Obwohl die Polygamie in vielen afrikanischen und asiatischen Gesellschaften, vor allem den islamischen, noch legal und weit verbreitet ist, wird sie im Westen üblicherweise als frauenfeindlich abgelehnt, als das Produkt atavistischer Vorstellungen oder beides – weil moderne Polygamisten normalerweise nur Männern mehrere Ehepartner erlauben. Doch das andauernde Verbot der einvernehmlichen Mehrehe verträgt sich nicht so recht mit den Grundprinzipien der modernen, säkularen Sexualethik, wie neuere Debatten in den Vereinigten Staaten zeigen. Bereits in den 1850er Jahren hat John Stuart Mill auf diesen Punkt hingewiesen. Als in England und Amerika die Ablehnung der mormonischen Polygamie ihren Höhepunkt erreichte, machte er die Mehrehe zum krönenden Beispiel seines berühmten Manifests über die menschliche Freiheit. Es sei offenkundig, schrieb Mill, das Mormonentum sei wie jede Religion »das Produkt handgreiflichen Betrugs« und die Ehe bedeute im Allgemeinen zweifellos eine Ungerechtigkeit gegen Frauen: daher empfinde er, was die Polygamie angehe, habe »niemand eine tiefere Abneigung« als er. Aber das spiele keine Rolle. Die Polygamisten in Utah hätten genau das gleiche Recht auf religiöse und persönliche Freiheit wie jeder andere. Schließlich besage der allgemeine Grundsatz der Freiheit:

> *So wie es nützlich ist, dass es Meinungsverschiedenheiten gibt, solange die Menschen unvollkommen sind, so ist es ebenso vorteilhaft, dass man den verschiedenen Charaktereigenschaften Spielraum lässt ohne Schaden für andere, und dass man den Wert verschiedener Lebensarten praktisch ausprobiert, wenn irgendjemand es für richtig hält, sie zu versuchen.*[86]

Moderne Grundsätze

Ende des 18. Jahrhunderts hatten sich die Einstellungen zur männlichen und weiblichen Sexualität verändert. Wie gesehen, griff man bei diesem Umdenken auf viele ältere Vorstellungen über das Wesen von Männern und Frauen zurück. Möglich aber wurde das nur durch ein neues Verständnis des menschlichen Charakters und der Gesellschaft. Dabei wirkten zwei nie zuvor beobachtete soziale Entwicklungen als Auslöser: eine enorme Ausweitung der sexuellen Freiheit für Männer und die Stimme der Frauen, die sich im öffentlichen Leben unwiderruflich Gehör verschaffte und sich nachhaltig auf die herrschende Kultur auswirkte. Dass die Sicht der Frauen stärker in den Vordergrund trat, trug erheblich zu der Wahrnehmung bei, die Verführung ginge eher von Männern als von Frauen aus. Außerdem nährte sie die öffentliche Besorgnis über die nachteiligen Folgen der männlichen Sittenlosigkeit und die wachsende Entrüstung über ihre Verfechter.

Die praktischen Auswirkungen dieser Kombination sind im 18., 19. und 20. Jahrhundert überall zu erkennen. So wurde eine gewaltige philanthropische Energie freigesetzt, die sich auf die Rettung und Besserung gefallener Frauen richtete, womit wir uns im nächsten Kapitel beschäftigen werden. Das erklärt auch weitgehend den bemerkenswerten Wandel pornografischer Darstellungen, die bis Ende des 17. Jahrhunderts von einer größeren Triebhaftigkeit der Frauen ausgingen, sich danach aber verstärkt dem Aspekt der männlichen Aktivität und weiblichen Passivität zuwandten.[87] Immer stärker begannen diese Themen Malerei und Literatur, Liebeswerben, Ehe, Erziehung und alle anderen Bereiche des öffentlichen und privaten Lebens zu bestimmen.

Die Erschaffung dieser neuen Welt ist eine sehr zwiespältige Hinterlassenschaft der Aufklärung. Auf lange Sicht kam sie der Frauenemanzipation zugute. Bis zum Ende des 20. Jahrhunderts war die Überzeugung, Frauen seien den Männern moralisch überlegen, ein gewaltiger Ansporn für Bewusstsein, Solidarität, Aktivismus und Gleichheitsbestrebungen der Frauenbewegung. Dabei war die wichtigste Grundlage die Ansicht, Frauen seien das keuschere Geschlecht. Fortan war diese Idee ein Grundpfeiler des modernen Feminismus. Zunächst aber hatte die Revolution der Einstellungen zur Lust weniger positive Konsequenzen für Generationen von Frauen. Zwar stärkte sie die Solidarität der Frauen, verschärfte dafür aber viele soziale und sexuelle Vorurteile. Wie gezeigt, führte sie unmittelbar zu verstärkten Einschränkungen des weiblichen Verhaltens, einer obsessiven Entsexualisierung der Frauen, größeren Unterschieden der geschlechterspezifischen Sexualnormen und verbreiteter Besorgnis über schichtabhängige Unterschiede der moralischen Einstellungen. Allerdings ging es bei den Bestrebungen gegen die männliche Sittenlosigkeit weniger darum, sie vollständig einzuschränken, als vielmehr, ihre Auswirkungen etwas zu mäßigen.

Damit soll nicht gesagt sein, Frauen wären zuvor gleichberechtigter behandelt worden; oder die weibliche Sexualität hätte in der Viktorianischen Kultur keinen Platz gehabt; oder die männliche Freiheit hätte sich universell und vollkommen ungezügelt entfaltet. Trotzdem begann sich bereits um 1800 eine grundlegende und unwiderrufliche Veränderung abzuzeichnen, die festlegte, wie man über die Sexualität von Männern und Frauen dachte und wie man sie kontrollierte. Sie legte den Keim für eine immer entschlossenere feministische Kritik an dem Verhalten wohlhabender und prominenter Männer gegenüber Abhängigen. Doch sie versah die patriarchische Macht auch mit einer neuen Grundlage und stärkte sie in einer Weise, die wie in früheren Epochen von Frauen wie Männern verinnerlicht und fortgeschrieben wurde. Das waren die Heucheleien und Widersprüche, die Spannungen zwischen Freiheit und Unterdrückung, die durch die Revolution im 18. Jahrhundert geschaffen, von den Viktorianern erheblich vertieft und von unseren Vorgängern im 20. Jahrhundert übernommen wurden. Nie haben sie alle Menschen in gleichem Maße tangiert. In den letzten Jahrzehnten hat ihre geistige und gesellschaftliche Wirkung allmählich nachgelassen. Aber sie begleiten uns noch heute.

Kapitel 5

DIE URSPRÜNGE DES FRAUENHANDELS

… auf dass du bewahrt werdest vor dem bösen Weibe, vor der glatten Zunge der Fremden … Denn eine Hure bringt einen ums Brot; aber eines andern Weib fängt das edle Leben.

Sprüche Salomons, 6: 24 und 26.

Statt sie zu verdammen … sprechen Vernunft, Verstandesgründe und die unfehlbaren Gesetze der Natur mit Nachdruck für die unglücklichen, verführten und zugrunde gerichteten Frauen … Lasst uns deshalb mit offener und freigiebiger Hand mithelfen, das Los dieser notleidenden Mitgeschöpfe zu erleichtern.

Richard Harrison, A Sermon … before the Governors of the Magdalen-Charity,
1768, S. 11, 20.

Der Handel mit Menschen, besonders mit Frauen … zum Zweck sexueller Ausbeutung ist eine der schrecklichsten Menschenrechtsverletzungen, denen sich die Vereinten Nationen derzeit gegenübersehen. Er breitet sich aus und nimmt zu, und er ist in den sozialen und ökonomischen Verhältnissen verwurzelt.

UN-Convention Against Transnational Organized Crime (Übereinkommen gegen
die grenzüberschreitende organisierte Kriminalität), 2004, S. iv.

Im 18. Jahrhundert wandelten sich die Einstellungen zur Prostitution ein für allemal. Nach herkömmlicher protestantischer Auffassung waren Huren der schlimmste sexuelle Abschaum überhaupt. Auf sie warteten strenge Strafen: Ohne Formalitäten wurden sie ausgepeitscht, eingesperrt und zu Zwangsarbeit verurteilt. In den 1650er Jahren, als das Ehebruchsgesetz sie sogar mit der Todesstrafe bedrohte, wurden sie zu Hunderten einfach zusammengetrieben, aus ihren Familien und Freundschaftsbeziehungen herausgerissen und ohne Gerichtsverhandlungen über Tausende von Kilometern auf die Westindischen Inseln verschifft.* Die ganze Kultur der sexuellen Zucht hing von dieser Strenge ab. Denn die schreckliche Bedrohung, die von »wollüstigen, geldgierigen« Huren für die Gesellschaftsordnung ausging, war in der Bibel mehr als ausreichend dokumentiert und hatte sich in der Vorstellung einfacher Menschen tief eingeprägt. Prostituierte hatten keinen besonderen Freibrief, keine notwendige Funktion – im Gegenteil. Jede unkeusche Frau war eine Hure; durch wiederholte Promiskuität vertiefte sie ihre Sünde und Abscheulichkeit noch.

Noch lange nach 1800 wurden Prostituierte als gefährliche Überträger von Krankheiten und Unfrieden angesehen. Doch ab Mitte des 18. Jahrhunderts entwickelten sich allmählich ebenso einflussreiche – und häufig noch einflussreichere – alternative Einstellungen zur gewerblichen Liebe. Fortan stießen Prostituierte ebenso häufig auf Mitgefühl wie auf Verurteilung. In den Augen zahlloser Denker und Aktivisten des 18., 19. und 20. Jahrhunderts verkörperten Huren das Verhältnis von Männern und Frauen in der modernen westlichen Gesellschaft – so in der Theorie und Praxis der Sexualität, in der Klassendynamik und der Verteilung der ökonomischen und politischen Macht.

---

* Siehe Kapitel 1 »Gottes Revolution«.

Prostitution und Philanthropie

Um die 1750er Jahre wurde die Rettung und Rehabilitation von Prostituierten zu einem wichtigen sozialen Anliegen. Mit gewaltigem Aufwand wurden Freistätten, Arbeitshäuser und andere Wohltätigkeitseinrichtungen für gefallene Frauen, Mädchen, die der Gefahr von Verführung ausgesetzt waren, und andere reale oder potenzielle Opfer männlicher Lust geschaffen.

Wir haben bereits mehrere gesellschaftliche Faktoren betrachtet, die entscheidend an dieser Entwicklung beteiligt waren. Mitte des 18. Jahrhunderts hatte sich im Zuge des sexuellen Freiheitszuwachses für Männer das Ausmaß der Prostitution unübersehbar verstärkt. Die Bereitschaft, sie zu tolerieren, hatte generell zugenommen. Gleiches galt für die Vorstellung, Prostituierte seien meist Opfer von Verführung und Not. Der traditionelle Konsens, dass gewöhnliche Huren ohne Gerichtsverhandlung für ihre Untaten bestraft werden sollten, wurde allmählich durch die Erkenntnis ersetzt, dass es für die Bestrafung von Prostitution eigentlich keine gesetzliche Grundlage gab. Erklärungsbedürftig bleibt allerdings, wie es in der Öffentlichkeit zu dieser mächtigen philanthropischen Bewegung zugunsten der Prostituierten kam. Warum wurde sie so ungeheuer populär?

Der Grundgedanke, dass Prostitution ein notwendiges Übel sei und dass reuige Sünderinnen Beistand brauchten, hatte sich zunächst im Rahmen der katholischen Lehre des Mittelalters entwickelt. Maria Magdalena, deren Kult in der vor-reformatorischen Kirche außerordentliche Verbreitung gefunden hatte, lebte im protestantischen England als einflussreiches Gleichnis für sittliche Verfehlung und Erlösung fort. »Ich bezweifle nicht, dass wir im Sündigen alle Magdalenen sind«, schrieb John Foxe 1560, »aber im Erkennen unserer selbst und in der Befreiung von der Sünde sind wir wohl keine geläuterten Huren mehr.« Das Theater der frühen Reformer übernahm die mittelalterlichen Bühnenbearbeitungen über das Leben Magdalenas, um die calvinistische Lehre zu verbreiten; ihr ist auch einer der wenigen Heiligentage gewidmet, die in der Kirche von England erhalten blieben. Anfang des 17. Jahrhunderts war der Wiedererkennungswert ihres

RECHTE SEITE: *Abb. 10. Die Duchess of Cleveland, eine Mätresse Karls II., als »Englands Magdalena«.*

: Beley in: Hughes: Fecit : 667 :

St Mary Magdalen.

Magdalena,
Quid mundus? quid Deliciæ? quid vana voluptas?
Fœtor, tristitia, fumus et umbra, nihil.

E.Cooper ex.

Abb. 12. »Magdalena« von Jan Griffier (Mezzotinto, um 1700): Das charakteristische Produkt einer sehr beliebten Gattung eines vorgeblich religiösen Themas.

LINKE SEITE: *Abb. 11. Ende der 1660er Jahre malte Sir Peter Lely eine weitere Mätresse des Königs, Mary Davis, als Magdalena: Dieser Stich für den Massenmarkt entstand einige Jahre später.*

Bildes noch so groß, dass es Straßenschilder zierte und Gedichte inspirierte. Schilderungen der weinenden Magdalena waren so populär in der englischen Dichtung der Zeit, dass ihnen die Entstehung eines neuen Adjektivs zu verdanken war – *maudlin*, »tränenselig«. Unter dem Einfluss kontinentaleuropäischer Vorbilder kamen die gemalten und gedruckten Darstellungen schöner, reuiger Sünderinnen sehr in Mode. Mehrere Mätressen von Karl II. wurden als Magdalenen abgebildet. In den 1740er Jahren war das Motiv so allgegenwärtig, dass es als eines der überstrapazierten Klischees von Hogarth in seinem satirischen Stich *Battle of the Pictures* angegriffen wurde (vgl. die Abbildungen 10–12).[1]

Die neue Vorliebe für reuige Sünderinnen fiel zeitlich zusammen mit wachsender Skepsis gegenüber der Wirksamkeit von Strafen. Nach traditioneller Auffassung waren Züchtigungen das beste Mittel zur Besserung von sexuellen Sündern. Mögen »die Prügel dich wieder zu Gott führen«, wurde ihnen gesagt, denn das sei »das wahrhaft mildtätige Werk für deine Seele«. »Nächstenliebe, die nach Besserung des Müßiggängers strebt«, erklärte ein Geistlicher, »ist besser als ein Verhalten, das seinem augenblicklichen Wohlgefühl dient«, denn ohne Besserung würde er nicht nur sich selbst, sondern auch andere zugrunde richten. »Euer Erbarmen wäre also die größte Grausamkeit«, ermahnte ein anderer Prediger die Friedensrichter 1698: Um wahre Nächstenliebe gegenüber Huren und Hurengängern zu üben, müssten sie »alle Regungen des Erbarmens unterdrücken« und »mit größter Strenge« vorgehen. »Nur wenige werden in eine Besserungsanstalt eingewiesen«, aber, so glaubte man, »sie werden geläutert entlassen«.[2]

Doch um die Mitte des 18. Jahrhunderts wurde diese Annahme bestritten. Sie entspringe, so der Geschäftsmann Jonas Hanway, lediglich der überholten Logik von »Gesetzgebern und Friedensrichtern«, die der Meinung seien, dass »Zwangsarbeit oder körperliche Züchtigung entweder die Schlechten beeindrucke und Freveltaten verhindere; oder dass das durch solche Strenge verursachte Leiden alle groben Missstände bessere«. Diese Haltung ließ sich auch kaum noch mit der unschönen Wirklichkeit der überforderten Londoner Justiz vereinbaren. Eine Frau nackt auszuziehen und sie öffentlich auszupeitschen »kann sich, soviel ich weiß, förderlich auf ihre Sittsamkeit auswirken«, meinte Bernard Mandeville scheinheilig, wohingegen die »Prügelstrafe einen gänzlich gegenteiligen Effekt hat«. Auch der Erzähler im *London Spy* war sich sicher: Wenn überhaupt, »dann macht es viele Frauen zu Huren ... aber es kann sie unter keinen Umständen auf den rechten Weg bringen«.[3]

Solche Skepsis hinsichtlich der Wirksamkeit von Strafen hatte eine lange Geschichte in der öffentlichen Meinung. Doch jetzt bekam sie, wie in Kapitel 1 und 2 gezeigt, einen seriöseren Anstrich. Bereits in den 1690er Jahren räumten einige Anhänger der Reformgesellschaften ein, dass Prostituierte, die in Besserungsanstalten geschickt wurden, dort, im Gegensatz zur herkömmlichen Meinung, »meist zehnfach verderbter und schamloser herauskommen, als sie hineingehen«. Die gleiche Erkenntnis setzte sich allmählich auch bei Gesetzgebern und Richtern durch. 1751 gelangte ein Unterhausausschuss zu dem Ergebnis, dass es »große Mängel bei und Missbrauch von Besserungsanstalten gibt«. Henry Fielding war derselben Meinung: Sie trügen eher »zur Förderung als zur Besserung des Lasters bei«. Enttäuscht äußerte einer seiner Untergebenen, nachdem er das Gesetz jahrelang eifrig angewendet hatte, es sei »sinnlose Strenge«, Prostituierte zu bestrafen, da »Strafe nur während der Zeit ihres Vollzugs vorbeugt, aber kaum jemals eine Besserung bewirkt«.[4]

Um die Jahrhundertwende wurden erstmals alternative Vorschläge ins Spiel gebracht, die auf den Einfluss der Religion setzten. Thomas Bray, der Gründer der Reformgesellschaften *for the Propagation of the Gospel* und *for Promoting Christian Knowledge*, meinte, wenn Prostituierte in eine »Strafanstalt eingewiesen werden ..., wo sie der Obhut einiger kluger und tugendhafter Matronen und einiger älterer und frommer Geistlicher anvertraut sind«, würden sie sich sicherlich nach einiger Zeit »zu gebührender Gottesfurcht und Abscheu vor ihrem schändlichen Tun bekehren lassen«. Statt sie rein äußerlichen Strafen zu unterziehen, sollte man sie durch Gebete, Katechismusstunden, »Bußübungen und Selbstkasteiungen ... zu moralischer Einsicht bringen, sodass sie gründlich und ehrlich gebessert sind«. Sein missionarischer und philanthropischer Kollege Thomas Nelson gewann gleichfalls die Überzeugung, dass man ein Haus brauche, »um junge Frauen aufzunehmen, die von ihrem Irrweg ablassen wollen«, und ihnen »durch wahre christliche Zucht« wieder zu moralischer Integrität zu verhelfen.[5] Bevor die öffentliche Meinung die Schuld von Prostituierten in den 1730er und 1740er Jahren milder zu beurteilen begann, waren solche nachsichtigen Ansichten jedoch eher ungewöhnlich.

Viele Jahrhunderte hindurch schien nämlich die englische Einstellung in dieser Frage strenger gewesen zu sein als in anderen christlichen Ländern. Während des Mittelalters waren mit der Unterstützung mehrerer Päpste viele Klöster und andere Einrichtungen für reuige Prostituierte auf dem ganzen Kontinent geschaffen worden – in Byzanz, Italien, Deutschland, Frankreich und an vielen anderen Orten. Aber nicht in England. Im Zuge der katholischen Gegenreformation des 16. und 17. Jahrhunderts wurden weitere Institutionen eingerichtet. Doch für englische Kritiker waren das immer Beispiele für papistische Sittenlosigkeit gewesen, keine ernsthaften sozialen Projekte.[6]

Erst gegen Mitte des 18. Jahrhunderts, als sich die Vorstellung allmählich durchsetzte, begann man diese Praxis der katholischen Länder mit Billigung statt mit Abscheu zu kommentieren. In den 1750er Jahren brachten viele englische Fürsprecher von sogenannten »Magdalenenheimen« (*penitential hospitals*) – Asyle für bußfertige Prostituierte – ihre Bewunderung für die ausländischen Beispiele offen zum Ausdruck. Die Engländer seien insgesamt, meinte Hanway, sexuell nicht ganz so »haltlos« wie etwa die Italiener, könnten aber, was den Umgang mit den Konsequenzen angehe, eine Menge von ihnen lernen. »Obwohl wir uns für weit klüger halten als viele andere Nationen, sind wir in dieser Hinsicht viele Jahre hinter ihnen zurück.«[7] Das war die Sprache nicht nur eines weitgereisten Individuums, sondern einer stärker kosmopolitisch gesinnten Generation. Nach einem halben Jahrhundert, in dem sich Engländer durch Handel, Reisen und Krieg vermehrt an europäischen Angelegenheiten beteiligt und entsprechende Informationen aus erster oder zweiter Hand erhalten hatten, war ihre Bereitschaft erheblich gewachsen, die Methoden des Auslands im Umgang mit diesen Problemen in Betracht zu ziehen.

Auch das Konzept der Magdalenenheime begann sich durchzusetzen. Zu Beginn des 18. Jahrhunderts waren Neuerungsvorschläge, wie die von Bray und Nelson, Projekte einer frommen Minderheit geblieben und weithin mit Feindseligkeit aufgenommen worden. Wie jeder Lebensbereich nach der Glorious Revolution waren auch die neuen philanthropischen Initiativen zu einem Kriegsschauplatz der Interessen von Whigs und Tories, hohem Klerus und religiösen Dissidenten geworden. Alle wichtigen Wohltätigkeitsprojekte der Zeit – Armengenossenschaften, Arbeitshäuser und Armenschulen – wurden durch diese politischen und sektiererischen Konflikte beeinträchtigt.[8]

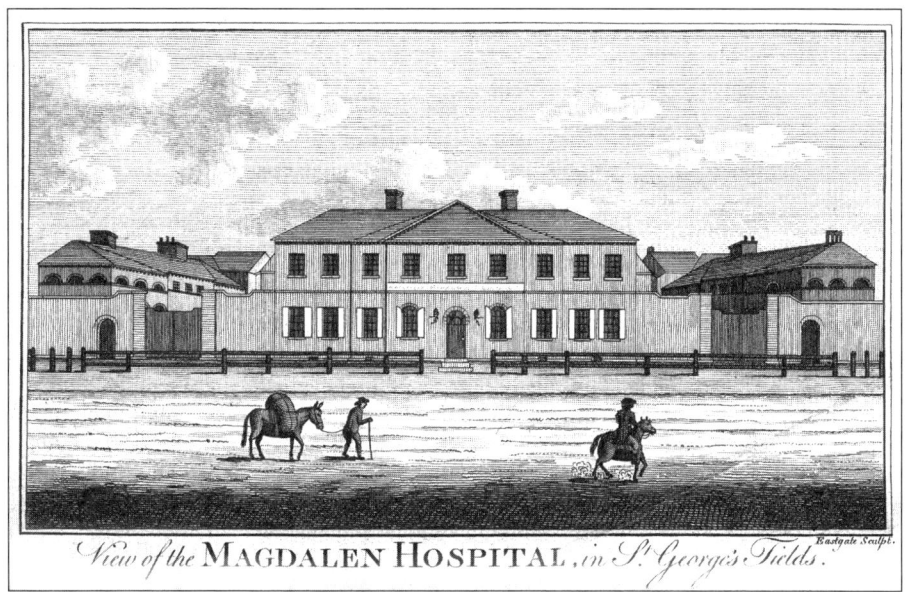

Abb. 13. Das Magdalen Hospital in London war das erste Heim für reuige Prostituierte in der englischsprachigen Welt.

View of the ASYLUM, *in S.ᵗ Georges Fields.*

Eastgate Sculpt.

Abb. 14. Das Lambeth Asylum: Arme Mädchen, die der Gefahr von Verführung ausgesetzt waren, lebten dort und erhielten eine Ausbildung als Hausangestellte oder in einem anderen Beruf.

In den 1730er Jahren begann man dann, die öffentliche Wohltätigkeit auf eine neue, weniger politische Weise zu organisieren, die man aus
der Wirtschaft übernommen hatte: auf der Basis einer privaten Aktienge-
sellschaft, die weniger der Armut im Allgemeinen als einem bestimmten
Problem gewidmet war. Der spektakuläre Erfolg des auf diesem Modell
beruhenden London Foundling Hospital (Findelhaus) (Gründung der Gesellschaft 1739, Eröffnung des Heims 1741) ließ die praktische Bewältigung
sozialer Probleme plötzlich viel einfacher erscheinen als noch Anfang des
Jahrhunderts. Zusammen mit dem Ausbruch des Krieges Ende der 1730er
Jahre (und erneut Mitte der 1750er Jahre) sorgte diese Entwicklung dafür,
dass die aktienfinanzierte Philanthropie in Mode kam, vor allem in der
rasch wachsenden Geschäftswelt der Hauptstadt. Als sich die politische
Arithmetik zu einem Grundpfeiler der öffentlichen Politik entwickelte,
wurde das Ziel, Leben zu retten, ein Anliegen von übergeordneter nationaler Bedeutung.[9]

Rasch folgten auf das Londoner Findelhaus andere Einrichtungen in
London (1740) und Middlesex (1745), die für Kranke und Verletzte bestimmt waren, und dann eine Vielzahl spezieller Projekte: unter anderem
das Lock Hospital für die Behandlung von Geschlechtskrankheiten (1747),
zwei Hospitäler für Pockenkranke und nicht weniger als fünf »Geburts-
kliniken« für mittellose Frauen. Das Magdalen House für bußfertige Prostituierte und das Lambeth Asylum zum Schutz armer Mädchen vor Verführung wurden beide 1758 eröffnet und folgten dem gleichen Modell. Das
galt auch für das 1767 gegründete Dubliner Magdalen Asylum und alle
späteren Einrichtungen dieser Art.[10]

Mitte des Jahrhunderts hatte sich die Einstellung zu innovativen sozialen Projekten von Grund auf verändert. Waren sie bislang das Betätigungsfeld einer Minderheit und Manifestationen eines außergewöhnlichen religiösen Eifers gewesen, hatte sich öffentliche Wohltätigkeit jetzt zu einem
wichtigen Ausdruck des gesellschaftlichen und geschäftlichen Status entwickelt. Unter den Gründern des Magdalen und des Lambeth Asylum war
nicht ein einziger Geistlicher. Stattdessen war die Philanthropie jetzt eine
Betätigung, der sich eine große und vielfältige Gemeinschaft wohlhabender
Männer und Frauen widmete und die weithin als eine bemerkenswerte
Errungenschaft der britischen Aufklärung gefeiert wurde. »Es gibt kaum
ein Leiden oder Gebrechen«, staunte ein Londoner Prediger 1762, »für das

sich nicht rasch ein Asyl finden ließe … das den mittellosen Kranken auf-
nähme.« »Freudig ist die Nation von einer allgemeinen Welle der Mildtätigkeit erfasst«, jubelte ein anderer; ganz London sei »in Sonderheit, was
seine öffentlichen Wohltätigkeitseinrichtungen angehe, eine Zierde für die
menschliche Natur und die Christenheit«.[11]

Die Gründung von karitativen Einrichtungen zur Rettung armer Frauen
aus moralischer Not und Krankheit war also nur ein Beispiel für eine allgemeinere Bewegung für die Verbesserung des Gesundheitszustands und
der Bevölkerungszahl der Arbeiterklasse – Bestrebungen, die letztlich der
Macht und dem Wohlstand des Landes zugutekommen sollten. Doch der
Umstand, dass der Aspekt des Sexuellen bei karitativen Maßnahmen so
sehr im Vordergrund stand, illustriert die neue Einstellung zu Schuld und
Unschuld der Frauen. Bisher hatte man immer die Auffassung vertreten,
dass die Sorge für uneheliche Kinder und Sexualdelinquenten der Unzucht
Vorschub leiste. 1728 hatte Defoe die Argumente gegen Findelhäuser fol-
gendermaßen zusammengefasst: »Sie würden zu Sittenlosigkeit und Unzucht ermutigen … Wer empfände noch Furcht vor der Sünde, wenn er
sich seiner Bastarde so leicht entledigen könnte? Bei einer solchen Ermutigung der Hurerei würden wir bald eine Findlingsschwemme haben.«
Doch Mitte des 18. Jahrhunderts herrschte zum ersten Mal die gegentei-
lige Meinung vor. Natürlich fiel in einigen Fällen das Mitleid leichter als
in anderen. So zwang die Argumentation, dass die geschlechtskranken Pa-
tienten bedauernswerte Opfer und keine verdorbenen und schuldhaften
Sünder seien, die frühen Fürsprecher des Lock Hospital bezeichnender-
weise zu einer höchst defensiven Rhetorik. Nein, so mussten sie betonen,
erkrankte Prostituierte (und andere, »die sich sehenden Auges in dieses
Elend brachten«) seien keine »verkommenen Kreaturen«; nein, man dürfe
sie nicht »bei lebendigem Leib verfaulen lassen«; nein, wenn sie ihrem Gewerbe weiter nachgingen und die Krankheit verbreiteten, so geschehe das
nicht, weil sie es wollten, sondern »aus Notwendigkeit«. Das Krankenhaus
hatte vor allem deshalb Schwierigkeiten, Zuwendungen der besseren Kreise
zu erhalten, weil der praktische Nutzen der Einrichtung relativ begrenzt
erschien. Auch das abstoßende Erscheinungsbild der Krankheit war vermutlich nicht hilfreich. Sicherlich kam es in keiner anderen Wohltätigkeitseinrichtung vor, dass der Anstaltsgeistliche, statt seinen Schäfchen Beistand zu leisten, offen zugab, dass er nicht lange auf der Station verweilen

könne und nicht imstande sei, »eine private Unterhaltung mit euch zu führen«, weil der Zustand der Kranken so grausig sei.[12]

Weit vielversprechender war da die Aussicht, durch eine Wohltätigkeitseinrichtung für reuige Huren »aus *schlechten* Frauen *gute* zu machen«. In
den 1750er Jahren war es in der besseren Gesellschaft selbstverständlich
geworden, diese Idee zu unterstützen. Eifrig diskutierten Zeitungs- und
Flugblattschreiber die Prinzipien und die Praxis dieses Vorhabens. Parlamentarier sprachen sich für sie aus. Der Erzbischof von Canterbury zeigte
lebhaftes Interesse. Horace Walpole scherzte, er könne ja sein Schloss
Strawberry Hill in »ein Heim für *filles repenties*« verwandeln. Nachdem der
zeitkritische Dichter John Lockman »von dem Plan gelesen hatte, im Stich
gelassene Mädchen und Prostituierte zu retten«, brachte er in fliegender
Hast den Monolog zu Papier »den die zugrunde gerichtete Margaretta in
ihrer Dachkammer in der Drury-Lane hält«. Später sollte er in Vauxhall zu
Musik vorgetragen werden. Wer nicht zur eleganten Gesellschaft gehörte,
konnte sich ein Groschenheft kaufen, in dem die Nützlichkeit eines Magdalenenheims dargelegt wurde. Die Alt-Herzogin von Somerset, die 1729
als erste der sogenannten »Lady-Petitionäre« für ein Findelhaus eingetre-
ten war, ging wieder mit gutem Beispiel voran, indem sie sich ganz oben in
die Liste eintrug. Man entwickelte die verschiedensten Pläne. Der *London
Chronicle* gab bekannt, er werde die Kosten für die Veröffentlichung von
Vorschlägen übernehmen, um bei der Suche nach dem praktikabelsten
Plan zu helfen. Zu diesem Zweck wurde ein großes Expertenkomitee eingesetzt, dem so unterschiedliche Mitglieder angehörten wie der treulie-
bende Schauspieler David Garrick, der so glücklich verheiratet war, dass er
sich nicht einen Tag von seiner Frau trennte, und der berüchtigte Libertin
John Wilkes, der die sexuelle Abwechslung über alles schätzte.* Kein anderes praktisches Projekt der Zeit konnte Männer und Frauen von ganz unterschiedlicher Empfindsamkeit so faszinieren.[13]

Wie viel Zuspruch es erhielt, zeigt auch die Einstellung der namhaften
Autoren dieser Zeit. In den 1750er Jahren hatte Samuel Johnson reiche Erfahrung im Umgang mit Prostituierten gesammelt – wenn auch hauptsäch-

---

* Zu den frühesten Vormunden des Lambeth Asylum gehörte der notorische Lebemann
Sir Francis Dashwood: *An Account of the Institution, and Proceedings of the Guardians, of the
Asylum*, 1761, S. 28.

lich, wie er betont, »um ihre Geschichten zu hören«. »Dann und wann gaben seine jüngeren Freunde vor, ihn mit weniger keuschen Absichten in Versuchung führen zu wollen«, berichtet ein früher Biograf. »Doch er pflegte zu antworten: ›Nein, Sir; aber wir schritten dann nie zum *Opus Magnum.*‹« Einmal legte »Dr. Johnson« selbst Hand an, um »eine von diesen elenden Frauen« zu retten. Er trug sie auf seinem Rücken nach Hause, pflegte sie bei ihrer Genesung von einer Geschlechtskrankheit und suchte ihr eine ehrbare Arbeit: genau jene Art von Wohltätigkeit, die nach den neuen Plänen ein öffentliches Heim bieten sollte.[14]

Samuel Richardson hingegen brüstete sich damit, nie in seinem Leben ein Bordell besucht oder sich auch nur je »in Gesellschaft einer liederlichen Weibsperson« befunden zu haben. Trotzdem war er von der Idee eines Heims für gefährdete Mädchen genauso angetan. Bereits im Jahr 1740 hatte er ein »Internat für reuige Huren« gefordert und mit seiner Vertrauten Lady Bradshaigh erörtert, wie man diesen armen Mädchen und Frauen am besten helfen könne. Als er 1751 *Clarissa* überarbeitete, hob er die Reue seiner Heldin über die erzwungene Unkeuschheit stärker hervor. Miss Harlowe, so meinte jetzt einer der Protagonisten, »war in ihrer *Bußfertigkeit* eine *zweite Magdalena*, dagegen in ihren *Fehlern* nicht so schlecht wie eine *Magdalena*«. Drei Jahre später bewies Sir Charles Grandison seine ausgeprägte Empfindsamkeit durch die barmherzige Reaktion auf die »traurige Geschichte« der ehemaligen Mätresse seines Vaters, »der armen Magdalen« Mrs. Oldham, die »weinte ... wie eine Büßerin« aus Dankbarkeit über seine Güte. An späterer Stelle des Romans lässt Richardson Sir Charles ein leidenschaftliches Plädoyer zugunsten eines »Heims für Büßerinnen« halten, wo verführte Frauen »wieder auf den Pfad der Tugend finden können«. Als das Magdalen House öffnete, erwies sich Richardson als großzügiger Gönner des Projekts.[15]

Noch wichtiger war das Engagement zweier einflussreicher Gruppen. Die erste wurde von den führenden Friedensrichtern der Stadt gebildet. »Wer wird sich über diese glückliche Veränderung nicht freuen«, rief der blinde Richter John Fielding aus: »Elende Prostituierte etc., die in bescheidene, anständige, glückliche Frauen und nützlich Hausbedienstete verwandelt werden.« Sein Kollege Saunders Welch schrieb 1753, seit Jahren sei es sein »Herzenswunsch«, dass man in diesem Zeitalter der »Hospitäler und Asyle für fast jedes menschliche Unglück« auch eine solche Einrichtung zur Verfügung habe, »durch die diese bedauernswerten Mitgeschöpfe aus Krankheit und Not errettet werden können, sodass sie, statt ein Ärgernis für die Öffentlichkeit zu sein, ihr nützlich werden.« Ende der 1750er Jahre veröffentlichten beide Männer detaillierte Pläne und begannen mit Nachdruck, Geld zu sammeln.[16]

Noch wichtiger aber war, dass der Plan von einer Gruppe sozial engagierter Geschäftsleute aufgegriffen wurde, unter ihnen auch Hanway, der aktivste und exzentrischste Philanthrop des 18. Jahrhunderts, und sein Geschäftspartner Robert Dingley. Männer also mit weitreichenden Kontakten und der Fähigkeit, die öffentliche Meinung zu mobilisieren – Männer, die als Gründer und Leiter anderer aktienfinanzierter Wohltätigkeitseinrichtungen schon beträchtliche Erfahrung gesammelt hatten. Sobald sie ihre ungeteilte Aufmerksamkeit der Gründung eines Magdalenenheims zuwandten, gab es an dem Erfolg des Unternehmens kaum noch einen Zweifel. »Das scheint *das einzige wichtige Projekt zu sein, das wir bisher übersehen haben*«, schrieb Hanway 1758 aufgeregt an Dingley, als die Gründung kurz bevorstand. Es sei doch eine herrliche Aussicht, jubelte er, »mit dem Himmel zusammenzuarbeiten«, indem man ansonsten ihrem Schicksal überlassene Prostituierte in glückliche Frauen und Mütter verwandle – »ein Werk, das zugleich *Schöpfung* und *Erlösung* ist«.[17]

Auf diese Weise vorgeschlagen und propagiert, fand der Plan der Magdalenenheime in der öffentlichen Meinung rascher und nachhaltiger Anklang als irgendeine andere karitative Institution des 18. Jahrhunderts. Als dann die Anteilsscheine gezeichnet werden konnten, erzielten sie innerhalb weniger Wochen mehr als 3000 Pfund – eine größere Summe, als andere Wohltätigkeitseinrichtungen in Jahren zusammenbekamen. Nach einigen Monaten hatten die Leiter ein Gebäude angemietet und eingerichtet, sodass das Magdalen House in Whitechapel am 10. August 1758 seine ersten »Büßerinnen« aufnehmen konnte. 1760 war die ursprünglich auf 50 begrenzte Zahl der Bewohnerinnen auf über 130 angestiegen; 1769, als das Heim mit dem Bau eines neuen Wohngebäudes in Blackfriars begann, hatten dort schon mehr als 1500 Frauen Zuflucht gesucht. In den folgenden Jahrzehnten trafen aus der ganzen englischsprachigen Welt Spenden ein. »Von Buckinghamshire bis Barbados, von Middlesex bis Madras, von Chepstow bis Kalkutta«, wurde die neue Wohltätigkeitseinrichtung bereitwillig unterstützt.[18]

Ihr Erfolg markierte einen gründlichen und dauerhaften Wandel in der Behandlung der sexuellen Unmoral. Fortan sollten nichtstaatliche karitative Organisationen stets eine entscheidende Rolle im Umgang mit der Prostitution spielen, wobei die kirchliche und staatliche Fokussierung auf Maßregelung und Strafe umgangen oder sogar ersetzt wurde. Damit erfuhr die kollektive Wohltätigkeit in Reichweite und Zielsetzung eine bemerkenswerte Ausweitung. Mehr noch, jetzt wurde auch von offizieller Seite nicht mehr grundsätzlich vorausgesetzt, Frauen seien in jeder Hinsicht für ihr sexuelles Verhalten verantwortlich. Stattdessen galt es, sie aus Umständen zu erretten, die sich teilweise ihrem Einfluss entzogen. Die Philanthropie ging von einem ganz anderen Verständnis der Prostitution aus und versprach eine vollkommen neue Lösung. »Die alte Methode der Prostitutionsbekämpfung hat sich als wirkungslos erwiesen«, erklärte Hanway. »Versuchen wir es mit einer anderen Behandlung.«[19]

Reue und Rettung

Die Philanthropie sollte dreifachen Nutzen bringen – spiritueller, demografischer und wirtschaftlicher Art. Zwar waren ihre Methoden offensichtlich neu, aber die Argumente wiesen eine verblüffende Ähnlichkeit mit den Gründen auf, die herkömmlicherweise für die Bestrafung angeführt wurden.

In beiden Fällen war beispielsweise der wichtigste Beweggrund, die Sünderinnen vor der Verdammnis zu retten. Die Unterstützer des Magdalenenheims brüsteten sich damit, dass bei ihnen, anders als in Hospitälern, nicht nur Körper, sondern auch Seelen gerettet würden. Nur dieses Heim tröste die »verwundete Seele« und verschaffe der »unaussprechlichen Pein eines blutenden Gewissens« Erleichterung; allein das Magdalenenheim sei »von der Absicht getragen, die Seele zu heilen – nicht nur die vorübergehenden Schmerzen zu lindern, sondern sie auch vor den ewigen Qualen zu retten«. Der »wichtige und entscheidende Punkt« ihres Heimaufenthalts, so erläuterte man jeder Frau bei ihrer Aufnahme, sei die Rettung ihres Seelenheils.[20]

Daher war das Leben im Magdalen House geprägt von privaten und öffentlichen Gebeten, Predigten, Kirchenliedern, erbaulicher Lektüre und religiösen Unterweisungen durch die Vorsteherin und den Geistlichen des Heims. Fasten wurde »besonders empfohlen«. Letztlich bestand das Ziel darin, die Frauen auf ein gutes Ende vorzubereiten. Wie die Bekehrung schändlichster Sünder auf dem Totenbett oder die letzte Beichte zum Tode verurteilter Verbrecher waren die spirituellen Verhaltensregeln, denen sich die reuigen Prostituierten unterwerfen mussten, dazu bestimmt, sie in einen Seelenzustand zu versetzen, der ihnen den Eingang ins Paradies ermöglichte. Häufig wurde der Tod als eine unmittelbar bevorstehende glückliche Erlösung gepriesen. Man tröstete die Frauen mit dem Versprechen, dass die »künftige Seligkeit« nicht mehr fern sei; »ewige Freude« warte im Himmel auf sie; die heiligen Engel würden schon die Harfen zu ihrem Empfang stimmen.[21]

In der Erbauungsliteratur wurde häufig der gleiche Ton angeschlagen. In einer von der Leiterin des Heims veröffentlichten Schrift mit dem Titel »Eine wahre Erzählung einer Bewohnerin von Magdalen« sollte der Öffentlichkeit vor Augen geführt werden, was mit erfolgreichen Büßerinnen geschah, indem sie das Schicksal eines Mädchens beschrieb, das unmittelbar nach seiner Entlassung krank wurde, ein Bein durch Wundbrand verlor und starb. In dem ungeheuer erfolgreichen Buch *Der triumphierende Tod der F. S. Wie eine bekehrte Prostituierte im April 1763 im Alter von 26 starb* (das es 1800 schon zu mindestens vierzehn Auflagen im ganzen Britischen Empire gebracht hatte) verbringt die Heldin einen Monat auf ihrem Totenbett, empfängt Besucher, preist die Güte des Herrn und beginnt unvermittelt zu singen, bevor sie schließlich »ohne das geringste Zeichen von Schmerz« stirbt. Sogar das zur Einstimmung gedachte Bild im Büro der Vorsteherin des Magdalen House stellte den »Death of a Penitent Prostitute« (Tod einer bußfertigen Prostituierten) dar.[22]

Doch sollten die Büßerinnen auch in diesem Leben gerettet werden. Manchmal hieß es auch, das Heim selbst sei ein irdisches Paradies: »ein kleiner Himmel«, ein »gesegneter Ort«, »ein himmlisch-gastliches Asyl«. Die Heiligkeit des Ortes sei so groß, hieß es voller Stolz in einem frühen Bericht, dass die bloße Kunde von ihm verbürgtermaßen Sünder bekehrt habe. Andere Beobachter wie Horace Walpole und sein Freund, der Dichter Edward Jerningham, waren sehr von der Ähnlichkeit mit einem Kloster angetan. »Zwar ihre Jugend frühen Makel muss' erdulden«, deklamierte letzterer in einem wider Erwarten begeistert aufgenommenen dichterischen

Versuch aus dem Jahr 1763. »Doch neue Unschuld bekommen sie geschenkt / Und klösterliche Buße heilt den gekränkten Namen.«* [23]

Das Magdalen House als *Familie* war die am häufigsten verwendete Metapher. Die aufgenommenen Frauen waren die Kinder, die vor der Welt geschützt und zu Ordnung, Tugend und Gehorsam erzogen werden mussten. Die Direktoren hießen »Vormund« oder »Vater«, die Vorsteherin war »eine gute Mutter ihrer kleinen Familie«, und die Büßerinnen wurden mit »Elternliebe« behandelt. Auf einen Zustand kindlicher Hilflosigkeit reduziert, waren sie ihrer Eltern »Schandtöchter«, ihre »Kummerkinder«. Beglückt betonte man, dass sie »so einfach wie Kleinkinder« lebten. Um leichteres Spiel mit Regression und Wiedergeburt zu haben, erhielten Bewerberinnen, die jünger und formbarer waren, den Vorzug, und man war bestrebt, deren Vergangenheit vollkommen auszulöschen. Die Frauen durften neue Namen annehmen. Niemand durfte sie nach ihrer Vergangenheit fragen. Der Kontakt mit der Außenwelt wurde auf ein Minimum eingeschränkt.[24]

Durch diese Maßnahmen sollte der Ruf der Büßerin reingewaschen und ihr Charakter gestärkt werden. Anstelle von »Faulheit und Laster« lernte sie Disziplin und Enthaltsamkeit. Bei der Aufnahme musste sie schwören, »sich anständig und ordentlich zu benehmen«. Die alten Kleider musste sie ablegen und – wenn sie »zu elegant« für ihren Stand erschienen – einbehalten. Stattdessen verpasste man ihr schlichte graue Anstaltskleidung, ermahnte sie, »die Augen bescheiden und demütig niederzuschlagen«, und setzte ihr einfache, gesunde Speisen vor. Jeder Tag folgte einem strengen Stundenplan von Andacht und harter Arbeit. Dabei wurde den Frauen ans Herz gelegt, dem einfachen Leben Christi nachzueifern, wie es die Bibel preist: »Seiner Hingabe im häufigen privaten Gebet«; »Seiner Sanftmut und Demut des Herzens«; »Seiner Zufriedenheit mit einer niedrigen und armseligen Stellung in dieser Welt« und so fort. Diese Umerziehung sollte die Prostituierten resozialisieren, ihre Gesundheit und Tugend wiederherstellen und sie ein für allemal von der »Krankheit der Seele« heilen. Vor allem aber sollte sie ihnen den Weg zur Rückkehr in die Familie ebnen, den besten Garanten für öffentliche und private Harmonie. Ein

---

* What tho' their youth imbib 'd an early stain, / A second innocence they here obtain, / And nun-clad penance heals their wounded name.

Hauptanliegen der Heimleiter bestand darin, die einstigen sozialen Bindungen ihrer Schützlinge wiederherzustellen, weshalb sie einen Großteil ihrer Zeit und Energie darauf verwandten, die Büßerinnen mit ihren Eltern und Freunden auszusöhnen.[25]

In seinem Paternalismus, seiner Betonung der Umerziehung und seinem Wunsch, die sozialen Beziehungen wiederherzustellen, knüpfte das Magdalenenheim ungewollt an die Ideale der Besserungshäuser des 16. und 17. Jahrhunderts an. Das Gleiche galt für die Sorge um die öffentliche Gesundheit, obwohl diesem Gebiet Mitte des 18. Jahrhunderts sehr viel mehr Aufmerksamkeit und Sorgfalt geschenkt wurde als in Tudor- und Stuart-Zeiten. Wie jede größere Wohltätigkeitseinrichtung der Zeit sollte das Magdalen House die Bevölkerungszahl erhöhen. Nach einer Schätzung der Leiter aus dem Jahr 1759 wären 60 Prozent der geretteten Frauen ohne diese Hilfe »in weniger als zwei Jahren tot gewesen«. In den Augen der Unterstützer wurden auf diese Weise unschätzbare Leben gerettet, zumal »in einer Zeit, da die entsetzlichen Verwüstungen des Krieges immer größere Teile der Menschheit heimsuchen«.[26]

Besonderen Anklang fand die Aussicht, Eheschließungen und Geburtenraten zu fördern. Nichts brachte den gesellschaftlichen Gestaltungswillen der Philanthropie in den 1750er und 1760er Jahre anschaulicher zum Ausdruck als das Bild einer unfruchtbaren Prostituierten, die sich in eine »glückliche Mutter vieler Kinder« verwandelte, oder verwaister Mädchen, die vor dem Verderben bewahrt und stattdessen zu »braven Ehefrauen und Müttern einer zahlreichen Nachkommenschaft« erzogen wurden. »Besondere Ermutigung muss den Frauen zuteil werden, die zu heiraten beabsichtigen«, erklärten die Fürsprecher des Dubliner Magdalenenheims. Jonas Hanway, der sein Leben lang Junggeselle blieb, rechnete zuversichtlich damit, dass »eine große Zahl dieser bekehrten Frauen brave Ehemänner finden werde«, denn er sei sich sicher, dass »nicht alle Männer in dieser Hinsicht gleich heikel sind«. »Ein Wandel der Sitten in diesem Punkt«, hieß es in einem frühen Bericht über ehemalige Zöglinge des Magdalen House, die sich zu begehrenswerten jungen Bräuten mauserten, sei »nicht weniger merkwürdig als neu«, doch sie würden sicherlich die besten Ehefrauen abgeben. Um diese Praxis zu fördern, wurde ein System von finanziellen Belohnungen eingerichtet. Die ersten Ergebnisse waren ermutigend. Ungefähr 10 bis 15 Prozent der Frauen, die ihren Aufenthalt in Magdalen House abschlossen, heirateten später. Nicht lange danach brachten sie zur »unaussprechlichen Befriedigung« der Leiter Kinder zur Welt.[27]

Binnen weniger Jahrzehnte begann sich jedoch die politische Arithmetik in die entgegengesetzte Richtung zu verschieben. 1798 schrieb Malthus in seinem *Essay on the Principle of Population* die neue Orthodoxie fest: Nicht die Unterbevölkerung, sondern die Überbevölkerung stelle die eigentliche Bedrohung für den nationalen Wohlstand dar. Lange zuvor hatte sich die Auffassung durchgesetzt, dass die Zahl der Arbeiter weniger wichtig sei als ihre wirtschaftliche Disziplin. Die Bevölkerung, so erklärte der führende Wirtschaftsexperte Arthur Young 1774 nüchtern, »sollte sich selbst überlassen bleiben«. Die gleiche Auffassung kam in der zwei Jahre später veröffentlichten, ungeheuer erfolgreichen Schrift *Wealth of Nations* (dt. *Der Wohlstand der Nationen*) von Adam Smith zum Ausdruck. Es sei, meinte 1789 der Sekretär der Philanthropic Society, »eine nicht immer von der Erfahrung bestätigte Annahme«, dass jedes Leben würdig sei, gerettet oder unterstützt zu werden.[28] Obwohl Mitte des 18. Jahrhunderts demografische Prinzipien von zentraler Bedeutung für die Gründung von Wohltätigkeitseinrichtungen waren, erschien ihre praktische Umsetzung Anfang des 19. Jahrhunderts lange nicht mehr so unproblematisch.

Sex und Arbeit

Länger hielt sich das Argument, Wohltätigkeit sei das beste Mittel, um elternlose Mädchen und Prostituierte in wirtschaftlich produktive Mitglieder der Gesellschaft zu verwandeln. Auch diese Überlegung hatte eine lange Geschichte. Zwangsarbeit in Besserungsanstalten wurde schon zur Tudor-Zeit als Mittel eingesetzt, um Müßiggänger und Unzuchtsünder an wirtschaftliche und moralische Disziplin zu gewöhnen. Genauso alt war auch die Überlegung, die Armen systematisch auszubilden und in den Arbeitsprozess einzugliedern, um den nationalen Wohlstand zu fördern; diese Auffassung gewann Ende des 17. Jahrhunderts neuen Anhänger. Anfänglich fand der Vorschlag, Prostituierte auf diese Weise einzusetzen, wenig Anklang. In den 1690er Jahren konnte sich Thomas Bray nur vorstellen, dass man die reuigen Huren »bei allen Arbeiten verwendet, für die sie sich am besten eignen« während 1726 sogar Daniel Defoe bezweifelte, dass sich

Abb. 15. In der ersten Szene dieser satirischen Bilderfolge kost eine Putz-
macherin mit ihrem Liebhaber, während eine andere sich betrinkt. In der
zweiten Szene lädt ein Mann sie in sein Bett ein; die letzte zeigt die Entdeckung ihres auf der Straße ausgesetzten unehelichen Kindes. Das Motto
unten fasst zusammen, wie Putzmacherinnen mit Hilfe eines Ladens ihr
Ansehen und ihre Haltung bewahren und sich mit Affären ihren Lebensunterhalt verdienen.

Prostituierte überhaupt an Fleiß und Regelmäßigkeit gewöhnen könnten. Doch Mitte des 18. Jahrhunderts erfreute sich der Vorschlag großer Beliebtheit. »Ihr müsst ihnen nur Arbeit geben«, hieß es jetzt von den Prostituierten, »und ihr werdet sie retten.« Diesem neuen Optimismus lag die uralte Hoffnung zugrunde, Wohltätigkeitseinrichtungen könnten in der Lage sein, sich durch die Arbeit ihrer Schützlinge zu finanzieren oder sogar einen Gewinn zu erwirtschaften. Beflügelt von der Hoffnung, dass auf diese Weise »das Volksvermögen erheblich vermehrt« werden könnte, lobte die Society for the Encouragement of Arts, Manufactures and Commerce 1758 ihre Goldmedaille für den besten Plan aus, der eine Möglichkeit bot, »gewöhnliche Prostituierte, die bereit sind, ihr schändliches Leben aufzugeben, unterzubringen und zu beschäftigen.[29]

Diesem Sinneswandel lag eine neue Auffassung über die Beziehung zwischen Prostitution und Arbeit zugrunde. Nach der älteren Ansicht, die bis 1700 weitgehend unstrittig und auch ein halbes Jahrhundert später noch häufig anzutreffen war, wurden Frauen oft wegen ihres Berufs und der mit ihm verbundenen lockeren Lebensweise zu Prostituierten. Hausmädchen, Näherinnen und Putzmacherinnen seien so vielfach Versuchungen, Gelegenheiten und Gefahren ausgesetzt, dass viele am Ende nicht nur ihre Fertigkeiten, sondern auch ihren Körper verkauften. In einer Erhebung zur beruflichen Situation in diesem Bereich kam man 1747 zu dem Ergebnis, dass von zehn ausgebildeten Putzmacherinnen neun »verdorben und zugrunde gerichtet werden: Befragte man alle unzüchtigen Weibspersonen der Stadt, die sich zwischen Charing Cross und Fleet Ditch feilbieten, dann würde sich nach meiner Überzeugung herausstellen, dass mehr als die Hälfte von ihnen gelernte Putzmacherinnen sind« (siehe Abb. 15).[30]

Implizit lag dieser Auffassung eine Lieblingsbehauptung der besitzenden Klassen zugrunde: ein ehrbares Leben stehe jedem Menschen offen, wenn er es nur wirklich wolle, und Armut sei eine Folge und nicht eine der Ursachen von Prostitution. »Es ist besser für euch, hart zu arbeiten und die niedersten Dienste anzunehmen, als euch Gott und den Menschen verhasst zu machen«, hatte John Dunton den »unmoralischen Frauen« 1696 ins Gewissen geredet: fehlende Ausbildung sei keine Entschuldigung für Laster. Einige Jahre später verteilten die Gesellschaften zur Verbesserung der Sitten kostenlose Druckschriften an Prostituierte, in denen die gleiche Botschaft unmissverständlich verbreitet wurde. »Denen, die klagen, dass ihre

Armut sie in ihre fluchwürdige Lebensweise treibe«, erklärte der Verfasster eines solchen Traktats

> *erwidere ich:*
> *Es gibt viele ehrbare Weisen, sich zu verschaffen, was man zum Leben braucht. Und wenn sie nicht zur Arbeit erzogen wurden (was sie gewöhnlich darauf antworten), dann müssen sie sich eben zu ihr bequemen, statt ihre Seelen an den Satan zu verkaufen …*
> *Was sie wirklich zum Leben brauchen, können sie sich leicht beschaffen, wenn erst einmal Demut, Kasteiung und Selbstverleugnung die Menge und Beschaffenheit ihrer Speisen und Kleider bestimmen.*
> *Gott hat versprochen, dass diese äußerlichen Dinge all denen zufallen werden, die nach dem Reich Gottes und seiner Gerechtigkeit trachten … (Matthäus, 6:33).*
> *Wenn es sich wirklich so verhält, wie ihr es darstellt, wäret ihr besser hier verhungert, als in alle Ewigkeit verdammt zu sein.*

Wenn eine Prostituierte sich auf die Armut berufe, sei das nur »ein schändlicher Vorwand«, meinte ein anderer, »die übermäßige Neigung zu fleischlicher Lust, Müßiggang und eine Abneigung gegen ehrliche Arbeit haben ihre Seele verdorben«.[31]

Doch der zunehmende Verteidigungscharakter dieser Argumente um die Jahrhundertwende spricht für das Aufkommen alternativer Ideen. Mit Rührung vernahm Thomas Bray, »dass viele dieser diebischen und verworfenen Frauen, die in Newgate eingeliefert werden, oder die Straßenhuren, die man in Bridewell auspeitscht, oft mit Tränen in den Augen klagten, sie sähen sich durch den Mangel an anderer Arbeit und die Notwendigkeit zum Broterwerb gezwungen, zu dieser abscheulichen Lebensweise Zuflucht zu nehmen oder an ihr festzuhalten«. Eines sei »sehr klar« schloss er: »Ihre Not und ihre Lüsternheit sind gemeinsam so stark, dass sie sich nicht aus ihren liederlichen Verhältnissen befreien können.« Das gleiche Unbehagen angesichts der beiden Übel unverschuldeter Armut und mangelnder Qualifikation prägt das Urteil anderer Gesellschaftskritiker der Zeit. »Wir stellen fest«, schrieb Dunton über Prostituierte, »dass es sich bei diesen Rechtsbrecherinnen in der Regel um arbeitsscheue oder arme Personen handelt. Würde man dafür Sorge tragen, erstere zur Arbeit zu zwingen

und für letztere geeignete Beschäftigungen zu finden, ließe sich ein Großteil dieses sittenlosen Unwesens verhindern.« Viele Londoner scheinen
ähnlich gedacht zu haben; einige Monate später begann eine neue Armen-
genossenschaft eine an den gleichen Grundsätzen orientierte Kampagne
gegen Faulheit und Armut.[32]

Im Lauf des 18. Jahrhunderts entwickelten sich diese provisorischen
Unterscheidungen zu einer ganz neuen und differenzierteren Auffassung
von der Beziehung zwischen Arbeit und Laster. Und das nicht nur, weil es
zu einer generellen Verlagerung von persönlichen zu strukturellen Erklärungen sexuellen Verhaltens kam. Darin kam auch ein allgemeiner wirtschaftlicher Trend zum Ausdruck: Im Lauf des 18. Jahrhunderts gingen in
den Städten viele traditionell weibliche Berufszweige an die männliche
Konkurrenz verloren. 1780 war das Problem schon so dringlich, dass die
Times das Parlament aufforderte,»in allen Berufszweigen, die Frauen Beschäftigung bieten sollten, männliches Verkaufspersonal mit hohen Steuern zu belegen«; besonders beklagt wurde diese schädliche Entwicklung in
den Branchen Parfümerie, Mode- und Kurzwaren sowie Tuchhandel.[33]

Damit wurde der kausale Zusammenhang, der bislang für die Beziehung zwischen Prostitution und Armut angenommen wurde, mehr oder
weniger auf den Kopf gestellt. Gegen Ende des Jahrhunderts konzentrierten sich beispielsweise die ersten gründlichen feministischen Analysen der
Prostitution auf die Probleme weiblicher Arbeitslosigkeit. Der Umstand,
dass »zahllose Männer« sich weibliche Berufe angeeignet hatten, wie das
Verkaufen von »Weißwaren, Gaze, Bändern und Spitzen ... Parfüms und
Kosmetika ... Federschmuck und Nippes ... Hauben und Mützen«, lasse,
so meinte Priscilla Wakefield 1798, »vielen mittellosen Frauen keine Möglichkeit, ein ausreichendes Einkommen zu verdienen, sodass ihre schreckliche Notlage sie in das Gewerbe der Prostitution treibt«. Ganz ähnlich
äußerte sich Mary Ann Radcliffe in ihrer Schrift *The Female Advocate: or
an Attempt to Recover the Rights of Women from Male Usurpation* (1799):
Die männliche Beherrschung des Arbeitsmarkes bedeute für die Frauen
»die absolute Notwendigkeit, ihre Tugend für Brot zu verkaufen«. Beide
wussten sie aus persönlicher Erfahrung, wie schwer es für Frauen war, ohne
Ehemann für eine Familie zu sorgen.[34]

Radikalere Feministinnen wie Mary Hays und Mary Wollstonecraft gingen in ihrer Kritik noch weiter und machten die Prostitution zum Inbegriff

weiblichen Leidens überhaupt. Als die Protagonistin in Wollstonecrafts un-
vollendetem Roman *Maria, or The Wrongs of Woman* die schreckliche Geschichte einer ehemaligen Prostituierten hört, »holen ihre Gedanken weiter aus … ihr kommt die Unterdrückung der Frauen« im Allgemeinen in
den Sinn. Solchen Aussagen kam in dem schwierigen wirtschaftlichen
Klima der 1790er Jahre ein besonderes Gewicht zu. Doch zu diesem Zeitpunkt hatte sich der Gedanke, die Ungerechtigkeit der Berufschancen sei
ein Hauptgrund für die Prostitution, längst durchgesetzt. »Frauen werden
nur noch von wenigen Handelsbetrieben und noch weniger Manufakturen
beschäftigt«, hieß es 1758 in einem Kommentar: Kein Wunder, dass so viele
auf der Straße endeten. Es sei eine lächerliche Heuchelei, warnte ein anderer Verfasser 1760, den Prostituierten Unterstützung und Arbeit zu verweigern und gleichzeitig anzunehmen, sie würden lieber »Märtyrerinnen der
Keuschheit sein«, als die einzige Möglichkeit zum Erwerb ihres Unterhalts
zu ergreifen, die ihnen bleibe.[35]

Infolgedessen vertraten Philanthropen Mitte des 18. Jahrhunderts allgemein die Auffassung, dass man Prostituierten irgendeine Form beruflicher
Beschäftigung bieten müsse, um ihnen ein ehrbares Leben zu ermöglichen
und ihren brachliegenden Fleiß für das Allgemeinwohl zu nutzen. John
Fielding schlug vor, im Magdalen House eine öffentliche Wäscherei zu betreiben, um dessen Nützlichkeit zu erhöhen. Im Lambeth Asylum bemühte
man sich, die Mädchen zu nützlichen Berufen auszubilden. Doch je weiter
diese Pläne gediehen, desto klarer wurde, dass sie kaum gelingen konnten,
ohne andere Frauen aus ihren Stellungen zu verdrängen. »Wenn alle Wä-
sche hier gewaschen wird, was soll dann aus den armen Waschfrauen werden?«, fragte ein kritischer Kommentator, »müsste man nicht sofort ein
Armenspital oder Heim für sie gründen?« Was die Ausbildung von eltern-
losen Mädchen und Prostituierten zu Näherinnen, Modistinnen und anderen Gewerben angehe, so müsse das die Frauen, die bereits in diesen Berufen tätig seien, in den Ruin und die Prostitution treiben.[36]

Teilweise war es der Wunsch, diesem Paradox zu entgehen, dass viele
Philanthropen vollkommen neue Beschäftigungsbereiche vorschlugen. Der
boomende Markt für Perserteppiche und die Aussicht, ihn durch heimische Produktion einzudämmen, waren für Hanway der Anlass, die Idee
eines darauf spezialisierten Magdalenenheims ernsthaft ins Auge zu fassen
(siehe Abb. 16). Andere schlugen eine Spitzenklöppelei vor, um die »riesi-

*Abb. 16. Jonas Hanways frühe Vorstellung vom Leben in einem Magdalenen-
heim: Gebete, gesundes Essen und nützliches Gewerbe wie Teppichmanu-
faktur.*

gen Summen zu sparen, die heute nach Frankreich und Flandern geschickt werden«, oder die Fertigung von »*Dresden Work* [Ajourstickerei], die jetzt so in Mode ist«, durch englische Frauen. Jeder Aspekt des Plans sollte nach dem Willen des Wirtschaftstheoretikers Joseph Massie die Einfuhr ausländischer Waren einschränken.[37]

Ein noch lohnenderes Ziel war der Sexismus im inländischen Arbeitsmarkt. »In vielen Berufen, die heute fest in der Hand von Männern sind«, schrieb Hanway, »könnten Frauen Gleiches leisten und in einigen, dank ihrer natürlichen Erfindungsgabe, sogar Besseres.« John Fielding stellte eine Liste solcher Berufe auf: »Das Flechten und Verkleben von Schuhen … die Herstellung von Jacken aller Art für die Marine …, das Verzieren von Uhrgehäusen …, die Fertigung von Perücken- und Hutschachteln«. Es schien unendlich viele Möglichkeiten zu geben: Herstellung von Nadeln, Flechten von Haaren für Perückenmacher, Fertigung von künstlichen Blumen und Kinderspielzeug. Man hoffte, durch die Schaffung von mehr Arbeitsplätzen von Frauen vielen von ihnen den Weg in die Prostitution ersparen zu können. So berichtete ein Beobachter, in Birmingham würden Frauen in den verschiedensten männlichen Berufen beschäftigt – etwa als Uhrmacherinnen und Graveurinnen. »Ich habe mir auch sagen lassen«, schloss er triumphierend, »dass es in Birmingham keine Straßenhuren gibt.«[38]

Doch als das Magdalen House und die Heime in Lambeth und Dublin eröffnet wurden, war die Arbeit der aufgenommenen Frauen konventionell und die Gewinne minimal. Abgesehen von einem frühen Experiment mit dem Knüpfen von Teppichen »nach türkischer Art«, spannen sie Wolle und Flachs, spulten Seide auf und nähten Kleidung: Das waren keineswegs »die neuen Berufe für Frauen«, die man eigentlich vorgesehen hatte. Im Lambeth Asylum versuchte man immer wieder, durch öffentliche Werbung Aufträge zu bekommen. Seine Mädchen boten an, »ein umsäumtes Hemd« für zwei Schilling zu nähen; ein »schlichtes« für einen Schilling und sechs Pence. Doch die Nachfrage blieb gering. Infolgedessen musste das Heim mit wenig Geld auskommen. Teile der Räumlichkeiten wurden einem Fischhändler überlassen. Die erste Kapelle war ein umgebauter Stall; der Gärtner nahm zusätzlich die Funktion eines Saalordners wahr; und ein blinder vierzehnjähriger Junge spielte während des Gottesdienstes die Orgel (bis man wegen »heftiger Klagen« ob seiner Darbietungen einen bezahlten Musiker einstellen musste).[39] Abermals zeigte sich ein beträchtliches Missverhältnis zwischen den ehrgeizigen Zielen und den tatsächlichen Leistungen karitativer Einrichtungen zum Schutz sexuell gefährdeter Mädchen und Frauen.

Eigeninteresse und Fürsorge

Die Attraktivität des philanthropischen Ansatzes ging weit über das Versprechen sozialer Fortschritte hinaus. Auch Eitelkeit, Mode und Eigeninteresse waren wichtige Motive. So waren familiäre, freundschaftliche und geschäftliche Netzwerke entscheidend für den Erfolg jeder öffentlichen Wohltätigkeitsaktivität. Von den acht Männern, die das Magdalen House gründeten, hatten fünf Direktorenposten der Russland-Kompanie inne, vier der Marine-Gesellschaft und vier des Foundling House; mit anderen Verbindungen durch Verwandtschaft, Handel, die Bank von England und die Society for Promoting Christian Knowledge.[40]

Der Nachteil dieser Abhängigkeit von privaten Verbindungen lag darin, dass persönliche Konflikte und Animositäten leicht zu Trennungen führten. Beispielsweise hatte John Fielding 1756 einen Plan entwickelt, der vorsah, obdachlose Jungen an die Navy zu überstellen – ein Plan, den ihm eine Gruppe von Kaufleuten unter Führung von Jonas Hanway und Robert Dingley stahl. Zwei Jahre später, als dieselben Männer eine Wohltätigkeitseinrichtung für Prostituierte vorschlugen, lehnte Fielding es demonstrativ ab, sich ihnen anzuschließen, und gründete eine eigene Gesellschaft. Wodurch sich Saunders Welch, ebenfalls ein Friedensrichter und Sozialreformer, der sich aus einfachen Verhältnissen emporgearbeitet hatte, veranlasst sah, einer noch tieferen persönlichen Abneigung Ausdruck zu verleihen. Jahrelang hatte sich Welch in übelster Art durch Fieldings Snobismus »beleidigt gefühlt«. Jetzt schlug er zurück. Ohne Fielding namentlich zu erwähnen, veröffentlichte er einen vernichtenden Angriff gegen Fieldings Pläne, um dann in Dingleys und Hanways Ausschuss einzutreten.[41] Aus der Arbeit dieser rivalisierenden Gruppen entstanden das Lambeth Asylum und das Magdalen House. Die beiden Projekte waren immer als Teil derselben Bestrebungen angesehen worden. Ihre Trennung erwuchs nicht aus Prinzip, sondern aus persönlicher Animosität.

Solche unziemlichen Streitereien waren Wasser auf die Mühle jener

Leute, die meinten, alle öffentliche Wohltätigkeit verschleiere nur die eigennützigen Motive seiner Betreiber. Man könne leicht erkennen, warnte Samuel Johnson kurz nach Fieldings »lächerlichen Fehden«, dass »der offene Wettbewerb zwischen verschiedenen Heimen und die Abneigung, die deren Stifter gegeneinander bekunden, schlichte Gemüter gegen sie alle einnehmen könnten«. Sei es nicht offenkundig, fragte ein Skeptiker 1763, dass ein Friedensrichter, der sein eigentliches Amt vernachlässige, »während er unter dem Vorwand, das Laster zu unterdrücken, beflissen Gelder für neue Wohltätigkeitseinrichtungen sammelt, … bei seinem karitativen Eifer eher den persönlichen Vorteil im Auge hat als das Allgemeinwohl oder den Wunsch, Gutes zu tun?« Das war zwar unfair, trotzdem lässt sich nicht leugnen, dass die größten Nutznießer öffentlicher Wohltätigkeitseinrichtungen häufig ihre eigenen Angestellten und Betreiber waren. In dem Roman *The Adventures of Ferdinand Count Fathom*, den der Chirurg und Romancier Tobias Smollett 1753 veröffentlichte, will der Held sein Glück als Arzt in London machen, indem er »das Interesse seiner Freunde gewinnt, damit sie aus freien Stücken so viele Aktien zeichnen, dass er ein Krankenhaus, ein Spital für Geschlechtskrankheiten oder ein Siechenhaus errichten kann; ein Plan, mit dem schon viele Kollegen wundersamen Erfolg erzielten, denen es gelang, sich auf den Kadavern der Armen genügend Aufmerksamkeit zu verschaffen.«⁴²

In diesen Einrichtungen der sexuellen Fürsorge zeigten sich auch die Geistlichen von ihrer schlechtesten Seite. Der Pfarrer von St. Thomas setzte Gerüchte in Umlauf, nach denen der Geistliche des Magdalen House »wegen unmoralischen Verhaltens exkommuniziert wurde«. Der Pfarrer des Lock Hospital gewann die Überzeugung, dass im Magdalen House »unnatürliche Schändlichkeiten getrieben« würden, und initiierte damit einen offiziellen Untersuchungsausschuss. Doch in der ungewissen, verarmten und von Konkurrenzdruck bestimmten Welt der Geistlichen ohne Pfründe waren finanzielle Unregelmäßigkeiten eine weit größere und wahrscheinlichere Gefahr als sexuelle Übergriffe. Immer wieder sah sich das Lock Hospital gezwungen, Geistliche wegen Diebstahls zu entlassen. Der Prediger des Magdalen House erwies sich als Schwindler und Betrüger: 1777 wurde er, hoffnungslos verschuldet, gehängt, weil er mehr als 4000 Pfund durch einen gefälschten Wechsel erschwindelt hatte. Am schlimmsten waren die Zustände im Lambeth Asylum. Im März 1761 gelang es Reverend Francis

Kelly Maxwell, der schon lange auf eine solche Stellung aus war, zum Geistlichen des Heims gewählt zu werden, wofür er ein Gehalt von einer halben Guinee pro Woche erhielt. Binnen weniger Wochen hatte er es fertiggebracht, dass der Sekretär des Heims entlassen und der Posten seinen Funktionen hinzugefügt wurde, wodurch er seine Bezüge verdoppeln konnte. Im Juni erhielt er mit seiner Familie eine mietfreie Wohnung in den Räumlichkeiten des Instituts, außerdem hatte er seinen Ämtern noch das des Spendenbeauftragten hinzugefügt. Nicht nur, dass er immer unentbehrlicher wurde und ein ständig steigendes Gehalt bezog, er begann auch, die Einrichtung zu bestehlen. 1770 waren seine Bezüge auf 200 Guineen pro Jahr angewachsen, dazu wurden ihm kostenlos Unterkunft, Heizung und Licht gestellt. Als der Schatzmeister des Asyls ihn im selben Jahre finanzielle Unregelmäßigkeiten vorwarf, gelang es Maxwell, seinen Widersacher auszubooten und dessen Amt zu übernehmen, woraufhin er seine Unterschlagungen verstärkt fortsetzen konnte. Erst 1782 wurde er überführt und entlassen.[43]

Eigentlich war bei allen Stiftern von Wohltätigkeitseinrichtungen Eigennutz im Spiel. Grundsätzlich galt für alle organisierten philanthropischen Projekte, dass man gegenüber seinen Schutzbefohlenen Macht ausübte. Mandeville hatte dies 1723 als »ein Motiv, das vor allen anderen Vorrang hat«, beschrieben, »das … es aber sorgfältig zu verheimlichen gilt, ich meine die Befriedigung, die aus dem Befehlen und Bestimmen erwächst«. In der zweiten Hälfte des Jahrhunderts wurde das offen zugegeben und sogar gepriesen. Denn es war üblich, die Zöglinge sexueller Fürsorgeeinrichtungen als hilflose Kinder zu schildern und die Stifter als weise und gütige Eltern. Eine Prostituierte sei, so erklärte ein Geistlicher 1759, kaum etwas anderes »als ein armes, harmloses Tier …, das im Elend lebt«: Nur die Intervention einer gütigen Autoritätsperson könne sie retten. Ihre Retter dagegen seien wie Engel: Ihre Güte überstrahle die Sonne, ihre Bestrebungen seien »wahrhaft gottähnlich«, sie seien »die Vögte und Statthalter des Himmels«. Spender des Lock Hospital erhielten eine bebilderte Urkunde, die Magdalena als attraktive junge Sünderin abbildete und den Beitrag des Spenders mit christusähnlicher Barmherzigkeit und Macht gleichsetzt.[44]

Das war nicht nur ein abstraktes Ideal. Wie in anderen Wohltätigkeitseinrichtungen ging man davon aus, dass jedes »Objekt«, das die Hilfe einer Institution wünschte, sich persönlich an einen Stifter wandte, damit er über das Schicksal der Bittstellerin entschied. »Da die Liste der Direktoren von

Abb. 17. Eine Spendenbescheinigung des Lock Hospital.

Zeit zu Zeit veröffentlicht wird«, hieß es in einem Vorschlag des Magdalen House, »werden die Frauen natürlich bestrebt sein, eine Empfehlung von einem von ihnen zu bekommen.« Im Lock Hospital wurde normalerweise keine Frau aufgenommen, wenn sie nicht die Empfehlung eines Direktors hatte, und es wurde beschlossen, »dass immer das Wort desjenigen am meisten Gewicht hat, der die größte Summe gespendet hat«. Entsprechende Regeln galten auch für das Lambeth Asylum, wo »sich die Rangfolge der Guardians nach der Bedeutung ihrer Spenden richtete«. Solche Ansichten waren selbstverständlich für diese wohlhabenden Männer, die Wert auf eine soziale und sexuelle Hierarchie legten und an das Wechselspiel von Herablassung und Ehrerbietung gewöhnt waren (siehe Tafel 8).[45]

Aus ähnlichen Gründen war die Unterstützung hochstehender Persönlichkeit entscheidend, denn sie machte die Einrichtung bekannt und lockte weitere Angehörige der guten Gesellschaft an und diejenigen, die gern zu ihr gehört hätten. In der zweiten Hälfte des 18. Jahrhunderts, als immer mehr philanthropische Gesellschaften um die Aufmerksamkeit der Öffentlichkeit konkurrierten, mussten die Einrichtungen, um Erfolg zu haben, in Mode sein. 1782 konnte das Lambeth Asylum voller Stolz die Königin als seine Schirmherrin und den Premier Lord North als Präsidenten präsentieren. Das Lock Hospital hingegen entwickelte sich zu einem Zentrum evangelischer Frömmigkeit mit engen Verbindungen zur Familie Wesley und dem »vornehmen Methodistenzirkel« von Selina, Countess of Huntingdon. Bei einer Erweckungspredigt in der Kapelle des Lock Hospital hatte der junge William Wilberforce 1783 das religiöse Erlebnis, das schließlich zu seiner Konversion führte. 1787 gehörte er zu den Gründern der Schwesterinstitution, dem Lock Asylum für Büßerinnen.[46]

Die bei weitem ansprechendste sexuelle Fürsorgeeinrichtung war das Magdalen House. Die Kapelle war eine öffentliche Bühne der Mildtätigkeit, dazu bestimmt, die Gunst der Einflussreichen, der Guten oder auch der bloß Neugierigen zu gewinnen. Die sorgfältig zusammengestellte Ausstattung verband die ostentative Erinnerung an großzügige Spenden mit den neuesten Trends der Innenarchitektur (»mit gotischen Tapeten geschmückt«, stellte Horace Walpole bei seinem ersten Besuch beifällig fest).[47] Die Hauptattraktion war der öffentliche Gottesdienst, den der rührige Prediger und Poet William Dodd (»Macaroni Parson«) einmal pro Woche hielt.

Dodd war jung, gutaussehend und, zumindest anfangs, mittellos – was im 18. Jahrhundert charakteristisch war für einen Geistlichen am Anfang seiner Laufbahn. Das Magdalen war seine Chance auf Ruhm und Karriere. Schamlos nutzte er in einer Flut von Veröffentlichungen das sexuelle Potenzial der Situation, indem er sogar anonyme Briefe einstreute, die angeblich von dankbaren Büßerinnen geschrieben waren. Auch in der Predigt dachte er sich nichts dabei, seine Zuhörer anzusprechen, als wären sie Wüstlinge und Verführer, und er ihr unschuldiges, verlassenes und in Verworfenheit geratenes Opfer. »Nun blickt euch das traurige Ende eures Triumphes an! – Oh, schaut auf mich und seht, was für einen Grund ihr habt, euch zu freuen! Betrachtet diese armseligen Lumpen, die meine kranken Glieder kaum bedecken ... Seht meine Zunge, die vor Hunger und Angst an meinem Daumen klebt ... Oh, schaut mich an in meiner Hilflosigkeit und Verlassenheit ... Dank, oh, danke, süßer Vater!«

Als der schottische Presbyterianer Alexander Carlyle 1769 einen von Dodds Gottesdiensten besuchte, zeigte er sich so schockiert über die Anrüchigkeit der Predigt (der Text war Matthäus 5,28: »Wer eine Frau ansieht, sie zu begehren«), dass er sich an die Gemeinde wandte und erklärte, »ich würde nicht nur die ganze Einrichtung, sondern auch die Darbietungen des Predigers als sittenwidrig und schändlich für eine christliche Stadt verurteilen«.[48]

Der besondere Kitzel dieser Veranstaltungen lag darin, dass die Büßerinnen persönlich in der Kapelle anwesend waren. Es war nicht ungewöhnlich, die Objekte der Barmherzigkeit zur Schau zu stellen. Tudor- und Stuart-Anstalten für Sieche, Geisteskranke und Verbrecher standen stets, wie die entsprechenden mittelalterlichen Einrichtungen, für Besucher offen. Mindestens seit Anfang des 17. Jahrhunderts wurden die Waisenkinder des Christ's Hospital an jedem Osterfest in einem feierlichen Umzug zu einem Sondergottesdienst geführt, wo sie für ihre Gönner einen »Dankpsalm« sangen. Ähnlich wurde es in Armenschulen gehandhabt; die aktienfinanzierten Wohltätigkeitseinrichtungen folgten ihrem Beispiel. Als es 1763 darum ging, Geld für das Lambeth Asylum aufzubringen, schleppte der Anstaltsgeistliche die Mädchen durch alle Kirchen und Kapellen, die sie willkommen hießen, und stellte sie vor der Gemeinde zur Schau. Häufig veranstalteten die Institutionen auch im Rahmen der Spendensammlungen Choräle, öffentliche Konzerte und andere Unterhaltungsprogramme. Das Lock Hospital, dessen Geistlicher Martin Madan ein begeisterter Amateur-

Dodd delin.   Goldar sculp.

WILLIAM DODD, *L.L.D.*

Abb. 18. Reverend Dr. William Dodd: Prediger, Romancier, Dichter und Betrüger.

musiker war, erwarb besonderes Ansehen wegen seiner anspruchsvollen musikalischen Darbietungen.[49]

Doch im Magdalen war diese traditionelle Öffentlichkeitsarbeit hingegen umstritten. Gerade um ihre öffentliche Zurschaustellung zu beenden, sollten die Mädchen und Frauen der Welt entzogen werden. So lebten sie in vollkommener Abgeschiedenheit. »Um diese Büßerinnen nicht den öffentlichen Blicken preiszugeben«, hieß es in einem zeitgenössischen Reiseführer, seien alle Fenster des Hauses mit speziellen Fensterläden verschlossen, »damit keine dieser einst unglücklichen Frauen einen Passanten sehen oder von ihm gesehen werden konnte«. Gewöhnlich konnte keine Frau das Haus verlassen und kein Besucher unangemeldet kommen. Trotzdem wurden alle Büßerinnen jeden Sonntag einem großen Publikum präsentiert, das aufmerksam beobachtete, wie die Frauen sangen, weinten und ihre Reue öffentlich zur Schau stellten. Zu den Kirchenliedern, die sie sangen, gehörte auch »Against Lewdness« (»Gegen die Lüsternheit«). Es begann:

*Warum lasst ihr durch die Unruh eurer Blicke / eure Seel' zu Schand'
und Sünd' verlocken! / Schmach und Verderben sind für euch der
Preis, / um so entsetzlich' Qualen zu gewinnen.**

und endete mit dem beschwörenden Refrain:

*Flieht, oh, Sünder, flieht das ungesetzlich Bett, / damit die Rache euch
nicht schicket ewiglich / in der Toten finsterste Regionen, / um in der
Höll' die schlimmsten Feuer zu ernähren.***

Auf den Gesang folgte gewöhnlich Dodds wortreiche Predigt. Die wirkte auf das Gemüt der Büßerinnen so heftig ein, wie Walpole nach einem Besuch im Jahr 1760 berichtete, dass sie »aus tiefster Seele schluchzten und

---

*   Why should you let your wand'ring eyes,
    Entice your souls to shameful sin!
    Scandal and ruin are the prize
    You take such fatal pains to win.
** Flee, sinners, flee th'unlawful bed,
    Lest vengeance send you down to dwell
    In the dark regions of the dead,
    To feed the fiercest fire in hell.

weinten«, bis auch die Zuschauer zu Tränen gerührt waren. Hören wir, wie Dodd selbst das Geschehen rhapsodisch schildert:

> *Ihr frommes Beten höret nur, / wie sich's mischt mit tiefer Reue Trä-*
> *nen: / Dankgesänge und melodisch Preisen / Fromme Orgien, heilige*
> *Hetären – / sie bieten größere Genüsse / als selbst die schönsten Sin-*
> *nesfreuden: / alle Herzen öffnen sich, / die Träne quillt aus jedem*
> *Auge, / gerührt von Liebe und Barmherzigkeit!**

Das erwies sich als höchst erfolgreiches Konzept. 1761 waren die Zuschauermengen so angewachsen, dass die Kapelle mit neuen Galerien ausgestattet und Eintrittskarten im Vorverkauf angeboten werden mussten. Als Carlyle bei einem Besuch in London versuchte, einige zu ergattern, weil er gehört hatte, es sei »große Mode« den Gottesdienst zu besuchen, hatte er »Schwierigkeiten, annehmbare Sitzplätze für meine Schwester und meine Frau zu bekommen, so groß war der Ansturm der feinen Gesellschaft«. Selbst nachdem eine vollkommen neue Kapelle gebaut worden war, die 500 Menschen Platz bot (und die Büßerinnen hinter einem Sichtschirm verbarg), selbst nachdem Dodd 1777 wegen Fälschung gehängt worden war, blieb das Interesse so maßlos, dass Eintrittskarten von Schwarzhändlern auf der Straße verkauft wurden (siehe Tafel 9).[50]

Die ungeheure Popularität der sexuellen Fürsorge hing nur teilweise von ihrer greifbaren Wirkung ab. Vielmehr verrät sie uns etwas über die veränderlichen philanthropischen und sexuellen Ideale, die wirtschaftlichen Prinzipien und die soziale Praxis. Doch bislang haben wir nur einen kurzen Blick ins Innere dieser neuen Einrichtungen geworfen. Wie war es, in das Magdalen House als reuige Sünderin einzutreten? Dort als Insassin zu leben? Und hinterher ein neues Leben zu beginnen?

---

* When thou shalt hear their solemn prayers,
   Mix'd with deep repentant tears:
   Grateful songs and tuneful praise,
   Pious orgies, sacred lays;
   Finer pleasures which dispense
   Than the finest joys of sense:
   And each melting bosom move,
   And each liquid eye o'erflow
   With benevolence and love!

Im Inneren des Magdalenenheims

Wir wissen wenig darüber, wie das Leben an diesen Orten vor dem 19. Jahrhundert aussah. Die Gebäude sind längst verschwunden. Alle Handschriften des Londoner Magdalen House sind vernichtet. Ein einziges Wirtschaftsbuch ist alles, was vom Lambeth Asylum geblieben ist. So sind die Zugangsbücher der dritten größeren Einrichtung, des Dubliner Magdalen Asylum, unser einziger Anhaltspunkt. In diesen umfangreichen Bänden sind in knappen Worten alle Einzelheiten über jede Frau aufgeführt, die im Heim aufgenommen wurde. Der einzige direkte Hinweis, der von den Frauen selbst stammt, ist ihre Handschrift. Einige haben flüssig und selbstbewusst unterschrieben, doch die meisten hatten Mühe, die Buchstaben mit Feder und Tinte zu Papier zu bringen. Etliche haben nur ein kleines, krakeliges Kreuz zustande gebracht, ein »Zeichen«, dass sie dort waren – und heute die einzige persönliche Spur, die ihr Erdenleben hinterlassen hat. Doch zwischen den Zeilen der trockenen, bürokratischen Eintragungen finden sich andere bruchstückhafte Zeugnisse ihres Lebens außerhalb und innerhalb der Einrichtung.[51]

Dublin war die zweitgrößte Metropole des Empire, eine riesige, blühende Hafen- und Hauptstadt. Dort war das Magdalen Asylum 1767 von der Philanthropin Lady Arbella Denny, einer Enkelin des politischen Arithmetikers Sir William Petty, als genaue Kopie des Londoner Magdalen House erbaut worden. Allerdings war es immer sehr viel kleiner als seine Schwesterinstitution. Es erhielt weniger Spenden und konnte nicht so viele Frauen aufnehmen. Doch im Wesentlichen wurden die beiden Stiftungen und spätere Magdalenenheime nach ähnlichen Grundsätzen geführt.

Wir können die Gesichter der Frauen nicht sehen und wissen nichts über ihr Leben vor dem Heimaufenthalt. Doch wir können einen gewissen Eindruck von ihrem Erscheinungsbild beim Eintritt gewinnen, bevor sie ihre alte Kleidung auszogen und die Magdalenenuniform anlegten, die sie trugen, solange sie im Heim wohnten. Mehr noch, wir kennen ihre Namen, ihre richtigen Namen, die sie ebenfalls für die Dauer ihres Aufenthalts – und manchmal für immer – ablegten. Im Jahr 1767 trat Sarah McDowel unter diesem Namen ein und verließ die Einrichtung achtzehn Monate später als »Sarah Grace« [Sarah Gnade]; Sophia Roder ging – um von ihrem neuen Leben Zeugnis abzulegen – als »Sophia Godly« [Sophia Gottesfürchtig] wieder in die Welt zurück. Im Heim trugen die Frauen überhaupt keine Namen, nur eine Zahl: »Mrs. One«, »Mrs. Two«, »Mrs. Three« und so fort. So wurden sie vom Personal bezeichnet, und so redeten sie sich auch untereinander an.

Sie waren alle jung. Im Londoner Magdalenenheim waren noch viele Mädchen am Anfang des Teenageralters und die meisten unter zwanzig. In Dublin wurden nur Mädchen unter neunzehn aufgenommen.[52] Wenige von ihnen waren prächtig gekleidet. Im Sommer 1774 traf Harriet Rubery mit Nachtgewändern, Ohrringen und »dreizehn Büchern« ein, aber sie war eine Ausnahme. Das Gleiche galt 1777 für Ann Fenton, die die neuesten Romane, anständige Kleidung und eine große Geldsumme besaß – aber auch sie konnte ihren Namen nicht schreiben. Eine Handvoll weiterer Bewohnerinnen schienen recht begüterte junge Frauen gewesen zu sein. Manche suchten offenbar Schutz vor der Schande einer sexuellen Verfehlung und nicht vor dem Leben als Prostituierte. Mary Thompson, die auf persönliche Empfehlung des Bischofs von Waterford kam, brachte eine umfangreiche Garderobe und ein Gebetbuch mit; später ließ sie sich noch mehr Kleider, Halskrausen, Hauben und andere Kleidungsstücke nachschicken. Elinor Ward kehrte »in Erwartung einer Eheschließung« schon nach ein paar Monaten zu ihrer Familie zurück. Einige wenige kamen, wie Catherine Robinson, »aus einer guten Familie«, und Ann Stanhope, deren Angehörige »kreditwürdige Personen« waren, hielten sich als zahlende Gäste im Heim auf. Ann Claphams Vater war von so »vornehmer Gesinnung, dass er ihr nicht erlaubte, die Guinee zu nehmen«, die scheidende Insassinnen von der Einrichtung erhielten. Auch Ann Stanhope lehnte das Abschiedsgeschenk in Form von Geld und neuen Kleidern ab.

Doch in der Regel hatten die Frauen, die um Aufnahme baten, nur wenige Besitztümer – sogar weniger als viele Bewohner von Armenhäusern.[53] Die meisten besaßen noch nicht einmal ein anständiges Paar Schuhe. Um den Schein zu wahren, kamen viele in geborgten Kleidern; andere in Lumpen, die so schmutzig waren, dass sie verbrannt oder weggeworfen werden mussten. Der Mangel an vernünftiger Kleidung ließ auf ein hartes und trostloses Leben schließen. Kein Wunder, dass die neue Garderobe eine der wichtigsten Hilfen war, die das Heim bot. Beim Eintritt erhielt jede Magdalena eine Ausstattung mit schlichter Kleidung: Unterröcke, Hemden, Schürzen, Hauben, Halstücher, Mieder, Strümpfe, Schuhe und Handtücher.

Jede Frau, die für die Dauer des vorgesehenen Aufenthalts blieb (achtzehn Monate oder zwei Jahre), durfte diesen wichtigen Schatz mitnehmen. Denn anständige Kleidung war von entscheidender Bedeutung für eine anständige Stellung. Ohne eine »für Hausbedienstete angemessene Kleidung« hätte eine ehemalige Heimbewohnerin trotz bester Absichten Mühe gehabt, ein tugendhaftes Leben zu führen.

Für diese Frauen muss das Leben im Heim ein Schock gewesen sein. Dessen Hauptzweck war religiöse Indoktrination durch vollkommene Abschottung von der Welt, private Lektüre und Unterweisung, kollektive Rituale und einen streng geregelten Tagesablauf. Täglich, besonders intensiv am Sonntag, waren mehrere Stunden »privater Andacht und Besinnung«, regelmäßige Gebete und ein Gottesdienst in der Kapelle vorgeschrieben. Zweimal die Woche gab es formelle Unterweisungen in christlicher Lehre, über die die Frauen öffentlich geprüft wurden. Das Gesamtverhalten jeder Bewohnerin wurde täglich beobachtet, beurteilt und in einem speziellen Buch festgehalten. Wenn eine Frau ständig gegen die Verhaltensregeln verstieß, wurden die anderen Bewohnerinnen zusammengerufen, um sie öffentlich zu demütigen und zu verstoßen. Gemeinsam sagten sie ein Gebet für sie auf, das sie vor den »grausamen Qualen des ewigen Todes« warnte, dann sangen sie ein spezielles Kirchenlied über die Pein des Gewissens, den Zorn Gottes und die Schrecken der Unkeuschheit.[54] Danach musste sie das Heim verlassen. Die reuigsten und frömmsten Bewohnerinnen hingegen durften einmal im Monat das Abendmahl empfangen. Offenbar sah man darin ein Ritual, das der Empfängerin einen besonderen Schutz vermittelte. Als Jane Utleys Fortgang näherrückte, »bat sie um den Empfang des Sakraments, weil sie auf die Gnade Gottes hoffte, die es ihr ermöglichen würde, ein christliches Leben zu führen«: Nach anderthalb Jahren im Heim, mochte sie es nicht ohne dieses Ritual verlassen.[55] Den modernen Betrachter mutet das Regelwerk eher wie das einer religiösen Sekte an, dazu bestimmt, ihre Mitglieder in den Monaten der Gefangenschaft einer Gehirnwäsche zu unterziehen. Und genau das war die Idee.

Die sexuelle Fürsorge litt an einem fundamentalen Widerspruch. Die Propaganda betonte unablässig, dass jede gefallene Frau im Wesentlichen unschuldig sei: ein armes, naives, unwissendes Opfer reicher, erfahrener und skrupelloser Verführer. »Ihr wisst nicht«, erklärte sie ihren Rettern, »durch wie viel List, Schmeichelei und abgefeimte Machenschaften meine unerfahrene, ungebildete, ungeschützte, arglose Jugend in einen Abgrund aus Schande und Kummer gestürzt wurde.« Prostitution sei »dem weiblichen Charakter zutiefst zuwider«; die Frauen würden nur durch die Grausamkeit der Männer und die Ungerechtigkeit der Doppelmoral zu ihr gezwungen.[56]

Doch gleichzeitig war die Praxis der sexuellen Fürsorge gänzlich darauf angelegt, den Magdalenen ein tiefes Gefühl ihrer Schuld einzupflanzen, damit sie zusammenbrachen, Buße taten und als »wahre Christen« wiedergeboren wurden. Sie seien durch und durch verdorben und verkommen, hielt man ihnen vor, nur strengste Zucht könne ihre »ekelerregende sexuelle Hemmungslosigkeit« zügeln. Einer ihrer Geistlichen warnte sie: »Wir müssen jeden Augenblick mit einem Rückfall rechnen und uns mit größter Vorsicht und deutlich strengen Vorschriften dagegen wappnen. Die Lüste mögen verzehrend und die Begierden unberechenbar sein; trotzdem gilt es, sie mit eisernem Willen zu beherrschen.« Trotz allem, was über die strukturellen Ursachen der Prostitution geredet und geschrieben wurde, am Ende lud die philanthropische Lösung doch wieder die ganze Last dem individuellen Gewissen der Frauen auf: Sie impften den Frauen den Abscheu vor ihren früheren »Verbrechen« und die Furcht vor der Verdammnis ein, falls sie wieder schwach werden, einen Rückfall und »erneut in ihrer einstigen Unreinheit versinken« sollten.[57]

Die religiöse Indoktrination im Heim galt als wichtigstes Bollwerk gegen die erneute Ansteckung mit der Sünde. Um ihre Frömmigkeit auch nach der Rückkehr in die Welt zu festigen, bekamen die Frauen bei ihrer Entlassung nicht nur Kleidung und ein wenig Geld mit auf den Weg, sondern auch einen Stapel wichtiger Bücher: unter anderem ein Gebetbuch, einen Katechismus: *Das Wissen und die Einübung des christlichen Glaubens. Das Glück des kommenden Lebens. Ein Handbuch für den Altar und eine Unterweisung in die Sakramente.*

Abgesehen von der religiösen Manipulation hatte das Heimleben vor allem das Ziel, die Frauen zu möglichst harter Arbeit anzutreiben. Jeden Tag verbrachten sie viele Stunden mit Haus- und Näharbeiten. Durch die Vermittlung von Ordnung und Fleiß wollte man ihnen helfen, nach ihrem Fortgang eine Stellung zu finden: Eine Stellung als Dienstmädchen oder Näherin war so ziemlich die einzige Arbeit, die man sich für ein junges Mädchen ohne Beziehungen vorstellen konnte. Im Laufe der Zeit wurde die praktische Bedeutung dieser Ansicht immer offenkundiger. Frauen, die das Heim verließen, erhielten weniger Bücher und stattdessen einen Satz Sticknadeln. Es wurde weniger gebetet oder gelesen und mehr gearbeitet.[58] Mit den Näharbeiten halfen die Bewohnerinnen auch bei der Finanzierung des Heims, wenn dies auch nie ein nennenswerter Beitrag war. Doch der Hauptzweck der täglichen Arbeit war ethischer Art – schwere Arbeit, so nahm man an, beweise und fördere einen tugendhaften Charakter. Daher klagten und schimpften die Heimaufseherinnen ständig, dass fehlender Fleiß ein Zeichen für mangelnde Besserung sei und auf eine Rückkehr zu schlechten Gewohnheiten schließen lasse. Mary Layfields »hat nicht viel Verstand … sie hält sich für tugendhaft, aber ihr Fleiß lässt zu wünschen übrig«. Susanna Cottrell brauchte »lange, … um einzusehen, dass es ihre Pflicht war, so gut zu arbeiten, wie es ihr möglich war«. Arabella Carter »scheint sich ihrer früheren Fehler sehr bewusst zu sein, [doch] sie ist nicht so fleißig gewesen, wie sie hätte sein können«. Es sei zu hoffen, Ann Langford würde »tugendhaft bleiben«, schrieb Lady Arbella Denny, »doch ihr schwacher Verstand wird sie vielen Übeln aussetzen, und ich befürchte, dass sie nicht einsieht, wie notwendig es ist, fleißig zu sein«.

Nicht wenige Büßerinnen ergriffen die gebotene Chance mit beiden Händen und entwickelten sich prächtig innerhalb und außerhalb des Heims. Jenny King, alias Purcell, alias Gallaher, deren viele Nachnamen darauf schließen ließen, dass sie schon vor geraumer Zeit verführt worden war, trat 1767 in das Heim ein. Eine ihrer Hände war verstümmelt; außer einem zerlumpten Kleid und Unterrock besaß sie nichts. Aber sie kam mit dem festen Willen in das Heim, einen Neuanfang zu machen. Sie nahm wieder Kontakt zu ihrer Mutter auf, einer armen, frommen Witwe in Sligo, die überglücklich war, als sie die »lebensspendende« Neuigkeit vernahm, dass Jenny sich vom Laster losgesagt hatte und verzweifelt wünschte, sie wiederzusehen. Als sie anderthalb Jahre später nach Hause zurückkehrte, umarmte sie ihre sterbende Mutter und beschloss, fortan zu leben »wie es einer Büßerin geziemt, die hofft durch ein frommes und wahrhaft christliches Verhalten, von dem gütigen Gott Vergebung für meine vielen Sünden zu erhalten.[59] Alice Sandilon erwies sich als »außerordentlich gute und sehr fleißige Arbeiterin«. Ihr Verhalten war so vorbildlich, dass es ihr eine frühe Entlassung und »eine sehr gute Stelle in einer angesehenen Familie« verschaffte. Auch Jane Holdcraft »verhielt sich ausgezeichnet und nahm eine Stellung an, die schon vor Verlassen des Heims auf sie wartete«. Zehn Jahre später war sie eine fleißige Bäuerin in begüterten Verhältnissen und glücklich verheiratet auf einem zwölf Hektar großen Hof in Wexford.

Doch viele Bewohnerinnen konnten die erzwungene Frömmigkeit und Unterordnung nicht ertragen. Ende des Jahrhunderts hatten mehr als ein Drittel der Frauen, die in das Dublin Asylum aufgenommen worden waren, um ihre Entlassung gebeten, die Flucht ergriffen, gehen müssen oder aus anderen Gründen ihren Aufenthalt abgebrochen.[60] Emelia Pierce »wollte sich nicht den Regeln fügen«. Ann Collier »hatte ständig etwas einzuwenden« und wurde »wegen Eigensinnigkeit und Ungehorsam« der Einrichtung verwiesen; Sarah Neal wegen »Faulheit, vulgärer Ausdrucksweise und Unverschämtheit«. Selbst unter den Frauen, die ihre Zeit absolvierten und mit Belobigung entlassen wurden, gab es welche, die einer ungewissen Zukunft entgegensahen. Sichere Stellungen waren schwer zu finden, besonders für Frauen mit solch anrüchiger Vergangenheit. Einige fielen in alte Gewohnheiten zurück, wie Sarah Lucas, die bei der Entlassung eine Stellung als Dienstmädchen bekam und dann von der Dame des Hauses mit einem Mann im Bett erwischt wurde. Manchmal verschwanden sie auch einfach. Nach zwölf Monaten in Freiheit hatte jede Frau, die belegen konnte, dass sie ehrbar gelebt hatte, das Recht, vom Heim eine Belohnung von zwei Guineen zu fordern. Bemerkenswerterweise taten das nur die wenigsten. Zweifellos wollten einige dieser untergetauchten Büßerinnen ihr früheres Leben einfach hinter sich lassen, wie die Frauen, die nach Übersee auswanderten. Elizabeth Gogan schiffte sich nach Maryland ein, denn obwohl sie mit einem guten Führungszeugnis aus dem Heim entlassen worden war, »weigerten sich ihre Freunde und Verwandten, sie zu empfangen, daher hielt sie es für das Beste, das Königreich zu verlassen«. In zahllosen anderen Fällen lässt das Schweigen in den Aufzeichnungen zweifellos auf ein schlimmeres Schicksal schließen.

Diese Zahlen gleichen denen des Londoner Magdalen House. Rund die Hälfte seiner frühen Bewohnerinnen beendete (nach den von der Leitung veröffentlichten Berichten) ihren Aufenthalt mit Erfolg und fand ehrbare Arbeit. Die hohe Abbruchrate ist sicherlich aufschlussreich. Die Frauen, die in diese Einrichtungen aufgenommen wurden, waren kein repräsentativer Querschnitt durchschnittlicher Prostituierter, sondern handverlesene Kandidatinnen – viele von ihnen unlängst verführte Mädchen und keine »unverbesserlichen Huren«. Es gab stets mehr Bewerberinnen als Plätze: Selbst von den Freiwilligen wurden nur die vielversprechendsten aufgenommen. Dass sogar unter diesen Umständen so viele von ihnen scheiterten, lässt erkennen, wie anspruchsvoll und ungewiss die neuen philanthropischen Maßnahmen waren – und welch tiefer Graben sich auftat zwischen der Fixierung der Verantwortlichen auf den individuellen Charakter und den umfassenderen strukturellen Problemen der weiblichen Viktimisierung, Verarmung, Verführung und Prostitution.

Doch bei aller Unvollkommenheit und Unbeständigkeit griffen diese Methoden auch. Allein in den ersten Jahrzehnten ihres Bestehens trugen das Lambeth Asylum und die beiden Magdalenenheime dazu bei, Hunderte von Leben zu verändern. Selbst Frauen, die aus dem Heim gewiesen wurden, verließen es oft entschlossen und fähig, einen Neuanfang zu machen, und von den christlichen Wahrheiten überzeugt, die ihnen eingehämmert worden waren. Margaret Clark blieb nur acht Monate, dann wurde sie »wegen schlechten, vulgäreren Benehmens und Unlenkbarkeit« hinausgeworfen. Sie lernte gerade Lesen und Schreiben. Trotzdem »gelobte sie, tugendhaft zu bleiben«, versprach, sich eine Stellung als Dienstmädchen zu suchen und schrieb wenige Monate später triumphierend aus Amerika: »Ich hätte keine bessere Herrschaft finden können, als ich habe«. Eine andere, vielleicht die Sarah McDowel, die als »Sarah Grace« fortging, verfiel nach ihrer Entlassung wieder der »Unkeuschheit«. Doch dann fand auch sie zu Gott und schiffte sich als Schuldmagd nach Amerika ein. »Deine einst geliebte Tochter«, schrieb sie ihrer Mutter von der anderen Seite des Atlantiks, »für die du einst nichts gut genug befandest, ist jetzt eine Sklavin«:

Glaube nicht, dass ich dir dies berichte, um dich zu bekümmern; nein, liebste Mutter, freue dich, denn nur dies Schicksal kann meine Seele aus dem schrecklichen Abgrund erretten; nicht in wollüstigen Vergnügungen vermochte ich meinen Gott zu finden, sondern nur in diesen Widrigkeiten. Ich hoffe, mein Schicksal kann jenen als Warnung dienen, die den Anfängen meines Lebens nacheifern möchten. Doch ich bitte dich! Vergib mir um Gottes Willen meine Verbrechen und lass deine Gebete am Abend und am Morgen zu Seinem Thron der Gnade aufsteigen.

Und dann, mit dieser Erinnerung an die außergewöhnliche Macht der religiösen Ideale, die das Gewissen selbst der »abgebrühtesten Hure« des 18. Jahrhunderts zu rühren vermochten, verlieren wir sie für immer aus den Augen.[61]

Keuschheit und Klasse

Wir haben gesehen, mit welchem Nachdruck und Erfolg die Magdalenenheime versuchten, ihren Schutzbefohlenen die traditionellen christlichen Grundsätze der persönlichen Verantwortung für Sünde und Erlösung einzuimpfen. Die öffentliche Philanthropie gegen Ende des 18. Jahrhunderts trug ebenfalls zur Entwicklung neuer Ideen bei. Insbesondere unterhöhlte sie die Vorstellung, dass alle unkeuschen Handlungen von vornherein und gleichermaßen schuldhaft seien, denn sie vertrat die entgegengesetzte Ansicht: dass nämlich sexuelles Verhalten im Wesentlichen durch Geschlecht und Stand oder Klasse bestimmt werde und dass arme Frauen weit größere Gefahr liefen, Huren zu werden.

Die Geschichte des Wortes »Prostituierte« ist kennzeichnend für diese Entwicklung. Vor 1700 wurde der Ausdruck nicht oft verwendet oder nicht von den üblichen Begriffen wie »Hure« oder »Dirne« unterschieden. Im Laufe des 18. Jahrhunderts wurde die Definition sehr viel schärfer. Als der Fokus der öffentlichen Ordnungsmaßnahmen sich von Unzucht im Allgemeinen auf das Problem der unkeuschen Armen im Besonderen verlagerte, wurden »Prostituierte« und »Prostitution« zu vorrangigen Kategorien für die Klassifizierung der Unmoral. Allerdings blieb der ältere und archetypischere Begriff der »Hure« noch in Gebrauch. Seine Konnotation – dass ein einziger Fehltritt unaufhaltsam auf den abschüssigen Weg von Krankheit, Not und Tod führe – blieb ein Eckpfeiler der philanthropischen Argumentation. Doch selbst im religiösen Denken wurde die traditionelle Vorstellung, dass Laster und Tugend im Wesentlichen ein Ergebnis des freien Willens seien, allmählich aufgeweicht. Stattdessen ergab sich jetzt aus dem Wunsch, die Prostitution wissenschaftlich anhand ihrer gesellschaftlichen Bedingungen zu verstehen, eine viel schädlichere deterministische Auffassung. Oberflächlich betrachtet, wurden die Frauen danach das Opfer von Einflüssen, über die sie keine Kontrolle hatten. In der Praxis verfestigte diese

These jedoch die Überzeugung, dass Tugend und Moral weder angeborene menschliche Eigenschaften noch allein das Ergebnis individueller Entscheidungen seien, sondern eng mit dem Sozialstatus verknüpfte Merkmale.

Diese Vorstellung von der prinzipiellen moralischen Verkommenheit der Arbeiterklasse sollte im 19. Jahrhundert noch beherrschender werden. »Die Keuschheit der Ehe«, schrieb Peter Gaskell 1833, »ist bei ihnen wenig bekannt und kaum üblich: Die Eheleute sündigen gleichermaßen, und so entwickelt sich eine gewohnheitsmäßige Gleichgültigkeit gegenüber dem sexuellen Laster.« In dieser Zeit wurden vage Statistiken erstmals zu einem beliebten Instrument gesellschaftlicher Beobachtungen, mit deren Hilfe man Vermutungen und Vorurteile über die Moral der unteren Klassen als wissenschaftliche Fakten darstellen konnte. »Er könne mit gutem Gewissen sagen«, heißt es von der Aussage eines Zeugen vor der Fabrikkommission ebenfalls im Jahr 1833, »dass drei Viertel der Mädchen zwischen vierzehn und zwanzig Jahren unkeusch seien.« Sogar Friedrich Engels beklagt 1844 in seinem Bericht über die Lage der arbeitenden Klasse in England den angeblich »regellosen Geschlechtsverkehr« der Industriearbeiter.[62]

Diese als Soziologie getarnte Bigotterie, sollte ein typisches Merkmal der Studien über Prostitution werden. Bereits 1800 schätzte der Friedensrichter und politische Arithmetiker Patrick Colquhoun, es gebe 50 000 Prostituierte in London – eine Zahl, zu der er gelangte, indem er einfach »die Vielzahl plebejischer Frauen einschloss, die mit Arbeitern oder anderen Männern unverheiratet zusammenleben«.* Ähnliche Annahmen lagen der Analyse von William Acton, der großen Viktorianischen Autorität auf diesem Gebiet, zugrunde. In der ersten Auflage seiner monumentalen Studie *Prostitution* (1857) gelangte er bei den Mädchen, die er in einem beliebten Londoner Tanzsaal beobachtete, nur aufgrund ihres Aussehens zu dem Schluss, dass »mindestens ein Drittel« Huren sein müssten. In der zweiten Auflage aus dem Jahr 1870 waren auch seine letzten Zweifel verschwunden: Sie seien »natürlich alle Prostituierte«.[63]

Die Grundlagen für diese Ansichten waren im vorhergehenden Jahrhundert geschaffen worden, in den Versuchen der Philanthropen und po-

---

* Auf derselben Grundlage errechnete er später, dass es im gesamten Königreich mindestens 100 000 »unzüchtige und unmoralische Frauen gibt, die ganz oder teilweise von der Prostitution leben«: P. Colquhoun, *A Treatise on Indigence*, 1806, S. 40.

litischen Arithmetiker, die Prostitution als soziales Phänomen und nicht als moralisches Versagen zu begreifen. Ihnen ging es vor allem um die Frage, wie die Frauen zu Prostituierten wurden.

Die nächstliegende Antwort lautete, dass sie einfach Frauen waren, die der Not gehorchten. »Es ist sattsam bekannt«, erklärte Joseph Massie, »dass die Notwendigkeit die verbreitetste Ursache der Prostitution ist.« Anschließend listete er all die Umstände auf, die so viele Frauen in London anfällig für Verführung machten: Mangel an Freunden, Arbeitslosigkeit, die Unfähigkeit, Unterstützung oder Armenhilfe zu verlangen. Andere gaben ihm bezüglich der Symptome recht, machten aber lieber die wachsende Faulheit und Unmoral der arbeitenden Klasse für die Entwicklung verantwortlich. »Frauen aus höheren Schichten, deren Eltern ihnen die nötige Sorgfalt angedeihen lassen«, meinte Hanway, schütze ein Sinn für Ehre und Religion vor Unkeuschheit, während es beim gewöhnlichen Volk an einem solchen Schutz mangele. Armen Mädchen, die verwaist oder verlassen seien, bleibe fast keine andere Möglichkeit als die Prostitution. »Unter so hoffnungslosen Umständen«, meinte ein Prediger 1760, sei es »eine moralische Gewissheit, dass die kindliche Seele Schaden nimmt und dass Ausschweifungen begangen werden, noch bevor die Begierde sich regt.«[64]

Selbst in normalen Arbeiterfamilien, so war immer häufiger zu hören, würden Erziehung und religiöse Grundsätze vernachlässigt; Faulheit werde gefördert; Eltern ließen ihre Kinder im Stich. »Die einfachen Leute«, klagte der einflussreiche Nationalökonom Josiah Tucker, »geben sich der Trunksucht und Liederlichkeit hin. Die Frauen gehen auf den Strich und verbreiten die Infektion [d. h. Geschlechtskrankheiten], bis sie verrottet sind ... die Verkommenheit der Männer lässt sich kaum in Worte fassen: Weder Frauen noch Männer arbeiten, solange sie noch einen Penny für ihre Laster haben.« Die Väter, so John Fielding, stürben gewöhnlich an der Trunksucht, und die Mütter würden gelegentlich ihre eigenen Töchter in die Prostitution verkaufen. Kein Wunder, dass Mädchen »oft aus Not Prostituierte wurden, noch bevor ihre Leidenschaften irgendeinen Anteil an ihrer Schuld hatten«. Den jungen Mädchen, die in das Lambeth Asylum kamen, wurde unverblümt mitgeteilt, dass ihre Entfernung aus ihrem verdorbenen Milieu »dazu dient, euch besser in Religion, Ehrlichkeit, Nüchternheit, Keuschheit, Fleiß und Mäßigung zu unterweisen, als es in der Obhut eurer eigenen Eltern möglich wäre«. Aus ähnlichen Gründen beschloss das

Heim 1761, nachdem es »große Unannehmlichkeiten« hatte, weil es Eltern-besuche gestattete, fortan nur noch Waisen aufzunehmen. Im Jahr darauf wurde der Kontakt zwischen den Mädchen und Besuchern aus der Ver-wandtschaft stark eingeschränkt. 1764 beschloss man schließlich, »dass die Besuche von Freunden der Kinder unter welchem Vorwand auch immer nicht gestattet sind«. Offensichtlich war man also der Meinung, dass die armen Mädchen nur durch eine vollkommene Loslösung von ihrer unseli-gen Herkunft eine vernünftige Chance hätten, Unmoral und Verderben zu entgehen (siehe Tafel 10). Ende des Jahrhunderts hielt Malthus es für un-strittig, dass Armut und der »moralische Verfall des Charakters« untrenn-bar seien: »Dass verwahrloste Armut, zumal wenn sie mit Arbeitsscheu einhergeht, ein Zustand ist, der der Keuschheit höchst abträglich ist, lässt sich leicht vorstellen.« Es wäre »ein absolutes Wunder«, wenn ein unter solchen Bedingungen aufgewachsenes Mädchen, nicht der Unkeuschheit verfiele.[65]

Allerdings war die Verbreitung und Vielfalt der Prostitution so groß, dass sich alternative Erklärungen ebenfalls durchsetzen konnten. »Ich halte die Behauptung für falsch, dass die Kinder der schwer arbeitenden Armen den Nachwuchs für Bordelle und Straßenprostitution liefern«, hielt Saun-ders Welch dagegen, dessen eigene Eltern arm gewesen waren. Vielmehr seien es »die Kinder in der nächsthöheren Schicht«, die, weil sie über ih-rem Stand erzogen wurden oder als Bedienstete in vornehmen Häusern zu hohe Ansprüche übernommen hätten, direkt in ihr Verderben liefen. Ge-wiss treibe die Not die Frauen dazu, sich zu prostituieren, räumte William Dodd ein; diese Situation ergebe sich aber allzu oft »aus einer irrtümlichen Vernachlässigung der Erziehung durch die Eltern; viele geben zwar absurde Summen für teure Internate aus, halten es aber für unter ihrer Würde, ihre Töchter einen anständigen Beruf lernen zu lassen«.[66] Diese Sorge um Ver-armung und Abstieg der Mittelschicht war allgegenwärtig in der Literatur. Mitte des 18. Jahrhunderts stammten die meisten Prostituierten in der er-zählenden Literatur aus den höheren Schichten. In Henry Fieldings Satire *Rape upon Rape* (1730) gibt Hilaret vor, eine Hure zu sein, und behauptet, sie und ihre fünfzehn Schwestern im gleichen Gewerbe seien alle die Töch-ter eines Landpfarrers. Auch Hogarth hielt das für eine »landläufige Mei-nung«. Im folgenden Jahrzehnt war die Behauptung, »dass der größte Teil der Prostituierten Pfarrerstöchter« seien, ein rhetorischer Gemeinplatz. In der Schrift *The Histories of Some of the Penitents in the Magdalen House* (1760), ist die Bewohnerin »Emily«, das Waisenkind eines Pfarrers aus Südwestengland, die zum ersten Mal verführt wird, als sie in Diensten besserer Leute ist. Die Heldin einer anderen vielgelesenen Schilderung »war die Tochter eines höheren Heeresoffiziers und hatte eine vornehme und liberale Erziehung, geriet aber durch verschiedene Unglücksfälle in große Armut und Not«. Laut einer eigenen Werbeschrift des Magdalen House war die archetypische Heimbewohnerin »die Lieblingstochter ihres Vaters, eines durchaus anständigen und ehrenhaften Mannes«. Ende des 18. Jahrhunderts definierte man also die Prostitution in der Regel als ein Verhalten, das zwei großen Kategorien von verführten Frauen zugeschrieben wurde: Mädchen aus der verarmten Arbeiterklasse und vornehm erzogenen Töchtern »von armen Ladeninhabern oder von Landpfarrern in bescheidenen Verhältnissen«.[67]

Entsprechend nahm man an, dass es in jedem Magdalenenheim mindestens zwei Arten von Bewohnerinnen gab: »diejenigen, die aus bedürftigen Familien kamen und von niederer Herkunft waren«, und diejenigen, »die eine vornehmere Erziehung genossen hatten«. Besonders penible Planer wie Joseph Massie betonten die Notwendigkeit einer stärkeren Unterteilung. Jede Kategorie sollte in einem eigenen Gebäude separat untergebracht werden – mit einer ihrem Stand entsprechenden Arbeit, Kleidung, Ernährung und Zukunftsplanung:

1. Frauen oder Mädchen, die, wie aus ihren Reden und ihrem Benehmen zu ersehen ist, tugendhaft und vornehm erzogen wurden.
2. Frauen oder Mädchen, die ihrer Erscheinung und ihrem Verhalten nach Hausmädchen in ehrbaren Familien waren oder die augenscheinlich eine Stufe über den gemeinsten Menschen stehen.
3. Frauen oder Mädchen, die unwissend, roh, unverbesserlich oder frech sind.
4. Frauen oder Mädchen, die in ihrer Gesundheit und Kraft so beeinträchtigt sind, dass ihnen nicht mehr zu helfen ist.[68]

Als das Londoner Magdalen House seine Tore öffnete, war es nach genau solchen Richtlinien organisiert, mit »besseren oder bevorzugten Abteilungen, entsprechend der Erziehung oder dem Verhalten der dort wohnenden

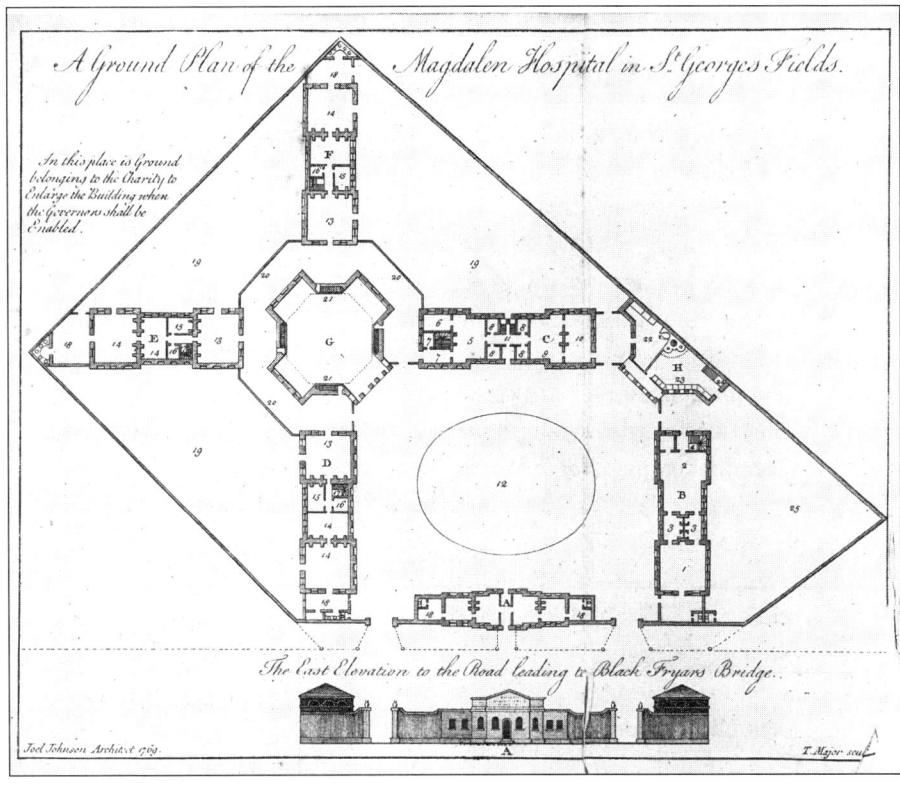

Abb. 19. Die neuen Gebäude des Magdalenenheims, mit getrennten Flügeln für die verschiedenen Kategorien von Bewohnerinnen.

Personen« und »niederen Personen« in den schlechteren Abteilungen. Innerhalb jeder Abteilung wurde eine Frau zur »Oberin« oder »Vorsteherin«
ernannt, während die anderen ihr in strenger Hierarchie, je nach Charakter und Benehmen, untergeordnet waren. Als 1772 das Heim in die speziell gebauten Gebäude in Blackfriars umzog, wurden die Bewohnerinnen
in drei strikt voneinander isolierten »Klassen« von »Objekten« untergebracht – in getrennten Gebäuden, die »so angeordnet waren, dass jedes auf
Rückseite des anderen blickte«.[69]

Doch hinter diesem Bemühen um soziale Differenzierung, verbarg sich
noch immer die Überzeugung, dass es armen Mädchen zwangsläufig an
Keuschheit mangele. Nach dieser Ansicht waren Huren aus höheren Kreisen
nicht nur besser erzogen, sondern auch von Natur aus »feinfühliger« und
tugendhafter; man hoffte, von ihnen noch viele retten zu können, wenn sie
denn noch nicht zu sehr auf die schiefe Bahn geraten waren. »Der Großteil
der gewöhnlichen Frauen«, dagegen, »hatte jedes Schamgefühl verloren.«
»Feingefühl« sei ihnen nie vermittelt worden. Ihre Eltern hätten sie nie geschützt, sodass ihnen ihre »angeborene Bescheidenheit« in der Jugend verloren gegangen sei. Angesichts ihrer laxen Sexualmoral würden sie leicht
in der Prostitution gewöhnlichster Art enden.[70] So viel Herablassung blieb
nicht unwidersprochen: Anfang des 19. Jahrhunderts bekam sie es mit heftiger feministischer Kritik zu tun. Auch war diese Haltung nicht so ganz
neu. Trotzdem wurde sie fortan unverhohlener zum Ausdruck gebracht,
selbstgewisser als empirisch ausgegeben und stärker auf genau abgegrenzte
»Klassen« gegründet als jemals zuvor.*

Das hatte tiefgreifende Auswirkungen auf die philanthropische Praxis,
denn die Philanthropen begannen, Frauen von besserer Herkunft und Erziehung als bildsamer und erfolgversprechender zu betrachten. Eifrig no-
tierten die Direktoren des Dubliner Magdalenenhauses Stand und Erziehung ihrer Bewerberinnen und scheinen den »Abschaum des Volkes«

---

* Es gab eine ähnliche Zunahme der rassistischen Einstellungen. Im gesamten britischen
Empire verstärkte sich die europäisch-koloniale Verachtung für die angebliche Sittenlosig-
keit anderer »Rassen« rapide. 1782 ordneten die Direktoren des Lambeth Asylum an, dass
keine »Neger- oder Mulattenmädchen« aufgenommen werden dürften; entsprechend
schloss im Jahr darauf das Magdalen House alle »schwarzen Frauen« aus. *An Account of the
Institution and Proceedings of the Guardians of the Asylum*, 1782, S.17; H. F. B. Compston,
The Magdalen Hospital, 1917, S.200; Philippa Levene (Hg.), *Gender and Empire*, 2004,
Kap. 6.

diskriminiert zu haben. Obwohl alle Seelen gleich waren, hatten doch genau einunddreißig der letzten einundsechzig Bewohnerinnen »zumindest dem mittleren Stand« angehört, wie der Bischof von Dromore 1773 stolz feststellte. Im folgenden Jahrzehnt veränderten die Direktoren des Magdalen House ihre Zielgruppe: Den echten Prostituierten zogen sie jetzt junge Frauen vor, die mit einem falschen Heiratsversprechen verführt worden waren, aber »sich nie öffentlich angeboten hatten«. Entsprechend stieg die Erfolgsquote des Heims.⁷¹ Bald nach Eröffnung des Magdalen House hatte Jonas Hanway einen Stich in Auftrag gegeben, der zeigen sollte, welche Verwandlung das Heim bewirken konnte. Im Hintergrund ist die Magdalenenkapelle zu erkennen. Auf dem Boden zusammengesunken, sehen wir eine entsetzlich heruntergekommene Hure, barfuß und zerlumpt. Vor ihr steht stolz und sittsam die rehabilitierte Magdalena – Kleid, Hut, Handschuhe und Schuhe, alles neu, das Gebetbuch geöffnet vor sich, strahlend vor Gesundheit und Zuversicht (Abb. 20). Als die Direktoren des Heims dieses Bild in den 1770er Jahren wieder für Werbezwecke reaktivierten, war ihnen die zerlumpte Hure peinlich, deshalb musste sie von der Druckplatte verschwinden. Ein schwacher Schatten hinter der Magdalena war alles, was von ihr blieb.

Selbst während die Bewegung zur Rettung »gefallender Frauen« sich ausweitete, wuchs der Pessimismus angesichts der ständig zunehmenden Größenordnung des Problems und der Schwierigkeit, gewöhnliche Huren wirklich zu rehabilitieren. Auf lange Sicht sollte sich diese Tendenz durchsetzen. Von Anfang an hatte es Zweifel hinsichtlich der Wirksamkeit philanthropischer Maßnahmen gegeben, und ein Teil des Enthusiasmus war einfach von dem Wunsch getragen, die offene Prostitution einzudämmen. Anfang des 19. Jahrhunderts, inmitten zunehmender politischer Besorgnis über die Disziplinlosigkeit und Unzufriedenheit der armen Stadtbevölkerung, rückte dieser utilitaristische Ansatz immer stärker in den Vordergrund. Man setzte fraglos voraus, dass 99 Prozent aller Kriminalität aus »der ungesetzlichen Verbindung mit lasterhaften Frauen« entstand. Mit anderen Worten, man hielt die vollkommene Ausrottung der Prostitution im Allgemeinen zwar für unmöglich und unerwünscht, bemühte sich aber trotzdem, einerseits die Büßerinnen zu retten und andererseits die »verkommenen Frauen« härter zu bestrafen: Im Grunde ging es nur darum, die Prostituierten von den Straßen zu holen.⁷²

Abb. 20. Eine stolze, uniformierte Bewohnerin des Magdalenenheims, in krassem Gegensatz zu der heruntergekommenen Prostituierten hinter ihr (1761).

Statt auf Rehabilitation konzentrierten sich die Magdalenenheime daher zunehmend auf »Eindämmung und Quarantäne« gefallener Frauen – nicht nur zu deren eigenem Nutzen, sondern auch zum Schutz der Gesellschaft. Sogar das Londoner Magdalen Hospital gab seine Versuche auf, berufliche Fertigkeiten zu vermitteln und beschäftigte seine Bewohnerinnen lieber als Waschfrauen. Das wurde zur Norm. Das ganze 19. und 20. Jahrhundert hindurch operierten die Magdalenenheime in England und Irland als kommerzielle Großwäschereien, die sich durch die Schwerarbeit ihrer Bewohnerinnen finanzierten. In dieser und anderer Hinsicht trat ihre einseitige wirtschaftliche und gesellschaftliche Ausrichtung nach 1800 immer deutlicher zutage. »Heute«, schrieb der Geistliche des Magdalen Hospital 1917, »werden Mädchen aus guten Familien woanders hingeschickt« – staatliche Magdalenenheime seien Orte für die Umerziehung von Frauen »aus durchschnittlichen Arbeiterfamilien«. Eigentlich als Alternative zur Bestrafung gedacht, entwickelte sich die institutionelle Philanthropie also zunehmend zu einer anderen Form von sexueller Disziplinierung in der Unterschicht.[73]

Rettung und Besserung

Die Entstehung der sexuellen Fürsorgeeinrichtungen führte zu einem neuen Modell für den Umgang mit Kriminellen und sozialen Außenseitern aller Art. Bis in die 1770er Jahre wurden die meisten Straftäter zu einigen Wochen Zwangsarbeit, zu Bewährungsstrafen, Deportation oder zum Galgen verurteilt. Gefängnishaft als solche kam nur selten zur Anwendung. Doch Ende des 18. Jahrhunderts kam es zu einer umfassenden Bewegung für eine Gefängnisreform, die zur Gründung der ersten modernen Strafanstalten führte. Einige ihrer prominenten Vertreter hatten enge Verbindungen zu sexuellen Fürsorgeeinrichtungen. Obwohl der Aufenthalt in Magdalenenheimen freiwillig war, beeinflussten ihre Organisation und Architektur trotzdem die neue Einstellung zum Strafvollzug. Die Heimbewohnerinnen wurden in Zweckbauten untergebracht, die ihre 24-stündige Beaufsichtigung erleichtern sollten. Sie wurden in verschiedene Kategorien eingeteilt, standen unter ständiger Beobachtung, hatten einem festen Tagesablauf zu folgen und wurden gezwungen, zu arbeiten und zu beten.

Durch längere Inhaftierung und Überwachung auch nach der Freilassung sollten sie diszipliniert, gebessert und zu nützlichen Mitgliedern der Gesellschaft gemacht werden. Genau diese Prinzipien bildeten später auch die Grundlage der modernen Gefängnisse, der Erziehungsanstalten für Jugendliche und der Bewährungsstrafe.[74]

Der philanthropische Ansatz erwies sich auch als bestimmend für die Haltung gegenüber gefallenen Frauen. Prostituierte wurden auch weiterhin als verkommene Kriminelle überwacht, bestraft und verachtet. Immerhin gingen jetzt auch die schärfsten Kritiker überwiegend davon aus, dass die tieferen Gründe für das sexuelle Gewerbe in den gesellschaftlichen und wirtschaftlichen Bedingungen und nicht im individuellen Charakter zu finden seien. Für Feministinnen war die Prostitution ein exemplarisches Beispiel für all die tieferen Ungerechtigkeiten einer männlich dominierten Gesellschaft. »Asyle und Magdalenenheime sind keine geeigneten Mittel zur Beseitigung dieser Missstände«, schrieb Mary Wollstonecraft. »Der Welt fehlt es an Gerechtigkeit, nicht an Barmherzigkeit!«[75] Derweilen beklagten aber auch die Feministinnen die Notlage der Prostituierten. Infolgedessen fand das Bestreben, die betroffenen Frauen auch weiterhin zu »retten« und zu rehabilitieren, immer weiteren Zuspruch.

Zur Gruppe derer, die schon vor 1800 praktisch und theoretisch für diese Sache eintraten, gehörten James Boswell, Samuel Richardson, Samuel Johnson, Jeremy Bentham, Robert Holloway, John Wesley, Dorothy Ripley und zahlreiche weitere maßgebliche Methodisten und Missionare. Ein Grund für die wachsende evangelikale Aufmerksamkeit waren die offenkundigen Parallelen zwischen schwarzer und weißer Sklaverei (Frauenhandel). Man brauche nicht ins Ausland zu blicken, um Beispiele für abstoßenden Menschenhandel zu finden, bemerkte ein Fürsprecher dieser karitativen Arbeit Anfang des 19. Jahrhunderts. »Welches Elend erlebt der versklavte Neger, das der verachteten Londoner Prostituierten erspart bliebe? Ein Verführer oder Entführer hat sie beide für immer den Gefilden ihrer Jugend entrissen … brutale Gewalt bemächtigt sich ihrer Leiber … und wirft sie zurück auf die Stufe der rohen Kreatur. Birgt der Busen des unglücklichen Mädchens weniger Zartgefühl als der des dunkelhäutigen Wilden?« Die »Versklavung und Not« der Prostituierten war »schlimmer, viel schlimmer, als die der Afrikaner in Westindien«.[76]

Im 19. Jahrhundert bezeichnete man in Großbritannien die Prostitution

allgemein als *das* »Große Gesellschaftliche Übel« (*Great Social Evil*) oder
als »Frauenhandel« (*white slavery*). Die Rettung von Prostituierten wurde
zu einer Obsession, der einige bedeutende Persönlichkeiten des öffentlichen Lebens einen bemerkenswerten Teil ihrer Energie widmeten. Bei den
Streiterinnen für Frauenrechte wurde das Bekenntnis zum Kampf gegen
die Unterdrückung der Prostituierten und der Notwendigkeit, ihnen persönlichen Beistand zu leisten, zum Glaubensbekenntnis. Auch missionarische Gruppierungen wie die Heilsarmee machten dieses Engagement zu
einem Grundpfeiler ihrer Arbeit. Genauso selbstverständlich wurde der
Grundsatz in der herrschenden Auffassung der anglikanischen Geistlichen,
Schriftsteller, Maler, Sozialreformer, Politiker und unzähliger Privatleute
vertreten. 1837 hatte eine Wohltätigkeitsorganisation, die Religious Tract
Society, aus eigener Anstrengung mehr als 500 Millionen Druckschriften
zur Errettung gefallener Frauen veröffentlicht. Auf der Höhe seines Ruhms
widmete sich Charles Dickens, mit der finanziellen Unterstützung der Mil-
lionärin Angela Burdett-Coutts, persönlich der Gründung und Verwaltung
eines Magdalenenheims. Sein Schriftstellerkollege George Gissing versuchte (vergebens) eine junge Prostituierte zu »erlösen«, indem er sie heiratete.
William Gladstone nannte diese Angelegenheit »die schwerste Last auf
meiner Seele« und durchstreifte jahrzehntelang – noch als Premierminister – die nächtlichen Straßen in dem Bemühen, Prostituierte zu retten.
Mrs. Gladstone lud Büßerinnen zum Tee in die Downing Street 10 ein.
1928, in Evelyn Waughs glänzendem satirischen Roman *Decline and Fall*
(dt.: *Auf der schiefen Ebene*, Wien 1953) wurden der Frauenhandel und die
Aufregung, die ihn umgab, ein leicht erkennbares Symbol für die Verderbtheit der modernen Welt.[77]

Die Bewegung zur sexuellen Errettung von Frauen nahm also noch weit
über das Jahr 1800 hinaus an Bedeutung zu. Viele weitere Institutionen –
Kliniken für Geschlechtskrankheiten, Einrichtungen für gefährdete Jugendliche und Magdalenenheime – wurden bald danach im In- und Ausland gegründet. Bereits 1816 gab es mindestens ein Dutzend Heime für
gefallene Frauen in Großbritannien, Irland, Indien und den Vereinigten
Staaten. Der extreme Entwicklungsschub kam aber erst in den hundert
Jahren, die folgten. 1860 schätzte man in der neuen Zeitschrift *Magdalen's
Friend*, dass es rund zwei Dutzend Heime allein in London gebe, und weitere vierzig in den übrigen Landesteilen. 1917 waren es in der englischspra-

chigen Welt mehr als 400. Daneben entstand ein Netz von Hunderten eh-
renamtlicher Vereine und Heime, die der sexuellen Reinheit und Rettung
von Frauen aus der Arbeiterklasse gewidmet waren. Die Rettung unverheirateter Mütter, so ein Historiker, sei zu einem »nationalen Anliegen« geworden. Die Bekehrungsarbeit, die im Magdalen House und im Lambeth
Asylum begonnen wurde, entwickelte sich also in Viktorianischer Zeit und
zu Beginn des 20. Jahrhunderts zu einer der dauerhaftesten Obsessionen
der bürgerlichen Schichten auf beiden Seiten des Atlantiks.[78]

Anfang des 20. Jahrhunderts hatten die sexuellen Rettungskampagnen
auf den ganzen Globus übergegriffen. Der internationale Frauenhandel
wurde zu einem vordringlichen Anliegen von Regierungen und Völkerbund.
Diese Bemühungen werden auch heute noch fortgesetzt. Der Gedanke,
dass Prostitution in den meisten Fällen unfreiwillig ist, gehört zu den
Grundüberzeugungen des westlichen Denkens und bildet die Basis für die
einschlägige Gesetzgebung und Sozialpolitik. Im Fokus der britischen und
amerikanischen Hilfsorganisationen befindet sich heute oft die Verschleppung von Frauen aus Drittweltländern zu sexuellen Zwecken: Doch selbst
in diesen Fällen erinnern die Grundprinzipien noch an die Zielsetzungen,
die Mitte des 18. Jahrhunderts in England formuliert wurden.

Die Entstehung der organisierten Philanthropie hatte also weitreichenden Einfluss auf spätere Einstellungen zur Sexualität. In den letzten Jahren
ist ihre praktische Wirkung häufig als fehlgeleitet und repressiv kritisiert
worden. In Irland, wo es Magdalenenheime bis in die 1990er Jahre gab, gilt
die routinemäßige, langfristige Inhaftierung und wirtschaftliche Ausbeutung von Prostituierten und unverheirateten Müttern heute als schandbare,
frauenfeindliche Maßnahme.[79] Die Praxis der sexuellen Philanthropie indoktrinierte die betreuten Frauen sicherlich mit bestimmten Vorstellungen
über Klasse, Geschlecht und sexuelle Disziplin. Heute sind wir uns weitgehend darüber einig, dass eine Heimeinweisung nicht gut für Menschen ist
und auch ihrer moralischen Entwicklung nicht dient. Trotzdem halten wir
die Grundprinzipien der sexuellen Fürsorge noch immer für selbstverständlich: Dass soziale und wirtschaftliche Bedingungen Frauen der Gefahr sexueller Ausbeutung aussetzen können; dass in einer solchen Situation der freie Wille und das moralische Gewissen beeinträchtigt werden;
und dass ein Eingriff von außen, um sie vor dem Abstieg zu bewahren,
gerechtfertigt ist. Diese Überzeugungen liegen auch weiterhin unserer Ge-

setzgebung, der öffentlichen Meinung sowie dem Vorgehen von Staaten, Wohlfahrtsorganisationen und Individuen auf der ganzen Erde zugrunde. Das ist ein weiteres zentrales Erbe der ersten sexuellen Revolution.

Kapitel 6

DIE MEDIEN UND DIE BOTSCHAFT

Niemand – weder eine noch mehrere Personen – darf zu irgendeinem Zeitpunkt eine wie auch immer geartete Schrift [ohne vorherige Genehmigung durch einen staatlichen Zensor] drucken oder drucken lassen, damit nichts in diesem Buch oder diesen Büchern enthalten ist, das wider den christlichen Glauben … wider das rechte Leben oder die guten Sitten ist.

A Decree of Starre-Chamber, Concerning Printing, 1637.

Sie ist in öffentlichen Schriften beleidigt, von Druckereien bloßgestellt und, um dem Ganzen die Krone aufzusetzen, von einigen boshaften, unwissenden und käuflichen Huren in der Öffentlichkeit diffamiert worden, die frech vorgeben, ihre Memoiren zu veröffentlichen. Sie hofft, den Erfolg solcher Bestrebungen unterbinden zu können, indem sie öffentlich erklärt, dass dies alles nicht das Geringste mit der Wahrheit zu tun hat. *C. Fisher*

Anzeige einer Kurtisane in: The Public Advertiser, 24. März 1759.

Die periodische Presse Großbritanniens … ist die wichtigste moralische Instanz der Welt und übt einen größeren Einfluss auf die Sitten und Meinungen der zivilisierten Gesellschaft aus als die geballte Eloquenz von Gericht, Parlament und Kirche.

The Periodical Press of Great Britain, 1824, S. 1.

Unsere modernen Einstellungen zur Sexualität sind aus den großen Veränderungen hervorgegangen, die im späten 17. und im 18. Jahrhundert die westliche Gesellschaft erfassten – dem Zusammenbruch der religiösen Autoritäten, dem Beginn der Aufklärung und den immer vernehmbareren Stimmen der Frauen im öffentlichen Leben. Der letztlich entscheidende Punkt war die Verwandlung der Kommunikationswelt. Ende des 17. Jahrhunderts entwickelten sich neue Ansichten über Privatheit und Öffentlichkeit, neue Möglichkeiten zur Beeinflussung der öffentlichen Meinung und eine neue Offenheit gegenüber der Sexualität.

Auf einige dieser Entwicklungen bin ich schon in den vorherigen Kapiteln eingegangen, weil sie aufs engste verflochten sind mit der wachsenden Komplexität des städtischen Lebens, der Entstehung neuer Denkweisen und dem Rückgang der sexuellen Disziplinierung. Allerdings hatte die umwälzende Entwicklung der Medien während der Aufklärung so weitreichende Auswirkungen auf die Lebens- und Denkweisen, dass wir ihr gesonderte Aufmerksamkeit schenken müssen.[1] Ohne diese mediale Revolution hätte es keine sexuelle Revolution gegeben.

Der Aufstieg der Massenkultur

Binnen weniger Monate in den Jahren 1730 und 1731 schuf der Maler und Grafiker William Hogarth einige fiktionale Bildfolgen, die es so rasch zu ungeheurer Popularität in der englischsprachigen Welt brachten, wie keine Bildwerke zuvor. Zuerst hatte er den Einfall, eine Bildsequenz zu zeichnen, die den Lebensweg einer Londoner Prostituierten zeigte: wie sie als unschuldige, blühende junge Frau in der Stadt eintrifft und sofort von einem Wüstling und einer Kupplerin umgarnt wird, bis zum unvermeidlichen Ende: Niedergang, Krankheit und Tod. Hunderte von Menschen kamen in sein Atelier, um die Bilder zu bewundern. 1732 verkaufte er dann Stiche dieser Bilder an mehr als tausend Subskribenten. Der Erfolg war sensationell. In dem einzigen erhaltenen zeitgenössischen Bericht schreibt sein Kollege George Vertue: »Noch nie haben irgendwelche Druckerzeugnisse so viele Subskribenten und so viel öffentliche Anerkennung gefunden.« *Der Werdegang einer Dirne* »fesselte die meisten Menschen, Personen aus allen Schichten und Lebensumständen, den höchsten und niedrigsten«.[2]

Seither versucht man, genau zu erklären, welchem Umstand diese Bilder ihre außergewöhnliche und dauerhafte Popularität zu verdanken haben. Nachdem er das Rezept in drei späteren Serien – *Werdegang eines Wüstlings* (1735), *Heirat nach der Mode* (1745) und *Fleiß und Faulheit* (1745) – erneut erfolgreich angewandt hatte, gelangte Hogarth zu der Überzeugung, es sei seinem Genie zu verdanken, dass er eine innovative und einzigartig publikumswirksame Kunstform erfunden habe, nämlich eine vollkommen neue Weise »moderne moralische Gegenstände zu malen und zu gravieren«, etwas, »was noch nie irgendein Mensch in irgendeinem Land oder zu irgendeiner Zeit« getan habe.[3]

Das ist im Wesentlichen auch die Auffassung von Ronald Paulson, dem bedeutendsten Hogarth-Experten, der seine beeindruckende wissenschaftliche Laufbahn viele Jahrzehnte lang einem einzigen Ziel widmete – dem Nachweis, dass Hogarth der größte Maler aller Zeiten war. Dabei bestand Professor Paulsons Methode vor allem darin, immer komplexere Verbindungen zwischen Hogarths Bildern und dem gesamten Kanon der westlichen Kunst, Literatur, Theologie und Philosophie herzustellen, um die erstaunliche Bildung und Raffiniertheit des Künstlers zu beweisen. In *Werdegang einer Dirne* gehe es nur vordergründig um die Verführung und den Untergang einer jungen Frau. Tatsächlich sei die Bilderfolge als schockierende Parodie auf das Neue Testament gedacht, wobei sich die Ikonografie an die religiöse Bildwelt von Leonardo, Dürer und anderen alten Meistern anlehne – dabei spiele es überhaupt keine Rolle, dass Hogarth selbst diesen Umstand nie erwähnte und dass auch keiner seiner Zeitgenossen ihn bemerkte.[4]

Selbst wenn Professor Paulsons Interpretationen zu weit gehen, lässt sich nicht leugnen, dass Hogarth ein ungeheuer einfallsreicher Satiriker war (noch, natürlich, dass wir in seiner Kunst Dinge erkennen können, die er selbst nicht gesehen hat). Die Wirkung, die seine Bilder auf die Zeitgenossen ausübten, ist sicherlich zum Teil seiner Originalität und Fantasie zu

Abb. 21. William Hogarth, »Der Werdegang einer Dirne« (1732).
Szene 1: Die Umgarnung eines hilflosen Mädchens vom Land bei seiner
Ankunft in London.

verdanken. Doch es gibt noch zwei andere, prinzipiellere Gründe. Zum
einen behandeln sie Themen, welche die Öffentlichkeit bereits außerordentlich beschäftigten. Das Thema im *Werdegang einer Dirne* war alles andere als neu. Im Gegenteil, der Erfolg der Bilderfolge war, wie Horace Walpole darlegte »der Vertrautheit des Gegenstandes und der Angemessenheit
der Ausführung« zu verdanken.[5] In einer leicht lesbaren visuellen Erzählung wurde die wachsende Fixierung der zeitgenössischen Gesellschaft auf
die Viktimisierung der Frau, die Straffreiheit der Lebemänner und die
Nutzlosigkeit von Strafen präsentiert; hinzu kamen die aktuellen Bezüge
auf echte Personen: auf den Vergewaltiger und Wüstling Colonel Francis
Charteris und seine Kupplerin, die verrufene Bordellwirtin Mrs. Needham; den Straßenräuber James Dalton; Captain Macheath, den Helden der

*Szene 2: Nachdem sie ihre Unschuld verloren hat, wird sie von einem
reichen Juden als Mätresse ausgehalten und betrügt ihn.*

Beggar's Opera, den eifrigen Friedensrichter Sir John Gonson und die Prostituierte Kate Hackabout, deren Namen Hogarth für seine Figur übernahm. Auch in den folgenden Jahrzehnten war die überdauernde Beliebtheit der Hogarthschen Bilderserien ebenso sehr eine Konsequenz von wie
eine Ursache der unaufhörlich wachsenden Obsession mit Erzählwerken
über Verführung und Prostitution.[6]

Der andere Grund für den ungeheuren Erfolg des *Werdegangs einer
Dirne* war der Umstand, dass die Bilder ununterbrochen kopiert, zitiert,
adaptiert und von anderen Schriftstellern und Malern aufgegriffen wurden. »Jeder Kupferstecher ließ es sich angelegen sein«, schrieb Walpole,
»sie zu kopieren; das Königreich wurde mit Tausenden von Plagiaten überschwemmt«. Paradoxerweise sind diese Nachbildungen heute weit seltener
als die Originale und fast unbekannt. Hogarth verabscheute es, kopiert

Szene 3: *Die Wohnung der Dirne wird von Anhängern der Reformgesell-schaften durchsucht.*

zu werden – sein Ärger führte unmittelbar zum Engravers' Copyright Act (Urheberrecht für Graveure) aus dem Jahr 1735. In den meisten Fällen verachteten auch die Kritiker diese minderwertigen Erzeugnisse und nahmen sie nicht zur Kenntnis. Bestenfalls wird die Flut von Kopien erwähnt, weil sie zeigt, welche Wirkung die Originaldrucke hatten.[7]

Tatsächlich verhielt es sich genau umgekehrt. Erst durch diese Kopien aus zweiter und dritter Hand und die vielen Anspielungen erreichte Hogarths Werk seine enorme Öffentlichkeitswirkung. 1732 wurden vom *Werdegang einer Dirne* 1240 Drucke angefertigt. Man erhielt sie nur bei persönlicher Subskription, wobei sie aufgrund ihres stolzen Preises (21 englische Schilling pro Satz) für einfache Leute völlig unerschwinglich waren. Die allgemeine und dauerhafte Beliebtheit resultierte weitgehend aus dem Umstand, dass die zahllosen Kopien, Adaptionen und Zitate sich viel größerer

Szene 4: Sie und ihr Dienstmädchen kommen nach Bridewell und müssen Zwangsarbeit verrichten.

Verbreitung erfreuten und zugänglicher waren. Sie waren dafür verantwortlich, dass das Werk der Öffentlichkeit so vertraut wurde.

Diese Publizität aus zweiter Hand nahm viele verschiedene Formen an, auch wenn wir die flüchtigen Erwähnungen in Gedichten, Romanen, Druckschriften und Zeitungen beiseite lassen. Da waren zunächst einmal die offiziell autorisierten Texte und Kopien, die zunächst Hogarth selbst und dann seine Witwe genehmigt hatten, um sein Werk einem größeren Publikum bekannt zu machen.

Diese reichten von den riesigen Drucken, die Giles King 1732 angefertigt hatte bis zu den winzigen Bildern, mit denen ab 1768 die Auflagen von John Truslers *Hogarth Moralized* geschmückt wurden (siehe Abb. 22 und 23). Außerdem gab es eine riesige Zahl von ungenehmigten Plagiaten jeder Form und Größe, die im Laufe des Jahrhunderts und danach unzählige

Szene 5: Heruntergekommen, verarmt und von Quacksalbern gepflegt, stirbt sie an einer Geschlechtskrankheit.

Male aufgelegt wurden. Es gab große Reproduktionen, »so groß wie Mr. Hogarths Bilder«, aber zu einem Bruchteil des Preises, als Stich oder in Mezzotinto, mit oder ohne Verse, in schwarzer oder in farbiger Tinte. Noch billiger konnte man verschiedene Plagiate mittlerer Größe erstehen. Am billigsten und am beliebtesten aber waren kleinformatige Kopien, die es in schwindelerregender Vielfalt gab: mit oder ohne Verse unter den Bildern, in Schwarzweiß, in Grün oder Rosa oder sogar richtig farbig. Es gab sogar große und kleine Plagiate von Giles Kings eigenen Kopien.[8]

Es ist unwahrscheinlich, dass die Käufer dieser Bilder sie für minderwertiger hielten als die Originale – tatsächlich besaßen die Plagiate meist einen zusätzlichen Wert durch erklärende Verse unter jeder Szene. Auch konnte sich jeder, der ein oder zwei Schilling übrig hatte, eine der vielen Flugschrift-Versionen der Geschichte kaufen, in denen die Geschichte mit

Szene 6: Ihr Sarg, umgeben von anderen Huren und deren Anhang.

eigenen Drucken illustriert wurde. Außerdem wurde der *Werdegang einer Dirne* als Pantomime, Oper, Komödie und in Form von anderen Bühnenfassungen aufgeführt, die noch lange nach 1732 populär waren. Die Bildfolgen wurden auch in Gänze oder teilweise in anderen visuellen Medien reproduziert – als Gemälde und Stickereien; auf den Fächern der Damen; auf Tassen, Untertassen, Porzellan- und Zinnobjekten (vgl. Tafel 11).⁹ Schließlich lässt sich ihre öffentliche Wirkung noch an vielen späteren visuellen Anspielungen ablesen. Zu den vollständigen Neubearbeitungen und Parodien gehörten *R[o]b[i]n's Progress* (»Robins Werdegang«) und *Vanella's Progress* (»Vanellas Werdegang«), Satiren auf den Premierminister Robert Walpole beziehungsweise Anne Vane, die Mätresse des Prinzen von Wales. Ein halbes Jahrhundert später folgten *The Modern Harlot's Progress, or The Adventures of Harriet Heedless* (1780) und George Morlands *Laetitia: or Seduction* (1786), beides Aktualisierungen der Geschichte, die der Befind-

Abb. 22. Giles Kings riesige Blätter mit autorisierten Kopien der Szenen aus »Werdegang einer Dirne«, jedes mehr als einen halben Meter breit.

Abb. 23. *Ein winziges Faksimile der Szene 1 aus John Truslers und Jane Hogarths beliebtem Handbuch »Hogarth Moralized« (1768).*

lichkeit des späten 18. Jahrhunderts Rechnung trugen, indem sie für ein Happy End sorgten.[10] Noch üblicher war das Recycling bestimmter Ausschnitte als Einzelbilder oder Teile anderer Kompositionen. In all diesen Formen wurden Hogarths Ideen und Bilder absichtlich oder unabsichtlich weit über den Kreis seiner ursprünglichen Kunden hinaus übernommen, verwendet und verbreitet (vgl. Abb. 24 bis 27).

Genau das Gleiche geschah mit dem *Werdegang eines Wüstlings*, dessen Originaldrucke unter einer Flut von autorisierten und (vor allem) nicht autorisierten Kopien und Adaptionen verschwanden – wobei die Geschichte mitunter sogar durch eine zusätzliche Szene ergänzt wurde (siehe Abb. 28 bis 35).[11] Sogar der Titel des Werks wurde endlos wiederholt und auf andere Zusammenhänge übertragen: »Rake's Progress« wurde zu einer geläufigen Redewendung. Seit Beginn des 18. Jahrhunderts war diese verbreitete Methode des Kopierens, Aufgreifens und Kommentierens von Originalwerken einer der wichtigsten Kanäle, durch die Bilder und Texte größere kulturelle Wirkung erzielten.

Schließlich machte die Entwicklung des Urheberrechts den unverfrorensten Formen des geistigen Diebstahls ein Ende. Ein Grund dafür, dass von *Heirat nach der Mode* und *Fleiß und Faulheit* weniger Plagiate angefertigt wurden als von Hogarths erster Bilderfolge, war der Engravers' Copyright Act von 1735 – obwohl er das Unwesen nie ganz eindämmen konnte. Für das Buchwesen hat William St Clair entsprechend nachgewiesen, dass die Entwicklung des Urheberrechts Ende des 18. Jahrhunderts unmittelbar Einfluss darauf nahm, welche Texte mit welcher Wahrscheinlichkeit häufig nachgedruckt und gelesen wurden. Trotzdem ging die allgemeine Tendenz in Richtung immer stärkerer Austauschprozesse zwischen den Medien. Seit Beginn des 18. Jahrhunderts befanden sich fiktionale und nicht fiktionale Werke in einer weiter offeneren und dauerhaften Wechselbeziehung untereinander und mit ihren Rezipienten als jemals zuvor. In dieser neuen Kommunikationswelt war der Umstand, dass man öffentlich kritisiert, auszugsweise wiedergegeben, kopiert, kommentiert, parodiert, verrissen, gepriesen und diskutiert wurde, nicht weniger wichtig als die Botschaft des Werks selbst: Die Rezeption war ein untrennbarer Teil dessen, was den Menschen mitgeteilt wurde. Der Publikumserfolg jedes bedeutenderen Werks – gleich, ob *Der Werdegang einer Dirne* oder *Pamela* – war fortan ebenso sehr ein Medienereignis wie ein künstlerischer Triumph.[12]

Her Funeral properly attended.

See the laſt Stage of Worldly matters Th' Aſſembly well her Fun'ral ſuits,
Of Whores, Rakes, Lap-dogs, Stars & Garters, And Scutcheon alſo none diſputes,
Alaſ! now dead She'll pleaſe no more, To cloſe the Scene (but don't you blab it)
Who liv'd ſo oft to pleaſe before. A Painter's in the Parſons hab.

See the laſt Stage of worldly matters,   Her FUNERAL   The Aſſembly Well her Fun'ral ſuits,
Of Whores Rakes Lap Dogs Garters: PROPERLY   And Scutcheon alſo none diſputes:
Alas' now dead, ſhall pleaſe no more,   ATTENDED   To cloſe the Scene (but dont you blab it)
Who liv'd ſo oft to pleaſe before.   A Painter in the Parſons Habit.

Abb. 24–27. Einige der vielen nicht genehmigten Plagiate vom »Werdegang einer Dirne«: Der allgegenwärtigen Verfügbarkeit von Kopien wie dieser verdankten Hogarths Bilder ihren hohen Bekanntheitsgrad.

Abb. 28.   William Hogarth, »Der Werdegang eines Wüstlings« (1735).
Szene 1: Der junge Mann tritt sein Erbe an.

Abb. 29.   Szene 3: Der Möchtegern-Wüstling (links, ihm werden gerade die
Taschen geleert) in der Gesellschaft von Huren.

Das führte auch zur Vervielfältigung ihrer möglichen Bedeutungen. Bis zum Ende des 17. Jahrhunderts war die Rezeption und Interpretation von Texten und Bildern immer viel privater und begrenzter gewesen. Von der speziellen Ausnahme politischer und religiöser Kontroversen abgesehen, wissen wir über die Reaktionen der Menschen auf neue Veröffentlichungen nur durch ihre private Korrespondenz und gelegentliche Randnotizen in einem Buch. Es gab keine weit gefächerten und dauerhaften öffentlichen Netzwerke, über die ganz gewöhnliche Leute ihre Meinung zu kulturellen oder gesellschaftlichen Dingen austauschen konnten. Die Medienrevolution änderte dies unwiderruflich. Ab dem 18. Jahrhundert wurden Interpretationen jeder Publikation, die von einem größeren Publikum zur Kenntnis genommen worden war, augenblicklich aufgegriffen, gedruckt und der Öffentlichkeit durch ein dichtes Netz von Hilfsmedien zur Kenntnis gebracht.

Das Ergebnis war eine weit größere, beständigere und bewusstere Leserschaft, als es sie je gegeben hatte. Doch das war eine virtuelle, keine greifbare Gemeinschaft. Diese explosionsartige Entwicklung von Zeitungen, Flugschriften (Einblattdrucken) und Romanen könnte in der Tat (wie einige zeitgenössische Moralisten befürchteten) dazu geführt haben, dass die Menschen sich ihre Meinung durch die Lektüre allein oder in kleinen Gruppen bildeten, statt sie wie bisher aus älteren, allgemeingültigeren Quellen zu beziehen.[13] Sicherlich begünstigte das den Ausdruck einer nie dagewesenen Meinungsvielfalt. Was also waren die wichtigsten Merkmale dieser Expansion und Demokratisierung der Medien? Wie veränderten sie das Wesen der öffentlichen Meinung und die Grenzen zwischen öffentlichen und privaten Angelegenheiten?

Sexuelle Prominenz

Den besten Zugang zu diesen Fragen bietet uns eine höchst verblüffende kulturelle Neuheit des 18. Jahrhunderts: die wachsende Anteilnahme der Öffentlichkeit am Leben von Prostituierten aus der Unterschicht. Um 1700 wäre dies unvorstellbar gewesen. Sogar in London wurden nur wenige Prostituierte so bekannt, dass sie es zu Ruhm oder zum Gegenstand literarischer Darstellungen brachten. Doch gegen Ende des Jahrhunderts, und

Abb. 30. *Dieses Plagiat des »Werdegangs eines Wüstlings«, das es in Farbe und in Schwarzweiß gab, gehörte zu mehreren Kopien, die umgehend von dem Drucker Thomas Bowles und seinen Partnern zum Kauf angeboten wurden.*

Abb. 31. *Einige von Bowles' Bildsequenzen beinhalten diese zusätzliche Szene, die die ursprüngliche Geschichte Hogarths weitererzählte oder ausbaute.*

obwohl die sexuelle Passivität ehrbarer Frauen immer stärker in den Blickpunkt des Interesses rückte, hatten es ihre unmoralischen Geschlechtsgenossinnen mit ihrem Gewerbe zu einer regelrechten Prominenz-Kultur gebracht. Über ihre berufliche Tätigkeit wurde ständig in Zeitungen und Zeitschriften berichtet, ihre Persönlichkeiten in Flugschriften und Gedichten analysiert, ihre Porträts auf Gemälden, Kupferstichen und in Karikaturen festgehalten. Diese schriftlichen und bildlichen Darstellungen hatten einige Jahrzehnte später derart zugenommen, dass sie unter einem neuen Begriff zusammengefasst wurden: »Pornografie«, was wörtlich ›die Beschreibung von Huren‹ bedeutet.[14]

Auch schon einige frühere Kulturen zeigten ungewöhnliches Interesse an skandalösen Frauen. Während der Renaissance in Italien hatten es viele Kurtisanen zu beträchtlichem Ruhm und literarischem Ansehen gebracht. Gleiches galt für die bedeutenden *Geishas* im vormodernen Japan. Englische Beobachter waren besonders beeindruckt von dem Status der Prostituierten in der Antike, schien doch deren Prominenz die Berühmtheit unmoralischer Frauen in der zeitgenössischen englischen Gesellschaft vorwegzunehmen und zu zeigen, zu welch unvorstellbarem Reichtum und Einfluss sie es bringen konnten. Ende des 18. Jahrhundert kam es daher in Mode, Prostituierte als *Paphians*, *Cyprians* und *Cythereans* zu bezeichnen – Anspielungen auf den antiken Kult der Venus (oder »Cytherea«), auf Zypern und die Stadt Paphos – oder von einer modernen »Thaïs«, »Laïs« oder »Phryne« zu sprechen, berühmten Hetären im alten Griechenland (siehe Tafel 12).[15]

Es gab auch verschiedene inländische Beispiele. Bereits im Mittelalter galt das besondere Interesse der Öffentlichkeit bestimmten Frauen, wie zum Beispiel königlichen Mätressen, deren Unkeuschheit die natürliche Ordnung der Dinge umzukehren schien. Während der Reformation wurde die Frage der Sexualmoral und ihrer gesellschaftlichen Konsequenzen noch weiter politisiert. Im 17. Jahrhundert war, wie wir gesehen haben, die Unmoral der herrschenden Klasse und vor allem der höfischen Kreise durchaus in der Lage, das Interesse einer breiten Öffentlichkeit zu wecken, während der Ehebruch der unteren Schichten beträchtliches Aufsehen nur im engeren Umfeld erregte. Und schließlich begann sich die Literatur intensiv für die Prostitution zu interessieren. Im Elisabethanischen und Jakobinischen Drama wimmelt es von fiktionalen Kupplerinnen und Huren. Im

Abb. 32. Die Bilder aus dem »Werdegang eines Wüstlings« wurden endlos kopiert und verwendet: hier zum Beispiel in erschwinglicheren Folgen …

Abb. 33. … als Einzelbilder,

Abb. 34. … als Buchillustrationen,

Abb. 35. … oder um Tabak einzuwickeln.

selben Zeitraum wurde die Schilderung des Lebenswegs unlängst hinge-
richteten Verbrechern in billigen Flugschriften sehr beliebt, denn sie schienen wahre Geschichten über echte Schurken und Huren zu verbreiten.[16]
Doch in fast allen Fällen war das Interesse beiläufig und der Ton feindselig. Erst während der Restauration tauchten notorisch unmoralische
Frauen schon zu ihren Lebzeiten in Druckschriften auf und wurden nicht
mehr ganz so streng beurteilt.[17] In den 1660er Jahren waren Kupplerinnen wie Damaris Page, Priscilla Fotheringham und Madam Cresswell so
bekannt, dass ihre Namen in politischen Schmähungen und zur Werbung
für obszöne Literatur verwendet wurde. In den 1670er und 1680er Jahren
war Mrs. Cresswell (die erste Bordellwirtin, die es zu einem Eintrag im *Dictionary of National Biography* brachte) immerhin so bekannt, dass sie in
Theaterstücken, Balladen und Flugblättern erwähnt und als eine der Sehenswürdigkeiten der Hauptstadt in Marcellus Laroons 1687 erschienenen und immer wieder nachgedruckten *Das Geschrei Londons (Cryes of the
City of London)* abgebildet wurden.[18]
Ende des 17. Jahrhunderts begann sich also eine Art sexueller Prominenz herauszubilden, deren Erkennungszeichen anhaltendes öffentliches
Interesse an den Lastern von Frauen höheren und niederen Standes war.
Allerdings fehlten da noch einige entscheidende Merkmale. Der sexuelle
Klatsch der Zeit war vergleichsweise exklusiv und wurde nicht publiziert,
sondern nur mündlich oder handschriftlich verbreitet. Im September 1660
hörte Pepys von der berühmten Kupplerin Lady Bennett: Ein Mann hatte
sie angeworben, damit sie eine hübsche Verkäuferin dazu brachte, mit ihm
zu schlafen; sie führte den Auftrag erfolgreich aus, indem sie »im Laden der
Verkäuferin vorgab, in Ohnmacht zu fallen, sich mit ihr anfreundete und
schließlich zum Ziel gelangte.« Wie andere Nachrichten über Vergewaltigung, Verführung und Kuppelei wurde auch dieses Ereignis in seinem Tagebuch verzeichnet, erschien aber nie im Druck. Sogar Verssatiren – die
Gattung, in der damals sexuelle Klatschgeschichten am ehesten ihren Nie-
derschlag fanden – begannen erst ganz allmählich zu zirkulieren, sodass
ihre Drucklegung und Verfügbarkeit erheblichen Schwankungen unterworfen war. Im Übrigen blieb der Ruhm einzelner Prostituierter im Vergleich zum Bekanntheitsgrad von Bordellwirtinnen unbedeutend und
flüchtig. Manchmal wurden sie in Gedichten, Druckschriften und privaten
Dokumenten erwähnt, doch von keiner dieser Frauen ist etwas Greifbares

Madam Cresweſt
Vne Maquerelle
Vecchia ruſiana

Mauron delin:

P.Tempeſt exc:
Cum privilegio

Abb. 36. Mrs. Cresswell: Die erste Kupplerin, die so berühmt wurde, dass sie als eine der Londoner Sehenswürdigkeiten auf Bildern festgehalten wurde.

überliefert, es sei denn, sie wurde zufällig die Mätresse eines großen Mannes oder trat im Theater auf. Außerdem spielte die Literatur bis dahin eine vernachlässigbare Rolle für die Entstehung und Fortdauer sexueller Prominenz: Sie spiegelte sie lediglich wider. Sowohl in gedruckten wie handschriftlichen Berichten über berüchtigte Kupplerinnen und Huren blieben die Frauen im Hintergrund oder spielten nur eine untergeordnete Rolle, während ihre eigentliche Aufgabe darin bestand, die schlüpfrige oder satirische Botschaft des Autors zu verstärken.[19]

Nur wenige Jahrzehnte später bot sich ein überraschend anderes Bild. Neben einem anhaltenden Interesse für Huren in der Dichtung entwickelte sich auch eine bemerkenswerte Vorliebe für angebliche Tatsachenberichte über tatsächlich existierende Frauen. 1723 löste das traurige Schicksal der Kurtisane Sarah Prydden, besser bekannt als Sally Salisbury, eine ganze Reihe von biografischen Veröffentlichungen aus. Auf einem illustrierten Flugblatt wurden ihre *Effigies, Parentage, Education, Life, Merry-Pranks and Conversation* zusammengefasst. Buchlänge erreichte die *Genuine History of Mrs Sarah Prydden*, eine Schrift, die schon bald wieder aufgelegt und erweitert wurde zu den *Authentick Memoirs of the Life, Intrigues and Adventures of the Celebrated Sally Salisbury*, die zwei weitere Auflagen erreichten und im selben Jahr ins Holländische und Deutsche übersetzt wurden. Bald darauf erschien eine *Compleat History of the Life, Intrigues and Death of that Celebrated Lady of Pleasure, Sally Salisbury*. Flugschriften über sie wurden in Dublin und London herausgebracht, während Erinnerungen aus ihrem Leben sich ausgesprochen absatzfördernd für den *Town Spy* erwiesen, der 1725 in Gloucester gedruckt, in Bristol, Worcester, Hereford, Ross, Cirencester, Devizes, Cardiff, Monmouth und Northampton verkauft und durch reisende Hausierer noch weiter verbreitet wurde. Sogar fünfzig Jahre später war Mrs. Pryddens Name noch häufig in volkstümlichen Balladen und Bänkelliedern anzutreffen. Andere berüchtigte Zeitgenossen von ihr kamen in Werken vor, die Titel hatten wie *The Life of the Late Celebrated Mrs Elizabeth Wisebourn, vulgarly call'd Mother Wybourn*, mit drei Auflagen im Jahr 1721, *The History of the Life and Intrigues of that Celebrated Courtezan, and Posture-Mistress, Eliz. Mann, alias Boyle, alias Sample, commonly call'd The Royal Soveraign*, 1724, *The Velvet Coffee-Woman: Or, the Life, Gallantries and Amours of the Late Famous Mrs. Anne Rochford*, 1728, *The Life and Intrigues of the Late Celebrated Mrs Mary Parrimore, the*

Abb. 37. Schlichter Einblattdruck mit einem Bänkellied aus dem Jahr 1685. Die beiden Frauen haben angeblich Ähnlichkeit mit zwei rivalisierenden Mätressen Karls II., der Duchess of Portsmouth und Nell Gwyns (tatsächlich liegen beiden Holzschnitten zwei ältere anonyme Frauenbildnisse zugrunde).

Abb. 38. Ein massenhaft hergestellter Druck aus den 1670er Jahren, der Mary Davis, eine weitere Mätresse Karls II., zeigt.

Tall Milliner of 'Change Alley, 1729, und *The Life and Character of Moll King, late Mistress of King's Coffee-House*, 1747 erschienen. All das geschah noch vor 1750. In der zweiten Jahrhunderthälfte waren individuelle Geschichten allgegenwärtig und wurden sogar noch ergänzt durch Sammelbiografien bekannter Kurtisanen und Bordellwirtinnen.[20]

Eine ähnliche Tendenz zeigt sich bei den Bildern von unmoralischen Frauen. Private Gemälde von Geliebten und Mätressen gab es schon lange vor 1700; danach wurden sie immer häufiger, da in England generell eine rasante Entwicklung der Porträtmalerei einsetzte. Das allgemeine Interesse am Erscheinungsbild berühmter Prostituierter war neu und lässt sich daran ablesen, dass ihre Bilder als billige Drucke für den massenhaften Verkauf produziert wurden.[21]

Zunächst wurde nur königlichen Kurtisanen diese Ehre zuteil. Ende des 17. Jahrhunderts waren Bilder der Mätressen Karls II. offenbar außerordentlich beliebt. Am billigsten waren rohe Holzschnitte, die Bänkellieder illustrierten. Viel zahlreicher und realistischer waren Einzelporträts als Kupferstich oder Mezzotinto, in denen eine möglichst große Ähnlichkeit mit dem Modell erzielt werden sollte. Diese wurden in unterschiedlichen Größen von sechs Penny aufwärts angeboten. Vor 1700 wurden mindestens ein Dutzend verschiedener solcher Bilder von der Duchess of Portsmouth herausgebracht. Aus dieser Zeit sind von Nell Gwyn vierzehn verschiedene Bilder in unterschiedlichen Posen erhalten geblieben; und wenigstens fünfzehn von Barbara Villiers, der Duchess of Cleveland. Sogar die Bilder von weniger bedeutenden Mätressen wie Mary Davis und Peg Hughes waren populär genug, um regelmäßig wieder aufgelegt zu werden (vgl. Abb. 10, 11, 37, 38; und Tafel 13 und 14).[22]

Diese Mode setzte sich bis ins 18. Jahrhundert fort, obwohl die respektvolle Machart der naturgetreuen Porträts zunehmend satirischen Absichten bei der Darstellung von königlichen und aristokratischen Huren wich. In der Regierungszeit Georgs II. wurden sowohl des Königs eigene Mätresse wie die des Prinzen von Wales zur Zielscheibe vieler komischer Darstellungen. Unter dem treuliebenden Georg III. verlagerte sich die Aufmerksamkeit auf die Frauen der maßgeblichen Höflinge, zum Beispiel des Prinzen von Wales und des Herzogs von Grafton, von dessen Geliebter Nancy Parsons eine Flut von Bildern auf den Markt kamen, als er Premierminister wurde. Ende des 18. Jahrhunderts war es ganz normal, dass solche

Abb. 39. Eine Satire über Georg II. und seine Mätresse Lady Yarmouth aus
dem Jahr 1738.

THE PRINCE AND PRINCESS OF WALES.

*Abb. 40. Der Prinz von Wales mit seiner neuen Frau – und im Hinter-
grund seine abgelegte Mätresse und ihr unehelicher Sohn, 1736.*

Verhältnisse zur unablässigen Zielscheibe von boshaften Karikaturen wurden (siehe Abb. 39 bis 42 und Tafel 15).[23]

In der ersten Hälfte des 18. Jahrhunderts gelangten auch Bilder von Mätressen weniger mächtiger und wichtiger Männer in die Öffentlichkeit. In mehreren Biografien von Sally Salisbury waren auch Porträts enthalten. Es gab auch einen Markt für erstklassige Einzelbilder von ihr, Dreiviertel- und Halb-Mezzotinti (siehe Abb. 43 und 44). Das Interesse an diesem neuen Genre war so groß, dass bereits 1747 in einer Anleitung zum Sammeln von Drucken empfohlen wurde, einen ganzen Band für »die Porträts von Frauen aus alter und neuer Zeit zu reservieren, die missgebildet, verrückt oder Prostituierte« waren. Doch erst in den 1750er und 1760er Jahren wurden die Bilder berühmter Huren wirklich populär. Im Zeitraum von lediglich fünf oder sechs Jahren wurden möglicherweise bis zu einem Dutzend verschiedener Drucke der viel bewunderten Kitty Fisher veröffentlicht (siehe Abb. 45 und Tafel 16 bis 18). 1765 bemerkte ein Besucher in London, dass Drucke gefeierter Liebesdienerinnen außerordentlich billig waren (»für ein paar Guineen kann man einen ganzen Harem kaufen«) und in Auflagen von drei- bis viertausend Stück erschienen. Im folgenden Jahr umfasste der Katalog eines einzigen Londoner Verlegers Dutzende von Bildern bekannter Kurtisanen in den verschiedensten Formaten. Große Mezzotinto-Porträts »der gefeiertsten Schönheiten unserer Zeit«, kosteten, egal, ob keusch oder unkeusch, einen Schilling pro Stück. Kleinere Mezzotinti von denselben Frauen gab es schon für einen Sixpence. Am preiswertesten waren winzige Drucke, die sich im Inneren von Taschenuhren und Schnupftabakdosen unterbringen ließen – die Billigversionen von Porträtminiaturen. Für einen Dreipence – oder »ordentlich koloriert« für einen Sixpence – konnte ein Mann seine Lieblingshure ganz privat mit sich herumtragen und sie betrachten, wann immer ihm danach war (siehe Abbildung 45).[24]

Die Posen und Symbolik dieser Darstellungen deuteten häufig sexuelle Verfügbarkeit an. Doch selbst der sittsamste Druck diente verschiedenen Zwecken. Er machte das Aussehen der Kurtisane bekannt, steigerte ihren Ruhm und vermittelte Tausenden von Betrachtern das Empfinden, vertraut mit ihr zu sein, ja, sie zu besitzen. So konnte ein Kommentator 1779 schreiben, die berühmtesten Kurtisanen seien jetzt so gut perfekt beschrieben, »und ihre persönlichen Merkmale in den Druckereien so bekannt, dass sie

Abb. 41. Nancy Parsons, Geliebte des Duke of Grafton, Premierminister von 1768 bis 1770 – bis sie ihn für einen anderen, viel jüngeren Herzog verließ.

keiner Vorstellung mehr bedürfen«.* Diese Vertrautheit, die gelegentlich an Verachtung grenzt, äußerte sich ab der 1750er Jahren auch in den satirischen Darstellungen berüchtigter Huren.[25]

Der wachsende Bekanntheitsgrad gefragter Kurtisanen zeigte sich auch in vielen anderen Dingen. Ihre Bildnisse wurden nicht nur als Drucke in Umlauf gebracht, sondern auch in Form von Miniaturen und Medaillons. Ihre Aussprüche und Taten wurden in Zeitungen kolportiert, in Briefen erörtert und in Büchern gesammelt. Lange vor Erfindung des Sandwiches war Fanny Murray bereits in aller Munde, weil sie eine 20-Pfund-Note zwischen zwei Brotscheiben gelegt und verspeist hatte, um zu zeigen, dass diese Summe für sie nichts bedeutete.** Wie nicht anders zu erwarten, fand solcher Ruhm auch Eingang in die Literatur der Zeit. Bereits in den 1720er Jahren hatte der Dichter Henry Carey zu seinem großen Ärger feststellen müssen, dass seine sittsame und unschuldige Ballade »Sally in our Alley«, die die »Liebe auf der untersten Stufe des menschlichen Lebens« schildert, in der Öffentlichkeit für eine Ode an Sally Salisbury gehalten wurde. Selbst ein halbes Jahrhundert später war ihre Lebensgeschichte immer noch der Stoff für Puppenspiele auf Jahrmärkten, oft auf einer Stufe mit Kasper und Seppel. Auf ihre Nachfolgerinnen wurde in zahllosen Theaterstücken, Versen und Aufsätzen verwiesen. Ihre Namen mussten für alle möglichen Erzeugnisse herhalten, von Liedern und Melodien bis hin zu Möbelstücken. Sogar homosexuelle Prostituierte verwendeten sie. Ihr Einfluss zeigte sich auch in der Mode, sodass es von ehrbaren Frauen hieß, sie würden »den Kitty-Fisher-Stil« kopieren oder eine »Fanny-Murray-Haube« tragen. Sie führte sogar eine neue Praxis der Namensgebung für Rennpferde ein, die

---

* Auch wenn der edelgesinnte Lord Hardwicke gerne erzählte, wie er angesichts eines Doppelaktes von Fanny Murray und Kitty Fisher zum Staunen des Besitzers »seine gänzliche Unkenntnis« bezüglich der Identität der beiden Damen erklären konnte: Richard Cooksey, *Essay on the Life and Character of John Lord Somers*, Worcester 1791, S. 102–103.
** 1763 wurde dieselbe Geschichte (nur jetzt mit einer 100-Pfund-Note) von ihrer Rivalin Kitty Fisher erzählt: Giacomo Casanova, *Geschichte meines Lebens*, (übers. v. Heinrich Conrad, Leipzig 1821),.

LINKE SEITE: *Abb. 42. Eine Satire auf die Moral des Premierministers, seiner Frau und seiner Mätresse, erschienen in der Zeitschrift The Political Register, Februar 1769.*

Abb. 43. Einer von mehreren Mezzotinto-Drucken der Kurtisane Sally
Salisbury, um 1723.

Abb. 44. Ein billiges, massenhaft produziertes Flugblatt mit einem Holzschnitt desselben Bildes von Sally Salisbury.

Abb. 45. Ein winziger Miniaturdruck der Kurtisane Kitty Fisher, zur Aufbewahrung in einer Taschenuhr gedacht (um 1759).

vorher selten nach real existierenden, geschweige denn skandalträchtigen Personen benannt wurden. In den 1730er Jahren traten mehrere Vollblüter mit dem Namen »Sally Salisbury« bei Galopprennen überall im Lande gegeneinander an. In späteren Jahrzehnten gab es in England und Nordamerika zahlreiche Rennpferde und Zuchtstuten, die »Fanny Murray«, »Kitty Fisher« und »Nancy Dawson« hießen.*26

Heute ist der Promi-Status, der mit sexuellen Skandalen verknüpft ist, zweifellos größer und verbreiteter als jemals zuvor. Die Pornografie in ihren verschiedenen Erscheinungsformen ist zu einer weltweiten Großindustrie geworden. Überall in der westlichen Welt bringen es Menschen zu Ruhm und Ansehen, indem sie ihre sexuellen Heldentaten publik machen oder die anderer enthüllen. Presse und Fernsehen bedienen eine schier unersättliche Gier des Publikums an den schlüpfrigen Details aus dem Privatleben anderer Leute: Die Faszination von Sex und Prominenz scheint ein unumgängliches Merkmal unserer Kultur zu sein. Da sie uns mit besonderem Nachdruck durch vergleichsweise junge Erfindungen wie Fotomagazine, Fernsehen und Internet vor Augen geführt wird, neigen wir zu der Annahme, dass es sich um ein ausgesprochen zeitgenössisches Phänomen handelt. Tatsächlich wurden die Grundlagen zu dieser modernen Besessenheit bereits im 18. Jahrhundert gelegt.

Die rasante Entwicklung des Druckwesens

Diese Obsession mit sexueller Prominenz war offenkundig durch die ungeheure Zunahme der Druckmedien möglich geworden. Bereits um 1700 konnte die Londoner Bevölkerung in weit höherem Maße lesen und schreiben als der Rest des Landes. Das galt für die meisten Männer und Frauen in der Hauptstadt, einschließlich der vielen Dienstboten und Handwerksburschen. Trotzdem war seit Erfindung der Druckerpresse die Veröffentlichung und Verbreitung aller möglichen Informationen auf verschiedene Weisen behindert worden. Am offensichtlichsten waren die staatliche Li-

---

* Irgendwann wurden solche Namen genau wie die bekannter literarischer Figuren auch Schoßhunden gegeben. So nannte der Kronanwalt Sir Christopher French (1925–2003) seine geliebten Jack-Russell-Terrier unter anderem Lucy Lockett, Polly Peachum, Roderick Random, Matthew Bramble und Kitty Fisher: *The Daily Telegraph*, 27. März 2003.

zenzvergabe und Zensur, mittels derer aufeinanderfolgende Regierungen versuchten – wenn auch nie mit absolutem Erfolg -, die Äußerung heterodoxer Ansichten zu verhindern und zu unterdrücken. Infolgedessen war das meiste von dem, was im Druck erschien, bereits durch Selbstzensur und entsprechende Formalien des Mediums eingeschränkt.[27]

Die wichtigste Alternative zur Verbreitung schriftlich niedergelegter Ideen waren Handschriften. Bis zum Ende des 17. Jahrhunderts spielten diese »handschriftlichen Veröffentlichungen« eine extrem wichtige Rolle, besonders für solche Gedanken, die für den Druck nicht geeignet schienen. Sie boten eine viel größere sprachliche und thematische Freiheit, weshalb das meiste pornografische Material (schlüpfrige und obszöne Verse, sexuelle Satiren und erotische Literatur) in dieser Form verbreitet wurde. Außerdem erreichten Handschriften ein weit kleineres Publikum, da die Zahl der Kopien in der Regel vergleichsweise beschränkt war und viele Verfasser und Vermittler von Texten ihre Leserschaft bewusst klein hielten. Selbst bei größtmöglicher Verbreitung blieben die Handschriften doch einer sozialen Elite vorbehalten und damit der Masse des Lesepublikums weitgehend unbekannt und unzugänglich.[28]

Seit der Erfindung der Druckerpresse war die Zensur nur während zweier politischer Krisen ausgefallen: zunächst während des Bürgerkriegs und dann noch einmal Anfang der 1680er Jahre. Beide Male war das Land mit einer Flut von Druckschriften überschwemmt worden, bis die Zensur wieder eingesetzt worden war. Doch 1695, nach der halb zufälligen Aufhebung des Licensing Act, wurde sie auf immer abgeschafft. Infolgedessen erlebte das 18. Jahrhundert eine nie dagewesene Zunahme der Zahl und Vielfalt von Druckschriften aller Art sowie der Freiheit in Wort und Bild. So kennen wir ungefähr 800 verschiedene Titel, die 1677 erschienen sind; doch gegen Ende des 18. Jahrhunderts war es nicht ungewöhnlich, dass mehr als 8000 Publikationen in einem Jahr verzeichnet wurden. Um 1670 hatten nur zwei Dutzend Verlage in London, Oxford, Cambridge und York eine Drucklizenz; um 1800 gab es Hunderte von Druckern und Verlegern,

RECHTE SEITE: *Abb. 46. Dieser Einblattdruck mit einer Moritat über Fanny Murray kostete wahrscheinlich einen Penny. Das Holzschnittporträt ist eine Kopie eines der vielen Kupferstiche, die es von ihr gab.*

mindestens einen in fast jeder englischen Stadt. Bei den Buchhändlern verlief die Entwicklung ähnlich stürmisch. Schließlich wurden dem Lesepublikum Druckschriften aller Art auf gänzlich neue Weise zugänglich gemacht: durch Leih- und Subskriptionsbibliotheken, Buchclubs und Kaffeehäuser.[29]

Besonders wichtig für die Entstehung eines neuen intellektuellen Klimas war das spektakuläre Wachstum der periodischen Presse. Vor 1600 gab es keine Zeitungen; sogar 1695 waren es nur wenige, und sie waren thematisch begrenzt, kurzlebig und gering in ihrer Verbreitung. Doch bereits 1716 befanden sich so viele neue Titel im Umlauf, dass Dudley Ryder in seinem Tagebuch beiläufig mindestens ein Dutzend von ihnen erwähnt. Eine moderne Zusammenstellung der »wichtigsten« Londoner Zeitungen des Jahres 1752 beläuft sich auf zwanzig Publikationen, die entweder täglich, drei- oder zweimal wöchentlich, vierzehntägig oder monatlich erschienen, die vielen unbedeutenden Zeitschriften und Magazine nicht mitgezählt. 1765 waren es neben den Zeitungen bereits mehr als 75 Hauptstadtperiodika, viele von ihnen mit sehr großer Auflage. Eine große Anzahl dieser Zeitungen und Zeitschriften wurde weit über London hinaus gelesen, obwohl auch die Provinz mit Dutzenden von Lokalzeitungen versorgt wurde.[30]

Genauso gigantisch war die Gesamtleserschaft dieser verschiedenen Medien. Als Joseph Addison den *Spectator* gründete, rechnete er damit, dass jede Ausgabe – obwohl er gewöhnlich nur 3000 Exemplare druckte – täglich rund 60 000 Leser erreichen würde, weil sie entweder privat weitergegeben, vorgelesen oder in Clubs und Kaffeehäusern herumgereicht wurde. »Wenn ich also zwanzig Leser pro Exemplar rechne, was ich für eine bescheidene Schätzung halte – komme ich auf dreimal zwanzigtausend Anhänger in London und Westminster«. In späteren Jahren, als die Zeitung ihre Blütezeit erlebte, sollen »manchmal 20 000 Exemplare von ihr verkauft worden sein«. Außerdem wurde es immer üblicher, die gleichen Nachrichten und Meinungen, Briefe und Aufsätze, Geschichten und Einfälle wieder und wieder zu verwenden. Besonders beliebte Zeitschriften wurden in umfangreichen Bänden gesammelt und abgedruckt, wodurch man gewährleistete, dass ihre Inhalte noch lange nach ihrem Ersterscheinungsdatum in Umlauf blieben. Mitte des Jahrhunderts wurden Zeitungen unaufhörlich neu gedruckt, auszugsweise veröffentlicht, die Inhalte der Konkurrenz Tag für Tag recycelt und plagiiert.[31]

Diese enorme Zunahme an Quantität und Verfügbarkeit von Druckerzeugnissen veränderte die öffentliche Kommunikation grundlegend. So
konnten publizierte Ereignisse und Meinungen eine sehr viel breitere
Öffentlichkeit erreichen als bisher. Druckerzeugnisse neuer Art machten
jetzt Inhalte zugänglich, die bislang nur mündlich oder handschriftlich
verbreitet worden waren. Nachrichten, Klatsch und Informationen wurden rascher und in größerer Zahl übermittelt. Auch das Publikum hatte
sich erheblich erweitert: In den 1750er Jahren waren in der Hauptstadt
auch Menschen der untersten Schichten zu eifrigen Zeitungslesern geworden. Genau das sei der Grund, so erläuterte Samuel Johnson in seiner
eigenen Zeitung, warum die gewöhnlichen Leute in England besser informiert seien als die Menschen in anderen Teilen der Welt: »Diese Überlegenheit verdanken wir zweifellos den Bächlein der Klugheit, die ständig
zwischen uns dahin rinnen, die jeder auffangen und an denen jeder teil-
haben kann.«[32] Ohne diese Entwicklungen wäre die außerordentliche
Berühmtheit der Kurtisanen des 18. Jahrhunderts einfach nicht möglich
gewesen.

Doch obwohl der gewaltige Zuwachs der neuen Medien ein wichtiger
Faktor war, kann er als Erklärung nicht ausreichen. Bereits Anfang des
17. Jahrhunderts waren Stiche, die die Porträts berühmter Männer und
Frauen zeigten, ungeheuer beliebt – der Umstand, dass die Bilder von Kur-
tisanen hundert Jahre später in Mode kamen, ist eher ein Beleg für die
Entstehung einer neuen Einstellung als eines neuen Mediums. Das Gleiche
gilt für andere Formen der Publizität. Sogar während der Regierungszeit
Karls II. war es möglich, dass die skandalösen Ausschweifungen einer Frau
niederer Herkunft in allen Einzelheiten veröffentlicht werden konnten.
Zwischen 1663 und 1673 war die unermüdliche Bigamistin Mary Carleton
Gegenstand von Dutzenden biografischen und autobiografischen Erzählungen, Erinnerungen, Theaterstücken und Druckschriften. Neben ihren
Werken wurden ihre Porträts angefertigt und veröffentlicht. Sie trat sogar
im Theater auf, wo sie in einer dramatisierten Interpretation ihrer eigenen
Geschichte spielte.[33] In mancherlei Hinsicht nimmt die öffentliche Persona
von Mrs. Carleton und deren literarische Adaption das Auftreten der skandalösen Frauen Mitte des 18. Jahrhunderts vorweg: Vor 1700 bleibt sie jedoch die große Ausnahme. Die eigentliche Frage muss daher lauten: Warum spielten im 18. Jahrhundert Druckwesen und Öffentlichkeit sowie eine

wachsende Leserschaft eine immer größere Rolle bei der Verbreitung neuartiger Inhalte.

Dieser Wandel war so komplex, dass er nur als Ergebnis einander bedingender Veränderungen im gesellschaftlichen und geistigen Umfeld zu verstehen ist: in der öffentlichen Meinung, im Umgang mit Streitfragen, in Annahmen über das private und öffentliche Leben und im Wesen von Ruhm und Berühmtheit.

Die erste große Veränderung bestand darin, dass die Verfügbarkeit neuer Kommunikationsformen die Entstehung einer neuen Einstellung zur öffentlichen Meinung förderte. Während früher die Vorstellung, sich direkt dem Urteil der Öffentlichkeit auszusetzen, bei Schriftstellern, Künstlern und Politikern eher Unbehagen hervorgerufen hätte, waren sich ihre Nachfolger jetzt ihrer Beziehung zur breiten Öffentlichkeit und der Abhängigkeit von ihr sehr bewusst. Statt »alltägliche« oder »gewöhnliche« Ansichten als banal oder falsch abzutun, ging man jetzt dazu über, die »öffentliche Meinung« – ein neuer Begriff, dessen Prägung in der ersten Hälfte des 18. Jahrhunderts den Einstellungswandel belegt – einzuschätzen, zu beeinflussen und ihr Rechnung zu tragen. Nach wie vor konnten Theoretiker, Kritiker und Staatsmänner Auffassungen der Öffentlichkeit als unsinnig kritisieren, zwischen gebildeten und ungebildeten Ansichten unterscheiden oder sich überhaupt nicht um ihr Ansehen in der Öffentlichkeit kümmern – doch die wachsende Bedeutung der öffentlichen Meinung ließ sich nicht leugnen. So erklärt Dr. Johnson, der sich intensiv damit auseinandersetzte: »Man kann gegen die heimische Kritik immer bei einer höheren Urteilsinstanz Berufung einlegen; die Öffentlichkeit, die sich nie korrumpieren und nur selten täuschen lässt, wird immer den letzten Spruch über literarische Ansprüche fällen.«[34]

Diese Entwicklung wurde gleichermaßen von Politik-, Philosophie- und Kunstgeschichtlern untersucht.[35] Aber sie ist noch relevanter für den Gegenstand dieses Buches. In Literatur und Politik lässt sich die Wirkung neuer Gattungen und Formen der Kommunikation mindestens bis zum Anfang des 17. Jahrhunderts zurückverfolgen; in Hinblick auf die Einstellungen zu sexuellem Verhalten entwickelte sich der Einfluss des Druckwesens als wirkende Kraft der öffentlichen Meinung sehr viel später und sehr viel plötzlicher. Erst Anfang des 18. Jahrhunderts entstand eine Kultur, in der sexuelle Fragen ständig und öffentlich von einem Massenpublikum erörtert werden konnten. Die Entwicklung der periodischen Presse sorgte dafür, dass gesellschaftliche Informationen fortan freier, kontinuierlicher und umfangreicher zur Verfügung standen. Sie wurden unablässig zwischen den Zeitungen ausgetauscht und kommentiert, und eine Lesergemeinschaft hatte an ihnen teil, die offener und umfangreicher war als jemals zuvor. Auf diese Weise wurde zum ersten Mal eine Reihe dauerhafter Massenmedien zur Verbreitung und Diskussion von Nachrichten und Meinungen geschaffen.

Genauso blühte die Verwendung von Flug- und Druckschriften. Sie waren schon im 17. Jahrhundert sehr beliebt, besonders wenn sie politische oder religiöse Themen behandelten. Der Polemiker Edward Stephens, dem wir in Kapitel 1 begegnet sind, hat zwischen 1689 und 1706 an die hundert verschiedene Traktate herausgebracht, und damit gehörte er keineswegs zu den Vielschreibern: Zweifellos gab es im 17. Jahrhundert noch produktivere Autoren. Doch um 1750 richtete sich die Druckschriftproduktion an eine weit größere Lesergruppe und war auch für unbedeutendere Autoren sehr viel zugänglicher als noch fünfzig Jahre zuvor. Mitte des 18. Jahrhunderts sorgten die Periodika und Druckschriften gemeinsam dafür, dass fast jeder, der des Lesens und Schreibens kundig war, mit seinen Informationen oder Meinungen rasch, mühelos und anonym ein größeres Publikum erreichen konnte.

Die neuen Medien forderten ihre Leser auf, mit ihnen in Wechselbeziehung zu treten und auf diese Weise an der öffentlichen Diskussion teilzunehmen. Es war nicht neu, dass Autoren ihre Leser direkt ansprachen oder dass in Büchern und Flugschriften zu gedruckten Erwiderungen aufgefordert wurde. Doch der Wildwuchs an Zeitungen und Zeitschriften brachte etwas gänzlich Neues hervor. Die meisten dieser Veröffentlichungen waren auf unaufgeforderte Briefzuschriften, Verse, Aufsätze, Werbungen und Ankündigen angewiesen, die – häufig anonym – von ganz gewöhnlichen Lesern eingesandt wurden. Auf diese Weise wurde die Öffentlichkeit in ihren Ansichten offensiver und selbstbewusster als je zuvor. Wichtiger noch, zwangsläufig unterrichtete die Publikumspresse selbst ihre Leser über die Möglichkeiten und Konventionen des Publizierens. Die Bedeutung, die den Reaktionen der Leser auf aktuelle Fragen beigemessen wurde, der ständige Dialog zwischen den Korrespondenten und der allgemeine, stete Strom öffentlicher Meinungsäußerungen, der sich in die Zeitungen,

Flugblätter und Zeitschriften ergoss, festigte das Gefühl, zu einer großen, aktiven und meinungsstarken Gemeinschaft von Diskutanten zu gehören. Das war keine bloße Illusion, denn bereits in den 1710er Jahren erhielten die Herausgeber von Publikumszeitungen viel mehr Briefe als sie abzudrucken vermochten. Leider waren die meisten Einsendungen an Zeitungen und Zeitschriften ohne Unterschrift und anonym, sodass sich nicht herausfinden lässt, von wem sie kamen. Eine ungefähre Ahnung von den Möglichkeiten, die sich in der zweiten Hälfte des Jahrhunderts boten, liefert die Sammlung von James Boswells Schriften zwischen 1758 und 1794. Obwohl sehr unvollständig, umfasst sie viele Hundert anonyme Briefe, Aufsätze, Kritiken, Verse, Epigramme, Kommentare, Ankündigungen, Berichte und andere Beiträge, die ursprünglich in mehr als zwanzig verschiedenen Zeitungen und Zeitschriften erschienen waren und vielfach in anderen noch einmal abgedruckt wurden. Natürlich war Boswell von höherem Stand und ein zunehmend versierter Autor, doch auch einfache Menschen erkannten, dass die Presse ihnen die Möglichkeit bot, ihre Meinung kundzutun. Mitte des 18. Jahrhunderts war es keine Seltenheit, dass sogar Kriminelle, Selbstmörder und zum Tode Verurteilte darauf erpicht waren, ihre Gedanken in Flugschriften und Zeitungen zu veröffentlichen. »Es gab noch nie eine Zeit«, schrieb Dr. Johnson 1753, »in der Männer, die denkbar verschieden waren in Hinblick auf Befähigung, Bildung und Beruf, so emsig und so häufig Briefe in der Presse veröffentlichten«: Das war ein typisches Merkmal der Epoche.[36]

Manipulation der Öffentlichkeit

Die Publikumspresse und ihre gesellschaftlichen Korrelate, wie etwa Debattierclubs und Kaffeehäuser, waren nicht nur Mittel zur Diskussion: Sie veränderte auch die Streitkultur. Die neuen Austauschformen schufen neue Moralvorstellungen. Das war die zweite Ebene, auf der die neuen Medien die Einstellungen zur Sexualität veränderten.[37] Zunächst einmal offenbarte sich in den Druckwerken eine größere Meinungsvielfalt als jemals zuvor. Die frühe Publikumspresse war sehr bemüht, diese neue Offenheit zu schaffen, indem sie um Briefzuschriften warb und Ratschläge zu allen Problemen von Liebe und Lust anbot. Obwohl es schon lange Leitfäden für rechtes und sittsames Verhalten gab, hatte es zuvor noch nie die Möglichkeit für Tausende von Menschen aus allen sozialen Schichten geggeben, sich Hilfe zu holen, indem sie anonym an eine Zeitung schrieben, wo ihre Frage und die Antwort im Druck erschien und für alle Welt zu sehen war.[38]

Diese plötzliche Neuerung war die geniale Idee des Verlegers John Dunton gewesen, dessen ungeheuer erfolgreiche, alle zwei Wochen erscheinende Frage-und-Antwort-Zeitschrift – der *Athenian Mercury* (1691–1697) – das erste englische Periodikum war, das ein breites Publikum fesseln konnte. Von Anfang an waren die Themen, zu denen die Leser die meisten Fragen stellten, Liebe, Ehe und Sexualethik. Was war mit dem Anstand, wenn ein Paar unverheiratet zusammenlebte? Was sagte es über die Moral einer Frau aus, wenn sie sich aufreizend kleidete? War eine platonische Freundschaft zwischen einem Mann und einer Frau überhaupt möglich? Warum waren die meisten Prostituierten unfruchtbar? Was war unrecht an der Masturbation? Konnte die Frau beim ersten Geschlechtsverkehr schwanger werden? Gab es irgendwelche Umstände, die den Ehebruch rechtfertigten? Keine dieser Fragen war neu, aber noch nie waren sie so breit und so öffentlich diskutiert worden. Die Zuschriften waren so zahlreich, dass zunächst eine monatliche Extraausgabe notwendig wurde, um den Überhang aufzuarbeiten, und dann eine eigene Zeitschrift, die *Ladies Mercury* (1693). Das Format und die Ausrichtung von Duntons Zeitschrift wurden zum Vorbild für viele bemerkenswerte Nachfolgepublikationen – Defoes *Review* (1704–1713), *British Apollo* (1708–1711), *Tatler* (1709–1711), *Spectator* (1711–1714) *Gentleman's Magazine* (1731), um nur einige zu nennen.[39]

Abgesehen davon, dass die Periodika des 18. Jahrhunderts versuchten, die moralischen Dilemmata ihrer Leser zu veröffentlichen und zu lösen, schwangen sie sich auch zu weit allgemeineren Schieds- und Verbreitungsinstanzen sozialer Normen auf, die sie in Aufsätzen, Versen und allgemeinen Analysen erörterten. Mitte des Jahrhunderts waren solche Bestrebungen zu einem üblichen Merkmal journalistischer Arbeit geworden. Somit führte die wachsende Beliebtheit der periodischen Presse zur Entstehung einer neuen Autorität in Fragen des Verhaltens. In den Augen der Zeitgenossen standen sie damit nicht zwangsläufig im Widerspruch zu Leitfäden traditioneller Art. Ein Leser meinte, die Bibel bleibe die Quelle alles moralischen Wissens, hingegen habe ihn der *Spectator* »einfach eine leichtere und angenehmere Methode gelehrt, Tugend zu praktizieren«. Tatsächlich aber gab es, wie zu Recht geltend gemacht wurde, eine erhebliche Divergenz zwischen der Moralphilosophie der Ratgeberliteratur des frühen 18. Jahrhunderts und den davor geltenden Grundsätzen. In diesen Druckerzeugnissen ging es weit häufiger darum, zu unterhalten als zu unterweisen. Auch der Ausgangspunkt war ein anderer. Zwar wurde gewöhnlich noch die Bibel bemüht, um die Argumente zu begründen, doch das göttliche Gesetz war nicht mehr automatisch das wichtigste Kriterium. Stattdessen wurde tugendhaftes Verhalten jetzt eher weltlich definiert: Es richtete sich nach Vernunft, Anstand und den Gegebenheiten der menschlichen Natur.[40] Nicht zuletzt dürfte diese Form des Journalismus zu der Vorstellung beigetragen haben, dass moralische Urteile im Wesentlichen subjektiv seien. Für die größere Vielfalt und Widersprüchlichkeit der Auffassungen war nicht nur die wachsende Zahl der Zeitungen, Zeitschriften und Flugblätter verantwortlich, sondern auch der Umstand, dass diese Medien naturgemäß darauf angewiesen waren, Diskussionen zu entfachen, Fragen und Kommentare zu provozieren, einander zu widersprechen und um öffentliche Aufmerksamkeit zu werben.

Eine weiter Folge dieser neuen Bedingungen war der Umstand, dass im 18. Jahrhundert Vorkommnisse an Bedeutung gewannen, die man heute wohl »Medienereignisse« nennen würde: Vorfälle, an denen sich die öffentliche Diskussion so heftig entzündete, dass sie eine ganz besondere Eigendynamik und Bedeutung gewannen. Viele dieser Episoden entstanden aus sexuellen Kontroversen, weshalb in ihnen natürlich widersprüchliche Auffassungen über Sexualität sichtbar wurden. Schon im 17. Jahrhundert hatten einige Skandale eine beträchtliche Flut von Kommentaren ausgelöst. In den 1610er Jahren kam es nach der Overbury-Affäre zu einer Flut von Handzetteln, Druckschriften und Gedichten, ganz zu schweigen von dem umfangreichen handschriftlichen Material. Auf ähnliches Interesse stieß 1631 die Verhandlung gegen den Earl of Castlehaven wegen Beihilfe zur Vergewaltigung und homosexueller Praktiken, der Scheidungsprozess des Duke und der Duchess of Norfolk in den 1690er Jahren und eine Reihe ähnlicher Fälle, in denen es um sexuelles Fehlverhalten ging. Neu an der Entwicklung Mitte des 18. Jahrhunderts war nicht nur, dass solche Ereignisse viel häufiger waren, noch dass die Zahl der gedruckten Kommentare und ihre Verbreitung erheblich größer war,[41] sondern dass das durch die

Abb. 47. Einer der Drucke, die Kitty Fishers »glimpflichen Reitunfall« im März 1759 behandelten.

HORSE and AWAY to St.

JAMES'S PARK,

OR, a Trip for the Noontide Air

Who Rides Faſteſt, Miſs *KITTY FISHER*, or her

GAY GALLANT.

WALKING in the Park on Monday laſt, and enjoying the vernal air, and the warm beams of the returning ſun; the day, the company, and the gladneſs that appeared on every countenance, touched the ſprings of life, and gave me a ſatisfaction that cannot be well expreſt; it naturelly ariſes in the heart, when we ſee not only ounly our kihd, but all nature enjoying the benign influences of Heaven.

Whilſt I was there, the following accident alarmed me, and had like to have put an end to the pleaſure of the walk, and I own ſent me home rather chagrin'd.

Two young ladies, attended each with her officer, and ſervant, were returning from Hyde Park, where they had been airing on horſe back; one of the Laides was in a black riding-habit, and mounted on a horſe ſingularly marked they flung down rhe Green Park in an eaſy canter; but they no ſooner entered within the pails of St. James's, but the Lady iu black loſt her ſeat, ſhrieked out, and came tumbling on the ground : — Numbers flew to her Relief; her diſtreſs and genteel Appearence awakened our curioſity and pity : ——— Seavants aud the Chair were immediately called.

Upon our coming up, we found it to be the celeqrated Miſs K - - - y P---r: her military attendant had raiſed her from the Ground. - - The Nymph was in tears, but rather from Apprehenſions of her Danger than the ſenſe of Pain ; for whether it was owing to any thing her Heroe had ſaid, or from finding the danger over, ſhe, with a prity childiſhneſs, ſtopped the torrent tears, and burſt into a fit of Laughing. --- A ſuperb Chair ſonn arrived, --- ſhe flung herſelf into it, and away ſhe ſwung through a Crowd of Gentlemen and Laides, who by this time were come up,

A ſor. of a murmer was heard : but one Geatleman louder than the ret, ſpoke up, and though what he ſaid was a little interlarded with a flower of rheto ick too common, but what might well be ſpared ; yet the ſentiment was honeſt, and the reprimand ſuch as deſerved -D---n my B---d, ſays he, (raiſing the point of his Oaken plant, und beating it down again with ſome earneſtneſs) if this is not too much! who the D--l would be modeſt, when they may Live in this ſtate by turning. Why 'tis euough to debauch half the Women in London.

Written and Printed at *Strawberry Hill*

Presse geweckte öffentliche Interesse sich untrennbar mit den Ereignissen verband. Die Mischung aus häufigen, konkurrierenden Presseberichten und die zahllosen Möglichkeiten der Öffentlichkeit, sich zu beteiligen, führten dazu, dass öffentliche Skandale jetzt fast immer noch während der Geschehnisse endlose Debatten zwischen Beobachtern und beteiligten Parteien auslösten.

Im Falle sexueller Berühmtheiten konnten selbst scheinbar triviale Ereignisse eine ungeheure Bedeutung gewinnen. Als Kitty Fisher 1759 bei einem Ausritt im St. James Park von ihrem Pferd abgeworfen wurde, war das Ereignis daraufhin monatelang Gegenstand öffentlicher Kommentare, Lieder, Verse, Bilder, Druckschriften und ganzer Bücher (siehe Abbildungen 47 bis 49). Am ehesten richtete sich das öffentliche Interesse aber auf Prozesse. Schließlich wies eine Gerichtsverhandlung alle Elemente auf, die sich ideal für eine öffentliche Debatte eigneten: gegnerische Parteien, die gänzlich verschiedene Geschichten erzählten, Persönlichkeiten, die man analysieren konnte, die Hoffnung auf skandalöse Fakten, die Gewissheit, dass es zum Schluss eine Entscheidung gab, und die Möglichkeit von Bestrafung, Ruin und möglicherweise Tod der unterlegenen Partei. Kein Wunder, dass in den 1760er Jahren der Ausdruck »Cause célèbre« zum ersten Mal im Englischen verwendet wurde. Einige der frühesten Fälle werden heute übrigens noch immer so bezeichnet.[42] 1753/54 gab es den Prozess des jungen Dienstmädchens Elizabeth Canning, die behauptete, sie sei entführt und mehrere Wochen in einem Bordell gefangen gehalten worden, deren Gegner aber überzeugt waren, dass sie, wie Voltaire es ausdrückte, lediglich *une petite friponne* – »eine kleine Schlawinerin« – sei, die sich habe schwängern lassen und dann verschwunden sei, um den Umstand zu vertuschen. Noch größeres Interesse erregten 1775 die Verhandlungen gegen die Bigamistin Elizabeth Chudleigh, Duchess of Kingston, und die Kurtisane Mary Rudd, ihren Geliebten Daniel Perreau und dessen Zwillingsbruder Robert. Vier Jahre später löste der Mord an Martha Ray, der Mätresse des Earl of Sandwich, durch einen jungen, liebeskranken Geist-

LINKE SEITE: *Abb. 48. Dieses Flugblatt war eine von mehreren Veröffentlichungen, die im März 1759 in Windeseile herausgebracht wurden, um aus Kitty Fishers »Sturz« Kapital zu schlagen.*

Fun upon Fun, or the first and second part of Miss Kitty Fisher's Merry thought. No Joke like a True Joke. Come, who'l Fish in my Fishpond?

Abb. 49. Dieser dokumentarische Stich von Paul Sandby zeigt eine Familie, die Blätter mit Bänkelliedern verkauft, hier ein (heute verschollenes) Blatt über Kitty Fisher. Um Aufmerksamkeit zu erregen und in Anspielung auf ihren Namen, trägt der Mann die Exemplare an der Spitze einer Angel und ruft: »Kommt Leute, wer will in meinem Fischteich fischen?«

lichen, endlose Kommentare und Spekulationen aus. Oft nahm die öffentliche Diskussion solcher Fälle derartige Ausmaße an, dass die Gerichtsverhandlungen selbst und ihre Fähigkeit, Wahrheit und Gerechtigkeit herzustellen, fast nebensächlich erschienen neben dem Prozess, der in den Druckerzeugnissen geführt wurde.[43]

Die gleiche Dynamik prägte zahllose andere weniger bekannte und heute vergessene Sexskandale des 18. Jahrhunderts. Betrachten wir den Fall von Ann Sharp, alias Bell. Im Oktober 1760 wurde in Londoner Zeitungen ausführlich berichtet, eine junge Dame aus besten Kreisen sei unter mysteriösen Umständen unlängst in ein Bordell gelockt, missbraucht und schließlich tödlich verletzt worden. Der Wahrheitsgehalt dieser Gerüchte war strittig. Selbst als der Leichnam exhumiert und untersucht wurde, ergab die Untersuchung keinen Hinweis auf Fremdeinwirkung. Trotzdem wollten die Gerüchte nicht verstummen, denn sie schienen alles zu enthalten, was eine Verführungsgeschichte schlimmster Art brauchte: die glückliche Tochter einer angesehenen Familie auf dem Land, die zuerst von einem durchreisenden Offizier entehrt wurde, dann, nach ihrer Ankunft in London, in immer abstoßendere Formen der Prostitution absank und schließlich in ihrem Elend von einem Wüstling ohne einen Rest von Menschlichkeit oder Skrupel aufgegriffen, missbraucht, verstoßen und vernichtet wurde. Infolgedessen wurden Leben, »Abenteuer« und Charakter von Ann Sharp und William Sutton, ihrem angeblichen Peiniger, heftig und endlos in den Druckerzeugnissen diskutiert: in den Leserzuschriften der Zeitungen, in Leitartikeln, Gedichten und dem nicht abreißenden Strom der faktischen und fiktionalen Berichte, die von interessierten und neutralen Parteien herausgegeben wurden. Die öffentlichen Kommentare nahmen so heftige Formen an, dass selbst der Gerichtsmediziner und der oberste Richter John Fielding gezwungen waren, in den Zeitungen Bekanntmachungen zu veröffentlichen, in denen sie ihr Vorgehen verteidigten. Infolgedessen richtete sich bei diesem Fall die allgemeine Wahrnehmung zunehmend auf die Motive und Beiträge rivalisierender Kommentatoren, statt auf die Indizien und Beweise an sich. Als Sutton vor Gericht kam und viereinhalb Monate später vom Vorwurf des Mordes freigesprochen wurde, erwies sich das Gerichtsurteil als weitgehend irrelevant, weil viele Beobachter sich schon längst eine abschließende Meinung gebildet hatten. »Von der Öffentlichkeit verurteilt zu werden«, meinte ein Parteigänger von Miss Bell, sei inzwischen fast erstrebenswerter, als sein Recht vor Gericht zu suchen.[44]

Das letzte noch zu erwähnende Merkmal der aufgeklärten Druckkultur war der Umstand, dass sie neue Möglichkeiten zur Manipulation der öffentlichen Meinung bot. Das könnte man als eine paradoxe Entwicklung ansehen. Tatsächlich erklärt Jürgen Habermas, der einflussreichste moderne Theoretiker des Gebietes, dass genau das Gegenteil der Fall sei. Die Entstehung einer öffentlichen Sphäre neuer Art zu Anfang des 18. Jahrhunderts in England ermögliche den gebildeten Schichten zum ersten Mal, ein »öffentliches Räsonnement« über literarische und politische Fragen zu führen – frei von Zensur, wirtschaftlichen Zwängen oder politischer Parteilichkeit. Erst im 19. und 20. Jahrhundert sei dieser unabhängige kritische Geist von der Kommerzialisierung der Massenmedien unterdrückt worden – durch die Entwicklung von Annoncen, Werbung und anderen modernen Manipulationswerkzeugen.[45]

Doch selbst im 18. Jahrhundert war es nicht ungewöhnlich, dass die öffentliche Meinung sorgfältig manipuliert und verfälscht wurde. Berichte, die Nachrichten oder Klatsch verbreiteten, wurden häufig von Lohnschreibern verfasst und an die Zeitungen verkauft. Die Briefe und Kommentare, die angeblich von gewöhnlichen Lesern stammten, wurden meist umgeschrieben oder gänzlich erfunden. Einige Redakteure ließen sich dafür bezahlen, dass sie bestimmte Nachrichten veröffentlichen oder unter den Tisch fallen ließen; andere wurden einfach von bestimmten Politikern gekauft – genauso wie viele Schriftsteller der Zeit.[46]

In dieser Zeit wurden Annoncenwesen und Buchkritiken auch erstmals zu wichtigen und allgegenwärtigen Instrumenten der Verkaufsförderung. Beide ließen sich zur versteckten Werbung für Bücher, Waren, Leistungen, Menschen und Streitfälle verwenden. Anzeigen, die als Nachrichten oder Leserbriefe ausgegeben wurden, konnten Leser auf bestimmte Ereignisse oder Veröffentlichungen hinweisen, ohne dass diese die Absicht bemerkten; während sich Mitteilungen und Kritiken, die in Wirklichkeit kaum mehr als dreiste Schleichwerbung waren, als objektive Empfehlungen ausgaben. Unter der Vielzahl von »Nachrichten«, die im Frühjahr 1744 gegen Bezahlung in eine Londoner Zeitung aufgenommen wurden – zu genau dem gleichen Preis wie normale Anzeigen – gehörten die gefälschten Empfehlungen für »einen Bowlingrasen, ein Theaterstück, einen guten Angelsee und die Erhebung von Thomas Rider, Esquire, aus Kent in den Ritterstand«. Angesichts der Häufung dieser Taktiken nahm das Wort *puff* (Hauch, Puste, Lobhudelei) im zweiten Viertel des 18. Jahrhunderts eine neue Bedeutung an: *etwas aufbauen, hochjubeln* (to puff). 1732 beschrieb man es im *London Magazine* »als ein Jargonwort für den Beifall, den Schriftsteller und Buchhändler ihren eigenen Büchern usw. spenden, um den Verkauf zu fördern«. Auch Chesterfield hielt es für ein »gemeines« Wort – verwendete es aber wiederholt selbst. Schon bald wurde es zu einem beliebten fiktionalen Beiwort. Ein Brief von »John Puff, Esq.« diente 1741 als Vorwort zu Henry Fieldings Parodie *Shamela*. In Samuel Footes Komödie *Taste* (1752) hilft ein »Mr. Puff«, wertlose Dinge als kostbare Kunstwerke unter die Leute zu bringen; in dem Stück *The Patron* (1764) gibt derselbe Autor diesen Namen einem geldgierigen Buchhändler. Entsprechend treten Mr. Puffs in den Satiren von Susanna Centlivre *The Gotham Election*, 1749 (ein Drucker) und von R. B. Sheridan, 1779, *The Critic* (»ein Herr, der wohlbekannt in der Welt des Theaters«).[47]

Folglich wurden die gleichen Mittel, die zur Verbreitung und Verstärkung der öffentlichen Meinung dienten, auch vielfach dazu verwendet, sie zu manipulieren und zu kontrollieren. Die weitere Entwicklung der Massenmedien im 19. und 20. Jahrhundert vergrößerte die Zielgruppe, die für solche Techniken empfänglich war, erheblich. Doch von Anfang an war die Manipulation der Öffentlichkeit ein unvermeidliches Nebenprodukt der Kommerzialisierung und Einflussmöglichkeiten von gedruckten Nachrichten und Meinungen. Selbst heute noch ist es erstaunlich, wie schamlos die Strategien des 18. Jahrhunderts sein konnten. Gelegentlich bekamen es Publikumszeitungen mit Konkurrenzblättern zu tun, die sich über Nacht Titel, Datum und Nummer exakt angeeignet hatten, um die Leser hinters Licht zu führen. Die übliche Praxis anonymer und pseudonymer Veröffentlichungen und Kritiken erlaubte Autoren, in einer Druckschrift oder Zeitung unter der Hand Vorankündigungen oder Empfehlungen unterzubringen. Verfasser konnten heimlich für ihre eigenen Bücher werben oder dafür die Dienste ihrer Freunde in Anspruch nehmen. Jonas Hanway entwarf eine begeisterte Besprechung seines dreibändigen Werks *Advice from a Farmer to his Daughter*, 1770, in der er Elizabeth Montagu bat, den Artikel als ihren eigenen einzureichen. Wie viele andere Autoren schrieb John Cleland heimlich eine Kritik seines Buchs. Mary Rudd beschrieb eine ihrer

Publikationen anonym als »eines der geistreichsten und zugleich elegantesten und maßvollsten Werke«, die in letzter Zeit erschienen seien. Obwohl das »wie Lobhudelei (*puff*) klingen mag, unterscheidet es sich von anderen derartigen Elogen in einem Punkt: *jedes Wort ist wahr*«. Boswell hat seine eigenen öffentlichen Auftritte und literarischen Arbeiten wiederholt und ausführlich besprochen (»das Buch eines wahren Genies«, »das Werk eines durchaus ungewöhnlichen Genies« usw.); er leitete eine seiner anonymen Druckschriften sogar mit einer Widmung an sich selbst ein.[48]

Um zu zeigen, dass die Möglichkeiten der Medien, Ideen zu beeinflussen, Kontakte herzustellen und zum Handeln aufzurufen, enorm gestiegen waren, brauchen wir nur die Methoden von Thomas Bray und Jonas Hanway zu vergleichen, zweier höchst tatkräftiger Sozialreformer in unterschiedlichen Epochen. Als sich Bray 1690 bemühte, ein Magdalenenheim zu gründen, musste er seinen Plan nur an eine Handvoll Gönner schicken und Bekannte privat um ihre Unterstützung bitten. Es gab keine regelmäßig erscheinenden Zeitungen oder Zeitschriften, durch die er seine Vorstellungen mühelos einer breiteren Öffentlichkeit hätte unterbreiten können, auch war ihm nicht daran gelegen, seine Vorschläge einer unkontrollierten Prüfung zu unterziehen, indem er sie als Druckschrift veröffentlichte. Stattdessen wandte er sich an einige einflussreiche Persönlichkeiten und bemühte sich um deren Unterstützung. Selbst noch Ende des 17. Jahrhunderts war diese Vorgehensweise absolut üblich. Genau auf diese Art gründete Bray kurz darauf auch die Society for Promoting Christian Knowledge, vielleicht die erfolgreichste Wohltätigkeitsorganisation seiner Zeit, und die Society for the Propagation of the Gospel – beide Gesellschaften entstanden ohne Einbeziehung einer breiteren Öffentlichkeit.[49]

Für Jonas Hanway wäre eine solche Zurückhaltung ein halbes Jahrhundert später völlig undenkbar gewesen. Zwar setzte auch er auf diskrete Kontakte und persönliche Beziehungen. Dabei achtete er auf jede Einzelheit; als er potenziellen Stiftern Literatur über das Magdalen House zukommen ließ, zeigte der speziell zu diesem Zweck entworfene Einband Büßerinnen, die ausriefen »Oh, rettet mich, rettet mich« – damit die Botschaft auch vermittelt wurde, wenn der Prospekt ungeöffnet blieb. Allerdings ging Hanway ganz selbstverständlich von der Notwendigkeit aus, ein größeres Publikum anzusprechen und die Macht des Drucks zu nutzen. Publikationen seien, so erklärte er, noch wirksamer als öffentliche Kundgebungen. Mit jenen sei es möglich, Botschaften ohne Unterbrechung, Ablenkung oder Widerspruch zu übermitteln und den Leuten dabei Zeit zu geben, die Vorzüge der dargelegten Sache zu verstehen und zu überdenken. Mehr noch, obwohl »viele Menschen nicht die Muße zum Lesen haben – und noch mehr denken, sie hätten sie nicht … verlassen sich selbst diese auf die Berichte derer, die Bücher kritisieren«: Daher sei es auch entscheidend, für positive Kommentare zu sorgen. So bestand seine Strategie darin, die Medien mit positiven Eindrücken zu überfluten und sich ständig zu wiederholen, um seine Botschaft möglichst vielen Leuten möglichst nachdrücklich zu Gehör zu bringen: Immer wieder veröffentlichte er – häufig anonym – die gleichen Sätze und Ansichten in Form von Plänen, Briefen, Besprechungen, Kommentaren, Empfehlungen, Ankündigungen und Anzeigen. Während der ganzen Zeit wahrte er sorgsam den Schein des unbeteiligten, neutralen Außenstehenden. In Wahrheit war er, wie Frances Burney berichtet, »süchtig« nach Zeitungen. Doch seiner Zielgruppe präsentierte sich Hanway als distanzierter Beobachter, der sich nur wegen der außergewöhnlichen Vorzüge der Sache einmischte. »Da ich nur wenig Zeit zum Lesen habe«, versicherte er heuchlerisch in einer seiner zahllosen Schleichwerbungen für das Magdalen House, »ist das, was ich schreibe, um so aufrichtiger«.[50]*

Hanways Methoden machen deutlich, welchen Veränderungen die öffentliche Kommunikation in den vorausgegangenen fünfzig Jahren unterworfen gewesen war. Selbst unbedeutende Beiträge zu irgendwelchen Debatten wurden fortan automatisch und augenblicklich verstärkt, vervielfältigt und in der ganzen Stadt verbreitet. Die Kommentare erreichten eine Breite und Tiefe, die vorher undenkbar gewesen wären. Druckschriften, Zeitungen, literarische Zeitschriften und gewöhnliche Leser stürzten sich auf jedes populäre Thema, um es zu kommentieren. Doch entgegen allem Anschein waren diese Diskussionen nie ganze spontan und frei. Denn Publizisten wie Hanway demonstrierten mit großem Geschick, dass es in je-

---

* Um nicht ausgestochen zu werden, nutzte John Fielding seine Möglichkeiten als Friedensrichter, um seinen eigenen Plan zu veröffentlichen. Zunächst veranlasste er eine Reihe von Razzien in Bordellen, dann verhörte er auf einer Art Pressekonferenz jede verhaftete Prostituierte vor einer großen Zuhörerschaft geladener Gäste und ließ die Ergebnisse in den Zeitungen veröffentlichen – »um der breiten Öffentlichkeit und insbesondere den wohllöblichen Stiftern des Heims für schutzlose Mädchen vor Augen zu führen, wie notwendig eine solche Einrichtung ist und welche wohltätige Wirkung sie hervorzubringen vermöchte«.

dem Stadium möglich war, die öffentliche Meinung anzustacheln, aufzu-
wiegeln, zu provozieren, zu beeinflussen, auszunutzen und sie so lenken,
dass sie den eigenen Zwecken am nützlichsten war.

Private und öffentliche Angelegenheiten

Das 18. Jahrhundert erlebte die Entstehung einer neuen Medienkultur, in
der es private Angelegenheiten und persönliche Meinungen zu einer bis
dahin nie dagewesenen Publizität brachten. Diese Entwicklung förderte
eine freiere öffentliche Diskussion sexueller Themen, verschaffte einigen
skandalösen Frauen einen hohen Bekanntheitsgrad und bot neue Möglichkeiten zur Manipulation der öffentlichen Meinung. Es fällt auf, dass sich
die gleichen Tendenzen in den fiktionalen Werken der Zeit und in vielen
anderen Gattungen der zeitgenössischen Literatur wiederholen. Das deutet
auf den dritten wichtigen Ursprung neuer Einstellungen zur Sexualität
hin – ein tiefgreifender Wandel in der Wahrnehmung der persönlichen
Identität und ihrer öffentlichen Bedeutung.

Auf einer Ebene bedeutete es den Übergang von der traditionellen Auffassung, der Charakter sei in erster Linie von den Handlungen einer Person
bestimmt, hin zu der Überzeugung, es sei entscheidend, die innersten
Gefühle und privatesten Beziehungen eines Menschen zu entdecken. Je
schwerer zugänglich solche persönlichen Informationen waren, desto größeren Erkenntniswert erwartete man von ihnen. So erläuterte der Literaturkritiker Hugh Blair, ein Biograf dürfe nicht nur über das Privatleben
seines Gegenstandes berichten – er müsse es sogar unbedingt: denn »gerade die privaten Verhältnisse, die familiären, häuslichen und scheinbar
trivialen Ereignisse geben uns oft erst Aufschluss über den wahren Charakter eines Menschen«. Genauso sah es Samuel Johnson: Die tiefste Einsicht
komme von Biografen, deren »Ausführungen sich mit dem häuslichen
Privatleben beschäftigen und unter Fortlassung aller äußerlichen Zugaben
über die kleinen Dinge des Alltags berichten«. Aus ähnlichen Gründen
legte Jean-Jacques Rousseau in seiner (erstmals 1782 veröffentlichten) Au-
tobiografie großen Wert darauf, über seine sexuellen Gefühle und Handlungen zu berichten. »Wenn es in meinem Leben einen Umstand gibt, der
als ein treues Bild meines Charakters dienen kann«, erklärte er zu Beginn

eines solchen Bekenntnisses, »so ist es der, welchen ich zu erzählen im Begriff stehe … Wer ihr auch sein möget, die ihr einen Menschen vollkommen kennenlernen wollt, leset dreist die folgenden zwei oder drei Seiten; ihr werdet einen genauen Einblick in Jean-Jacques Rousseaus Charakter gewinnen.«[51] Die Bedeutung, die jetzt privaten Gefühlen beigemessen wurde, schuf die Basis für eine der wichtigsten Voraussetzungen moderner Einstellungen zur Sexualität. Statt von der Annahme auszugehen, das sexuelle Verhalten der Person spiegele nur sein allgemeines Wesen wider, setzte sich allmählich die Vorstellung durch, dass jeder Mensch eine innere Sexualität habe, die die äußere Persönlichkeit entscheidend präge.

Die veränderte Einstellung zeigte sich auch in der in vielen Bereichen geäußerte Ansicht, dass Wahrheit nicht im Universellen und Allgemeinen liege, sondern im Individuellen und Besonderen. Diese Tendenz ergab sich aus der Popularisierung philosophischer Trends, die Mitte des 17. Jahrhunderts von Descartes, Hobbes und Locke begonnen und von ihren Anhängern nach 1700 vollendet worden waren. Statt von übernommenen Annahmen und angeblich angeborenen Ideen auszugehen, fühlte man sich zunehmend dem Ideal verpflichtet, nichts als wahr zu akzeptieren und sich nur auf die persönliche Beobachtung von Fakten zu verlassen. Daher bekam die empirische Überprüfung von Besonderheiten größere Bedeutung, denn sie diente nicht nur als Mittel, um universelle Wahrheiten zu bestätigen, sondern auch als Zweck an sich, als Grundpfeiler wahrer Erkenntnis.

Seit langem weisen Literaturwissenschaftler darauf hin, dass es bemerkenswerte Parallelen zwischen diesen Trends in der Philosophie und Ästhetik und der gleichzeitigen Bedeutungszunahme des Realismus in der Literatur gibt. Auch der Roman des frühen 18. Jahrhunderts führte eine neue und einflussreiche Methode zur Beschreibung der Wirklichkeit ein: Authentizität durch Besonderheit. So sollten die Figuren ununterscheidbar von wirklichen Menschen sein und die Wahrheit sich unauflöslich mit der Wirklichkeitsnähe verbinden. Die gleiche Akzentverlagerung lässt sich auch generell beobachten, nicht nur in Zeitungen und anderen neuen journalistischen Gattungen, sondern in Gesellschaftsbeschreibungen ganz allgemein.[52]

Während des 17. Jahrhunderts wurde die Prostitution in die traditionellen Kategorien eingeteilt – »Hure«, »Kupplerin«, »Mätresse« und so fort.

Wenn Schriftsteller Sünderinnen beschrieben, hielten sie sich entsprechend an universelle Normen, statt ihren Figuren Individualität zu verleihen. Noch in John Duntons *Night-Walker* aus den 1690er Jahren, der in vielerlei Hinsicht ein Vorreiter des journalistischen Realismus war, sind die Huren und Wüstlinge alle weitgehend anonyme Figuren. Hätte er ihre Besonderheit hervorgehoben, wäre damit ihre Allgemeingültigkeit, das heißt, ihr beispielhafter Charakter verloren gegangen.[53] Im 18. Jahrhundert kehrte sich diese Haltung um: Jetzt trugen individuelle Einzelheiten zum scheinbaren Wahrheitsgehalt einer Erzählung bei. Dieser Wunsch nach Personalisierung gesellschaftlicher Phänomene erklärt auch, warum die Verantwortlichen von Magdalenenheimen im 18. Jahrhundert so bestrebt waren, die Briefe und Geschichten ihrer Schützlinge zu veröffentlichen; und umgekehrt, warum das Interesse an den angeblichen Geschichten und Erinnerungen reueloser Huren so groß war. Heute haben wir uns an diese Denkweise so gewöhnt, dass sie uns selbstverständlich erscheint. Unser Wissen über, sagen wir, Ehebruch, Vergewaltigung oder das Scheitern von Ehen erwerben wir weitgehend durch bestimmte Beispiele: Je mehr Einzelheiten wir über besondere Fälle in Erfahrung bringen, desto besser meinen wir das Phänomen als solches zu verstehen. Doch dieser Umgang mit individuellen Geschichten bürgerte sich erst im 18. Jahrhundert ein.

Natürlich handelte es sich nur um eine allmähliche und keineswegs umfassende Entwicklung. Jede Analyse sozialer und sexueller Beziehungen hängt in gewissem Maße von allgemeinen und unpersönlichen Archetypen ab. Die ältere Tradition, Huren und Wüstlinge als abstrakte Personifikationen zu betrachten, setzte sich – genau wie die Verwendung symbolischer Namen in der Literatur und satirischer Stereotypen im Druck – während des gesamten 18. Jahrhunderts fort.[54] Auch war das Interesse an besonderen Lebensgeschichten nicht vollkommen neu. Entscheidend ist, dass es eine spürbare Akzentverschiebung gab. Zwar wimmelte es während des 17. Jahrhunderts in vielen Schriften über unmoralisches Verhalten von anschaulichen Berichten über Huren und Hurengänger, doch stets wurde auf klassische und biblische Vorbilder größerer Wert gelegt als auf zeitgenössische Beispiele. Erst nach 1700 wurde es üblich, sich hauptsächlich oder ausschließlich auf moderne Paradigmen zu verlassen. Im Übrigen wurden solche persönlichen Erzählungen jetzt – gleich, ob echt oder erfunden – mit unmittelbarer Bedeutung erfüllt. Statt über das Leben von Individuen zu berichten, als diene es nur dazu, ein Verhaltensmuster zu bestätigen, das von göttlichen oder natürlichen Gesetzen vorgezeichnet war, verwendete man im 18. Jahrhundert die Beschreibungen bestimmter Personen – ungeachtet aller Bestrebungen, allgemeine Schlussfolgerungen aus ihnen zu ziehen – immer häufiger dazu, die Individualität der Person zu betonen.

Aus all diesen Gründen wuchs nach 1700 das Interesse an der Veröffentlichung von Geschichten und Dokumenten über das Privatleben der Zeitgenossen. Die ersten Romane verdankten ihre Originalität und ihren Reiz nicht nur ihrem vermeintlichen Realismus, sondern auch der mutmaßlichen Enthüllung von vertraulichen Berichten und privaten Aufzeichnungen. Daniel Defoe nennt seinen 1722 erschienenen Roman *Moll Flanders* die wahre »Geschichte einer aus dem Volke«, das heißt, eine autobiografische Erzählung »nach ihrer eigenen Niederschrift wiedererzählt«. Ähnlich verfährt Defoe in *Robinson Crusoe*, 1719, *Colonel Jack* (*Oberst Hansen*), 1722, und *Roxana, the Fortunate Mistress* (*Roxana, die glückliche Mätresse*), 1724. Gleiches gilt für zahllose spätere Geschichten, die als Autobiografien, Memoiren oder Erzählungen ausgegeben wurden. Auch Berichte über echte Huren gehörten zu dieser Entwicklung. Ihre Ähnlichkeit mit neuen Formen der fiktionalen Literatur fiel bereits 1723 der Dichterin und Romanautorin Jane Barker auf, die darauf hinwies, dass die beliebtesten Geschichten der Zeit die von »Robinson Crusoe und Moll Flanders; Colonel Jack und Sally Salisbury« seien.[55]

Es gab auch Überschneidungen mit der wachsenden Begeisterung für *Schlüsselromane*, die angeblich die sexuellen Affären von angesehenen Zeitgenossen, vor allem von Politikern, aufdeckten. Das war keine vollkommen neue Gattung. Verhüllte Berichte über jüngere Hofskandale waren Teil der komplizierten Handlung von Lady Mary Wroths 1621 gedrucktem Roman *Urania*. Mitte der 1680er Jahre veröffentlichte Aphra Behn mehrere Folgen von *Love Letters from a Nobleman to his Sister*, aus dem angeblichen Briefwechsel zwischen dem Whig-Verschwörer Lord Grey of Warke und seiner Schwägerin Lady Henrietta Berkeley, deren ehebrecherisches und inzestuöses Verhalten und ihre Flucht große Aufregung verursacht hatten. Doch erst nach der Glorious Revolution bürgerte sich die Gattung dank der größeren Freiheit für politische Satiren richtig in England ein. Jetzt erschienen zahlreiche rückblickende Whig-Berichte über die »geheime Geschichte« und sexuelle Verderbtheit der letzten Stuarts. Tory-Autoren wiederum verfassten eine Reihe bissiger Angriffe gegen frühere und gegenwärtige Whig-Persönlichkeiten, angeführt von Delarivier Manleys berüchtigten »geheimen Geschichten« und »geheimen Erinnerungen«.[56]

Auch Briefe, eine andere Art privater Texte, wurden auf neue Weise publiziert. Natürlich gab es klassische Beispiele für Briefromane und die Verbreitung von privater Korrespondenz. Im 16. Jahrhundert teilten Humanisten, Reformer ebenso wie viele spätere Gelehrte und politische Aktivisten ihre Anliegen in Briefen mit, die zur Veröffentlichung für eine zahlreiche Leserschaft bestimmt waren; auch Fürsten und Bischöfe verfuhren so. Im 17. Jahrhundert wurde das Wissen über politische Ereignisse durch Rundschreiben verbreitet, wobei es üblich wurde, polemische Abhandlungen in Form eines »Briefes von« einer Person an eine andere zu drucken. Erst im 18. Jahrhundert entwickelte sich ein nennenswerter Markt für die Veröffentlichung von – echten oder fiktiven – persönlichen Briefen als Mittel, um Einblick in das Privatleben anderer zu gewähren. Wie erwähnt, waren zeitgenössische Zeitungen und Zeitschriften auf den Briefwechsel mit ihren Lesern angewiesen. Eine Geschichte mittels der privaten Mitteilungen eines Protagonisten zu erzählen, wurde ebenfalls eine beliebte Romantechnik, vor allem, wenn es um Liebe und Sexualität ging. Man schätzt, dass fast ein Fünftel der fiktionalen Literatur im 18. Jahrhundert irgendeine Form der Brieftechnik nutzte.[57]

Vor allem aber entwickelte sich ein ungeheures Interesse an den Biografien realer Menschen. Das 18. Jahrhundert war die erste Epoche der biografischen Lexika, regelmäßiger Nachrufe, Briefsammlungen und einer umfangreichen Memoirenliteratur. »Keine Art des Schrifttums scheint der Pflege würdiger zu sein als die Biografie«, erklärte Samuel Johnson 1750, »da keine mehr Vergnügen machen oder Nutzen stiften, keine mit so unwiderstehlichem Interesse unsere Herzen gewinnen oder Belehrungen über die ganze Vielfalt menschlicher Umstände weiter verbreiten kann.« Auch die alltäglichsten Lebensläufe, »nicht nur jene, die sich durch verblüffende oder wundersame Wendungen hervorheben«, seien es wert, gedruckt zu werden, denn wenn wir etwas über andere lernten, würden wir unvermeidlich auch etwas über uns selbst lernen: »Wir gehorchen alle den gleichen Beweggründen, unterliegen alle den gleichen Täuschungen, werden alle von Hoffnung beflügelt, von Gefahr bedroht, in Begierden verstrickt und von Lust verführt«. Nicht jeder war wohl mit Johnsons Analyse der menschlichen Natur einverstanden. Etliche Leser, Biografen und Autobiografen beschäftigten sich lieber mit den seltsamen und besonderen Seiten des menschlichen Charakters. Doch das Ergebnis war dasselbe. Um 1800 glaubte man, dass ein weit breiteres Spektrum von Menschen für die Öffentlichkeit von Interesse sei, als noch hundert Jahr zuvor. So war die Lektüre von Berichten über die privaten Angelegenheiten verstorbener oder noch lebender Menschen und das Sammeln ihrer Porträts zu einer Art nationalem Zeitvertreib geworden.[58]

Ruhm und Reichtum

Die zunehmende Popularität von Biografien bringt uns zum letzten Hinweis auf veränderte Einstellungen zu Sexualität und Öffentlichkeit in diesem Zeitraum: der wachsenden Bekanntheit von Menschen, die früher als anrüchig galten. Traditionell sollte die Biografie einem moralischen Zweck dienen. Die Lebensläufe von Heiligen, Märtyrern, Herrschern, frommen und anderen vorbildlichen Menschen waren tugendhafte Beispiele, während die Lebensbeschreibungen von Tyrannen und Mördern in der Regel vor den Fallstricken der Sünde und der Vorsehung Gottes warnten. Auch im 18. Jahrhundert waren das noch wichtige Motive. Doch mit der verstärkten Wertschätzung von Individualität und Persönlichkeit entstand in Verbindung mit den anderen Entwicklungen, die wir betrachtet haben, das erste Zeitalter der Berühmtheit oder Prominenz.

»Prominenz« (*celebrity*) ist ein vager Begriff, der schwer zu definieren ist. Heute bedeutet »Prominenz« meist eine eigentümliche, geringere Form des Ruhms, die in dreierlei Hinsicht eingeschränkt ist. Erstens handelt es sich um eine im Wesentlichen persönliche Form der Bekanntheit, im Unterschied zur Achtung, die man aufgrund einer angesehenen Funktion genießt, etwa der eines Monarchen, oder die mit einer bedeutenden Leistung verknüpft ist. Zweitens ist Prominenz ihrer Natur nach vergänglich, obwohl sie durchaus langlebig sein kann. Drittens und folglich ist sie in besonderem Maße von regelmäßiger öffentlicher Aufmerksamkeit abhängig. Diese besondere Form des vergänglichen, medienabhängigen Ruhms wurde im 18. Jahrhundert, als sich die Möglichkeiten öffentlicher Präsentation vervielfältigten, erstmals zu einem weit verbreiteten Phänomen.[59]

Ihre Ursprünge lassen sich bis zum Ende des 16. und Beginn des 17. Jahrhunderts zurückverfolgen, das heißt, zu den Anfängen einer professionellen schriftstellerischen Tätigkeit für Publikationen. Das war die Epoche, in der es möglich wurde, sich als Auftragsschreiber seinen Lebensunterhalt zu verdienen, indem man Traktate und Aufsätze gegen Bezahlung verfasste. Schon bald gab es auch Autoren, die der Versuchung erlagen, unter falschem Namen für ihre eigenen Bücher zu werben. Laut des *Oxford Dictionary of National Biography* war der Elisabethanische Flugblattschreiber Robert Greene (1558–1592) »Englands erster Klatschreporter«; während John Taylor, der »Water-Poet« (1578–1653), in der neuesten Biografie als die »erste moderne Persönlichkeit« bezeichnet wird, die »die Medien geschickt manipulierte und ›berühmt dafür war, berühmt zu sein‹«.[60] Als hundert Jahre später die ersten Berufsschriftstellerinnen in Erscheinung traten, waren sie häufig – gewollt oder ungewollt – Gegenstand eines noch größeren Interesses an ihrem Privatleben. (Das war insbesondere der Fall, wenn wie bei Aphra Behn, Delarivier Manley und Eliza Haywood kolportiert wurde, in ihrem Privatleben gebe es ebenso viele sexuelle Beziehungen wie in ihren Schriften.) Als die Möglichkeiten der Werbung zunahmen und die Schriftsteller stärker von ihrem kommerziellen Erfolg abhingen, wurde die persönliche Berühmtheit ein immer wichtigeres Merkmal der literarischen Welt Englands.

Nach 1700 begann dieses Interesse für den individuellen Charakter auch die öffentliche Wahrnehmung anderer, weniger ehrhafter Berufe zu prägen. Anfang des 18. Jahrhunderts entwickelte sich eine neue Faszination für das Leben und die Taten von Straßenräubern und anderen romantisierten Gesetzesbrechern. In den 1720er Jahren regten die beiden Gauner Jonathan Wild und Jack Sheppard zahllose Balladen, Predigten, Theaterstücke und Satiren an. Die traurige Berühmtheit solcher Gestalten war eine Inspirationsquelle für John Gays enorm erfolgreiche *Bettleroper* (1728), die ihrerseits dem Kult um den glorreichen Halunken Vorschub leistete. Um 1700 gab es bereits eine lange literarische Tradition, die berüchtigte Kriminelle zum Gegenstand hatte, aber erst im 18. Jahrhundert schaffte es eine größere Zahl von ihnen, schon zu Lebzeiten so berühmt zu werden, dass man ihre Porträts auf billigen Drucken verkaufte und Biografien schrieb, die bewundernd und didaktisch zugleich waren.[61]

Ein noch engerer Zusammenhang lässt sich zwischen dem wachsenden

Ruhm für Prostituierte und Schauspielerinnen herstellen, die erst während der Restauration öffentlich auf englischen Bühnen auftreten durften. Die Überschneidung zwischen ihren Rollen war offenkundig. »Tatsächlich sind die meisten Schauspielerinnen Kurtisanen«, behauptet eine Figur in einem frühen Stück von Margaret Cavendish. »Und die meisten Kurtisanen sind gute Schauspielerinnen«, erwidert eine andere. Wie erwähnt, traten in London ab 1600 Schauspielerinnen ständig öffentlich auf. Ihr Charakter stieß in der Öffentlichkeit auf großes Interesse. Oft gewährten sie solche Einblicke, indem sie sich mit ihrer unverstellten Stimme in speziell verfassten Prologen und Epilogen an das Publikum wandten. Man wusste auch, dass viele von ihnen auf und jenseits der Bühne ein skandalöses Leben führten. Etliche der bekanntesten Mätressen der Zeit – von Nell Gwyn bis Dorothy Jordan – begannen ihre Karriere auf der Bühne. In mancherlei Hinsicht waren Schauspielerinnen bei den Zeitgenossen weit berühmter als Huren oder Kupplerinnen. Bezeichnend ist allerdings, dass der Ruhm beider Berufsgruppen etwa gleichzeitig entstand; dass er ähnliche Formen annahm – von Porträts auf Drucken bis hin zu eilig zusammengeschriebenen Biografien – und dass er sich weitgehend auf ihr sexuelles Verhalten bezog.[62]

Selbstinszenierung und Ausbeutung

Die wachsende Popularität von Kurtisanen war also Teil einer ganzen Reihe von miteinander zusammenhängenden Entwickelungen in der Gesellschaft des 18. Jahrhunderts – das Ergebnis neuer Einstellungen zu berühmten und berüchtigten Persönlichkeiten, neuer literarischer Formen sowie veränderter Ansichten über öffentliche Meinung und persönliche Identität. In ihr zeigte sich auch die Entstehung von Massenmedien einer neuen Art, in denen private Angelegenheiten und persönliche Meinungen in einem bis dahin unvorstellbaren Maße veröffentlicht wurden. Ihre überdauernde Bedeutung lässt sich auf zwei gegensätzliche Weisen deuten.

Zum einen, indem man darauf verweist, wie künstlich die Erzeugnisse waren, mit denen diese skandalösen Frauen inszeniert wurden. Viele davon – egal, ob Memoiren, Anekdoten oder Porträts – waren zumindest oberflächlich so gestaltet, dass sie wahrheitsgetreu aussahen. Doch ein genauerer Blick zeigt ebenso deutlich, dass die meisten von ihnen von männlichen Autoren und Verlegern gefälscht waren. Wie bei jeder Biografie schien ein Reiz in dem Versprechen auf Echtheit zu bestehen, auf die Enthüllung privater und geheimer Informationen über bekannte Leute. Der Stil und die Aufmachung vieler dieser frei erfundenen Berichte ist täuschend echt, und andere Quellen sind so spärlich, dass zahlreiche moderne Historiker und sogar das *Oxford Dictionary of National Biography* nicht selten geneigt sind, sie für bare Münze zu nehmen.[63] Außerdem sollten wir uns vor Augen halten, dass die Leser des 18. Jahrhunderts das mehrdeutige Spiel mit Fakten und Fiktionen sehr zu schätzen wussten. Ob bestimmte Geschichten wahrheitsgetreu waren oder nicht, spielte nicht unbedingt eine Rolle: Ihr Zweck war Unterhaltung und Belehrung. So betrachtet unterschied sich der größte Teil der Bücher und Druckschriften über Kurtisanen in Form und Funktion nicht von der heutigen fiktionalen Literatur. Sie können uns viel über die Kultur des 18. Jahrhunderts mitteilen, aber nur sehr wenig über die Frauen, die zu beschreiben sie sich anheischig machen. In dem Maße, wie diese Literatur den Ruhm der Frauen widerspiegelt und verstärkt, entstellt und missbraucht sie diese auch, indem sie ohne deren Einverständnis die Lügen und Fantasien anderer Leute auf sie projiziert.

Doch Ansehen ist in keiner Gesellschaft nur eine Frage der öffentlichen Wahrnehmung und Projektion. Es beruht auch auf dem eigenen Handeln. Die öffentliche Aufmerksamkeit, die sich im 18. Jahrhundert auf skandalöse Frauen richtete, deutet auch auf ihre Mittäterschaft hin. Viele von ihnen pflegten ihre Berühmtheit, indem sie mit ihr hausieren gingen. Vielfach geschah es durch persönliches Auftreten, Mund-zu-Mund-Propaganda und handschriftliche Korrespondenz mit Angehörigen der höheren Schichten. Doch erfolgreiche Kurtisanen trieben auch Eigenwerbung in Druckerzeugnissen, mit denen sie sich an ein breiteres Publikum wendeten.

Unter anderem veröffentlichten sie autorisierte Drucke in Zusammenarbeit mit namhaften Malern, Grafikern und Verlegern. Wir können den Punkt, an dem diese Praxis begann, mit bemerkenswerter Genauigkeit bestimmen. In der letzten Märzwoche 1759 schaltete die Kurtisane Kitty Fisher eine Zeitungsanzeige, in der sie die ständige Ausbeutung ihrer Person durch schäbige »kleine Schreiberlinge« beklagte, die ihr in der Öffentlichkeit gefälschte Texte und Bilder unterschoben (die Bekanntmachung ist am Anfang dieses Kapitels abgedruckt). Einige Tage später suchte sie Joshua

Reynolds, den erfolgreichsten Maler der Zeit, auf, der sogleich ansprechendere Porträts von ihr anfertigte, die als Drucke in massenhafter Auflage erscheinen sollten. Es war der Beginn einer langen und fruchtbaren Partnerschaft, denn niemand verstand sich besser auf die Herstellung und Manipulation visueller Berühmtheit. Von da an malte Reynolds prächtige Porträts der erfolgreichsten Halbweltdamen der Zeit, zeigte sie in vielbesuchten Ausstellungen und ließ sie als billige Drucke in allen Formen und Größen herausbringen. Wie andere Porträtisten, die ihn nachahmten, machte er damit Werbung in eigener Sache und trug zugleich zur Berühmtheit seiner Modelle bei, sodass beide Seiten davon profitierten (vgl. Tafel 16 bis 18, und Abb. 45).[64]

In dieser Epoche begannen die skandalumwitterten Frauen auch erstmals damit, echte Autobiografien und Rechtfertigungen ihres Verhaltens zu veröffentlichen. Solche Schriften dienten verschiedenen Zwecken. Sie ermöglichten der Autorin, der Welt ein vorteilhaftes Bild von sich zu präsentieren und ihre Feinde zu benennen und bloßzustellen. Außerdem brachten sie ihr Geld von eifrigen Lesern und Buchhändlern ein. Am einträglichsten aber war die Praxis, ehemalige Liebhaber und Kunden zu erpressen, indem man ihnen drohte, ihre Namen und Briefe zu veröffentlichen. Das war der Hauptzweck, den die Kurtisane Teresia Constantia Phillips mit ihrem in Fortsetzungen erscheinenden autobiografischen Bericht *Apology* verfolgte, dessen Folgen ab 1748 publiziert wurden. Im selben Jahr erschienen die ersten beiden Bände der *Memoiren* von Laetitia Pilkington, die von ihrem getrennt lebenden Ehemann als »unverbesserliche Hure« verunglimpft wurde. Um 1800 hatte sich die Gattung fest eingebürgert. Als Margaret Leeson, die beliebteste Prostituierte und Bordellwirtin im Dublin des 18. Jahrhunderts, in den 1790er Jahren feststellen musste, dass ihr das Geld ausging, war ihr sofort klar, was sie zu tun hatte. Wie jeder moderne Prominente war sie entschlossen, ihren Bekanntheitsgrad zu Geld zu machen, und begann, ihre Memoiren zu veröffentlichen. Nach drei Bänden, mehreren Jahren und etlichen Hundert Seiten, hatte sie alles preisgegeben, wobei sie sich auf die Fülle ihrer Privatpapiere, Rechnungen und Briefe stützen konnte. Es war eine explosive Mischung. Da war der unvermeidliche Bericht über ihre Verführung, über den Weg in Unkeuschheit und das Dasein als Mätresse, nebst Vignetten der Männer, die sie ausgehalten hatten; die noch saftigere Geschichte ihres Lebens als Bordellbesitzerin für einige der reichsten und mächtigsten Männer des Königreichs; wortreiche Schilderungen ausgelassener Feste in höchsten Kreisen; Briefe von ihren Liebhabern; Geschichten über berühmte Prostituierte, die sie gekannt hatte und zahllose Einzelheiten über sexuelle Affären und Skandale (siehe Abb. 50). Kein Wunder, dass das Werk »den Buchhändlern aus den Händen gerissen wurde«.[65]

Diese Entwicklung überschnitt sich mit der immer beliebteren Methode, sexuelle Affären als politische Waffe zu benutzen. Natürlich war es schon lange üblich, politische Gegner durch sexuelle Skandale in Misskredit zu bringen: Die Taktik an sich war nicht neu im 18. Jahrhundert. Drei Aspekte aber waren es: Erstens, die öffentliche Meinung wurde mehr und mehr als legitimes, wichtiges und unvermeidliches Forum der politischen Debatte betrachtet. Diese Auffassung lässt sich bereits in den Revolutionen von 1649 und 1688 erkennen; hundert Jahre später hat sie sich enorm verfestigt. Zweitens, die Öffentlichkeit hatte ungeheuer an Macht gewonnen. In den Jahrhunderten zuvor zirkulierten die meisten politisch-sexuellen Satiren nur mündlich oder in Form kurzlebiger, handschriftlicher Spott- und Schmähschriften. Jetzt hatten sich regelrechte Gattungen von dauerhaften, weit verbreiteten Druckschriften entwickelt, die keinem anderen Zweck dienten als der Enthüllung sexueller Skandale. Fiktive Erinnerungen, Zeitungen, schlüpfrige Zeitschriften und satirische Drucke – sie alle wurden regelmäßig – offen oder versteckt – dazu verwendet, den Ruf von Politikern zu beschädigen, indem man diese mit bestimmten Kurtisanen oder allgemeiner Unmoral in Verbindung brachte.

Neu war drittens und letztens die verstärkte Nutzung der sexuellen Satire für radikale politische Zwecke: nicht nur um einzelne Personen anzugreifen, sondern um gegen das ganze korrupte System der Aristokratie und Monarchie zu agitieren. In den 1760er Jahren begannen französische Schriftsteller von London aus, eine Flut von verunglimpfenden und pornografischen Schriften gegen die französische Kirche und Regierung zu veröffentlichen. Einige Autoren taten es mehr aus Geldgier als aus Überzeugung, aber die Wirkung war in beiden Fällen die gleiche. Wie Robert Darnton und andere Historiker des französischen 18. Jahrhunderts kennt-

RECHTE SEITE: *Abb. 50. Die Titelseite des zweiten Bandes von Margaret Leesons sensationellen Memoiren, 1795 »für die Autorin gedruckt«.*

MEMOIRS

OF

MRS. MARGARET LEESON.

WRITTEN BY HERSELF;

AND

INTERSPERSED WITH SEVERAL INTERESTING AND
AMUSING ANECDOTES,

OF SOME OF THE MOST STRIKING

CHARACTERS

OF

GREAT-BRITAIN AND IRELAND.

VOL. II.

Then will I grant thee all thy foul's defire;
All that may charm thine ear, and pleafe thy fight:
All that thy thought can frame or wifh require
To fleep thy ravifh'd fenfes in delight.
The fumptuous feaft, entranc'd with mufic's found,
Fitteft to tune the melting foul to Love:
Rich odours, breathing choiceft fweets around;
The fragrant Bow'r, cool Fountain, fhady Grove:
Frefh Flowers, to firew thy Couch, and crown thy Head;
Joy fhall attend thy fteps, and Eafe fhall fmooth thy bed;
What pleafures, vain miftaken wretch are thine!
(Virtue with fcorn reply'd)
Draining the copious Bowl, ere thirft require;
Feafting ere hunger to the feaft invite:
Whofe tafielefs Joys anticipate defire
When Luxury fupply'd with appetite.

JUDGMENT OF HERCULES.

DUBLIN:

PRINTED FOR THE AUTHORESS,

AND SOLD BY THE PRINCIPAL BOOKSELLERS.

M,DCC,XCV.

nisreich zeigten, beeinflusste diese Flut von skandalträchtigem Material vor und nach 1789 die öffentliche Meinung in Frankreich und stellte die Legitimität der Monarchie erheblich in Frage. Mit Beginn der 1790er Jahre wandten sich englische Autoren und Verleger mit dieser Taktik in zunehmendem Maße an ein Massenpublikum. Im radikalen Londoner Untergrund zu Beginn des 19. Jahrhunderts verband sich die Veröffentlichung antiklerikaler und antiaristokratischer Pornografie auf das engste mit dem Engagement für Demokratie und Revolution.[66]

Besonders ungewöhnlich war die heftige Kampagne von, für und gegen Königin Caroline, die getrennt lebende Frau Georgs IV., welche zwischen 1806 (als Georg noch Prinzregent war) und 1821 (als sie starb) mit allen Mitteln geführt wurde – sexuellen Enthüllungen, Erpressung, Nötigung und skandalösen Veröffentlichungen. Er war ein notorischer Lebemann; ihr wurde glaubwürdig nachgesagt, selber Liebhaber gehabt zu haben. Die Auseinandersetzung der beiden wurde zu einer Schlacht der öffentlichen Meinung, die Hunderttausende von Angehörigen der Mittel- und Arbeiterklasse veranlasste, ernsthafte politische Demonstrationen und Kundgebungen im ganzen Land zu organisieren. Der Konflikt wurde in jedem Druckmedium, von jeder politischen Klasse, vom König und der Königin bis hinab zum schäbigsten Schmierfink der Sensationspresse ausgetragen (siehe Tafel 19).

Königin Caroline befand sich in einer außergewöhnlichen Position und hatte stets ihre Unschuld beteuert. Doch um 1800 hatte die Medienrevolution die Voraussetzungen dafür geschaffen, dass es selbst bekennende Huren niederer Herkunft dank ihrer sexuellen Wirkung zu ungeahntem politischen und wirtschaftlichen Erfolg bringen konnten. In keiner Epoche davor hätte eine königliche Mätresse auch nur davon träumen können, die Autorität der Monarchie herauszufordern oder sexuelle Skandale einem Massenpublikum zu enthüllen. Genau das geschah nun immer wieder. 1781 drohte die Schauspielerin, Schriftstellerin und Feministin Mary Robinson, die zugleich eine der prominentesten Kurtisanen ihrer Zeit war, öffentlich damit, die Briefe ihres verflossenen Liebhabers, des Prinzen von Wales, zu veröffentlichen – bis ihr eine »Belohnung« von 5000 Pfund und eine Jahresrente auf Lebenszeit zugesagt wurde. Als sich der Duke of York 1806 ohne angemessene finanzielle Regelung von seiner Mätresse Mary Anne Clarke trennte, drohte auch sie, Einzelheiten ihrer Affäre zu veröffentlichen.

Als dann publik wurde, dass sie einem Ring angehört hatte, dessen Mitglieder unter der Schirmherrschaft des Dukes Ämter in Armee, Kirche und Behörden gegen Bestechungsgelder verkauften, arbeitete sie an mehreren Druckschriften mit, die über die königliche Familie herzogen. Schließlich ließ sie 18 000 Exemplare ihrer sensationellen Memoiren drucken, die auch die Liebesbriefe des Dukes enthielten. Ihre Belohnung war eine gewaltige Abfindung der Regierung (eine Einmalzahlung von 10 000 Pfund und eine stattliche Jahresrente auf Lebenszeit für sie und ihre Tochter) als Gegenleistung für den Verzicht, diesen gefährlichen Text zu veröffentlichen (siehe Tafel 20). Die erfolgreiche Kurtisane Harriette Wilson ging noch einen Schritt weiter und schlug maximalen Profit durch eine Mischung aus Erpressung und Wagemut heraus. Zunächst gab sie die unmittelbar bevorstehende Veröffentlichung ihrer Memoiren bekannt, was Bestürzung unter ihren zahllosen ehemaligen Liebhabern hervorrief, nicht zuletzt beim König. Dann schrieb sie einen privaten Brief an jeden der betroffenen Männer und drohte ihm, ihn bloßzustellen, wenn er ihr nicht etliche Hundert Pfund zukommen ließ. Diese Taktik allein brachte ihr einige Tausend Pfund ein. Anschließend warb sie in der Vorankündigung ihres Buchs mit den Namen der Kunden, die sie in ihrem Buch erwähnte. Schließlich wurde es mit überwältigendem Erfolg in Fortsetzungen veröffentlicht, womit sie noch einmal viele Tausend Pfund verdiente. Allein im ersten Jahr brachte es ihr Werk auf 31 Auflagen, die zahllosen Raubdrucke, Plagiate und Fälschungen nicht mitgezählt (siehe Tafel 21).[67]

Das 18. Jahrhundert erlebte also neue Kommunikationsweisen und neue Einstellungen zur Öffentlichkeit, sowie eine neue Form von Prominenz skandalöser Frauen. Diese Damen hatten nicht nur keine Furcht vor Skandalen, sie genossen sie. Als James Boswell 1776 seine künftige Mätresse Mary Rudd kennenlernte, hatte sie bereits einen einschlägigen Ruf und war stolz auf ihn. »Oh, Sir«, rief sie, als er sich selbst vorstellte, »setzen Sie sich doch – Ich habe schon viel von Ihnen gehört, wir sind *beide ganz besondere Persönlichkeiten* – setzen Sie sich doch, Sir.« Dieses Selbstverständnis, dieses Bewusstsein, in der öffentlichen Wahrnehmung eine Sonderstellung einzunehmen, war ein entscheidendes Merkmal der Prominenten-Kultur. Es leistete dem Erfolg von Prostituierten Vorschub wie der Karriere von Schriftsteller- und Schauspielerinnen. Ein solches öffentliches Selbstbewusstsein blieb nur einer kleinen Minderheit sexuell unabhängiger

Frauen vorbehalten. Konservative Kommentatoren beklagten die neue Entwicklung häufig und lautstark. Im 19. Jahrhundert wurde sie laufend unter Beschuss genommen. Trotzdem bedeutete das öffentliche Auftreten solcher Frauen einen entscheidenden Wendepunkt in der Wahrnehmung – und im Selbstverständnis – weiblicher Sexualität.[68]

Inszenierung von Sexualität

Ende des 18. Jahrhunderts hatte eine neue Unverkrampftheit gegenüber der Sexualität die englischsprachige Welt verwandelt. Ein breites Spektrum von sexuellen Vorstellungen und Praktiken wurde jetzt öffentlicher denn je erörtert, inszeniert und geduldet. Aus unserer heutigen Sicht sind die Grenzen dieser neuen Toleranz allerdings leicht zu erkennen. Für eine unverheiratete Frau blieb ein uneheliches Kind eine gesellschaftliche Katastrophe, die ihr Leben zugrunde richten konnte. Noch größer war die Gefahr für zwei Männer, die miteinander schliefen. In erster Linie wurde die heterosexuelle Lust der weißen, vermögenden Männer zelebriert – denn dort konzentrierte sich schließlich die Macht und der kulturelle Einfluss der Gesellschaft. Wie gesehen, wurde die Sexualität aber auch in anderen Gesellschaftsschichten als natürlich, lustvoll und bereichernd erlebt.[69]

Noch auffälliger als diese Einschränkung ist aber der Gegensatz zwischen der neuen Unbefangenheit des 18. Jahrhunderts und der Kultur der Disziplin, die die englische Gesellschaft bis zu diesem Zeitpunkt beherrscht hatte. Fast der ganze offizielle Apparat der sexuellen Ordnungsmaßnahmen von Kirche und Staat hatte sich aufgelöst. Auch das geistige und soziale Umfeld, das diese Maßnahmen getragen hatte, gab es nicht mehr. Jetzt wurde die Sexualität weit öffentlicher und differenzierter diskutiert; die bisher tonangebende männliche Elite des Klerus und der Gesellschaft insgesamt hatte erheblich an Einfluss verloren; die Botschaft, dass Sexualität außerhalb der Ehe gefährlich und falsch sei, büßte ihre Wirkung ein. Um 1800 wurde dieser Behauptung sogar in vielen der neuen Medien implizit und explizit widersprochen. Das führte zu einer völlig neuen Kommunikationswelt, in der sich ganz neue Vorstellungen über Sexualität entwickelten. Das hatte erdrutschartige Auswirkungen. In erster Linie war es ein städtisches Phänomen, das durch bestimmte Entwicklungen in London vorangetrieben wurde. Sogar in den weit entfernten Städten der nordamerikanischen Kolonien erwies sich die Kultur der Hauptstadt als der prägende Einfluss.[70] Wie wir im Epilog sehen werden, fanden die Grundsätze der sexuellen Disziplin im 19. und 20. Jahrhundert noch große Beachtung, aber ihre unangetastete Vorherrschaft war ein für allemal gebrochen. Fortan sollte die sexuelle Kultur der englischsprachigen Welt eher von der Spannung zwischen Mäßigung und Hedonismus bestimmt werden.

Die Auswirkungen waren bemerkenswert. Um 1800 war es bei Angehörigen der Oberschicht üblich geworden, ihre ehelosen und ehebrecherischen Beziehungen offener denn je auszuleben. Ende des 18. Jahrhunderts galt das zu verschiedenen Zeitpunkten für den Premierminister, den Justizminister, den Außenminister, den Marineminister, den Herzog von York, den Prinzen von Wales und zahllose andere angesehene Männer und Frauen. Etliche Gründungsväter der Vereinigten Staaten, unter anderem Franklin, Burr, Jefferson und Hamilton, teilten diese Einstellung.[71] Das war eine ethische Grundauffassung, die für die Pilgerväter und ihre englischen Glaubensgenossen undenkbar gewesen wäre. Sexuelle Vergnügungen wurden jetzt zunehmend in speziellen Männerclubs kollektiv veranstaltet. Einer ihrer engagiertesten Vertreter, der Politiker Sir Francis Dashwood, gründete mehrere libertinäre Vereinigungen. In der Mitte seines Landsitzes ließ er einen Venustempel erbauen, der der Form einer riesigen Vagina nachempfunden war; John Wilkes gab 1763 für eine von Dashwoods Gesellschaften sein berüchtigtes erotisches Gedicht *Essay on Woman* in Druck. Noch bemerkenswerter war ein weit bescheidenerer Club – »Beggar's Benison« –, der sich ab der 1730er Jahre von der Ostküste Schottlands über Edinburgh und Glasgow bis nach Sankt Petersburg ausbreitete. Seine Mitglieder trafen sich regelmäßig, um zu trinken, über Sex zu reden, zotige Witze und Lieder auszutauschen und Pornografie zu lesen. Sie bezahlten junge Frauen dafür, dass sie sich auszogen und nackt zeigten. Hauptsächlich aber ging es den Clubmitgliedern darum, ihre Penisse zu vergleichen und – allein oder gemeinsam – voreinander zu masturbieren, wobei sie komplizierte Riten einer phallischen Inszenierung befolgten. Die Clubmitglieder waren repräsentativ für eine ehrbare Gesellschaftsschicht mittleren Alters in begüterten Verhältnissen: Geistliche, Adlige, Juristen, Offiziere, Zollbeamte, Kaufleute, Handwerker und Akademiker. Obwohl die meisten Aufzeichnungen und Artefakte dieses Clubs verschollen sind, ist dennoch

Miss Roberts sitting naked in Ld Grosvenor's lap at the Hotel in Leicester Fields.

See Trials for Adultery Vol 6 pa 114

Published as the Act directs by S. Bladon Patern. ster Row. Oct 21, 1780.

eine bemerkenswerte Sammlung seiner Ritualobjekte erhalten geblieben, versehen mit Texten und Bildern, die die sexuelle Freiheit preisen – Medaillen, Siegel, Diplome, Punschschüsseln, phallische Weingläser, eine speziell verzierte Bibel und ein runder Zinnteller mit verschiedenen obszönen Schmuckelementen, auf die die Mitglieder kollektiv ejakulierten (siehe Tafel 22).[72] Das späte 18. und frühe 19. Jahrhundert wurde auch das große Zeitalter der englischen Kurtisane. Diese Frauen, die Erbinnen von Kitty Fisher und Fanny Murray, waren nicht nur Mätressen, sondern selbständige sexuelle Unternehmerinnen, deren Ruhm und Reichtum es manchmal mit dem ihrer männlichen Begleiter aufnehmen konnte. Nancy Parsons, die Tochter eines Schneiders, war nacheinander die Geliebte des Duke of Grafton und des Duke of Dorset, dann die Ehefrau des Viscount Maynard. Mit Anfang fünfzig wurde sie mit Lord Maynard Einverständnis die ständige Begleiterin des Duke of Bedford, der noch keine zwanzig war. Nachdem Dalrymple Elliott wegen Ehebruchs mit einem irischen Peer von ihrem Mann geschieden worden war, wurde sie die langjährige Mätresse des Earl of Cholmondeley und die gelegentliche Geliebte verschiedener französischer Aristokraten sowie des Prinzen von Wales. Ihre uneheliche Tochter verheiratete sie mit einem Adligen. Zahllose andere Frauen brachten es zu mehr oder minder vergleichbarem Ansehen.[73]

Besonders in London und anderen Städten entwickelte sich ein blühender Wirtschaftszweig, der allen Aspekten der sexuellen Lust diente. Die Prostitution wurde immer offener und umfassender praktiziert. Bordelle und andere Absteigen betrieben unverhohlen Werbung, ebenso Männer und Frauen, die sexuelle Abenteuer mit oder ohne Ehepartner suchten. Geschlechtskrankheiten und Sexualhygiene wurden öffentlich diskutiert. Fortwährend ließen sich Zeitungen über Skandale und Persönlichkeiten des öffentlichen Lebens aus: Einige Blätter widmeten sich ganz dem sexuellen Klatsch und frivolen Geschichten. Auch explizit erotische Bilder und Schriften wurden allgemein verfügbar. Bis zum Ende des 17. Jahrhunderts hatte sich pornografisches Schrifttum vorwiegend auf lateinische, griechi-

LINKE SEITE: *Abb. 51. Eine der Illustrationen des siebenbändigen Werks »Trials for Adultery« (1779–1780), das begierig die sexuellen Kapriolen in Scheidung lebender Aristokraten dokumentierte.*

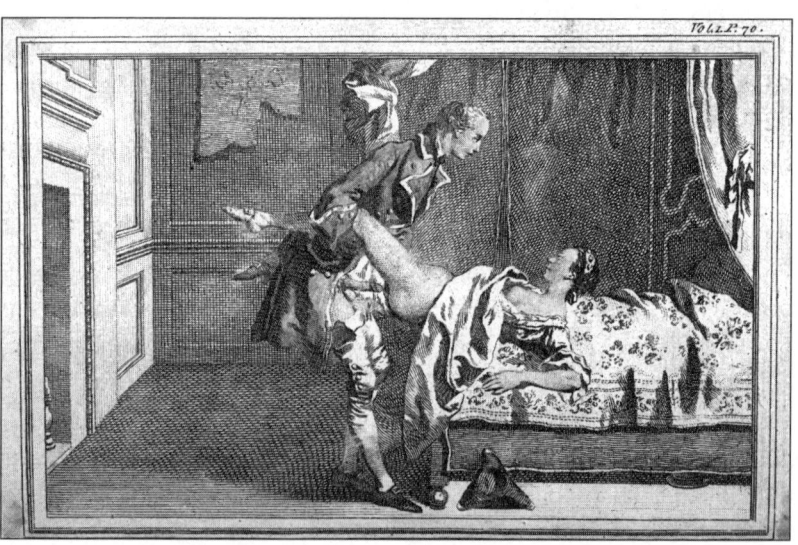

Abb. 52–55. Inszenierung der sexuellen Freiheit nobler Herren: zwei Stiche aus einer illustrierten Ausgabe von »Memoirs of a Woman of Pleasure« (1766; dt.: »Fanny Hill, Bekenntnisse eines Freudenmädchens«), einem pornografischen Roman von John Cleland – zwei der vielen erotischen Drucke, die Thomas Rowlandson um 1800 produzierte.

Carnival of Venice.

sche, italienische und französische Texte beschränkt; viele wurden nur handschriftlich verbreitet; alle wurden heimlich verfasst und gelesen. Doch im späten 18. Jahrhundert entwickelte sich ein blühender Handel mit englischen Erotika. Obwohl die Veröffentlichung von obszönen Bildern und Texten weiterhin gesetzlich verboten blieb, war Pornografie jetzt häufiger und leichter verfügbar. Zur Jahrhundertwende waren sogar Schulmädchen und Landpfarrer in der Lage, sich erotische Bücher und Abbildungen zu besorgen – von »nackten Männern und Frauen in fleischlicher Vereinigung; in verschiedenen Stellungen, stehend, liegend, sitzend, alles von höchst obszöner Art« (siehe Abb. 52–55).[74] All das bringt die neue Wertschätzung der Sexualität als das moderne, aufgeklärte, natürliche und vernünftige Vergnügen schlechthin zum Ausdruck. Diese Entwicklung war auch eine Folge der Medienrevolution. Die Veränderungen, die sie hervorbrachte, und die zahllosen Möglichkeiten, die sie für die Veröffentlichungen und Lobpreisungen der Sexualität bot, sollten von Dauer sein.

Epilog

MODERNE SEXUALKULTUREN –
VOM VIKTORIANISCHEN ZEITALTER BIS ZUM
21. JAHRHUNDERT

Wie wir die Vergangenheit wahrnehmen, was wir in ihr sehen und was wir ignorieren, hängt von unserer heutigen Perspektive ab. Jeder, der zu verschiedenen Zeitpunkten auf sein Leben zurückgeblickt hat, kennt das. Gleiches gilt für historische Schriften: Die Vergangenheit sieht für verschiedene Historiker und zu verschiedenen Zeiten jeweils anders aus. Dieses Buch erwuchs aus dem Versuch, den tiefen Graben zu erklären, der unsere gegenwärtigen Einstellungen zur Sexualität von denen trennt, die die westliche Geschichte so lange beherrschten. Bei der Schilderung dieser Veränderung habe ich mich auf die Themen und den Zeitrahmen konzentriert, die mir am wichtigsten erschienen, und mich vor allem mit den Ansichten der gebildeten Mittel- und Oberschicht dieser Zeit beschäftigt. Das war keine demokratische Welt: Ihre öffentliche Kultur wurde unverhältnismäßig von diesen herrschenden sozialen Gruppen geprägt und kontrolliert. Allerdings war sie auch, wie ich zu zeigen versucht habe, eine Gesellschaft, die immer offener und pluralistischer wurde und in der die sexuellen Einstellungen keineswegs einheitlich waren.

Das sehen durchaus nicht alle Wissenschaftler so. Einige legen mehr Wert auf die Grenzen der sexuellen Disziplinierung vor dem 18. Jahrhundert, oder auf ihre Fortdauer danach oder auf Unterschiede zwischen Geschlechtern, Klassen und Regionen. Andere sind davon überzeugt, dass die wirklich grundlegenden Aspekte des Sexualverhaltens fest in unseren Gehirnen verdrahtet sind, sodass die Beschäftigung mit der Geschichte der sexuellen Einstellungen keine bedeutenden Aufschlüsse zulässt. Doch das ist so, als würde man behaupten, es gehe in der Politik immer um Macht, ohne sich um die Frage zu kümmern, wie sich die Regierung von Stammeskonflikten zur parlamentarischen Demokratie entwickelte oder warum es noch heute so unterschiedliche Regierungsformen auf der Erde gibt.

Unsere Auffassung von der Vergangenheit entscheidet auch darüber, wie wir die Gegenwart sehen. Im vorliegenden Buch bin ich von dem Ansatz ausgegangen, dass der Ursprung der modernen westlichen Einstellungen zur Sexualität in den großen geistigen und gesellschaftlichen Umwälzungen des 18. Jahrhunderts zu suchen ist. Weit mehr als tausend Jahre lang war die Durchsetzung immer strengerer öffentlicher Maßnahmen zur Disziplinierung des sexuellen Verhaltens ein zentrales Anliegen jedes christlichen Gemeinwesens auf dem Globus – doch um 1800 wurde diese Haltung durch eine ganz andere Einstellung ersetzt. Diese radikale Veränderung schuf die Voraussetzung für die Ansichten des Viktorianischen Zeitalters, des 20. Jahrhunderts und der Gegenwart.

Die wichtigste Neuerung der Moderne war die immerwährende Unbestimmtheit der Grenzen sexueller Freiheit. An die Stelle einer relativ geschlossenen, autoritären Weltanschauung, die Jahrhunderte überdauert hatte, setzte die Aufklärung eine sehr viel größere Konfusion und Pluralität der moralischen Perspektiven, die in einem unauflöslichen Spannungsverhältnis zueinander standen. Seither ist das Teil unserer modernen Befindlichkeit. Genauso verhält es sich mit der Entwicklung der sexuellen Freiheit; der immer stärkeren Vorherrschaft städtisch geprägter Lebensweisen und Einstellungen zur Sexualität; der Annahme, Männer seien von Natur aus sexuell aktiver als Frauen; der überdauernden Verknüpfung zwischen Moral und Klasse und unseren endlosen, frei fluktuierenden Obsessionen mit »natürlichem« und »unnatürlichem« Verhalten, mit Pornografie und Prominenz sowie der Unterscheidung zwischen »öffentlichem« und »privatem« Raum. Das waren die beherrschenden Themen der Sexualkultur im 19. und 20. Jahrhundert. Nur durch den Blick zurück zum Übergang von der vormodernen zur modernen Welt können wir verstehen, wie sich diese Phänomene entwickelten.

Repression und Kontrolle

Um ihre Entwicklung in allen Einzelheiten zu untersuchen, wäre eine umfassende Beschreibung der gesamten Epoche erforderlich: Denn wie in
den Jahrhunderten zuvor spiegelte die Entwicklung sexueller Einstellungen
die veränderlichen Merkmale der Kultur im Allgemeinen wider. Meine Absichten sind bescheidener. Geschichtsdarstellungen moderner Sexualität
berücksichtigen nur selten die Welt vor 1800, während die Darstellungen
des 19. und 20. Jahrhunderts in ihren wesentlichen Merkmalen beträchtliche Unterschiede aufweisen – ein unlängst erschienener Band über die
Viktorianischen Sitten betont die Sinnlichkeit des Privatlebens im 19. Jahrhundert, während eine andere Arbeit den allgemeinen »Antisensualismus«
dieser Zeit hervorhebt.[1] Im vorliegenden Schlussteil möchte ich einfach
erklären, auf welche Weise einige der offenkundigsten Merkmale und Widersprüche der modernen Sexualität aus den im vorliegenden Buch beschriebenen Entwicklungen hervorgegangen sind. Prinzipiell entwickelten
sich die Einstellungen nach 1800 in zwei verschiedene Richtungen. Einerseits können wir erkennen, dass die soziale Kontrolle verschiedener Formen des Sexualverhaltens fortgesetzt oder sogar verschärft wurde. Zwar
war der Katalog der öffentlichen Strafmaßnahmen weitgehend abgeschafft
worden, nicht aber die Ideale, auf die er sich gründete. Wie gesehen, waren
daran auch neue, aufgeklärte Denkweisen nicht ganz unschuldig, die die
Unterscheidung zwischen erlaubtem und unerlaubtem Sex nicht abschaff-
ten, sondern nur neu definierten. Mit der wachsenden Freiheit für »natürliches« Sexualverhalten, die heterosexuellen Männern aus der Mittel- und
Oberschicht zugestanden wurde, ging eine engere Definition dessen einher,
was als »unnatürliches« oder sozial anstößiges Verhalten definiert wurde.
Als im 19. Jahrhundert die wissenschaftliche Auseinandersetzung mit Sexualität an Geltung gewannen, benutzte man sie vorwiegend, um weibliche
Lust, gleichgeschlechtliche sexuelle Beziehungen und sexuelle Freizügigkeit in den unteren Klassen zu diffamieren. Ähnliche Ideale einer »sozialen
Reinheit« blieben bis weit ins 20. Jahrhundert hinein von zentraler Bedeutung für feministische oder andere progressive Ideologien. Moderne Denkweisen führten nicht unbedingt zu größerer Freiheit, zumindest nicht für
jeden.

Auf jeden Fall glaubten nicht alle in gleicher Weise an sie. Die Jahrzehnte um 1800 erlebten auch eine erbitterte Reaktion auf die vermeintlichen Exzesse der aufklärerischen Grundsätze und Praktiken. Es gab viele Gründe dafür, die tiefer reichten als die bloße Abneigung gegen Permissivität. Die offensichtlichste Ursache war die fortdauernde politische Krise des Zeitalters, die mit dem Verlust der britischen Kolonien in Nordamerika begann, in der schrecklichen Katastrophe der Französischen Revolution ihre Fortsetzung fand und im verzweifelten Überlebenskampf des britischen Ancien Régimes gegen die radikalen Kräfte im In- und Ausland gipfelte. Ebenso beunruhigend waren die beispiellosen demografischen und wirtschaftlichen Veränderungen der Epoche: ein weiterer enormer Bevölkerungsanstieg (von rund fünf Millionen im Jahr 1700 auf fast zwanzig Millionen bis zu den 1850er Jahren) und eine gewaltige Expansion von Industrie und Handel, von städtischem Leben und Massenarmut.

Vor diesem Hintergrund von scheinbarem nationalen Niedergang und sozialem Aufruhr beschwor man vielfach wieder die Bedeutung von Religion und sozialem Konservatismus: Nur durch Rückbesinnung auf die Grundwerte – so die Forderung – könne die Nation wieder zur alten Stärke finden. Diese Auffassung war einer der Gründe für die großen religiösen Erweckungsbewegungen, von denen England und Nordamerika damals erfasst wurden, und für die geistige Strömung der Gegenaufklärung. Christliche und konservative Beobachter sahen in der zunehmenden sexuellen Freizügigkeit häufig das wichtigste Symptom einer allgemeinen Kulturkrise und in der Wiederherstellung der moralischen Disziplin die dringendste Aufgabe einer nationalen Erneuerung. »Schwerlich lässt sich ein korruptes, lasterhaftes und verderbtes Zeitalter trefflicher beschreiben«, schrieb der loyalistische Autor John Bowles um 1800, als dass es außereheliche Sexualität dulde, »aber leider lässt sich eine solche Beschreibung auf die gegenwärtige Epoche anwenden; und ein schlagenderer Beweis für die äußerste und allgemeine Sittenlosigkeit lässt sich nicht finden«. Unter den einfachen Leuten, so warnte der Panik verbreitende *Anti-Jacobin Review* um dieselbe Zeit,

hat in den letzten Jahren das Laster, das an sich äußerst verabscheuungswürdig und in seinen Folgen überaus gefährlich ist, sowohl bei den einzelnen Mitgliedern des Gemeinwesens als auch in diesem insgesamt in einem fast unglaublichen Maße zugenommen, was vor

*allem für die Metropolen gilt. Unseligerweise sind Ehebruch und Kon-
kubinat in den unteren Klassen der Gesellschaft besonders vorherrschend. Da diejenigen, die an dieser Entwicklung schuld sind, nur selten die Kirche aufsuchen und kaum jemals gesetzlich belangt werden,
besteht wenig Hoffnung auf Besserung. Doch wie können wir erwarten,
dass eine Nation gedeiht, deren Menschen solcherart sich selbst überlassen werden!*[2]

Bereits Mitte des 18. Jahrhunderts führten solche Ansichten zu den Anfängen der methodistischen Bewegung: Ihr Gründer John Wesley war in den
1750er und 1760er Jahren einer der wichtigsten Initiatoren der wiederbe-
lebten London Society for Reformation of Manners. In den 1780er Jahren
begann die evangelikale Erweckung in der Kirche von England Fuß zu fassen und löste eine mächtige, umfassende und lang anhaltende Kampagne
für eine nationale Moralreform aus. Neben der Abschaffung des Sklavenhandels betrachtete ihr Anführer, William Wilberforce, die Kampagne
als sein Lebenswerk, zu der er sich von der göttlichen Vorsehung berufen
fühlte. »Gott der Allmächtige hat mir zwei große Ziele vorgegeben, die
Unterdrückung des Sklavenhandels und die Besserung der Sitten«, notiert
er 1787 in seinem Tagebuch, kurz nach seinem spirituellen Erwachen:
Er machte sich sogleich unbeirrt an die Arbeit. Aus dieser Strömung entwickelten sich die philanthropischen Bestrebungen zur Umerziehung der
unteren Schichten, etwa die Sonntagsschulbewegung (die in den 1780er
Jahren begann), straforientiertere Initiativen wie die Society for the Suppression of Vice (»Gesellschaft zur Unterdrückung des Lasters«, 1802) und
unaufhörliche Angriffe gegen die Ausschweifungen der Oberschicht. Un-
terfüttert wurde das durch eine Flut von Propagandamaterial, das für
christliche Werte und Verhaltensregeln warb – so die Riesenanzahl von
erbaulichen Groschenheften, die die Wortführerin der *Religious Tract Society* Hannah More veröffentlichte.[3]

Ob sie mal in Mary Wollstonecrafts *A Vindication of the Rights of Woman*
hineingeschaut habe, so Horace Walpoles boshafte Frage an Mrs. More
im Jahr 1792. Gewiss nicht, antwortete sie, »schon der Titel hat etwas Fan-
tastisches und Absurdes«. Als sie aber Wollstonecrafts posthumen Roman
Maria (1798) las, bekam sie einen Wutanfall: Die Autorin hatte die damaligen Ehegesetze für unbillig erklärt und verkündet, Ehebruch sei »gerecht-

fertigt«. »Trösten wir uns mit dem Gedanken« riet sie ihren Lesern, »dass diese grausamen Grundsätze keine gängige Praxis sind … Noch gibt es klare und deutlich kenntlich gemachte Unterschiede zwischen richtig und falsch« – alle seien verpflichtet, sie aufrechtzuerhalten. In diesem Kontext schrieb der Geistliche Robert Malthus seine zutiefst konservativen und außerordentlich einflussreichen Schriften über die Bevölkerungssituation. In den Augen der orthodoxen und staatlichen Beobachter schienen seine Theorien den unanfechtbaren wissenschaftlichen Beweis zu liefern, dass ohne »moralische Zurückhaltung« (d. h. Sex nur in der Ehe) die demografische Katastrophe und der nationale Niedergang unausweichlich wären.

Die geballte Wirkung aller dieser Tendenzen lässt sich deutlich am veränderten moralischen Ton in der angloamerikanischen Gesellschaft des späten 18. und 19. Jahrhunderts ablesen. In den 1820er Jahren waren sich die meisten Kommentatoren darin einig, dass die öffentlichen Sitten in den letzten Jahrzehnten anständiger geworden seien und dass das sexuelle Laster nicht mehr so im Vordergrund stehe (obwohl Uneinigkeit herrschte, ob es lediglich in den Untergrund gedrängt oder tatsächlich eingeschränkt worden war). Die Thronbesteigung Königin Viktorias und ihr Beispiel sah man als Bestätigung dieser Tendenz und nicht als Beginn eines neuen Zeitalters an.

Heute sind viele Historiker der Meinung, dass dieses »Viktorianische« Bekenntnis zu strengen Einschränkungen der sexuellen Freiheit und zur Unterdrückung verschiedener Äußerungsformen der Sinnlichkeit weit über das Jahr 1901 anhielt – ja, dass es bis in die 1960er Jahre ein bestimmendes Merkmale der westlichen Sexualkultur blieb. Diese Einstellung wurde so beherrschend, dass sie sich allmählich auch auf die sexuellen Beziehungen in der Ehe auswirkte. Beispielsweise sanken zwischen 1800 und 1920 in den meisten westlichen Ländern die Geburtenraten um fünfzig Prozent oder mehr. Das war eine dauerhafte Veränderung, die offenbar nicht in erster Linie durch Neuerungen der Geburtenkontrolle zustande kam, sondern durch sexuelle Mäßigung und Zurückhaltung in festen Beziehungen – Verzicht, verringerte Beischlafhäufigkeit, Coitus interruptus. (Erst Mitte des 20. Jahrhunderts begann sich das Verhältnis in Richtung der künstlichen Verhütungsmethoden zu verschieben, die heute die Norm sind und größere sexuelle Freiheit ermöglichen, ohne dass die Geburtenrate wieder angezogen wäre.)[4]

Ein entscheidender Aspekt dieser erneuten Betonung der Disziplin war die relative Desexualisierung der Frau. Ich habe mich im vorliegenden Buch bemüht, die Ursprünge dieser bemerkenswerten Tendenz im 18. Jahrhundert zu erklären. Allerdings erreichte sie ihre volle Ausprägung erst im 19. und 20. Jahrhundert. Bei Frauen aller Schichten galt sexuelle Unwissenheit und Passivität in wachsendem Maße als wesentliche Elemente ehrbarer Weiblichkeit und heterosexueller Liebe. Das war kein allein männliches Ideal: Die meisten Frauen verinnerlichten es gründlich und maßregelten Verstöße bei anderen. Auch galt es nicht nur für Jungfrauen.

Wie die jüngere Oral History der Sexualität im 20. Jahrhundert zeigen konnte, blieb die oben beschriebene Einstellung auch dann noch die Norm, als die Frauen in der Ehe sexuell aktiv wurden – und das war ebenfalls ein Muster, das sich bis Ende des 20. Jahrhunderts hielt. Von den Männern dagegen wurde erwartet, dass sie die Initiative ergriffen, dass sie sexuell bewandert waren und Verständnis dafür aufbrachten, dass anständige Frauen nicht unbedingt viel Spaß am Sex hatten.[*][5] Überall in der Öffentlichkeit wurde diese Doppelmoral unverhohlen vertreten. Erst 1991 erkannte das englische Recht den Tatbestand der Vergewaltigung in der Ehe offiziell an.

Genauso wichtig war, besonders im englischen Kontext, die weitere Entwicklung einer sozialen Doppelmoral. Viele Politiker, Kommentatoren und Sozialreformer der Mittel- und Oberschicht hatten im 19. und noch im 20. Jahrhundert die fixe Idee, man müsse die Sexualmoral der Arbeiter regulieren, kontrollieren und gewaltsam verbessern. Wie das Geschlecht (und, vor allem in kolonialen Kontexten, die »Rasse«) wurde die Klasse zu einem entscheidenden Merkmal der sexuellen Andersheit, die außerordentlich anziehend, aber auch abstoßend sein konnte. Wir können diesen Effekt in zahllosen privaten Lebensläufen erkennen. Er nährte die Faszination, die zahllose begüterte Männer und Frauen für das Leben und den Charakter von Prostituierten empfanden; allgemeiner stimulierte er den sexuellen Voyeurismus der Viktorianischen und Edwardianischen So-

---

* Dazu schrieb die feministische Sexualreformerin Janet Chance 1931: »Trotz all des Geredes über sexuelle Erfahrung, trotz all der scheinbaren Gleichberechtigung in der jüngeren Generation bleibt die Leidenschaft in England eine einseitige Angelegenheit. Die Männer wissen mehr oder weniger, was sein kann. Die Frauen häufig nicht«, *The Cost of English Morals*, 1931, S. 36.

zialforscher; und er prägte die alltäglichen Interaktionen der Menschen im urbanen Leben. Eines der am besten dokumentierten Londoner Beispiele liefert uns der hochgestellte Beamte Arthur Munby (1828–1910), der sein Leben einer sexuellen Obsession widmete: Er dokumentierte die Spannung zwischen dem traditionellen Frauenideal seiner Zeit und den Körpern der starken, schmutzigen, verlebten Arbeiterinnen, die die Stadt bevölkerten. Unablässig beobachtete, interviewte, skizzierte, fotografierte und katalogisierte er sie – erregt von dem Gegensatz zwischen seiner Macht und ihrer Armseligkeit. Jahrzehntelang warb er um Hannah Cullwick, eine Dienstmagd; schließlich heirateten sie heimlich. Doch bis zu ihrem Tod im Jahr 1909 lebte sie, mit ihm und ohne ihn, als seine Magd und Arbeiterin – indem sie für ihn und die Welt wieder und wieder ihre privaten und öffentlichen Rituale von weiblicher – und durch ihre Herkunft bedingte – Unterwerfung, Unschuld und körperlicher Objektivierung aufführte.[6]

Die gleiche Faszination und klassenübergreifende Dynamik von Wohlstand und Macht verlieh vielen gleichgeschlechtlichen Beziehungen zwischen Männern ihren besonderen Reiz. Egal, ob in einer vollen Einkaufsstraße oder in der Abgeschlossenheit eines Türkischen Bades, für viele wohlhabende Männer wurde der Reiz einer heimlichen Beziehung mit einem »ungehobelten Burschen« zweifellos durch den Kitzel der sozialen Grenzüberschreitung erhöht. Eine der patrizischen Figuren aus dem 1953 veröffentlichten Roman *The Heart in Exile*, einem Bestseller, der voller Sympathie über das homosexuelles Leben in London berichtet und wehmütig auf diese offenbar verschwindende Kultur zurückblickt.»Menschen wie wir haben heute weniger Geld«, klagt er, »die Arbeiterklasse respektiert uns nicht mehr so wie einst«, als die jungen Arbeiter

> *mühelos zu haben waren … Die Jungens akzeptierten uns, weil wir zur Oberschicht gehörten … sie mochten uns, weil wir sie im Gegensatz zu Frauen kein Geld kosteten. Ich nehme an, wir machten viel Aufhebens um sie, was ihre Mädchen nicht taten. Wie dem auch sei, heute können sie sich Frauen leisten, und wenn sie keine Frauen wollen, haben sie viel Geld für andere Vergnügungen.«*

»Wir mögen keine Leute, die sind wie wir«, erklärt ein anderer, »wir wollen niemanden, der unsere Maßstäbe teilt. Ich meine, niemanden, der gebildet ist, aus der Mittelschicht kommt und so fort. Tatsächlich wollen wir genau das Gegenteil. Wir wollen den primitiven, ungebildeten, ungeschliffenen Burschen.«

Die heterosexuellen Einstellungen zu gleichgeschlechtlichem Verhalten waren genauso nachhaltig von der Schichtzugehörigkeit beeinflusst. Ärzte, Juristen und Kriminologen, die sich bemühten, die homosexuelle Orientierung zu verstehen, unterschieden meist zwischen den offenbar liebevolleren und »natürlichen« Leidenschaften reifer, anständiger Männer und den pervertierten, promiskuitiven Praktiken, die häufiger unter Schwulen aus der Arbeiterklasse anzutreffen seien – da diese, wie es in einem *Handbuch der psychologischen Betrachtung von Verbrechen* voller Abscheu hieß, einfach »primitive sexuelle Neigungen mit einem Interesse an jeder Form sexueller Betätigung« verbänden.[7]

Eine ähnliche Doppelmoral kennzeichnete die Haltung gegenüber heterosexueller Prostitution. Diese Institution war eine wichtige Voraussetzung für die sexuelle Freiheit bürgerlicher Männer, besiegelte aber das Elend vieler Frauen aus den unteren Schichten: Kein Wunder, dass dieser schichtspezifische Aspekt auf allen Seiten heftige emotionale Reaktionen hervorrief. Ebenso aufschlussreich war, wie die Zensur im 19. und frühen 20. Jahrhundert erfolgte. Die Viktorianer und ihre Nachfolger gaben sich große Mühe, die öffentliche Verfügbarkeit explizit pornografischen Materials einzuschränken. Bis zu einem gewissen Grade erwies es sich als möglich, Bilder, Schriften und Informationen sexuellen Inhalts in den Untergrund zu verbannen und ihren Besitz unter Strafe zu stellen. Doch das konnte nicht verhindern, dass immer größere Mengen von Pornografie heimlich hergestellt und in Umlauf gebracht wurden. Viele bessere Herren trugen riesige Sammlungen zusammen: Es ging jedoch im Wesentlichen darum, dieses unmoralische Material von den Frauen und den Massen fernzuhalten.

1960, als sich der Verlag Penguin Books vor Gericht verantworten musste, weil er D. H. Lawrences Roman *Lady Chatterleys Liebhaber* veröffentlicht hatte, brachte der leitende Staatsanwalt J. M. G. Griffith-Jones (Eton, Cambridge und Garderegiment Coldstream Guards) in seinem Eröffnungsplädoyer genau diese Ansicht zum Ausdruck. Nachdem er den Prozess verloren hatte, wurden seine Bemerkungen von den eher liberalen Kommentatoren als äußerst unbedacht bezeichnet; nur wenige Jahrzehnte zuvor wären sie vollkommen normal gewesen. Natürlich wäre es in dieser modernen Zeit, so unterstrich Griffith-Jones, völlig falsch, »die Sache auf allzu moralische, sittenstrenge, überkorrekte, verstaubt Viktorianische Weise zu betrachten«. Trotzdem müssten die Geschworenen sich nach der Lektüre des Buchs fragen,

> *ob Sie es nach Lektüre des Buches billigen könnten, dass Ihre Söhne oder jungen Töchter – denn Mädchen können genauso gut lesen wie Jungen – es ebenfalls lesen? Ist es ein Buch, von dem Sie möchten, dass es in Ihrem Haus herumliegt? Wäre es Ihnen angenehm, wenn es von Ihrer Frau oder den Dienstboten gelesen würde?*[8]

Das Thema des Lawrenceschen Buchs – es entstand Ende der 1920er Jahre – ist natürlich selbst ein Beispiel für die ausgesprochen englische Besessenheit, die dem Verhältnis von Sexualität und Klasse gilt.

Die Einschränkungen, die der sexuellen Freiheit auferlegt wurden, betrafen auch homosexuelle Männer, die – vor dem Gesetz und in der Gesellschaft – immer häufiger unbarmherzigen Repressalien ausgesetzt waren. Das war wiederum eine Entwicklung, die ihren Ursprung im 18. Jahrhundert hatte, aber nach 1800 immer mehr an Bedeutung gewann. Auch sie war in England besonders ausgeprägt. Das ganze 19. Jahrhundert hindurch gab es Hunderte von Prozessen und Verurteilungen jährlich wegen homosexueller Beziehungen und Sittlichkeitsvergehen. Bis in die 1830er Jahre wurden Engländer regelmäßig wegen »Analverkehr« hingerichtet: Zwischen 1810 und 1835 wurde dieses »Verbrechen« mit dem Tod von 46 Männer gesühnt. Viele Tausende wurden wegen ihres vermeintlich abnormen Sexualverhaltens am Pranger gedemütigt oder zu Haftstrafen verurteilt.

Das bekannteste Beispiel ist wohl Oscar Wilde, der 1895 zwei Jahre Gefängnis mit schwerer Zwangsarbeit verbüßen musste. Noch bemerkenswerter als die Viktorianische Strenge ist der Umstand, dass dieser Strafeifer zumindest zahlenmäßig im 20. Jahrhundert noch übertroffen wurde. Als Wilde vor Gericht gestellt wurde, beliefen sich solche Fälle von Körperver-

---

* In einem früheren Prozess, in dem es ebenfalls um einen angeblich obszönen Roman ging, hatte er die Geschworenen gefragt, ob sie gewillt wären, das Buch »als Weihnachtsgeschenk an die jungen Mädchen im Büro zu verteilen – und wenn nicht, warum nicht?«

letzung auf rund fünf Prozent aller Strafprozesse wegen Verbrechen gegen Personen; Ende der 1950er Jahre war diese Zahl auf über 20 Prozent – mit anderen Worten, auf Tausende von Prozessen pro Jahr – geklettert. Der gleiche spektakuläre Anstieg war in anderen europäischen Ländern und in den Vereinigten Staaten zu verzeichnen. Das Bemühen, die Homosexualität einzuschränken – und vielleicht sogar auszumerzen – war viele Jahre lang ein vordringliches Anliegen öffentlicher Ordnungspolitik.[9] Weit angstfreier ging man mit lesbischer Sexualität um, die nie unter das Strafgesetz fiel. Aufschlussreich ist allerdings, dass schon ihre öffentliche Diskussion als Gefahr für die Sittlichkeit angesehen wurde. 1921 fiel ein Gesetzesentwurf zur Strafbarkeit sexueller Beziehungen zwischen Frauen im Parlament durch, unter anderem, weil man es nicht für opportun hielt, dass die große Mehrheit der Frauen, »die von all dem noch nie gehört hat« von den Praktiken einer »außerordentlich kleinen Minderheit« erfuhr. Als Radclyffe Hall in ihrem Roman *The Well of Loneliness* (dt.: *Quell der Einsamkeit*) um Toleranz für »invertierte Frauen« warb, die »andersherum« waren, stufte man ihre Botschaft pauschal als »obszön« und »unnatürlich« ein und verbot das Buch.[10]

Im 19. und 20. Jahrhundert war das kollektive Bestreben, angeblich unnatürliche Sexualpraktiken einzudämmen, durch einen Wandel in der Wahrnehmung solcher Verhaltensweisen bedingt. Man verstand sie nicht mehr als sündige Handlungen, sondern eher als Symptome einer Persönlichkeitsstörung, deren Ursprung (egal, ob durch Erziehung oder Anlage) jetzt intensiv diskutiert wurde. So wurde die Typologie von »natürlichem« und »unnatürlichem« Verhalten auf eine medikamentös zu behandelnde Pathologie von Charaktertypen abgebildet – der »invertierte« Homosexuelle, die »Nymphomanin«, die »kriminell veranlagte Frau« und so fort.

Wie erläutert, erwuchs dieser Ansatz ursprünglich aus dem aufklärerischen Wunsch, die menschliche Natur mittels neuer, wissenschaftlicher Methoden zu verstehen; in den folgenden Jahrhunderten aber wurde dieser Ansatz immer komplexer und einflussreicher, da Medizin und Biologie ihre Bedeutung als Bestimmungsfaktoren dessen, was sexuell und sozial »natürlich« war, stetig ausweiteten. (Das war eine der wichtigsten Erkenntnisse Michel Foucaults in seinem Werk *Sexualität und Wahrheit* (1976), der einflussreichsten Untersuchung zu diesem Thema gegen Ende des 20. Jahrhunderts.) So entstanden unsere zutiefst modernen Auffassungen: dass wir von sexuellen Identitäten und nicht von sexuellen Handlungen auszugehen haben und dass wir geradezu besessen sind, andere und uns entsprechend zu etikettieren.[11]

Daher wurde die Sexualität auch nach 1800 durch eine Reihe von Ordnungsmaßnahmen erheblich gegängelt. Obwohl der öffentliche Strafkatalog weitgehend außer Kraft gesetzt war, soweit es die sexuellen Beziehungen zwischen Männern und Frauen betraf, richtete er sich mit zunehmender praktischer und symbolischer Gewalt gegen »unnatürliches« Verhalten. Allgemeiner, die seit kurzem aufgewerteten Ideale sexueller Zurückhaltung wirkten sich nachhaltig auf die vorherrschenden Einstellungen und Gewohnheiten aus.

Trotzdem gab es etliche entscheidende Unterschiede zwischen den sexuellen Verhaltensweisen der modernen und vormodernen Welt. Jetzt wurde in Fragen der Sexualität die genaue Grenze zwischen öffentlichem und privatem Bereich immer wieder diskutiert. Offizielle Vorschriften mieden die staatlichen Institutionen nach Möglichkeit: Moderne Disziplinierungsmethoden waren weit diffuser und zersplitterter. Alles in allem waren die Normen der sexuellen Disziplin lange nicht mehr so beherrschend wie vorher und befanden sich in ständiger und wachsender Spannung mit alternativen Lebensweisen und Einstellungen.

Das Ergebnis war eine Sexualkultur, die durch eine ganze Reihe von widersprüchlichen und scheinheiligen Einstellungen gespalten war, ja, von diesen abhing – manchmal wird diese Situation als »Viktorianischer Kompromiss« bezeichnet, obwohl seine wesentlichen Merkmale bis weit ins 20. Jahrhundert erhalten blieben. Auf einer Ebene wurden dabei sexuelle Fragen ständig analysiert, erörtert und publiziert; und auf einer anderen Ebene vermeintlich den öffentlichen Blicken entzogen. Es handelte sich um eine Kultur, in der das, was als normales oder zulässiges Verhalten und Wissen bewertet wurde, in hohem Maße im Hinblick auf Schichtzugehörigkeit und Geschlecht bemessen wurde – eine Kultur also, in der Grenzüberschreitungen sehr stark sexuell konnotiert waren. In der man zugleich in dem Bestreben, die moralischen Normen zu festigen, versuchte, immer strengere Grenzen zwischen der öffentlichen und der privaten Sphäre zu ziehen, damit identische Verhaltensweisen unterschiedlich behandelt werden konnten, je nachdem, wo sie sich manifestierten. Wie die politische Geschichte des 19. und 20. Jahrhunderts zur Genüge zeigt, wurden außereheliche sexuelle Beziehungen bei Männern im Allgemeinen schweigend geduldet – stießen aber, wenn sie in der Öffentlichkeit bekannt wurden, auf empörte Kritik.*

Diese Kombination verschiedener Paradoxa erklärt die Vielfalt wissenschaftlicher Meinungen über den Charakter der Sexualkultur im Viktorianischen Zeitalter und frühen 20. Jahrhundert. Ohne Schwierigkeiten findet man wohlhabende Männer, die sich ihrer sexuellen Freiheit erfreuten; auch die riesige Zahl von Prostituierten ist nicht zu übersehen. Aus diesen Gründen legten einige frühe (und männliche) Historiker der Viktorianischen Sexualität großen Wert auf deren erotische Aspekte. Modernere und feministisch orientierte Forscherinnen führen uns eher vor Augen, auf welch vielfältige Weise Frauen – und in geringerem Maße Männer – in dieser Gesellschaft auf die Unterdrückung ihrer sexuellen Wünsche gedrillt wurden.[12] Kommen wir noch einmal auf Arthur Munby und Hannah Cullwick zurück. Fast alles, was Munby über Frauen zu sagen hatte, war unverblümt oder latent sexualisiert. Ständig dachte er an ihre Körper. Die beiden küssten sich: Sie sahen einander nackt. Doch obwohl sie ein halbes Jahrhundert zusammen waren, scheinen sie nie miteinander geschlafen zu haben. Zwar hatten sie zweifellos eine äußerst ungewöhnliche Beziehung, sind aber trotzdem das beste Beispiel für die viktorianische Spannung zwischen sexueller Obsession und Zurückhaltung.

Freiheit und Gleichheit

Ich habe mich auf England konzentriert, aber ähnliche Tendenzen finden sich nach 1800 – zumindest ansatzweise – auch in anderen westeuropäischen und englischsprachigen Gesellschaften. Umgekehrt lässt sich das, was seit 1960 in der westlichen Welt geschah, als Scheitern des Viktorianischen Kompromisses beschreiben. Die soziale Bedeutung der Ehe hat dra-

---

* Das waren die Verhältnisse, in die der durch und durch aristokratische Premierminister Harold Macmillan (1894–1986) hineingeboren war und die er für selbstverständlich hielt; deshalb war er sehr bestürzt, als er ihre Auflösung in den 1960er Jahren erlebte. So erinnerte er sich gegen Ende seines Lebens: »In der guten alten Zeit war man absolut sicher, dass man mit seiner Frau in ein Restaurant gehen konnte, ohne befürchten zu müssen, dort einen Bekannten mit einem Flittchen beim Mittagessen zu sehen. Das wurde alles diskret gehandhabt, aber heute scheint das nicht mehr üblich zu sein«, Alastair Horne, *Macmillan, 1957–1986*, 1989, S. 495.

matisch abgenommen. Die Scheidungsraten sind steil in die Höhe gegangen. Flüchtige Sexualkontakte sind häufiger denn je. Die massenhafte Verwendung künstlicher Verhütungsmittel hat Sexualität und Lust so radikal wie noch nie von Fortpflanzung und Schwangerschaft getrennt. Wie gesehen, hat diese größere Freizügigkeit letztlich ihren Ursprung in den gesellschaftlichen und geistigen Umwälzungen der Aufklärung. Daher ist der zweite wichtige Aspekt des Einstellungswandels im 19. und 20. Jahrhundert die allmähliche Ausweitung der sexuellen Freiheit in Theorie und Praxis. Die Erfahrung der letzten fünfzig Jahre sollte nicht als radikaler Bruch mit der Vergangenheit gesehen werden, sondern als Beschleunigung dieser anhaltenden Tendenzen und ihre zunehmende Expansion in die Hauptströmung der Sexualkultur.[13]

Während des 19. und frühen 20. Jahrhunderts entwickelte sich die libertäre Kultur der Männer ungehindert weiter. Das moderne Großstadtleben verschaffte heterosexuellen Männern ungezählte Möglichkeiten zu flüchtigen sexuellen Begegnungen; auch die Prostitution weitete sich in diesem Zeitraum stetig aus. Ganz ähnlich hatten sich um 1900 in allen Häfen und Großstädten der westlichen Welt leicht zugängliche homosexuelle Subkulturen angesiedelt. (So schrieb Graham Robb: »Tschaikowski konnte durch ganz Europa reisen und immer sicher sein, dass er jemanden fand, mit dem er Sex haben konnte«.) Und die Frauen? Ab den 1920er Jahre hatten die Zeitgenossen keinen Zweifel daran (und die späteren Historiker waren sich darin mit ihnen einig), dass auch die Frauen den Beginn eines neuen Zeitalters erlebten, in dem das städtische Leben in zunehmendem Maße größere Freiheit für beide Geschlechter brachte. Die Geburt der »neuen Frau« Anfang des 20. Jahrhunderts war der Punkt, an dem sich Mainstream-Feminismus und Weiblichkeitsnormen im Allgemeinen von ihrer traditionellen Fixierung auf strenge voreheliche Keuschheit zu entfernen begannen.[14]

Dieser langsame, aber stetige Niedergang der sexuellen Doppelmoral war eines der Symptome eines größeren geistigen Wandels im Übergang vom 19. zum 20. Jahrhundert: der unaufhaltsame Siegeszug des Gleichheitsprinzips als Richtschnur in ethischen und politischen Fragen. Eine der Grundlagen des Viktorianischen Kompromisses war die Überzeugung, dass Rechte und Normen für die sozialen Gruppen zum eigenen Wohl und dem des Gemeinwesens unterschiedlich sein sollten (was sowohl ethnische Zugehörigkeit, als auch Klasse, Geschlecht oder sexuelle Orientierung betraf). Bereits im 19. Jahrhundert stellten Feministen, Sozialisten und andere progressive Kräfte diese Annahme in Frage, doch erst im Lauf des letzten Jahrhunderts wurde sie von dem entgegengesetzten Grundsatz ernsthaft ins Wanken und letztlich zu Fall gebracht: dass nämlich vor dem Gesetz und moralisch alle Menschen die gleiche Achtung verdienen. Heute nehmen wir diese Idee als selbstverständlich hin. Aber sie hat sich erst in den letzten Jahrzehnten so weit entwickelt, dass die sexuellen Rechte des Einzelnen für konkreter und vielleicht sogar wichtiger erachtet werden als irgendein Begriff der öffentlichen Moral oder des Gemeinwohls. Noch vor fünfzig Jahren wäre ein solcher Konsens undenkbar gewesen.

Nicht weniger wichtig für diese Entwicklung waren die veränderten Vorstellungen über das Öffentliche und das Private. Wie im vorliegenden Buch gezeigt, fiel dieser Unterscheidung im 18. Jahrhundert eine entscheidende Rolle zu, als es darum ging, den Bereich der sexuellen Freiheit zu definieren. Im Prinzip war »privates« Verhalten definitionsgemäß allen gesetzlichen und kommunalen Sanktionen entzogen. Doch immer wenn Handlungen als unnatürlich oder nachteilig für andere oder das Gemeinwesen empfunden wurden, galten sie – selbst wenn sie heimlich vorgenommen wurden – als legitimes Anliegen der Öffentlichkeit. Daher war die Grenze zwischen den beiden Sphären nie eindeutig festgelegt, sondern hing von den jeweiligen Machtverhältnissen, Meinungen und Umständen ab. Grundsätzlich standen die Rechte von Frauen und Homosexuellen im 18. Jahrhundert auf unsicherem Fundament, erzielten während des 19. Jahrhunderts in der Praxis einige Fortschritte und wurden erst im Lauf des 20. und 21. Jahrhunderts allgemein akzeptiert und legal verankert. Der Geschichte dieser Entwicklung wohnt eine bemerkenswerte Ironie inne. Wie gesehen, erwuchs die Vorstellung vom Recht auf sexuelle Privatheit aus den Argumenten für die Unverletzlichkeit des religiösen Gewissens. Doch heute sind diese Rechte so erweitert worden, dass traditionelle Christen sich genötigt fühlen, auf die Verletzung ihrer Religionsfreiheit durch die rechtliche Gleichstellung von homosexuellen Männern und Frauen, durch die Verfügbarkeit von Verhütungsmitteln und die Möglichkeit von Abtreibungen hinzuweisen. In der modernen Welt wird das Recht auf Ausleben des Sexualtriebs höher bewertet als das religiöse Gewissen.[15]

Doch die Sexualität ist nicht nur privater als jemals zuvor: Sie ist auch öffentlicher. Während sich die sexuelle Privatsphäre ausweitete, entwickelte sich parallel dazu ein fortgesetztes und wachsendes Interesse an der öffentlichen Diskussion der Sexualität. Die Medienrevolution, die im 18. Jahrhundert begann, war 1800 keineswegs abgeschlossen: Das Ausmaß und die Geschwindigkeit der öffentlichen Diskussion und das faszinierte Interesse an sexuellen Affären entwickelten sich weiter. Seit den 1960er Jahren haben sich diese Tendenzen erneut beschleunigt. Eine besondere Rolle spielte dabei der weitere Rückgang von Zensur und persönlichen Hemmungen sowie die rasante Entwicklung des Internets, die gemeinsam dafür sorgten, dass die Beziehung zwischen dem Öffentlichen und dem Privaten noch komplizierter wurde. Tatsächlich scheint das große Paradoxon unserer Kultur heute darin zu liegen, dass wir die prinzipielle Privatheit der Sexualität noch entschiedener gegen die öffentlichen Ansprüche von Staat und Recht verteidigen, gleichzeitig aber den immer stärkeren Wunsch zu verspüren scheinen, die intimsten Einzelheiten unseres Lebens einer größtmöglichen Zahl von Menschen darzubieten. Das ist ein ganz anderes Verhältnis zwischen Privatheit und Öffentlichkeit, als es die Viktorianer pflegten – eines, das ein Schlüsselelement ihres Kompromisses beseitigte. Wie gesehen, geht diese Spannung im Wesentlichen auf die Aufklärung zurück.

Wie weit sind wir also tatsächlich gekommen? Wir stellen uns sozialen Wandel gerne als linearen Fortschritt vor: Auch das ist ein Erbe der Aufklärung. Die Folge ist eine Neigung zu historischer Kurzsichtigkeit – allzu leicht vergessen wir, dass unser heutiger Staat ein Zufallsgebilde ist, dass es in der Vergangenheit von alternativen Wegen wimmelte, die nicht eingeschlagen wurden, und dass man sogar in den unmittelbar vorausgegangenen Generationen das Recht auf sexuelle Privatheit ständig in Frage gestellt und verändert hat. Sowohl in der Rechtsprechung wie in der gesellschaftlichen Praxis ist die allgemeine Akzeptanz der sexuellen Freiheit für Frauen und unverheiratete Personen eine vergleichsweise neue Entwicklung. Selbst heute noch sind in der englischsprachigen Welt Verhütungsmittel, Schwangerschaftsabbrüche und Prostitution höchst umstritten. Obwohl Inzest unterschiedlich definiert und gelegentlich auf offensichtlich ungefährliche Verwandtschaftsverhältnisse ausgedehnt wird, ist doch bemerkenswert, dass er – einverständlich von Erwachsenen praktiziert – in einigen Staaten erlaubt ist, in anderen aber weiterhin als Straftat gilt. Meinungsverschiedenheiten über die Grenzen sexueller Freiheit bleiben eines der meistdiskutierten Probleme unserer Zeit.

Obwohl sich in der öffentlichen Meinung die Prinzipien von Privatheit und Gleichheit immer stärker durchsetzen, bleibt die weiterführende Liberalisierung von Homosexualität weiterhin umstritten. Nachdem 1967 die privat praktizierte Homosexualität für Männer über einundzwanzig in Großbritannien legalisiert worden war, *verschärfte* sich die Strafverfolgung von Homosexuellen wegen in Bezug auf »öffentliche« Vergnügungen. Dabei richtete sich das neue Gesetz nicht gegen schwule Sexualität an sich, sondern war dazu gedacht, sie aus der Öffentlichkeit zu verbannen. Noch Ende der 1980er Jahre hat der Oberste Gerichtshof der Vereinigten Staaten entschieden, dass auch private, einvernehmliche sexuelle Beziehungen zwischen Männern wesenhaft unmoralisch und strafwürdig seien. Und die britische Regierung verbot den Kommunalbehörden, der Homosexualität »in irgendeiner Weise Vorschub zu leisten« oder im Schulunterricht zu lehren, dass »Homosexualität als vermeintliche Familienbeziehung anzuerkennen« sei – Gesetze, die in beiden Fällen erst 2003 endgültig außer Kraft gesetzt wurden.[16] Trotz zahlreicher und fortgesetzter Proteste besteht die Diskriminierung gleichgeschlechtlicher Beziehungen fort, nicht nur in Hinblick auf die Eheschließung, sondern auch in Gestalt der Kriminalisierung bestimmter Verhaltensweisen. Im Vereinigten Königreich ist es heute legal, wenn ein Mann seiner Frau im Verlauf einer sexuellen Interaktion mit einem rotglühenden Eisen ein Brandzeichen auf dem Gesäß beibringt, nicht aber, wenn Männer vergleichbare sadomasochistische Rituale privat und einvernehmlich praktizieren – ein Urteil, das sowohl vom Oberhaus wie vom Europäischen Gerichtshof für Menschenrechte bestätigt wurde.[17] Kein Wunder, dass viele Wissenschaftler und Aktivisten heute die Unterscheidung zwischen öffentlichen und privaten Handlungen als ideologisches Konstrukt ablehnen, das die gesamtgesellschaftliche Hegemonie bestimmter, vorwiegend »heteronormativer« Annahmen und Regelungen verschleiert.[18]

Im Laufe der letzten fünfzig Jahre hat sich also das Verhältnis zwischen Freiheit und Unterdrückung, Gleichheit und Ungleichheit, individuellen Rechten und öffentlicher Moral ständig verschoben. Obwohl sie sich fortwährend weiterentwickeln und neue Formen annehmen, stellen sich die Fragen nach der privaten und öffentlichen Sexualmoral immer wieder aufs Neue: Gegenwärtig drohen sie, die katholische Kirche weltweit in eine Krise zu stürzen, die globale Gemeinschaft der anglikanischen Kirchen zu zerreißen und weiterhin leidenschaftliche Auseinandersetzungen in der amerikanischen Politik hervorzurufen. Doch alle diese Meinungsverschiedenheiten haben sich im Rahmen prinzipiell neuer Parameter herausgebildet – auf der Grundlage von Lebens- und Denkweisen, die erstmals im 18. Jahrhundert zu beobachten waren. Inzwischen haben sich die Ideale der Aufklärung weiter durchgesetzt: Der Grundgedanke, dass einvernehmliche sexuelle Beziehungen zwischen Erwachsenen unabhängig von ihrem Geschlecht, ihrer sexuellen Orientierung oder ihrem Familienstand durch den verfassungsrechtlichen Anspruch auf Privatheit geschützt sind, ist im Grundrecht Großbritanniens, der Europäischen Union und der Vereinigten Staaten fest verankert.[19]

Letztlich ist das Erbe der Aufklärung also alles andere als geradlinig und entwickelt sich stetig weiter. Trotzdem lässt sich in der Rückschau leicht erkennen, dass die Aufklärung die Sexualkultur des Westens auf einen vollkommen neuen Weg brachte. Die Merkmale dieser Kultur – Individualismus, Freizügigkeit, Permissivität, Forderung nach Gleichstellung von Frauen und von Homosexuellen – haben sich in den letzten Jahrzehnten eher noch deutlicher ausgeprägt, obwohl die Welt kleiner geworden ist. Sie haben sich auch als höchst einflussreich erwiesen: Nicht nur der Feminismus entfaltete seine Wirkung überall in der Welt, sondern auch die westlichen Vorstellungen von sexueller Freiheit fanden viele Anhänger auf dem Globus.[20]

In anderen Teilen der Welt hält man jedoch weiterhin an sexuellen Vorstellungen und Praktiken fest, die an das vormoderne Europa erinnern. Männer und (vor allem) Frauen müssen mit öffentlicher Strafverfolgung rechnen, wenn sie sich auf außereheliche sexuelle Beziehungen einlassen. Häufig meint man das mit göttlichen Geboten rechtfertigen zu können. Berühmt-berüchtigt ist Ajatollah Chomeinis Bekanntmachung aus dem Jahr 1979, nach der die Hinrichtung von Prostituierten, Ehebrechern und Homosexuellen gerechtfertigt sei, da es sich um die Amputation brandigen Gewebes handle. In etlichen Staaten verhängt man immer noch Strafen wie Haft, Prügel und Tod durch Hängen oder sogar Steinigung gegen Männer oder Frauen, die wegen außerehelicher oder homosexueller Beziehungen verurteilt wurden.[21] Noch verbreiteter und tiefer verwurzelt ist die außergesetzliche Verfolgung von Männern und Frauen aufgrund solcher Beschuldigungen. Das sind die gleichen Praktiken, die in der westlichen Kultur über den größten Teil ihrer Geschichte an der Tagesordnung waren. Die Grundlagen sind ähnlich: die theokratische Autorität heiliger Texte und heiliger Männer, Intoleranz gegenüber religiösem und gesellschaftlichem Pluralismus, Furcht vor sexueller Freiheit, die Überzeugung vom alleinigen Recht der Männer auf Herrschaft. Es liegt auf der Hand, wie sehr diese Einstellungen zum Erhalt der patriarchalischen Gesellschaftsordnung beitragen und welche Einbuße sie für das Glück der Menschen bedeuten. Wie lange sie sich noch in ihren Heimatländern halten können, bleibt abzuwarten.

ANMERKUNGEN

Das *Oxford English Dictionary (OED)*, die *Oxford Dictionary of National Biography (ODNB)* und die *Proceedings of the Old Bailey (OBP)* werden hier nach ihren Online-Ausgaben (www.oed.com, www.odnb.com, www.oldbaileyonline.org) zitiert.

Prolog ~ Die Kultur der Disziplin

1 Westminster City Archives, WCB 1, S. 150–151.

2 Lawrence Stone, *The Family, Sex and Marriage in England, 1500–1800*, London 1977, Zitat S. 648; Keith Thomas, »The Puritans and Adultery«, in: Donald Pennington und Keith Thomas (Hg.), *Puritans and Revolutionaries*, Oxford 1978, S. 282. Zu einer umfassenderen Diskussion vgl. Faramerz Dabhoiwala, »Lust and Liberty«, *Past and Present* 207, 2010, und die Literaturhinweise dort.

3 *English Historical Documents c. 500–1042*, hg. v. Dorothy Whitelocke, 2. Aufl. Teil II, London 1996. Die erhaltenen Aufzeichnungen angelsächsischer Gerichtsverhandlungen belegen, dass Unzucht generell zur Anklage gebracht wurde: Patrick Wormald, *The Making of English Law*, Oxford 1999, S. 160. Einen brillanten Überblick über den allgemeinen europäischen und nahöstlichen Kontext liefert: James A. Brundage, *Law, Sex, and Christian Society in Medieval Europe*, Chicago 1987, Kapitel 1–4.

4 Brundage, *Law, Sex, and Christian Society*, Zitat, S. 3; 2. Mose 20, 14; 3. Mose 20, 10–18; 5. Mose 5, 18; 22, 22–29.

5 Augustinus, *Bekenntnisse*, Stuttgart 1989, S. 209f (8, 7, 17); Brief 6*, 7. Vgl. Peter Brown, *Keuschheit der Engel*, München 1991.

6 Viele primäre und sekundäre Quellen zu diesem Thema sind bequem zugänglich unter: www.anglo-saxon.net.

7 Margaret Clunies Ross, »Concubinage in Anglo-Saxon England«, *Past and Present* 108, 1985.

8 Brundage, *Law, Sex, and Christian Society*; Eve Levin, *Sex and Society in the World of the Orthodox Slavs, 900–1700*, Ithaca 1989; R. H. Helmholz, *The Oxford History of the Laws of England*, Bd. 1, Oxford 2004. Vgl. R. I. Moore, *The Formation of a Persecuting Society*, Oxford 1987. Christopher N. L. Brooke, *The Medieval Idea of Marriage*, Oxford 1989.

9 William Hale Hale, *A Series of Precedents and Proceedings in Criminal Causes*, London 1847; Richard M. Wunderli, *London Church Courts and Society on the Eve of the Reformation*, Cambridge, Mass., 1981; Brundage, *Law, Sex, and Christian Society*, S. 481, 545.

10 Vgl. z. B. London Metropolitan Archives, Acc. 518/80 (1519); M. Spufford, »Puritanism and Social Control?« in: Anthony Fletcher und John Stevenson (Hg.), *Order and Disorder in Early Mo-*

dern England, Cambridge 1985; Marjorie Keniston McIntosh, *Controlling Misbehavior in England, 1370–1600*, Cambridge 1998, S. 115–116 (Zitat); Wunderli, *London Church Courts*, Kap. 4; Ruth Mazo Karras, *Common Women, Prostitution and Sexuality in Medieval England*, New York 1996; Martin Ingram, »Reformation of Manners«, S. 58–65, 79; ders., »Regulating Sex in Pre-Reformation London«, in: G. W. Bernard und S. J. Gunn (Hg.), *Authority and Consent in Tudor England*, 2002; ders., »Shame and Pain«, vor allem S. 44–46, in: Simon Devereaux und Paul Griffiths (Hg.) *Penal Practice and Culture 1500–1900* (2004); Shannon McSheffrey, *Marriage, Sex, and Civic Culture in Late Medieval London*, Philadelphia 2006; Frank Rexroth, *Deviance and Power in Late Medieval London*, 2007, vor allem Kapitel 4.

11 Brundage, *Law, Sex, and Christian Society*, S. 305, 517; *Certayne Sermons, or Homelies, Appoynted by the Kynges Maiestie*, 1547, sig. [S iv^r]; vgl. Lawrence Stone, *The Crisis of the Aristocracy, 1558–1641*, Oxford 1965, S. 662–663; Faramerz Dabhoiwala, »The Construction of Honour, Reputation and Status in Late Seventeenth- and Early Eighteenth-Century England«, *Transactions of the Royal Historical Society*, 6, 1996.

12 Vgl. Brundage, *Law, Sex, and Christian Society*, z. B. S. 187, 206–207, 245, 297–299, 303, 305–306, 341–342, 429, 444–446, 459–460, 517; Pierre J. Payer, *The Bridling of Desire*, Toronto 1993, S. 182, 195 Anm. 2, 258 Anm. 6; Peter Biller, *The Measure of Multitude*, Oxford 2000, S. 40–57.

13 Martin Ingram, »Spousals Litigation in the English Ecclesiastical Courts, c. 1350–1640«, in: R. B. Outhwaite (Hg.), *Marriage and Society*, London 1981. Lawrence Stone, *Road to Divorce*, Oxford 1995, S. 52–58, 67–70.

14 Ptolemy of Lucca, *On the Government of Rulers*, James M. Blythe, 1997, S. 254; Jacques Rossiaud, *Medieval Prostitution*, Oxford 1988, S. 80–81.

15 John Ramsay, A Sermon Preach'd to the Protestants of Ireland, 3. Aufl., Dublin, 1713, S. 6.

16 *Siehe z. B.* Helen L. Parish, »By this mark you shall know him«, *Studies in Church History* 33, 1997.

17 P. D. L. Avis, »Moses and the Magistrate«, Journal of Ecclesiastical History 26, 1975; James A. Brundage, Law, Sex, and Christian Society in Medieval Europe, Chicago 1987, S. 558, Anm. 35.

18 *Siehe z. B.* Leah Lydia Otis, *Prostitution in Medieval Society*, Chicago 1985, Teil 1; Lyndal Roper, *The Holy Household*, Oxford 1989; James R. Farr, *Authority and Sexuality in Early Modern Burgundy*, Oxford 1995; Michael Rocke, »Gender and Sexual Culture in Renaissance Italy«, in: Judith C. Brown und Robert C. Davis (Hg.), *Gender and Society in Renaissance Italy*, London 1998; Ulinka Rublack, *The Crimes of Women in Early Modern Germany*, Oxford 1999, Kap. 4; Merry E. Wiesner-Hanks, *Christianity and Sexuality in the Early Modern World*, London 2000; Philip F. Riley, *A Lust for Virtue*, Westport 2001; Margo Todd, *The Culture of Protestantism in Early Modern Scotland*, New Haven 2002, v. a. Kap. 3; Diarmaid McCulloch, *Reformation*, London 2003 (dt.: *Die Reformation*, München 2008), Kap. 16; Tessa Storey, *Carnal Commerce in Counter-Reformation Rome*, Cambridge 2008, v. a. Schlußbemerkung.

19 Ruth Mazo Karras, *Common Women*, Oxford 1996, v. a. Kapitel 2, S. 82.

20 Gerald Bray (Hg.), *Tudor Church Reform*, Church of England Record Society, 2000, S. 264–267; Keith Thomas, »The Puritans and Adultery«, in: Donald Pennington und Keith Thomas (Hg.), Puritans and Revolutionaries, Oxford 1978, S. 273–274.

21 Phillip Stubbes, *The Anatomie of Abuses*, 1583, sig. H6r; Avis, »Moses and the Magistrate«; Thomas, »Puritans and Adultery«; Ronald B. Bond, »Dark Deeds Darkly Answered«, *Sixteenth-Century Journal*, 16, 1985.

22 *Siehe* z. B. Lawrence Stone, *The Crisis of the Aristocracy, 1558–1641*, Oxford 1965, S. 662–663; Johanna Rickman, *Love, Lust and License in Early Modern England*, Aldershot 2008; Alastair Bellany, *The Politics of Court Scandal*, Cambridge 2002; Cynthia B. Herrup, *A House in Gross Disorder*, Oxford 1999.
23 Martin Ingram, *Church Courts, Sex and Marriage in England 1570–1640*, Cambridge 1987, Teil 2; R. H. Helmholz, »Harboring Sexual Offenders«, *Journal of British Studies* 37, 1998; F. Douglas Price, »Gloucester Diocese under Bishop Hooper, 1551–1553«, *Transactions of the Bristol and Gloucestershire Archaelogical Society*, 60, 1938.
24 C. H. Williams (Hg.), *English Historical Documents 1485–1558*, London und New York 1967, S. 986; Patrick Collinson, *The Religion of Protestants*, Oxford 1982, S. 158–159; Muriel C. McClendon, *The Quiet Reformation*, Stanford 1999, S. 216, 219–221. Vgl. *A Statement of the Mode of Proceeding ... in the Royal Court of Jersey*, Jersey »1789«, d. h. 1790, S. 13–14; zu Glaubens- und Verfahrensfragen vgl. Patrick Collinson, *The Elizabethan Puritan Movement*, London 1967, S. 182–188, S. 204–205, und Ellliot Rose, *Cases of Conscience*, Cambridge 1975, S. 158–168.
25 Für diesen und den nächsten Absatz siehe John Stow, *A Survey of the Cities of London and Westminster*, hg. v. John Strype, 6 Bände, 1720, S. I., 258; Ian W. Archer, *The Pursuit of Stability*, Cambridge 1991, Teil 6 (Zitat S. 250–251); Martin Ingram »Regulating Sex in Pre-Reformation London«, in: G.W. Bernard und S.J. Gunn (Hg.), *Authority and Consent in Tudor England*, London 2002, und ders. »Shame and Pain«, in: Simon Devereux und Paul Griffiths (Hg.), *Penal Practice and Culture*, 1500–1900, New York 2004; McClendon, *Quiet Reformation*, S. 222–223; Joanna Innes, »Prisons for the Poor«, in: Francis Snyder und Douglas Hay (Hg.), *Labour, Law, and Crime*, London und New York 1987; Faramerz Dabhoiwala »Summary Justice in Early Modern Lon-

don«, *English Historical Review*, 121, 2006; Paul Griffiths, *Lost Londons*, Cambridge 2008.
26 Patricia Crawford, *Blood Bodies and Families in Early Modern England*, S. 66; *The School of Venus*, 1680, zweiter Dialog, in: Bradford K. Mudge, *When Flesh Becomes Word*, Oxford 2004, S. 33. Im Februar 1668 hatte Pepys eine Kopie des französischen Originals von *L'escolle des filles* (»das unzüchtigste und unanständigste Buch, das mir je unter die Augen kam«), es heimlich gelesen (»eine Lektüre, die für einen vernünftigen Mann nicht unstatthaft ist, will er sich über die Gemeinheit der Welt unterrichten ... [es] focht mich nicht an, geschah es doch um der Unterrichtung willen«), dabei masturbiert, »und nachdem das getan, verbrannte ich es, damit es nicht zu meiner Schande unter meinen Büchern bleibe«: *The Diary of Samuel Pepys*, hg. v. Robert Lantham und William Matthews, 11 Bde., 1970–1983, ix, S. 21–22, 57–59. [13.01. und 09.02. 1668]
27 Alison D. Wall (Hg.) *Two Elizabethan Women*, Wiltshire Record Society, 1983, Einleitung, S. 37–38; Alison Wall, »The Feud and Shakespeare's *Romeo and Juliet*«, *Sydney Studies in English* 5, 1979–80; und dieselb., »For Love, Money, or Politics?«, *Historical Journal* 38, 1995.
28 Anne Kugler, *Errant Plagiary*, Stanford 2002, S. 60. G. R. Quaife, *Wanton Wenches and Wayward Wives*, New Brunswick 1979, S. 149 (Zitat) S. 156–158; Randolph Trumbach, *Sex and the Gender Revolution*, Chicago und London 1998, S. 400.
29 *Oxford Dictionary of National Biography* (ODNB), Übersetzer der autorisierten Bibelversion; Bethlem Royal Hospital Archives, Beckenham, Kent: BCB 3, fol. 1ᵛ; Quaife, *Wanton Wenches*, S. 183; Keith Thomas »Puritans and Adultery« in: Donald Pennington und Keith Thomas (Hg.), *Puritans and Revolutionaries*, 1978, S. 261.
30 Keith Wrightson, *English Society, 1580–1680*, London 1982, S. 85, Quaife,

Wanton Wenches, S. 61–62; Martin Ingram, *Church Courts, Sex and Marriage in England 1570–1640*, (1987), S. 229–230 (Zitat), S. 267–268.
31 Dabhoiwala, »The Pattern of Sexual Immorality«, in: Paul Griffiths und Mark S.R. Jenner (Hg.),*Londinopolis*, Manchester 2000; Ingram, *Church Courts*, Kap. 4.
32 Thomas, »Puritans and Adultery«, S. 267.
33 Zu weiteren Einzelheiten, *siehe* z. B. R. Poos, »Sex, Lies, and the Church Courts,« *Journal of Interdisciplinary History* 25, 1995; Roger Thompson, *Sex in Middlesex*, Amherst 1986; Martin Ingram, *Church Courts*; Faramerz Dabhoiwala, »Sex, Social Relations, and the Law«, in: Michael J. Braddick und John Walter (Hg.), *Negotiating Power in Early Modern Society,* Cambridge 2001.
34 H[enry] C[onsett], *The Practice of the Spiritual or Ecclesiastical Courts* (1685), S. 386 (Zitat), S. 396; Martin Ingram, *Church Courts*, S. 51–52, S. 248–250, S. 331–334, und die Literaturhinweise dort.
35 Michael Dalton, *The Countrey Justice* (6. Aufl. 1635), S. 88, S. 189.
36 London Metropolitan Archives COL/CA/01/01/014 (Repertory 13), fols 292ᵛ–293ʳ (zitiert in: Martin Ingram, »Shame and Pain«, in: Simon Devereaux und Paul Griffiths (Hg.), *Penal Practice and Culture, 1500–1900* New York 2004, S. 55); *Diary of Samuel Pepys*, VII, S. 240. Manchmal wurde die Ansicht vertreten, dass Polizeibeamte und Wachleute jeden über Nacht ins Gefängnis bringen konnten, den sie auf ihren nächtlichen Runden antrafen, selbst wenn »er nicht verdächtig war«: siehe z. B. Shepherd, *A Sure Guide for his Majesties Justices of Peace* (Ausg. von 1669), S. 412.
37 *Certayne Sermons, or Homilies, Appoynted by the Kynges Maiestie* (1547), sig. Tiiᵛ. Für eine Einführung in diese Themen siehe z. B. Laura Gowing, *Domestic Dangers*, Oxford 1996; Bernard Capp, »The Double Standard Revisited«, *Past and Present* 162, 1999, und ders., *When Gossips Meet*, Oxford 2003; Martin Ingram »Law,

Litigants and the Construction of 'Honour'«, in: Peter Coss (Hg.), *The Moral World of the Law,* Cambridge 2000; David Turner, »Nothing is so secret«, in: Tim Hitchcock und Michele Cohen (Hg.), *English Masculinities 1660–1800*, London 1999; Alastair Bellany, *The Politics of Court Scandal in Early Modern England,* Cambridge 2002; Christine Peters, *Women in Early Modern Britain, 1450–1640*, London 2004, Kapitel 3; Johanna Rickman, *Love, Lust and License in Early Modern England*, Aldershot 2008; www.earlystuartlibels.net.
38 London Metropolitan Archives, DL/C/147, fol. 344[a]ᵛ, 1696.
39 Quaife, *Wanton Wenches*, S. 201; Adam Fox, *Oral and Literate Culture in England 1500–1700*, Oxford 2000, Kapitel 6 (S. 303 zitiert). Zu weiteren Beispiele siehe Martin Ingram, »Ridings, rough music and mocking rhymes in early modern England,«, in: Barry Reay (Hg.), *Popular Culture in Seventeenth-Century England,* London 1985, und die Literaturhinweise in der Fußnote 12 darüber.
40 [Daniel Defoe], *Conjugal Lewdness,* 1727, S. 84–86 zitiert.
41 Margaret Cavendish, *Political Writings*, hg. v. Susan James, Cambridge 2003, (Zitat) S. 185.
42 *Siehe* z. B. Paul Griffiths, *Youth and Authority*, 1996, bes. Kap. 7; Julia Merritt, *The Social World of Early Modern Westminster*, 2005, Kap.. 7; Lena Cowen Orlin, *Locating Privacy in Tudor London* (2007).
43 *Siehe* z. B. *Seventeenth-Century Economic Documents*, Hg. Joan Thirsk und J. P. Cooper Oxford 1972, S. 759 (Zitat); Keith Wrightson und David Levine, *Poverty and Piety in an English Village*, Oxford 1979, S. 80 (Zitat), S. 133; Keith Wrightson, *English Society 1580–1680*, London 1982, S. 78 (Zitat); Martin Ingram, *Church Courts*, S. 130–131; Lawrence Stone, *Uncertain Unions*, Oxford 1992, S. 83–92; Steve Hindle, »The Problem of Pauper Marriage«, *Transactions of the Royal Historical Society* 8, 1998, S. 85 (Zitat), und ders., »Hierarchy and Community in the Eliz-

abethan Parish,« *Historical Journal* 42, 1999; Edgar J. McManus, *Law and Liberty in Early New England,* Amherst 1993; Richard Godbeer, *Sexual Revolution in Early America,* Baltimore 2002, Teil I. Zu mittelalterlichen Präzedenzfällen vgl. u. a. Eleanor Searle et al., »Seigneurial Control of Women's Marriage«, *Past and Present* 82 1979, und 99, 1983; Judith M. Bennett, »Writing Fornication«, *Transactions of the Royal Historical Society* 13, 2003.
44 Zu diesem und dem nächsten Absatz *siehe* z. B. G. R. Quaife, *Wanton Wenches,* Kapitel 3–4, 9–10; Martin Ingram *Church Courts,* S. 158–159, S. 261–263 (Zitat); Angus McLaren, *A History of Contraception,* Oxford 1990, Kapitel 5; Laura Gowing *Common Bodies,* Cambridge 2003, Kapitel 4–6.
45 Quaife, *Wanton Wenches,* S. 64, S. 71.
46 Frank Rexroth, *Deviance and Power in Late Medieval London,* Cambridge 2007, S. 152.
47 Eine hervorragende Einführung in das Thema findet der Leser in: Mark Goldie, »The Theory of Religious Intolerance in Restoration England«, in: Ole Peter Grell et al. (Hg.), *From Persecution to Toleration,* Oxford 1991; John Coffey, *Persecution and Toleration in Protestant England, 1558–1689,* Harlow 2000; Alexandra Walsham, *Charitable Hatred,* Manchester 2006. Vgl. auch R. I. Moore, *The Formation of a Persecuting Society,* Malden und Oxford 1987, v. a. S. 61–65, S. 100–101.
48 The Judgment of the Learned and Pious St Augustine, London 1670, S. 3. Vgl. A. M., *The Reformed Gentleman,* London 1693, sig. A3ʳ–A4ʳ; [Josiah Woodward], An Account of the Societies for Reformation of Manners, London 1699, S. 81–3
49 Edmund Cressy, *Spiritual Directions for Hospitals, Houses of Correction, and Prisons,* London 1675, S. 28–41, (S. 35 zitiert); Richard Cooke, *A White Sheete,* London 1629, S. 36–37; John Disney, *An Essay upon the Execution of the Laws,* 2. Ausg., London 1710, S. 40–42.

50 *Letters,* Nr. 185. Vgl. William Prynne, *The Sword of Christian Magistracy Supported,* London 1647, S. 13–14; [Samuel Johnson], *A Letter from a Freeholder,* London 1688, S. 8.
51 William Clagett, *Seventeen Sermons,* London 1689, S. 43–44; James Knight, *A Sermon Preached to the Societies for Reformation of Manners,* London 1733, S. 9.
52 Z. B. 3. Mose, 20, 5. Vgl. Samuel Mather, *A Testimony from the Scripture,* Cambridge, Mass. 1671?, S. 14; [Charles Leslie], *A Letter of Advice to a Friend,* London, 1696, S. 9. In welchem Maße die Erotisierung des Leibs Christi mit der strengen Monogamie und der Kontrolle der Sexualität durch die Gemeinde vereinbar war, zeigt das Beispiel der Brüdergemeinde in Pennsylvania und anderenorts: Craig D. Atwood, »Sleeping in the Arms of Christ«, *Journal of the History of Sexuality,* 8, 1997.
53 [Robert Bolton], *An Answer to the Question,* London 1755, S. 43; *Reasons Humbly Offered to the Members of Both Houses of Parliament, For Passing the Bill against Vice and Immorality,* London 1699, S. 3; Mary Smith, *Observations on Seduction,* 2. Ausg., London 1808, S. VII.
54 Zu typischen Beispielen vgl. O[liver] O[rmerod], *The Picture of a Puritane,* London 1605; (STC 18851, Sig. M.), und ders. *The Picture of a Papist,* London 1606 (STC 18850), Erste Paginierung S. 39–40, S. 61, S. 64, S. 69–70, S. 75–6, S. 197–199, Zweite Paginierung S. 34–37; Thomas Herbert, *A Relation of Some Yeares Travaile,* London 1634 (STC 13190), S. 99, S. 154, S. 158; George Sandys, *A Relation of a Journey,* London, 1615 (STC 21726), S. 53; *A Description of the Sect called the Familie of Love,* London 164, S. 3; *False Prophets Discovered,* London 1642; Daniel Featley, *The Dippers Dipt,* London 1645, S. 202–203, S. 209–10; E[phraim] Pagitt, *Heresiography,* 2. Aufl., London 1645, S. 5–6, S. 10, S. 13, S. 27, S. 33, S. 88–89, S. 93, S. 142, S. 153; Thomas Edwards, *Gangraena,* London 1646, S. ii. S. 145, S. iii. S. 185–190; Alexander Ross, ΠΑΝΣΕΒΙ oder: *A View*

of all Religions in the World, 2. Ausg., London 1655, z. B. S. I., S. 63–65, S. 119, S. 361–166, S. 380–388; [Henrick van Haestens], *Apocalypsis,* ins Engl. übers. v. J[ohn] D[avies], 2. Ausg., London 1658, z. B. S. 9–10, S. 18, S. 59, S. 67; *Pyrotechnica Loyolana,* London 1667, S. 65, S. 69–72; [David Clarkson], *The Practical Divinity of the Papists,* London 1676, S. 337–360; *A True History of the Lives of the Popes of Rome,* London 1679, S. 10–14; [Gilbert Crokatt und John Monroe], *The Scotch Presbyterian Eloquence,* London 1697, S. 6–7; John Edwards, *A Free Discourse Concerning Truth and Error,* London 1701, S. 137–138, S. 405–406; Christopher W. Marsh, *The Family of Love in English Society, 1550–1630,* Cambridge 1994, S. 66, S. 205–213; Ann Hughes, *Gangraena and the Struggle for the English Revolution,* Oxford 2004, S. 74, S. 89–91, S. 101–102, S. 110, S. 113–114, S. 117); John Spurr, *The Restoration Church of England, 1646–1689,* New Haven 1991, S. 234–237, S. 251–253, S. 269–270; John Marshall, *John Locke, Toleration and Early Enlightenment Culture,* Cambridge 2006, S. 218–222, S. 247–252, S. 259, S. 453–461; Peter Marshall, »John Calvin and the English Catholics«, *Historical Journal,* 53, 2010.
55 Richard Baxter, *A Holy Commonwealth,* London 1659, S. 204.
56 Richard Capel, *Tentations,* London 1633 (STC 4595), S. 97, S. 107, S. 308–309. Vgl. Thomas Edwards, *The Casting Down of the Last and Strongest Hold of Satan,* London 1647, (Sig. A3). Der gößere Zusammenhang wird sehr schön erläutert in: David Wootton, »The Fear of God in Early Modern Political Theory«, *Historical Papers/Communications historiques,* 18, 1983.
57 John Bunyan, *Der Heilige Krieg* (1682), Lahr 1990, S. 12–23, 32–39, 223.
58 James A. Brundage, *Law, Sex, and Christian Society in Medieval Europe,* Chicago 1987, S. 15–17 fasst alle einschlägigen Stellen zusammen (und erwähnt zugleich alle wichtigen Ausnahmen).

59 *The Folger Library Edition of The Works of Richard Hooker,* Hg. W. Speed Hill et al., 7 Bde., Cambridge, Mass. 1977–1998, S. III, S. 321; William Baxter, *A Holy Commonwealth,* Cambridge 1994, S. 212; John Disney, *A Second Essay upon the Execution of the Laws,* London 1710, S. 119–120, S. 123–125, S. 128, S. 155–159.

Kapitel 1 ~ Verfall und Untergang der öffentlichen Bestrafung

1 Gerald Bray (Hg.), *Tudor Church Reform,* Church of England Record Society, 2000, S. 277.
2 P. E. H. Hair, »Bridal Pregnancy«, *Population Studies* 20, 1966 und 24, 1970. *Constitutions, and Canons Ecclesiastical,* London, 1633, Canon 109; Martin Ingram, *Church Courts, Sex and Marriage in England, 1570–1640,* Cambridge 1987, vgl. Kap. 7–9; H. Helmholz »Harbouring Sexual Offenders«, *Journal of British Studies* 37, 1998; Bernard Capp, »The Double Standard Revisited«, *Past and Present* 162, 1999; Jason McElligott, »The Politics of Sexual Libel«, *Huntington Library Quarterly* 67, 2004.
3 *Calendar of State Papers Domestic 1634–1635,* London (?) 1864, S. 325; Samuel R. Gardiner, *History of England,* 10 Bde., Aufl. v. 1905, viii. S. 144–146; Roland G. Usher, *The Rise and Fall of the High Commission,* London 1913; Winfield E. Ohlson, »Adultery: A Review«, *Boston University Law Review* 17, 1937, S. 349 und die dortigen Literaturhinweise; Kevin Sharpe, *The Personal Rule of Charles I,* Avon 1992, S. 379–383.
4 Siehe z. B.. Martin Ingram, »Ridings, Rough Music and Mocking Rhymes in Early Modern England«, in: Barry Reay (Hg.) *Popular Culture in Seventeenth Century England,* London 1985; Adam Fox, *Oral and Literate Culture in England 1500–1700,* Oxford 2000, Kap. 6; Alastair Bellany, *The Politics of Court Scandal,* Cambridge 2002; Johanna Rickman, *Love, Lust, and License in Early Modern*

England, Aldershot 2008; www.early-stuartlibels.net

5 Keith Thomas, »Puritans and Adultery«, in: Donald Pennington and Keith Thomas (Hg.), *Puritans and Revolutionaries,* London 1978, S. 264.

6 John Cotton, *An Abstract or the Lawes of New England,* London 1664, S. 11; Samuel Rawson Gardiner (Hg.), *Reports of Cases in the Courts of Star Chamber and High Commission,* Camden Society, 1886, S. 201–202; Thomas, »Puritans and Adultery«, S. 268–272; Julian Goodare, *The Government of Scotland, 1560–1625,* Oxford 2004, S. 207.

7 *Siehe* Martin Ingram, »Puritans and the Church Courts, 1560–1640«, in: Christopher Durston und Jacqueline Eales (Hg.), *The Culture of English Puritanism,* London 1996.

8 Joan Kent, »Attitudes of Members of the House of Commons to the Regulation of ›Personal Conduct‹ in Late Elizabethan and Early Stuart England«, *Bulletin of the Institute for Historical Research* 46, 1973; Thomas, »Puritans and Adultery«, S. 273–274. Vgl. Arthur Cleveland, »Indictments for Adultery and Incest before 1650«, *Law Quarterly Review* 29, 1913.

9 James I. c.4; 21 James I. c. 27; Keith Wrightson, »Infanticide in earlier seventeenth-century England«, *Local Population Studies* 15, 1975.

10 David Underdown, *Fire from Heaven,* 1992, S. 106–108; Keith Wrightson und David Levine, *Poverty and Piety in an English Village,* 1979, S. 132–134.

11 Donald Lutz (Hg.), *Colonial Origins of the American Constitution,* Indianapolis 1998, Artikel 46 (Fundamental Articles of New Haven, 4. Juni 1639); Thomas, »Puritans and Adultery«, S. 271–272; Richard J. Ross, »Puritan Godly Discipline in Comparative Perspective«, *American Historical Review* 113, 2008.

12 Ohlson, »Adultery«, S. 352–368; Richard Godbeer, *Sexual Revolution in Early America,* Baltimore 2002, S. 103.

13 Richard S. Dunn et al. (Hg.), *The Journal of John Winthrop,* Cambridge, MA.

1996), S. 500–502. Vgl. z. B. Robert Foulkes, *An Alarme for Sinners,* London 1679. Zu zeitgenössischen Strafen für Sexualstraftäter in der Kolonie Plymouth (öffentliche Auspeitschungen, Schandprozessionen, permanente Aufnäher oder Symbole auf der Kleidung und Brandmale auf der Haut) *siehe* Martha L. Finch, *Dissenting Bodies,* New York 2010, S. 122–135.

14 Samuel Rawson Gardiner (Hg.), *The Constitutional Documents of the Purtian Revolution 1625–1660,* 3. Aufl. London 1906, S. 142, 188; C. H. Firth und R. S. Rait (Hg.), *Acts and Ordinances of the Interregnum, 1642–1660,* 3 Bde., London 1911, ii. S. 387–389; Keith Thomas, »Puritans und Adultery«, in: Donald Pennington und Keith Thomas (Hg.), *Puritans and Revolutionaries,* London 1978.

15 Devon Record Office, Exeter: QS/1/9, 4. Apr. 1654 (an dieser Stelle möchte ich mich ausdrücklich für die Hilfe der Leitende Archivarin Mrs. Susan Laithwaite bedanken); *Mercurius Politicus,* 26 Jun.–3 Jul. 1656; F.A. Inderwick, *The Interregnum,* London 1891, S. 34–38; Thomas, »Puritans and Adultery«, S. 258 Anm. 4; F. D. Dow, *Cromwellian Scotland,* Edinburgh 1979, S. 178; Stephen K. Roberts, *Recovery and Restoration in an English County,* Exeter 1985, S. 200–201.

16 Bernard Capp, »Republican Reformation«, in: Helen Berry und Elizabeth Foyster (Hg.), *The Family in Early Modern England,* Cambridge 2007 (im Originaldokument wird ihr Name als »Frotheringham« angegeben); ODNB, Eintrag »Damaris Page«. Bernard Capp, »Bigamous Marriage in Early Modern England«, *Historical Journal* 25, 2009.

17 London Metropolitan Archives: Gerichtsprotokolle aus dem Jahr 1653 für die Westminster Quarter Sessions und Middlesex Quarter Sessions; The National Archives: Public Record Office: Protokolle von King's Bench für 1651, 1653, 1654; Luke Owen Pike, *A History of Crime in England,* 2 Bde, London (?) 1873, ii. S. 183, S. 627–628; Thomas, »Puritans and Adultery«, S. 280; Keith Wrightson, »The Nadir

of English Illegitimacy in the Seventeenth Century«, in: Peter Laslett et al. (Hg.), *Bastardy and its Comparative History,* Cambridge, MA. 1980; Roberts, *Recovery and Restoration,* S. 198–208; Christopher Durston, *Cromwell's Major-Generals,* Manchester 2001, S. 156; Capp, »Republican Reformation«.

18 *A true and perfect list of the names of those prisoners in Newgate,* 1652, S. 6.

19 John Cordy Jeaffreson (Hg.), *Middlesex County Records,* 4 Bde., 1886–1892, iii, S. 294–295; Capp, »Republican Reformation«, S. 50, S. 53; E. P. Thompson, *Customs in Common,* Pontypool 1991, S. 478–479; Samuel R. Gardiner, *History of the Great Civil War,* 4 Bde., 1904, Bd. ii, S. 252; Inderwick, *Interregnum,* S. 38–39; ODNB, Eintrag »Edmund Chillenden«; *Calendar of State Papers, Venetian 1655–1656,* 1930, S. 309. Zur gewaltsamen Verschleppung von irischen Jungen und Mädchen auf ähnlicher Grundlage *siehe: A Collection of the State Papers of John Thurloe,* 7 Bde., 1742, iv, S. 191, 198.

20 Zur Unehelichkeit und ihrer Interpretation *siehe* Peter Laslett und Karla Oosterveen, »Long-Term Trends in Bastardy in England«, *Population Studies* 27, 1973; Wrightson, »Nadir of English Illegitimacy«; vgl. Derek Hirst, »The Failure of Godly Rule in the English Republic«, *Past and Present* 132, 1991.

21 Das Thema ist noch immer nicht ausreichend erforscht, daher werden die Veröffentlichungen von Martin Ingram und Eleanor Fox mit Spannung erwartet. In der Zwischenzeit *siehe* Martin Ingram, »Law, Litigants and the Construction of 'Honour'«, in: Peter Coss (Hg.), *The Moral World of the Law,* 2000, S. 154; Paul Griffiths, *Lost Londons,* 2008, S. 201–209.

22 Siehe London Metropolitan Archives, DL/C/55, S. 328–329, 625–626 (London Consistory Court, Office Side, 1661–1706); R.B. Outhwaite, *The Rise and Fall of the English Ecclesiastical Courts, 1500–1860,* 2006; Andrew Thomson, »Church Discipline«, *History* 91, 2006.

23 Faramerz Dabhoiwala, »Sex, Social Relations and the Law«, in: Michael J. Braddick und John Walter (Hg.), *Negotiating Power,* 2001, S. 91–92; John Miller, *Cities Divided,* 2007, S. 73.

24 Siehe z. B. *The Book of the General Laws and Libertyes Concerning the Inhabitants of the Massachusets,* Cambridge, Mass., 1660, S. 8, 33; *Severall Laws and Orders Made at the General Courts,* 1665, S. 1; [Thomas Wood], *A New Institute of the Imperial or Civil Law,* London, 1704, S. 264; Isabel V. Hull, *Sexuality, State, and Civil Society in Germany, 1700–1815,* London 1996, S. 65, 72–75, 78–79.

25 *Some Proposals Offered to Publick Consideration, before the Opening of Parliament,* London, 1685, S. 2; *Journals of the House of Commons,* 1802–, viii, S. 630 (4. Okt. 1666); ix, S. 592–593, 687; *A Letter to a Member of Parliament with Two Discourses Enclosed,* 1675, S. 5–6. Vgl. *A Proclamation against Vicious, Debauch'd, and Prophane Persons,* London, 30. Mai 1660; *By the Mayor,* London, 23. Dez. 1672; *By the Mayor,* London, 17. Nov. 1676; *By the Mayor,* London, 31. Jan. 1679; *By the Major,* London, 29. Nov. 1679; *By the King, a Proclamation,* London, 29. Juni 1688; *Vertue's Triumph at the Suppression of Vice,* London, 1688, S. 5–8.

26 Siehe z. B. *The Poor-Whores Petition. To the most Splendid, Illustrious, Serene and Eminent Lady of Pleasure, the Countess of Castlemayne,* 1668; Bodleian Library, Oxford, MS Don. B. 8, *passim; The Gracious Answer of the most Illustrious Lady of Pleasure, the Countess of Castlem --- To the Poor-Whores Petition,* 1668; Tim Harris, »The Bawdy House Riots of 1668«, *Historical Journal* 2, 1986; *Articles of High-Treason and other High-Crimes and Misdemeanors against the Dutches of Portsmouth* [um 1680]; *A Satyr* (erste Zeile, »His Holiness Has Three Grand Friends«) [um 1680]; Jeaffreson (Hg.), *Middlesex County Records,* iv. S. 34–35; *The Poor Whores Complaint to the Apprentices of London,* 1672; *A Word of Advice*

to the Two New Sheriffs of London, London 1682; *The Informers Lecture,* London 1682; *The Diary of Samuel Pepys,* Hg. Robert Latham und William Matthews, 11 Bde., 1970–83, ii. S.156; ii, S.60, S.302–303; iv. S.30; v. S.56–61, S.96; vi. S.127, S.210, S.248, S.276–277; vii. S.29, S.159, S.297–298, S.323, S.325–326, S.349–350, S.400, S.426; viii. S.8, S.286–289, S.354–355, S.361–362, S.365, S.366, S.377–378; ix. S.19–20; *The Diary of John Evelyn,* Hg. E.S. de Beer, 6 Bde., 1955, iii, S.316, 403, 464, 465–466, 505, 569, 573; iv, S.85, 269, 331, 398; Osmund Airy (Hg.) *Burnet's History of My Owen Time,,* 2 Bde., Oxford 1897–1900, i, S.453; John Spurr, *The Restoration Church of England, 1646–1689,* 1991, S.248.

27 Zu diesen Themen siehe vor allem Eamon Duffy, »Primitive Christianity Revived«, *Studies in Church History* 14, 1977; Tina Isaacs, »The Anglican Hierarchy and the Reformation of Manners 1688–1738«, *Journal of Ecclesiastical History* 30, 1982; Donna T. Andrew, *Philanthropy and Police* 1989; Lee Davison et al. (Hg.), *Stilling the Grumbling Hive,* 1992, v. a. Kapitel 5–7; Craig Rose, »Providence, Protestant Union and Godly Reformation in the 1690s«, *Transactions of the Royal Historical Society* 3, 1993; John Walsh et al. (Hg.), *The Church of England c. 1689 – c. 1833,* 1993, Kapitel 5, 7; Tony Claydon, *William III and the Godly Revolution,* 1996.

28 G. Meriton, *Immorality, Debauchery, and Profaneness,* 1698, S.105; John Bellers, *Essays About the Poor,* 1699, S.16. Vgl. *Reasons Humbly Offered to the Members of Both Houses of Parliament, For Passing the Bill against Vice and Immorality* [1699], S.1

29 Siehe z.B. [Edward Stephens], *A Specimen of a Declaration against Debauchery, Tendered to the Consideration of His Highness the Prince of Orange, and of the Present Convention of the Nation* [1689]; [ders.], *A Caveat against Flattery,* 1689, S.28–32, S.35–36; [ders.], *The True English Government,* 1689, S.7–8; [ders.], *Of Humiliation* [1689], S.4–6; Claydon,

William III and the Godly Revolution, S.49–50, 57.

30 [Wilhelm III.], *His Majesties Letter to the Lord Bishop of London* [1690], S.4. An einigen Orten, so zum Beispiel in den Diözesen Coventry und Lichfield, gab es daraufhin eine zeitweilige Zunahme von Gerichtsverhandlungen über Ehebruch und Unzucht: Laura Gowing, *Common Bodies,* 2003, S.80.

31 *An Act for the more Effectual Restraining and Suppressing of Divers Notorious Sins, and Reformation of the Manners of the People of this Nation,* [Edward Stephens], *A Plain Relation of a Late Action at Sea,* 1690), S.5–7. Vgl. *Some Modest Reflections Upon Mr Stephens's late Book,* 1691, S.1, 26; [W. Jones], *Ecclesia Reviviscens,* 1691, S.9; Eveline Cruickshanks et al. (Hg.), *The History of Parliament: The House of Commons 1690–1715,* 5 Bde., 2002, Bd iv. S.231. Auch im Römischen Recht Kontinentaleuropas wurde diese Schuldvermutung in Fällen von Ehebruch und Unzucht zugrundegelegt. In England war sie in den 1650ern befürwortet worden, um den Adultery Act zu stärken: [Thomas Wood], *A New Institute of the Imperial or Civil Law,* 1704, S.261–262; D[aniel] T[aylor], *Certain Queries,* 1651, S.9–10.

32 Narcissus Luttrell, *A Brief Historical Relation of State Affairs,* 6 Bde., Oxford 1857, Bd. iv. S.349, 354–355; [John] Oldmixon, *The History of England,* 1735, S.175; vgl. *An Abstract of the Laws Already in Force against Profaneness, Immorality & Blasphemy … with the Laws and Ordinances … from 1640 to 1656,* 1698, und [Daniel Defoe], *The Poor Man's Plea,* 1698, S.30 (dessen Hinweise auf Brandmarkungen, Deportation oder Hängen als Strafe für Ehebruch und Unzucht möglicherweise zeitgenössische Gesetzesvorschläge im Parlament widerspiegeln). Irgendwann wurden bei der Ergänzung des Gesetzes die Klauseln zur sexuellen Unmoral fallen gelassen, und schließlich wurde es 1698 als Blasphemy Act verabschiedet (9 William III c. 35): *Journals of the House of*

Commons, 1802–, Bd. xii. S. 132, S. 134, S. 142, S. 147, S. 151, S. 154–155, S. 160, S. 168–169, S. 176–177, S. 183, S. 258, S. 269, S. 276, S. 280, S. 284–285, S. 295.

33 »A Bill for the more effectual Suppressing of Vice and Immorality«, Lambeth Palace Library, London, MS 640, S. 497–499; »Debates in the House of Commons 1697–1699«, hg. v. D. W. Hayton, in: *Camden Miscellany* 29, 1987, S. 373–375; *Journals of the House of Commons*, Bd. xii, S. 368, 387, 401–402, 466, 468–469, 484, 494; Luttrell, *Brief Historical Relation*, Bd. iv. S. 468, 471–472, 478, 481; Historical Manuscripts Commission, *The Manuscripts of His Grace the Duke of Portland*, 10 Bde., 1891–1931), Bd. iii, S. 602; *Reasons Humbly Offered to the Members*; [Thomas Bray], *Reasons for the Passing of the Bill for the more Effectual Suppressing of Vice & Immorality*, 2. Aufl., 1699; »A True Narrative or Memorial Representing the Rise, Progress and Issue of Dr Bray's Missionary, Undertaking«, 1705, University of Maryland Archives, Thomas Bray Collection, Box 30, Fol. 24ᵛ. Zu gereimten Anspielungen vgl. [Samuel Garth], *The Dispensary*, 1699, S. 73; [Edward Ward], *The Weekly Comedy* 2, 10.–17. Mai 1699; [Daniel Defoe], »An Encomium upon a Parliament«, 1699, Zeile 76–85, abgedruckt in *Poems on Affairs of State*, Hg.. George de Forest, Lord et al., 7 Bde, 1963–1975, Bd. vi, S. 56.

34 Garnet V. Portus, *Caritas Anglicana*, 1912, S. 125 Anm. (Zitat); *The Parliamentary Diary of Sir Richard Cocks, 1698–1702*, hg. v. D. W. Hayton, 1996, Bd. xxxi, S. 9–10; *Conjugium Languens*, 1700, S. 19, 24–26; *Journals of the House of Commons*, Bd. xvi S. 532, 536, 544; *A Chapter in English Church History*, hg. v. Edmund McClure, 1888, S. 319; Thomas Bray, *For God, or for Satan*, 1709, S. 28; *The Third Charge of Whitlocke Bulstrode*, 1723, S. 10–11; David Hayton, »Moral Reform and Country Politics in the Late Seventeenth-Century House of Commons«, *Past and Present* 128, 1990.

35 Siehe z. B. *Acts and Laws ... Of the Province of the Massachusetts-Bay*, 1724, S. 11, 70; *Acts and Laws ... of Connecticut*, Boston 1702, S. 4, 63–64; Winfield E. Ohlson, »Adultery: A Review«, *Boston University Law Review* 17, 1937, S. 356–368; Jonathan I. Israel, *The Dutch Republic*, 1995, S. 690–699; Luttrell, *Brief Historical Relation*, Bd. ii, S. 81, 120; *A Collection of all the Acts ... relating to the Clergy and Ecclesiastical Affairs within the Kingdom of Scotland*, 1693, S. 25 (Zitat); *Acts of the Parliaments of Scotland, 1124–1707*, 12 Bde., [Edinburgh], 1814–1875, Bd. ii, S. 539; Bd. iii, S. 25–26, 213; Bd. vi, (Teil 2), S. 152–153; Bd vii, S. 310–311; Bd. viii, S. 99; Bd. ix, S. 198, 327–328, 387–388; Bd. x, S. 65, 67, 279 (Zitat). Vgl. *A Collection of Some Acts of the General Assembly of the Church of Scotland ... for Suppressing of Vice*, Edinburgh 1714; *The Acts of the Town Council of ... Edinburgh, for Suppressing of Vice ... made since the Happy Revolution*, Edinburgh 1742, S. 105–109, 121–125, 143–135.

36 *Journals of the House of Commons*, Bd. xii, S. 368, 387, 401–402, 466, 468–469, 484, 494; Luttrell, *Brief Historical Relation*, Bd. iv, S. 468, 471–472, 478, 481; *Manuscripts of His Grace the Duke of Portland*, Bd. iii, S. 602; Henry Horwitz, *Parliament, Policy and Politics in the Reign of William III*, 1977, S. 256 (Zitat).

37 Faramerz Dabhoiwala, »Sex, Social Relations, and the Law«, in: Michael J. Braddick und John Walter, *Negotiating Power*, 2001, S. 92; Jonathan Barry und Kenneth Morgan (Hg.), *Reformation and Revival in Eighteenth-Century Bristol*, Bristol Record Society, 1994, S. 22–23; *A Help to a National Reformation*, 1700, Sig. [C4ʳ] (Zitat). Vgl. E. W., *A Letter to a Bishop from a Minister of his Diocess*, 1691, S. 15–16; [Josiah Woodward], *An Account of the Societies for Reformation of Manners*, 1699, S. 2–3; John Disney, *A Second Essay upon the Execution of the Laws*, 1710, Vorwort; *A Representation of the State of the Societies for Reformation of Manners*, 1715, S. 4–5.

38 Richard [Smalbroke], *Reformation Necessary to Prevent our Ruine*, 1728, zitiert S. 21; Saunders Welch, *A Proposal to Render Effectual a Plan*, 1758, (Zitat) S. 8; Thomas Wood, *An Institute of the Laws of England*, 1720, S. 686; Henry Fielding, *A Charge Delivered to the Grand Jury … of Westminster*, 1749, S. 44–45, 48–50, und das von ihm herausgegebene *The Covent-Garden Journal* [1752], hg. v. Bertrand A. Goldgar, 1988, Nr. 67–68; [Samuel Glasse], *The Magistrate's Assistant*, Gloucester 1784, S. 179.
39 London Metropolitan Archives, CLA/004/01/02/005 (Lord Mayor's Charge Book), 16. Sept., 23. Dez. 1730; *A Complete Collection of State-Trials* [hg. v. Sollom Emlyn], 6 Bde., 2. Aufl. 1730, zitiert aus Bd. i, S. ix und Anm. n; *A Report of all the Cases Determined by Sir John* Holt, 1738, S. 598; *Hansard's Parliamentary Debates* 147, 1857, S. 1854; Brian P. Levack, »The Prosecution of Sexual Crimes in Early Eighteenth-Century Scotland«, *Scottish Historical Review* 89, 2010.
40 Stephen Pritchard, *The History of Deal*, Deal 1864, S. 159 (Zitat); Garnet V. Portus, *Caritas Anglicana*, 1912; Dudley W. R. Bahlman, *The Moral Revolution of 1688*, 1957; A. G. Craig, »The Movement for the Reformation of Manners, 1688–1715« (University of Edinburgh, Dissertation, 1980).
41 Edmund McClure (Hg.), *A Chapter in English Church History*, 1888, (Zitat) S. 350; [Josiah Woodward], *An Account of the Societies for Reformation of Manners*, 1699, S. 23–26; [ders.], *An Account of the Progress of the Reformation of Manners*, 14. Aufl., 1706, S. 3–18; Portus, *Caritas Anglicana*, S. 125–127, 141–155; Bahlman, Moral Revolution, S. 38–39; T. C. Barnard, »Reforming Irish Manners: The Religious Societies in Dublin during the 1690s«, *Historical Journal* 35, 1992; *Reformation and Revival in Eighteenth-Century Bristol*, hg. v. Jonathan Barry und Kenneth Morgan, Bristol Record Society 1994. Obwohl sie sich generell ausdrücklich am Vorbild der Metropolitan Societies und an deren

veröffentlichtem Propagandamaterial orientierten, unterschieden sich die verschiedenen ländlichen, provinziellen und ausländischen Gesellschaften in entscheidender Hinsicht von ihnen. Allein die Gruppen in Dublin und Bristol sind bisher eingehend erforscht worden, die restlichen warten noch auf weitere Untersuchungen.
42 Siehe Faramerz Dabhoiwala, »Sex and Societies for Moral Reform, 1688–1800«, *Journal of British Studies* 46, 2007, wo sich weitere Einzelheiten zu den Themen finden, die hier in späteren Kapiteln behandelt werden; Robert B. Shoemaker, *Prosecution and Punishment*, 1991, Kapitel 9, und ders. »Reforming the City«, in: Lee Davison et al. (Hg.), *Stilling the Grumbling Hive*, 1992.
43 *Dictionary of National Biography*, 1885–1901, Eintrag »Thomas Tenison«; *The Diary of John Evelyn*, hg. v. E. S. de Beer, 6 Bde., 1955, Bd. V, S. 7–8; Henri und Barbara van der Zee, *William and Mary*, 1973, S. 387–388; Bahlman, *Moral Revolution*, S. 23–27; London Metropolitan Archives [im Folgenden »LMA« genannt], MJ/SP/1689/08/10; *By the Mayor*, 19. Nov. 1689 (Zitat); Bethlem Royal Hospital Archives, Beckenham, Kent: BCB 16; *Antimoixeia: Or, the Honest and Joynt-Design of the Tower Hamlets for the General Suppression of Bawdy-Houses*, 18. Juni 1691 (Zitat).
44 Zu diesem Absatz und dem folgenden Bericht *siehe*: Allgemeine Quellen: Edinburgh University Library, MS Laing III. 394 (S. 4656 Zitat); Bodleian Library, Oxford, MSS Rawlinson D. 12.9 und D. 1396–1404; *Antimoixeia*; [Edward Stephens], *An Admonition to the Magistrates of England* [1689]; [ders.], *The Beginning and Progress of a Needful and Hopeful Reformation*, 1691; [ders.], *A Seasonable and Necessary Admonition* [1701]; [Edward Fowler], *A Vindication of an Undertaking of Certain Gentlemen*, 1692; *Proposals for a National Reformation of Manners*, 1694; Josiah Woodward, *An Earnest Admonition to All*, 1697; [ders.], *An Account of the*

Rise and Progress of the Religious Societies, 1698; [ders.], *Account of the Societies.* – Die jährlich veröffentlichten Schwarze Listen der Gesellschaften, 1693–1708. Die erste dieser Listen mit Sexualtätern, die 1693 (und im Januar 1694) auf Betreiben der Gesellschaften verurteilt wurden, erschien in der Schrift *Proposals for a National Reformation,* S. 34–35. Diese Namensliste war ungeordnet und enthielt, wie ein Vergleich mit den Gerichtsakten zeigt, viele Fehler, doppelte Auflistungen und Auslassungen. Die nachfolgenden Schwarzen Listen waren sehr viel sorgfältiger. Die erste, 1696 veröffentlichte Liste enthielt alle Delinquenten, die im Jahr 1695 verurteilt wurden, wenn auch keine Kopie erhalten ist. Innerhalb weniger Jahre lieferten diese großformatigen Listen auch genaue Zahlen über Wiederholungstäter sowie Gesamtaufstellungen seit Weihnachten 1695. Die erhaltenen Ausgaben sind: *A Black List,* 1698; *A Sixth Black List* [1701]; *A Seventh Black List,* 1702; *The Eighth Black List,* 1703; *The Tenth Black List,* 1705; *The Eleventh Black List,* 1706; *The Thirteenth Black List,* 1708. Die jährlichen *Accounts* der Gesellschaften über die von ihnen eingereichten Anklagen, 1708–1738; die hier aufgeführten Zahlen sind abgedruckt in Portus, *Caritas Anglicana,* Anhang V (obwohl die Zahl aus dem Jahr 1724 für den »Betrieb der Häuser, in denen Sittenverfall und Prostitution herrscht« eigentlich 29 lauten müsste; der entsprechende Wert aus dem Jahr 1728 betrug 778).

45 John Disney, *A Second Essay upon the Execution of the Laws,* 1710, S. 48; *Antimoixeia.*

46 Siehe z. B. *A Short Disswasive from the Sin of Uncleanness,* 1701; *Some Considerations Offered to such Unhappy Persons as are Guilty of … Uncleanness,* 1701; [Josiah Woodward], *A Rebuke to the Sin of Uncleanness,* 1704; *The Fourteenth Account of the Progress made in Suppressing Prophaneness and Debauchery,* 1709; Disney, *Second Essay,* S. 207–209; [John Dunton], *The Night-Walker,* i/4, 1697, Sig. [A3ʳ];

[Woodward], *Account of the Societies,* S. 48, S. 139 (zitiert); *Proposals for a National Reformation,* S. 118–120 (zitiert); *Acts of the Parliaments of Scotland,* 1124–1707, 12 Bde., [Edinburgh] 1814–1875, Bd. ix, S. 327–328; *By the Queen, a Proclamation for the Encouragement of Piety and Virtue,* 18. Aug. 1708 (Zitat). Vgl. *An Act for the more Effectual Restraining and Suppressing of Divers Notorious Sins, and Reformation of the Manners of the People of this Nation* ([Edward Stephens zugeschrieben], *A Plain Relation of a Late Action at Sea,* 1690, S. 7); Julian Goodare, *The Government of Scotland, 1560–1625,* 2004, S. 209–210.

47 LMA, CLA/047/LJ/01: City of London Sessions Files and Minute Books, SF 391, 392, 393, 394, 395, 396, 397, 398; SM 63–64; CLA/047/LJ/13: City of London Sessions Papers, Grand-Jury-Anklageschriften vom Jan. 1693, Juli 1693, Okt. 1694, Jan. 1695; The National Archives, Public Record Office: KB 10/7; KB 29/352.

48 Siehe z. B. *Proposals for a National Reformation,* S. 2–3, S. 24; [Edmund Gibson], *The Bishop of London's Pastoral Letter,* 1728, S. 2; [Dunton], *Night-Walker,* ii/r, 1697, S. 28; Josiah Woodward, *The Duty of Compassion,* 1697, S. vii–viii; [ders.], *Account of the Societies,* S. 21–23; Thomas Bray, *For God, or for Satan,* 1709, S. 26–29; *The Fifteenth Account of the Progress Made towards Suppressing Prophaneness and Debauchery,* 1710 (Zitat); *The Two and Twentieth Account* [1717], Zitat S. i; LMA, CLA/047/LJ/01: City of London Sessions Files and Minute Books SF 552, 556; SM 79, 1713; William Simpson, *The Great Benefit of a Good Example,* 1738, S. 16–17, 19–21.

49 1693 kam es in ganz London zu ungefähr 1150 Anklagen gegen Bordellbetreiber, Prostituierte und ihre Kunden, während die Schwarze Liste für dieses Jahr rund dreihundert Namen aufführte. Diese Zahlen stützen sich auf: *Proposals for a National Reformation,* S. 34–35; *A Psalm of Thanksgiving, to be Sung by the Children of Christ's Hospital,* 1694; Bethlem

Royal Hospital Archives, Beckenham, Kent: BCB 16. 215–310; LMA, CLA/047/LJ/01: City of London Sessions Files and Minute Books, SF 391–398; SM 63–64; Middlesex and Westminster Sessions, MJ/SR/1808, 1810, 1813, 1815, 1818, 1820, 1823, 1825; MJ/SBB/502–509; MJ/SBP/8, Jan.–Dez. 1693; WJ/SR/1807, 1812, 1817, 1822, 1826; The National Archives, Public Record Office: KB 10/7 (Easter 1693–Trinity 1694); KB 29/352. Die Zahlen für 1703 sind Schätzungen, denen die Schwarzen Listen für 1702 and 1704 zugrundeliegen; *A Psalm of Thanksgiving to be Sung by the Children of Christ's Hospital* [1704]; John Stow, *A Survey of the Cities of London and Westminster,* hg. v. John Strype, 6 Bde., 1720, Bd. I, S. 202; Bethlem Royal Hospital Archives, Beckenham, Kent: BCB 118. S. 128–188; LMA, CLA/075/02/007: Minutes of the Court of the President and Governors for the Poor of the City of London; SF 472, 476; MJ/SR/2005, 2016; MJ/SBP/9, Jan.–Dez. 1703; WJ/SR/2008, 2013, 2018, 2023, 2363, 2368; KB 10/10, Hilary 1703; KB 10/11, Easter-Michaelmas 1703. Zu den Anklagen wegen Homosexualität *siehe* Randolph Trumbach, »London's Sodomites«, *Journal of Social History* 11, 1977; Craig, »Movement for the Reformation of Manners«, S. 162–177; Alan Bray, *Homosexuality in Renaissance England,* 1982, Kapitel 4; Rictor Norton, *Mother Clap's Molly House,* 1992, Kapitel 2–8.
50 *Siehe z. B.* Margeret R. Hunt, *The Middling Sort,* 1996, S. 114; T.C. Curtis und W.A. Speck, »The Societies for the Reformation of Manners,« *Literature and History* 3, 1976. S. 60.
51 [Josiah Woodward], *An Account of the Societies for Reformation of Manners,* 1699, S. 11 zitiert (in seinem ersten Bericht aus dem Jahr 1696 war von »ungefähr 60 Leuten« die Rede; ders., *An Earnest Admonition to All,* 1699, S. 173); Edinburgh University Library, MS Laing III. 394: 447–471, 509–510; *Proposals for a National Reformation of* Manners, 1694), S. 24–[25]. Die Verfassung der ursprünglichen Initiative lautete sehr ähnlich: *Antimoi-*

*xeia: Or, the Honest and Joynt-Design of the Tower Hamblets for the General Suppression of Bawdy-*Houses, 18. Juni 1691. Neben den beschriebenen gab es folgende erwähnenswerte Beispiele: James Cooper, ca. 1694–1697; Richard Hemmings, Thomas Jackson, John Holdway, and John Beggarly, ab 1698–1699; Jonathan Wright, ca. 1704–1716; Philip Cholmondely, ca. ab 1709 und Edward Vaughan, ca. 1720–1723.
52 Edinburgh University Library, MS Laing III. 394: S. 49–57, S. 307–322, S. 447–464, S. 507–510; Woodward, *Earnest Admonition,* 175–176; [ders.], *An Account of the Rise and Progress of the Religious* Societies, 1698, S. 76–77 (Zitat), S. 93; A. G. Craig, »The Movement for the Reformation of Manners, 1688–1715«, University of Edinburgh Dissertation 1980, S. 31–34. Vgl. *Reformation and Revival in Eighteenth-Century Bristol,* Hg. v. Jonathan Barry und Kenneth Morgan, Bristol Record Society 1994, v. a. S. 31.
53 Leon Radzinowicz, *A History of English Criminal Law,* 5 Bde., 1948–1986, Bd. ii, S. 14 (Zitat) (dort wird zitiert aus: W. E. H. Lecky, *A History of England in the Eighteenth Century,* Aufl. 1921, Bd iii, S. 33; Paul Langford, *A Polite and Commercial People: England 1727–1783,* 1989, S. 128 (Zitat). Zur traditionellen Polizeiarbeit *siehe* z. B. Bethlem Royal Hospital Archives, Beckenham, Kent: BCB 12, S. 180–366; 14, S. 191–272; London Metropolitan Archives [fortan zitiert als »LMA«], CLA/047/LJ/01: City of London Sessions Files and Minute Books, SF 206, 207, 211, 288, 292, 347, 351; Westminster Sessions, WJ/SR/1593, 1599, 1602, 1605, 1703, 1708, 1713, 1718; The National Archives, Public Record Office: KB 9/918, Anklageschrift 14; KB 9/919, Anklageschrift 28; KB 9/920, Anklageschrift 66. Zu den Bemühungen der Gesellschaften *siehe* z. B. Robert B. Shoemaker, *Prosecution and Punishment,* 1991, S. 262–265, 267–270; Edinburgh University Library, MS Laing III, 394: 424–425; Bodleian Library, Oxford, MSS Rawlinson D. 1396–1404. Zu den Abschreckungsmaßnahmen (und

den Argumenten, die gegen sie vorge-
bracht wurden) *siehe* v. a. John Disney,
A *Second Essay upon the Execution of the
Laws*, 1710.
54 Edinburgh University Library, MS
Laing III, 394: S. 365, 368; LMA,
CLA/047/LJ/01: City of London Sessions
File SF 441, Schuldeingeständnis 73 (Apr.
1699); Bodleian Library, Oxford, MSS
Rawlinson D. 1397, 1401; Thomas Bray,
The Good Fight of Faith, 1709, S. 2, 15–16
(Zitat).
55 *Antimoixeia;* The National Archives,
Public Record Office, KB 10/7 (Easter
1693), Aktenanforderung 18; LMA, MJ/
SR/1820, 43; MJ/SR/1827, Schuldanerkenntnis 20, 45; MJ/SR/1829, Schuldanerkenntnis 4; MJ/SR/1837, Schuldanerkenntnis 183; *The Proceedings of ... the
Old-Bayley* (18–20 Apr. 1694), 4; *Journals
of the House of Commons*, 1802–, xi, 246,
308 (Feb., Apr. 1695); *Middlesex County
Records: Calendar of the Sessions Books
1689 to 1709*, hg. v. W. J. Hardy, 1905,
S. 105, 308, 310.
56 Rewses Aktivitäten lassen sich nach-
verfolgen in den Dokumenten, die in End-
note 10 des vorigen Abschnitt angeführt
sind, und außerdem in: Edinburgh University Library, MS Laing III, 394: S. 233–
240, 366, 509–510; Bethlem Royal Hospital Archives, Beckenham, Kent, BCB 16,
S. 327, 329, 333, 357, 358, 385, 420, 452, 453,
454, 456; BCB 17, S. 2; LMA, CLA/047/
LJ/01: City of London Sessions Files and
Minute Books, SF 399, 401, 402, 404, 405,
406, 407, 410, 411; CLA/047/LJ/13: City of
London Sessions Papers, Mai 1697 (eidesstattliche Aussage von Sir Edward Clarke)
und Feb. 1700 (eidesstattliche Aussage
von Bodenham Rewse); DL/C/156,
fol. 237–238; DL/C/199, fol. 373; DL/C/z55,
fol. 366–383, 1715; Guildhall Library, London, MS 9173/57, »Rewse«; MS 9174/44,
»Rewse«, 1725; *Calendar of Treasury Books*
(1696–1697, S. 227; 1697–1702, S. 523;
1704–1705, S. 417); Tim Wales, »Thief-
takers and their Clients in Later Stuart
London«, in: Paul Griffiths und Mark S. R.
Jenner (Hg.), *Londinopolis*, 2000; J. M.

Beattie, *Policing and Punishment in
London 1660–1750*, 2001, S. 237–246.
57 Zu diesem und dem folgenden Abschnitt vgl. Faramerz Dabhoiwala, »Sex,
Social Relations, and the Law«, in: Michael J. Braddick und John Walter, *Negotiating Power*, 2001, S. 94–97; Beattie, *Policing and Punishment*, Kap. 3–4, 8; Elaine
A. Reynolds, *Before the Bobbies*, 1998,
Kap. 1–3; Norma Landau, »The Trading
Justice's Trade«, dies. (Hg.) *Law, Crime
and English Society, 1660–1830*, 2002.
58 Zu den praktischen Folgen *siehe* Stanley Dana Nash, »Social Attitudes towards
Prostitution in London from 1752 to
1829«, New York University, Dissertation,
1980, S. 45–52; Tony Henderson, *Disorderly Women in Eighteenth-Century London*, 1999.
59 *The Vices of the Cities of London and
Westminster*, Dublin, 1751, S. 14–15; John
Brewer, »The Wilkites and the Law, 1763–
74«, in: John Brewer und John Styles
(Hg.), *An Ungovernable People*, 1980,
S. 170; Joanna Innes, *Inferior Politics*,
2009, Kap. 5, 7; M. J. D. Roberts, *Making
English Morals*, 2004. Wie diese Studien
zeigen, gingen die Moralreformer des ausgehenden 18. und des 19. Jahrhunderts
häufig von ganz anderen Annahmen und
Prioritäten aus. Hinsichtlich sexueller Sittenlosigkeit gewann beispielsweise die
Strafverfolgung obszöner Literatur Ende
des 18. Jahrhundert eine neue Bedeutung,
während die Bestrafung von Prostituierten eine geringere Rolle spielte. Trotzdem
nahmen sich spätere Aktivisten die ursprünglichen Reformgesellschaften noch
bis in die 1880er Jahre zum Vorbild: *siehe*
z. B. John Wesley, *A Sermon Preached before the Society for Reformation of Manners* [1763], S. 5; Inns, *Inferior Politics*,
S. 190–192; Roberts, *Making English Morals*, S. 255.
60 Peter Clark, *British Clubs and Societies
1580–1800* (2000), S. 67, 102–103, 434–
435; Beattie, *Policing and Punishment*,
S. 376–383, S. 401–423, und die dort genannte Literatur. Zum allgemein Trend
vgl. vor allem Douglas Hay und Francis

Snyder (Hg.), *Policing and Prosecution in Britain 1750–1850*, 1989; Christopher W. Brooks, *Lawyers, Litigation and English Society since 1450*, 1998, besonders die Kap. 3–4; W. A. Champion, »Recourse to the Law and the Meaning of the Great Litigation Decline, 1650–1750«, in: Christopher Brooks und Michael Lobban (Hg), *Communities and Courts in Britain 1150–1900*, 1997; Craig Muldrew, *The Economy of Obligation*, 1998, Kap. 8; Robert B. Shoemaker, *The London Mob*, 2004, Kap. 4, 8; David Lemmings (Hg.), *The British and their Laws in the Eighteenth Century*, 2005.

61 W[illiam] Yonger, Iudahs Penance in: *The Nurses Bosome*, 1617, S. 54 (Zitat); *The Athenian Mercury*, 3/7 (18. Aug. 1691); John Shower, *A Sermon Preach'd to the Societies for Reformation*, 1698, S. 4 (Zitat). Vgl. [Josiah Woodward], *An Account of the Societies for Reformation of Manners*, 1699, S. 45; John Disn(ey, *An Essay upon the Execution of the Laws*, 2. Ausg. 1710, S. 125–127.

62 Vor allem, so scheint es, in Fällen von Gotteslästerung: *siehe* z. B. Edinburgh University Library, MS Laing III. 394: S. 197–202; Narcissus Luttrell, A *Brief Historical Relation of State Affairs*, 6 Bde., Oxford 1857, Bd. ii, S. 346; Historical Manuscripts Commission, *The Manuscripts of His Grace the Duke of Portland*, 10 Bde, 1891–1931, Bd. iii, S. 472; Stephen Pritchard, *The History of* Deal, Deal 1864, S. 161; Dudley W. R. Bahlman, *The Moral Revolution of* 1688, 1957, S. 22; *Reformation and Revival in Eighteenth-Century Bristol*, hg. v. Jonathan Barry und Kenneth Morgan, Bristol Record Society, 1994, S. 20–21.

63 Shower, *Sermon Preach'd to the Societies*, S. 23–24 (Zitat); [Daniel Defoe], *The Poor Man's* Plea, 1698, Sig. [A], S. 6 (Zitat); [ders.], *Reformation of Manners*, 1702; [ders.], *More* Reformation, 1703; Charles Eaton Birch, »Defoe and the Edinburgh Society for the Reformation of Manners«, *Review of English Studies* 16, 1940. Als er 1707 der Edinburgh Gesellschaft beitrat,

war Mitglied der »Societies for Reformation in England« : a. a. O., S. 307.

64 Francis [Hare], *A Sermon Preached to the Societies for Reformation*, 1731, S. 23–24; John Fielding, *A Charge Delivered to the Grand Jury, at … Westminster … April 6th.* 1763, 1763, Bd. ii; M. J. D. Roberts, »The Society for the Suppression of Vice and its early Critics, 1802–1812«, *Historical Journal* 26, 1983, S. 171, 173. Vgl. *The Daily Gazetteer*, 9. Jan. 1740; M. J. D. Roberts, *Making English Morals*, 2004, S. 50–51; Stanley Dana Nash, »Social Attitudes towards Prostitution in London from 1752 to 1829«, New York University Dissertation, 1980, S. 138–139, 388. Die Empörung über die Straffreiheit, die aristokratische Ehebrecher offenbar genossen, war jedoch einer der Gründe für die erfolglosen Ehebruch-Gesetzesvorlagen Ende des 18. und Anfang des 19. Jahrhunderts: Donna T. Andrew, »Adultery à-la-Mode«, *History* 82, 1997, S. 1.

65 Leon Radzinowicz, *A History of English Criminal Law*, 5 Bde., 1948-1986, Bd. ii, S. 138–155; M. W. Beresford, »The Common Informer«, *Economic History Review* 10, 1957, S. 221 (Zitat); Mark Goldie, »The Hilton Gang and the Purge of London in the 1680s« in: Howard Nenner (Hg.), *Politics and the Political Imagination in Later Stuart Britain*, 1997. Vgl. Brian Harrison, »State Intervention and Moral Reform in Nineteenth-century England«, in: *Pressure from Without in Early Victorian England*, hg. v. Patricia Hollis, 1974.

66 Daniel Chadwick, *A Sermon Preached at … Nottingham to the Society for Reformation of Manners*, 1698, S. 22–23; *The Fourteenth Account of the Progress made in Suppressing Prophaneness and Debauchery*, 1709; Edmund [Gibson], *A Sermon Preached to the Societies for Reformation* [1724], S. 14; [Edward Ward], *The London Spy Compleat*, 1703, S. 362, 366; [Jonathan Swift], *A Project for the Advancement of Religion*, 1709, S. 37–38, 44 (Zitat). Vgl. *The Invisible-Observator*, 170), S. 7–8; John Disney, *A Second Essay upon the*

Execution of the Laws, 1710, v. a. S. 60–72 und ders.: *Essay*, S. 103–109, der auch deshalb bemerkenswert ist, weil er wenig glaubwürdig in Abrede stellt, dass die Londoner Reformgesellschaften sich auf Informanten gestützt hätten, »die ihre Tätigkeit gewerbsmäßig betreiben, indem sie sich für ihre Informationen bezahlen lassen oder sogar zu diesem Zweck eigenstellt werden«.

67 Mary Pix, *The Different Widows: or, Intrigue All-A-Mode* [1703], Akt IV; George Farquhar, *The Constant Couple*, 1700, Akt II; Thomas Baker, *An Act at Oxford*, 1704, Akt I, Szene 1; Akt V, Szene 2. Vgl. [ders.], *The Humour of the Age*, 1701; Benjamine Griffin, *Love in a Sack*, 1715; Christopher Bullock, *The Perjuror*, 1717; Henry Fielding, *Rape upon Rape*, 1730, Akt II und Akt IV.

68 [Ward], *London Spy*, S. 361; Roberts, »Society for the Suppression of Vice«, S. 169–171; vgl. Shower, *Sermon Preach'd to the Societies*, S. 23.

69 Josiah Woodward, *A Sermon Preachd ... at the Funeral of Mr. John Cooper*, 1702; Thomas Bray, *The Good Fight of Faith*, 1709; James Pellet Malcolm, *Anecdotes of the Manners and Customs of London during the Eighteenth Century*, 1808, S. 258, 277–278; London Chronicle, 22. Okt. 1757.

70 Narcissus Luttrell, *A Brief Historical Relation of State Affairs*, 6 Bde., Oxford 1857, Bd vi., S. 437, 463, 510, 514; Robert, Lord Raymond, *Reports of Cases*, 1743, S. 1296–1303; *The Tryals of Jeremy Tooley, William Arch, and John Clauson*, 1732, 18–19 (zitiert); A Report of all the Cases Determined by Sir John Holt, 1738, S. 485–492 (489 und 491 zitiert); Robert B. Shoemaker, *Prosecution and Punishment*, 1991, S. 263–265.

71 *Letters Illustrative of the Reign of William III*, hg. G. P. R. James, 3 Bde, 1841, Bd. ii, S. 133–134. Zur allgemeinen Entwicklung vgl. Cynthia Herrup, *The Common Peace*, 1987, und Barbara Shapiro, »*Beyond Reasonable Doubt*« and »*Probable Cause*«, 1991; *siehe* Faramerz Dabhoi-

wala, »Summary Justice in Early Modern London,« *English Historical Review* 121, 2006, S. 797–798, und alle Anmerkungen dort.

72 Siehe Anna Clark, *Women's Silence, Men's Violence*, 1987, S. 121–123 und dieselbe, *The Struggle for the Breeches*, 1995, S. 51–52; Tony Henderson, *Disorderly Women in Eighteenth-Century London*, 1999, S. 115–140.

73 London Metropolitan Archives, CLA/004/02/02/005: Lord Mayor's Charge Book, 1729–1730; CLA/005/01/001–003: Guildhall Justice Room Minute Books, 1752, 1761–1762; Henry Fielding, *The Covent-Garden Journal* [1752], Hg. v. Bertrand A. Goldgar, 1988, S. 436; Martin C. und Ruthe R. Battestin, *Henry Fielding*, 1989, S. 709; Malcolm, *Anecdotes*, 116; Stanley Dana Nash, »Social Attitudes towards Prostitution in London from 1752 to 1829«, Dissertation, New York University, 1980, S. 22–26; Henderson, *Disorderly Women*, S. 114.

74 3 George IV C. 40, 1822; 5 George IV C. 83, 1824; 27 und 28 Victoria c. 85, 1864; 29 und 30 Victoria c. 96, 1866; 32 und 33 Victoria c. 86, 1869; Judith R. Walkowitz, *Prostitution and Victorian Society*, 1980.

75 Die Zahl der Anklagen in den 1670er Jahren sind Schätzungen anhand der London Metropolitan Archives, CLA/047/LJ/01: City of London Sessions Files and Minute Books, SF 206–207, 211; SM 36–38; Middlesex and Westminster Sessions, MJ/SR/1402, 1413; WJ/SR/1405, 1415; MJ and WJ/SBB/275, 277, 282–283; MJ/SBP/6; WJ/SBP/1; The National Archives, Public Record Office, KB 9/9,8–20. Spätere Schätzungen basieren auf einer Analyse von SF 472, 476, 552, 556, 632, 636, 729, 733, 830, 833; SM 72, 73, 79, 90, 102, 115; MJ/SBP/9, 11, 12, 14, 15; MJ/SR/2630, 2640, 2641, 2894, 2905; WJ/SR/2008, 2018, 2207, 2216, 2401, 2411, 2632, 2643, 2896, 2907; KB 10/10, 10/11, 10/15, 10/18, 10/22, 10/23, 10/28, 10/29, 15/23; Saunders Welch, *Observations on the Office of Constable*, 1754, S. 8, 30–32. Die Zahl der Anklagen des Jahres 1748 wurde berechnet

anhand von KB 10/28, Hilary 1748, Anklageschriften 32, 39; KB 10/28 (Easter
1748), Anklageschriften 39, 43; KB 10/28
(Trinity 1748), Anklageschriften *64, 66,
67*, Aktenanforderungen, 6; KB 10/29
(Michaelmas 1748), Anklageschriften 53,
54, Aktenanforderungen 10, 11; KB 15/23.
Verurteilungen zu erreichen war sicherlich nicht immer das einzige Ziel – doch
ihr völliges Fehlen ist dennoch bemerkenswert.
76 Siehe z. B. [John Cleland], *The Case of
the Unfortunate Bosavern Penlez*, 1749;
Peter Linebaugh, »The Tyburn Riot
against the Surgeons« in: Douglas Hay et
al. (Hg.), *Albion's Fatal Tree*, 1975, S. 89–
100; Nicholas Rogers, »Confronting the
Crime Wave« in: Lee Davison et al. (Hg.),
Stilling the Grumbling Hive, 1992.
77 25 George II C. 36, für »nützlich und
förderlich« erklärt und mit unbefristeter
Geltung versehen durch 28 George II
C.19, 1755; Saunders Welch, *An Essay on
the Office of Constable*, 1758, 32–33 (zi-
tiert). Anklagen geschätzt anhand der
London Metropolitan Archives, CLA/047/
LJ/01: City of London Sessions Files and
Minute Books, SF 909, 913, SM 125; Middle-
lesex and Westminster Sessions, MJ/
SR/3073, 3082; MJ/SBB/1147; MJ/SBP/16;
WJ/SR/3074, 3083; The National Archives,
Public Record Office: KB 10/32, 1758; KB
15/24. Für Welchs Handlungen, *siehe* MJ/
SR/3073, Schuldanerkenntnis 19, Schuld-
anerkenntnis 83; MJ/SR/3081, Schuldan-
erkenntnis 69, 70, 103; WJ/SR/3074,
Schuldanerkenntnis von Sarah Smart,
Schuldanerkenntnis 28, 29, 36; WJ/
SR/3083, Anklage Schuldanerkenntnis
von Samuel Williams, Margaret Read,
Schuldanerkenntnis 12, 18, 19, 20, 30, 311,
109, 110; *London Chronicle*, 30 Jun., 15
Jul., 9 Dec., 26. Dec. 1758. Vgl. Nash,
»Social Attitudes«, S. 56–84.
78 *A Sermon Preached before the former
Societies for Reformation of Manners …
Whereunto is Subjoined, A Declaration
from the Present Society*, 1760, S. 34–36;
George Downing, *A Sermon Preached
before the Society for Reformation of*

Manners, 1760, S. 27–28, 34–35; Samuel
Chandler, *The Original and Reason of
the Institution of the Sabbath*, 1761, [75]
(Verbesserung im Manuskript gegenüber
der Kopie der British Library, pressmark
225.a.25); John Wesley, *A Sermon
Preached before the Society for Reformation of Manners* [1763], S. 6–11, 27–28, 311;
Gentleman's Magazine, 23. Feb. 1763;
John Conder, *A Sermon Preached before
the Society for the Reformation of Manners*, 1763, S. 30; Moses Browne, *The Causes that Obstruct the Progress of Reformation*, 1765, S. 29–31; *An Extract of the Rev.
Mr. John Wesley's Journal … 1762, to …
1763*, Bristol, 1768, S. 102 (4. Nov. 1764);
*An Extract of the Rev. Mr. John Wesley's
Journal … 1765, to … 1768*, Bristol 1771,
S. 28–29 (2. Feb. 1766); George Wilson,
Reports of Cases, 1770, 160–162; Joanna
Innes, *Inferior Politics*, 2009, Kapitel 7.
79 Arthur Bedford, *A Sermon Preached
to the Societies for Reformation*, 1734, S. 18
(zitiert); *Cases Determined by Sir John
Holt*, S. 406–407; Raymond, *Reports*,
S. 562, 699, 1197; Sir John Strange, *Reports
of Adjudged Cases*, 1755, S. 882; Thomas
Leach, *Modern Reports*, 12 Bde., 5. Aufl.
1793–1796, Bd. V. S. 415–416. Vgl. Faramerz Dabhoiwala, »Sex, Social Relations,
and the Law«, in: Michael J. Braddick und
John Walter, *Negotiating Power*, 2001,
S. 90; Heather Shore, »The Reckoning«,
Social History 34, 2009.
80 J. M. Beattie, *Crime and the Courts in
England, 1660–1800*, 1986, S. 278–279,
356–376, seine »Scales of Justice«, *Law
and History Review* 9, 1991 und ders. *Policing and Punishment in London 1660–
1750*, 2001, S. 393–401; John H. Langbein,
The Origins of Adversary Criminal Trial,
2003, Kapitel 3–5; Shoemaker, Prosecution and Punishment, S. 264. Die immer
häufigere Beteiligung von Verteidigern
war besonders bemerkenswert und wurde
vor allem im Zusammenhang mit Prozessen untersucht, in denen es um schwere
Straftaten ging. Dort hatten die Angeklagten vor Beginn des 18. Jahrhunderts
kein Anrecht auf juristischen Beistand vor

Gericht. Zwar wurden sie bei Prozessen wegen Sexualdelikten und anderer geringfügiger Vergehen schon länger zugelassen, doch scheint auch ihre Inanspruchnahme zu dieser Zeit in ähnlicher Weise zugenommen zu haben.
81 Sir James Burrow, *Reports of Cases*, 5 Bde., 1766–1780, Bd V, S. 2684–2686; Robert Holloway, *The Rat-Trap* [1773], S. 70–74; Nash, »Social Attitudes«, S. 31; *The Trial of Lord Dungarvan*, 1791.
82 Isaac [Maddox], *The Love of Our Country Recommended*, 1737, 9–10; M. J. D. Roberts, »The Society for the Suppression of Vice and its early Critics, 1802–1812«, *Historical Journal* 26, 1983, S. 169–170. Als Folge dieses Trends gab es wiederholt Vorschläge zur Bestrafung der Unterhaltung von Bordellen überhaupt (ein Vorgehen, das schließlich 1885 durch den Criminal Law Amendment Act eingeführt wurde): John Fielding, *Extracts from such of the Penal Laws, as Particularly Relate to the Peace and Good Order of this Metropolis*, neue Ausgabe, 1762, S. 67; Malcolm, *Anecdotes*, S. 122; Henderson, *Disorderly Women*, S. 101–102.
83 Leon Radzinowicz, *A History of English Criminal Law*, 5 Bde., 1948–1984, Bd. III, S. 193–203; Lawrence Stone, *Road to Divorce*, 1990, S. 257, 287–288, 335–339, 380–383; Donna T: Andrew, »Adultery à-la-Mode«, *History* 82, 1997. Vgl. *The Evils of Adultery and Prostitution*, 1792, S. 65–70.
84 Siehe z. B. *The Justicing Notebook (1750–64) of Edmund Tew*, hg. v. Gwenda Morgan und Peter Rushton, Surtees Society; Stone, *Road to Divorce*, S. 81–95, 231–300.

Kapitel 2 ~ Der Aufstieg der sexuellen Freiheit

1 Vgl. Keith Thomas, »Cases of Conscience in Seventeenth-Century England«, in: John Morrill et al. (Hg.), *Public Duty and Private Conscience in Seventeenth-Century England*, 1993, S. 49–56; Christopher Hill, *Milton and the English Revolu-*tion, 1977, S. 126–127; Norman Jones, *God and the Moneylenders*, 1989, S. 34–38, 149–163, 174, 197, 201–204.
2 [John Locke], *Ein Brief über Toleranz*, englisch-deutsch, Hamburg 1957, S. 15, 17.
3 [John Locke], *A Third Letter for Toleration*, 1692, S. 238.
4 Thomas Long, *The Letter for Toleration Decipher'd*, 1689, S. 4; [Jonas Proast], *A Third Letter Concerning Toleration*, 1691, S. 13.
5 Jeremy Taylor, Θεολογία Ἐκλεκτιή, 1647, S. 11–12; *Acts and Ordinances of the Interregnum, 1642–1660*, Hg. v. C. H. Firth und R. S. Rait, 3 Bde, 1911, I., S. 1133–1136, II., S. 409–412; *Long Parliament-Work*, 1659, S. 2; J[ohn] M[ilton], *A Treatise of Civil Power in Ecclesiastical Causes*, 1659, S. 17 (den Blasphemy Act von 1650 zitiert); J[ohn] M[ilton], *Of True Religion, Haeresie, Schism, Toleration*, 1673, S. 16. Vgl. die aufschlussreiche Behandlung dieses Themas in John Milton, *Areopagitica*, 1644, S. 5⁻6, 12–14, 17–18, 37.
6 *The Works of John Milton*, Hg. v. Frank Allen Patterson et al., 18 Bde, 1931–1938, (Bd VIII., S. 9 zitiert); *The Writings of William Walwyn*, Hg. v. Jack R. McMichael und Barbara Taft, 1989, S. 57–58, 163–164, 239–241 (S. 239 zitiert); [Roger Williams], *The Bloudy Tenent of Persecution*, 1644, S. 87; [Sir Henry Vane the younger], *Zeal Examined*, 1652, S. 34; vgl. Blair Worden, *Literature and Politics in Cromwellian England*, 2007, S. 165–166, 186–187; John Coffey, »Puritanism and Liberty Revisited«, *Historical Journal* 41, 1998, v. a. S. 975–977.
7 Siehe z. B. Christopher Hill, *Milton and the English Revolution*, 1977, S. 130–133, 226; Gordon Campbell und Thomas N. Corns, *John Milton*, 2008, S. 164⁻169; Thomas Edwards, *Gangraena*, 1646, Bd. I., S. 34, Bd. II., S. 10–12; *Diary of Thomas Burton*, Hg. John Towill Rutt, 4 Bde, 1828, Bd. I., S. 24; *The Leveller Tracts 1647–1653*, Hg. William Haller und Godfrey Davies, 1944, (S. 215–219 zitiert); *Writings of William Walwyn*, S. 358, 387, 407–408; *The Works of Gerrard Winstanley*, Hg. v.

George H. Sabine, 1941, S. 185, 366–367, 399–403, 516.
8 Siehe v. a. Rachel Weil, »Sometimes a Sceptre Is Only a Sceptre«, in: Lynn Hunt (Hg.), *The Invention of Pornography*, 1993.
9 [Locke], *Letter Concerning Toleration*, S. 20–21, 411; vgl. ebd., S. 36; John Locke, *An Essay Concerning Toleration and Other Writings*, Hg. v. J. R. Milton und Philip Milton, 2006), S. 280–284.
10 [Locke], *Third Letter for Toleration*, S. 283; vgl. [John Locke], *A Second Letter Concerning Toleration*, 1690, S. 5; Locke, *Essay Concerning Toleration*, Hg. V. Milton und Milton, S. 302.
11 Vgl. Jeremy Waldron, »Locke: Toleration and the Rationality of Persecution«, in: Susan Mendus (Hg.), *Justifying Toleration*, 1988.
12 Siehe z. B. Francis [Hare], *A Sermon Preached to the Societies for Reformation of Manners*, 1731, (S. 44 Zitat); Robert Drew, *A Sermon Preached to the Societies for Reformation of Manners*, 1735, S. 17–18.
13 Siehe z. B. Ole Peter Grell et al. (Hg.), *From Persecution to Toleration*, 1991.
14 Siehe *The Heaven-Drivers*, 1701; Faramerz Dabhoiwala, »Sex and Societies for Moral Reform, 1688–1800«, *Journal of British Studies* 46, 2007, sowie alle Angaben dort.
15 William Bisset, *Plain English*, 1704, S. 27; [John] Dennis, *Gibraltar*, 1705, 3. Akt, 4. Szene; [Susanna Centlivre], *Love's Contrivance*, 1703, 2. Akt, 1. Szene; Arthur Bedford, *The Evil and Danger of Stage-Plays*, Bristol 1706, S. 122. Vgl. *The Spectator*, Hg. v. Donald F. Bond, 5 Bde, 1965, Nr. 198; *Hell-Gates Open to all Men*, 1751, S. 129.
16 Vgl. Keith Thomas, »Cases of Conscience in Seventeenth-Century England«, in: John Morrill et al. (Hg.), *Public Duty and Private Conscience in Seventeenth-Century England*, 1993, S. 49–56; Christopher Hill, *Milton and the English Revolution*, 1977, S. 126–127; Norman Jones, *God and the Moneylenders*, 1989, S. 34–38, 149–363, 174, 197, 201–204.

17 *The Rambler*, Nr. 23, 5. Juni 1750; Thomas Hobbes, *Leviathan*, (1651), Stuttgart 1970, S. 269. Vgl. J. A. Passmore, »Locke and the Ethics of Belief«, *Proceedings of the British Academy* 64, 1978; John Kilcullen, *Sincerity and Truth*, 1988; Mark Goldie, »The Theory of Religious Intolerance in Restoration England«, in: Ole Peter Grell et al. (Hg.), *From Persecution to Toleration*, 1991, S. 353–358.
18 Siehe z. B. Thomas Cole, *A Godly and Frvtefvll Sermon*, 1553, Sig. Cii–iiii; George Huntston Williams, *The Radical Reformation*, 3. Aufl., 1992, Kapitel 13 und 20; Otthein Rammstedt, *Sekte and soziale Bewegung*, 1966, S. 95–100; Philip McNair, »Ochino's Apology«, *History* 60, 1975, (S. 364 zitiert); Hill, *Milton*, S. 7–5; James M. Stayer, »Vielweiberei als ›innerweltliche Askese‹«, *Mennonitische Geschichtsblätter* 37, 1980; John F. Davis, *Heresy and Reformation in the South-East of England, 1520–1559*, 1983, S. 147; Anne Hudson, *The Premature Reformation*, 1988, S. 141, 292, 385; Bob Scribner, »Practical Utopias«, *Comparative Studies in Society and History* 36, 1994, S. 745–752; Lyndal Roper, *Oedipus and the Devil*, 1994, Kapitel 4; J. Patrick Hornbeck II, »Theories of Sexuality in English 'Lollardy'«, *Journal of Ecclesiastical History* 60, 2009, S. 38–40. Zu Beispielen aus dem Mittelalter vgl. z. B. Roland Hissette, *Enquête sur les 219 Articles Condamnés à Paris le 7 Mars 1277*, 1977, S. 294–300.
19 Christopher W. Marsh, *The Family of Love in English Society, 1550–1630*, 1994, S. 20–24, 42; Geoffrey F. Nuttall, *The Holy Spirit in Puritan Faith and Experience*, 1946; Christopher Hill, *The World Turned Upside Down*, Aufl. v. 1975; Leo Damrosch, *The Sorrows of the Quaker Jesus*, 1996; David R. Como, *Blown by the Spirit*, 2004.
20 Bodleian Library, Oxford, MS Rawlinson d. 399, fol. 196r, gedr. in Como, *Blown by the Spirit*, S. 482; Robert Towne, *The Assertion of Grace*, 1644 (1632 geschrieben), (S. 47 zitiert); *Diary of Thomas Burton*, Hg. John Towill Rutt, 4 Bde,

1828), Bd. I, (S. 46 zitiert); Robert Towne, *The Re-assertion of Grace*, 1654; *ODNB*. Vgl. *Reports of Cases in the Courts of Star Chamber and High Commission*, Hg. Samuel Rawson Gardiner, Camden Society 1886, S. 270–271; Jacob Bauthumley, *The Light and Dark Sides of God*, 1650, S. 31–42; Abiezer Coppe, *A Remonstrance*, 1651, S. 1, 4; Abiezer Coppe, *Copp's Return*, 1651, S. 4, 13–14, 19–20.

21 L[aurence] C[larkson], *A Single Eye* [1650], S. 10, 12, 14. Nach seinem Übertritt zur Sekte von John Reeve und Lodowicke Muggleton wandte er sich entschieden gegen den sexuellen Antinomianismus, gab aber durchaus zu, ihn früher praktiziert zu haben. Laur[ence] Claxton [d. h. Clarkson], *Look About You*, 1659, S. 91–99 und sein *The Lost Sheep Found*, 1660, S. 22, 25–31, 37. Zu früheren Beispielen sektiererischer Praktiken *siehe* Folger Shakespeare Library, MS V. a. 399, fol. 19v; Keith Thomas, »Women and the Civil War Sects«, *Past and Present* 13, 1958, S. 49–50; Hill, *Milton*, S. 124, 131–132; Michael P. Winship, *Making Heretics*, 2002, S. 154–155; Como, *Blown by the Spirit*, S. 404, 479–481; für Beispiele des achtzehnten Jahrhunderts vgl. *The Works of John Wesley*, Hg. Frank Baker et al., 1980–, Bd. XX., S. 117–118, 320 (23. März 1746, 10. Apr. 1750).

22 *The Clarke Papers*, Hg. v. C. H. Firth, 4 Bde., Camden Society 1891–1901, Bd. II, S. 102; C. H. Firth, *Cromwell's Army*, Aufl. 1962, S. 399; und die Beispiele von Keith Thomas, »The Puritans and Adultery«, in Donald Pennington and Keith Thomas (Hg.), *Puritans and Revolutionaries*, 1978, S. 278.

23 Edward Stokes, *The Wiltshire Rant*, 1652 (S. 4, 12, 51, 53 zitiert); »Abraham Lawmind«, *The Juries Right*, 1654. Vgl. [Clarkson], *Look About You*, S. 92.

24 Siehe J. C. Davis, *Fear, Myth and History*, 1986, sowie die Debatte darüber in *Past and Present* 117, 1987; 129, 1990; 140, 1993.

25 Pierre Bayle, *A Philosophical Commentary*, 1708, S. 293–297, 303–306, 353–354 (Dies war der sehr berühmte Fall von Bertrande, der Frau des Martin Guerre, *siehe hierzu* Natalie Zemon Davis, *Die Wahrhaftige Geschichte von der Wiederkehr des Martin Guerre*, 1984). Vgl. auch Samuel Pufendorf, *The Law of Nature and Nations*, übers. v. Basil Kennet[t] et al. (5. Aufl. 1749), 2. Paginierung, S. 32.

26 Die Forderung lautete, diese vorsätzlichen Ehebrecher als »öffentliche Ruhestörer« zu behandeln, während das Verlangen nach religiöser Duldung für die »Anpreisung von Homosexualität, Ehebruch und Mord als löbliche und fromme Handlungen« Umstände seien, »bei denen der Richter die Berufung auf das Gewissen nicht anerkennt«: Bayle, *Philosophical Commentary*, S. 307–310, 486; *siehe* aber auch: David Wootton, »Pierre Bayle, Libertine?«, in: M. A. Stewart (Hg.), *Studies in Seventeenth-Century European Philosophy*, 1997.

27 Bisset, *Plain English*, S. 28.

28 Richard [Smalbroke], *Reformation Necessary*, 1728, (S. 40 zitiert); Drew, *Sermon Preached to the Societies*, S. 8–10; *The Tatler*, Hg. Donald F. Bond, 3 Bde., 1987, Nr. 14; David M. Turner, *Fashioning Adultery*, 2002, Kapitel 2.

29 Siehe Boyd Hilton, »The Role of Providence in Evangelical Social Thought« in: Derek Beales und Geoffrey Best (Hg.), *History, Society and the Churches*, 1985; David Hume, *Essays Moral, Political, and Literary*, Hg. Eugene E. Miller, 1987 (S. 581–582 zitiert »Of Suicide«); *A Sermon Preached before the Former Societies for Reformation*, 1760, (S. 36 zitiert); Moses Browne, *The Causes that Obstruct the Progress of Reformation*, 1765 (S. 32 zitiert). Zur schwindenden Bedeutung der Furcht vor der Vorsehung in der Einstellung der Reformer Ende des 18. Jahrhunderts und im 19. Jahrhundert vgl. Malcolm Gaskill, »The Displacement of Providence«, *Continuity and Change* 11, 1996; M. J. D. Roberts, *Making English Morals*, 2004; Joanna Innes, *Inferior Politics*, 2009, Kapitel 5.

30 P. D. L. Avis, »Moses and the Magistrate«, *Journal of Ecclesiastical History* 26, 1975, (S. 1 zitiert); Wilfred R. Prest, »The Art of Law and the Law of God«, in: Pennington und Thomas (Hg), *Puritans and Revolutionaries*, S. 94–102; Thomas, »Puritans and Adultery«, S. 269–270; A. M., *The Reformed Gentleman*, 1693, (S. 56 zitiert).

31 Richard Fiddes, *Theologia Practica*, 1720, S. 84. Vgl. William Bisset, *More Plain English*, 1704, S. 42–44; John Tillotson, *A Sermon Preachd before the Queen*, 1690; *Boswell: The Ominous Years, 1774–1776*, hg. v. Charles Ryskamp und Frederick A. Pottle, 1963, S. 139, 199–200, 322; Philip C. Almond, *Heaven and Hell in Enlightenment England*, 1994, Kapitel 5.1.

32 *A Modest Defence of Chastity*, 1726, S. 73 (zitiert); John Johnson, *Reasons why Vice ought to be Punish'd*, 1708, S. 16; *Boswell's Life of Johnson*, Hg. V. George Birkbeck Hill und L. E Powell, 6 Bde, 1934–1950, Bd III., S. 346.

33 Andrew Willet, *An Harmonie Upon the Second Booke of Samuel*, 1614, S. 74; vgl. sein *Hexapla in Exodum*, 1608, S. 396–398, und *Hexapla in Leviticum*, 1631, S. 501–503.

34 *The Clarke Papers*, Hg. v. C. H. Firth, 4 Bde. (Camden Society, 1891–1901), II, S. 130. Zum konventionellen Argument, Christus habe in Wahrheit das Gesetz gestärkt *siehe* z. B. Samuel Walker, *Reformation of Manners Promoted by Argument*, 1711, S. 173–185.

35 John Turner, *Boaz and Ruth*, 1685, S. 53 (zitiert); J. Turner, *A Discourse on Fornication*, 1698, S. 2 (zitiert); [Charles Leslie], *A Letter of Advice to a Friend*, 1696, S. 5 und Titelblatt (zitiert); *The Third Charge of Whitlocke Bulstrode Esq.*, 1723, S. 11–18; *A Treatise Concerning Adultery and Divorce*, 1700; »Castamore«, *Conjugium Languens*, 1700, S. 27–28; John Locke, *A Paraphrase and Notes on the Epistles of St. Paul*, Hg. Arthur W. Wainwright, 2 Bde., 1987, Bd II. S. 652; [Daniel Defoe], *Conjugal Lewdness*, 1727, S. 123–124.

36 *The True State of the Case of John Butler*, 1697; *Concubinage and Poligamy Disprov'd*, 1698; J[ohn] B[utler], *Explanatory Notes on a Mendacious Libel*, 1698. Vgl. *The Genuine and Uncommon Will of a Clergyman lately Deceas'd*, 1750.

37 Burnet an Philip van Limborch (nicht datiert: Ende 1698, Anfang 1699*)*, übersetzt und abgedruckt in: T. E. S. Clarke und H. C. Foxcroft, *A Life of Gilbert Burnet*, 1907, S. 348; Lawrence Stone, *Road to Divorce*, 1990, S. 313–320; David M. Turner, »Secret and Immodest Curiosities?« in: Harald E. Braun and Edward Valiance (Hg.), *Contexts of Conscience in Early Modern Europe*, 2004, S. 137–150.

38 Michel de Montaigne, *Essais*, Frankfurt a. M. 1998, Buch 1, Kap. 23, »Über die Gewohnheit und daß man ein überkommenes Gesetz nicht leichtfertig ändern sollte«. Iulius Caesar, *De Bello Gallico*, Buch V; *The Philosophical Works of the Late Right Honourable Henry St. John, Lord Viscount Bolingbroke*, 5 Bde, 1754, Bd V., S. 179. Vgl. Pierre Charron, *Of Wisdome*, übers. Samson Lennard [1608?], Buch II, Kapitel VIII; John Locke, *An Essay Concerning Human Understanding*, ed. Peter H. Nidditch, 1975, I, iii, S. 9; Samuel Pufendorf, *The Law of Nature and Nations*, übers. Basil Kennet[t] et al., 5. Ausg, 1749, Bd. II, 3, 8.

39 Turner, *Discourse on Fornication*, S. 27. Vgl. *Clarke Papers*, II., S. 110; Walker, *Reformation*, S. 176.

40 [John Locke], *The Reasonableness of Christianity*, 1695, S. 265, 271, 274; John Locke, Essays *on the Law of Nature*, Hg. v. W. von Leyden, 1954, S. 140–141, 160–179 (S. 177 zitiert). Vgl. sein »Of Ethics in General«, abgedruckt in: Lord King, *The Life of John Locke*, 2 Bde (Aufl. v. 1830), Bd. II. 129–133; Thomas Halyburton, *Natural Religion Insufficient*, Edinburgh, 1714, Bd. IV., S. 92–93.

41 [Locke], *Reasonableness of Christianity*, S. 279–281. Zu Lockes Ansichten über diese Themen siehe auch Locke, Essays *on the Law of Nature*, passim; Locke *Essay Concerning Human Under-*

standing; John Locke, *The Reasonableness of Christianity*, Hg. V. John C. Higgins-Biddle, 1999, xv–cxv; *The Correspondence of John Locke*, Hg. v. E. S. de Beer, 8 Bde, 1976–1989, Bd. IV., S. 110–113; John Marshall, *John Locke*, 1994, S. 51–52, 57–62, 71–72, 365, 376–383.
42 *Table-Talk: Being the Discourses of John Selden*, 1689, S. 30–31. Vgl. Locke, *Essays on the Law of Nature*, S. 72–73.
43 John Turner, *Two Discourses*, 1682, S. 12; vgl. Selden, *Table-Talk*, S. 50. Zu diesen Entwicklungen, *siehe* John Spurr, »›Rational Religion‹ in Restoration England«, *Journal of the History of Ideas* 49, 1988; J. A. I. Champion, *The Pillars of Priest-craft Shaken*, 1992, S. 207–222; Isabel Rivers, *Reason, Grace and Sentiment*, 2 Bde, 1991–2000.
44 *The Writings of William Walwyn*, Hg. v. Jack R. McMichael und Barbara Taft, 1989, S. 109; Pierre Bayle, *A Philosophical Commentary*, 1708, S. 55, 57; David Hume, *Essays Moral, Political, and Literary*, Hg. v. Eugene F. Miller, 1987, Anm. 588 (»Of Suicide«). Vgl. [Anthony Collins], *A Discourse of Free-Thinking*, 1713, S. 12–15; [Mathew Tindal], *An Essay Concerning the Power of the Magistrate*, 1697, S. 106.
45 Christopher Hill, *The World Turned Upside Down* (Aufl. Von 1975), S. 183.
46 Thomas Palmer, *An Essay of the Meanes How to Make our Travailes*, 1606, S. 97; vgl. Jeremy Taylor, *Ductor Dubitantium*, 2 Bde., 1660, I., S. 231.
47 John Maynard, *The Law of God Ratified*, 1674, S. 76; Richard Baxter, *A Holy Commonwealth*, 1659, S. 214, 246. Vgl. Thomas Hobbes, *The Elements of Law*, Hg. v. Ferdinand Tönnies, 1889, 2.10.7; Thomas Hobbes, *Leviathan*, 1651, S. 282; *The Clarke Papers*, Hg. v. C. H. Firth, 4 Bde, Camden Society 1891–1901, II., S. 127–130; John Locke, *Essays on the Law of Nature*, Hg. v. W. von Leyden, 1954, S. 196–203; Locke, *Two Treatises of Government*, Hg. v. Peter Laslett, 2. Aufl., 1967, I., S. 59.
48 William Perkins, *A Discourse of Conscience*, [Cambridge] 1596, S. 17–20; *The*

Second Replie of Thomas Cartwright, [Heidelberg] 1575, cii–ciii; Keith Thomas, »The Puritans and Adultery«, in: Donald Pennington und Keith Thomas (Hg.), *Puritans and Revolutionaries*, 1978, S. 268–72.
49 Siehe z. B. John Turner, *Two Discourses*, 1682, S. 22–29; Anthony Holbrook, *A Letter to the Author of Christianity as Old as the Creation*, 1731, S. 4–6, 13–14; William Paley, *The Principles of Moral and Political Philosophy*, 1785, S. 243–245, 249, 254–255, 269, 273.
50 [William Wollaston], *The Religion of Nature Delineated*, 1724, S. 180. Vgl. Charles-Louis de Secondat, Baron de Montesquieu, *The Spirit of Laws*, 2 Bde, 1750, I., S. 369.
51 Joseph Butler, *The Analogy of Religion*, 1736, S. 317–319; Richard Fiddes, *Practical Discourses*, 1712, S. 92–94; Francis Hutcheson, *A System of Moral Philosophy*, 2 Bde., 1755, I., S. 87–88, II., S. 151–153; Richard Price, *A Review of the Principal Questions and Difficulties in Morals*, 1758, S. 232–234, 261–262; [Joseph Priestley], *Considerations for the Use of Young Men*, [Aufl. von 1778], S. 6–8, 23; T. R. Malthus, *An Essay on the Principle of Population*, 1798, S. 19.
52 Cf. John Gill, *The Moral Nature and Fitness of Things Considered*, 1738, S. 43–44; [Priestley], *Considerations*, S. 2.
53 Hutcheson, *System of Moral Philosophy*, ii, S. 162–163. Unter bestimmten Bedingungen verteidigte Emanuel Swedenborg das Konkubinat ganz offen: *The Delights of Wisdom*, 1794, S. 421–424, 428–437 [›473‹]. Weder die Frage noch die Schlussfolgerung war neu: Ähnliche biblisch begründete Ansichten wurden von verschiedenen Kommentatoren des 16. und 17. Jahrhunderts vorgebracht.
54 Adam Smith, *Theorie der ethischen Gefühle*, II, ii, 1, Hamburg 2010, S. 38; Anthony Ashley Cooper, Earl of Shaftesbury, *Characteristics of Men, Manners, Opinions, Times*, Hg. v. Lawrence E. Klein, 1999, S. 221–2 (*Inquiry*, II. ii., S. 2); Brian

Cowan, »Reasonable Ecstasies«, *Journal of British Studies* 37, 1998.
55 Siehe z. B. *The Petty Papers*, Hg. v. Marquis of Lansdowne, 2 Bde., 1927, ii., S. 47–58; T. R. Malthus, *An Essay on the Principle of Population*, [Aufl. von 1803–1826], Hg. Patricia James, 2 Bde., 1989, I., S. 19, Anm. 6 [zitiert]. Vgl. Butler, *Analogy of Religion*, S. 318; Holbrook, *Letter*, S. 15; Samuel Pufendorf, *The Law of Nature and Nations*, übers. v. Basil Kennet[t] et al., 5. Aufl., 1749, 2. Paginierung, S. 134–135, Anm. 4.
56 University of Edinburgh Library, MS La. II., 620¹², abgedruckt in: Norah Smith, »Robert Wallace's ›Of Venery‹«, *Texas Studies in Literature and Language* 15, 1973. Für weitere Beispiele, siehe *Boswell's Life of Johnson*, Hg. George Birkbeck Hill und L. F. Powell, 6 Bde., 1934–1950, ii., S. 472–473; Faramerz Dabhoiwala, »The Construction of Honour, Reputation and Status«, *Transactions of the Royal Historical Society* 6, 1996, S. 206.
57 *The Yale Edition of Horace Walpole's Correspondence*, Hg. W. S. Lewis et al., 48 Bde., 1937–1983, xv., S. 143; vgl. Samuel Richardson, *Pamela; or, Virtue Rewarded* [1740], Hg. Thomas Keymer und Alice Wakely, 2001, S. 134–135; *Priest-Craft and Lust*, 1743.
58 Obwohl einige wenige von ihnen tatsächlich des Ehebruchs bezichtigt wurden: *siehe ODNB*, Richard Curteys, Robert Horne, John Thornborough, John Atherton.
59 *Boswell on the Grand Tour: Germany and Switzerland 1764*, Hg. Frederick A. Pottle, 1964, S. 235–236. Seine privilegierte Beziehung zur königlichen Familie und sein Verhalten gegenüber den Hofdamen – das ständige Flirten und die anzügliche Konversation – wurden später von dem Romancier und Tagebuchschreiber Frances Burney dokumentiert, der ihn als »Mr. Turbulent« bezeichnete: *Diary and Letters of Madame D'Arblay*, Hg. [Charlotte Barrett], 7 Bde., 1842–1846, Bd. iii und iv.

60 Bodleian Library, Oxford, MS Locke b. 4, fol. 99 r–v. Siehe William Lorimer, *Two Discourses*, 1713, v.–vii.; Thomas Halyburton, *Natural Religion Insufficient*, Edinburgh 1714, S. 119–123; Michael Hunter, »Aikenhead the Atheist« in: Michael Hunter und David Wootton (Hg.), *Atheism from the Reformation to the Enlightenment*, 1992.
61 *The Diary of Dudley Ryder, 1715–1716*, Hg. William Matthews, 1939, S. 103–104, 178; [Daniel Defoe], *Conjugal Lewdness*, 1727, S. 123–124; [Francis Hutcheson], *An Inquiry into the Original of Our Ideas of Beauty and Virtue*, 1725, S. 188. Vgl. [John Dunton], *The Night-Walker*, i/2, 1696, S. 1–10.
62 Thomas Hobbes, *Philosophicall Rudiments*, [übers. v. Charles Cotton], 1651, S. 100–102, 217–219 (*De Cive* vi., S. 16, xiv., S. 9–10). Vgl. Thomas Hobbes, *The Correspondence*, Hg. Noel Malcolm, 2 Bde., 1994, i., S. 401; [Anthony Collins], *A Letter to the Reverend Dr Rogers*, 1727, S. 46–47; Mark Goldie, »The Reception of Hobbes«, in: J. H. Burns zusammen mit Mark Goldie (Hg.), *The Cambridge History of Political Thought 1450 – 1700*, 1991, S. 606–610; Jon Parkin, »Hobbism in the later 1660s«, *Historical Journal* 42, 1999. Ähnliche Behauptungen wurden von Grotius aufgestellt, der meinte, »Beischlaf ohne Ehe« werde nicht von der Natur verboten, sondern nur von Gott (Hugo Grotius, *Of the Law of Warre and Peace*, 1655, S. 356); von Selden, der zu dem Schluss kam, das Naturrecht verbiete zwar Inzest und »ungesetzlichen Beischlaf« (wie Ehebruch, Geschlechtsverkehr zwischen Männern und Unzucht mit Tieren), erlaube aber Polygamie und einverständliche Scheidung (John Selden, *De Iure Naturali & Gentium*, 1640, Buch V, vgl. Eivion Owen, »Milton and Selden on Divorce«, *Studies in Philology* 43, 1946; und von Pufendorf, der, wie andere, bezweifelte, dass die Polygamie gegen das Naturrecht verstoße (*Law of Nature*, 2. Paginierung, S. 574–577).

63 *The Reports and Arguments of ... Sir John Vaughan,* 1677, 221. Cf. Jason P. Rosenblatt, *Renaissance England's Chief Rabbi,* 2006, Kap. 10.

64 Alexandre Matheron, »Spinoza et la Sexualité«, *Giornale Critico della Filosofi a Italiana* 8, 1977; Richard Tuck, *Natural Rights Theories,* 1979, 141–142; Jonathan I. Israel, *Radical Enlightenment,* 2001, S. 86–88.

65 John Locke, *An Essay Concerning Toleration and Other Writings,* Hg. J. R. Milton und Philip Milton, 2006, S. 391 (»Virtus«); vgl. ibid., S. 276, 289; John Locke, *A Paraphrase and Notes on the Epistles of St Paul,* Hg. Arthur W. Wainwright, 2 Bde., 1987, i., S. 186–196; ders., *Political Essays,* Hg. Mark Goldie, 1997, S. 256.

66 [William Lawrence], *Marriage by the Morall Law of God Vindicated,* 1680, S. 101–102 [zitiert]; [William Lawrence], *The Right of Primogeniture,* 1681; Mark Knights, *Politics and Opinion in Crisis, 1678–81,* 1994, S. 162; Mark Goldie, »Contextualizing Dryden's Absalom«, in: Donna B. Hamilton und Richard Strier (Hg.), *Religion, Literature, and Politics in Post-Reformation England,* 1996. Vgl. J[ohn] D[onne], *Poems,* 1650, S. 388–390 (Elegy XVIII); Thomas Randolph, *Poems,* Oxford 1638, S. 126–128; [Francis Osborne], *Advice to a Son,* Oxford [1655], S. 50–52; George Etherege, *She Wou'd if She Cou'd,* 1668, 1. Akt, 1. Szene; [Aphra Behn], *Love-Letters between a Noble-Man and his Sister,* 1684, S. 331–337.

67 *The Provok'd Wife,* 1697, S. 34 [3. Akt, 1. Szene]. Vgl. Margaret Cavendish, Marchioness of Newcastle, *Playes,* 1662, S. 334, 349–350 [»The Unnatural Tragedy«, 2. Akt, 12. Szene; 4. Akt, 25. Szene]; *The Correspondence of John Locke,* Hg. E. S. de Beer, 8 Bde., 1976–89, iv., S. 101–102; Εἰκών Βασιλική Δεύτερα, 1694, S. 131–141; Tullio Gregory, »Pierre Charron's 'Scandalous Book'« in: Hunter und Wootton (Hg.), *Atheism.*

68 Pierre Bayle, *An Historical and Critical Dictionary,* 4 Bde., 1710, iii., 1671. Vgl.

Thomas Stanley, *The History of Philosophy,* 3 Bde., 1655–1660, iii/Teil 4., S. 23–24.

69 G. S. Rousseau, »The Sorrows of Priapus«, in: G. S. Rousseau und Roy Porter, *Sexual Underworlds of the Enlightenment,* 1987; Pat Moloney, »Savages in the Scottish Enlightenment's History of Desire«, *Journal of the History of Sexuality* 14, 2005; Brian Young, »Gibbon and Sex«, *Textual Practice* 11, 1997.

70 Thomas Franklin Mayo, *Epicurus in England (1650–1725),* 1934; Howard Jones, *The Epicurean Tradition,* 1989, Kapitel 8; Matthew Niblett, »Man, Morals and Matter«, in: Neven Leddy und Avi S. Lifschitz (Hg.), *Epicurus in the Enlightenment,* 2009. Vgl. Jonathan Sheehan, »Sacred and Profane«, *Past and Present* 192, 2006.

71 *Burnet's History of My Own Time,* Hg. Osmund Airy, 2 Bde., Oxford 1897–1900, i, S. 166–168; Gilbert Burnet, *Some Passages of the Life and Death of the Right Honourable John Earl of Rochester,* 1680, S. 36, 38–39, 52, 54, 70–73, 100–101 [zitiert]; *The Complete Poems of John Wilmot, Earl of Rochester,* Hg. David M. Vieth, 1968, S. 35, 98, 101; Sarah Ellenzweig, »The Faith of Unbelief«, *Journal of British Studies* 44, 2005. Zu einer brillanten dramatischen Darstellung solcher Ansichten siehe Thomas Shadwell, *The Libertine,* 1676; zur Deutung ihrer Rolle im Theater dieser Zeit, Dale Underwood, *Etherege and the Seventeenth-Century Comedy of Manners,* 1957; Maximilian E. Novak, *William Congreve,* 1971, S. 41–51; Robert D. Hume, »The Myth of the Rake in 'Restoration' Comedy«, *Studies in the Literary Imagination* 10, 1977; Harold Weber, *The Restoration Rake-Hero,* 1986; Warren Chernaik, *Sexual Freedom in Restoration Literature,* 1995; zum weiteren Kontext, Anna Bryson, *From Courtesy to Civility,* 1998, Kapitel 7.

72 [Daniel Defoe], *An Essay upon Projects,* 1697, S. 248; [Charles Leslie], *A Letter of Advice to a Friend,* 1696, S. 3; J. Turner, *A Discourse on Fornication,* 1698, S. 52; Richard Capel, *Tentations,* 1633, S. 262–264; John Edwards, *Some*

Thoughts Concerning the Several Causes and Occasions of Atheism, 1695, S. 38–42; [Henry Compton], *The Bishop of London's Charge to the Clergy of his Diocese*, 1696, S. 12; John Spurr, *The Restoration Church of England, 1646–1689*, 1991, Kapitel 5.
73 *The Character of a Town-Gallant*, 1675, S. 7. Vgl. *An Answer to the Satyr against Mankind*, [1675?]; Bryson, *From Courtesy to Civility*, S. 257–159.
74 Vgl. Knud Haakonssen, *Natural Law and Moral Philosophy*, 1996.
75 Samuel Richardson, *Clarissa, or The History of a Young Lady*, [1747–1748], Hg. Angus Ross, 1985, Brief 254; Henry Fielding, *Tom Jones*, München 1965, Buch V, Kapitel V, S. 194, vgl. a. a. O., Buch xviii, Kapitel viii; [ders.], *The History of the Adventures of Joseph Andrews*, 2 Bde., 1742, Bd., ii, Buch iii, Kapitel iii; [John Cleland], *Memoirs of a Woman of Pleasure*, Bd. ii, 1749, S. 11–12.
76 [Matthew Tindal], *Christianity as Old as the Creation*, 1730, S. 119, 345–346. Vgl. John Sainsbury, *John Wilkes*, 2006, Kapitel 4.
77 [Alberto Radicati], *Christianity Set in a True Light*, 1730, S. 19; [Alberto Radicati], *A Phliosophical [sic] Dissertation upon Death*, 1732, S. 28, 81–83; Albert[o Radicati], Count de Passeran, *Twelve Discourses*, 1734, S. 26–52, S. 40 und 45 zitiert.
78 Bernard Mandeville, *The Fable of the Bees*, hg. v. F. B. Kaye, 2 Bde., 1924, I, S. 41–51, 142–146 (deutsches Zitat: *Die Bienenfabel*, Frankfurt 1968, S. 186); »Gideon Archer« [d. h. Peter Annet], *Social Bliss Considered*, 1749, iii–iv zitiert; *An Essay on Crimes and Punishments* 1767, S. 127–130.
79 David Hume, Essays Moral, Political, and Literary, hg. v. Eugene F. Miller (1987), S. 131 (»Of the Rise and Progress of the Arts and Sciences«); ders., *A Treatise of Human Nature*. Nach Humes Auffassung waren Gerechtigkeit, Treue und Gefolgschaft ebenso »künstlich«: Sie seien keine Tugenden im eigentlichen Sinn, sondern

hätten ihren Ursprung in historischen und gesellschaftlichen Konventionen, nicht in der menschlichen Natur. Vgl. Pierre Bayle, *Miscellaneous Reflections*, 2 Bde., 1708, ii., S. 330–334.
80 David Hume, *Eine Untersuchung über die Prinzipien der Moral*, Stuttgart 1984, S. 209.; Ernest Campbell Mossner, *The Life of David Hume*, 1954, S. 327–328. Hume, *Essays*, Hg. Miller, S. 181–190 (»Of Polygamy and Divorces«), S. 272 (»Of Refinement in the Arts«); Ernest Campbell Mossner, *The Life of David Hume*, 1954, S. 327–328.
81 Vgl. [Paul-Henry Thiry, Baron d'Holbach], *The System of Nature*, übers. William Hodgson, 4 Bde. 1797, Bd. iv., S. 465–466.
82 Siehe Michael Macdonald und Terence R. Murphy, *Sleepless Souls*, 1990, Kapitel 5.
83 Siehe z. B. Arthur Bedford, *A Serious Remonstrance*, 1719, S. 159–161; vgl. William Shakespeare, *Othello*, 3. Akt, 3. Szene.
84 Hume, *Enquiry Concerning … Morals*, quoting 4. 18, Dialogue 32; Hume, *Treatise*, 3. 2. 2. 4. Vgl. Christopher J. Berry, »Lusty Women and Loose Imagination«, *History of Political Thought* 24, 2003, S. 419–421.
85 N. A. M. Rodger, *The Insatiable Earl*, 1993, S. 80; *Letters to the Duke of Portland*, 1794, S. 30–31; *Boswell in Search of a Wife, 1766–1769*, Hg. Frank Brady und Frederick A. Pottle, 1957, S. 158. Zu aufschlussreichen Fallstudien, *siehe* Anna Clark, *Scandal*, 2004; Sainsbury, *John Wilkes*.
86 Siehe *The Collected Works of John Stuart Mill*, Hg. J. M. Robson et al., 33 Bde., 1963–1991, xviii., S. 296–297 [*On Liberty*, Kapitel v]; xxvii., S. 664 (zitiert) [*Diary*, 26. März 1854]; *Report of Royal Commission upon the Administration and Operation of the Contagious Diseases Acts*, 2 Bde., 1871, ii., S. 728–735; und, zu Mills eigenen antisensualistischen Vorlieben, Susan Mendus und Jane Rendall (Hg.), *Sexuality and Subordination*, 1989, Kapitel 5. Vgl. W. C. Coupland, *The Principle*

of Individual Liberty, How Far Applicable to the Relations of the Sexes [1880].
87 William Bisset, *Plain English*, 1704, S. 13; *Reasons Humbly Offered. . . for Passing the Bill against Vice and Immorality* [1699], S. 3.
88 *The Athenian Mercury*, ii., S. 23 (17. Aug. 1691); University of Edinburgh Library, MS Laing III. S. 545, fol. 147 r (Kollektaneenbuch von Robert Kirk). Vgl. [Francis Osborne], *Politicall Reflections upon the Government of the Turks*, 1656, S. 81-2; *The Third Volume of Letters Writ by a Turkish Spy*, 1691, S. 189-193 (Buch II, Brief xvi).
89 John Potter, *Archæologiæ Græcæ*, 2 Bde., 1. Aufl., Oxford 1697-1699; zehn weitere Ausgaben 1706-1795, Buch IV, Kapitel xii zitiert; [Daniel Defoe?], *Some Considerations upon Street-Walkers* [1726], S. 4-5, 9-15; [Matthew Tindal], *An Address to the Inhabiants* [sic] *of the Two Great Cities*, 1728, S. 9; *The Religious, Rational, and Moral Conduct of Matthew Tindal*, 1735, S. 59; »Luke Ogle«, *The Natural Secret History of Both Sexes*, 1740, S. 77-79; [Jonas Hanway], *A Plan for Establishing a Charity-House*, 1758, S. xi-xii.
90 Saunders Welch, *A Proposal to Render Effectual a Plan*, 1758, S. 19 zitiert; *A Congratulatory Epistle from a Reformed Rake* [1758], S. 22 zitiert; »Gideon Archer« [d. h. Peter Annet], *Social Bliss Considered*, 1749, S. 79-96; [John Cleland], *The Case of the Unfortunate Bosavern Penlez*, 1749, S. 6; *An Essay on Modern Gallantry* [ca. 1750], S. 32-38; *The Covent-Garden Journal* [1752], hg. v. Bertrand A. Goldgar, 1988, Nr. 50; William Dodd, *An Account of the Rise, Progress, and Present State of the Magdalen Charity*, 1761, [i]; John Fielding, *Extracts from such of the Penal Laws, as particularly relate to the Peace and Good Order of this Metropolis*, neue Aufl., 1762, S. 67; *Considerations on the ... Present Excess of Public Charities*, 1763, S. 16-17; *Boswell: The Ominous Years, 1774 - 1776*, Hg. Charles Ryskamp und Frederick A. Pottle, 1963, S. 316.

91 See z. B. *The Gentleman and Lady's Palladium*, 1751, S. 16; ibid., 1752, S. 21; *Reflections Arising from the Immorality of the Present Age*, 1756, S. 50-63; *Lloyds Evening Post*, 25. Jan. 1759; *London Chronicle*, 9. Apr. 1759; *Memoirs of the Bedford Coffee-House*, 1763, S. 31-34; Robert Holloway, *The Rat-Trap* [1773], S. 52-55; P[atrick] Colquhoun, *A Treatise on the Police of the Metropolis*, 6. Aufl., 1800, S. 337, 341, 628-629.
92 Randolph Trumbach, »London's Sodomites«, *Journal of Social History* 11, 1977; Alan Bray, *Homosexuality in Renaissance England*, 1982, Kapitel 4; Rictor Norton, *Mother Clap's Molly House*, 1992, Kapitel 2-6.
93 David Ogg, *England in the Reign of Charles II*, Aufl. v. 1984, S. 254; J. D. Davies, *Gentlemen and Tarpaulins*, 1991, S. 67; J. R. Jones, *The Anglo-Dutch Wars of the Seventeenth Century*, 1996, S. 59; John Brewer, *The Sinews of Power*, 1989, S. 30. Stephen Conway gibt sogar höhere Schätzungen für die Jahre 1739 bis 1763 an: »The Mobilization of Manpower for Britain's Mid-Eighteenth-Century Wars«, *Historical Research* 77, 2004.
94 Bernard Mandeville, *Die Bienenfabel*, Frankfurt 1968, S. 143-144, 147 zitiert. ›A Layman‹ [d. h. Bernard Mandeville], *A Modest Defence of Publick Stews*, 1724, S. i, xi-xii (zitiert); ›John Wickliffe‹ [d. h. Henry Hatsell?], *Remarks upon Two Late Presentments*, 1729, S. 1-4; Richard I. Cook, »The Great Leviathan of Leachery«, in: Irwin Primer (Hg.), *Mandeville Studies*, 1975; W. A. Speck, »Bernard Mandeville and the Middlesex Grand Jury«, *Eighteenth-Century Studies* 11, 1978; Irwin Primer, *Bernard Mandeville's »A Modest Defence of Publick Stews«*, 2006.
95 M. M. Goldsmith, »Regulating Anew the Moral and Political Sentiments of Mankind«, *Journal of the History of Ideas* 49, 1988; John Robertson, *The Case for the Enlightenment*, 2005, Kap. 6; zu vereinzelten Literaturhinweisen vgl. Edward [Chandler], *A Sermon Preached to the Societies for Reformation*, 1724 [d. h. 1725],

S. 18–21; *A Modest Defence of Publick Stews ... Answer'd*, 1725; *A Conference about Whoring*, 1725, durchgesehene und erweiterte Aufl. unter dem Titel *A Modest Defence of Chastity*, 1726; Samuel Ryder, *The Charge to the Grand-Jury of the City and Liberty of Westminster*, 1726, S. 9; [Edmund Gibson], *The Bishop of London's Pastoral Letter*, 1728, S. 2; *The Presentment of the Grand-Jury for the County of Middlesex*, 1728, S. 3–4; *A Vindication of the Bishop of London's Pastoral Letter*, 1729, S. 2, 6–8; *The Weekly Miscellany*, 2 Bde., 2. Aufl., 1738, Bd. i., S. 205; C[harles] Mosley, *The Tar's Triumph*, (Radierung), 1749.

96 *Die Bienenfabel*, Frankfurt 1968, S. 386–387 zitiert. Zu seiner allgemeinen Philosophie, siehe v. a. M. M. Goldsmith, *Private Vices, Public Benefits*, 1985; E. J. Hundert, *The Enlightenment's »Fable«*, 1994. Für seine Anlehnung an Bayle, vgl. Bayle, *Miscellaneous Reflections*, Bd. ii., S. 334–336; E. D. James, »Faith, Sincerity and Morality«, in: Primer (Hg.), *Mandeville Studies*; David Wootton, »Pierre Bayle, Libertine?«, in: M. A. Stewart (Hg.), *Studies in Seventeenth-Century European Philosophy*, 1997, S. 209–216.

97 Richard [Smalbroke], *Reformation Necessary*, 1728, S. 19; John Disney, *A View of Ancient Laws, against Immorality and Profaneness*, Cambridge, 1729, Sig. a2v; Samuel Richardson, *Clarissa, or The History of a Young Lady* [1747–1748], hg. v. Angus Ross, 1985, Brief 246; *The Rules, Orders and Regulations of the Magdalen House*, 2. Aufl., 1759, S. 3; vgl. James Hallifax, *A Sermon Preached in the Chapel of the Asylum for Female Orphans*, 1766, S. 11.

98 *Gentleman's Magazine*, xvii, S. 563, Dez. 1747.

99 Siehe z. B. John Sekora, *Luxury*, 1977, S. 110–115; Louis Dumont, *From Mandeville to Marx*, 1977; Neil McKendrick et al., *The Birth of a Consumer Society*, 1982, S. 15–19, 51–53; Hundert, *Enlightenment's 'Fable'*; Pierre Force, *Self-Interest Before Adam Smith*, 2003; Nicholas Phillipson, *Adam Smith*, 2010.

100 [Annet], *Social Bliss*, S. 82; Hugo Arnot, *A Collection of Celebrated Criminal Trials in Scotland*, Edinburgh, 1785, S. 310.

101 Siehe z. B. Linda Levy Peck, *Consuming Splendor*, 2005; Paul Slack, »The Politics of Consumption and England's Happiness in the Later Seventeenth Century«, *English Historical Review* 122, 2007; Keith Thomas, *The Ends of Life*, 2009, Kap. 4.

102 M. J. D. Roberts, *Making English Morals*, 2004, S. 25; William Wilberforce, *A Practical View of the Prevailing Religious System*, 1797, S. 372.

103 Soame Jenyns, *A Free Inquiry into the Nature and Origin of Evil*, 1757, S. 46; »Gideon Archer« [d. h. Peter Annet], *Social Bliss Considered*, 1749, S. vi. Vgl. die früheren Ansichten von John Hall, *Of Government and Obedience*, 1654, S. 14; und, allgemeiner, Roy Porter und Marie Mulvey Roberts (Hg.), *Pleasure in the Eighteenth Century*, 1996.

104 Boswell, *Laird of Auchinleck 1778–1782*, Hg. Joseph W. Reed und Frederick A. Pottle, 1977, S. 114; [Mathew Bacon et al.], *A New Abridgment of the Law*, 5 Bde., 1736–1766, Bd. iv., S. 569; University College London, MSS of Jeremy Bentham, lxxiv, S. 34 (auf Französisch).

105 *Boswell's Life of Johnson*, Hg. George Birkbeck Hill und L. F. Powell, 6 Bde, 1934–1950, Bd. iii., S. 17–18. Doch zu Johnsons eigenen Affären und der Einwilligung seiner Frau, dass »ich bei so vielen Frauen liegen durfte, wie mir beliebte, vorausgesetzt, ich *liebte* sie allein«, *siehe* ebd., III, S. 406; IV, S. 395–398.

106 Zu diesem Thema, siehe Michael Mason, *The Making of Victorian Sexual Attitudes*, 1994, und sein *The Making of Victorian Sexuality*, 1994; zu den allgemeinen Gegenreaktionen, z. B. Maurice J. Quinlan, *Victorian Prelude*, 1941; Ford K. Brown, *Fathers of the Victorians*, 1961; Eric Trudgill, *Madonnas and Magdalens*, 1976; Boyd Hilton, *The Age of Atonement*, 1988, S. 73–85.

107 Siehe z. B. [Francis Hutcheson], *An Inquiry into the Original of Our Ideas of Beauty and Virtue*, 1725, S. 182–190; P[eter] Annet, *Judging for Ourselves*, 1739, S. 11; Richard Price, *A Review of the Principal Questions and Difficulties in Morals*, 1758, S. 289–306.

108 Zum größeren Wirkungszusammenhang ethnischer Ideen im kolonialen Kontext, *siehe* z. B. Kirsten Fischer, *Suspect Relations*, 2002; Philippa Levine, *Prostitution, Race, and Politics*, 2003; Durba Ghosh, *Sex and the Family in Colonial India*, 2006; Peggy Pascoe, *What Comes Naturally*, 2009, Kap. 1.

109 Anna Clark, *The Struggle for the Breeches*, 1995, Kap. 4; Kathryn Gleadle, *British Women in the Nineteenth Century*, 2001, S. 39–41, 123–124 (doch vgl. auch a. a. O., S. 130–132); Leonore Davidoff und Catherine Hall, *Family Fortunes*, 1987, S. 110, 401–402; Donna Andrew, »Adultery à-la-Mode«, *History* 82, 1997; Frank Mort, *Dangerous Sexualities*, 2. Aufl., 2000, Teil 1.

110 *Der Wohlstand der Nationen*, München 2009, V, 1. Kap., S. 674. Doch vgl. Percy Bysshe Shelley, *A Philosophical View of Reform*, hg. v. T. W. Rolleston, 1920, S. 51–44.

111 *A Treatise of Human Nature*, Hg. David Fate Norton und Mary J. Norton, 2000, S. 3.2.12 (zitiert); Gilbert Burnet, *Some Passages of the Life and Death of the Right Honourable John Earl of Rochester*, 1680, S. 110 (zitiert); Aphra Behn, *Poems upon Several Occasions*, 1684, v. a. »The Golden Age«. Vgl. David Hume, *An Enquiry Concerning the Principles of Morals*, Hg. Tom L. Beauchamp, 1998, S. 4.5 – 4.7, 6.14; Charles-Louis de Secondat, Baron de Montesquieu, *The Spirit of Laws*, 2 Bde., 1750, Bd. ii., S. 198–199; T. R. Malthus, *An Essay on the Principle of Population*, [Aufl. v. 1803–1826], Hg. Patricia James, 2 Bde., 1989, S. 200–203; Annette C. Baier, »Good Men's Women«, *Hume Studies* 5, 1979; Christine Battersby, »An Enquiry Concerning the Humean Woman«, *Philosophy* 56, 1981; Christopher J. Berry,

»Lusty Women and Loose Imagination«, *History of Political Thought* 24, 2003. Für viele weitere Beispiele, siehe Geoffrey May, *Social Control of Sex Expression*, 1930, S. 4–6, 11–13, 47–48, 128–130; Keith Thomas, »The Double Standard«, *Journal of the History of Ideas* 20, 1959; Margaret R. Sommerville, *Sex and Subjection*, 1995, S. 146–150; zum anderslautenden Argument, nach dem es der »Natur« der Frauen entspreche, bescheiden und keusch zu sein, *siehe* Thomas Reid, *Practical Ethics*, Hg. Knud Haakonssen, 1990, S. 219–222.

112 William Alexander, *The History of Women*, 2 Bde., 1779, ii. S. 221. Vgl. die scharfsinnige Analyse von Catharine Macaulay Graham, *Letters on Education*, 1790, S. 220–221; sowie die Kapitel von Barbara Taylor, Vivien Jones und John Robertson in: Sarah Knott und Barbara Taylor (Hg.), *Women, Gender and Enlightenment*, 2005.

113 *Boswell's Life of Johnson*, Bd. ii., S. 55–56; Bd. iii., S. 406–407; Bd. v., S. 209; Vgl. ibid., Bd. ii., S. 457; Bd. iii., S. 349–350.

114 [Tobias Smollett], *The Adventures of Peregrine Pickle*, 1751, Kap. lxviii (zitiert); ewbd., 2. Aufl., 1758, Kap. v–xi; ODNB, Frances Anne Vane. Vgl. Vic Gatrell, *City of Laughter*, 2006, Kap. 12; Matthew J. Kinservik, *Sex, Scandal, and Celebrity in Late Eighteenth-Century England*, 2007.

115 *Boswell's Life of Johnson*, Bd. iii., S. 25 (zitiert); *Boswell in Search of a Wife, 1766–1769*, Hg. Frank Brady und Frederick A. Pottle, 1957, S. 26; *Boswell: The Ominous Years, 1774–1776*, Hg. Charles Ryskamp und Frederick A. Pottle, 1963, S. 320–321; Frederick A. Pottle, *James Boswell: The Earlier Years 1740–1769*, 1966, S. 5 (zitiert), 78–9; National Archives of Scotland, MS CC8/5/13, S. 93 (zitiert). Vgl. *Boswell in Holland, 1763–1764*, Hg. Frederick A. Pottle, 1952, S. 304.

116 [Henry Home, Lord Kames], *Sketches of the History of Man*, 2 Bde., Edinburgh, 1774, Buch I, Abbildung 6, S. 203 (zitiert); ders., *Loose Hints Upon Education*, Edinburgh 1781, Abschnitt VIII; *Boswell: The Applause of the Jury, 1782 – 1785*, Hg.

Irma S. Lustig und Frederick A. Pottle, 1981, S. 26–28.
117 Siehe z. B. Arthur Bedford, *A Serious Remonstrance*, 1719, S. 192–9; Kathleen Wilson, »The Female Rake«, in: Peter Cryle und Lisa O'Connell (Hg.), *Libertine Enlightenment*, 2004; Sarah Lloyd, »Amour in the Shrubbery«, *Eighteenth-Century Studies* 39, 2006; Gatrell, *City of Laughter*, Kap. 11; P[atrick] Colquhoun, *A Treatise on the Police of the Metropolis*, 6. Aufl., 1800, S. 340.
118 James Fitzjames Stephen, *Liberty, Equality, Fraternity*, [2. Aufl., 1874], Hg. Stuart D. Warner, 1993, Kap. 4, S. 105–106 (zitiert). Vgl. Henry Sidgwick, *The Methods of Ethics*, 7. Aufl., 1907, III. ix., S 2–3, III, 11, S. 7–9.
119 *Report from His Majesty's Commissioners for inquiring into the Administration and Practical Operation of the Poor Laws*, 1834, S. 92–99, 195–198. Wie ein Korrespondent der Kommission vorbrachte, würde die neue Regelung nicht zuletzt zu einer vielleicht ungerechten, aber dennoch wünschenswerten Situation führen: In der arbeitenden Bevölkerung wie in den höheren und mittleren Schichten würde man den Männern Unkeuschheit nachsehen und die Frauen dafür verurteilen (a.a.O., Anhang C, S. 394 c). Obwohl die sexuellen Voraussetzungen und Konsequenzen des Neuen Armengesetzes auf beträchtlichen Widerstand stießen und bekämpft wurden, stellten sie im Großen und Ganzen doch die konventionellen Moralnormen nicht in Frage, sondern trugen zu ihrer Zementierung bei: *siehe* U. R. Q. Henriques, »Bastardy and the New Poor Law«, *Past and Present* 37, 1967; Clark, *Struggle for the Breeches*, Kap. 10; Lisa Forman Cody, »The Politics of Illegitimacy in an Age of Reform«, *Journal of Women's History* 11, 2000.
120 *The Journals and Miscellaneous Notebooks of Ralph Waldo Emerson*, Hg. William H. Gilman et al., 16 Bde., 1960–1982, Bd. x., S. 551; *Report of Royal Commission upon the Administration and Operation of the Contagious Diseases Acts*, 2 Bde, 1871,

Bd. i., S. 17; Levine, *Prostitution, Race, and Politics*, S. 265; vgl. Thomas, »Double Standard«, und Mary Lyndon Shanley, *Feminism, Marriage, and the Law in Victorian England*, 1989.
121 *The Collected Works of John Stuart Mill*, Hg. J. M. Robson et al., 33 Bde, 1963–1991, Bd. xxvii, S. 664; Judith R. Walkowitz, *Prostitution and Victorian Society*, 1980, S. 130; Christabel Pankhurst, *The Great Scourge and How to End It*, 1913, S. 17.
122 Lawrence Stone, *Road to Divorce*, 1990, S. 348–350. Zu ihren frühesten Fürsprecherinnen gehörte Lady Mary Wortley Montagu, die, offenbar unter dem Eindruck des Septennial Act von 1716 (der regelmäßige Paramentswahlen festsetzte), ernsthaft für ein entsprechendes Gesetz eintrat, nach dem »Eheleute das Recht haben müssten, jedes siebte Jahr zu erklären, ob sie zusammenbleiben wollen oder nicht«: Robert Halsband, *The Life of Lady Mary Wortley Montagu*, 1956, S. 121–122.
123 William Godwin, *An Enquiry Concerning Political Justice*, 1793, Buch viii, Kap. Vi, S. 849–851 (zitiert) (vgl. 2. Aufl., 1796, Bd. ii., S. 498–503; 3. Aufl., 1798, Bd. ii., S. 507–511); Mary Wollstonecraft, *Maria: or, the Wrongs of Woman* [1798], v. a. Kap. xvii, in: *The Works of Mary Wollstonecraft*, Hg. Janet Todd und Marilyn Butler, 7 Bde., 1989, Bd. 1; William Godwin, *Erinnerungen an Mary Wollstonecraft*, Frankfurt a.M./Berlin 1991, Kap. vii–ix, S. 239, 244, 261–262 (zitiert).
124 M. L. Bush, *What Is Love? Richard Carlile's Philosophy of Sex*, 1998, S. 62 (zitiert), 70, 147–148, 161; Thomas Holcroft, *Anna St Ives*, 1792, v. a. Brief lxxxii; Richard Payne Knight, *The Progress of Civil Society*, 1796, Buch III, Zeilen 101–173; Percy Bysshe Shelley, *Queen Mab*, 1813, v. a. Anmerkung zu V., S. 189; William Thompson, *Appeal of One Half the Human Race*, 1825, v. a. S. 199–202; ders., *Practical Directions* [1830], S. 232–248; *Works of John Stuart Mill*, Bd. x., S. 310–312; xvii., S. 1751; xxi., S. 39–49, 99, 281–298, 375–377, 392; B. Sprague Allen, »William

Godwin's Influence on John Thelwall«, *Publications of the Modern Language Association of America* 37, 1922, S. 680–681; Marilyn Butler, *Peacock Displayed*, 1979, S. 8–11, 104–109, 238–239, 302, und ihr *Romantics, Rebels and Reactionaries*, 1981, S. 129–137; Iain McCalman, »Females, Feminism and Free Love«, *Labour History* 38, 1980; Barbara Taylor, *Eve and the New Jerusalem*, 1983, S. 32–48, 53–55, 166–168, 173–174, 183–185, 190–216; William St Clair, *The Godwins and the Shelleys*, 1989, S. 96–8, 165–173, 321–322, 338, 355–366, 371–376, 403, 414–422, 497–503; Dolores Dooley, *Equality in Community*, 1996; Barbara Taylor, *Mary Wollstonecraft and the Feminist Imagination*, 2003, S. 125 und Kap. 6; Kathryn Gleadle, *Radical Writing on Women, 1800 – 1850*, 2002, Kap. 6–8; ODNB, Sophia Catherine Chichester, Marian Evans [*Pseud.* George Eliot], Thornton Leigh Hunt, George Henry Lewes, William James Linton, Edward John Trelawny.

125 T. Bell [d. h. John Roberton oder Alexander Walker?], *Kalogynomia*, 1821, Kap. Iv, S. 279, 289 (zitiert); (eine erweiterte Fassung dieses Texts wurde aufgenommen in: Alexander Walker, *Woman Physiologically Considered*, 2. Aufl., 1840; Robert Dale Owen, *Moral Physiology*, 2. Aufl., New York 1831, S. 16–17, 43–53; Angus McLaren, *Birth Control in Nineteenth-Century England*, 1978. Vgl. *Loyola: A Novel*, 1784, S. 220–230.

126 [James Lawrence], *An Essay on the Nair System of Gallantry and Inheritance*, [ca. 1793–1799], S. 14 (zitiert), 16, 32; James Lawrence, *The Empire of the Nairs; or, the Rights of Women*, 4 Bde, 1811; Jane Rendall, *The Origins of Modern Feminism*, 1985, S. 221–222; ODNB. Zum deutschen Kontext, siehe Volker Hoffmann, »Elisa und Robert«, in: Karl Richter und Jörg Schönert (Hg.), *Klassik und Moderne*, 1983; Isabel V. Hull, *Sexuality, State, and Civil Society in Germany, 1700–1815*, 1996, Kap. 6–7; zu seinem Einfluss in England, Walter Graham, »Shelley and the Empire of the Nairs«, *Publications of the*

Modern Language Association America 40, 1925; St Clair, *The Godwins and the Shelleys*, S. 263–264, 338, 341, 357, 471, 544 Anm. 23; Bush, *What Is Love?*, S. 35, 43.

127 Shelley, *Queen Mab*, S. 145, 151 (Anm. zu V., S. 189); *The Clairmont Correspondence*, Hg. Marion Kingston Stocking, 2 Bde, 1995, Bd. i., S. 314–315 (Clairmont war mit an Sicherheit grenzender Wahrscheinlichkeit selbst unehelich, genauso wie Allegra, die Tochter, die sie mit Lord Byron hatte); Celia Morris Eckhardt, *Fanny Wright*, 1984; Lawrence Foster, *Religion and Sexuality*, 1981, Kap. III; für ein englisches Beispiel, siehe Taylor, *Eve and the New Jerusalem*, S. 252–257.

128 [George Drysdale], *The Elements of Social Science; or, Physical, Sexual and Natural Religion*, (4. Aufl. 1861), S. 369–370. Hilfreiche Einführungen zu diesen Themen bieten Hal D. Sears, *The Sex Radicals*, 1977; John D'Emilio and Estelle B. Freedman, *Intimate Matters*, 1988, Kap. 6–7, 10–11; John C. Spurlock, *Free Love*, 1988; Joanne E. Passet, *Sex Radicals and the Quest for Women's Equality*, 2003; Sandra Ellen Schroer, *State of ›The Union‹*, 2005; J. Miriam Benn, *The Predicaments of Love*, 1992; Sheila Rowbotham, *A New World for Women*, 1977; Sheila Rowbotham and Jeffrey Weeks, *Socialism and the New Life*, 1977; Mason, *Making of Victorian Sexual Attitudes*; Lucy Bland, *Banishing the Beast*, 1995, S. 156; Lesley A. Hall, »Disinterested Enthusiasm for Sexual Misconduct«, *Journal of Contemporary History* 30, 1995; Ivan Crozier, »All the World's a Stage«, *Journal of the History of Sexuality* 12, 2003; ODNB, Janet Chance, Jane Hume Clapperton, Sylvia Pankhurst, Dora Winifred Russell, Herbert George Wells, Amber Blanco White, Rose Lillian Witcop.

129 Zu literarischen Echos dieses Themas, siehe z. B. [John] Dennis, *The Stage Defended*, 1726, S. 19–20; *A New Atalantis*, 2. Ausg., 1758, S. i–iii; [Charles Churchill], *The Times*, 1764.

130 Der maßgebliche Ausgangspunkt für das England des 17. und 18. Jahrhunderts

bleibt Alan Bray mit seiner Studie *Homosexuality in Renaissance England*, 1982, Kap. 3–4. Ihm bin ich, wie alle Forscher nach ihm, in hohem Maße verpflichtet. Überaus wertvolle Informationen sind auch in mehreren Artikeln von Randolph Trumbach zu finden (*siehe* ders., *Sex and the Gender Revolution*, 1998, S. 432–434, Anm. 1–5, 12); Arthur N. Gilbert, »Buggery and the British Navy«, *Journal of Social History* 10, 1976; Antony E. Simpson, »Masculinity and Control«, New York University Dissertation, 1984, Kap. viii–ix; Rictor Norton, *Mother Clap's Molly House*, 1992; Peter Bartlett, »Sodomites in the Pillory in Eighteenth-Century London«, *Social & Legal Studies* 6, 1997; Netta Murray Goldsmith, *The Worst of Crimes*, 1998; Matt Cook (Hg.), *A Gay History of Britain*, 2007. Entwicklungen nach 1800 werden untersucht in: H. G. Cocks, *Nameless Offences*, 2003; Matt Cook, *London and the Culture of Homosexuality, 1885 – 1914*, 2003; Matt Houlbrook, *Queer London*, 2005. Zwei herausragende Studien bieten eine unschätzbare vergleichende Perspektive: Michael Rocke, *Forbidden Friendships*, 1996, und Theo van der Meer, *Sodoms Zaad in Nederland*, 1995.
131 J[ohn] D[onne], *Poems*, 1633, S. 38 (zitiert); Richard Godbeer, »Love Raptures,« *New England Quarterly* 68, 1995, S. 368 (zitiert); Tom Webster, »Kiss me with the kisses of his mouth«, in: Tom Betteridge (Hg.), *Sodomy in Early Modern Europe*, 2002; Bruce R. Smith, *Homosexual Desire in Shakespeare's England*, 1991; Eve Kosofsky Sedgwick, *Between Men*, 1985; Bray, *Homosexuality*, Kap. 1–3, ders., »Homosexuality and the Signs of Male Friendship in Elizabethan England«, *History Workshop Journal* 29, 1990, und ders., *The Friend*, 2003; George E. Haggerty, *Men in Love*, 1999; Alastair Bellany, *The Politics of Court Scandal*, 2002, S. 254–261; Laura Gowing et al. (Hg.), *Love, Friendship and Faith in Europe, 1300 – 1800*, 2005; Keith Thomas, *The Ends of Life*, 2009, Kap. 6.

132 *Select Trials … at the Sessions-House in the Old-Bailey*, 2 Bde., 1734–1735, Bd. i., S. 84; London Metropolitan Archives [im Folgenden »LMA«], MJ/SP/1698/12/24: Information zu William Minton, 7 Nov. 1698; vgl. ibid., MJ/SP/1698/12/21–3. (Trotz eines beträchtlichen Interesses der Forschung an Rigbys Prozess, sind diese Dokumente vorher noch nicht bemerkt worden. Der Bericht über den Fall, der nach Rigbys Verurteilung auf Anordnung des Gerichts gedruckt wurde, gibt einen Großteil der Aussage von Minton wieder, lässt aber anderen Einzelheiten seine »gotteslästerlichsten Äußerungen« aus: *An Account of the Proceedings Against Capt. Edward Rigby*, 1698); British Library, Harleian MS 6848, fol. 185–186, abgedruckt in: C. F. Tucker Brooke, *The Life of Marlowe*, 1930, S. 99.
133 LMA, MJ/SP/1698/12/24 (die erste Anspielung hat möglicherweise Ludwig XIII. gegolten; die zweite Peter dem Großen und seinem Günstling Alexander Menschikow, die kurz zuvor England gemeinsam besucht hatten. Rigby, seines Zeichens Marineoffizier, behauptete, er habe »auf See den Zaren durch ein Loch in der Wand bei dem besagten Fürsten Alexander liegen sehen«); [Tobias Smollett], *Die Abenteuer des Roderick Random* (1748), Leipzig 1982, S. 414. Vgl. *A Genuine Narrative of … James Dalton*, 1728, S. 43; *The Tryal of John Cather*, 2. Ausg., Dublin 1751, S. 8; *A Genuine Narrative of the Conspiracy, by Kather* [1751], S. 10–11.
134 Der Text ist heute nur aus den längeren Auszügen bekannt, die in der Anklage gegen seinen Drucker John Purser zitiert wurde: The National Archives, Public Record Office, KB 10/29, Easter 1750, Anklage 65 [im Folgenden »Purser-Anklage« genannt]. Eine Abschrift mit einer Einleitung von Hal Gladfelder, »In Search of Lost Texts«, ist abgedruckt in *Eighteenth-Century Life* 31, 2007.
135 The National Archives, Public Record Office, KB 1/10/5, beeidete Aussage von Hugh Morgan, 6. Mai 1751, zitiert in Gladfelder, »Lost Texts«, S. 27 (als »Petro-

nius, Arbiter, and Aretine«). Vgl. auch die aufschlussreichen Gefühle in: [Thomas] Cannon, *Apollo a Poem*, 1744; zur größeren Verbreitung dieses Wissens und seiner materiellen Artefakte in intellektuellen Kreisen vgl. Whitney Davis, »Homoerotic Art Collection from 1750 to 1920«, *Art History* 24, 2001.

136 *Select Trials*, i., S. 84 (zitiert), ii., S. 193–198, 210–211 (zitiert; Kursivdruck im Original). Zu einer ähnlichen Äußerung *siehe* OBP t17181205–24: Verhandlung von John Bowes und Hugh Ryly, 5. Dez. 1718.

137 LMA, CLA/047/LJ/13/1696 (City Sessions Papers 3. März 1696, Information von John Jones). Vgl. ibid., City Sessions Papers 16. Juni 1699, Information von Joseph Thomas.

138 Rix zitiert in: H. G. Cocks, »Safeguarding Civility«, *Past and Present* 190, 2006, S. 131; Purser-Anklage (zitiert) LMA, MJ/SP/1698/12/24; [Smollett], *Roderick Random*, Kap. li.

139 [Smollett], *Roderick Random*, Kap. LI; Purser-Anklage. Einen Überblick über zeitgenössische chinesische Einstellung zu gleichgeschlechtlichen Beziehungen und den westlichen Kenntnisstand liefert Louis Crompton in: *Homosexuality and Civilization*, 2003, Kap. 8.

140 Yale Lewis Walpole Library, MS CHW 69, fol. 9–10, 1740. Es ist auffällig, dass selbst moderne Wissenschaftler, obwohl sehr gut informiert und einfühlsam, diesen Dialog irrtümlich für ein Gespräch zwischen zwei Männern halten, und die Verweise auf die Leidenschaft zwischen Frauen übersehen: Hannah Smith und Stephen Taylor, »Hephaestion und Alexander«, *English Historical Review* 124, 2009, S. 298.

141 Anna Clark, »Anne Lister's Construction of Lesbian Identity«, *Journal of the History of Sexuality* 7, 1996, S. 35–36 (zitiert), 39; Clara Tuite, »The Byronic Woman«, in: Gillian Russell und Clara Tuite (Hg.), *Romantic Sociability*, 2002. Wichtige Erkenntnisse über gleichgeschlechtliche Beziehungen zwischen

Frauen und zeitgenössische Urteile liefern Lillian Faderman, *Surpassing the Love of Men*, 1981; Simpson, »Masculinity and Control«, S. 364–375; *I Know My Own Heart: The Diaries of Anne Lister*, Hg. Helena Whitbread, 1988; *No Priest but Love: The Journals of Anne Lister*, Hg. Helena Whitbread, 1992; Betty T. Bennett, *Mary Diana Dods*, 1991; Emma Donoghue, *Passions Between Women*, 1993; Betty Rizzo, *Companions Without Vows*, 1994, Kap. 9; Patricia Crawford und Sara Mendelson, »Sexual Identities in Early Modern England«, *Gender and History* 7, 1995; Jill Liddington, *Female Fortune*, 1998; Elizabeth Susan Wahl, *Invisible Relations*, 1999; Harriette Andreadis, *Sappho in Early Modern England*, 2001; Valerie Traub, *The Renaissance of Lesbianism in Early Modern England*, 2002; Fraser Easton, »Gender's Two Bodies«, *Past and Present* 180, 2003; Bray, *The Friend*, Kap. 6; Martha Vicinus, *Intimate Friends*, 2004; Sharon Marcus, *Between Women*, 2007; Molly McClain, »Love, Friendship, and Power«, *Journal of British Studies* 47, 2008.

142 Zu den Belegen, die William Henry Hart in *Notes and Queries*, 2. Reihe, Nr. 8, 1859, S. 65–66, und Gladfelder in »Lost Texts« liefern, sollte hinzugefügt werden: [Thomas] Cannon, *A Treatise on Charity. To which is prefix'd, the Author's Retraction*, 1753, S. 9 zitiert; Thomas Cannon, *A Close View of Death and it's [sic] Subsequent Immortalities*, 1760, S. 303 (zitiert); ODNB, Robert Cannon. In seinem späteren Leben kehrte Cannon zwar in die Gesellschaft zurück, blieb aber bei seinem Vorurteil gegen das »falsche und hohle« Freidenkertum seiner Jugend und fand Trost in der fortwährenden Lektüre von Milton und Edward Youngs *Night Thoughts*. Siehe *The Life of Thomas Holcroft*, Hg. William Hazlitt, rev. Elbridge Colby, 2 Bde, 1925, Bd. i., S. 208–211.

143 Zwar wurden diese Zusammenhänge zwischen Benthams Schriften und bestehenden Vorstellungen über sexuelle Freiheit bisher noch nicht behandelt, dennoch

habe ich bei der Arbeit an diesen Manu-
skripten außerordentlich von den Auszügen profitiert, die abgedruckt und erörtert
wurden in: Jeremy Bentham, *Theory of Legislation*, Hg. C. K. Ogden, 1931, S. 473–97;
Louis Crompton, »Jeremy Bentham's
Essay on ›Paederasty‹«, *Journal of Homo-
sexuality* 3, 1978, und 4, 1978; Louis
Crompton, *Byron and Greek Love*, 1985;
Lea Campos Boralevi, *Bentham and the
Oppressed*, 1984. Die Daten der Aufsätze
werden aufgeführt von A. Taylor Milne,
*Catalogue of the Manuscripts of Jeremy
Bentham*, 2. Aufl., 1962.
144 University College London, MSS of
Jeremy Bentham [im Folgenden als ›Bentham MSS‹ zitiert], lxxii, S. 202; lxxiv,
S. 14, 103; vgl. ibid., S. 49, 75–82, 108–110.
145 Bentham MSS, lxxii, S. 202; clxi.,
S. 444–446; Cannons Vergleich der beiden Arten des Geschlechtsverkehrs: Purser-Anklage.
146 Bentham MSS, lxxii, S. 187–188; lxxiii, S. 100; lxxiv, S. 24; clxi, S. 411–433,
462–474.
147 Bentham MSS, clxi, S. 454–474
(S. 458, 462 zitiert).
148 Bentham MSS, lxviii, S. 10 (zitiert);
lxxiv, S. 37, 81, 83, 104 (zitiert); clxi, S. 19,
141 (zitiert), 143, 187, 189, 338–443 (S. 362
zitiert), 487 (zitiert); ›Gamaliel Smith‹
[d. h. Jeremy Bentham], *Not Paul, but
Jesus*, 1823, 393–394; Jeremy Bentham,
A Comment on the Commentaries, Hg.
J. H. Burns und H. L. A. Hart, 1977, S. 23–
28. Tatsächlich, so Bentham, hätten alle
Apostel, mit Ausnahme von Paulus, sowie
mehrere frühe christliche Sekten diese
Ansicht vertreten: Bentham MSS, clxi,
S. 338, 387, 434–443. Vgl. die abfälligen
Bemerkungen in: [Paul-Henry Thiry,
baron d'Holbach], *Ecce Homo!* [übers.
v. George Houston], 1799, S. 58, 139–140,
144–145.
149 Bentham MSS, lxxiv, S. 169; clxi,
S. 338 (zitiert), 371, 384–410, 475–502
(S. 497, 501 zitiert).
150 Bentham MSS, lxxii, S. 188, 191, 195,
196, 197, 201, 203, 204; lxxiii, 100.

151 Bentham MSS, lxviii, S. 12–13; lxxii,
S. 187–189, 201–203; lxxiv, S. 3, 6 (zitiert),
25, 41, 80, 120, 175–178. Zur besonderen
Parallele, die nach Benthams Ansicht zwischen der Verfolgung von religiöser und
sexueller »Nonkonformität« vorlag, *siehe*
z. B. lxxii, S. 187–188; lxxiii, S. 90–100;
lxxiv, S. 1–25, 168, 186–187. Zu seiner generellen Ablehnung aller Religion (einschließlich der Lehren Jesu, die er für be-
trügerisch und niederträchtig hielt), siehe
The Correspondence of Jeremy Bentham,
Hg. J. H. Burns et al., 1968–, xi, S. 282–
283, 308, 360; James Steintrager, »Language and Politics«, *Bentham Newsletter*
4, 1980; James E. Crimmins, *Secular Utilitarianism*, 1990.
152 Bentham MSS, lxxii, S. 191–193, 201;
lxxiv, S. 5–7, 10, 15–16, 73–74, 86–87. Vgl.
The Works of Jeremy Bentham, Hg. John
Bowring, 11 Bde., Edinburgh 1843, i, S. 175;
Jeremy Bentham, *Introduction to the Principles of Morals and Legislation*, Hg. J. H.
Burns und H. L. A. Hart, 1970, S. 159, 281–
293.
153 Bentham MSS, lxxii, S. 191–193
(S. 192–193 zitiert); lxxiii, S. 94–96; lxxiv,
S. 69, 138–146; clxi, S. 16. Genauso wenig
treffe es, wie manchmal angenommen, auf
die Homosexuellen in der passiven Rolle
zu: lxxii, S. 193–194; lxxiv, S. 146.
154 Bentham MSS, lxviii, S. 14; lxxii,
S. 68, 189, 194–195; lxxiii, S. 92, 97, 99;
lxxiv, S. 123–133, 136; clxi, S. 17–18, 276–
283; Campos Boralevi, *Bentham and the
Oppressed*, S. 44–52.
155 Bentham MSS, lxxii, S. 189, 195–200
(S. 195 zitiert); lxxiv, S. 147–159, 197–199;
clxi, S. 16, 284–288. Bentham meinte, obwohl diese Gefahr theoretisch in Gesellschaften mit absoluter sexueller Freiheit
auftreten könne, zeige das Beispiel Poly-
nesiens, dass es in der Praxis nicht der
Fall sei: lxxii, S. 196–197; lxxiv, S. 156.
156 Bentham MSS, lxxii, S. 189; lxxiii,
S. 92 (zitiert), 94. Obwohl Bentham die
Bestrafung der einverständlichen Homosexualität beklagte, zog er zwei Mal sehr
kurz in Erwägung, ein gewisses Strafmaß
beizubehalten, um dem gesellschaftlichen

Abscheu gegenüber der Praxis Rechnung zu tragen (denn »mag die öffentliche Missbilligung auch bar jeder berechtigten Grundlage sein, so ist sie nichtsdestoweniger ein Übel«). Zunächst dachte er an Verbannung oder eine Geldstrafe, zahlbar an das Londoner Findelhaus. Später entschied er sich für ein rein symbolisches Gesetz – das für eine Verurteilung zwei nicht an dem Akt beteiligte Zeugen verlangte, womit es in der Praxis nicht durchzusetzen gewesen wäre: lxxiv, S. 4; clxi, S. 18.

157 Bentham MSS, lxx, S. 271; lxxii, S. 204 (zitiert); lxxiv, S. 34, 141–142, 145, 195, 206. Ursprung und Entwicklung dieser Phobie werden meisterhaft dokumentiert in: Thomas W. Laqueur, *Solitary Sex*, 2003.

158 Keine nachteiligen Wirkungen: siehe Bentham MSS, lxxiv, S. 123–133, 140, 188–196; clxi, S. 17–18, 309–322. Sollte nicht als »unnatürlich« bezeichnet werden: siehe Bentham MSS, lxxii, S. 197; lxxiv, S. 31, 32, 89–93; Crompton, *Byron and Greek Love*, S. 262–264. Natürlich: siehe Bentham MSS, lxxii, S. 199–200; lxxiii, S. 91. Zur Äquivalenz des sexuellen Sinns mit anderen Sinnen siehe Bentham MSS, lxxiv, S. 49–61, 160–161; clxi, S. 292–298.

159 Bentham MSS, lxxii, S. 191, 204 (zitiert); lxxiv, S. 9, 189, 206–211; clxi, S. 17. (Obwohl er gelegentlich Ehebruch und Polygamie auch konventioneller als »unheilträchtige« Verhaltensweisen bezeichnete (LXXV. 35–36, 72, *Introduction to the Principles of Morals*, 256–257) und sich einmal, in einer früheren Notiz, ganz ähnlich über homosexuelle Handlungen äußerte (xcvi, S. 197).)

160 Bentham MSS, lxxiv, S. 77 (zitiert), 132–137, 190–191, 200–203, 214–222 (S. 219 zitiert); clxi, S. 6–14 (S. 6 zitiert), 18 (zitiert), 190 (zitiert), 336–337; *Jeremy Bentham's Economic Writings*, Hg. W. Stark, 3 Bde, 1952–1954, iii, S. 362; Norman E. Himes, »Jeremy Bentham and the Genesis of English Neo-Malthusianism«, *Economic History* 3, 1936. Zu seinen bemerkenswerten Aufzeichnungen über

sexuelle Techniken, Spielarten, Vorlieben und Hilfen *siehe* Bentham MSS, lxxiv, S. 33–34.

161 [Endnote zur Fußnote:] *Siehe* Bentham MSS, lxxiv, S. 4; clxi, S. 1–19; Crompton, *Byron and Greek Love*, S. 269–274; und zu weiteren Hinweisen in den Manuskripten bezüglich ihrer geplanten Veröffentlichung in unterschiedlichen Formen, Campos Boralevi, *Bentham and the Oppressed*, S. 63, 67–68, 79, Anm. 194; Bentham, *Comment*, S. xxxiii–xxxvi. Welchen Stellenwert dieses veröffentlichte und unveröffentlichte Material innerhalb Benthmas allgemeiner Kritik des Christentums besitzt, wird untersucht in: *Secular Utilitarianism*, Kap. 7–9.

162 Siehe z. B. Bentham MSS, lxxii, S. 68, 188; lxxiv, S. 4–5, 21, 23, 38, 71, 168, 200; clxi, 14.

163 Bentham MSS, lxxii 188 (zitiert); lxxiv, S. 220–222; British Library, Additional MS 33551, S. 327–328, abgedruckt in: Mary P. Mack, *Jeremy Bentham*, 1962, S. 213.

164 Bentham MSS, lxx, S. 183; *Correspondence of Jeremy Bentham*, ii, S. 302–303, 324; vii, S. 574; ix, S. 22–23; *Dictionary of National Biography*, 1885–1901, James Mill, Francis Place; *The Collected Works of John Stuart Mill*, Hg. J. M. Robson et al., 33 Bde, 1963–1991, x, S. 413–417; xviii, S. 255 (zitiert; und vgl. *The Complete Works of Harriet Taylor Mill*, Hg. Jo Ellen Jacobs und Pamela Harms Payne, 1998, S. 225–226); Campos Boralevi, *Bentham and the Oppressed*, S. 68–69.

165 Bentham MSS, lxxiv, S. 3 (zitiert); *Notes and Queries*, 1. Folge, vii, S. 66–67, 1853; 12. Folge, v, S. 143–144, 1919; *Don Leon*, Ausg. V. 1866; Louis Crompton, »*Don Leon*, Byron, and Homosexual Law Reform«, *Journal of Homosexuality* 8, 1983. Vgl. H. G. Cocks, »Making the Sodomite Speak«, *Gender and History* 18, 2006.

166 Zu aufschlussreichen Beispielen vgl. Willem Elias, »Het Spinozistisch Erotisme van Adriaan Beverland«, *Tijdschrift voor de Studie van de Verlichting* 2, 1974; Margaret C. Jacob, *The Radical Enlightenment*, 1981, S. 228–230; R. de Smet, *Hadrianus Beverlandus*, 1988; Theo van der Meer, *Sodoms Zaad in Nederland*, 1988, v. a. Kap. vi; Nicholas Davidson, »Theology, Nature and the Law« in: Trevor Dean und K. J. P. Lowe (Hg.), *Crime, Society and the Law in Renaissance Italy*, 1994, und sein »Sodomy in Early Modern Venice« in: Tom Betteridge (Hg.), *Sodomy in Early Modern Europe*, 2002; Isabel V. Hull, *Sexuality, State, and Civil Society in Germany, 1700–1815*, 1996; Jonathan I. Israel, *Radical Enlightenment*, 2001, S. 86–89, 94–96, 630–631, 674, 676, und ders., *Enlightenment Contested*, 2006, S. 366, 579–589, 601–602, 809–810; Edward Muir, *The Culture Wars of the Late Renaissance*, 2007.

167 In diesem Fall besonders durch französische und holländische Entwicklungen. Beispiele für letztere sind unter anderem die Verbreitung von Beverlands Arbeiten in englischen Kreisen, wie die Kataloge privater Bibliotheken des frühen 18. Jahrhunderts zeigen; und das nicht näher bezeichnete »Buch über Homosexualität«, das Samuel 1779 aus Rotterdam an Jeremy Bentham schickte (*The Correspondence of Jeremy Bentham*, hg. v. J. H. Burns et al. (1968–), ii, S. 324), also zu einem Zeitpunkt, als Jeremys Überlegungen zu dem Thema sich noch in einem Frühstadium befanden. Bei diesem Buch muss es sich um [Abraham Perrenot], *Bedenkingen over het Straffen van Zekere Schandelyke Misdaad* (Amsterdam u. a., 1777) gehandelt haben, dessen biblischen, historischen und rationalen Argumente einige von Benthams eigenen Anschauungen vorwegnahmen. Zu englischen Einflüssen auf das kontinentaleuropäische Denken siehe z. B. Norman L. Torrey, *Voltaire and the English Deists*, 1930; und allgemeiner: Israel, *Radical Enlightenment and Enlightenment Contested*.

168 Daher stimme ich in diesem Punkt nicht überein mit: Israel, *Radical Enlightenment* and *Enlightenment Contested*: vgl. Anthony J. La Vopa, »A New Intellectual History?« *Historical Journal* 52, 2009.

169 [Francis Hutcheson], *An Inquiry into the Original of Our Ideas of Beauty and Virtue*, 1725, S. 182–190.

170 Zu modernen Interpretationen einiger dieser Themen, siehe z. B. *Report of the Committee on Homosexual Offences and Prostitution*, 1957; Graham Hughes, »Morals and the Criminal Law«, *Yale Law Journal* 71, 1962; H. L. A. Hart, *Law, Liberty and Morality*, 1963; H. L. A. Hart, »Social Solidarity and the Enforcement of Morality«, *University of Chicago Law Review* 35, 1967; H. L. A. Hart, »Between Utility and Rights«, *Columbia Law Review* 79, 1979; Patrick Devlin, *The Enforcement of Morals*, 1965; Ronald Dworkin, *Taking Rights Seriously*, 1977, Kap. 10–13; Tony Honoré, *Sex Law*, 1978; Ruth Gavison, »Privacy and the Limits of Law«, *Yale Law Journal* 89, 1980; Anne B. Goldstein, »History, Homosexuality, and Political Values«, *Yale Law Journal* 97, 1988; Joel Feinberg, *The Moral Limits of the Criminal Law*, 4 Bde, 1984–1988; Robert P. George, *Making Men Moral*, 1993; John Finnis, »The Good of Marriage and the Morality of Sexual Relations«, *American Journal of Jurisprudence* 42, 1997; A. P. Simester and Andrew von Hirsch, »Rethinking the Offence Principle«, *Legal Theory* 8, 2002; Andrew Bainham and Belinda Brooks-Gordon, »Reforming the Law on Sexual Offence« in: Belinda Brooks-Gordon et al. (Hg.), *Sexuality Repositioned*, 2004; Gerald Dworkin, »Moral Paternalism«, *Law and Philosophy* 24, 2005; Nicholas Bamforth und David A. J. Richards, *Patriarchal Religion, Sexuality, and Gender*, 2008; Martha C. Nussbaum, *From Disgust to Humanity*, 2010. Auch in den Vereinigten Staaten wurde in den letzten Jahrzehnten erbittert über die Frage gestritten, wie weit die sexuelle Freiheit *historisch* reichte. Dabei wurde vor allem diskutiert, welchen Schutz die Verfassung entsprechenden Verhaltensweisen in der Gegenwart gewähren sollte.

Kapitel 3 ~ Der Verführungskult

1 [Robert Gould], *Love Given O're*, 1682, S. 5 (zitiert).
2 Zu einem geeigneten Überblick siehe z. B. Anne Carson,»Putting Her in Her Place«, in: David Halperin et al. (Hg.), *Before Sexuality*, 1990; Sarah B. Pomeroy, *Goddesses, Whores, Wives, and Slaves*, Ausg. v. 1995; James A. Brundage, *Law, Sex, and Society in Medieval Europe*, 1987; Alcuin Blamires et al., Hg., *Woman Defamed and Woman Defended*, 1992; Ian Maclean, *The Renaissance Notion of Woman*, 1980; Margaret R. Sommerville, *Sex and Subjection*, 1995; Anthony Fletcher, *Gender, Sex and Subordination in England 1500 –1800*, 1995, Kap. 3–4; Merry E. Wiesner-Hanks, *Christianity and Sexuality in the Early Modern World*, 2000.
3 *The Diary of Samuel Pepys*, hg. v. Robert Latham und William Matthews, 11 Bde., 1970–1983, v., S. 17 (16. Jan. 1664; Universiteitsbibliotheek Leiden, MS BPL 1325, fol. 149 r; Frances Harris, *Transformations of Love*, 2003, S. 256.
4 Ian Watt, *The Rise of the Novel*, 1957, S. 160–162 (zitiert). Zur Entstehung dieser Themen siehe die glänzenden Pionierarbeiten von Patricia Meyer Spacks,»Ev'ry Woman is at Heart a Rake«, *Eighteenth-Century Studies* 8, 1974; und Nancy F. Cott,»Passionlessness«, *Signs* 4, 1978; viele gute Beispiele finden sich auch in: Madeleine Blondel, *Images de la femme dans le roman anglais de 1740 à 1771*, 1976; und A. D. Harvey, *Sex in Georgian England*, 1994, Kap. 2–3.
5 Allerdings wurde die Untersuchung verwandter Themen angeregt, siehe z. B. Edmund Leites, *The Puritan Conscience and Modern Sexuality*, 1986; Harold M. Weber, *The Restoration Rake-Hero*, 1986; Ruth Perry,»Colonizing the Breast«, *Journal of the History of Sexuality* 2, 1991.
6 Thomas Laqueur, *Making Sex*, 1990.
7 Ebd., S. 11, 20, 23 (zitiert, Kursivdruck im Original). Obwohl Laqueurs Argument vielfach kritisiert wurde, ist keine andere Erklärung vorgeschlagen worden: Zu repräsentativen Beispielen vgl. Tim Hitchcock, *English Sexualities, 1700 –1800*, 1997, S. 111; Robert B. Shoemaker, *Gender in English Society, 1650–1850*, 1998, Kap. 3; Elizabeth Foyster, *Manhood in Early Modern England*, 1999, S. 212–213; Karen Harvey,»The Century of Sex?« *Historical Journal* 45, 2002. Die vollständigste jüngere Beschreibung findet sich in: Anthony Fletcher, *Gender, Sex and Subordination in England 1500–1800*, 1995, besonders Kap. 19 – obwohl selbst diese einfühlsame und kenntnisreiche Darstellung zur Erklärung nur auf den »Einfluss biomedizinischer Diskurse und die Entwicklung eines romantischen Frauenbilds« verweist, S. 392.
8 *Certayne Sermons, or Homelies, Appoynted by the Kynges Maiestie*, 1547, Sig. Uii; Dorothy Leigh, *The Mothers Blessing*, 1616, S. 33; Judith M. Bennett, »Writing Fornication«, *Transactions of the Royal Historical Society* 13, 2003, S. 146–147; James Durham, *A Practical Exposition*
9 Zu diesem und den folgenden Absätzen, siehe v. a. Bernard Capp, *When Gossips Meet*, 2003, Kap. 4, 6 (hier S. 227 zitiert); Laura Gowing, *Common Bodies*, 2003, Kap. 2, 3. Vgl. G. R. Quaife, *Wanton Wenches and Wayward Wives*, 1979, *passim*; Steve Hindle,»The Shaming of Margaret Knowlsey«, *Continuity and Change* 9, 1994; Garthine Walker,»Re-reading Rape and Sexual Violence in Early Modern England«, *Gender and History* 10, 1998.
10 *The Diary of Samuel Pepys*, hg. v. Robert Latham und William Mathews, 11 Bde, 1970–1983, v., S. 37, 322, 351; vi., S. 20, 40; Arthur Bryant, *Samuel Pepys*, 3 Bde., 1933–1938, iii., S. 166–167, 386. Zum Aspekt von Tauschhandel, Akzeptanz und Mittäterschaft der Frau in diesem männlich dominierten sozialen und sexuellen Kontext vgl. Faramerz Dabhoiwala,»The Pattern of Sexual Immorality«, in: Paul Griffiths und Mark S. R. Jenner (Hg.), *Londinopolis*, 2000.

11 *Siehe* v. a. Gowing, *Common Bodies*, S,
61 (zitiert); Anna Clark, *Women's Silence,
Men's Violence*, 1987; Antony E.
Simpson, »Vulnerability and the Age of Female
Consent«, in: G. S. Rousseau und Roy Por-
ter (Hg.), *Sexual Underworlds of the En-
lightenment*, 1987; Randolph Trumbach,
Sex and the Gender Revolution, 1998, v. a.
Kap. 7; Tim Meldrum, *Domestic Service
and Gender 1660 –1750*, 2000, Kap. 4;
Martin Ingram, »Child Sexual Abuse in
Early Modern England«, in: Michael J.
Braddick und John Walter, *Negotiating
Power*, 2001; Capp, *When Gossips Meet*,
Kap. 4; Anthony Fletcher, *Gender, Sex and
Subordination in England 1500–1800*,
1995, S. 93–94, und alle dort angegebenen
Literaturverweise.
12 [Henry Fielding], *Ovid's Art of Love
Paraphrased*, 1747, S. 31, 39, 75, 77 (zitiert);
Ian Donaldson, *The Rapes of Lucretia*,
1982, Kap. 5; A. D. Harvey, *Sex in Geor-
gian England*, 1994, Kap. 4; Simon Dickie,
»Fielding's Rape Jokes«, *Review of English
Studies* 61, 2010.
13 Siehe z. B. *Dives and Pauper*, hg. v.
Priscilla Heath Barnum, Early English
Text Society 1976–2004, i, S. 2, 67–71;
[John Milton], *An Apology against a
Pamphlet*, 1642, S. 18; Cynthia B. Herrup,
A House in Gross Disorder, 1999; Simon
Blackburn, *Lust*, 2004, Kap. 3–4; Chris-
tine Peters, *Women in Early Modern
Britain, 1450–1640*, 2004, Kap. 3.
14 *The Complete Poems of John Wilmot,
Earl of Rochester*, hg. v. David M. Vieth,
1968, S. 48 (zitiert), 60–61; Harold Love,
English Clandestine Satire 1660–1702,
2004, S. 61–62 und Kap. 6, zitiert: S. 213;
John Harold Wilson, *Court Satires of the
Restoration*, 1976, *passim*; Buchanan
Sharp, »Popular Political Opinion in Eng-
land 1660 –1685«, *History of European
Ideas* 10, 1989; Rachel Weil, »Sometimes a
Sceptre is Only a Sceptre«, in: Lynn Hunt
(Hg.), *The Invention of Pornography*, 1993;
Anna Bryson, *From Courtesy to Civility*,
1998, Kap. 7; George Southcombe und
Grant Tapsell, *Restoration Politics, Reli-
gion and Culture*, 2010, S. 150–160.

15 Capp, *When Gossips Meet*, S. 145.
16 Zu typischen Beispielen vgl. *A Brief
Collection of some Memorandums*, 1689,
S. 3; *Athenian Mercury*, ii/13, 1691, question 3; [John Dunton], *The Night-Walker*
i/1, 1696, Vorwort; *God's Judgements
against Whoring*, 1697, S. 45; J[ean] Gail-
hard, *Four Tracts*, 1699, S. 2.
17 [Jonathan Swift], *A Project for the Advancement of Religion*, 1709, S. 10–11; *The
Guardian*, Nr. 45 (2. Mai 1713).
18 *Defoe's Review*, hg. v. Arthur Wellesley
Secord, 9 Bde., 1938, iii, S. 132 (5. Nov.
1706) (vgl. [Daniel Defoe], *Conjugal Lewdness*, 1727, S. 288–289; *Marriage Promoted*, 1690, S. 27); Henry Fielding, *The Covent-Garden Journal* [1752], Hg. Bertrand
A. Goldgar, 1988, Nr. 20 und 57 zitiert;
*Critical Remarks on Sir Charles Grandi-
son*, 1754, S. 31.
19 Robert Holloway, *The Rat-Trap* [1773],
S. 56–57; Edward Barry, *Theological. . .
Essays* [1790?], S. 75; *Advice to Unmarried
Women*, 1791, S. 33; William Dodd, *An
Account of the Rise, Progress and Present
State of the Magdalen Charity*, 1761, Vorwort; *Reflections Arising from the Immorality of the Present Age*, 1756, S. 45.
20 Francis Bacon, »Neu-Atlantis«, in:
Der utopische Staat [Morus, *Utopia*; Campanella, *Sonnenstaat*; Bacon, *Atlantis*]
Reinbek 1960, S. 201 zitiert. Ruth Mazo
Karras, *Common Women*, 1996; Anne M.
Haselkorn, *Prostitution in Elizabethan
and Jacobean Comedy*, 1983.
21 [John Dunton], *The Night-Walker*,
1696–1697, i/3 zitiert, sig. [A3r]; i/4, S. 22;
ii/3, S. 13; ii/4, sig. [A3v]; vgl. ebd. i/1, sigs
A2ʳ–Bʳ; *Account of the Societies for Reformation of Manners*, S. 93–97; A. M., *The
Reformed Gentleman*, 1693; [John Dun-
ton], *The Hazard of a Death-Bed-Repen-
tance*, 1708.
22 *The Spectator*, hg. v. Donald F. Bond,
5 Bde., 1965, insbesondere Nr. 182 (zitiert),
190 (zitiert), 208, 266 (zitiert), 274, 276,
528; *Original and Genuine Letters sent to
the Tatler and Spectator*, 2 Bde., 1725, i,
S. 54.

23 »Capt. Johnson«, *The History of …
Eliz. Mann*, 1724, iv–v, S. 43–45 (zitiert);
[Daniel Defoe?], *Some Considerations
upon Street-Walkers* [1726], S. 8 zitiert;
Spectator, hg. v. Bond, Nr. 266 zitiert; vgl.
auch *Defoe's Review*, hg. v. Arthur Wellesley Secord, 9 Bde, 1938, ix, [84], 6. Jan.
1713; Joseph [Wilcocks], *The Righteous
Magistrate*, 1723, S. 13.
24 *The 'Prentice's Tragedy* [1700?]; *An Excellent Ballad of George Barnwell* (versch.
Hg.); George Lillo, *The London Merchant*,
1731, 1. Akt, 2. Szene und 4. Akt, 2. Szene
zitiert; ODNB, George Lillo.
25 Henry Fielding, *The Covent-Garden
Journal* [1752], hg. v. Bertrand A. Goldgar,
1988, S. 393, 415 (vgl. auch S. 400–401);
William Dodd, *A Sermon on St Matthew*,
1759, S. 12; Robert Holloway, *The Rat-Trap*
[1773], S. 57–58. Vgl. *The Holy Penitent*,
1740, S. 3; Edward Cobden, *A Persuasive
to Chastity*, 1749; *Gentleman's Magazine*,
xix, S. 125–127, März 1749.
26 *The Adventurer*, Nr. 86, S. 134–136,
1753–1754; *The Rambler*, Nr. 170–171, 1751;
[William Dodd], *The Sisters*, 2 Bde, 1754;
Elizabeth Inchbald, *Nature and Art*,
2 Bde, 1796; *Innocence Betrayed, or the
Perjured Lover*, Penrith Ausg. [ca 1800],
S. 3–5 zitiert.
27 *The New Oxford Book of Eighteenth-
Century Verse*, hg. v. Roger Lonsdale,
1984, S. 683.
28 [John Cleland], *Memoirs of a Woman
of Pleasure*, 2 Bde., 1749 und sein *The Case
of the Unfortunate Bosavern Penlez*, 1749,
S. 13 zitiert; vgl. Ruth Bernard Yeazell, *Fictions of Modesty*, 1991, Kap. 7, und, für
Beispiele des neunzehnten Jahrhuderts:
Eric Trudgill, *Madonnas and Magdalens*,
1976, Kap. 11.
29 Faramerz Dabhoiwala, »The Pattern of
Sexual Immorality«, in: Paul Griffiths und
Mark S. R. Jenner (Hg.), *Londinopolis*,
2000, S. 97 zitiert; OBP t17300070440;
Tanya Evans, »*Unfortunate Objects*«: *Lone
Mothers in Eighteenth-Century London*,
2005.

30 Siehe z. B. Evans, »*Unfortunate Objects*«; OED, »unfortunate«; OBP, »unfortunate« und »misfortunate«.
31 Ausgezeichnete Einführungen in den
größeren Zusammenhang bieten Jane
Rendall, *The Origins of Modern Feminism*,
1985; Sarah Knott und Barbara Taylor
(Hg.), *Women, Gender and Enlightenment*, 2005; Karen O'Brien, *Women and
Enlightenment in Eighteenth-Century Britain*, 2009.
32 Zu den Themen dieses und der folgenden Absätze siehe insbesondere David Roberts, *The Ladies: Female Patronage of
Restoration Drama*, 1989; Elizabeth Howe,
The First English Actresses, 1992; Derek
Hughes, *English Drama 1660–1700*, 1996
und sein »Rape on the Restoration Stage«,
The Eighteenth Century 46, 2005. Zur üblichen Verwendung der Vergewaltigung
als Metapher für religiöses Märtyrertum
und politischer Tyrannei vgl. v. a. Ian
Donaldson, *The Rapes of Lucretia*, 1982;
Anna Swärdh, *Rape and Religion in
English Renaissance Literature*, 2003.
33 1. Akt, 3. Szene zitiert; 2. Akt, 1. Szene 1.
34 Nicholas Rowe, *The Fair Penitent*,
1703, 1. Akt, 2. Szene zitiert; 2. Akt,
1. Szene; 3. Akt, 1. Szene 1; 5. Akt, 1. Szene;
Nachwort; ders., *The Tragedy of Jane
Shore*, 1714, 1. Akt, 2. Szene zitiert; Maria
M. Scott, *Re-Presenting »Jane« Shore*,
2005.
35 Thomas Otway, *The Orphan*, 1680,
1. Akt, letzte Szene; 3. Akt, 1. Szene.
Vgl. Susan Staves, *Players' Scepters*, 1979,
v. a. Kap. 5; Hughes, *English Drama*, v. a.
Kap. 1.
36 Zur Einleitung in die Themen der
nachfolgenden Absätze, siehe z. B. Katha-
rine M. Rogers, *Feminism in Eighteenth-
Century England*, 1982; Jane Spencer, *The
Rise of the Woman Novelist*, 1988; Jacque-
line Pearson, *The Prostituted Muse*, 1988;
Cheryl Turner, *Living by the Pen*, 1992;
Ros Ballaster, *Seductive Forms*, 1992; Eliz-
abeth Eger (Hg.), *Women, Writing and the
Public Sphere, 1730 –1830*, 2001; Norma
Clarke, *The Rise and Fall of the Woman of
Letters*, 2004; Susan Staves, *A Literary*

History of Women's Writing in Britain,
1660 –1789, 2006; Sarah Apetrei, *Women,*
Feminism and Religion in Early Enlighten-
ment England, 2010.
37 [Aphra Behn], *The Revenge,* 1680,
2. Akt, 2. Szene zitiert; [Sarah Fyge], *The*
Female Advocate, 1686, S. 4, 10–11, 21 zitiert.
38 Samuel Richardson, *Clarissa, or The*
History of a Young Lady [1747–1748], hg. v.
Angus Ross, 1985, Vorwort zitiert; Jane
Austen, *Die Abtei von Northanger* (engl.
Orig. 1818), Berlin 1980, S. 34–35. Zur Definition und Entwicklung des Genres
siehe insbesondere: Ian Watt, *The Rise of*
the Novel, 1957, Kap. 1; Michael McKeon,
The Origins of the English Novel
1600 –1740, 1987; J. Paul Hunter, *Before*
Novels: The Cultural Contexts of Eigh-
teenth-Century English Fiction, 1990;
Brean S. Hammond, *Professional Imagi-*
native Writing in England, 1670 –1740,
1997; William B. Warner, *Licensing Enter-*
tainment, 1998.
39 Delarivier Manley, *New Atalantis*
[1709], hg. v. Ros Ballaster, 1991, S. 45 zitiert; Spencer, *Rise of the Woman Novelist,*
Kap. 4.
40 Mary Astell, *Some Reflections upon*
Marriage, 1700, S. 65, 68, 74–75 zitiert;
[Margaret Cavendish], Duchess of Newcastle, *The Convent of Pleasure,* 1. Akt,
2. Szene, in ihrem *Plays Never Before Prin-*
ted, 1668; [Damaris Masham], *Occasional*
Thoughts, 1705, S. 154–156; [John Taylor],
The Womens Sharpe Revenge, 1640, S. 7–9,
119–120, 130–137. Vgl. Thomas Killigrew,
Comedies and Tragedies, 1664, S. 339, 396–
397 (*Thomaso,* Teil I, 2. Akt, 4. Szene; Teil
II, 1. Akt, 5. Szene 5).
41 Siehe z. B. Alcuin Blamires, *The Case*
for Women in Medieval Culture, 1997,
S. 38, 47–48, 132, 135, 138–142, 153–157; die
faszinierende Abhandlung in *Dives and*
Pauper, hg. v. Priscilla Heath Barnum,
2 Bde., Early English Text Society 1976–
2004), i. 2., S. 71–95; und, am berühmtesten, das Vorwort zu Chaucers »Wife of
Bath«, *The Complete Works of Geoffrey*

Chaucer, hg. v. Walter W. Skeat, Ausg. v.
1957, S. 573–574.
42 Zusätzlich zu den Angaben in Anmerkung 6, vgl. u. a. Kathryn Shevelow,
Women and Print Culture, 1989; Helen
Berry, *Gender, Society and Print Culture*
in Late-Stuart England, 2003; Susan E.
Whyman, *The Pen and the People,* 2009.
43 *The London Journal,* Nr. 359 (11. Juni
1726). Zuvor war ausführlich über die
Entdeckung der Frauenleiche berichtet
worden: vgl. z. B. *Daily Post,* Nr. 2088
(3. Juni 1726). Selbst wenn der Brief gefälscht oder für die Veröffentlichung
überarbeitet wurde, zeigt er in Form und
Inhalt doch, wie ausgeprägt und verbreitet
diese Erzählkonventionen bereits Mitte
der 1720er Jahre waren.
44 *The Rambler,* Nr. 18, 1750.
45 Zu ihrer Beliebtheit sowie tieferen sexuellen und politischen Wirkung siehe
z. B. Susan Staves, »British Seduced Mai-
dens«, *Eighteenth-Century Studies* 14,
1980–1981; Anna Clark, »The Politics of
Seduction in English Popular Culture,
1748–1848«, in: Jean Radford (Hg.), *The*
Progress of Romance, 1986; Tiffany Potter,
»Genre and Cultural Disruption«, *English*
Studies in Canada 29, 2003; Katherine
Binhammer, *The Seduction Narrative in*
Britain, 1747–1800, 2009; Toni Bowers,
Force or Fraud: British Seduction Stories
and the Problem of Resistance 1660 –1760,
2011.
46 [Samuel Richardson], *Letters Written*
to and for Particular Friends, 1741 (aber
vor *Pamela* begonnen, und eine der Vor-
arbeiten für den Roman), S. 30, 94, 131,
179, 182, 200–201; *The Correspondence of*
Samuel Richardson, hg. v. Anna Laetitia
Barbauld, 6 Bde., 1804, iv., S. 292–293.
47 T. C. Duncan Eaves und Ben D. Kimpel, *Samuel Richardson,* 1971, S. 87–88;
London Journal, 6. Apr. 1723, S. 3; Westminster Public Library, E. 2576, Nr. 103,
1724, zitiert in: Randolph Trumbach,
»Modern Prostitution and Gender in
Fanny Hill«, in: G. S. Rousseau und Roy
Porter, *Sexual Underworlds of the Enlight-*
enment, 1987, S. 76; *The Proceedings at the*

Sessions of the Peace ... against Francis Charteris, Esq., 1730, S. 4 zitiert.
48 [Richardson], *Letters Written to ... Friends*, S. 79–84.
49 Samuel Richardson, *Pamela; or, Virtue Rewarded* [1740], hg. v. Thomas Keymer und Alice Wakely, 2001, S. 108, 110, 134–135, 137 zitiert.
50 Ebd., S. 213; Samuel Richardson, *Clarissa, or The History of a Young Lady* [1747–1748], hg. v. Angus Ross, 1985, dort findet sich ein Personenverzeichnis.
51 Siehe z. B. Robert Palfrey Utter und Gwendolyn Bridges Needham, *Pamela's Daughters*, 1936; Eaves und Kimpel, *Richardson*, Kap. xxiv; Margaret Anne Doody, *A Natural Passion*, 1974, Kap. xiv; Rita Goldberg, *Sex and Enlightenment*, 1984; Ruth Perry, »Clarissa's Daughters«, *Women's Writing* 1, 1994; Rodney Hessinger, »Insidious Murderers of Female Innocence«, in: Merril D. Smith, *Sex and Sexuality in Early America*, 1998; Thomas Keymer und Peter Sabor, *Pamela in the Marketplace*, 2005.
52 *Fragment of a Novel written by Jane Austen*, hg. v. R. W. Chapman, 1925, Kap. 8. An dieser Stelle ist vielleicht daran zu erinnern, dass *Sir Charles Grandison* Austens Lieblingsroman war.
53 *Boswell in Extremes, 1776 –1778*, ed. Charles McC. Weis und Frederick A. Pottle, 1970, S. 180; vgl. Yale Lewis Walpole Library, Hanbury Williams MSS, Bd. 68, Fol. 74r, 1745; Richardson, *Clarissa*, hg. v. Ross, Brief 115.
54 »Courtney Melmoth« [d. h. Samuel Jackson Pratt], *The Pupil of Pleasure*, 2 Bde., 1776, i, S. 2 zitiert; *Byron's Letters and Journals*, hg. v. Leslie A. Marchand, 13 Bde., 1973–1994, iii, S. 108, 1813.
55 Siehe z. B. Peter Sabor, »Richardson, Henry Fielding, and Sarah Fielding«, in: Thomas Keymer und Jon Mee (Hg.), *The Cambridge Companion to English Literature 1740 –1830*, 2004; Eaves und Kimpel, *Richardson*, S. 302; *Boswell's Life of Johnson*, hg. v. George Birkbeck Hill und L. F. Powell, 6 Bde., 1934–1950, ii, S. 495 zitiert.

56 Henry Fielding, *Tom Jones* (1749), München 1965, S. 711, 712, zitiert; vgl. William Park, »Fielding and Richardson«, *Publications of the Modern Language Association of America* 81, 1966; Eaves und Kimpel, *Richardson*, S. 134, 297, 303–305; *The Correspondence of Henry and Sarah Fielding*, hg. v. Martin C. Battestin und Clive T. Probyn, 1993, S. 70–71.
57 Henry Fielding, *Amelia*, 1751, Buch i, Kap. 6–9 (Kap. 8 zitiert).
58 Ebd., Buch vii, Kap. 7 und 9 zitiert.
59 Siehe z. B. *Selected Letters of Samuel Richardson*, hg. v. John Carroll, 1964, S. 141, 272–275; Eaves und Kimpel, *Richardson*, S. 366, 370 (zitiert); *Correspondence of Samuel Richardson*, hg. v. Barbauld, iii., S. 7–10.
60 *Correspondence of Samuel Richardson*, hg. v. Barbauld, vi., S. 42–44, 62–66, 75 zitiert; [Francis Plummer], *A Candid Examination of the History of Sir Charles Grandison*, 3. Ausg., 1755, S. 49 zitiert. Vgl. *The Spectator*, Hg. Donald F. Bond, 5 Bde., 1965, Nr. 154; Eaves und Kimpel, *Richardson*, S. 322, 354, 369, 375; Samuel Richardson, *The History of Sir Charles Grandison* [1753–1754], hg. v. Jocelyn Harris, 3 Bde., 1972, »A Concluding Note by the Editor«; [Joseph Priestley], *Considerations for the Use of Young Men* [1778], S. 20–22.
61 Mark Philp, *Godwin's Political Justice*, 1986, S. 177, Anm. 5; ODNB, (John) Bellenden Ker; vgl. Anthony Fletcher, *Gender, Sex and Subordination in England 1500–1800*, 1995, S. 342–346.

Kapitel 4 ~ Die neue Welt der Männer und Frauen

1 Siehe z. B. John Dwyer, *Virtuous Discourse*, 1987, bes. Kap. 5; Michele Cohen, *Fashioning Masculinity*, 1996; Philip Carter, *Men and the Emergence of Polite Society*, 2001; Ingrid H. Tague, *Women of Quality*, 2002; Sarah Apetrei, *Women, Feminism and Religion in Early Enlightenment England*, 2010.
2 John Millar, *The Origin of the Distinction of Ranks*, 1779, zitiert S. 104–105;

David Hume, *Essays Moral, Political, and Literary,* hg. v. Eugene F. Miller, 1987, S. 131; Karen O'Brien, *Women and Enlightenment in Eighteenth-Century Britain,* 2009, Kap. 3; *The Works of Mary Wollstonecraft,* hg. v. Janet Todd and Marilyn Butler, 7 Bde., 1989, zitiert v, S. 124–5.

3 Christopher Wren, *Parentalia,* 1750, S. 261; Carolyn C. Lougee, *Le Paradis des Femmes,* 1976; Ian Maclean, *Woman Triumphant,* 1977; Anna Bryson, *From Courtesy to Civility,* 1998, 126–8; Siep Stuurman, »The Deconstruction of Gender«, in: Sarah Knott und Barbara Taylor (Hg.), *Women, Gender and Enlightenment,* 2005.

4 [William Ramesey], *The Gentlemans Companion,* 1672, 9–10.

5 *The Spectator,* hg. v. Donald F. Bond, 5 Bde., 1965, Nr. 57, 433.

6 Benjamin Rand, *The Life, Unpublished Letters, and Philosophical Regimen of Anthony, Earl of Shaftesbury,* 1900, 337; [James Forrester], *The Polite Philosopher,* 1734, 49; Simon Wagstaff [i. e. Jonathan Swift], *A Complete Collection of Genteel and Ingenious Conversation,* 1738, S. xxix-xxx; Hume, *Essays,* hg. v. Miller, S. 134, (»Of the Rise and Progress of the Arts and Sciences«).

7 *Spectator,* hg. v. Bond, Nr. 433–434; William Alexander, *Geschichte der Frauen,* 2 Bde., 1779, I, S. 124–125. Zu vielen anderen Beispielen siehe Mary Catherine Moran, »The Commerce of the Sexes«, in: Frank Trentmann (Hg.), *Paradoxes of Civil Society,* 2000; Silvia Sebastiani, »›Race‹, Women and Progress in the Scottish Enlightenment«, in: Knott und Taylor (Hg), *Women, Gender;* O'Brien, *Women and Enlightenment,* bes. Kap. 2.

8 *Byron's Letters and Journals,* hg. v. Leslie A. Marchand, 13 Bde., 1973–94, III, S. 109; *Selected Letters of Samuel Richardson,* hg. v. John Carroll, 1964, S. 82, 189; [Samuel Richardson], *Letters Written to and for Particular Friends,* 1741, S. 94; Samuel Richardson, *Clarissa, or The History of a Young Lady* [1747–1748], hg. v. Angus Ross, 1985, Vorwort zitiert, Brief 499. Vgl. *Critical Remarks on Sir Charles Grandi-*

son, 1754, S. 16; Sarah Pennington, *An Unfortunate Mother's Advice to her Absent Daughters,* 1761, S. 97.

9 Zitiert Samuel Richardson, *Pamela; or Virtue Rewarded* (1740), hg. v. Thomas Keymer und Alice Wakely, 2001, S. 6, 408.

10 Hume, *Essays,* hg. v. Miller, S. 134; John Brown, *On the Female Character and Education,* 1765, S. 15. Vgl. Ingrid H. Tague, »Love, Honor, and Obedience«, *Journal of British Studies* 40, 2001, S. 87–89.

11 *Spectator,* hg. v. Bond, Nr. 156; Anne Frances Randall [i. e. Mary Robinson], *A Letter to the Women of England,* 1799, S. 76; Hannah More, *Strictures on the Modern System of Female Education,* 2 Bde., 1799, Bd. I, S. 27–28; *The Complete Letters of Lady Mary Wortley Montagu,* hg. v. Robert Halsband, 3 Bde., 1965–1967, S. 35; *The Guardian,* Nr. 45, 2. Mai 1713. Nützliche Einführungen in die präskriptive Literatur sind Fenela Ann Childs, »Prescriptions for Manners in English Courtesy Literature, 1690–1760, and their Social Implications«, University of Oxford D. Phil. Dissertation, 1984; und Vivien Jones, *Women in the Eighteenth Century,* 1990.

12 Ein Prozessbericht aus dem Jahr 1803, zitiert in: Lawrence Stone, *Road to Divorce,* 1990, 290. Vgl. z. B. Janet Todd, *Sensibility,* 1986; John Mullan, *Sentiment and Sociability,* 1988, Kap. 5; G. J. Barker-Benfield, *The Culture of Sensibility,* 1992; Carter, *Men and the Emergence of Polite Society,* Kap. 2–3.

13 John Brown, *On the Female Character and Education,* 1765, zitiert S. 7, 10; William Hazeland, *A Sermon Preached in the Chapel of the Asylum,* 1761, S. 4; zu Rousseau und dem englischen Denken siehe z. B. Ruth Bernard Yeazell, *Fictions of Modesty,* 1991, Kap. 2; Barbara Taylor, *Mary Wollstonecraft and the Feminist Imagination,* 2003.

14 [Mary Hays], *Appeal to the Men of Great Britain in Behalf of Women,* 1798, S. 234; *Works of Mary Wollstonecraft,* hg. v. Todd and Butler, Bd. V, S. 77, 195; Lucy Aikin, *Epistles on Women,* 1810, S. 63.

15 Works of Mary Wollstonecraft, hg. v.
Todd and Butler, v. 77, 208 (vgl. ders.,
S. 196, 209–10, 265, aber auch Mary
Poovey, The Proper Lady and the Woman
Writer, 1984, Kap. 2; [Hays], Appeal, 231–
232; Gina Luria Walker, »Mary Hays,
1759–1843«, in: Knott and Taylor (Hg.),
Women, Gender; Vivien Jones, »The
Tyranny of the Passions«, in Sally Ledger
u. a. (Hg.), Political Gender,1994. Eine au-
ßerordentlich scharfsinnige Behandlung
dieser Themen findet der Leser in: Taylor,
Mary Wollstonecraft.
16 [William Ramesey], The Gentlemans
Companion, 1672, S. 13.
17 Alexander Pope, Of the Characters of
Women: An Epistle To a Lady, 1735, Zeile
216.
18 Samuel Richardson, Clarissa, or The
History of a Young Lady [1747–1748], hg. v.
Angus Ross, 1985, Brief 165; vgl. Marlene
LeGates, »The Cult of Womanhood in
Eighteenth-Century Thought«, Eighteenth-Century Studies 10, 1976; Mary
Poovey, The Proper Lady and the Woman
Writer, 1984.
19 Siehe bes. die glänzenden Analysen
von Vivien Jones, »The Seductions of Con-
duct«, in: Roy Porter und Marie Mulvey
Roberts (Hg.), Pleasure in the Eighteenth
Century, 1996; sowie Ruth Bernard Yeazell, Fictions of Modesty, 1991.
20 Daniel Defoe, The Fortunes and Misfortunes of the Famous Moll Flanders
[1722], hg. v. David Blewett,1989, zitiert
S. 56–57, 61, 65. [deutsche Zitate: Daniel
Defoe, Glück und Unglück der berühmten
Moll Flanders, Jazzybee Verlag, 2012,
Kindle-Edition].
21 A. a. O., S. 39, 63–64. [deutsche Zitate:
Daniel Defoe, Glück und Unglück der berühmten Moll Flanders, Jazzybee Verlag,
2012, Kindle-Edition].
22 John Locke, Gedanken über Erziehung, 1. Abschnitt, Leipzig 1920, Kindle-
Edition.
23 ›Philogamus‹, The Present State of Matrimony, 1739, S. 17–18; Samuel Richardson, Pamela; or, Virtue Rewarded (1740),
hg. v. Thomas Keymer und Alice Wakely,

2001, zitiert 242 (vgl. S. 443–444);
Richardson, Clarissa, hg. v. Ross, zitiert
Brief 157, 1 und Schluss.
24 Advice to Unmarried Women, 1791,
S. 36–37. Vgl. Robert Holloway, The Rat-
Trap [1773], S. 97.
25 Innocence Betrayed, or the Perjured
Lover [um 1800], zitiert [2]; Francis Kelly
Maxwell, A Sermon Preached at Different
Churches, 1763, zitiert S. 14; London Chronicle, 1 Feb. 1759; Beilby Porteus, A Sermon Preached in the Chapel of the Asylum
(1773), S. 14–17, 19–20.
26 Henry Fielding, The Covent-Garden
Journal [1752], hg. v. Bertrand A. Goldgar,
1988, no. 66 (Kursivdruck im Original);
vgl. The Centinel, no. 36, 30 July 1757.
27 Catharine Macaulay Graham, Letters
on Education, 1790, 218–19. Zur Allgegen-
wärtigkeit dieser Idee auf der ganzen
Breite des ideologischen Spektrums vgl.
z. B. Hannah More, Strictures on the Modern System of Female Education, 2 Bde.,
1799; William Thompson, Appeal of One
Half the Human Race, 1825; Vivien Jones,
»Advice and Enlightenment«, in: Sarah
Knott und Barbara Taylor (Hg.), Women,
Gender and Enlightenment, 2005.
28 Des heiligen Kirchenvaters Aurelius
Augustinus zweiundzwanzig Bücher über
den Gottesstaat, München 1911–1916,
Buch 1, Kap. 28; Holloway, Rat-Trap, S. 89.
29 Anne Frances Randall [i. e. Mary Ro-
binson], A Letter to the Women of Eng-
land, 1799, zitiert 77 und 7–8; Macaulay
Graham, Letters on Education, 212; [Mary
Hays], Appeal to the Men of Great Britain
in Behalf of Women, 1798, 235–7; vgl. John
Gregory, A Father's Legacy, 1774, 34; [Jane
Warton], Letters Addressed to Two Young
Married Ladies (Dublin, 1782, 23–24;
[Mary] Robinson, The Natural Daughter,
2 Bde., 1799; The Victim, 1800, 50–52;
Julie Shaffer, »Ruined Women and Illegitimate Daughters«, in: Katharine Kitt-
redge (hg. v.), Lewd and Notorious, 2003.
30 [Hays], Appeal, 235; William Paley,
The Principles of Moral and Political Philosophy, 1785, 252 (Kursivdruck im Original); University College London, MSS of

Jeremy Bentham, lxxii, S. 207, 210. Vgl. George Mackenzie, *The Laws and Customes of Scotland*, 1678, 168; [Henry Fielding], *Rape upon Rape*, 1730, Act I, scene 10; ders., *Covent-Garden Journal*, hg. v. Goldgar, Nr. 57; [Robert Bolton], *An Answer to the Question*, 1755, 37–38.

31 [Samuel Richardson], *Letters and Passages Restored from the Original Manuscripts of the History of Clarissa*, 1751, 59 (aus einer Ergänzung zu Brief 152 ab der dritten Auflage). Zu charakteristischen Wiederholungen dieser uralten Tropen vgl. z. B. Richard Allestree, *The Ladies Calling* (Oxford, 1673, Teil I, Abschnitt 1; Hugh Kelly, *Memoirs of a Magdalen*, 2 Bde.,1767; *An Address to the Guardian Society*, 1817, 10–16; Lucia Zedner, *Women, Crime and Custody in Victorian England*, 1991, esp. 40–41, 48–50, 80–82.

32 Paley, *Principles*, 252; ›A Layman‹ [i. e. Bernard Mandeville], *A Modest Defence of Publick Stews*, 1724, 45–47; *A Collection of Miscellany Letters, Selected out of Mist's Weekly Journal*, 4 Bde., 1722–1727, iv. 235–236.

33 Richardson, *Pamela*, hg. v. Keymer und Wakely, zitiert 383, 385, 394 (vgl. z. B. S. 8, 35–6, 41, 53, 66, 71, 162, 164, 230, 292, 455; *Critical Remarks on Sir Charles Grandison*, 1754, S. 35–36, 58 (zitiert).

34 Siehe bes. Leonore Davidoff und Catherine Hall, *Family Fortunes*, 1987; Anna Clark, *The Struggle for the Breeches*, 1995.

35 Elizabeth Blackwell, *The Human Element in Sex*, Aufl. von 1884, zitiert S. 51. Vgl. z. B. Jeffrey Weeks, *Sex, Politics and Society*, 2. Auf., 1989; Frank Mort, *Dangerous Sexualities*, 2 Aufl., 2000; Thomas Laqueur, *Making Sex*, 1990, Kap. 6.

36 [Edward Long], *Candid Reflections*, 1772, S. 48–49; John Trusler, *The London Adviser*, 1786, S. 47–48; Lawrence Stone, *Road to Divorce*, 1990, S. 89; *Critical Remarks on Sir Charles Grandison*, S. 27–33; *Boswell in Extremes, 1776- 1778*, hg. v. Charles McC. Weis und Frederick A. Pottle, 1970, S. 342–343.

37 *Boswell's Life of Johnson*, hg. v. George Birkbeck Hill und L. F. Powell, 6 Bde.,

1934–1950, iii, S. 353. Zu typischen Beispielen siehe Adam Smith, *An Inquiry into the Nature and Causes of the Wealth of Nations*, hg. v. R. H. Campbell, A. S. Skinner und W. B. Todd, 1976, I., S. viii, 37–38; Paley, *Principles*, S. 275; T. R. Malthus, *An Essay on the Principle of Population* [Auflagen von 1803–1826], hg. v. Patricia James, 2 Bde., 1989, z. B. ii, S. 113–14; *Address to the Guardian Society*, S. 18–20, 42–43; Stone, *Road to Divorce*, S. 256–259; Donna Andrew, »Adultery à-la-Mode«, *History* 82, 1997.

38 T. R. Malthus, *An Essay on the Principle of Population* [Auflagen von 1803–1826], hg. v. Patricia James, 2 Bde., 1989, i, S. 250. Die sexuelle Dynamik von Liebeswerben, Heirat und Scheidung in dieser Zeit wird aus verschiedenen Perspektiven beleuchtet in: Lawrence Stone, *Uncertain Unions*, 1992; und *Broken Lives*, 1993; Randolph Trumbach, *Sex and the Gender Revolution*, 1998; Joanne Bailey, *Unquiet Lives*, 2003; Amanda Vickery, *Behind Closed Doors*, 2009.

39 Francis Bacon, »Neu-Atlantis«, in: *Der utopische Staat* [Morus, *Utopia*; Campanella, *Sonnenstaat*; Bacon, *Atlantis*], Reinbek 1960, S. 221; Samuel Butler, *Satires and Miscellaneous Poetry and Prose*, hg. v. René Lamar, 1928, zitiert S. 218; Warren Chernaik, *Sexual Freedom in Restoration Literature*, 1995, S. 189–191; P. F. Vernon, »Marriage of Convenience and the Moral Code of Restoration Comedy«, *Essays in Criticism* 12, 1962.

40 *Siehe* z. B. *Marriage Promoted*, 1690, S. 52; Sir William Temple, *Miscellanea: The Third Part*, 1701, S. 79; *Female Grievances Debated*, 2. Aufl., 1707, S. 10–13, S. 154–158; *The Tatler*, hg. v. Donald F. Bond, 3 Bde., 1987, Nr. 198–199, 223; *The Spectator*, hg. v. Donald F. Bond, 5 Bde., 1965, Nr. 149, 199, 268, 437, 511, 528; *The Guardian*, Nr. 123; C. J. Rawson, »The Phrase 'Legal Prostitution'«, *Notes and Queries* 11, 1964.

41 Mary Astell, *Some Reflections Upon Marriage*, 1700, zitiert S. 36; Mark Knights, *The Devil in Disguise*, 2011,

Kap. 4 (zitiert S. 122); [Sarah Fyge], *The Fe-male Advocate*, 1686, zitiert S. 18–19. Vgl. *The New Oxford Book of Eighteenth- Century Verse*, hg. v. Roger Lonsdale, 1984, S. 36–37; Ingrid H. Tague, »Love, Honor, and Obedience«, *Journal of British Studies* 40,2001, S. 98–99; Anne Kugler, *Errant Plagiary*, 2002.

42 Samuel Richardson, *Clarissa, or The History of a Young Lady* [1747–1748], hg. v. Angus Ross, 1985, Brief 31; vgl. z. B. [Samuel Richardson], *Letters Written to und for Particular Friends*, 1741, passim; ders., *Pamela; or, Virtue Rewarded* [1740], hg. v. Thomas Keymer und Alice Wakely, 2001, S. 444; ders., *The History of Sir Charles Grandison* [1753–1754], hg. v. Jocelyn Harris, 3 Bde., 1972, i, S. 231–232; Christopher Hill, »Clarissa Harlowe and her Times«, in: ders., *Puritanism and Revolution*, 1958; *The Rambler*, Nr. 18, 35, 39, 45, 97 (von Richardson), 113, 115, 167, 1750–1751.

43 *Boswell's Life of Johnson*, hg. v. George Birkbeck Hill und L. F. Powell, 6 Bde., 1934–1950), iii, S. 165, 1772; vgl. Thomas More, *Utopia* [1516], übers. v. Paul Turner, 1961, S. 103; [Robert Bolton], *An Answer to the Question*, 1755, S. 31.

44 [Joseph Priestley], *Considerations for the Use of Young Men* [1778], S. 6; Alysa Levene u. a. (Hg.), *Illegitimacy in Britain, 1700–1920*, 2005, S. 6, und die dort angeführte Literatur.

45 *Siehe* Alysa Levene, »The Origins of the Children of the London Foundling Hospital«, *Continuity and Change* 18, 2003, und die dort angeführte Literatur; John Black, »Who Were the Putative Fathers of Illegitimate Children in London, 1740–1810?«, in: Levene u. a.. (Hg.), *Illegitimacy in Britain*. (Ich habe die Daten dieser Studie verwendet, besonders Tabelle 4.1, ohne von den Schlussfolgerungen der Autoren überzeugt zu sein. In jedem Fall erfassen die Zahlen nur Frauen, die öffentliche Armenfürsorgen in Anspruch nahmen, das heißt, es bleiben alle Schwangeren unberücksichtigt, die anders bezahlt und versorgt wurden oder sich selbst überlassen blieben); Daniel Defoe,

The Fortunes and Misfortunes of the Famous Moll Flanders, (1722), hg v. David Blewett, 1989, [deutsche Zitate: Daniel Defoe, *Glück und Unglück der berühmten Moll Flanders*, Jazzybee Verlag, 2012, Kindle-Edition].

46 *The Autobiography and Correspondence of Mary Granville*, hg. v. Lady Landover, 3 Bde., 1861, I, S. 240; *The Correspondence of Samuel Richardson*, hg. v. Anna Laetitia Barbauld, 6 Bde., 1804, iv, S. 212, vgl. *Considerations on the Fatal Effects to a Trading Nation*, 1763, S. 40.

47 *Siehe* z. B. Amy Louise Erickson, *Women and Property in Early Modern England*, 1993; John Habakkuk, *Marriage, Debt and the Estates System*, 1994; Susan E. Whyman, *Sociability and Power in Late-Stuart England*, 1999, Kap. 5.

48 26 George II c. 33; *A Master-Key to the Rich Ladies Treasury*, 1742; Roger Lee Brown, »The Rise and Fall of the Fleet Marriages«, in: R. B. Outhwaite (Hg.), *Marriage and Society*, 1981; Peter Borsay, *The English Urban Renaissance*, 1989, S. 243–248 (zitiert, S. 245); Lawrence Stone, *The Family, Sex and Marriage in England, 1500–1800*, 1977, S. 316–317; ders., *Road to Divorce*, 1990, Kap iv–v; Erickson, *Women and Property*, S. 230–236; R. B. Outhwaite, *Clandestine Marriage in England, 1500–1850*, 1995; David Lemmings, »Marriage and the Law in the Eighteenth Century«, *Historical Journal* 39, 1996, insbesondere S. 357–358. Mit den Bestimmungen des Gesetzes hat sich am eingehendsten beschäftigt Rebecca Probert, *Marriage Law and Practice in the Long Eighteenth Century*, 2009.

49 Lemmings, »Marriage and the Law«, zitiert S. 356; neben der in der vorstehenden Anmerkung zitierten Literatur siehe David Blewett, »Changing Attitudes toward Marriage«, *Huntington Library Quarterly* 44, 1981; Ingrid H. Tague, »Love, Honor, and Obedience«, *Journal of British Studies* 40, 2001.

50 Temple, *Miscellanea: The Third Part*, S. 77–82; *ODNB*, »Robert Craggs Nugent«; Thomas Short, *New Observations*, 1750,

S. 159; Henry Fielding, *The Covent-Garden Journal* [1752], hg. v. Bertrand A. Goldgar, 1988, Nr. 50; Vgl. z. B. [Priestley], *Considerations*, S. 9; James Edward Hamilton, *A Short Treatise on Polygamy*, Dublin 1786, S. 16; Edward John Trelawny, *Adventures of a Younger Son* (Ausg. 1835), S. 47–48; Paul Langford, *Public Life and the Propertied Englishman*, 1991, S. 540–548; Donna Andrew, »Adultery à-la-Mode«, *History* 82, 1997.

51 Rachel Weil, *Political Passions*, 1999; Knights, *Devil in Disguise*, Kap. 4; *Correspondence of Samuel Richardson*, hg. v. Barbauld, vi, S. 100–101 (zitiert); vgl. z. B. *Selected Letters of Samuel Richardson*, hg. v. John Carroll, 1964, S. 199–210; Henry Fielding, *Tom Jones*, 1749, z. B. Buch xvi, Kap. viii; Buch xvii, Kap. viii; Short, *New Observations*, S. 164–165; *Critical Remarks on Sir Charles Grandison*, 1754, S. 15; James Fordyce, *Sermons to Young Women*, 2 Bde., 1766, i, S. 151; William Buchan, *Domestic Medicine*, 3. Aufl., 1774, S. 128 Anm.; James Cookson, *Thoughts on Polygamy*, 1782, S. 21–22, S. 448–449; Edward Barry, *Theological ... Essays* [1790?], S. 59, 61.

52 J. H. Baker, *An Introduction to English Legal History*, 4. Aufl., 2002, S. 456–457; Lawrence Stone, *Road to Divorce*, 1990, S. 81–95, S. 231–301; James Oldham, *The Mansfield Manuscripts*, 1992, S. 1050, Anm. 6, 1245–1312. Zu entsprechenden Entwicklungen in Schottland und Nordamerika vgl. Leah Leneman, »Seduction in Eighteenth- and Early Nineteenth-Century Scotland«, *Scottish Historical Review* 78, 1999; Ruth H. Bloch, *Gender and Morality in Anglo-American Culture, 1650–1800*, 2003, Kap. 4. Zur bemerkenswerten Beliebtheit dieser Klagen im 19. Jahrhundert und ihrem Fortbestand bis ins 20. Jahrhundert siehe Saskia Lettmaier, *Broken Engagements*, 2010 und Stephen Cretney, *Family Law in the Twentieth Century*, 2003, S. 155–157.

53 William Paley, *The Principles of Moral and Political Philosophy*, 1785, S. 253; [Martin Madan], *Thelyphthora: or, a Treatise on Female Ruin*, 3 Bde., 1780–1781, i. sig. A2v (Hervorhebung im Original). Vgl. Robert Holloway, *The Rat-Trap* [1773], S. 59–64; Donna T. Andrew, *London Debating Societies, 1776– 1799*, London Record Society, 1994, Nr. 663, 1108.

54 *ODNB*, William Murray, first Earl of Mansfield; University College London, MSS of Jeremy Bentham, lxxii, S. 207; [Patrick Colquhoun], *A Treatise on the Police of the Metropolis*, 3. Aufl., 1796, S. 242 (zitiert), S. 255; vgl. z. B. Delarivier Manley, *New Atalantis* [1709], hg. v. Ros Ballaster, 1991, S. 228–229; Holloway, *Rat-Trap*, S. 61–64, 92, 97; »Mary Smith«, *Observations on Seduction*, 2, Aufl., 1808, S. 33; *Hints to the Public and the Legislature*, 1811, S. 19–20, 54; *An Address to the Guardian Society*, 1817, S. 44; Andrew, *London Debating Societies*, Nr. 917. Zu den parlamentarischen Gesetzesentwürfen siehe Leon Radzinowicz, *A History of English Criminal Law*, 5 Bde., 1948–1986, iii, S. 193–203; Stone, *Road to Divorce*, S. 257, 287–288, S. 335–339, 380–383; Donna Andrew, »Adultery à-la-Mode«, *History* 82, 1997.

55 Siehe z. B. *The Works of Mary Wollstonecraft*, hg. v. Janet Todd und Marilyn Butler, 7 Bde., 1989, zitiert, Bd. V, S. 139 (vgl. a.a.O., S. 140, 209); *Tudor Church Reform*, hg. v. Gerald Bray, Church of England Record Society, 2000, S. 21; Bodleian Library, Firth, b 18 (88) (zitiert); *The Works of Gerrard Winstanley*, hg. v. George H. Sabine, 1941, S. 599; *Law Quibbles*, 1724, S. 10–11; [Arthur Dobbs?], *Some Thoughts Concerning Government in General*, 1728, S. 29–30; James Cookson, *Thoughts on Polygamy*, Winchester, 1782, S. 32–34, 96, 234–235, 434, 459–460; Edward Barry, *Theological, Philosophical, and Moral Essays, 1791*, S. 82–83; »Smith«, *Observations on Seduction*, S. 9; Andrew, *London Debating Societies*, Nr. 91, 378, 694, 1131, 1733, 1901, 2024, 2025.

56 Henry Fielding, *The Covent-Garden Journal* [1752], hg. v. Bertrand A. Goldgar, 1988, S. 432; Martin C. und Ruthe R. Battestin, *Henry Fielding*, 1989, S. 421–433;

[Colquhoun], *Treatise on the Police*, S. 255; Stephen Robertson, »Seduction, Sexual Violence, and Marriage«, *Law and History Review* 24, 2006.
57 Neben den verschiedenen in Kapitel 2 angeführten Beispielen siehe z. B. *Epistulae et Tractatus*, hg. v. Joannes Henricus Hessels, 3 Bde., 1889–1897, iii, S. 2727–2736, 2754 (Catherine Wright war so freundlich, mich von diesem Fall in Kenntnis zu setzen); George Psalmanaazaar, *An Historical and Geographical Description of Formosa*, 1704, S. 256; zum größeren europäischen Kontext vgl. John Cairncross, *After Polygamy was Made a Sin*, 1974; Ursula Vogel, »Political Philosophers and the Trouble with Polygamy«, *History of Political Thought*, 12, 1991.
58 Delarivier Manley, *New Atalantis* [1709], hg. v. Ros Ballaster, 1991, viii–ix, S. 115–130, 222–229 (zitiert, S. 117–118); vgl. Anne Kugler, *Errant Plagiary*, 2002, S. 67–68, und Mark Knights, *The Devil in Disguise*, 2011, Kap. 4.
59 [Patrick Delany], *Reflections upon Polygamy*, 1737, 2. Aufl., 1739, zitiert, S. 1; Samuel Richardson, *Clarissa, or The History of a Young Lady*, [1747–1748], hg. v. Angus Ross, 1985, Brief 254; *The Correspondence of Samuel Richardson*, hg. v. Anna Laetitia Barbauld, 6 Bde., 1804, vi, S. 163, 190, 207–212, 216–220 (zitiert, S. 218; *Selected Letters of Samuel Richardson*, hg. v. John Carroll, 1964, S. 252–253; Alfred Owen Aldridge, »Polygamy and Deism«, *Journal of English and Germanic Philology*, 48, 1949.
60 *Boswell on the Grand Tour: Germany and Switzerland 1764*, hg. v. Frederick A. Pottle, 1964, zitiert S. 247–248; *Boswell for the Defence 1769–1774*, hg. v. William K. Wimsatt, Jr., und Frederick A. Pottle, 1959, S. 36–37; *Boswell: The Ominous Years, 1774–1776*, hg. v. Charles Ryskamp und Frederick A. Pottle, 1963, S. 65, 74, 81–82, 88, 95, 283, 286–287, 294; *Boswell in Extremes, 1776–1778*, hg. v. Charles McC. Weis und Frederick A. Pottle, 1970, S. 28, 53, 61, 107, 146, 188; *Boswell: The Applause of the Jury, 1782–1785*, hg. v. Irma

S. Lustig und Frederick A. Pottle, 1981, 190; Frank Brady, *James Boswell: The Later Years, 1769–1795*, 1984, 113; *ODNB*, Westley Hall.
61 [Martin Madan], *Thelyphthora: or, a Treatise on Female Ruin*, 3 Bde., 1780–1781, zitiert: ii, S. 73; John Smith, *Polygamy Indefensible*, 1780, zitiert: S. 7; Donna T. Andrew, *London Debating Societies, 1776–1799*, London Record Society, 1994, Nr. 451, 648, 652, 654, 676, 690, 693, 694, 702, 755, 804, 1428, 1555, 1719.
62 Siehe z. B. Peter Biller, *The Measure of Multitude*, 2000, S. 40–42, 114; Margaret R. Sommerville, *Sex and Subjection*, 1995, S. 151–66.
63 *Complete Prose Works of John Milton*, hg. v. D. M. Wolfe, 8 Bde., 1953–1982, zitiert: vi, S. 356, 366, (*De Doctrina Christiana*); Leo Miller, *John Milton among the Polygamophiles*, 1974; Christopher Hill, *Milton and the English Revolution*, 1977, S. 136–139; Gordon Campbell u. a., *Milton and the Manuscript of De Doctrina Christiana*, 2007; Sarah Barber, *A Revolutionary Rogue*, 2000, S. 82–84, 144–151; [Francis Osborne], *Advice to a Son*, »1656«, eigentlich 1655, zitiert: S. 49–51; [Bernardino Ochino], *A Dialogue of Polygamy* [übers. v. Thomas Pecke], 1657; *ODNB*, Francis Osborne, Thomas Pecke; *A Remedy for Uncleanness*, 1658, zu Cromwells Reaktion siehe *Calendar of State Papers, Domestic 1658-9*, 1885, 22. Juni 1658; Thomas Hobbes, *Leviathan*, 1651, S. 113; [Conyers Middleton], *A Letter to Dr Waterland*, 1731, S. 8. Vgl. Thomas Grantham, *A Marriage Sermon*, 1641; J[ohn] Ovington, *Christian Chastity*, 1712, S. 15. Zu Boswells Lektüre der Polygamie-Verteidigung Osbornes siehe *Boswell for the Defence*, hg. v. Wimsatt und Pottle, S. 147.
64 Siehe bes. [Madan], *Thelyphthora*: 1. Aufl., i, sig. A 2; 2. Auf. 1781, i, xviii, S. 1–4, Anm. S. 201–205.
65 *Cobbett's Parliamentary History of England*, 36 Bde., 1806–20, xv, 6; *The Diary of Dudley Ryder, 1715–1716*, hg. v. William Matthews, 1939, S. 85. Der höchst

produktive Geistliche Dr. John Free griff 1753 das Heiratsgesetz an, indem er einen detaillierten Plan zur Umwandlung der Ehe in einen rein zivilen Vertrag vorlegte, der einverständliche Polygamie und Scheidung erlauben sollte und nach Meinung seines Verfassers vereinbar mit den göttlichen Geboten, dem Glück der Menschen und dem Wohl des Staates war. Diese »halb ernste, halb heitere Satire«, die sich auf biblische Argumente, politische Arithmetik, Verse und Vernunftgründe stützte, war immerhin so überzeugend, dass sie von einigen Zeitgenossen ernst genommen wurde: *Matrimony Made Easy*, 2. Aufl., 1764; *The St James's Magazine* iv, S. 291–292, Mai 1764; *The Scots Magazine* xxvi, S. 392, Juli 1764. Sein Sohn Edward Drax Free sollte der berüchtigste libertäre Geistliche seiner Zeit werden: R. B. Outhwaite, *Scandal in the Church*, 1997.

66 Cairncross, *After Polygamy*, Kap ii–iii; John Locke, *An Essay Concerning Toleration and Other Writings*, hg. v. J. R. Milton und Philip Milton, 2006, S. 275–276, 289; ders., *Political Essays*, hg. v. Mark Goldie, 1997, S. 255–256; ders., *Two Treatises of Government*, ed. Peter Laslett, 2. Aufl., 1967, II. 78–81; British Library, Additional MS 61360, fol. 174–181, (ein Brief von Dr. Dudley Loftus an den Earl of Shaftesbury, undatiert, aber wahrscheinlich um 1671 geschrieben; ich danke Mark Knights für den Hinweis auf dieses Dokument); *Two Dissertations Written by the Late Bishop Burnet*, 1731; *Debates of the House of Commons*, hg. v. Anchitell Grey, 10 Bde., 1763, iv, S. 9–10; Basil Duke Henning (Hg.), *The History of Parliament: The House of Commons*, 1660–1690, 3 Bde., 1983, iii, S. 7–10; *Burnet's History of My Own Time*, hg. v. Osmund Airy, 2 Bde., Oxford, 1897–1900, i, S. 470–471. Zur Frage, wie vertraut englische Geistliche und Gelehrte um diese Zeit mit den Werken von Johan Leyser waren, dem wichtigsten kontinentaleuropäischen Verfechter der Polygamie, *siehe* z. B. Samuel Fuller, *Ministerium Ecclesiae Anglicanae*, [Cambridge], 1679; zu seiner

Wirkung auf die Debatten des 18. Jahrhunderts vgl. [Delany], *Reflections upon Polygamy*, S. 26; James Cookson, *Thoughts on Polygamy*, 1782, S. 2–3.
67 Biller, *Measure of Multitude*, Kap. 5.
68 Siehe z. B. D. V. Glass, *Numbering the People*, 1973; Julian Hoppit, »Political Arithmetic in Eighteenth-Century England«, *Economic History Review* 49, 1996; Sylvana Tomaselli, »Moral Philosophy and Population Questions in Eighteenth Century Europe«, *Population and Development Review* 14, Beiheft, 1988; Paul Slack, »Measuring the National Wealth in Seventeenth-Century England«, *Economic History Review* 57, 2004, und ders., »Government and Information in Seventeenth-Century England«, *Past and Present* 184, 2004; Joanna Innes, *Inferior Politics*, 2009, Kap. 4; Ted McCormick, *William Petty and the Ambitions of Political Arithmetic*, 2009.
69 William Paley, *The Principles of Moral and Political Philosophy*, 1785, S. 589.
70 *Conjugium Languens, or, the natural, civil, and religious mischiefs arising from conjugal infidelity and impunity by Castamore*. 1700, S. 9; *Marriage Promoted*, 1690, S. 18. Zu anderen repräsentativen Beispielen siehe John Graunt, *Natural and Political Observations*, 1662, S. 46–52; [William Petty], *A Treatise of Taxes*, 1662, S. 50; Carew Reynel, *The True English Interest*, 1674, Kap. 24; *Seventeenth-Century Economic Documents*, hg. v. Joan Thirsk und J. P. Cooper, 1972, S. 777; Richard Fiddes, *A General Treatise of Morality*, 1724, lxiv–lxviii; Delaney, *Reflections upon Polygamy*, Vorw. zur 2. Aufl., Abhandlung I, VI, VII; *London Magazine*, 1732, S. 461, 1746, S. 324–325, 1756, S. 538; Thomas Short, *New Observations*, 1750, S. 73, 151–157, 280–282; [Caleb Fleming], *The Oeconomy of the Sexes*, 1751, z. B. S. 50, 62; Robert Wallace, *A Dissertation on the Numbers of Mankind*, 1753, S. 13, 83–87; Cookson, *Thoughts on Polygamy*, S. 56–57, 331–336, 421–423, 444–446; Paley, *Principles*, S. 262–264; Alfred Owen Aldridge, »Population and Polygamy in Eighteenth-

Century Thought«, *Journal of the History of Medicine and Allied Sciences* 4, 1949. Cf. Charles-Louis de Secondat, Baron de Montesquieu, *The Spirit of Laws*, 2 vols, 1750, i, S. 269, 358–369.
71 Short, *New Observations*, S. 159, zitiert; Lawrence Stone, *Road to Divorce*, 1990, S. 126, 132–133, zitiert S. 132; R. B. Outhwaite, *Clandestine Marriage in England, 1500–1850*, 1995, S. 88–91, 106–108, 113–120; [Madan], *Thelyphthora*, ii, S. 58–59. Vgl. *Marriage Promoted*; Cookson, *Thoughts on Polygamy*, S. 446.
72 6 & 7 William und Mary c. 6, erweitert am 1. August 1706 durch 8 & 9 William III. c. 20; Josiah Tucker, *A Brief Essay*, 1749, S. 46–50, zitiert S. 49–50; Cookson, *Thoughts on Polygamy*, S. 427, 432, zitiert. Vgl. z. B. *Marriage Promoted; Female Grievances Debated*, 2. Aufl., 1707, S. 159–162; *The Spectator*, hg. v. Donald F. Bond, 5 Bde. 1965, Nr. 528; [Arthur Dobbs?], *Some Thoughts Concerning Government in General*, 1728, S. 28–29; Wallace, *Dissertation on the Numbers*, S. 93–95, 154–155; [L. J. Plumard de Dangeul], *Remarks on the Advantages and Disadvantages*, 1754, 216–218; Andrew, *London Debating Societies*, Nr. 626, 643, 683, 771, 817, 871, 960, 961, 1061, 1276, 1719, 2117, 2161, 2199. Die Einstellungen zu unverheirateten Frauen erlebten einen ähnlichen Wandel: Amy M. Froide, *Never Married*, 2005, Kap. 6.
73 [Daniel Maclauchlan], *An Essay upon Improving and Adding to the Strength of Great-Britain and Ireland, by Fornication*, 1735; vgl. [Allan Ramsay], *An Address of Thanks from the Society of Rakes*, Edinburgh, 1735; *A Modest Apology for the Prevailing Practice of Adultery*, 1773, S. 20.
74 Siehe z. B. Biller, *Measure of Multitude*, 88; [Ochino], *Dialogue of Polygamy*, S. 53, 61, 86–87; *Remedy for Uncleanness*, zitiert sig. A 2 ʳ–ᵛ; William Temple, *Observations upon the United Provinces*, 1673, S. 14–17; *Debates*, hg. v. Grey, S. 10; *Solon Secundus*, 1695, zitiert S. 11, 21; Ovington, *Christian Chastity*, S. 15; Bernard Mandeville, *The Fable of the Bees*, hg. v. F. B. Kaye, 2 Bde.,

1924, i, S. 330–331; *The Philosophical Works of the Late Right Honourable Henry St John, Lord Viscount Bolingbroke*, 5 Bde., 1754, zitiert V, S. 160–163. Zur Polygamie in Reiseberichten der Zeit siehe bes. Felicity A. Nussbaum, *Torrid Zones*, 1995, Kap. 3.
75 *Boswell in Search of a Wife, 1766–1769*, hg. v. Frank Brady and Frederick A. Pottle, 1957, 3, zitiert S. 25–26, 50–52; Annette Gordon-Reed, *The Hemingses of Monticello*, 2008, S. 281–283, 344–345; *Diary of Dudley Ryder*, S. 85; [Daniel Defoe], *Conjugal Lewdness*, 1727, 123–124; [Samuel Johnson], *The Philosophic Mirrour*, Dublin, 1759, S. 228–235, zitiert S. 232; [Madan], *Thelyphthora*, zitiert Bd. I, S. 40–41.
76 *Plan for a Free Community*, 1789, v–vii, zitiert S. 30–31.
77 Andrew, *London Debating Societies*, Nr. 1719; *Boswell: The Ominous Years*, hg. v. Ryskamp und Pottle, 88, zitiert S. 109–110.
78 [Madan], *Thelyphthora*, i, S. 7; James Edward Hamilton, *A Short Treatise on Polygamy*, Dublin, 1786, S. 16. Polyandrie (Vielmännerei) dagegen wurde im Allgemeinen als unnatürlich, der Fortpflanzung wenig dienlich und zuchtlos abgelehnt: siehe z. B. [Ochino], *Dialogue of Polygamy*, S. 47–51; Gordon Campbell und Thomas N. Corns, *John Milton*, 2008, S. 357; British Library, Additional MS 61360, fol. 176; Manley, *New Atalantis*, hg. v. Ballaster, S. 117; *Philosophical Works of … Bolingbroke*, S. 160–61; *Boswell: The Ominous Years*, hg. v. Ryskamp und Pottle, S. 88; [Madan], *Thelyphthora*, 2. Aufl., I, S. 195 Anm., S. 276, 279; Cookson, *Thoughts on Polygamy*, S. 56; Sommerville, *Sex and Subjection*, S. 152–161, 169 Anm. 34.
79 British Library, Additional MS 61360, fol. 175–8; *Boswell: The Ominous Years*, hg. v. Ryskamp und Pottle, S. 81–82, Hervorhebung im Original.
80 *A Letter to the Rev Mr Madan*, 1780, S. 74–75; John Smith, *Polygamy Indefensible*, 1780, S. 6–7.

81 *Correspondence of Samuel Richardson,* hg. v. Barbauld, vi, S. 194; David Hume, *Essays Moral, Political, and Literary,* hg. v. Eugene F. Miller, 1987, S. 184–187; [Joseph Priestley], *Considerations for the Use of Young Men* [1778], S. 12–13; *The Works of Mary Wollstonecraft,* hg. v. Janet Todd und Marilyn Butler, 7 Bde., 1989, v, S. 139.
82 Prince Hoare, *Memoirs of Granville Sharp, Esq.,* 1820, S. 149–151.
83 [Patrick Colquhoun], *A Treatise on the Police of the Metropolis,* 2. Aufl., 1796, S. 278; *The Letters of Samuel Wesley,* hg. v. Philip Olleson, 2001, zitiert S. xxxiii; *Samuel Wesley, 1766–1837: A Source Book,* hg. v. Michael Kassler und Philip Olleson, 2001, bes. S. 144, 151, 155–158, 164, 276, 381–382, 388–389, 457, 549, zitiert S. 157–158, 457; Philip Olleson, *Samuel Wesley,* 2003, S. 101–102, 153–154; *ODNB*; Miranda Seymour, *Mary Shelley,* 2000, S. 419, 603–604 Anm. 11.
84 Marsha Keith Schuchard, *Why Mrs Blake Cried,* 2006, zitiert S. 2; Hamilton, *Short Treatise,* zitiert S. [iii]–iv. Vgl. ders., *Strictures on Primitive Christianity,* 2 Bde., 1790–1792.
85 [John Miner], *Dr Miner's Defence,* Hartford, Conn., 1781; Leonard J. Arrington und Davis Bitton, *The Mormon Experience,* 1979, bes. S. 70, zitiert S. 195–199, 222–223; *Deseret News-Extra,* Salt Lake City, Utah, 14. Sept. 1852, S. 14–28, zitiert S. 25; John S. Tanner, »Milton and the Early Mormon Defense of Polygamy«, *Milton Quarterly* 21, 1987. Vgl. S. E. Dwight, *The Hebrew Wife,* New York, 1836.
86 John Stuart Mill, *Über die Freiheit,* Stuttgart 1976, S. 82, 132. Vgl. z. B. H. L. A. Hart, *Law, Liberty and Morality,* 1963, S. 38–43; Sarah Barringer Gordon, »The Liberty of Self-Degradation«, *Journal of American History* 83, 1996; Stephanie Forbes, »Why Just Have One?«, *Houston Law Review* 39, 2003; Martin Guggenheim, «Texas Polygamy«, *Houston Law Review* 46, 2009.
87 Siehe bes. Karen Harvey, *Reading Sex in the Eighteenth Century,* 2004; Sarah Toulalan, *Imagining Sex,* 2007.

Kapitel 5 ~ Die Ursprünge des Frauenhandels

1 Katherine Ludwig Jansen, *The Making of the Magdalen,* 2000; *Reformation Biblical Drama in England,* hg. v. Paul Whitfield White, 1992; *OED*; und zum weiteren europäischen Kontext: Susan Haskins, *Mary Magdalene,* 1993.
2 Richard Cooke, *A White Sheete, or a Warning for Whoremongers,* 1629, S. 31, 36–37; Z[acheus] Isham, *A Sermon Preached before the Right Honourable the Lord-Mayor,* 1700, S. 22; Thomas Lynford, *A Sermon Preached before the Right Honourable the Lord-Mayor,* 1700, S, 23–24; Sir Edward Coke, *The Second Part of the Institutes,* 1642, S. 734; vgl. Robert Moss, *A Sermon Preach'd Before the Right Honourable the Lord Mayor,* 1709, S. 14.
3 [Jonas Hanway], *A Plan for Establishing a Charity-House,* 1758, S. xxv; [Bernard Mandeville], *A Modest Defence of Publick Stews,* 1724, S. x–xi; [Edward Ward], *The London-Spy Compleat,* 4. Ausg., 1709, Teil vi.
4 Karpeles Manuscript Library, Santa Barbara, California: Thomas Bray, »A General Plan of a Penitential Hospital for the Imploying and Reforming Lewd Women« [ca. 1699]; *Journals of the House of Commons,* 1802–, Bd. xxvi, S. 190, 23. Apr. 1751; Henry Fielding, *The Covent-Garden Journal* [1752], hg. v. Bertrand A. Goldgar, 1988, Nr. 57 (vgl. Henry Fielding, *An Enquiry into the Late Increase of Robbers,* 1751, hg. v. Malvin R. Zirker, 1988, S. 120–122); »Letter from Saunders Welch to the Duke of Newcastle«, 1753, abgedruckt in: *The London Chronicle,* 14.–17. Jan. 1758.
5 Bray, »General Plan of a Penitential Hospital«; Thomas Nelson, *An Address to Persons of Quality and Estate,* 1715, S. 212–213 (erste Paginierung).
6 Siehe z. B. Leah Lydia Otis, *Prostitution in Medieval Society,* 1985, S. 72–76; Ruth Mazo Karras, *Common Women,* 1996, S. 82; Peter Biller, *The Measure of Multitude,* 2000, S. 74–76; Sherrill Cohen, *The Evolution of Women's Asylums Since 1500,*

1992, Kap. 1–6; Olwen H. Hufton, *The Poor of Eighteenth-Century France*, 1974, S. 309–310; Colin Jones, »Prostitution and the Ruling Class in Eighteenth-Century Montpellier«, *History Workshop Journal* 6, 1978. Zu katholischen Präzedenzfällen und weiteren interessanten Parallelen, vgl. Bridget Hill, »A Refuge from Men: The Idea of a Protestant Nunnery«, *Past and Present* 117, 1987.

7 *Siehe z. B.* [Christopher] Johnson, *The History of ... Eliz. Mann*, 1724, S. v–vi; Jonas Hanway, *Letter V*, 1758, S. 23; [ders.], *Plan for Establishing a Charity-House*, S. xxi zitiert; ders., *Letters Written Occasionally on the Customs of Foreign Nations in Regard to Harlots*, 1761.

8 Stephen Macfarlane, »Social Policy and the Poor in the Later Seventeenth Century«, in: A. L. Beier und Roger Finlay (Hg.), *London 1500–1700*, 1986; Paul Slack, *Poverty and Policy in Tudor and Stuart England*, 1988, S. 195–199; die Kapitel von Mary E. Fissell und Tim Hitchcock, in: Lee Davison et al. (Hg.), *Stilling the Grumbling Hive*, 1992.

9 Unentbehrliche Einführungen in das generelle Thema bieten David Owen, *English Philanthropy 1660–1960*, 1965; Donna T. Andrew, *Philanthropy and Police*, 1989.

10 Zu anderen karitativen Einrichtungen für die Opfer von Prostitution und Verführung siehe z. B. *An Account of the Misericordia Hospital*, 1780; *An Account of the Institution of the Lock Asylum*, 1796; *An Account of the London Female Penitentiary*, 1809; *Report of the Provisional Committee of the Guardian Society*, 1816.

11 Martin Madan, *Every Man Our Neighbour*, Ausg. v. 1764, S. 8; William Dodd, *An Account of the Rise, Progress, and Present State of the Magdalen Charity*, 2. Ausg., 1763, S. 110; William Dodd, *A Sermon on St. Matthew*, 1759, S. 15.

12 [Daniel Defoe], *Augusta Triumphans*, 1728, S. 14 zitiert (vgl. Ruth K. McClure, *Coram's Children*, 1981, v. a. Kap. 1–3); *An Account of the Proceedings of the Governors of the Lock-Hospital*, 1749, S. 1 zitiert (vgl. die Ausg. v. 1751, sowie John

[Gilbert], *A Sermon Preached before the ... Governors of the Several Hospitals*, 1743, S. 19–20); [John Reynolds], *A Compassionate Address to the Christian World*, hg. v. [Martin] Madan, 1767, S. iii zitiert. Zum Lock Hospital und Asylheim, siehe Linda E. Merians (Hg.), *The Secret Malady*, 1996, v. a. Kap. 8; Kevin P. Siena, *Venereal Disease, Hospitals and the Urban Poor*, 2004, v. a. Kap. 5–6.

13 Zusätzlich zu den Anmerkungen der folgenden Absätze siehe auch Londoner Zeitungen der Jahre 1749–1760 (*Daily Advertiser, Public Advertiser, Gentleman's Magazine, London Chronicle, London Magazine, Lloyd's Evening Post*); *The Rambler*, Nr. 107, 1751; *The Vices of the Cities of London and Westminster*, 1751, S. 21–27; ›M. Ludovicus‹ [d. h. John Campbell], *A Particular but Melancholy Account*, 1752; *Reflections Arising from the Immorality of the Present Age*, 1756, S. 47–50; [Hanway], *Plan for Establishing a Charity-House*, zitiert v, sowie sein *Brief V*; John Fielding, *A Plan of the Asylum*, 1758, S. 23 zitiert; *The Yale Edition of Horace Walpole's Correspondence*, hg. v. W. S. Lewis et al., 48 Bde., 1937–1983, Bd. ix., S. 217 zitiert; Lockman zitierte aus einem Zeitungsausschnitt der British Library, Signatur C. 116.i.4 (125); [Edward Ward et al.], *The Insinuating Bawd, and the Repenting Harlot ... Intended to Promote a Provision to be Made for such Unhappy Females*, 1758; H. F. B. Compston, *The Magdalen Hospital*, 1917; James Stephen Taylor, *Jonas Hanway*, 1985, S. 76; *Dictionary of National Biography*, 1885–1901, David Garrick; Archives of the Royal Society of Arts, London: Society Minutes, Bd. 3; D. G. C. Allan und John L. Abbott (Hg.), *The Virtuoso Tribe of Arts and Sciences*, 1992, Kap. 2.

14 *Boswell's Life of Johnson*, Hg. George Birkbeck Hill und L. F. Powell, 6 Bde., 1934–1950, Bd. i., S. 223–224, Anm. 2 (zitiert), S. 457; Bd. iv., S. 321–322 (zitiert), S. 395–396; *Johnsonian Miscellanies*, Hg. George Birkbeck Hill, 2 Bde., 1897, Bd. ii., S. 168–169, 326.

15 *Selected Letters of Samuel Richardson,* hg. v. John Carroll, 1964, S. 114, 172 (zitiert); *Correspondence of Samuel Richardson,* hg. v. Anna Laetitia Barbauld, 6 Bde., 1804, i., S. clv; iv., S. 212, 252, 254 (zitiert), 266–270, 292–293; vi., S. 56, 108–109; [Samuel Richardson], *Letters and Passages Restored from the Original Manuscripts of the History of Clarissa,* 1751, S. 150 zitiert (aus einem Brief, der der dritten Ausgabe hinzugefügt wurde); ders., *The History of Sir Charles Grandison* [1753–1754], hg. v. Jocelyn Harris, 3 Bde., 1972, Bd. i., S. 355, 364, 372, Bd. ii., S. 356 zitiert; T. C. Duncan Eaves und Ben D. Kimpel, *Samuel Richardson,* 1971, S. 463–465. Vgl. Henry Brooke, *The Fool of Quality,* 5 Bde., 1766–1770, Bd. iv., S. 260–263; Markman Ellis, *The Politics of Sensibility,* 1996, S. 166–169.
16 John Fielding, *An Account of the Origin and Effects of a Police,* 1758, S. 55 zitiert; ders., *A Plan for a Preservatory and Reformatory,* 1758; ders., *A Plan of the Asylum,* 1758; Saunders Welch, *Observations on the Office of Constable,* 1754, S. 12; ders., *A Proposal to Render Effectual a Plan,* 1758, S. 57–58 zitiert.
17 [Hanway], *Plan for Establishing a Charity-House,* S. iv–v, xvi zitiert (Kursivdruck im Original), und *Brief V*; Robert Dingley, *Proposals for Establishing a Public Place of Reception,* 1758; Taylor, *Jonas Hanway.*
18 Compston, *Magdalen Hospital,* S. 59–61, 191 (zitiert).
19 [Hanway], *Plan for Establishing a Charity-House,* S. xvi, xxviii zitiert.
20 William Dodd, *A Sermon on Zechariah,* 1769, S. 3; *The Histories of Some of the Penitents in the Magdalen-House,* 2 Bde., 1760, Bd. i., S. xviii; William Dodd, *An Account of the Rise, Progress and Present State of the Magdalen Charity,* 1761, S. 63.
21 Dodd, *Account of the Rise, passim* (S. 41, Anm. 74, 78 zitiert); H. F. B. Compston, *The Magdalen Hospital,* 1917, S. 182–183.
22 Dodd, *Account of the Rise,* 4. Ausg., 1770, *33–*44; [Martin Madan], *An Ac-*count of the Death of F. S., [1763], S. 8 zitiert (das Wort 'triumphierend' wurde dem Titel erst nach der ersten Ausgabe hinzugefügt); Compston, *Magdalen Hospital,* S. 144. Vgl. *Account of the Death of E.– C.–,* Dublin 1794.
23 Dodd, *Account of the Rise,* Ausg. v. 1761, S. xxvi, xxviii, 63; *The Rules, Orders and Regulations, of the Magdalen House,* 2. Ausg., 1759), S. 7; *The Yale Edition of Horace Walpole's Correspondence,* hg. v. W. S. Lewis et al., 48 Bde., 1937–1983, Bd. ix., S. 273–274; [Edward Jerningham], *The Magdalens: An Elegy,* 1763.
24 John Fielding, *An Account of the Origin and Effects of a Police,* 1758, S. 49–50, 53; Mr Marchant, *Observations on Mr Fielding's Plan,* 1758, S. 17; Jonas Hanway, *Letter V,* 1758, S. 25; Dodd, *Account of the Rise,* Ausg. v. 1761, S. xx, 16, 75, Anm. 76; Ebd., Ausg. v. 1763, S. 106; [Jonas Hanway], *Thoughts on the Plan,* 2. Ausg., 1759, Anm. 57; *The Visitor,* Hg. William Dodd, 2 Bde., Dublin 1768, Bd. i., S. 41.
25 *The Plan of the Magdalen House,* 1758, S. 17; Dodd, *Account of the Rise,* Ausg. v. 1761, *passim* (S. 68–69, 92–93); Ebd., Ausg. v. 1770, S. 410; [Hanway], *Thoughts on the Plan,* S. 4.
26 *The Rules, Orders and Regulations of the Magdalen House,* 2. Aufl., 1759, S. 7; Dodd, *Account of the Rise,* Aufl. v. 1763, S. 130.
27 [Jonas Hanway], *A Plan for Establishing a Charity-House,* 1758, S. xxiin, Anm. 30; [ders.], *Thoughts on the Plan,* S. 34; *The Rules and Regulations of the Magdalen-Charity,* 1769, S. vi; William Hazeland, *A Sermon Preached in the Chapel of the Asylum,* 1761, S. 11; *A Letter to the Public on an Important Subject,* Dublin 1767, S. 7; Hanway, *Letter V,* S. 15; *Rules, Orders and Regulations,* S. 8; *Plan of the Magdalen House,* S. 38; Dodd, *Sermon on Zechariah,* S. 6. Vgl. Saunders Welch, *A Proposal to Render Effectual a Plan,* 1758, Anm. 13; [David Stansfield], *Candid Remarks on Mr Hanway's Candid Historical Account,* 2. Aufl., 1760, S. 41.

28 Donna T. Andrew, *Philanthropy and Police*, 1989, S. 149, 178, 179, Anm. 51.

29 Karpeles Manuscript Library, Santa Barbara, California: Thomas Bray, »A General Plan of a Penitential Hospital for the Imploying and Reforming Lewd Women« [ca. 1699]; [Daniel Defoe?], *Some Considerations upon Street-Walkers* [1726], S. 6; [Jonas Hanway], *A Plan for Establishing a Charity-House*, 1758, S. 31 zitiert; Archives of the Royal Society of Arts, London: Society Minutes Bd. 3, S. 42 zitiert; Guard Books, Bd. 9, Artikel 83 zitiert; Loose Archives (M)A 2, Fol 59–60; Hanway, *Letter V*, S. 14; *Gentleman's Magazine*, Nr. xxviii., S. 192–193, Apr. 1758; D. G. C. Allan, »Compassion and Horror in Every Humane Mind«, in: D. G. C. Allan und John L. Abbott (Hg.), *The Virtuoso Tribe of Arts and Sciences*, 1992.

30 R. Campbell, *The London Tradesman*, 1747, S. 209. Vgl. z. B. John Gay, *Trivia*, 1716, Buch iii, Zeilen 277–278; *Serious Thoughts on the Miseries of Seduction and Prostitution*, 1783, S. 51–52; *Thoughts on Alleviating the Miseries attendant upon Common Prostitution*, 1799, S. 28.

31 [John Dunton], *The Night-Walker*, 1696–1697, i/3, Sig. [A3ʳ⁻ᵛ] (zitiert); i/4, S. 8–9, 17–18, 22; ii/1, S. 3–4, 29–30; [Josiah Woodward], *A Rebuke to the Sin of Uncleanness*, Aufl. v. 1704, S. 21; *Directions and Prayers for the Use of the Patients in the Foul Wards*, 1734, S. 16–17 zitiert; vgl. *A Short Dissuasive from the Sin of Uncleanness*, 1701; Isaac [Maddox], *The Love of our Country Recommended*, 1737, S. 23; Edward Yardley, *Christ's Appearing*, 1749, S. 20.

32 Bray, »General Plan of a Penitential Hospital«; [Dunton], *Night-Walker*, ii/1, S. 30; ii/2, Sig. [A4ᵛ] (zitiert); Josiah Woodward, *Sodom's Vices*, 1697, S. 14–15; ders. *The Duty of Compassion*, 1697, S. xii–xvi; *The Invisible-Observator*, 1705, S. 8; Stephen Macfarlane, »Social Policy and the Poor in the Later Seventeenth Century«, in: A. L. Beier und Roger Finlay (Hg.), *London 1500–1700*, 1986; Paul

Slack, *Poverty and Policy in Tudor and Stuart England*, 1988, S. 195–200.

33 In diesem und den folgenden Absätzen orientiere ich mich insbesondere an Vivien Jones' scharfsinniger und erhellender Untersuchung »Placing Jemima«, *Women's Writing* 4, 1997, hier zitiert, S. 218, Anm. 23. Vgl. z. B. *Gentleman's Magazine*, Dez. 1795, S. 1078–1079; Edward Barry, *Theological, Philosophical, and Moral Essays* [1790?], S. 70–72; *Remarks upon Seduction*, 1799, S. 23; Donna T. Andrew, *Philanthropy and Police*, 1989, S. 188.

34 Priscilla Wakefield, *Reflections on the Present Condition of the Female Sex*, 1798, S. 164 zitiert; Mary Ann Radcliffe, *The Female Advocate*, 1799, S. 27 zitiert.

35 Siehe Mary Hays, *The Victim of Prejudice*, 1799; *The Works of Mary Wollstonecraft*, hg. v. Janet Todd und Marilyn Butler, 7 Bde., 1989, zitiert Bd. I, S. 120 (Todd und Butler geben das letzte Wort als *woman* [Frau] wieder, doch in der ersten Ausgabe von 1798, die ihrem Text als Grundlage dient, steht *women* [Frauen]) Archives of the Royal Societyof Arts, London: Guard Books Bd. 9, Artikel 83 zitiert; *The Histories of Some of the Penitents in the Magdalen-House*, 2 Bde., 1760, Bd. i., S. vi; [L. J. Plumard de Dangeul], *Remarks on the Advantages and Disadvantages*, 1754, S. 215.

36 *A Congratulatory Epistle from a Reformed Rake*, [1758], S. 44–45 zitiert.

37 *The Vices of the Cities of London and Westminster*, 1751, S. 23 zitiert; *Gentleman's Magazine*, 164, Apr. 1751, S. XXI zitiert, Hanway, Brief V, S. 12–13, 24; ders., *Plan for Establishing a Charity-House*, S. 32; J[oseph] Massie, *A Plan for the Establishment of Charity-Houses*, 1758, S. 6–12.

38 [Hanway], *Plan for Establishing a Charity-House*, Anm. 30 zitiert; John Fielding, *A Plan for a Preservatory and Reformatory*, 1758, S. 19–21 zitiert; Archives of the Royal Society of Arts, London: Guard Books Bd. 9, Artikel 83 zitiert; Mr Marchant, *Observations on Mr Fielding's Plan*,

1758, S. 7; *The Rules, Orders and Regulationen, of the Magdalen House*, Aufl. v. 1760, S. 20.

39 *Rules, Orders and Regulations*, S. 20; Fielding, *Plan for a Preservatory and Reformatory*, S. 20; H. F. B. Compston, *The Magdalen Hospital*, 1917, S. 180; *An Account of the … Asylum*, Aufl. v. 1763, S. 20 (und identische Berichte in späteren Ausgaben); Archives of the Shaftesbury Society, London: Minute Book of the Lambeth Asylum, 1761–1765.

40 *Siehe* H. F. B. Compston, *The Magdalen Hospital*, 1917, S. 35–38; James Stephen Taylor, *Jonas Hanway*, 1985, Kap. v–vi; Donna T. Andrew, *Philanthropy and Police*, 1989, v. a. Kap. 3. Vgl. Ruth K. McClure, *Coram's Children*, 1981, v. a. S. 238 (Tabelle 2).

41 Martin C. und Ruthe R. Battestin, *Henry Fielding*, 1989, S. 614 zitiert; Compston, *Magdalen Hospital*, S. 34–35; Taylor, *Jonas Hanway*, S. 71, 73, 97–99, 126, 156; Saunders Welch, *A Proposal to Render Effectual a Plan*, 1758, v. a. S. 1–6, 36–38, 42.

42 *The Idler*, Nr. 4, Mai 1758; *Considerations on the Fatal Effects to a Trading Nation*, 1763, S. 17–18; Tobias Smollett, *The Adventures of Ferdinand Count Fathom*, 2 Bde., 1753, ii., Kap. lii. Vgl. Bernard Mandeville, *The Fable of the Bees*, hg. v. F. B. Kaye, 2 Bde., 1924, i., S. 261; Charles Johnstone, *Chrysal, or the Adventures of a Guinea*, 2 Bde., 1760, i., Buch 2 und ii., Buch 1; Edward Bayley, *A Sermon Preached on the Opening of the New Chapel of the Magdalen Asylum*, Dublin, 1770, S. 59; Andrew, *Philanthropy and Police*, S. 86–87, 161.

43 *Siehe* H. F. B. Compston, *Magdalen Hospital*, S. 61–64; Andrew, *Philanthropy and Police*, Anm. 71., S. 69; Martin Madan, *Every Man Our Neighbour*, Aufl. v. 1764, S. 17; Gerald Howson, *The Macaroni Parson*, 1973; Archives of the Shaftesbury Society, London: Minute Book of the Lambeth Asylum, 1761–1765; *An Account of the … Asylum*, 1761, S. 7–9; *A State of the Asylum, as Far as it Relates to Mr Maxwell* [1782]; *Asylum Minutes* [1782].

44 Mandeville, *Fable*, hg. v. Kaye, i, S. 280; William Dodd, *A Sermon on St. Matthew*, 1759, S. 15; Beilby Porteus, *A Sermon Preached in the Chapel of the Asylum* [1773], S. 9.

45 [Jonas Hanway], *A Plan for Establishing a Charity-House*, 1758, S. 18 (obwohl das Londoner Magdalen Hospital nach seiner Eröffnung eine Politik der offenen Tür praktizierte); *Account … of the Lock-Hospital*, 1749, S. 2; *Account of the … Asylum*, S. 16.

46 *An Account of the Institution and Proceedings of the Guardians of the Asylum*, 1782; Ford K. Brown, *Fathers of the Victorians*, 1961, S. 73–74; Linda E. Merians (Hg.), *The Secret Malady*, 1996, v. a. Kap. 8; Kevin P. Siena, *Venereal Disease, Hospitals and the Urban Poor*, 2004, v. a. Kap. 5–6.

47 *The Yale Edition of Horace Walpole's Correspondence*, hg. v. W. S. Lewis et al., 48 Bde., 1937–1983, ix., S. 273–274.

48 *Siehe* z. B. *London Chronicle* 21. Apr. 1758; *The Visitor*, Hg. William Dodd, 2 Bde., Dublin 1768, Nr. 8, 10, 53, 73–74; Dodd, *Sermon on St. Matthew*, S. 18; *Autobiography of the Rev. Dr Alexander Carlyle*, 2. Aufl. 1860, S. 503–504. Vgl. Sarah Lloyd, »Pleasure's Golden Bait«, *History Workshop Journal* 41, 1996.

49 *Siehe* z. B. M. G. Jones, *The Charity School Movement*, 1938, S. 58–61; Faramerz Dabhoiwala, »Summary Justice in Early Modern London«, *English Historical Review* 121, 2006, 801–802; Francis Kelly Maxwell, *A Sermon Preached at Different Churches and Chapels*, 1763; Simon McVeigh, »Music and the Lock Hospital in the 18th Century«, *The Musical Times* 129, 1988; Nicholas Temperley, »The Lock Hospital Chapel and Its Music«, *Journal of the Royal Musical Association* 118, 1993, und sein »The Hymn Books of the Foundling and Magdalen Hospital Chapels«, in: David Hunter (Hg.), *Music Publishing and Collecting*, 1994. Vgl. Sarah Lloyd, »Pleasing Spectacles and Elegant Dinners«, *Journal of British Studies* 41, 2002.

50 *London and its Environs Described,* 6 Bde., 1761, iv., S. 224 zitiert; William Dodd, *An Account of the Rise, Progress and Present State of the Magdalen Charity,* 1761, S. 110–111 zitiert; *Walpole's Correspondence,* hg. v. Lewis, ix., S. 273–274; William Dodd, »An Ode, occasioned by Lady N–d's being prevented by illness from coming to the chapel of the Magdalen House« und »Verses occasioned by seeing the Countess of Hertford, in tears at the Magdalen House«, in seinen *Poems,* 1767, S. 148–152 (zitiert), S. 168–170; *Considerations on the Fatal Effects to a Trading Nation,* 1763, S. 15; Compston, *Magdalen Hospital,* S. 150–151; *Autobiography of the Rev. Dr Alexander Carlyle,* S. 503 zitiert.
51 Wenn nicht anders vermerkt, stammen alle Einzelheiten und Zitate im folgenden Bericht aus der Representative Church Body Library, Dublin: Magdalen Asylum Admissions Book 1, 1769–1795, Einträge für 1767–1779. Meine Arbeit über dieses Material wurde außerordentlich durch die Großzügigkeit von Maria Luddy erleichtert, deren Schrift *Prostitution and Irish Society, 1800–1940,* 2007, liefert den besten Überblick über die spätere Geschichte des Gegenstands. Zu den Abläufen in anderen frühen Magdalenenheimen Großbritanniens siehe Stanley Dana Nash, »Social Attitudes towards Prostitution in London from 1752 to 1829«, New York University Dissertation, 1980, Kap. iv–v; Kevin P. Siena, *Venereal Disease, Hospitals and the Urban Poor,* 2004, Kap. 5; und vgl. Martin Madan, *Every Man Our Neighbour,* Aufl. v. 1764, S. 4, 15–16.
52 William Dodd, *A Sermon on St Matthew,* 1759, S. 11; *By-Laws and Regulations of the Magdalen Hospital,* 1802, S. viii; Beatrice Bayley Butler, »Lady Arbella Denny, 1707–1792«, *Dublin Historical Record* 9, 1946–1947, S. 13.
53 Vgl. John Styles, *The Dress of the People,* 2007, S. 63–69.
54 »Rules and Regulations«, S. 6–8, 15–18, Anhang zu Edward Bayly, *A Sermon Preached on the Opening the Chapel of the*

Magdalen Asylum, Dublin [1768]; Richard Woodward, *A Sermon Preached Before the Vice-Patroness, Governesses and Guardians of the Asylum for Penitent Women,* Dublin 1774, Anhang.
55 Vgl. *A Short Account of the Magdalen Hospital,* 1807, S. 10.
56 *Siehe z. B.* William [Newcombe], *A Sermon Preached at the Chapel in Leeson-Street,* Dublin 1773, S. 14; Woodward, *Sermon Preached Before the Vice-Patroness,* S. 18–20 zitiert; Thomas Leland, *The Christian's Duty to Offenders,* Dublin 1775, S. 16 zitiert; John Lever, *The Nature and Extent of Christian Love,* Dublin 1778, S. 15–18; Nash, »Social Attitudes«, S. 279–283.
57 Leland, *Christian's Duty,* S. 7, 20.
58 Vgl. »Rules and Regulations«, 1768, S. 6–8, und *Rules and Regulations for the Asylum of Penitent Females,* Dublin 1796, S. 6–8.
59 Edward Bayly, *A Sermon Preached on the Opening of the New Chapel of the Magdalen Asylum,* Dublin 1770, S. 70–74.
60 *Rules and Regulations for the Asylum,* S. 60.
61 Bayly, *Sermon Preached on the Opening of the New Chapel,* S. 75–76 (Auf die Verfasser habe ich anhand der Informationen in den Zugangsbüchern geschlossen.).
62 Jeffrey Weeks, *Sex, Politics and Society,* 2. Aufl. 1989, S. 58 zitiert; Michael Mason, *The Making of Victorian Sexuality,* 1994, S. 169 zitiert; Friedrich Engels, »Die Lage der arbeitenden Klasse in England«, MEW, Bd. 2, S. 376.
63 P[atrick] Colquhoun, *A Treatise on the Police of the Metropolis,* 6. Aufl. 1800, S. 340 zitiert; Michael Mason, *The Making of Victorian Sexual Attitudes,* 1994, S. 73–103, 233–236 (S. 101 zitiert). Vgl. [J. W.] D'Archenholz, *A Picture of England,* 2 Bde., 1789, ii., S. 89 (»London soll fünfzigtausend Prostituierte beherbergen, die ausgehaltenen Mätressen nicht mitgerechnet«); Judith R. Walkowitz, *Prostitution and Victorian Society,* 1980, Kap. 2.

64 J[oseph] Massie, *A Plan for the Estab-lishment of Charity-Houses*, 1758, S. 2–4; [Jonas Hanway], *Thoughts on the Plan*, 2. Aufl. 1759, S. 12; William Hazeland, *A Sermon Preached in the Chapel of the Asylum*, 1761; Predigt aus dem Jahr 1760, S. 10.

65 Josiah Tucker, *A Brief Essay*, 1749, S. 21–22 zitiert; John Fielding, *An Account of the Origin and Effects of a Police*, 1758, S. 44 zitiert; Robert Dingley, *Proposals for Establishing a Public Place of Reception*, 1758, S. 7; [Hanway], *Thoughts on the Plan*, S. 11–12; *Thoughts on the Misery of a Nu-merous Class of Females*, Dublin 1794, S. 6; James Hallifax, *A Sermon Preached in the Chapel of the Asylum*, 1766, S. 14 zi-tiert; Archives of the Shaftesbury Society, London: Minute Book of the Lambeth Asylum, 1761–1765, S. 7–10, 71–72, 74–75, 144–146; T. R. Malthus, *An Essay on the Principle of Population* [Aufl. v. 1803–1826], hg. v. Patricia James, 2 Bde., 1989, ii., S. 111–114 zitiert.

66 Saunders Welch, *A Proposal to Render Effectual a Plan*, 1758, S. 3–5; William Dodd, *An Account of the Rise, Progress, and Present State of the Magdalen Charity*, 2. Aufl. 1763, S. 122.

67 Henry Fielding, *The Covent-Garden Journal* [1752], hg. v. Bertrand A. Goldgar, 1988, S. 312 und Anm. 1 zitiert; [Jean André Rouquet], *Lettres de Monsieur ***, 1746, S. 4 zitiert; *The Histories of Some of the Penitents in the Magdalen House*, 2 Bde., 1760; [Martin Madan], *An Account of the Death of F. S.* [1763], S. 1 zitiert; Wil-liam Dodd, *An Account of the Rise, Pro-gress and Present State of the Magdalen Charity*, 4. Aufl. 1770, S. 36; [Jonas Han-way], *A Plan for Establishing a Charity-House*, 1758, S. xvii, 29–30 (S. 29 zitiert); ders. *Letter V*, 1758, S. 9, 11, 14–15; Mr Marchant, *Observations on Mr Fielding's Plan*, 1758, S. 8–9, 14–15.

68 *Gentleman's Magazine*, xxvii. 366–367, Aug. 1757 zitiert; John Fielding, *A Plan for a Preservatory and Reforma-tory*, 1758, S. 116–117; Massie, *Plan for the Establishment of Charity-Houses*, 1758,

S. 38–44. Vgl. Jennie Batchelor, »Industry in Distress«, *Eighteenth-Century Life* 28, 2004.

69 [Hanway], *Plan for Establishing a Charity-House*, S. 19–20; *The Plan of the Magdalen House for the Reception of Peni-tent Prostitutes*, 1758, S. 15–16; William Dodd, *An Account of the Rise, Progress, and Present State of the Magdalen Charity*, 1761, S. xii, 134; ders., *A Sermon on Zecha-riah*, 1769, Faltplan und Erklärung.

70 Siehe z. B. Hanway, *Letter V*, S. 9, 14–15, 23; [ders.], *Plan for Establishing a Cha-rity-House*, S. viii; *An Address to the Guar-dian Society*, 1817, S. 21.

71 Stanley Dana Nash, »Social Attitudes towards Prostitution in London from 1752 to 1829«, New York University Disserta-tion, 1980, S. 244–245; *By-Laws and Regu-lations of the Magdalen Hospital*, 1802, S. 39–43; *A Short Account of the Magdalen Hospital*, 1807, S. 5–9.

72 *Address to the Guardian Society*, S. 10 (zitiert); *The Evils of Adultery and Pros-titution*, 1792, S. 64; *An Account of the Institution of the Lock Asylum*, 1796; *An Account of the London Female Penitenti-ary*, 1809; *Report of the Provisional Com-mittee of the Guardian Society*, 1816; Ford K. Brown, *Fathers of the Victorians*, 1961, S. 15–16, 21–5; Nash, »Social Attitudes«, Kap. ii–v.

73 Siehe z. B. die bahnbrechende Studie von Nash, »Social Attitudes«; Donna T. Andrew, *Philanthropy and Police*, 1989, S. 187–194 (194 zitiert); H. F. B. Compston, *The Magdalen Hospital*, 1917, S. 200 zi-tiert; Frances Finnegan, *Poverty and Pros-titution*, 1979, Kap. 6, sowie ihr *Do Pe-nance or Perish*, 2001; Maria Luddy, *Women and Philanthropy in Nineteenth-Century Ireland*, 1985, Kap. 4, und ihr *Pro-stitution and Irish Society, 1800–1940*, 2007; zu den allgemeinen Ansichten über die Unmoral von Frauen aus der Unter-schicht in der Sozial- und Strafvollzugs-politik des 19. Jahrhunderts siehe Lucia Zedner, *Women, Crime and Custody in Victorian England*, 1991.

74 *Siehe* z. B. Robin Evans, *The Fabrication of Virtue*, 1982; Stanley Nash, »Prostitution and Charity«, *Journal of Social History* 17, 1984; John Bender, *Imagining the Penitentiary*, 1987; Sherrill Cohen, *The Evolution of Women's Asylums Since 1500*, 1992, Kap. 7; Miles Ogborn, *Spaces of Modernity*, 1998, Kap. 2.
75 *The Works of Mary Wollstonecraft*, hg. v. Janet Todd und Marilyn Butler, 7 Bde., 1989, v., S. 140 zitiert. Vgl. *The Collected Works of John Stuart Mill*, hg. v. J. M. Robson et al., 33 Bde., 1963–1991, xvii., S. 1692–1695, 1715; Vivien Jones, »Placing Jemima«, *Women's Writing* 4, 1997, 203.
76 *Thoughts on Means of Alleviating the Miseries Attendant on Common Prostitution*, 1799, S. 27 zitiert; *An Address to the Guardian Society*, 1817, S. 17 zitiert; und, für typische Beispiele: *Boswell in Search of a Wife, 1766–1769*, hg. v. Frank Brady und Frederick A. Pottle, 1957, S. 293; *Boswell for the Defence 1769–1774*, hg. v. William K. Wimsatt, Jr. und Frederick A. Pottle, 1959, S. 69; T. C. Duncan Eaves und Ben D. Kimpel, *Samuel Richardson*, 1971, S. 225, 232; University College London, MSS of Jeremy Bentham, cvii., S. 100–106; Robert Holloway, *The Rat-Trap* [1773], S. 57; *The Works of John Wesley*, hg. v. Frank Baker et al., 1980–, xxv., S. 365, 14. Jan. 1734; *An Extract from the Reverend Mr John Wesley's Journal, from … 1746 to … 1759*, 1754, S. 34–35, 22. Nov. 1747; John Wesley, *A Sermon Preached before the Society for Reformation of Manners* [1763], S. 10; Moses Browne, *The Causes that Obstruct the Progress of Reformation*, 1765, S. 30–31; ODNB, Dorothy Ripley; *The Diary of Sylas Neville, 1767–1788*, hg. v. Basil Cozens-Hardy, 1950, S. 44.
77 Eric Trudgill, *Madonnas and Magdalens*, 1976, S. 282; *The Gladstone Diaries*, hg. v. M. R. D. Foot und H. C. G. Matthew, 14 Bde., 1968–1994, *passim*, hier zitiert iv., S. 586, 20. Jan. 1854; ODNB, Angela Georgina Burdett-Coutts, Charles John Huffam Dickens, George Gissing, Catherine Gladstone.

78 Zu Erhebungen, siehe z. B. *Address to the Guardian Society*, S. 6; H. F. B. Compston, *The Magdalen Hospital*, 1917, S. 16; Edward J. Bristow, *Vice and Vigilance*, 1977, S. 70 zitiert, sowie sein *Prostitution and Prejudice*, 1982; Judith R. Walkowitz, *Prostitution and Victorian Society*, 1980, und ihr *City of Dreadful Delight*, 1992; Cohen, *Evolution of Women's Asylums*, Kap. 6–7; Paula Bartley, »Preventing Prostitution«, *Women's History Review* 7, 1998, S. 45 zitiert, sowie ihr *Prostitution: Prevention and Reform in England, 1860–1914*, 2000.
79 *Siehe* z. B. Frances Finnegan, *Do Penance or Perish*, 2001.

Kapitel 6 ~ Die Medien und die Botschaft

1 Es stimmt mich hoffnungsvoll, dass einige der in diesem Kapitel dargelegten Gedanken auch behandelt wurden in: Clifford Siskin und William Warner (Hg.), *This is Enlightenment*, 2010.
2 George Vertue, *Note Books*, 6 Bde., Walpole Society, 1930–1955, Bd. iii, S. 58; Bd. vi, S. 192.
3 John Ireland, *A Supplement to Hogarth Illustrated*, 1798, S. 3, 27.
4 Ronald Paulson, *Hogarth's Harlot*, 2003. In seinem Bestreben, Hogarths besondere Originalität hervorzuheben, untertreibt Paulson die augenfälligen Parallelen zwischen Hogarths Sequenzen und früheren ausländischen und heimischen Bilderfolgen über die Lebensläufe von Wüstlingen, Huren und verlorenen Söhnen: siehe sein *Hogarth's Graphic Works*, 3. Aufl., 1989, und *Hogarth*, 3 Bde., 1991–1993, Bd., i, S. 256–257; Bd. ii, S. 20–21; vgl. auch Hilde Kurz, »Italian Models of Hogarth's Picture Stories«, *Journal of the Warburg and Courtauld Institutes* 15, 1952; David Kunzle, *The Early Comic Strip*, 1973, v. a. Kap. 9.
5 Horace Walpole, *Anecdotes of Painting in England*, 4 Bde., 1765–1771, Bd., iv, S. 76.
6 Für dieses und das folgende Argument vgl. Sophie Carter, *Purchasing Power*, 2004, Kap. 2.

7 Walpole, *Anecdotes*, Bd., iv, S. 76; 8
George II c. 13; [John Nichols *et al.*], *Biographical Anecdotes of William Hogarth*,
1782, S. 32–3; Paulson, *Hogarth*, Bd. i,
S. 309–314; aber vgl. auch Robert Ethe-
ridge Moore, *Hogarth's Literary Relationships*, 1948; David Kunzle, »Plagiaries-by-
Memory of the *Rake's Progress*«, *Journal
of the Warburg and Courtauld Institutes*
29, 1966; Timothy Clayton, *The English
Print 1688–1802*, 1997, S. 81–90; und die
Grundhaltung von David Bindman, *Hogarth and His Times*, 1997.
8 Zitat aus einer Anzeige der Verleger
Thomas und John Bowles, *London Evening Post*, 16. Mai 1732. Die umfang-
reichste Sammlung von Kopien und Plagiaten der Hogarth-Stiche ist die immer
noch fast gänzlich unerforschte Sammlung, die in 24 Bänden von J. R. Joly zusammengetragen wurde und sich im Department of Paintings, Drawings and
Prints des Fitzwilliam-Museums in Cambridge befindet [fortan als »Joly Collection« bezeichnet]: Bd. 10 und 11 enthalten
Bilder, die sich auf den »Lebenslauf einer
Dirne« beziehen. Zu besonderem Dank
bin ich Craig Hartley und Andrew Morris
verpflichtet, die mir die Arbeit mit diesen
Unterlagen erleichterten. Nicht weniger
dankbar bin ich den Mitarbeitern des
Department of Prints and Drawings im
British Museum (besonders Sheila
O'Connell) und der Lewis Walpole
Library in Yale (besonders Joan Sussler),
deren jahrelange Freundlichkeit mir die
eingehende Beschäftigung mit ihren
Sammlungen sehr erleichtert hat.
9 *Siehe* z. B. *The Progress of a Harlot*,
2. Aufl., 1732; *The Harlot's Progress*, mind.
7 Aufl., 1732–1753; 'Joseph Gay' [d. h. John
Durant Breval], *The Harlot's Progress*,
2 Aufl., 1739; Theophilus Cibber, *The
Harlot's Progress*, 1733; Henry Potter,
The Decoy: An Opera, 2. Aufl., 1733–1744;
*The Jew Decoy'd; or the Progress of a Har-
lot*, 2 Aufl., 1733–1745; *Daily Advertiser*,
29 Okt. 1746; *Gazetteer and New Daily
Advertiser*, 2. Juni 1769; *The Diary of Sylas
Neville, 1767–1788*, hg. v. Basil Cozens-

Hardy, 1950, S. 71; John Nichols und
George Steevens, *The Genuine Works of
William Hogarth*, 2 Bde., 1808–1810, Bd. ii,
S. 7; Lionel Cust, *Catalogue of the Collection of Fans and Fan-Leaves Presented to
the British Museum by Lady Charlotte
Schreiber*, 1893, nicht montiert, Nr. 151–
155; Art Institute of Chicago, Fächer mit
den Szenen 4 bis 6 aus *Der Werdegang
einer Dirne*, 1732–1761, Neuerwerbung
Nr. 1947.144; H. J. L. J. Massé, »Some
Notes on the Pewter«, *Burlington Magazine* 3, 1903, S. 76; *The London Stage,
1660–1800*, 5 Teile, hg. v. W. van Lennep
et al., 1960–1968, Teil iii und iv; R. B. Be-
ckett, *Hogarth*, 1949, S. 68; *Secret Comment*, hg. v. Alan Saville, 1997, S. 234, 241;
Lars Tharp, *Hogarth's China*, 1997, S. 39–
40.
10 *Siehe* auch Richard Newton, *Progress
of a Woman of Pleasure*, Kupferstich,
1796; Joly Collection, Bd. 11; Ellen G.
D'Oench, »Prodigal Sons and Fair Penitents«, *Art History* 13, 1990.
11 *Siehe* Joly Collection, Bd. 12 und 13.
12 *Siehe* Joly Collection, v. a. Bd. 15 und
16; Tharp, *Hogarth's China*; Clayton, *English Print*, S. 81–83, 86, 88; William St
Clair, *The Reading Nation in the Romantic
Period*, 2004. Für exzellente Fallstudien
vgl. William B. Warner, *Licensing Enter-
tainment*, 1998; Mark Hallett, *The Spec-
tacle of Difference*, 1999, v. a. Kap. 3, und
sein »Manly Satire« in: Bernadette Fort
und Angela Rosenthal (Hg.), *The Other
Hogarth*, 2001; Thomas Keymer und Peter
Sabor, *Pamela in the Marketplace*, 2005.
13 Vgl. z. B. Peter H. Pawlowicz, »Reading Women« in: Ann Bermingham und
John Brewer (Hg.), *The Consumption of
Culture, 1600–1800*, 1995; Markman Ellis,
The Politics of Sensibility, 1996, S. 164–165;
und zu einer glänzenden Analyse dieser
und anderer verwandter kultureller Veränderungen dieser Epoche John Brewer,
The Pleasures of the Imagination, 1997, v. a.
Kap. 3, S. 4, 11.
14 OED, »pornographer«, »pornography«. Die französischen Entsprechungen
müssen zu dieser Zeit ebenfalls bekannt

gewesen sein, denn Restif de la Bretonne, *Le Pornographe*, 1769, war ebenfalls in London erhältlich: Thomas Davies, *A Catalogue of very Curious and Valuable Books* [1770], S. 96; Thomas Payne, *A Catalogue of very Valuable Books, in Various Languages*, 1796, S. 205–206; University College London, MSS of Jeremy Bentham, S. lxxvii, 194.
15 Siehe z. B. Margaret F. Rosenthal, *The Honest Courtesan*, 1992; Timothy Clark et al. (Hg.), *The Dawn of the Floating World 1650–1765*, 2001, Nr. 25; OED, »Cyprian«, »Cytherean«, »Paphian«; *Tom K---g's: or, The Paphian Grove*, 1738; Samuel Richardson, *Letters and Passages Restored from the Original Manuscripts of the History of Clarissa*, 1751, 203; [ders.], *A Collection of the Moral and Instructive Sentiments … Contained in the Histories of Pamela, Clarissa, and Sir Charles Grandison*, 1755, S. 315, 318; *A New Atalantis*, 2. Aufl., 1758, S. 89; *Nocturnal Revels*, 2 Bde., 1779, *passim*; *The Modern Atalantis*, 1784, S. 56; *Reynolds*, hg. v. Nicholas Penny, 1986, S. 295–296.
16 Anne M. Haselkorn, *Prostitution in Elizabethan and Jacobean Comedy*, 1983; A. V. Judges, *The Elizabethan Underworld*, 1930.
17 Zu zwei frühen Ausnahmen, den Bordellwirtinnen Long Meg und Elizabeth Holland, die beide im 16. Jahrhundert lebten, siehe Bernard Capp, »*Long Meg of Westminster*: A Mystery Solved«, *Notes and Queries* 243, 1998; Nicholas Goodman, *Hollands Leaguer*, 1632; Shackerley Marmion, *Hollands Leaguer*, 1632; Henry Glapthorne, *The Hollander*, 1635, Sig. Bᵛ.
18 Siehe z. B. John Dryden, *Sir Martin Mar-All*, 1668, 4. Akt, 1. Szene; William Wycherley, *The Plain Dealer*, 1677, Widmung; *The Criers and Hawkers of London*, Hg. Sean Shesgreen, 1990, Bildtafel 52; [James Caulfield?], *Blackguardiana* [1793?], s. v. »A*/ABB«, *Dictionary of National Biography*, 1885–1901, Madam Cresswell; ODNB, Madam Cresswell, Damaris Page und alle dortigen Angaben.

19 Siehe *The Diary of Samuel Pepys*, hg. v. Robert Latham und William Matthews, 11 Bde., London 1970–1983, Bd., i, S. 250 zitiert; John Harold Wilson, *Court Satires of the Restoration*, 1976; Roger Thompson, *Unfit for Modest Ears*, 1979, v. a. Kap. 5; Harold Love, *English Clandestine Satire 1660–1702*, 2004; Melissa M. Mowry, *The Bawdy Politic in Stuart England, 1660–1714*, 2004; Robert D. Hume, »Satire‹ in the Reign of Charles II«, *Modern Philology* 102, 2005.
20 Zur Literatur siehe z. B. *Look E're You Leap: or, A History of the Lives and Intrigues of Lewd Women*, 10. Aufl. [1720?]); *The Prostitutes of Quality; or Adultery a-la-mode*, 1757; *Intrigue a-la-mode: or, The Covent-Garden Atalantis*, 1767; zu Sally Salisbury in späteren Balladen, z. B. *The Bleach Yard's Garland*, Darlington 1775; *The Muses' Delight*, Warrington [1775?]); *The Case of Sally Salisbury* [1780]; *Sally Salisbury's Garland*, Liverpool, [1780?]; zu anderen Frauen, vgl. auch *Tom K----g's, The Highlanders Salivated*, 1746; *Covent Garden in Mourning*, 1747; Helen Berry, »Rethinking Politeness in Eighteenth-Century England«, *Transactions of the Royal Historical Society* 18, 2001; zu Gesamtdarstellungen vgl. z. B. *The Humours of Fleet-Street and the Strand*, 2 Bde., [1749]; *Nocturnal Revels*, 2 Bde., 1779; *Harris's List of Covent Garden Ladies*, erhaltene Auflagen von 1761, 1764, 1773, 1774, 1779, 1783, 1788, 1789, 1790, 1793; *Ranger's Impartial List of the Ladies of Pleasure*, Edinburgh 1775.
21 Sofern nicht anders angegeben, stützt sich die folgende Interpretation auf John Chaloner Smith, *British Mezzotinto Portraits*, 4 Bde., 1878–1884; Charles E. Russell, *English Mezzotint Portraits and their States*, 2 Bde., 1926; Freeman O'Donoghue und Henry M. Hake, *Catalogue of Engraved British Portraits Preserved in the Department of Prints and Drawings in the British Museum*, 6 Bde., 1908–1925; die Sammlungen von Durckerkatalogen im British Museum und dem Paul Mellon Centre for Studies in British Art (be-

schrieben in: Antony Griffiths, »A Checklist of Catalogues of British Print Publishers *c.* 1650–1830«, *Print Quarterly* 1, 1984); und die Sammlung von Auktionskatalogen 1689–1692 in der British Libary (Bibliotheksnummer 1402.g.1).
22 *Siehe* auch *Diary of Samuel Pepys*, vii., S. 359, 393; viii. S. 23, 206; Antony Griffiths, *The Print in Stuart Britain 1603–1689*, 1998, Kap. 9; Catherine MacLeod und Julia Marciari Alexander, *Painted Ladies*, 2001, *passim*; Julia Marciari Alexander, »Painting a Life« in: Kevin Sharpe und Steven N. Zwicker, *Writing Lives*, 2008; Michael Hunter (Hg.), *Printed Images in Early Modern Britain*, 2010, v. a. Kap. 15.
23 *Siehe* z. B. Frederic George Stephens und M. Dorothy George, *Catalogue of Prints and Drawings in the British Museum: Division I: Political and Personal Satires*, 11 Bde. 1870–1954, Bde 3–7 (zu Anne Vane und Lady Yarmouth *siehe* z. B. Nr. 2270, 2348, 2350, 2450, 2451, 2464, 2454, 2453, 2495, 2578, 2606, 3018; *Love after Enjoyment*, 1732; *Vanelia: or, the Amours of the Great*, 6 Aufl. 1732; *The Humours of the Court*, 2 Aufl. 1732; *Vanella in the Straw*, 3 Aufl. 1732; *The Fair Concubine: or, the Secret History of the beautiful Vanella*, 4 Aufl. 1732; *Authentick Memoirs of the Unfortunate Vanella*, 1736; *Vanella: A Tragedy*, 1736; *Vanella's Progress*, 1736; *Vanella: or an elegy*, 1736; Diana Donald, *The Age of Caricature*, 1996, Kap. 3; Cindy McCreery, »Keeping up with the *Bon Ton*« in: Hannah Barker und Elaine Chalus (Hg.), *Gender in Eighteenth-Century England*, 1997; Cindy McCreery, *The Satirical Gaze*, 2004, 153–167.
24 *Sculptura-Historico-Technica*, 1747, S. 72 zitiert; [Ange Goudar], *The Chinese Spy*, 6 Bde., 1765, vi, S. 208 zitiert; *Robert Sayer's New and Enlarged Catalogue* [1766], S. 95–103.
25 *Nocturnal Revels*, ii, S. 227 zitiert; Stephens und George, *Catalogue of Prints*, z. B. Nr. 3 180, 3 215, 3 567, 5 204.
26 Im Allgemeinen siehe z. B. Samuel Derrick, *Letters*, 2 Bde., Dublin 1767, ii,

S. 8; Graham Reynolds, *English Portrait Miniatures*, überarbeitete Aufl. von 1988, S. 112; *The Centinel* 36, 30. Juli 1757; *The English Roscius* [1785?], S. 85; Horace Bleackley, *Ladies Fair and Frail*, 1909; McCreery, *Satirical Gaze*, Kap. 3; zu Fanny Murrays Sandwich: *The Yale Edition of Horace Walpole's Correspondence*, hg. v. W. S. Lewis, 48 Bde., 1937–1983, ix, S. 80; *The Vis-a-vis of Berkley-Square* [1783], S. 11–12; zu Sally Salisbury: H[enry] Carey, *Poems on Several Occasions*, 3. Aufl. 1729, S. 127–128; [Henry Man], *Mr Bentley, the Rural Philosopher*, 2 Bde., 1775, i, S. 210; zu typischen Angaben über Fanny Murray siehe z. B. *The Modern Courtezan* [1750?]; [John Hill], *The Inspector*, 2 Bde., 1753, ii, S. 300; [Eliza Fowler Heywood], *The Invisible Spy*, 2 Bde., 1755, iii, S. 285; *Reflections Arising from the Immorality of the Present Age*, 1756, S 55; *British Worthies*, 1758, Anm. 14; [Edward Thompson], *The Meretriciad*, 1761; *The Adulteress*, 1773, S. v, vii; *The Works of the English Poets*, hg. v. Samuel Johnson, 58 Bde., 1779–1780, liii, S. 185, 299; [Alexander Dalrymple], *The Poor Man's Friend*, 1795, S. 12; zur Namensgebung von Kurtisanen, z. B. *The Complete Letter-Writer*, 4. Aufl., 1757, S. 216; [William Dodd], *The Sisters*, 2 Bde., 1754, i, S. 75; [George Colman], *The Connoisseur*, 2 Bde., 1755–1756, i, S. 280; »Oddibus Funnybus«, *A Collection of Original Comic Songs* [1765?], S. 27, 72–73; OED, »Nancy Dawson«, »Rudd«, »Moll Peatley«; Robert Holloway, *The Phoenix of Sodom*, 1813, S. 13; Iona und Peter Opie, *The Oxford Dictionary of Nursery Rhymes*, Aufl. v. 1973, S. 279–280; Stella Tillyard, *Aristocrats*, 1994, S. 155; zu Rennpferden, John Cheny, *An Historical List of all Horse-Matches Run*, Aufl. v. 1731, S. 133, 135; ibid., Aufl. v. 1739, S. 38; ibid., Aufl. v. 1741, S. 17; ibid. Aufl. v. 1751, S. 55; Reginald Heber, *An Historical List of Horse-Matches Run*, Aufl. v. 1760, S. 39; ibid. Aufl. v. 1764, S. 77; ibid. Aufl. v. 1766, S. 45; ibid. Aufl. v. 1767, S. 36; B. Walker, *An Historical List of Horse-Matches*, 1771, S. 44; W[illiam] Pick, *An*

Authentic Historical Racing Calendar,
York [1785], S. 47; James Weatherby, *Racing Calendar,* Aufl. v. 1775, S. 137; ibid.,
Aufl. v. 1795, S. 33, 101, 170; Charles E.
Trevathan, *The American Thoroughbred,*
1905, S. 54–55.
27 Siehe z. B. David Cressy, *Literacy and
the Social Order,* 1980, S. 121, 128–129,
134–135, 147 (Kriterium ist die Fähigkeit,
mit dem eigenen Namen zu unterschreiben, Lesefähigkeiten waren noch verbreiteter); Sheila Lambert, »State Control of
the Press in Theory and Practice« in:
Robin Myers und Michael Harris (Hg.),
Censorship and the Control of Print, 1992;
Cyndia Susan Clegg, *Press Censorship in
Elizabethan England,* 1997, und dies.,
Press Censorship in Jacobean England,
2001, sowie *Press Censorship in Caroline
England,* 2008.
28 Siehe v. a. Arthur F. Marotti, *Manuscript, Print, and the English Renaissance Lyric,* 1995, S. 75–82; Ian Frederick
Moulton, *Before Pornography,* 2000, v. a.
Kap. 1; Harold Love, *Scribal Publication in
Seventeenth-Century England,* 1993, und
sein *English Clandestine Satire, 1660–
1702,* 2004; Adam Fox, *Oral and Literate
Culture in England 1500–1700,* 2000.
29 Siehe v. a. James Raven, *The Business
of Books,* 2007; Michael F. Suarez und
Michael L. Turner (Hg.), *The Cambridge
History of the Book in Britain: Volume V,
1695–1830,* 2009.
30 Zu diesem und dem nächsten Abschnitt siehe *The Diary of Dudley Ryder,
1715–1716,* hg. v. William Matthews, 1939,
Register s.v. »journals«; Henry Fielding,
The Covent-Garden Journal [1752], hg. v.
Bertrand A. Goldgar, 1988, Anm. 13, S. 4;
Frank Donoghue, *The Fame Machine,*
1996, S. 3; R. B. Walker, »The Newspaper
Press in the Reign of William III«, *Historical Journal* 17, 1974; Michael Harris,
London Newspapers in the Age of Walpole,
1987; Charles E. Clark, *The Public Prints,*
1994; Joad Raymond (Hg.), *News,
Newspapers and Society in Early Modern
England,* 1999; Hannah Barker, *Newspapers, Politics and English Society, 1695–*

1855, 2000; Suarez und Turner (Hg.),
History of the Book, Teil IV.III.
31 *The Spectator,* hg. v. Donald F. Bond,
5 Bde., 1965, i, S. xxvi and Nr. 10.
32 *The Idler,* Nr. 7, 27. Mai 1758.
33 See *The Diary of Samuel Pepys,* hg. v.
Robert Latham und William Matthews,
11 Bde., 1970–1983, iv, S. 163, 177; v, S. 124;
Ernest Bernbaum, *The Mary Carleton
Narratives, 1663–1673,* 1914; C. F. Main,
»The German Princess«, *Harvard Library
Bulletin* 10, 1956; Hero Chalmers, »The
Person I am, or what they made me to be«
in: Clare Brant und Diane Purkiss (Hg.),
Women, Texts and Histories 1575–1760,
1992, und ihr »The Feminine Subject in
Women's Printed Writings, 1653–1689«
(University of Oxford Dissertation, 1993,
S. 158–208.
34 OED, »opinion«; John Brewer, *The Pleasures of the Imagination,* 1997, S. 190–197;
The Rambler, Nr. 23, 5. Juni 1750. Vgl.
[David Hume], *An Abstract of a Book
Lately Published,* 1740, Vorwort.
35 Zu anregenden Zusammenfassungen
siehe z. B. David Zaret, *Origins of Democratic Culture,* 2000; James Van Horn
Melton, *The Rise of the Public in Enlightenment Europe,* 2001; T. C. W. Blanning,
*The Culture of Power and the Power of
Culture,* 2002; Peter Lake und Steve
Pincus, *The Politics of the Public Sphere in
Early Modern England,* 2007; Jason
Peacey (Hg.), *The Print Culture of Parliament, 1600–1800,* 2007; Brean S. Hammond, *Professional Imaginative Writing
in England, 1670–1740,* 1997; Brewer, *Pleasures.*
36 Siehe z. B. *Spectator,* hg. v. Bond, v. a. i,
S. xxxvi–xliii; Robert Haig, *The Gazetteer,
1735–1797,* 1960, S. 71–74; Harris, *London
Newspapers,* S. 196–197; *The New Cambridge Bibliography of English Literature,*
hg. v. George Watson, 1971, Spalte 1218-
1235; Michael Macdonald und Terence R.
Murphy, *Sleepless Souls,* 1990, S. 324–337;
P. Linebaugh, »The Ordinary of Newgate
and his *Account*« in: J. S. Cockburn,
Crime in England, 1550–1800, 1977; Caroline Gonda, »Misses, Murderesses and

Magdalens« in: Elizabeth Eger et al. (Hg.), *Women, Writing, and the Public Sphere, 1700–1830*, 2001; *The Adventurer*, Nr. 115, 11. Dez. 1753.
37 Zu neuen Arten der Interaktion und Kommunikation siehe, zusätzlich zu den Werken, die im vorigen Abschnitt genannt wurden, z. B. Donna T. Andrew, »Popular Culture and Public Debate«, *Historical Journal* 39, 1996, sowie: *London Debating Societies, 1776–1799*, London Record Society 1994; Peter Clark, *British Clubs and Societies 1580–1800*, 2000; William St Clair, *The Reading Nation in the Romantic Period*, 2004, v. a. Kap. 1 und 22; Brian Cowan, *The Social Life of Coffee*, 2005.
38 Zur älteren Tradition siehe Keith Thomas, »Cases of Conscience in Seventeenth-Century England« in: John Morrill et al. (Hg.), *Public Duty and Private Conscience in Seventeenth-Century England*, 1993, und die dortigen Literaturangaben.
39 *Siehe* v. a. Gilbert D. McEwen, *The Oracle of the Coffee House*, 1972; Stephen Parks, *John Dunton and the English Book Trade*, 1976; Kathryn Shevelow, *Women and Print Culture*, 1989; J. A. Downie und Thomas N. Corns (Hg.), *Telling People What to Think*, 1993; Helen Berry, *Gender, Society and Print Culture in Late-Stuart England*, 2003.
40 *The Spectator*, hg. v. Donald F. Bond, 5 Bde, 1965, Einleitung des 1. Bandes, I, S.. lxxxvi zitiert; Thomas, »Cases of Conscience«; David M. Turner, *Fashioning Adultery*, 2002, Kap. 2.
41 *Siehe* Alastair Bellany, *The Politics of Court Scandal*, 2002, v. a. Kap. 2; Cynthia B. Herrup, *A House in Gross Disorder*, 1999; Rachel Weil, *Political Passions*, 1999, Kap. 5; Lawrence Stone, *Road to Divorce*, 1990, S. 248–254, 313–322.
42 *Siehe* v. a. Marcia Pointon, »The Lives of Kitty Fisher«, *British Journal for Eighteenth-Century Studies* 27, 2004; ODNB, Catherine Maria Fischer; OED, »cause célèbre«; vgl. Sara Maza, *Private Lives and Public Affairs*, 1993; Gary Kates, *Monsieur d'Eon is a Woman*, 1995.

43 Monsieur de Voltaire, *Histoire d'Elizabeth Canning*, 1762, S. 5 zitiert; Lillian Bueno McCue, »Elizabeth Canning in Print«, *University of Colorado Studies (Series B)* 2, 1945; John Treherne, *The Canning Enigma*, 1989; Judith Moore, *The Appearance of Truth*, 1994; Donna T. Andrew und Randall McGowen, *The Perreaus and Mrs Rudd*, 2001; John Brewer, *Sentimental Murder*, 2004; Matthew J. Kinservik, *Sex, Scandal, and Celebrity in Late Eighteenth-Century England*, 2007.
44 *Siehe* z. B. *London Chronicle*, viii, 353, 362, 386, 397, 430, 607, 630, 1760; »One of the Jury«, *The True and Whole Proceedings of the Coroner's Inquest … of Ann Sharp* [1760]; »A Lover of Justice«, *An Answer to the Pamphlet wrote by the Juryman… Touching the Death of Ann Sharp* [1760]; »Heartfree«, *A Most Circumstantial Account of that Unfortunate Young Lady, Miss Bell*, 5 Ausg., 1760–1761; *A Full Refutation of a Libellous Pamphlet, Entituled A Most Circumstantial Account of that Unfortunate Lady, Miss Bell*, 1761; »An Impartial By-Stander«, *Remark upon the Trial of William Sutton*, 1761; OBP 25 Feb. 1761, abgedruckt in *Select Trials*, 4 Bde., 1764, Bd. iv; *A Short View of the Remarkable Difference* [1761]; T[homas] Holland, *A Circumstantial Account, Relating to that Unfortunate Young Woman, Miss Anne Bell* [1761], S. iii zitiert. Zu einem weiteren Fall vgl. [Richard de Courcy], *Seduction*, 1782; [ders.], *The Seducer Convicted*, Shrewsbury 1783; [Ralph Winwood], *Calumny*, 1782; und allgemeiner: Robert B. Shoemaker, *The London Mob*, 2004, Kap. 9.
45 Jürgen Habermas, *Strukturwandel der Öffentlichkeit*, Frankfurt a. M., 1990 (»öffentliches Räsonnement« z. B. S. 86)
46 Zu diesem Absatz und den beiden folgenden siehe v. a. Lucyle Werkmeister, *The London Daily Press 1772–1792*, 1963; Michael Harris, *London Newspapers in the Age of Walpole*, 1987; für weitere Beispiele, [J. W.] D'Archenholz, *A Picture of England*, 2 Bde., 1789, Bd. ii, S. 65; *Specta-*

tor, hg. v. Bond, i., S. xxxvi–xlii; Brewer, *Sentimental Murder*, S. 40–41, 155.
47 *Siehe* z. B. A. Aspinall, »Statistical Accounts of the London Newspapers in the Eighteenth Century«, *English Historical Review* 63, 1948; R. B. Walker, »Advertising in London Newspapers, 1650–1750«, *Business History* 15, 1973, S. 129–130 zitiert; Frank Donoghue, *The Fame Machine*, 1996; Kapitel von Harris, Ferdinand, und Mathison in: Joad Raymond (Hg.), *News, Newspapers and Society in Early Modern England*, 1999; Antonia Forster, »Review Journals and the Reading Public« in: Isabel Rivers (Hg.), *Books and their Readers in Eighteenth-Century England: New Essays*, 2001; OED, 'puff', 'puffer', 'puffery', 'puffing'; Thomas Keymer und Peter Sabor, *Pamela in the Marketplace*, 2005, Kap. 1.
48 *Siehe* z. B. *The New Cambridge Bibliography of English Literature*, hg. v. George Watson, 1971, z. B. Spalten 1223 (Boswell's Artikel über seine eigene Schrift *Reflections on the Late Alarming Bankruptcies*, 1772), S. 1329–1330 (Raubdrucke von *Common Sense* und *All-Alive and Merry*); Werkmeister, *London Daily Press, passim*; [David Hume], *An Abstract of a Book Lately Published*, 1740, Vorwort; James Stephen Taylor, *Jonas Hanway*, 1985, S. 136; Roger Lonsdale, »New Attributions to John Cleland«, *Review of English Studies* 30, 1979, S. 271; Andrew und McGowen, *Perreaus and Mrs Rudd*, S. 212 zitiert (Kursivdruck im Original); *Boswell's London Journal 1762–1763*, hg. v. Frederick A. Pottle, 1950, S. 249, Anm. 2 zitiert; [James Boswell], *An Ode to Tragedy*, 1661 [d. h. 1761]; Frederick A. Pottle, *James Boswell: The Earlier Years 1740–1769*, 1966, z. B. S. 331–334, 338, 425, 434 (S. 332 zitiert).
49 H. P. Thompson, *Thomas Bray*, 1954.
50 See Taylor, *Jonas Hanway;* Donna T. Andrew, *Philanthropy and Police*, 1989, v. a. Kap. 3; Christie's Auctioneers, King Street, London: Verkauf 4852, 21 Okt. 1992, Auktionslos 164; [Jonas Hanway], *A Plan for Establishing a Charity-House*,

1758, S. iii–iv; [ders.], *Thoughts on the Plan*, 2. Aufl. 1759, S. 5 zitiert; ders., *Letter V*, 1758, S. 27 (Teil eines »Nachwortes«, das den Auflagen nach dem 7. April 1758 hinzugefügt worden war); *Diary and Letters of Madame D'Arblay*, Hg. [Charlotte Barrett], 7 Bde., 1842–1846, Bd. ii, S. 231.
51 Hugh Blair, *Lectures on Rhetoric and Belles Lettres*, 2 Bde., 1783; erstmals gehalten in den 1760 Jahren, Bd., ii, S. 287; *The Rambler*, Nr. 60, 13. Okt. 1750; Jean-Jacques Rousseau, *Rousseau's Bekenntnisse*, II, Kap. 3, (Reclam), Projekt Gutenberg, online.
52 *Siehe* v. a. Ian Watt, *The Rise of the Novel*, 1957, Kap. 1; Lennard J. Davis, *Factual Fictions*, 1983; Michael McKeon, *The Origins of the English Novel 1600–1740*; 1987; sowie sein *The Secret History of Domesticity*, 2005; J. Paul Hunter, *Before Novels*, 1990. Besonders wichtige Darstellungen der philosophischen Entwicklung sind Charles Taylor, *Sources of the Self*; 1989; Jerrold Seigel, *The Idea of the Self*, 2005; einen hilfreichen historischen Überblick bietet Roy Porter (Hg.), *Rewriting the Self*, 1997.
53 Zwar macht auch der *Night-Walker* gelegentlich Gebrauch von Intitialen und Auslassungszeichen (z. B. »C-G-«), um Personen und Orte zu beschreiben, doch im 18. Jahrhundert wird diese Praxis sehr viel häufiger.
54 Vgl. Dror Wahrman, *The Making of the Modern Self*, 2004, S. 182–185; Cindy McCreery, *The Satirical Gaze: Prints of Women in Late Eighteenth-Century England*, 2004, Kap. 2.
55 Daniel Defoe, *Die glücklichen und unglücklichen Begebenheiten der vielberufenen Moll Flanders*, übers. v. Joseph Grabisch, München 1919, Titel und Vorwort, S. 7.
56 Rosalind Ballaster, »Manl(e)y Forms« in: Clare Brant und Diane Purkiss (Hg.), *Women, Texts and Histories 1575–1760*, 1992, sowie ihr *Seductive Forms*, 1992; Robert Mayer, *History and the Early English Novel*, 1997; Rebecca Bullard, *The Politics of Disclosure, 1674–1725*, 2009.

57 David Randall, »Epistolary Rhetoric, the Newspaper, and the Public Sphere«, *Past and Present* 198, 2000; Robert Iliffe, »Author-Mongering« in: Ann Bermingham und John Brewer (Hg.), *The Consumption of Culture 1600–1800*, 1995, S. 171 zitiert; Susan E. Whyman, *The Pen and the People*, 2009.
58 *The Rambler*, Nr. 60, 1750 zitiert. *Siehe* z. B. Donald A. Stauffer, *The Art of Biography in Eighteenth-Century England*, 2 Bde., 1941; Jane Rendall, »A Short Account of My Unprofitable Life« in: Trev Lynn Broughton und Linda Anderson (Hg.), *Women's Lives/Women's Times*, 1997; Isabel Rivers, »Biographical Dictionaries«, dies. (Hg.), *Books and their Readers in Eighteenth-Century England: New Essays*, 2001; Keith Thomas, *Changing Conceptions of National Biography*, 2005; und zu Porträts: Antony Griffiths, »Sir William Musgrave and British Biography«, *The British Library Journal* 18, 1992; Marcia Pointon, *Hanging the Head*, 1993, v. a. Kap. ii–iii; Timothy Clayton, *The English Print 1688–1802* 1997, S. 57–62, 76–78, 183–185, 215–216, 244–245.
59 Es gibt noch keine angemessene allgemeine Studie zu diesem Thema. Zu kürzlich erschienen Veröffentlichungen von Forschern in den Bereichen Bildende Kunst und Drama siehe Martin Postle (Hg.), *Joshua Reynolds: The Creation of Celebrity*, 2005; Tom Mole, *Romanticism and Celebrity Culture*, 2009; die Werke, die in Anmerkung 4 weiter unten angegeben sind; sowie etwas allgemeiner: Leo Braudy, *The Frenzy of Renown*, 1986; Fred Inglis, *A Short History of Celebrity*, 2010.
60 ODNB, Robert Greene; Bernard Capp, *The World of John Taylor the Water-Poet 1578–1653*, 1994, S. 196.
61 Gerald Howson, *Thief-taker General*, 1970; Peter Linebaugh, *The London Hanged*, 1991, Kap. 1; William Eben Shultz, *Gay's Beggar's Opera*, 1923; Robert R. Singleton, »English Criminal Biography, 1651–1722«, *Harvard Library Bulletin* 18, 1970; Michael Harris, »Trials and Criminal Biographies« in: Robin Myers und Michael Harris, *Sale and Distribution of Books from 1700*, 1982; Lincoln B. Faller, *Turned to Account*, 1987.
62 *Plays written by the Thrice Noble, Illustrious and Excellent Princess, the Lady Marchioness of Newcastle*, 1662, S. 641 zitiert. *Siehe* Elizabeth Howe, *The First English Actresses*, 1992; Sandra Richards, *The Rise of the English Actress*, 1993; Kimberly Crouch, »The Public Life of Actresses« in: Hannah Barker und Elaine Chalus (Hg.), *Gender in Eighteenth-Century England*, 1997; Philip E. Baruth (Hg.), *Introducing Charlotte Charke*, 1998; Robyn Asleson (Hg.), *Notorious Muse*, 2003; Cheryl Wanko, *Roles of Authority*, 2003; Mary Luckhurst und Jane Moody (Hg.), *Theatre and Celebrity in Britain, 1660–2000*, 2005; Gill Perry, *Spectacular Flirtations*, 2007; Felicity Nussbaum, *Rival Queens*, 2010.
63 *Siehe* z. B. Horace Bleackley, *Ladies Fair and Frail*, 1909; ODNB, Frances Murray, Richard Nash.
64 Siehe *The Public Advertiser*, 24., 27. und 29. März 1759; Gordon Goodwin, *James McArdell*, 1903, Kat. Nr. 80, 184; *Reynolds*, hg. v. Nicholas Penny, 1986, S. 22–23, 45, 93, 356; Martin Postle (Hg.), *Joshua Reynolds: The Creation of Celebrity*, 2005, S. 24, 26–31, 51–54, 181–191, 224–225, 236–237, 256–257; David Mannings und Martin Postle, *Sir Joshua Reynolds: A Complete Catalogue of his Paintings*, 2000, Kat. Nr. 498–499, 611–619, 1353–1356; Martin Postle, »Painted Women'« in: Robyn Asleson (Hg.), *Notorious Muse*, 2003.
65 *An Apology for the Conduct of Mrs. Teresia Constantia Phillips*, 3 Bde., 1748–1749; *Memoirs of Laetitia Pilkington*, hg. v. A. C. Elias, Jr, 1997, S. xl zitiert; [Frances Vane], »Memoirs of a Lady of Quality« in: Tobias Smollett, *The Adventures of Peregrine Pickle*, 1751; *An Apology for the Life of George Anne Bellamy*, 1785; *Memoirs of Mrs Margaret Leeson*, 3 Bde., Dublin 1795–1797, Bd. iii, S. 314 zitiert; Felicity A. Nussbaum, *The Autobiographical Subject*, 1989, Kap. 8; Clare Brant, »Speaking of Women«

in: Clare Brant und Diane Purkiss (Hg.), *Women, Texts and Histories 1575–1760,* 1992; Lynda M. Thompson, *The »Scandalous Memoirists«,* 2000. Vgl. Iain McCalman, *Radical Underworld,* 1988, S. 41–42, 221–231; Julie Peakman, *Lascivious Bodies,* 2004, S. 73–102.
66 Zu diesem und den folgenden Abschnitten siehe v. a. Robert Darnton, *The Forbidden Best-Sellers of Pre-Revolutionary France,* 1996; Simon Burrows, *Blackmail, Scandal and Revolution,* 2009, und sein *A King's Ransom,* 2010; McCalman, *Radical Underworld*; Jonathan Mee, »Libertines and Radicals in the 1790s« in: Peter Cryle und Lisa O'Connell (Hg.), *Libertine Enlightenment,* 2004, und sein »A bold and free-spoken man,« in: David Womersley (Hg.), »*Cultures of Whiggism«,* 2005; E. A. Smith, *A Queen on Trial,* 1993; Anna Clark, *Scandal,* 2004, Kap. 7–8.
67 ODNB, Mary Robinson, Mary Anne Clarke (wo die Summe als £ 7000 angegeben wird), Harriette Wilson; *Harriette Wilson's Memoirs,* hg. v. Lesley Blanch, Aufl. v. 2003; Frances Wilson, *The Courtesan's Revenge,* 2003. Zu den unterschiedlichen Positionen und (oft auch beträchtlichen) Macht der königlichen Mätressen der Stuart-Zeit vgl. Sonya Wynne, »The Mistresses of Charles II and Restoration Court Politics« in: Eveline Cruickshanks (Hg.), *The Stuart Courts,* 2000.
68 *Thraliana,* hg. v. Katharine C. Balderston, 2. Aufl. 1951, S. 358–359 (Kursivdruck im Original). Vgl. Lisa O'Connell, »Authorship and Libertine Celebrity« in: Cryle und O'Connell (Hg.), *Libertine Enlightenment,* 2004; Claire Brock, »Then Smile and Know Thyself Supremely Great«, *Women's Writing* 9, 2002.
69 Vgl. Roy Porter, »Mixed Feelings« in: Paul-Gabriel Boucé (Hg.), *Sexuality in Eighteenth-Century Britain,* 1982.
70 *Siehe* z. B. Richard Godbeer, *Sexual Revolution in Early America,* 2002, Kap. 8.
71 ODNB, Augustus Henry FitzRoy, Edward Thurlow, Charles James Fox, John Montagu (Vierter Earl of Sandwich), Prince Frederick (Herzog von York und

Albany), George IV; *American National Biography,* 1999, Benjamin Franklin, Aaron Burr, Alexander Hamilton; Annette Gordon-Reed, *The Hemingses of Monticello,* 2008.
72 Arthur H. Cash, *John Wilkes,* 2006, S. 32–35; John Sainsbury, *John Wilkes,* 2006, S. 101–112; ODNB, Franciscans [Monks of Medmenham]; David Stevenson, *The Beggar's Benison,* 2001. Vgl. R[ichard] P[ayne] Knight, *An Account of the Remains of the Worship of Priapus,* 1786; Jason M. Kelly, »Riots, Revelries, and Rumor«, *Journal of British Studies* 45, 2006.
73 *Siehe* ODNB, Anne Parsons, Grace Elliott, Mary Nesbitt, Ann Elliot, Elizabeth Armitstead, Gertrude Mahon; und die Beispiele in: Horace Bleackley, *Ladies Fair and Frail*; 1909; Katie Hickman, *Courtesans*; 2003; Donna T. Andrew und Randall McGowen, *The Perreaus and Mrs Rudd,* 2001, v. a. S. 98–111.
74 *Siehe* z. B. *London Courtship* [1759]; die gesammelten Zeitungsausschnitte in Yale Lewis Walpole Library, Quarto 724.771 N; ODNB, James Graham, und die dortigen Angaben; Roy Porter, *English Society in the Eighteenth Century,* 1982, S. 259–26; *Harris's List of Covent Garden Ladies; The Rambler's Magazine; The Ranger's Magazine; Town and Country Magazine*; David Foxon, *Libertine Literature in England, 1660–1745,* 1965; Donald Thomas, *A Long Time Burning,* 1969; Roger Thompson, *Unfit for Modest Ears,* 1979; Peter Wagner, *Eros Revived,* 1988; Lynn Hunt (Hg.), *The Invention of Pornography,* 1993; Ian Frederick Moulton, *Before Pornography,* 2000; Bradford K. Mudge, *The Whore's Story,* 2000, sowie sein *When Flesh Becomes Word,* 2004; James Grantham Turner, *Schooling Sex,* 2003; Julie Peakman, *Mighty Lewd Books,* 2003; Karen Harvey, *Reading Sex in the Eighteenth Century,* 2004; Vic Gatrell, *City of Laughter,* 2006, v. a. Teil III; Sarah Toulalan, *Imagining Sex,* 2007; Malcolm Jones, *The Print in Early Modern England,* 2010, v. a. Kap 6 und 10; Ford K. Brown, *Fathers of the Vic-*

torians, 1961, S. 428; R. B. Outhwaite, *Scandal in the Church*, 1997, S. 33 zitiert.

Epilog ~ Moderne Sexualkulturen – vom Vikorianischen Zeitalter bis zum 21. Jahrhundert

1 Siehe Peter Gay, *The Bourgeois Experience: Victoria to Freud*, 5 Bde., 1984–1998; Michael Mason, *The Making of Victorian Sexual Attitudes*, 1994, und sein *The Making of Victorian Sexuality*, 1994; und vgl. auch die Diskussionen im *Journal of Victorian Studies* 1, 1996.
2 John Bowles, *Reflections on the Political and Moral State of Society*, 1800, S. 135; *The Anti-Jacobin Review and Magazine* 12, 1802, S. 72.
3 Zu diesem und dem folgenden Absatz siehe Robert Isaac Wilberforce und Samuel Wilberforce, *Life of William Wilberforce*, 5 Bde, 1838, Bd., i, S. 149 zitiert; *ODNB* Mary Wollstonecraft; Hannah More, *Strictures on the Modern System of Female Education*, 2 Bde., 1799, Bd. i, S. 45. Zu einigen exzellenten Untersuchungen zählen Maurice J. Quinlan, *Victorian Prelude*, 1941; Ford K. Brown, *Fathers of the Victorians*, 1961; Eric Trudgill, *Madonnas and Magdalens*, 1976; Boyd Hilton, *The Age of Atonement*, 1988; Vic Gatrell, *City of Laughter*, 2006, Teil IV.
4 Simon Szreter, »Victorian Britain, 1831–1963«, *Journal of Victorian Culture* 1, 1996, sowie sein *Fertility, Class and Gender in Britain, 1860–1940*, 1996; Angus McLaren, *A History of Contraception*, 1990, Kap. 6–7.
5 Hera Cook, *The Long Sexual Revolution*, 2003; Kate Fisher, *Birth Control, Sex, and Marriage in Britain, 1918–1960*, 2006; Simon Szreter und Kate Fisher, *Sex Before the Sexual Revolution: Intimate Life in England 1918–1963*, 2010.
6 Siehe v. a. Jeffrey Weeks, *Sex, Politics and Society*, 2. Aufl. 1989; Anna Clark, *The Struggle for the Breeches*, 1995; Judith R. Walkowitz, *Prostitution and Victorian Society*, 1980, und ihr *City of Dreadful Delight*, 1992; Barry Reay, *Watching Hannah*,

2002, sowie die Literaturangaben in diesen Studien.
7 Matt Houlbrook, *Queer London*, 2005, S. 190, 197 zitiert; Matt Houlbrook und Chris Waters, »The Heart in Exile«, *History Workshop Journal* 62, 2006, S. 155, 162.
8 *ODNB*, (John) Mervyn Guthrie Griffith-Jones, *Lady Chatterley's Lover trial (act 1960)*.
9 Graham Robb, *Strangers*, 2003, fasst diese Fakten bequem zusammen; für weitere Details siehe z. B. Richard Davenport-Hines, *Sex, Death and Punishment*, 1990; H. G. Cocks, *Nameless Offences*, 2003; Matt Cook, *London and the Culture of Homosexuality, 1885–1914*, 2003; Houlbrook, *Queer London*; Margot Canaday, *The Straight State*, 2009.
10 Lesley A. Hall, *Sex, Gender and Social Change in Britain since 1800*, 2000, S. 102, 113–114 zitiert.
11 Diese Unterscheidung wurde selbstverständlich niemals so eindeutig getroffen: Zu einem äußerst erhellenden Kommentar dieser Entwicklung siehe Anna Clark, *Desire: A History of European Sexuality*, 2008. Unter zahlreichen anregenden Studien zu ihrer allgemeinen Herkunft und dem Einfluss auf die Sozialpolitik des neunzehnten Jahrhunderts siehe z. B. Lucia Zedner, *Women, Crime and Custody in Victorian England*, 1991; Nicola Lacey, *Women, Crime, and Character*, 2008.
12 Vgl. z. B. Gay, *Bourgeois Experience*; Steven Marcus, *The Other Victorians*, 1966; Ronald Pearsall, *The Worm in the Bud*, 1969; Lesley A. Hall, *Hidden Anxieties: Male Sexuality, 1900–1950*, 1991; Cook, *Long Sexual Revolution*; Szreter and Fisher, *Sex Before the Sexual Revolution*.
13 Siehe z. B. John D'Emilio und Estelle B. Freedman, *Intimate Matters*, 1988; Brian Harrison, *Seeking a Role*, 2009, Kap 5, 9 und sein *Finding a Role?*, 2010, Kap. 4; Frank Mort, *Capital Affairs*, 2010.
14 Siehe z. B. Graham Robb, *Strangers*, 2003, S. 157 zitiert; Jeffrey Weeks, *Sex, Politics and Society*, 2. Aufl, 1989, Kap. 11;

Outspoken Women, hg. v. Lesley A. Hall, 2005, Kap. 3.
15 *Siehe* z. B. William N. Eskridge, Jr., »A Jurisprudence of ›Coming Out‹«, *Yale Law Journal* 106, 1997; United Kingdom Parliamentary Joint Select Committee on Human Rights, *Legislative Scrutiny: Sexual Orientation Regulations*, Feb. 2007, HL Paper 58/HC 350, und *Legislative Scrutiny: Equality Bill*, Nov. 2009, HL Paper 169/HC 736.
16 Harrison, *Seeking a Role*, S. 510; *Bowers v. Hardwick*, 1986, 478 *United States Supreme Court Reports* 186 (vgl. »Survey on the Constitutional Right to Privacy in the Context of Homosexual Activity«, *University of Miami Law Review* 40, 1986); Local Government Act 1988 (c. 9) (aufgehoben in Schottland durch die Ethical Standards in Public Life etc. (Schottland) Act 2000 (asp 7) und im restlichen Großbritannien durch den Local Government Act 2003 (c. 26)). Vgl. Richard Davenport-Hines, *Sex, Death and Punishment*, 1990, Kap. 8–9.
17 *Siehe* Stephen Cretney, *Same Sex Relationships*, 2006; Rosie Harding, »Sir Mark Potter and the Protection of the Traditional Family«, *Feminist Legal Studies* 15, 2007; Nicholas Bamforth, »Same-sex Partnerships«, *European Human Rights Law Review*, 2007; *R. v. Wilson*, 1996, 3 *Weekly Law Reports* 125; *R. v. Brown et al.*, 1993 2 WLR 556; *Laskey et al. v. United Kingdom*, 1997, 24 *EU Menschenrechtsbericht* 39. Vgl. Nicholas Bamforth, »Sado-Masochism and Consent«, *Criminal Law Review*, 1994; Matthew Weait, »Harm, Consent and the Limits of Privacy«, *Feminist Legal Studies* 13, 2005.

18 Siehe, um nur einige Beispiele zu nennen, Ryan Goodman, »Beyond the Enforcement Principle«, *California Law Review* 89, 2001; Carl F. Stychin, *Governing Sexuality*, 2003; Spezialausgabe des *McGill Law Journal* 49, Nr. 4, 2004; Robert Wintemute, »Same-Sex Couples«, *European Human Rights Law Review*, 2006; und alle kürzlichen Ausgaben des Journals *Law and Sexuality*. Vgl. John Gardner, »On the Grounds of Her Sex(uality)«, *Oxford Journal of Legal Studies* 18, 1998; *X v. Y*, 2004, *Industrial Cases Reports* 1138; *Pay v. Lancashire Probation Service*, 2004, *Industrial Cases Reports* 187.
19 Siehe die Urteile, Sondervoten und Präzedenzfälle, zitiert in *Dudgeon v. United Kingdom*, 1981, 4 *European Human Rights Reports* 149; *A.D. T. v. United Kingdom*, 2001, 31 *European Human Rights Reports* 33; *Lawrence et al. v. Texas*, 2003, 539 *United States Supreme Court Reports* 558; N. A. Moreham, »The Right to Respect for Private Life«, *European Human Rights Law Review*, 2008.
20 Zur Geltendmachung ähnlicher Grundsätze in der Rechtsprechung ehemaliger Kolonien siehe z. B. *Naz Foundation v. Delhi and Others*, 2009, 4 *Law Reports of the Commonwealth* 838.
21 *Siehe* z. B. Oriana Fallaci, »An Interview with Khomeini«, *The New York Times*, 7. Okt. 1979; *Iran: End Executions by Stoning*, Amnesty International Report, Jan. 2008, www.amnesty.org; Janet Afary, *Sexual Politics in Modern Iran*, 2009.

VERZEICHNIS DER ABBILDUNGEN UND BILDNACHWEIS

I. Bilder im Text

1. Rembrandt van Rijn, *Das Himmelbett* (1646), Radierung, Kupferstich und Kaltnadelradierung, 125 × 224 mm.
2. Wenceslaus Hollar, *Stadtplan des Londoner West End aus der Vogelperspektive* (1660–1666), Kupferstich, 344 × 455 mm.
3. *Die elfte Schwarze Liste* (1706).
4. *Nächtliche Durchsuchung* (1756), Kupferstich, 201 × 234 mm.
5. *Die Sünden des Heiligen* [um 1700].
6. [James Gillray, Karikatur nach einem Bild von John Hamilton Mortimer], *Die Ankunft des Junkers Thomas* (1778), Radierung, 347 × 245 mm.
7. *Der Schlüssel zur Eroberung reicher Damen* (1742).
8. Joshua Reynolds, *Omai von den Freundschaftsinseln* [um 1774], Bleistift auf Papier, 265 × 200 mm.
9. George Dance, *Granville Sharp* (1794), Bleistift auf Papier, 248 × 184 mm.
10. Josias English nach Peter Lely, *Die Herzogin von Cleveland als Maria Magdalena* (1667), Radierung, 276 × 200 mm.
11. Nach Peter Lely, [*Mary Davis als*] *Maria Magdalena* [um 1678], Mezzotinto, 356 × 250 mm.
12. Jan Griffier, *Magdalena* [circa 1680–1718], Mezzotinto, 161 × 207 mm.
13. [-] Eastgate, *Das Londoner Magdalen Hospital* [um 1790], Radierung, 97 × 177 mm.
14. [-] Eastgate, *Das Lambeth Asylum* [um 1790], Radierung, 110 × 174 mm.
15. *Das Familienwappen wollüstiger Putzmacherinnen* [um 1700], Kupferstich, 192 × 188 mm.
16. Thomas Major nach Samuel Wale, Kupferstich-Frontispiz in [Jonas Hanway], *Gedanken zum Magdalen House-Projekt* (1758).
17. George Bickham, Jr., *Geh hin und sündige von jetzt an nicht mehr!* [um 1770], mit Kupferstich versehene Spendenbescheinigung des Lock Hospital.
18. John Goldar nach [Daniel?] Dodd, *William Dodd* [circa 1775–95], Kupferstich, 188 × 108 mm.
19. Thomas Major nach Joel Johnson, Kupferstich des Grundrisses der neuen Gebäude des Londoner Magdalen Hospital, in William Dodd, *Ein Bericht vom Aufstieg, Fortschritt und gegenwärtigen Zustand der Magdalen Charity* (4. Aufl., 1770).
20. Thomas Major, Kupferstich-Frontispiz in Jonas Hanway, *Unregelmäßig geschriebene Briefe über die Gepflogenheiten anderer Länder im Umgang mit Huren* (1761).

21. William Hogarth, *Der Werdegang einer Dirne*, 6 Szenen (1732), Radierung und Kupferstich, jede Szene ±313 × 380 mm.
22. Giles King nach William Hogarth, *Der Werdegang einer Dirne*: 6 Szenen auf zwei Blättern (1732), erstes Blatt, Radierung und Kupferstich, 473 × 556 mm.
23. [John?] Corbould und [-] Dent nach William Hogarth, *Der Werdegang einer Dirne*, Szene 1, Kupferstich, in John Trusler, *Hogarth Moralized* (1768), S. 2.
24. Nach William Hogarth, *Der Werdegang einer Dirne*, Szene 6, Kupferstich [um 1732], 150 × 168 mm.
25. Nach William Hogarth, *Der Werdegang einer Dirne*, Szene 6: aus einer Kupferstich-Serie in einer Kopie von *Der Werdegang einer Dirne: Das Leben der berühmten Moll Hackabout* (Ausgabe von 1753).
26. Nach William Hogarth, *Der Werdegang einer Dirne*, Szene 6: aus einer Kupfer-stich-Serie in Joseph Gay [alias John Durant Breval], *Der Reiz der Venus, oder: Der Werdegang einer Dirne* (1733).
27. Nach William Hogarth, *Der Werdegang einer Dirne*, Szene 6: aus einer Mezzo-tinto-Serie in schwarzer und farbiger Tinte in *Der Werdegang einer Dirne, oder: Die Atmosphäre in der Drury-Lane* (4. und 5. Aufl. 1732) und *Der Werdegang einer Dirne: Das Leben der berühmten Moll Hackabout* (6. Aufl. 1740).
28. William Hogarth, *Der Werdegang eines Wüstlings*, Szene 1 (1735), Radierung und Kupferstich, 358 × 408 mm.
29. William Hogarth, *Der Werdegang eines Wüstlings*, Szene 3 (1735), Radierung und Kupferstich, 353 × 405 mm.
30. [Thomas Bowles?], *Der Werdegang eines Wüstlings*, Szene 1 [1735], nach William Hogarth, *Der Werdegang eines Wüstlings*, Szene 1: handkolorierter Stich, 185 × 309 mm.
31. [-] *Er und seine betrunkenen Gefährten zetteln einen Aufstand in Covent Garden an* (1735): zusätzliche Szene, hinzugefügt zu einer anderen, umfangreicheren Serie aus [Thomas?] Bowles, *Der Werdegang eines Wüstlings*, nach William Hogarth, *Der Werdegang eines Wüstlings*, Kupferstich, 275 × 322 mm.
32. Thomas Bakewell nach William Hogarth, *Der Werdegang eines Wüstlings*, Szene 3 (1735; Neuauflage von 1768 mit neuer Bildumrahmung), Radierung und Kupferstich, 258 × 362 mm.
33. Nach William Hogarth, *Der Werdegang eines Wüstlings*, Detail aus Szene 3 [um 1750], Kupferstich, 107 × 134 mm.
34. Nach William Hogarth, *Der Werdegang eines Wüstlings*, Szene 3: aus einer Kupfer-stich-Serie in einer Kopie von *Der Werdegang eines Wüstlings, oder: Die Atmosphäre in der Drury-Lane* [circa 1735–1742].
35. Nach William Hogarth, *Der Werdegang eines Wüstlings*, Szene 3, Kupferstich auf Tabakpapier [um 1750], 63 × 74 mm.
36. [John Savage?] nach Marcellus Laroon II., *Madam Creswell*, Radierung und Kupferstich, 247 × 160: eine Tafel in *Das Geschrei Londons, aufgezeichnet nach dem wahren Leben* in der Ausgabe von 1688 oder 1689.
37. *Der pläsierliche Dialog zweier Dirnen* (1685).
38. Nach Peter Lely, *Madame Davis* [um 1678], Mezzotinto, 340 × 248 mm.
39. *Solomon in seinem Himmelreich* (1738), Radierung, 260 × 204 mm.
40. *Der Prinz und die Prinzessin von Wales* (1736), Radierung, 239 × 202 mm.
41. *Miss Nancy Parsons* [um 1769], Mezzotinto, 154 × 112 mm.
42. *Caesar weist seine Frau zurück: Aktualisiert*, Radierung und Kupferstich, veröffentlicht in *The Political Register* (Februar 1769).

43. John Smith nach Godfrey Kneller, *Die berühmte Mrs Sally Salisbury* [um 1723], Mezzotinto, 350 × 252 mm.

44. *Bildnisse, Herkunft, Bildung, Leben, lustige Streiche und Konversationen der berühmten Mrs Sally Salisbury* (1723).

45. John June nach Joshua Reynolds, *Miss Kitty Fisher* [um 1759], Kupferstichminiatur zur Einlage in den Deckel einer Taschenuhr, 58 mm im Durchmesser.

46. *Miss Fanny Murray, die gerecht herrschende Berühmtheit in Zeiten junger Unschuld* [um 1760], Holzschnitt nach einem Mezzotinto von James McArdell nach Henry Morland.

47. *Der glimpfliche Unfall, oder: Ein Abdruck am Morgen* [1759], Radierung, 235 × 300 mm.

48. *Aufsitzen und ab zum St James's Park* [1759].

49. *Spaß auf Spaß, oder: Der erste und zweite Teil von Miss Kitty Fishers heiteren Gedanken*, Radierung, 200 × 155 mm, Tafel 12 aus Paul Sandby, *Zwölf Aufschreie aus der Tiefe des Lebens* (1760).

50. *Die Memoiren von Mrs Margaret Leeson*, Bd. 2 (1795), Titelseite.

51. *Miss Roberts nackt im Schoß von L[or]d Grosvenor im Hotel von Leicester Fields*, Kupferstich-Illustration in *Trials for Adultery*, 7 Bde. (1779–80), Tafel gegenüber iv. 114.

52. [John Cleland], *Fanny Hill, Bekenntnisse eines Freudenmädchens … mit einem Satz filigraner Kupferstiche*, 2 Bde. (1766), Tafel gegenüber i. 116.

53. [John Cleland], *Fanny Hill, Bekenntnisse eines Freudenmädchens … mit einem Satz filigraner Kupferstiche*, 2 Bde. (1766), Tafel gegenüber i. 70.

54. Thomas Rowlandson, *Der Pascha* [circa 1790–1810], Radierung und Aquatinta, 166 × 191 mm.

55. Thomas Rowlandson, *Karneval in Venedig* [circa 1790–1810], Radierung, 178 × 222 mm.

II. Tafelteile

Teil I

Tafel 1 John Smith nach Thomas Murray, *Kapitän Edward Rigby* (1702), Mezzotinto, 342 × 248 mm.

Tafel 2 [John Goldar?] nach John Collet, *Das Opfer* (1780), handkoloriertes Mezzotinto, 355 × 256 mm.

Tafel 3 Antoine Benoist nach Joseph Highmore, *Pamela verliert das Bewusstsein* (1745), Radierung und Kupferstich, 300 × 376 mm.

Tafel 4 William Blake, *Lamech und seine zwei Ehefrauen* (1795), Farbdruck in Tinte und Aquarell, 431 × 608 mm.

Tafel 5 Elisabeth Challiou nach Jean Giradet, *Clarisse Harlow* [um 1795], handkolorierter Punktierstich, 530 × 405 mm.

Tafel 6 William Hogarth, *Heirat nach der Mode*, Szene 1 (1743–1745), Öl auf Leinwand, 699 × 908 mm.

Tafel 7 William Hogarth, *Heirat nach der Mode*, Szene 6 (1743–1745), Öl auf Leinwand, 699 × 908 mm.

Tafel 8 John Dixon nach William Hoare, *Robert Dingley* (1762), Mezzotinto, 380 × 278 mm.

Tafel 9 John Bluck nach Thomas Rowlandson und Augustus Charles Pugin, *Magdalen Chapel*, handkolorierter Kupferstich (Aquatinta), Tafel 54 in W. H. Pyne und William Combe, *Der Mikrokosmos von London*, 3 Bde. (1808–1810).

Tafel 10 John Hill nach Thomas Rowlandson und Augustus Charles Pugin, *Speisesaal des Lambeth Asylum*, handkolorierter Kupferstich (Aquatinta), Tafel 5 in W. H. Pyne und William Combe, *Der Mikrokosmos von London*, 3 Bde. (1808–1810).

Tafel 11 Nach William Hogarth, *Der Werdegang einer Dirne*, Szene 2, Meissener Hartporzellan-Tafel mit Emaille- und Goldbemalung [um 1740].

Teil II

Tafel 12 Joshua Reynolds, *Thaïs* (1781), Öl auf Leinwand, 2293 × 1448 mm.

Tafel 13 Abraham Blooteling nach Peter Lely, *Louise Dutchess of Portsmouth* [um 1677], Mezzotinto, 198 × 138 mm.

Tafel 14 Gerard Valck nach Peter Lely, *Nell Gwyn* [um 1673], Kupferstich, 345 × 254 mm.

Tafel 15 James Gillray, *Lubber's Hole, alias The Crack'd Jordan (Tollpatschs Loch, oder: Die übergeschnappte (Dorothy) Jordan)* (1791); der Titel des Bildes könnte auch *Einen Sprung in der Schüssel* haben bedeuten. Handkolorierte Radierung, 276 × 213 mm.

Tafel 16 Joshua Reynolds, *Kitty Fisher als Kleopatra lässt die Perle verschwinden* (1759), Öl auf Leinwand, 760 × 630 mm.

Tafel 17 Richard Houston nach Joshua Reynolds, *Kitty Fisher als Kleopatra lässt die Perle verschwinden* [um 1759–1765], Mezzotinto, 318 × 227 mm.

Tafel 18 Nathaniel Hone, *Kitty Fisher* (1765), Öl auf Leinwand, 749 × 622 mm.

Tafel 19 William Heath, *Wer ist der Schmutzigste?* (1820), handkolorierte Radierung, 227 × 324 mm.

Tafel 20 Isaac Cruikshank, *Die Erinnerungen brennen* (1809), handkolorierte Radierung, 255 × 361 mm.

Tafel 21 Isaac Robert Cruikshank, *Der letzte Brief von Harriette Wilson* (1825), handkolorierte Radierung, 246 × 353 mm.

Tafel 22 Zinnschale des Beggar's Benison Club [um 1783–1800], Zinn, 321 mm im Durchmesser.

Danksagung

Der Verlag Klett-Cotta und der Autor Faramerz Dabhoiwala danken allen Inhabern von Rechten und allen Institutionen für die freundliche Genehmigung zum Abdruck der unten genannten Abbildungen für diese Ausgabe.
Verlag und Autor haben sich nach bestem Wissen bemüht, alle Rechteinhaber zu ermitteln. Sollten wider Erwarten Rechte von Dritten durch den Abdruck von Abbildungen berührt sein, die hier nicht genannt sind, bitten wir um Nachricht an den Verlag Klett-Cotta, Stuttgart, und bitten vorab, dieses Versehen zu entschuldigen.

© British Museum (1, 2, 6, 10–12, 21–22, 28–29, 36, 38–39, 41–43, 45, 54–55; Tafeln 1–3, 5, 8, 13–15, 17, 19–21)
Houghton Library, Harvard University (3)
© Fitzwilliam Museum, Cambridge (4, 23–24, 30–33, 35, 40)
mit Erlaubnis der British Library (5, 17, 25, 37, 44, 46, 52–53)
mit freundlicher Genehmigung der The Lewis Walpole Library, Yale University (7, 14, 16, 18, 20, 48–49, 51; Tafeln 9–10)
National Library of Australia (8)
© National Portrait Gallery, London (9; Tafel 18)
Wellcome Library, London (13)
Library of Congress (15, 47)
The Bodleian Library, University of Oxford (19, 26–27)
Beinecke Rare Book and Manuscript Library, Yale University (34)
mit freundlicher Genehmigung der National Library of Ireland (50)
© Tate, London, 2011 (Tafel 4)
© The National Gallery, London (Tafeln 6–7)
V&A Images/Victoria and Albert Museum (Tafel 11)
© The National Trust, Waddesdon Manor (Tafel 12)
English Heritage (Tafel 16)
mit freundlicher Genehmigung der University of St Andrews (Tafel 22).

PERSONEN- UND SACHREGISTER

Vorbemerkung

Um die Benützung des Registers zu erleichtern, sind viele Themen von zentraler Bedeutung unter »sexueller Disziplin« und »sexueller Freiheit« eingeordnet. Biblische Bücher und Abschnitte werden unter »Bibel« aufgeführt. Gesetzgebung unter »Gesetze, geltende« und »Gesetze, vorgeschlagene«. Werke aus Kunst und Literatur sind im Allgemeinen unter ihren Urhebern zu finden. Personen mit Titeln stehen unter den im Text verwendeten Namen oder Titeln.

Abraham 275
Abtreibung 40, 162f., 429
Acton, William 167, 325
Adam 17
Adams, Anthony 39
Addison, Joseph 219f., 378
Adlige und Adel *siehe* Aristokraten
Adlington (Kent) 39
Afrika und Afrikaner 16, 271, 275, 334
Ägypter, alte 13
Aikenhead, Thomas 123
Aikin, Lucy 227
Alexander, William 220
Alfred der Große 14
Allcott, William Andrus 215
Alnwick (Northumberland) 68
Alphabetisierung 375
Amerika und amerikanische Kolonien 10, *siehe auch* Einträge zu einzelnen Kolonien
– Aufklärung 11
– Deportation 247
– Einfluss der Puritaner 55f., 93
– Einfluss Londons 408f.
– Emigration 55, 322f.
– Freie Liebe 151
– Gesetze gegen Verführung 256
– Glorious Revolution 103f., 134, 270, 418
– Indianische Ureinwohner 125f.
– Literatur 207
– Politik 431f.
– Polygamie 274f.
– Reformgesellschaften 68
– religiöse Erweckungsbewegungen 418
– sexuelle Freiheit 431f.
– sexuelle Philanthropie 335f.
– *Supreme Court* 431
– Verfolgung von Homosexualität 424, 431
Amsterdam 132
Anabaptisten (Wiedertäufer) 44, 107, 161
Analverkehr 30, 56 Anm., 160, 424, *siehe auch* gleichgeschlechtliche Handlungen; Homosexualität
Anatomie 171
Angelsachsen 14, 18
Anglikaner *siehe* Kirche von England: Mitglieder
Anna, Königin 70
Annet, Peter 95, 139
Anti-Jacobin Review 418
Antinomisten 107f.
Anwälte 64, 69, 91, 240, 262, 409, 423

Arbeiterklasse *siehe* niedere Stände bzw.
  Klassen
Arbeitshäuser 24, 282, 288
Aretino, Pietro 156
Aristokraten *siehe auch* männliche Elite;
  höhere Stände bzw. Klassen
– angelsächsische 18
– angeprangerte 23, 34, 52f., 81, 251, 404,
  406
– sexuelle Freizügigkeit 23, 32, 199, 209,
  212f.
Aristoteles 46
Arme
– moralische Vorurteile 229–241, 324–331
– rechtliche Ungleichstellung 32, 38–41,
  80f., 85
– *siehe auch* niedere Stände bzw. Klassen
Armengenossenschaften 288, 304
Armengesetze und Armenfürsorge 24,
  38–41, 146, 255, 463 Anm. 119
Armut
– Anstieg 24, 418
– und Geistliche 309f., 312f.
– und Prostitution 69, 184–187, 300–308,
  323, 327f., 344 (Abb. 21)
– und sexuelle Unmoral 24, 39f.
– *siehe auch* wirtschaftliche Not; Arme
Ashley, Lord, 1. Earl of Shaftesbury 221,
  262
Ashmore, Alice 175
Asien 125, 269, 275
Assyrer 13
Astell, Mary 199, 242
Atheisten 44, 100
Athenian Mercury 132, 383
Atticus, Bischof von Konstantinopel 17
Aubin, Penelope 203
Aufklärung
– angegriffen und bekämpft 417f.
– Früh- 113
– und Höflichkeit 220
– und Medienrevolution 341
– und menschliche Natur 425
– und Philanthropie 291
– und sexuelle Revolution 10f., 97, 139,
  164–166, 277, 428–432
– und Stand 241
– und väterliche Autorität 252
– und Verbrechen 129
– Wirkung 94, 217

Augustinus, Hl. 16f., 43, 235
Auspeitschen *siehe* sexuelle Disziplin:
  II. Justiziell: Strafen: Prügelstrafe
Austen, Jane 198f., 207
Austern 161
Axtell, Daniel 100

Babylon
– Gesetze 13
– Hure 22
Bacon, Francis 241
Badehäuser (›bagnios‹) *siehe* Bordelle
Bagwell, Mrs 174f.
Bagwell, William 174f.
Balladen 26, 36, 85, 360, 362, 371, 400
Bangor (Caernarfonshire) 68
Bank of England 308
Banks, John 193
Barbados 61, 295, *siehe auch* Westindische
  Inseln
Barker, Jane 203, 327
Barker, Robert 29
Baxter, Richard 46
Bayle, Pierre 109, 118, 125, 135
Beccaria, Cesare 129
Beckford, William 163 Anm.
Bedford, 4. Duke of 265
Bedford, 5. Duke of 411
Bedford, Arthur 105
Bedfordshire 68
Bedienstete
– angelsächsische 14
– belästigte 175, 180, 187
– sündigen wie ihre Herren 80
– von Mätressen verführte 70
– und *Lady Chatterley* 424
– unmoralische 240, 302f.
– *siehe auch* Cullwick, Hannah
Begehren, sexuelles 174, 408–414
– abgelehnt 15, 28, 44f., 121, 140, 183f., 194,
  323
– bejaht 27–29, 121, 123, 126, 131, 137–140,
  142, 144, 149–152
– Varianten 157, 213
– *siehe auch* Lust, sexuelle; Leidenschaft
  und Leidenschaften; sexuelle Freiheit
Beggar's Benison-Club 409, Tafel 22
Beggar's Opera (*Bettleroper*) 344, 400
Behn, Aphra 142, 196f., 199, 397, 400
Beichte 18

Beleidigung und Schmähung 34–36, 53,
  196, 404, 406
Belgien 68
Bentham, Jeremy 159–165, 237, 334
Bentham, Samuel 164, 469 Anm. 167
Berkeley, Lady Henrietta 397
Bestrafung *siehe* sexuelle Disziplin
Besserungsanstalten *siehe* Bridewell-
  Zuchthaus und ähnliche Strafanstalten
Bettler 25
Beverland, Adriaan 165, 469 Anm. 167
Bevölkerung
– Furcht vor Überbevölkerung 39, 262f.,
  300, 303
– Theorien 142, 262–267, 271, 420
– Trends 24, 102, 247, 418
– und Homosexualität 157, 161
– und Philanthropie 291f., 296, 299f.
– und Sex 262–267
– *siehe auch* städtisches Leben
Bibel
  I. allgemein
– Ablehnung 108, 116, 118, 122f., 224f.
– Altes Testament 15, 44, 66, 111–114, 119,
  160, 255, 260f., 275
– Ausgabe (von 1631) 29
– Auslegungen 113–115, 160, 266, 271, 274f.,
  342
– Neues Testament 66, 111f., 115, 260f.
– protestantisches Vertrauen in 21, 23,
  53f., 255, 269, 274f., 281, 383
– und Polygamie 15, 106, 116, 257–261,
  260f., 269f., 274f.
– und Reue 318
– Zehn Gebote 15, 29, 42, 54, 92, 107, 111,
  114, 119, 160
  II. die Bücher
  Altes Testament:
– *Genesis* (1. Buch Mose) 42, 263
– *Exodus* (2. Buch Mose) 259f.
– *Levitikus* (3. Buch Mose) 114
– *Deuteronomium* (5. Buch Mose) 42, 114,
  255
– *Buch der Könige* 160
– *Sprüche Salomos* 279
– *Hohelied* 15
– *Jeremias* 42
  Neues Testament:
– *Matthäus* 114, 303, 313
– *Markus* 114

– *Römer* (Paulus-Briefe) 16
– *Korinther* (Paulus-Briefe) 16, 44
– *Petrus-Brief* 46 Anm.
– *Johannes-Brief* 114
– *Judas-Brief* 42
Bierstuben *siehe* Tavernen und Bierstuben
Bigamie
– Bestrafung 59, 107, 256
– Praktizierung 262, 379, 387
– Verteidigung 262, 266
– *siehe auch* Heirat; Polygamie
Biografien 186, 365, 368, 394, 398f., 400–
  403
Birmingham 307
Bisset, William 110
Blackburne, Lancelot 121
Blackfriars (London) 295, 330
Blackwell, Elizabeth 239
Blair, Hugh 394
Blake, William 274, Tafel 4
Blasphemie 65, 123, 465 Anm. 132
Blutsverwandtschaft 113
Böhmen 54
Boleyn, Anne 193, 262
Bolingbroke, Henry St John, 1. Viscount
  267
Bond, Anne 204
Bordellbetreiber *siehe* Kupplerinnen
Bordelle 389, 411
– illegale 30, 204, 206
– angegriffene 63, 69f., 72–76, 79, 81,
  89–92
– genehmigte 20f., 25
– Schließungen 22, 25
Boston (Massachusetts) 56, 68
Boswell, James 140f.
– über Polygamie 259, 267, 269
– über Verführung 267
– über weibliche Bescheidenheit 208,
  240
– über weibliche Freiheit 144f.
– und gefallene Frauen 334
– und Mary Rudd 407
– Veröffentlichungen 382, 392
Bounty, Richard 59
Bounty, Susan 59
Bowes, John 123
Bowles, John 418
Bowles, Thomas 356 (Abb. 30 und 31)
Bradshaigh, Lady 212, 246, 270, 294

Braut-Werbung
- Eigenwerbung durch Kurtisanen 339, 402, 407
- für sexuelle Abenteuer 411–414
- in Zeitschriften 339f., 381f., 390–394, 402
- öffentliche 307
- über Bordelle 411
- und Justiz 389
Bray, Thomas 287f., 300, 303, 392
Brereley, Roger 107
Bridewell-Zuchthaus und ähnliche Strafanstalten
- Rechtsprechung 25, 29, 176, 303
- Schilderungen 346 (Szene 4)
- und Hospitale 298f.
- Unwirksamkeit 303f.
- Ursprünge 25
- Wirksamkeit 303
Briefe
- allgemeine 313, 371, 378, 382, 390, 393, 396, 398f.
- spezielle 27f., 34, 201, 203f., 213 Anm., 221f., 403f., 406
Bristol 19, 66, 68
Britannier, alte 116
British Apollo 383
Britton, James 56
Brogden, Joshua 186
Brown, John 226
Brown, William 156
Brüdergemeinde (Herrnhuter) 439 Anm. 52
Bucer, Martin 22, 106, 262
Buckingham, 1. Earl and Duke of 42, 154 Anm.
Buckinghamshire 27, 68, 295
Bürgerkrieg, Englischer 21, 43, 49, 55, 57, 62, 97, 103, 218, 376
Bullinger, Heinrich 22
Bunyan, John 45
Burdett-Coutts, Angela 335
Burnet, Gilbert 115, 143
Burney, Charles 209
Burney, Frances 393, 457 Anm. 59
Burr, Aaron 164, 409
Burton, Robert 167
Bury St Edmunds (Suffolk) 24
Buße und Büßer
- Ansporn 109–111

- Kult um 282–286, *siehe auch* Prostituierte und Prostitution: Mitgefühl und Philanthropie gegenüber
- mittelalterliche 22, 287f.
- puritanische 56
- Zwang 43, 60
Butler, John 132
Butler, Joseph 120
Butler, Josephine 147
Butler, Samuel 242
Byron, Allegra 464 Anm. 127
Byron, Lord 158, 208, 221, 274
Byzanz 288

Caesar, Iulius 116
Calvert, Charles, Lord Baltimore 245
Calvinismus 107, 282, *siehe auch* Protestanten; Puritaner
Cambridge 376, 423
Canning, Elizabeth 387
Cannon, Thomas 155–157, 159
Canterbury (Kent) 51, 68
Canterbury, Erzbischof 52, 68, 82 Anm., 112f., 293,
  siehe auch Cranmer, Thomas; Tenison, Thomas
Carey, Henry 371
Carleton, Mary 379
Carlile, Richard 149f.
Carlisle, Cumberland 120
Carlyle, Alexander 313, 316
Caroline, Königin (Gemahlin von Georg II.) 122
Caroline, Königin (Gemahlin von Georg IV.) 406, Tafel 19
Carter, Anne 191
Carter, Arabella 321
Cartwright, Thomas 119
Castle Combe (Wiltshire) 39, 42
Castlehaven, 2. Earl of 384
Cato der Jüngere 116
Cave, Sir Alexander 52
Cavendish, Margaret 37, 199, 401
Centlivre, Susanna 391
Chance, Janet 421 Anm.
Chancery Lane (London) 91
Charakter, menschlicher
- erworbener 186, 209–212, 232
- im Drama 186, 192–195
- in Romanen 207, 209–212, 244, 396

– in Zeitungen 397
– innerster 394
– männlicher 182, 203, 209, 212
– minderwertiger 145
– persönlicher 38, 131
– rechtliche Rolle 87
– und Identität 425
– von Armen 327
– von Prostituierten 184, 186, 421
– von Reuigen 298, 321–323, 330
– weiblicher 195, 222, 226, 236, 320
Charing Cross (London) 302
Charlotte, Königin 312
Charteris, Francis 204, 343
Chaucer, Geoffrey 473 Anm. 41
Cheapside (London) 43
Cheeseman, Alice 39
Chepstow (Monmouthshire) 295
Cheshire 68
Chester (Cheshire) 52, 68
Chesterfield, 4. Earl of 208, 391
Cheyne, George 224
China 157
Cholmondeley, 4. Earl of 411
Chomeini, Ajatollah 432
Christ's Hospital 313
Christliche Kirche
– gleichgeschlechtliche Liebe 153
– Homophobie 429
– religiöse Glaubenssätze 42–46, 158
– Sexuallehre 14–22, 123, 467 Anm. 148
– und Konkubinat 15f., 51, 274
– *siehe auch* Katholiken und Katholische Kirche; Katholische Gegen-Reformation; Kirche von England; Protestanten; Protestantische Reformation; Priester
Christus, Jesus
– Einstellungen 14, 114, 117, 128, 161, 275
– Erlösung 106
– Güte 111f., 310f. (Abb. 17)
– Liebe und Hochzeit mit 44, 153, 159, 439 Anm. 52
– Nacheiferung 298, 310
– Sexualität 153, 160f.
– *siehe auch* Gott, jüdisch-christliche Religion; Offenbarung
Chudleigh, Elizabeth 387
Cibber, Colley 212
Clagett, William 43f.
Clairmont, Claire 151, 464 Anm. 40

Clapham, Ann 318
Clarence, Duke of (der spätere Wilhelm IV.) Tafel 15
Clark, Margaret 323
Clarke, Mary Anne 406f., Tafel 20
Clarkson, Laurence 108 Anm.
Cleland, John 189, 391, 412 (Abb. 52f.)
Cleveland, Duchess of 179, 282 (Abb. 10), 365
Cochran, Jacob 275
Cochraniten *siehe* Cochran
Coitus interruptus 420
Coldstream Guards (Garderegiment) 423
Collier, Ann 322
Colquhoun, Patrick 133, 255f., 325
Commonwealth *siehe* England: Republik
Contagious Diseases Act 89
Cook, James 125
Cooke, Susannah 29
Cornish, Dorothy 30
Cotton, John 53
Cotton, Thomas 52
Cottrell, Susanna 321
Covent Garden (London) 79, 86
Coventry (Warwickshire) 36, 68
Cowper, Lady Sarah 28, 242f.
Cowper, William, Lord Chancellor 257f.
Cranmer, Thomas (Erzbischof) 23, 51, 106
Cranston, Isabella 204
Cresswell, Madam 360f. (Abb. 36)
Cromwell, Oliver, Lordprotektor 58, 260
Crouch, William 82 Anm.
Crowne, John 195
Cruwys, Mrs 122
Cudworth, Ralph 120
Cullwick, Hannah 422, 427
Cumberland, Richard 120

Dalton, James 343
Dalton, Michael 47
Dänemark 68
Daniel, Mary 256
Darnton, Robert 404
Dashwood, Sir Francis 293 Anm., 409
David, König 160, 275
Davies, Miliard 30
Davis, Mary 285 (Abb. 11), 364 (Abb. 38)
Davys, Mary 203

Dawson, Nancy 375
Deal (Kent) 67, 201
Defoe, Daniel
- *Colonel Jack* 397
- ›legale Prostitution‹ 242
- *Moll Flanders* 231, 245, 397
- *Review* 383
- *Robinson Crusoe* 397
- *Roxana* 397
- und Bescheidenheit 238
- und Monogamie 123
- und Moralreform 81
- und Prostitution 300f.
- und uneheliche Herkunft 292
- und Verführung 182, 231, 245
- *De historie van Mejuffrouw Sara Bur-gerhart* 207
- Deisten
- Religion 123, 128, 147
- Vernunft 120
- Vorsehung 111
Delaney, Mary *siehe* Pendarves, Mary
Delany, Patrick 258
Demografie *siehe* Bevölkerung
Dennis, John 104
Denny, Lady Arbella 317, 321
Dent, John 76f.
Denunzianten und Spitzel *siehe* Spitzel-system
Derby (Derbyshire) 68
Descartes, René 218, 395
Deutsche und Deutschland 12, 54, 68, 150, 288
Devon 59f.
Dickens, Charles 145, 189, 335
Diggers 100
Dingley, Robert 295, 308, Tafel 8
Disbrowe, John 58–60
Disney, John 136
Disraeli, Benjamin 224 Anm.
Dissidententum und religiöse Dissidenten (Dissenter)
- bestrafte 43, 53f., 62, 82
- Drängen auf Disziplin 63
- im Widerstreit 288
- kritisierte 82, 104
- lüsterne 84 (Abb. 5)
- tolerierte 103–105
- *siehe auch* religiöse Spaltung (Schisma) und Religionsfreiheit

Dodd, William 187, 312–316, 327
Don Leon (verm. v. Lord Byron) 164
Donne, John 153
Dorchester (Dorset) 55
Dorset, Duke of 411
Drama
- des 18. Jahrhunderts 193–197, 348
- Einschränkungen 199
- Elisabethanisches und Jakobinisches 183, 192, 241, 246, 357
- Restaurations- 193–198, 379
- und Heirat 241, 246
- und Reformatoren 83
- von Frauen 195f.
Dromore, Bischof von 331
Dryden, John 124, 195
Drysdale, Charles Robert 152
Drysdale, George 152
Dublin 68, 291, 317, 362, 403, *siehe auch Magdalen Asylum*, Dublin
Duellieren 65
Dürer, Albrecht 342
Duffus, George 154, 156
Dumont, Etienne 164
Dundee (Scotland) 54
Dungarvan, Viscount 91
Dunton, John 184, 302–304, 383, 396
D'Urfey, Thomas 195

Easden, Jonathan 76
East End (London) 41, 69, 76, 86, 191
Eden 183
Edinburgh 61, 68, 81, 123, 409
Edward IV. 194
Edward VI. 106
Edwin, Catherine 158
Ehebrecher und Ehebruch 42, 64, 141
- als ›criminal conversation‹ 93, 254
- alternative Strafen 14f., 47, 52, 59–63, 65–67, 92f., 254, 256 Anm., 316
- außergerichtliche Bestrafung 35, 110, 357
- Einordnung 123
- Einschränkung 114, 128f., 143f.
- nicht strafbar 66f., 92f., 107f., 145f.
- Todesstrafe 13f., 22f., 47, 54f., 58–60, 63, 66, 106, 113f., 119, 432
- und Doppelmoral 142f.
- und Erziehung 232
- und Geldheirat 241, 243f.

– und Homosexualität 162
– und Prostitution 18
– Verbot 14f., 113f., 264, 268, 271, 457
Anm. 62
Ehefrauen
– angelsächsische 14
– biblische 15, 274
– Eigentum der Ehemänner 14, 37, 143,
173, 253
– *Lady Chatterley* 423
– Rechte 247
– und *Adultery Act* (1650) 59
– und Geschlechtskrankheit 69
– und Homosexualität 162
– und Prostitution 135f., 143 Anm.
– verführte 174, 254
– Weibergemeinschaft 100, 106, 116, *siehe
auch* Polygamie
– *siehe auch* Ehemänner; Heirat
Ehemänner
– altbritische 116
– angelsächsische 14
– biblische 15, 114 Anm.
– ehebrechende 143, 224f., 325
– einvernehmlicher Sex 10, 12, 14, 29, 92,
95, 146, 161, 166, 174–176, 235, 432
– Frauen als Eigentum von 14, 37, 143, 173,
254
– gekränkte 144, 194, 211, 254, 403, 411
– geläuterte 213 Anm., 221f.
– geldgierige 242f.
– im Altertum 13
– liebende 27f.
– lieblose 28, 143, 184, 242f.
– polygame 261, 264, 274f., *siehe auch*
Polygamie
– und *Adultery Act* (1650) 59f.
– und uneheliche Herkunft 143
– von Büßerinnen 250
– *siehe auch* Hochzeit; Ehefrauen
Elisabeth I., Königin 24, 27, 53, 78, 192
Elliott, Grace Dalrymple 411
Ellis, Sarah 41
Eltern
– Philanthropen als Ersatz- 298
– und Disziplin 35, 38, 213
– und Heirat 243f., 246f., 251f.
– und mangelhafte Kindererziehung 233–
235, 326f., 330
– und reuige Prostituierte 299

– *siehe auch* uneheliche Kinder und
uneheliche Geburten; Familien und
Familienangehörige; Väter; Mütter
Empfindsamkeit *siehe* Höflichkeit und
Empfindsamkeit
Engels, Friedrich 325
England
– Angelsachsen 18
– Bevölkerung 49
– europäische Einflüsse 164, 218f., 288
– militärische Rolle 61
– Reformation 22–25
– religiöse Erneuerung 418
– Republik 57f., 99f., 111
– weniger freizügig 22, 287f., 424
– *siehe auch* Vereinigtes Königreich
Engravers' Copyright Act (1735) 254,
351
Enthaltsamkeit 16, 125f., 420, *siehe
auch* Zölibat; Keuschheit; Jungfrauen
und Jungfräulichkeit
Epikur und Epikureer 128, 149, 160
Erziehung
– und Disziplin 34, 94
– und Homosexualität 162
– und Moral 229–241
– und Reue 43, 109
Ethelbert, König von Kent 14
Eton-College 423
Europa und Europäer
– Aufklärung 11, 97, 164
– Homosexualität 153, 427
– Homophobie 425
– Einfluss 164f., 218, 288
– *Europäischer Gerichtshof für
Menschenrechte* 431
– *Europäische Union* 432
– *Gesellschaft zur Verbesserung der
Sitten* 58
– Monogamie 257
– Polygamie 266
– Prostitution 22
– religiöse Spaltung (Schisma) 46
– sexuelle Disziplin 10f., 13f., 18, 51, 63
– sexuelle Enthaltsamkeit 420f., 427
– sexuelle Freiheit 427, 432
Eva 17, 169, 182f.
Evangelikale 111, 141, 171, 259, 261, 334, 419,
siehe auch Methodisten; Puritaner
Evelyn, John 170

Everett, Anne 89
Evesham (Worcestershire) 35

Familie und Familienangehörige
- Ausschluss 38, 41
- Basis der Gesellschaft 38
- Heime als Ersatz 298
- Regulation durch Gemeinschaft 41f.
- und reuige Prostituierte 298
- Zerstörung durch Unkeuschheit 38, 70
- *siehe auch* Töchter; Väter; Eltern
Farquhar, George 83
Feminismus und Feministinnen 406, 421 Anm.
- und Disziplin 147f., 199f., 227f., 277f.,
- und Freiheit 246–253, 429, 432
- und Heirat 242f., 251
- und Indoktrination 226f., 234f., 278, 427
- und Prostitution 253f., 304, 334f.
Fenton, Ann 318
Fiddes, Richard 120
Fielding, Henry
- *Amelia* 209
- und Charakter 209f.
- *Joseph Andrews* 209
- *Ovid's Art of Love* 177f., 256 Anm.
- *Rape upon Rape* 327
- *Shamela* 209f., 391
- *Tom Jones* 127, 209f.
- über Besserungsanstalten 287
- über Libertins 210f.
- über Lust 209f., 234f.
- über Prostitution 88, 187, 209
- über Verführung 182, 209–211, 255f.
- über Vergewaltigung 176f., 211
- Übereinstimmung mit Richardson 209f.
- Widersacher von Richardson 208f., 239
Fielding, Sir John
- persönliche Rivalitäten 308
- über Bordelle 81
- über das *Magdalen House* 305
- über Moralvorstellungen der Armen 326
- über öffentliche Meinung 389, 393 Anm.
- über Prostituierte 88, 294f.
Findelhaus 264, 288f., 307, 467 Anm. 156
Fisher, Kitty (Catherine)
- Darstellungen 368, 371 Anm., 374 (Abb. 45), 387f., Tafeln 16–18

- Einfluss 375, 411
- Selbstbehauptung 339, 375 Anm., 402
Fitzwilliam, 4. Earl 138
Fluchen 45, 67, 76
Foote, Samuel 391
Fortpflanzung 15, 17, 128, 170, 265f., 428
Fotheringham, Priscilla 59, 360
Foucault, Michel 425
Fourier, Charles 165
Foxe, John 282
Franken, alte 14
Franklin, Benjamin 409
Frankreich und Franzosen
- adlige Liebhaber 411
- Aufklärung 12
- bußfertige Prostituierte 288
- Einflüsse 469 Anm. 167
- Einstellung zu Frauen 218f.
- erotische Literatur 27, 414, 437 Anm. 26
- Exil 145
- Französische Revolution 270, 406, 418
- homosexueller König 155
- Importe 255
- Kriege 64, 265
- Schauspielerinnen 192
Frauen
- als Schauspieler 192–196, 401
- als Schriftsteller und Leser 196–202, 206–208, 211–213, 226, 276, 400
- angelsächsische 14
- und Arbeit 300–307, 320f.
- Belästigung 34, 172–178, *siehe auch* Vergewaltigung; Verführung
- Emanzipation 276, *siehe auch* Feminismus und feministische Stimmen 26–29, *siehe auch* Frauen: als Schriftstellerinnen und Leserinnen
- Grenzen der sexuellen Freiheit 12, 142–145, 217, 422, 429
- männliches Eigentum 14, 37, 115, 123, 128, 142, 173, 176, 253, 261
- Männer zivilisierend 217–228
- Schwäche 169, 172f., 178, 217, 225, 229–237, 296
- sexuelle Freiheit 142–152, 157f., 427–429
- sexuelle Rechte 162, 270f.
- und Erziehung 142, 227–241
- und Keuschheit 167–172, 199f., 215f., 224–228, 276, 421

– und Wollust 17, 26f., 129, 172, 176–179, 182f., 194f., 229, 276f.
– Vorurteile gegenüber 32, 38–41, *siehe auch* sexuelle Disziplin: I. Justiziell: Ideologie und Praxis
– *siehe auch* Töchter; Männer; Prostituierte und Prostitution; Jungfrauen; Witwen und Witwer; Ehefrauen; Jugendliche und Jugend
Frauenhandel (›white slavery‹) 279–323, 335
Free, Edward Drax 481 Anm. 65
Free, John 480 Anm. 64
Freie Liebe
– angegriffen 151 Anm.
– empfohlen 115, 130, 151f., 274
– im Mittelalter 106
– *siehe auch* sexuelle Disziplin; sexuelle Freiheit
Freiheit 12, 45, 95, 103
– nicht-sexuelle 12, 99–103
– *siehe auch* religiöse Moral und Freiheit, Äquivalenz von; religiöse Spaltung und Religionsfreiheit; sexuelle Freiheit
Freizügigkeit *siehe* sexuelle Freiheit
Freme, Edward 35
Freud, Sigmund 146
Friedensrichter *siehe* Richter (›magistrates‹)
Fyge, Sarah 197, 243

Garrick, David 293
Gaskell, Elizabeth 189
Gaskell, Peter 325
Gawler, John 213
Gay, John 400, *siehe auch Beggar's Opera*
Geburt 40, 162, 265, 291, 420
Geburtenkontrolle *siehe* Verhütung
Gefängnisse 9, 24, 52–54, 333f., *siehe auch Bridewell*-Zuchthaus und ähnliche Strafanstalten; Arbeitshäuser
Gegen-Aufklärung 418
Gemeinde *siehe* Pfarrbezirk
Gemeindeversammlungen 25
Gemeinschaft, nichteheliche *siehe* Konkubinat und Konkubinen
Genfer 54
Genitalien 17, *siehe auch* Penis
Gentleman's Magazine 137, 383
Georg II. 66, 121, 366 Abb. 39

Georg III. 122, 222, 365
Georg IV. 406–407, Tafel 19, *siehe auch* George Augustus Frederick, Prinz von Wales
George, Ann 35
Georgiana, Duchess of Devonshire 143 Anm.
Gerichte, kirchliche
– Abschaffung 57–59, 61
– Fortbestehen 49, 52, 62, 443 Anm. 30
– Gründung 18
– mittelalterliche 18
– protestantische Angriffe 21, 54f., 57
– Rechtsprechung 33, 43, 51f., 54, 61f., 64, 70–72, 93
– reformierte 23–25
– *siehe auch* sexuelle Disziplin
Gerichte, weltliche 19, 33f., 43, 52–63, 72, 89, 93f., 254, *siehe auch* London Court of Aldermen; King's Bench; Gesetze, geltende; Livery Companies (Londoner Gilde); Friedensrichter; Pfarrkirche: Amtsträger; Gemeindeversammlungen
Gesäß 431
Geschlecht 141, 170, 177, 213, 217, 221, 225f., 239, 336, 421, *siehe auch* Männer; Patriarchat; Frauen
Geschlechtskrankheit
– Besorgnis 24, 38, 69, 134, 411
– Hospital für 291f.
– in Darstellungen 244, 341, 347 (Szene 5), Tafeln 6 und 7
– und gleichgeschlechtliche Handlungen 157
– und männliche Promiskuität 147, 211, 269
– *siehe auch* Syphilis
Gesellschaften zur Verbesserung der Sitten, *siehe* Verbesserung der Sitten, Kampagnen und Gesellschaften zur
Gesetz
– Grenzen 86–95, 109f., 143–146, 159
– Missbrauch 32, 89–92
– Professionalisierung 74–79
– Prozesskosten 74f., 90f.
– soziale Basis 32–35, 38f., 74f., 92f.
– *siehe auch* Gerichte, kirchliche; Gerichte, weltliche; Gesetze, geltende; Gesetze, vorgeschlagene; Anwälte; Naturrecht; sexuelle Enthaltsamkeit

Gesetze, geltende
- alte und mittelalterliche 13, 17f., 159f.
- angelsächsische 14
- Bastardgesetze (Gesetze zu unehelichen Geburten) 60
- *Common Law* 33, 47, 66, 82f., 86–89, 98
- gegen Verführung 253
- Gottes Gebote 15, 29, 42, 53, 89f., 92, 107, 111–114, 116–118, 123, 160f., 166, 173, 259, 262, 268f., 274, 384, 397
- *Scharia* 10, 432
- schottische 54, 56 Anm., 63, 66, 72
- *Adultery Act* (1650) 47, 57–62, 111, 114, 303
- *Bastardy Act* (1576) 23
- *Bastardy Act* (1610) 23 Anm., 55
- *Bigamy Act* (1603) 59, 256, 271
- *Blasphemy Act* (1650) 452 Anm. 5
- *Blasphemy Act* (1698) 443 Anm. 31
- *Buggery Act* (1543) 23
- *Contagious Diseases Acts* (1860) 89, 133, 147
- *Criminal Law Amendment Act* (1885) 452 Anm. 82
- *Disorderly Houses Act* (1752) 90
- *Engravers' Copyright Act* (1735) 345, 351
- *Infanticide Act* (1624) 55
- *Licensing Act* (1685) 376
- *Marriage Act* (1753) 20, 247, 251, 265
- *Middlesex Justices Act* (1792) 79
- *Poor Law Amendment Act* (1834) 146, 255
- *Septennial Act* (1716) 463 Anm. 122
- *Sexual Offences Act* (1967) 431
- *Toleration Act* (1689) 97, 103f.
- *Vagrancy Act* (1822) 89
- *Vagrancy Act* (1824) 89
- *siehe auch* Gesetze, vorgeschlagene; Moralgesetze; Naturrecht
Gesetze, vorgeschlagene
- *Canon Law Revision* (1552) 23, 51
- *1601–1629 Bills* 55
- *1660–1688 Bills* 61f., 262
- *1688–1699 Bills* 64f.
- *1771–1857 Bills* 77
- gegen Verführung 213–215
Gewissen
- Ablehnung von Unmoral 56, 81, 110

- Freiheit 54, 98f., 101 Anm., 102–104, 118, 429, *siehe auch* Religionsfreiheit
- jenseits der Gesetze 105–109
- als letztgültige Richtschnur 102, 105–108, 144, 250
- schwaches 45f., 105
- von Büßerinnen 320
Gillray, James 190 (Abb. 6), Tafel 15
Gissing, George 335
Gladstone, Catherine 335
Gladstone, William Ewart 335
Glasgow 409
gleichgeschlechtliche Handlungen und Beziehungen, *siehe auch* Analverkehr; Homoerotik; Homosexualität
- Ausbreitung 128, 360
- bestrafte (Hungern, Prügelstrafe, Amtsenthebung, öffentliche Demütigung, Haft, Hinrichtung) 8, 13, 78, 128f., 357f., 363f., 405 Anm. 28
- und sexuelle Revolution 3f., 128–138, 343, 355–358, 363f.
- und Stand 355f.
- verabscheute 6f., 78, 111, 128f., 133–135, 138, 351, 357f., 363f., 393 Anm. 17
- verteidigte 79, 128–138, 358, 361–364
- zwischen Frauen 120 Anm., 132f., 137, 357f.
- Gleichheit
- allgemein 12, 428–431
- der Geschlechter 149, 218, 226, 277, 421 Anm., 428
- erotische Kunst 26f., 229, 411–414, *siehe auch* Pornografie
Glorious Revolution siehe Revolution von 1688
Gloucester (Gloucestershire) 19, 68, 362
Glück
- Streben nach 126, 139, 166, 250
- und Ehe 241–250
- und Polygamie 258
- und sexuelle Freiheit 120f., 126, 128f., 139, 149–152, 163, 225, 228, 433
Glücksspiel 65, 67
Godwin, Mary Wollstonecraft 148, 150
Godwin, William 148–150, 164, 213
Goethe, Johann Wolfgang von 207
Gogan, Elizabeth 322
Gonson, Sir John 344
Goodheart, Elizabeth 60

Goten 14
Gott, jüdisch-christlicher
– Gesetze 15, 29, 42, 53, 92, 98f., 107, 110–114, 117, 123, 160, 166, 173, 259f., 262, 268f., 274, 384, 397
– gottesfürchtig 25, 40–42, 53, 56, 64, 69, 110, 178, 287, 321
– gottgefällig 21, 45, 101, 117, 166, 262, 266, 275
– Nächstenliebe 110f., 126, 139f., 144, 297, 319, 321, 323
– toleriert sexuelle Freiheit 95, 107f., 112, 115, 154, 159f., 266
– und der Sündenfall 17
– verabscheut Unmoral 15f., 21, 23, 42, 46, 53, 56, 92, 113f., 154
– Vorsehung 110f.
– Zwiesprache mit 16, 20, 56f., 64, 80, 83, 106, 201, 274, 302f., 419, 432
– *siehe auch* Bibel; Christus, Jesus; Offenbarung
Gotteslästerung 65, 123
Grafton, 3. Duke of 365, 369 (Abb. 41), 371, 411
Grafton, Duchess of 369 (Abb. 41)
Grausamkeit
– bestrafte 15, 23, 56 Anm., 151 Anm.,
– tolerierte 114, 163
›Great Social Evil‹ *siehe* Frauenhandel (›white slavery‹)
Greene, Robert 400
Gregory, John 215
Grey of Warke, Lord 397
Griechen 13, 116, 133, 156, 161, 357
Griffier, Jan 385 (Abb. 12)
Griffith-Jones, J. Mervyn G. 423f.
Grotius, Hugo 457 Anm. 62
Guardian 242
Guardian Society for the Preservation of Public Morals 88, 215
Guardians (Stifter) 312
Guiffardière, Charles de 122
Gwyn, Nell 68, 179f., 363 (Abb. 37), 365, Tafel 14

Habermas, Jürgen 390
Hackabout, Kate 344
Hale, Matthew 124
Hall, Radclyffe 425
Hall, Westley 259

Hamilton, Alexander 344
Hamilton, James Edward 274
Hannover 122
Hanway, Jonas
– über Ausländer 288
– über Bestrafung 286
– über Moral der Armen 326
– und das *Magdalen Hospital* 295f., 299, 305–308, 331
– und die *Marine-Gesellschaft* (*Marine Society*) 308
– und Öffentlichkeit 391–393
Hardy, Thomas 189
Häresie und Ketzerei 19, 43f., 118, 161
Harrison, Anna 169
Harrison, Richard 279
Hausbesitzer 32, 69, 78f., 92
Haven, Charlotte 275
Hawkesworth, John 187
Hawkins, George 35f.
Hays, Mary 226f., 304
Hayter, Thomas 122
Haywood, Eliza 199, 203, 400
Heath, William Tafel 19
Hebammen 40
Heiden
– Freiheit 100
– Moral 23, 116, 119, 133, 267
– Polygamie 270f.
– Unmoral 44, 256 Anm., 270
Heilsarmee 335
Heime und Anstalten (Wohltätigkeitseinrichtungen) 309, 335
Heinrich VIII. 25, 193, 262
Heirat und Ehe
– Abnahme 427f.
– angegriffene 95, 107f., 147–152, 158, 220
– Armen- 38f., 251f.
– biblische 15
– Ehegesetze 18–20, 106, 124, 147f., 166, 261, 264, 271
– ehelicher Sex 15–18, 27f., 53, 229, 420
– erzwungene 143, 255f., 259, 267f., *siehe auch* Polygamie
– Geld- 134, 240–252, Tafeln 6 und 7
– gleichgeschlechtliche 431
– Heiratsalter 30
– königliche 262
– Liebes- 250f.
– Mehrehe *siehe* Polygamie

– Priester- 18, 22
– regelwidrige 20, 108 Anm., 246f., 250
– und Homosexualität 162
– und politische Arithmetik 263–266, 291f.
– und uneheliche Geburten 40f.
– und Verführung 40, 255f.
– und Zölibat 16, 264
– Vergewaltigung 173, 421
– Versprechen und Sex 30, 245f., *siehe auch* Sex: führt zu Ehen
– *siehe auch* Ehemänner; Ehefrauen
Henrietta Maria, Königin 192
Hermaphroditen 158, 161
Heron, Patrick 144
Hesketh, Thomas 52
High Commission, Court of (Oberstes Kirchengericht) 52f., 57
Hill, Christopher 118
Hill, Rowland 25
Himmel
– Erlösung 297
– Leugnung 41, 108
– Selbstbestimmung 104, 110
Hippo (Regius) 16
Historiker 199 Anm., *siehe auch* Sex: in historischen Zeugnissen
Hobbes, Thomas 106, 123f., 127, 260, 395
Hof, königlicher 357
– von Elisabeth I. 27
– von Frankreich 218
– von Jakob I. 397
– von Karl I. 192, 218
– von Karl II. 63, 178, 218
Höflichkeit und Empfindsamkeit
– Aufschwung 110, 217–220
– Ideale 110, 217–229
Hogarth, Jane 350 (Abb. 23)
Hogarth, William 185, 286, 327f., 341–359 (Abb. 21–35), Tafeln 6, 7 und 11
höhere Stände bzw. Klassen
– Freiraum 144, 245
– kulturelle Dominanz 415
– unsittlicher Lebenswandel 23, 217, 231, 244, 251, 267
– zur Rechenschaft gezogen 52, 81, 240, 251, 357, 419
– *siehe auch* Aristokraten; männliche Elite; sozialer Status
Holborn (London) 89

Holcroft, Thomas 188
Holdcraft, Jane 321f.
Holland 65f., 68, *siehe auch* holländisch und Holländer
holländisch und Holländer 59, 64, 469 Anm. 167, *siehe auch* Holland
Hollar, Wenceslaus 50 (Abb. 2)
Hölle und Verdammnis
– akzeptierte 105
– angedrohte 15, 40, 315, 319f.
– ignorierte 110, 112
– zurückgewiesene 40, 107, 126
Holloway, Robert 334
Holt, Sir John 87
Home, Jean 144
Homoerotik 153f.
Homosexualität
– als natürlich 153–164
– als unnatürlich 134, 153f., 156
– Anstieg 134, 152f.
– Bestrafung 22, 56 Anm., 93, 153f. Anm., 384, 424
– Toleranz in der Antike 116, 154–156, 159–161
– und Heirat 162
– und Prostitution 20, 132
– und Reformgesellschaften 74
– *siehe auch* Analverkehr; gleich-geschlechtliche Handlungen
homosexuell *siehe* gleichgeschlechtliche Handlungen
Hooker, Richard 46
Horaz 155 Anm., 185
Horne, Miles 29f.
House of Commons (britisches Unterhaus) *siehe* Parlament und Parlamentsmitglieder
Howard, Sir Robert 52
Hull (Yorkshire) 68
Hume, David
– Kritik 126 Anm.
– über Frauen 220, 222
– über göttliches Gesetz 118
– über Moral 130f., 142f.
– über Polygamie 270
– über Vorsehung 111
Huntingdon, Selina, Comtess of 312
Huren
– Archetypus 183–185, 279f., 324, 332 (Abb. 20), 395f.

– Bestrafung 19, 23, 47, 60f., 66, 80, 279f., 286f.
– Mitgefühl 184–189, 191, 200, 282
– reuige 292, 300f.
– Tolerierung 132
– *siehe auch* Unzucht und Unzuchtsünder; Magdalena, Maria; Prostituierte und Prostitution; sexuelle Disziplin; Straßenprostituierte und Straßenstrich
Hurerei
– Auswirkungen 38, 302, 304
– beklagte 57, 80, 99, 292, 395f.
– bestrafte 24, 40, 66, 324
– biblische 21f., 44, 114
– Tudor-(Moral-)Predigt gegen 23f., 34f., 145
– *siehe auch* Ehebrecher und Ehebruch; Unzucht und Unzuchtsünder; sexuelle Disziplin; Prostituierte und Prostitution
Hutcheson, Francis 120, 166, 256 Anm.

Imlay, Gilbert 148
Inchbald, Elizabeth 187
Independenten *siehe* Puritaner
Indien 335
Innocence Betrayed 187, 234
Internet 375, 430
Interregnum *siehe* England: Republik
Inzest
– bestrafter 17, 47, 56 Anm., 58, 119
– tolerierter 116, 430
– verabscheuter 99, 114, 430, 457 Anm. 47
Irland und Iren 57, 123, 333, 335f., *siehe auch* Dublin; *Magdalen Asylum*, Dublin
Islam *siehe* Muslime
Isle of Wight 68
Italien und Italiener 12, 16, 132, 192, 288, 357, 414

Jahrmärkte 30
Jakob 275
Jakob I. 154 Anm.
Jakob II. 63–65, 82, 103, 124, 225
Jakob VI. 154 Anm.
Jamaika 56
Janssen, Mr. 189
Japan 357
Jefferson, Thomas 267, 409
Jenyns, Soame 139

Jerningham, Edward 297
Jesus *siehe* Christus, Jesus
Johannes der Apostel und Evangelist, Hl. 154 und Anm., 161
Johnson, Robert 39
Johnson, Samuel, alias Dr. Johnson
– über Biografie 398
– über die Ehe 244
– über die Presse 379, 382
– über Disziplin 140f.
– über Doppelmoral 143
– über Erziehung 240
– über Gewissen 105
– über Henry Fielding 209
– über Historiker 199 Anm.
– über Literatur von Frauen 202
– über öffentliche Meinung 380
– über Privatleben 394
– über Prostitution 187, 294
– über Wohltätigkeitsorganisationen 309
– und gefallene Frauen 294, 334
– Unkeuschheit 461 Anm. 105
Jolly, Sarah 204
Jonathan, Sohn des Saul 160
Jones, John 157
Jordan, Dorothy 401, Tafel 15
Juden
– im Altertum 13, 133, 136, 160f., 257
– moderne 161, 344 (Szene 2), 394 (Abb. 22), Tafel 11
Jugendliche und Jugend
– sexuelle Aktivität 19f., 150
– und Disziplin 21, 38, 56, 185, 203, 232, 424
– und Ehe 241f., 247, 251f., 255
– und Freiheit 28, 134, 149f., 162, 421 Anm.
– *siehe auch* Töchter; Familie und Angehörige; Väter; Mütter; Eltern
Jungfer 242, 482 Anm. 72
Jungfrauen und Jungfräulichkeit
– allgemein 262, *siehe auch* Enthaltsamkeit; Keuschheit
– männliche 16, 212, *siehe auch* Junggesellen
– weibliche 16f., 26, 115, 172, 176, 205f., 222, 255
Junggesellen 231, 241, 245, 265
Jüten 14

Kalkutta 295
Kames, Lord und Lady 144f.
Karl I.
- Disziplinierungseifer 52
- Hinrichtung 11, 57f.
- Hof 218
- religiöse Verfolgung 54
Karl II. 124, 134
- Ermahnung 63
- Hof 178–180, 218f.
- ignoriert Disziplinierungsmaßnahmen 63, 126
- Mätressen 286, 362–364
- und Polygamie 262
- und religiöses Dissidententum 63, 82
- und Theater 192
- Verspottung 101 Anm., 179f.
Katholiken und katholische Kirche 21, 431
- Bigamie 262
- Disziplin 53
- irische 57
- protestantische Sicht 21f., 44, 57, 99f., 262, 288
- Toleranz 49f., 282, 288
- *siehe auch* Katholische Gegen-Reformation; Christliche Kirche; Priester
Katholische Gegen-Reformation 22, 288
Kaution 33, 52
Kendal (Westmorland) 68
Kent 39, 201, 391
Keuschheit 16, 152
- als natürlich 119f.
- als unnatürlich 121–129, 142, 147f., 159
- Definition 113, 120f., 234f.
- und Geschlecht 157, 212, 224, 227f., 234–236
- indoktrinierte 34, 133
- und soziale Herkunft 228–241
- *siehe auch* Enthaltsamkeit; Zölibat; Lust, sexuelle; Jungfrauen und Jungfräulichkeit
Kidderminster (Worcestershire) 68
Kinder
- eheliche 28
- Inzest 116
- Missbrauch 176
- moralische Erziehung 38
- und Ehebruch 141, 143f., 243, 264
- und eheliche Rechte 246f., 251
- und Enthaltsamkeit 129, 143
- und lesbische Beziehungen 158
- und Polygamie 257–259, 266, 274
- von Armen 251, 326f.
- von Reuigen 299
- uneheliche 38–41, 61, 83, 115, 124, 129, 143 Anm., 151f., 168, 245, 255, *siehe auch* uneheliche Kinder und uneheliche Herkunft
- ungeborene 266
- *siehe auch* Töchter; Erziehung; Familie und Familienangehörige; Väter; Mütter; Eltern
Kindstötung 38, 55, 115, 162f., 266, 269
King, Giles 346f. 349 (Abb. 22)
King, Jenny, alias Purcell, alias Gallaher 321
King, Moll 365
King's Bench, Court of (Oberhofgericht) 60
Kirche von England
- Abschaffung 49
- Erneuerung 62
- höhere Moral 116
- Kanonisches Gesetz 51f.
- Mitglieder (Anglikaner) 82, 111, 431
- Opposition zur 104
- Randgruppen 107
- und evangelikale Erweckungsbewegung 418
- und Maria Magdalena 282
- und Puritaner 54
Kirche von Schottland 121, 173
Kirchengerichte *siehe* Gerichte, kirchliche
Kirchenvorsteher 32, 39, 41, 64, 69, 74, *siehe auch* Pfarrbezirk: Amtsträger
Kleidung
- entwürdigende 55, 441 Anm. 13
- für internierte Prostituierte 318f., 328, 331f.
- Schneiderei 307
- von Prostituierten 298, 317f.
- vornehme 204
Kleist, Heinrich von 207
Kleopatra Tafeln 16 und 17
Klerus *siehe* Priester
Knut der Große, König 14
Kolonien 10, 21, 55f., 63, 68, 253, 270, 330 Anm., 418, *siehe auch* Barbados; Boston (Massachusetts); Kalkutta; Madras;

Maine; Neuengland; New Haven; Plymouth (Neuengland); Rhode Island; Westindische Inseln
Kongregationalisten 99
Konkubinat und Konkubinen
- angegriffen 18, 99
- angelsächsisch 18
- des Hl. Augustinus 17
- früh-christlich 15
- gerechtfertigt 115, 120, 128f., 267f., 274, 456 Anm. 53
- im Judentum 15, 258, 260
- im Mittelalter 19
- toleriert 51, 116, 270
- *siehe auch* uneheliche Kinder und uneheliche Herkunft; Polygamie
Konstabler, *siehe auch* Pfarrbezirk: Amtsträger; Wachmänner und Nachtwache
- angeklagt 91
- bekämpft 47, 66, 69, 74f., 78, 438 Anm. 36
- Berufs- 75, 78
- Ermordung 86
- Laien- 74, 78
Korinth 16
Krankheit *siehe* Syphilis; Geschlechtskrankheit
Kriegsfolgen 134, 263, 265, 288f., 299, *siehe auch* Bürgerkrieg, Englischer
Kupplerinnen (Bordellwirtinnen) und Unzucht
- angegriffene 19, 47, 58–60, 65f., 68f., 72, 89f., 93, 184f., 341
- in Darstellungen 343 (Abb. 21), 349. (Abb. 22), 350 (Abb. 23), 361 (Abb. 36)
- Erpressung 76
- Ruhm 360–362, 402–405
- Taten 28, 189f., 204, 209, 211, 403–405
- Unangreifbarkeit 72, 89–92
- *siehe auch* Bordelle; Prostituierte und Prostitution
Kurtisanen
- Berühmtheit 355–377, 387–390, 395, 401–407, 409f.
- katholische 22
- *siehe auch* Prostituierte und Prostitution

Laclos, Pierre Choderlos de 207
Laïs (berühmte Hetären im Altertum) 357
Lambeth Asylum
- Aufzeichnungen 317
- Einfluss 336
- Gebäude 290 (Abb. 14), Tafel 10
- Gründung 291f., 307f., 393 Anm.
- Guardians (Stifter) 293 Anm.
- Organisation 305, 307, 309–313, 323, 326, 330 Anm.
Lancashire 52, 107
Landstreicherei und Vagabunden 25, 65, 89
Langford, Ann 321
Langley Burrell (Wiltshire) 108
Langobarden 136
Laqueur, Thomas 170f.
Laroon, Marcellus 360f. (Abb. 36)
Lateinisch 28 Anm., 163 Anm., 411
Latham, Mary 56
Laud, William 54
Lawrence, D. H. 423f.
Lawrence, James 150
Lawrence, William 124
Layfield, Mary 321
Leeds 68
Leeson, Margaret 403–405
Legitimation League 152
Leicester 51, 69
Leicestershire 180
Leidenschaft und Leidenschaften
- allgemein 136, 199, 223, 250, 271
- weibliche 26, 144, 167f., 185, 229–231, 236, 274
- homosexuelle 155, 158, 164, 356
- sexuelle 17, 26f., 121, 129, 139f., 169, 172, 177, 186, 188, 269, 421 Anm.
- *siehe auch* Lust, sexuelle
Leigh, Dorothy 172
Leith (Schottland) 61
Lely, Sir Peter 284f. (Abb. 10 und 11), 364 (Abb. 38), Tafeln 13 und 14
Lemmings, David 250
Lennox, Charlotte 176
Leonardo da Vinci 284
lesbisch *siehe* gleichgeschlechtliche Beziehung
Levellers 100
Leyser, Johan 481 Anm. 66
Libertins und Libertinismus
- am Theater 192–197
- im Wandel 213 Anm., 221f.
- in der Literatur 198f., 203–208, 210–213, 221f.

– nach 1700 120 Anm., 140f., 158, 185, 187,
204, 209, 223f., 236, 428
– Restauration 126f., 178–180, 184, 219
– Standpunkte 237
– und Stand 228f.
Lichfield (Staffordshire) 52
Liebe 167, 191
– eheliche 27f., 175, 242, 250, 258 Anm.,
271f.
– entfesselte 95, 150–153, 274, *siehe auch*
Freie Liebe
– in Printmedien 26, 193–204, 371, 383f.
– männliche 189–197, 258
– platonische 218, 224 Anm.
– verbotene 19, 26f., 130, 185, 188, 197
– weibliche 167, 221
– zu Christus 153, 159
– zwischen Frauen 158
– zwischen Männern 154–157, 180
Liebeswerben und Brautwerbung 30, 210,
232, 417 Anm. 1
– bei Samuel Richardson 203–207
– im Journalismus 199f.
– im Restaurationsdrama 193
– in Romanen 189f., 192, 203f.
– Sex während 30, 51, 201, 204f.
– weibliche Perspektive auf 186, 191, 193–
202, 207
Lillo, George 186
Linton, William 150
Lister, Anne 158
Liverpool 68
Livery companies (Londoner Gilde) *siehe*
Zünfte
Lloyd, Winifred 189
Lock Asylum 312
Lock Hospital 259, 291f., 309–313,
Locke, John
– für individuelle Freiheit 101f.
– für Religionsfreiheit 98, 101
– gegen sexuelle Freiheit 84, 98f.
– kritisiert 99
– Methode 120, 224, 395
– über Enthaltsamkeit 124
– über Erziehung 232
– über heidnische Moral 116
– über Polygamie 262
– Verweis auf 201
Lockman, John 293
Lollarden 106

London
– Bischof von 83
– City von 25, 68, 72, 89
– Gesellschaften zur Verbesserung der
Sitten 79–92
– Größe und Bedeutung 12f., 25, 30f., 49,
61, 65, 74, 78, 292, 341
– homosexuelle Kultur 133f., 153, 422
– Presse 376f., 389–391, 404–406, 411
– sexuelle Freiheit 343f., 411
– sexuelle Disziplin 19, 25f., 34, 42, 52, 59–
63, 66, 156
– Unmoral 30f., 90, 205f., 240, 245, 325,
419
– Wohltätigkeitseinrichtungen 291
– *siehe auch* Medienrevolution; Presse
– *siehe auch* Middlesex; Southwark;
Westminster; andere Bezirke, Pfarrge-
meinden, *im Text erwähnte Straßen und
Plätze sind separat aufgeführt*
London Chronicle 260 Anm., 293
London Court of Aldermen (Versamm-
lung der Ratsherren) 34
London Journal 201
London Magazine 391
London Spy 286
Longbridge Deverill (Wiltshire) 68
Lucas, Sarah 322
Ludgate Hill (London) 174
Ludwig XIII. 155, 465 Anm. 133
Ludwig XIV. 218
Lukrez 126
Lust, sexuelle
– bejaht 16f., 34, 68, 172, 178–180
– als göttliche Strafe (Sündenfall) 17, 122
– als göttliches Geschenk 95, 139f.
– Macht 16f., 20, 44f., 130f., 140, 178–180,
303
– männliche 145, 167–189, 191–213, 223f.,
277
– und Ehe 16f., 22
– verneint 19, 26–29, 95, 122f., 139f., 157,
162–164, 178f.
– verursacht Häresie 43f.
– weibliche 150–152, 167–172, 176–179, 182,
195f., 202, 209, 229, 235, 277, 281, 417
– *siehe auch* Leidenschaft und Leidenschaften; Vergnügen, sexuelles
Luther, Martin 22, 44 Anm., 106, 262, 275
Luxus 136–138, 232

Lyme Regis (Dorset) 68
Lyndhurst, Lord 224 Anm.

Macaulay, Catharine 234–236
Macdonald, Mary 189
Macht und Herrschaft
– biblische 161
– homophobe 431
– Tudor- 24f.
– über menschliche Begierden 37
– und 1688 64
– und Belohnung 79
– und Dissenter 63
– und Freiheit 102f., 105
– und Patriarchat 252
– und politische Arithmetik 263, 420
– und Prostitution 253, 336
– und Puritaner 55
– und Religion 98f.
– und sexuelle Enthaltsamkeit 46
– und sexuelle Freiheit 426
– und Zensur 339, 375, 407
Madan, Martin 259–261, 267–271, 331f.
Madras 295
Magdalen Asylum (Magdalenenheim),
   Dublin
– Gründung 291
– Legitimierung (Propaganda) 299
– praktische Ausrichtung und Funktion
   307, 317–333
Magdalen Hospital / House (London)
– Ausweitung 296–300, 305–316, 322f.,
   330–333
– Wirkung 321f., 331–336
– Gebäude 291, 295, 328f., 331
– Gründung 291–295, 307f.
– Legitimierung 137, 296–299, 328, 392f.,
   Tafel 9
Magdalen's Friend 335
Magdalena, Maria
– Buße 183, 310
– -Kult 282–286
– Sex mit Christus 161
Magdalenen-Wohlfahrtseinrichtungen-
   und organisationen 291, 333–337, *siehe
   auch Lock Asylum*; *Magdalen Asylum*,
   Dublin; *Magdalen Hospital / House*,
   London
Mägde *siehe* Jungfrauen und Jungfräu-
   lichkeit

Magna Charta 87
Maine (Neuengland) 275
Malet, Michael 262
Malthus, (Thomas) Robert
– über Bevölkerung 300
– über Polygamie 264 Anm.
– über Sitten der Armen 327
– über Unmoral 120f.
– Wirkung 162, 263, 271, 420
Malthusian League 152
Manchester 157
Mandeville, Bernard
– über Menschheit *siehe* Menschengeschlecht
– über Moral 128f., 135–137, 238
– über Philanthropie 310
– über Prostitution 134f., 186
– über Prügelstrafe 286f.
Manichäismus 16
Manley, Delarivier 199, 257, 398, 400
Mann, Elizabeth, alias Boyle,
   alias Sample 362
Männer
– beherrschen den Arbeitsmarkt 304f.
– beherrschen den öffentlichen Diskurs
   28f., 192
– Lust 16f., 20, 25, 140, 167–189, 199, 225,
   416, *siehe auch* Lust, sexuelle
– rechtliche Ungleichbehandlung 32, 143
– und sexuelle Revolution 12, 142–146,
   407, 420f.
– Vergewaltiger und Verführer 189–213,
   267f.
– zivilisiert durch Frauen 217–228
– *siehe auch* Junggesellen; Väter; Ehemänner; Frauen; Jugendliche und Jugend
männliche Elite
– getadelt 34, 51f., 82f., 241,
– sexuelle Freizügigkeit 23, 32, 142, 180,
   409
– *siehe auch* Aristokraten; höhere Stände
   bzw. Klassen
Mansfield, Lord 255
Manuskripte *siehe* schriftliche Publikationen
Margery (Bordellwirtin aus Glastonbury)
   28
Maria I. 106
Maria II. 68

Marine-Gesellschaft (*Marine Society*) 257
Märkte 30
Marlowe, Christopher 155
Marston, John 196
Marten, Henry 260
Martin, Charlotte 274
Masham, Damaris 199
Massachusetts 56
Massie, Joseph 307, 326, 328
Masturbation
– als unnatürlich 130, 162
– Bestrafung 17
– Befragung 383
– praktizierte 409, 437 Anm. 26, Tafel 22
– Mätressen
– aristokratische 23
– bei Defoe 245, 397
– bei Fielding 210
– bei Hogarth 343 (Abb. 21, Szene 1), 344 (Szene 2), Tafel 11
– bei Richardson 205, 212, 294
– berühmter Männer 362, 401
– des 3. Duke of Grafton 365
– des 4. Earl of Cholmondeley 411
– des 4. Earl of Sandwich 387
– des Duke of Monmouth 124 Anm.
– im Schauspiel 193–197
– in Gemälden 362
– königliche 357, 406
– von Frederick Lewis, Prinz von Wales 348, 365
– von Georg II. 122, 365
– von James Boswell 407
– von Karl II. 180, 284 (Abb. 10), 286, 364f. (Abb. 38), 498 Anm. 67
– von Lancelot Blackburne 12f.
– von Prinz Frederick, Duke of York 406
– von Susan Wards Ehemann 59
– von Thomas Webbe 108
– von William Cowper 257
– von William III. 68
Mauren 161
Maxwell, Francis Kelly 310
Maynard, Viscount 411
McDowel, Sarah, alias Grace 317, 323
Medienereignis 351, 384–390
Medienrevolution 339f., 430
Melanchthon, Philipp 106, 262
Menschheit und menschliche Natur 136
– Gottes Strafe 17

– eingeborene Schlechtigkeit 17, 44–46, 105, 119, 122f., 169, 184, 223
– eingeborene Tugendhaftigkeit 126, 128, 236, 266, 270, 292
– erlöst von Christus 106
– in Romanen 199, 210
– in Zeitschriften 384
– veränderte Sichtweise 136f., 159, 163, 170f., 224–227, 230–232, 325, 384, 399, 425, 428f.
Menschikow, Prinz Alexander 155
Menstruation 15, 53, 107, 160
Methodisten 271, 312, 334, 419, *siehe auch* Evangelikale; Wesley, John
Middlesex 59f., 76, 137, 291
Middlesex Hospital 291
Middlesex Justice Act (1792) 79
Milbanke, Annabella 221
Mill, James 164
Mill, John Stuart
– über die Behandlung von Frauen 227 Anm.
– über Ehe 150, 276
– über Polygamie 276
– über Religion 164, 231
– über Sex 147, 459 Anm. 86
– über sexuelle Freiheit 131f., 164
Millar, John 218
Milton, John 100, 260, 275
Minton, William 154
Mittelschicht
– Büßerinnen 330f.
– kulturelle Dominanz 415
– Moral 142, 239
– Selbstverständnis 238
– Verarmung 327f.
– Verführer 245
Monarchie 49, 57f., 62, 252, 404, 406
Monboddo, Lord 140
Monmouth, Duke of 124
Monmouthshire 68
Monogamie
– Ablehnung 108, 123, 127, 259f., 266
– Begründung 114, 264
– Zwang 18, 34, 107, 270
– *siehe auch* Polygamie; sexuelle Disziplin; sexuelle Freiheit
Montagu, Elizabeth 391
Montagu, Lady Mary Wortley 223, 463 Anm. 122

Montagu, Sir Sydney 255 Anm.
Montpellier 218
Moorfields (London) 156
Moralgesetze
– Erörterung 111–118
– und Gewissen 107
– und Naturrecht 119f.
– Verhöhnung 45f., *siehe auch* Satan
moralische Kontrolle *siehe* sexuelle
  Disziplin
Moralreform *siehe* Verbesserung der Sit-
  ten, Kampagnen und Gesellschaften zur
More, Hannah 223, 419
Morland, George 348
Mormonen 275f.
Moses und Mosaisches Gesetz *siehe* Ge-
  setze, geltende: Gottes
Moskau (Moskauer Staat) 155
Münster 107
Mütter
– philanthropische Ersatz- 298
– Prostituierte als 295, 299
– sexuelle Beziehung 14, 108
– unverheiratete 23 Anm., 36, 55, 148, 336
– verderben Kinder 232f.
– von Büßerinnen 321, 323f.
– von Prostituierten 326
– *siehe auch* uneheliche Kinder und un-
  eheliche Geburten; Töchter; Familie
  und Familienangehörige; Väter; Eltern;
  Schwangerschaft, illegale
Munby, Arthur 422, 427
Murray, Fanny 371, 375f. (Abb. 46), 411
Muslime 44, 100, 116, 432

Naseby, Schlacht von 61
Natur *siehe* Menschheit und menschliche
  Natur
Naturrecht
– und göttliches Gesetz 257f., 261, 266,
  269
– und Moral 102, 118–130, 145f., 152, 165,
  256, 258, 269f., 274, 416
Naylor, James 107
Neal, Sarah 322
Needham, Elizabeth 204, 343
Nelson, Thomas 287
Neuengland 55, 63, 65, 274
New Haven 53, 55
New York (Upstate) 151, 275

Newcastle 68
Newgate-Gefängnis 77, 303
Newton, Sir Isaac 224
Newton, Thomas 156
niedere Stände bzw. Klassen
– Sitten 142, 145, 189–191, 238–241, 335, 419
– und Bastardgesetze 93, 142, 146
– und nationale Stärke 81f., 141f., 292, 300
– Vorurteile und Benachteiligung 32,
  80f., 144, 181, 204–206, 328–333, 415,
  421–425
– *siehe auch* Arme
Norfolk, Duke und Duchess of 384
North, Lord 312
North, Sir Dudley 39
Northampton (Northamptonshire) 68
Norwich (Norfolk) 24, 68
Nottingham 68

Ochino, Bernardino 106, 260
Offenbarung 101, 116, 118, 275, *siehe auch*
  Bibel; Gott, jüdisch-christlicher
öffentlich und privat
– Bayle 109
– Locke 98, 101
– und Medien 394–399
– und Religionsfreiheit 95–103
– und Sex 81f., 93f., 105, 109f., 131f., 136–
  142, 146, 166, 255, 426, 429–432
– *siehe auch* Medienrevolution
öffentliche Meinung
– Manipulation 152, 295, 341, 382–394, 406
– moderne 66, 152, 184, 336, 380–382, 405
– vor-moderne 33, 53
– *siehe auch* Medienrevolution; Presse;
  Propaganda
öffentliches Wohl
– und Prostitution 132–138
– und sexuelle Disziplin 38–46, 429
– und sexuelle Freiheit 130–132, 138–143,
  166, 429–432
Omai 271f. (Abb. 8)
Oneida (New York) 151
Orgasmus 169f., 173
Osborne, Francis 260
Otway, Thomas 193f.
Overbury, Sir Thomas 384
Overton, Richard 100
Ovid 177, 256 Anm.
Owen, Elizabeth 89

Owen, Robert (Genossenschaftsgründer) 150
Owen, Robert Dale 150
Oxford 27, 99, 156, 376

Page, Damaris 360
Paley, William 237f., 254, 263
Pankhurst, Christabel 147
Päpste 21, 132, 288
Papsttum *siehe* Katholiken und Katholische Kirche
Parlament und Parlamentsmitglieder
- Befragung durch 47, 77
- soziale Ressentiments und Ungleichbehandlung 32
- und *Magdalen Hospital* 244
- und *Marriage Act* 250, 262
- und Polygamie 262, 271
- und Rechtsprechung 87
- und Scheidung 270
- und sexuelle Disziplin 23, 32, 55, 57f., 63–66, 87f., 90, 92, 287, 431
- und weibliche Arbeit 304
- *siehe auch* Parlamentsheer
Parlamentsheer 60f.
Parrimore, Mary 362
Parsons, Nancy 365, 369f. (Abb. 41 und 42), 411
Patriarchat
- biblisches 216, 218, 224, 226f., 231
- Neubestimmung 107, 225, 278
- politisches 211
- sexuelles 37, 142f., 175, 247f., 254, 261, 267–269
Paulson, Ronald 342
Paulus (Apostel) 16, 160, 163 Anm., 461 Anm. 148
Pazifik-Insulaner 126, *siehe auch* Omai; Polynesien
Pegg, Robert 59
Pembrokeshire 68
Pendarves (später Delaney), Mary 246, 258 Anm.
Penguin Books 423
Penis (Schwanz, Rute) 27, 155–157 Anm., 179, 409, *siehe auch* Genitalien
Pepys, Samuel
- Orgasmus 169
- Pornografie 437 Anm. 26
- sexuelle Disziplin 34, 37

- sexuelle Übergriffe 173–175
- sexueller Klatsch 360
Perkins, William 119
Perreau, Daniel 387
Perreau, Robert 387
Perry, Susan 10
Peter der Große 155
Petronius 155f.
Petty, Sir William 317
Pfarrbezirk
- Amtsträger 25, 41 Anm., 70–75, 78f.
- Gemeinden 23 Anm., 30, 32f., 35, 38–42, 90
- -Kirche 23, 25, 30, *siehe auch* Kirchen
- *siehe auch* Kirchenvorsteher; Konstabler; Wachmänner und Nachtwache
Philanthropische Gesellschaft 312
Philanthropen und Philanthropie
- Ansichten 236
- Entstehung 110, 277, 419
- und Prostitution 282–337
- Wettbewerb 308–313
- Ziele 110, 419f.
- *siehe auch* Wohltätigkeit und Wohltätigkeitsorganisationen
Philipp, Landgraf von Hessen 262, 269
Phillips, Teresia Constantia 403
Phryne (griech. Hetäre) 357
Pierce, Emelia 322
Pilkington, Laetitia 403
Pix, Mary 83, 176
Place, Francis 150, 164
Plaitford (Wiltshire) 30
Platon 46, 116
Plebejer *siehe* niedere Stände bzw. Klassen
Plymouth (Neuengland) 56
Political Register 371 (Abb. 42)
politische Arithmetik 263–265, 291f., 300, 317, 325f., 480 Anm. 65, *siehe auch* Bevölkerung
Polizei und Ordnungsmaßnahmen *siehe* sexuelle Disziplin
Polyandrie 482 Anm. 78
Polygamie
- angegriffene 116, 130, 243, 257f., 264, 269–271, 276
- ausgeübte 106, 257f., 260, 264, 266f., 274f.
- biblische 116, 125, 258–261, 266, 269f., 274f., Tafel 4

– verteidigte 106, 115, 257–262, 266–269, 271–276, 457 Anm. 62
– *siehe auch* Bigamie; Ehe
Polynesien 467 Anm. 155
– *siehe auch* Omai; Pazifik-Insulaner
Pope, Alexander 229
Pornografie 277, 357, 375f., 406, 409–414, 416, 423, *siehe auch* erotische Literatur
Porträts 357, 365–371, 379, 399–403, Tafeln 1, 8, 12–14, 16–18
Portsmouth (Hampshire) 68
Portsmouth, Duchess of 363 (Abb. 37), 365, Tafel 13
Potter, John 133
Powell, Elizabeth 29f.
Powell, Thomas 67
Powlet, William 19
Pranger 19, 25, 60, 65, 77, 424
Pratt, Samuel Jackson 208
Presbyterianer 44, 70, 88, 97, 313
Presse 390f., 393, 404, 411
– Ausbreitung 70, 352, 355, 375–387
– Zeitschriften (Periodika) 115, 200, 247, 339, 371, 376f., 381–389
– *siehe auch* Medienrevolution
Price, Richard 120
Priester
– angelsächsische 18
– Antiklerikale Pornografie 406
– christliche 16, 21
– Bestechlichkeit 309f.
– biblische 15
– Ehe von 18, 21
– Konkubinat 51
– künstliche Regeln 117f., 122–129, 147, 149, 159f., 260f., 274f.
– lüsterne 19–21, 122, 409, 413
– mittelalterliche 18–20
– Väter von Huren 327
– verteidigen sexuelle Freiheit 29, 206
Priestley, Joseph 120, 245, 270
Privatsphäre
– allgemein 11, 98–106, 130, 145, 198, 250, 255, 341, 394, 397f.
– sexuelle 11, 81, 95f., 105, 109, 131f., 139–145, 166, 417, 426, 429–432
– *siehe auch* Berühmtheit, sexuelle; öffentlich und privat, Unterscheidung zwischen
Proclamation Society 79

Prominenz, sexuelle 355–371, 375, 399, 407, 416
Promiskuität
– gleichgeschlechtliche 423
– männliche 146–152, 199, 209, 217, 221, 226, 228, 253, 261
– verabscheute 14, 72, 99, 100, 107, 183, 257, 281, 423
– verziehene 116, 125, 141, 146, 150
– weibliche 116, 150–152, 183, 237, 281, 357
– *siehe auch* Lust, sexuelle; sexuelle Freiheit
Propaganda
– christliche 22
– der Kritiker Charles' II. 63
– der Reformgesellschaften 68–72, 75, 85, 110, 445 Anm. 41
– philanthropische 136f., 292, 296–300, 319f., 328, 331
Prostituierte und Prostitution
– angegriffene 18f., 21f., 63–76, 79, 88f., 93, 132, 141, 145, 147f., 183f., 189, 233, 237, 240f., 253, 264, 279–282, 286, 334f., 423, 430, 432
– Anstieg der 65, 134, 241, 282, 411, 427
– berühmte 355–376, 387–389 400–408, 411f.
– Definition von 203
– Immunität von 47, 88f., 282
– männliche 161
– Mitgefühl und Philanthropie gegenüber 85, 89, 184–189, 191, 196f., 204, 210f., 235, 240f., 279–281, 287–336, 341–344, 422, Tafel 2
– Schilderungen von 332 (Abb. 20), 344–354 (Abb. 21–27, 29), 358 (Abb. 31), 360 (Abb. 35)
– und Arbeit 300–307
– und Homosexualität 157, 162
– und Polygamie 259
– verteidigte und tolerierte 15, 20, 85f., 89, 115, 129, 132–137, 141, 146, 183, 253, 264, 282f., 423
– Vertrauen von 190 (Abb. 6)
– *siehe auch* Kupplerinnen und Unzucht; Bordelle; Kurtisanen; Magdalena, Maria; Buße und Büßer; Verführung; Straßenprostituierte und Straßenstrich; Huren

Protestanten
- biblische Inspiration 22
- niedergemetzelte 57
- Spaltung der 21f., 99f., 104, 124
- und Gott 106
- und Polygamie 260–262, 274
- und Prostitution 21–25, 132, 137, 279, 282
- Ursprünge 21
- verschärfte sexuelle Disziplin 22–25, 51–62
- *siehe auch* Bibel: protestantisches Vertrauen in; Kirche von England; Kirche von Schottland; religiöses Dissidententum und Dissenter; Evangelikale; Presbyterianer; Puritaner; Quäker; Sekten
Protestantische Reformation
- und Maria Magdalena 282
- und Staatskirche 42
- verschärft Disziplinierung 21–25, 49f., 357
- verursacht Spaltung 46, 52–54, 62, 97
- wirft Fragen auf 106, 259f.
Prydden, Sarah 362, *siehe auch* Salisbury, Sally
Pubs *siehe* Tavernen und Bierstuben
Pufendorf, Samuel von 457 Anm. 62
Purbeck, Frances, Lady 53
Puritaner
- an der Macht 57–62, 88
- Angriff auf Kirchengerichte 54f., 57
- Disziplinierungseifer 24, 51–63, 104
- Einfluss in Amerika 55f., 93
- und Theater 357
- verfolgte 53, 57
- verspottete 83f.
- zerstritten 61f.
Purser, John 465 Anm. 134
Puschkin, Alexander 207
Putzmacherinnen 301–303 (Abb. 15)

Quäker
- Belästigung 84 (Abb. 5)
- Verdächtigung 100
- Verfolgung 82 Anm.
Quincey, Thomas de 189

Radcliffe, Mary Ann 304
Ramesey, William 218, 229
Ranter 100

Rasse 180, 239, 270, 330 Anm., 421
Rassenmischung *siehe* Rasse
Ratcliffe, Elizabeth 60
Ratsey, Lancelot 36
Raucher 161
Ray, Martha 387
Reading (Berkshire) 68
Rechtsprechung *siehe* Gerichte, kirchliche; Gerichte, weltliche; Gesetze, geltende, Gesetze, vorgeschlagene; sexuelle Disziplin
Reformation *siehe* Protestantische Reformation; Katholische Gegen-Reformation
Reinwaschung (durch Eid und Leumundszeugen: ›compurgatio‹) 33
Religionsfreiheit und moralischer Freiheit, Äquivalenz von
- Ablehnung 42–46, 99f., 104f.
- Leugnung 97–102, 104, 429f.
- Verteidigung 95, 104, 107, 123f., 276, 467 Anm. 151
- *siehe auch* Christliche Kirche; Priester; religiöse Spaltung und Religionsfreiheit
religiöse Nonkonformität *siehe* Häresie; abweichende Überzeugung und Dissenter; Evangelikale; Puritaner
religiöse Spaltung und Religionsfreiheit
- Ablehnung 42–46, 54f., 99f., 103f.
- Entstehung der 12, 46, 49f., 54f., 62, 96, 99f., 103–106, 116f., 288
- Verteidigung 97–103, 105
- *siehe auch* Diggers; abweichende Überzeugung und Dissenter; Levellers; Presbyterianer; Puritaner; Quäker; Ranter; Sekten
Religious Tract Society 335, 419
Rembrandt van Rijn 31 (Abb. 1)
Reputation und Leumund 33f., 179, 188, 194, 221, 242, 298, 399–401
Restauration (1660–1688) 43, 62, 72, 124, 126, 192–196, 219, 360
Revolution von 1688 11, 64, 103f., 111, 219, 242, 288, 404
Rewse, Bodenham 77
Rewse, Thomasine 77
Reynell, Carew 39
Reynolds, Sir Joshua 272 (Abb. 8), 374 (Abb. 45), 403, Tafeln 12, 16 und 17
Rhode Island 100

Richardson, Samuel
- Charakter von 209
- *Clarissa* (und die Protagonisten) 125, 136, 203, 206–208, 211f., 222, 230, 233, 237, 243f., 252, 294, Tafel 5
- Einflüsse auf 203–205, 224
- Einfluss von 203f., 207, 210
- *Familiar Letters* 203f., 221
- *Pamela* 203–205, 209, 212, 222, 232, 238, 258, 351, Tafel 3
- persifliert 207–209
- *Sir Charles Grandison* 203, 212, 222, 258f., 294
- und Fielding 208–212, 239
- und ›Magdalens‹ (engl. Bezeichnung für geläuterte Prostituierte) 293f., 334
- und männliche Freizügigkeit 211–213, 221f.
- und Polygamie 258, 268f.
Richter (›magistrates‹) 66
- angegriffene 86, 309
- aufgeforderte 98, 101f., 286
- behinderte 91
- Macht 23, 47, 60f.
- Professionalisierung 78f.
- puritanische 58f., 67
- rechtliche Einstellungen 86f.
- von Castle Combe 39f.
- von London 25f., 60, 68f., 72, 74f., 79, 294f.
- von Middlesex 76, 79, 137
- von Plymouth (Neuengland) 56
- von Westminster 10f., 87, 91
- *siehe auch* Gesetz; Gerichte, weltliche; Fielding, Henry (als Friedensrichter)
Rigby, Edward 154f., Tafel 1
Ripley, Dorothy 334
Rix, Thomas 157
Robb, Graham 428
Robinson, Catherine 318
Robinson, Mary 223, 236, 406
Rochester (Kent) 19
Rochester, John Wilmot, 2. Earl of 101 Anm., 126, 279f.
Rochford, Anne 362
Roder, Sohia, alias Godly 317
Roe, Amy 52
Roget, Peter Mark 164
Roman
- Aufstieg 11, 170, 172, 198–200, 355, 395–398

- und Empfindsamkeit 224
- und Verführung 203–213, 223, 230
- von Frauen 196–199
Römer, alte 13, 116, 136,
Rossetti, Dante Gabriel 189
Rousseau, Jean-Jacques 207, 226, 258f., 394f.
Rowe, Elizabeth 203
Rowe, Nicholas 194f.
Rowlandson, Thomas 412 (Abb. 54 und 55), Tafeln 9 und 10
Rowson, Susanna 207
Rubery, Harriet 318
Rudd, Mary 387, 391, 407
Rufford (Lancashire) 52
Ruhm
- Reputation und Ruf 33, 87, 188, 194
- von William Dodd 312
- *siehe auch* Berühmtheit, sexuelle
Russland-Kompanie 308
Ryder, Sir Dudley 262, 378

Sachsen, alte 14
Sade, Marquis de 207
Salisbury (Wiltshire) 33, 115
Salisbury, Sally 362, 368, 371–373 (Abb. 43 und 44), 375, 397
Salomon, King 279
Sandby, Paul 388 (Abb. 49)
Sandilon, Alice 321
Sandwich, 4. Earl of 131, 387
Satan 23, 44f., 83, 85, 139, 182f., 231, 303
Schauspielerinnen *siehe* Frauen: als Schauspieler
Schauspielhäuser und Theater 30, 192f., 198, 282, 312, 401, *siehe auch* Drama
Scheidung
- als Bestrafung 18, 256
- biblische 113f.
- Gesetze zur 93, 457 Anm. 62
- praktizierte 106, 115, 144, 264, 270, 384, 411, 428
- untersagte 106f.
- verteidigte 106, 114, 127f., 147–152, 163, 254, 262
Schottland und Schotten
- sexuelle Freiheit 409
- sexuelle Disziplin 54, 56 Anm., 59, 63, 66–68, 70, 81
- Sieg über Karl I. 57

– *siehe auch* Dundee; Edinburgh; Leith; Vereinigtes Königreich

schriftliche Veröffentlichungen 302, 313, 315f., 321, 328, 339, 348

Schwangerschaft, eheliche
– verhindert Sex 53, 107
– verhindert uneheliche Geburten 40
– von Ehebrecherinnen 59f.

Schwangerschaft, illegale
– Bestrafung 24, 55
– erzwungene 173–176
– Häufigkeit 51, 428
– Risiken 39–41, 169, 408
– und gleichgeschlechtliche Beziehungen 157, 162
– *siehe auch* Abtreibung; uneheliche Kinder und uneheliche Geburten; Verhütung; Kindsmord; Mütter, unverheiratete

Schweden 68

Schweiz 68, 258

Seeleute 86, 134

Sekten 44, 62, 99, 108 Anm., 274, *siehe auch* abweichende Überzeugung und Dissenter; Puritaner; Quäker

Selbstdisziplin
– allgemein 37, 51, 147, 178–180
– weibliche 168, 230, 237

Selbstmord 130, 188, 201, 382

Selden, John 117, 124, 457 Anm. 62

Sex, außerehelicher *siehe* Ehebrecher und Ehebruch; sexuelle Disziplin; sexuelle Freiheit

Sex, vorehelicher *siehe* Unzucht und Unzuchtsünder; sexuelle Disziplin; sexuelle Freiheit

sexuelle Disziplin
   I. JUSTIZIELL: IDEOLOGIE UND PRAXIS
– Allgegenwart 9f., 30–37, 51, 62f., 140f.
– Grundlagen, Grenzen und Vorurteile 13f., 30–32, 35f., 38–42, 59–62, 80–85, 103f., 109–111, 113, 254, 421–427
– in Amerika 55f., 93, 256
– in anderen Ländern 23, 432
– in Schottland 54, 56 Anm., 59, 63, 66f., 70, 81
– Kritik 21, 25, 80–88, 101f., 107, 110f., 132–140, 152–164, 185f.
– nach 1688 66–79, 89–94, 153, 253, 417–425

– Schwächung 47–49, 61f., 66f., 72f., 86–92, 108–111, 139–141, 408, 427–433
– Verschärfung 18, 20–25, 32f., 49–62, 70f., 417–421, 424
– von 1500 bis 1688 21–26, 32–46, 49–63, 89, 106f.
– vor 1500 13–21
– Ziele und Grundlagen 13–18, 23f., 37–46, 92–94, 109f., 286, 417–421
   II. JUSTIZIELL: STRAFEN 23f., 55, 58, 61, 65, 255, 441 Anm. 13, 443 Anm. 32
– Amtsenthebung 18
– Auspeitschung *siehe* Prügelstrafe
– Bußgeld 10, 19, 52, 55, 59, 65
– durch Fluss oder Meer gezogen 25, 49, 61
– Fasten 18
– Hinrichtung (lebendig verbrannt, gesteinigt, gehängt, enthauptet) 13f., 22f., 37, 54–56, 58, 60, 63, 65f., 107, 114, 119, 154 Anm., 259, 432, 443 Anm. 32
– lebenslängliche Haft 23, 259
– monetäre Entschädigung an männliche Verwandte 14, 254
– öffentliche Demütigung (u. a. Fahrten mit dem Schandkarren, Pranger etc.) 9, 19, 24f., 34, 53, 55, 60, 65, 70, 173, 441 Anm. 13
– Pilgerreise 19
– Prügelstrafe 9, 18f., 24, 34, 55, 58, 67, 72, 432, 441 Anm. 13
– Schandstuhl 19
– Scheidung 18, 256 Anm.
– Verbannung 9, 19, 24f., 34
– Verstümmelung (u. a. Brandmarkung) 14, 19
– Zuchthaus (und Zwangsarbeit) 23, 25, 33, 52, 55, 58, 65, 70, 255, 432
   III. NICHT-JUSTIZIELL
– Bestrafung, Ermahnung, Auflagen 32–46, 70, 93, 110, 417–427, 431f.
– Erziehung 93, 228–241
– und Bevölkerung 262–269
– und Polygamie 257–262
– weiblicher Einfluss 217–228
– *siehe auch* Ehebrecher und Ehebruch; uneheliche Kinder und uneheliche Geburten; Grausamkeit; Unzucht und Unzuchtsünder; Inzest, Gesetze, geltende; Gesetze, vorgeschlagene; Heirat: er-

zwungene; Verbesserung der Sitten, Kampagnen und Gesellschaften zur; Prostituierte und Prostitution; sexuelle Freiheit; Homosexualität
Sexualität
– Geschichte der 9–12
– in der Ehe 15–18, 27f., 53, 229, 420f., *siehe auch* Heirat und Ehe
– in historischen Schriften 11f., 32, 170–172, 415f., 420, 425f.
– ohne Befriedigung 28, 191, 420, *siehe auch* Vergewaltigung
– positiv 26–29, 121–131, 149, 266, 408–414, *siehe auch* Lust, sexuelle
– sexuelles Vergnügen
– und Eheschließung 18f., 124, 261, 271f.
– unrein 15f., 40, 42–44, 56, 58, 72, 98, 139f., 237, 320
– *siehe auch* Ehebruch und Ehebrecher; uneheliche Kinder und uneheliche Geburten; Brutalität; Unzucht und Unzuchtsünder; Inzest; Prostituierte und Prostitution; sexuelle Disziplin; sexuelle Freiheit; gleichgeschlechtliche Handlungen; Homosexualität
sexuell übertragene Krankheiten *siehe* Syphilis; Geschlechtskrankheit
sexuelle Freiheit
  I. vor 1660
– ausgeübt 19f., 28–30
– eingeschränkt 19, 26–30, 106, 112f.
– verabscheut 36f., 64, 95, 99f.
  II. ab 1660
– Angriff auf 95–102, 120–132, 140f., 154, 179–181, 241, 253–256, 276f., 302, 432
– Anwachsen 97, 103, 113, 120, 138–141, 165f., 244f., 261f., 408, 416f., 423, 428–432
– Grenzen 11f., 140–146, 152f., 164, 408, 417–432
– offen zum Ausdruck gebracht 95f., 104f., 107f., 212f., 408–414, *siehe auch* folgende Untereinträge
– und Bevölkerung 265–276
– und die heilige Schrift 113–115, 118
– und Frauen 142–153, 224–241, 253, 427f.
– und gleichgeschlechtliche Handlungen 152–164, 428–432
– und Heirat 241–247, 252
– und Medienrevolution 339–414
– und Natur 118–132, 271
– und Polygamie 257–276
– und Prostitution 132–134, 262, 281
– und Sitte 115f.
– und städtisches Leben 408f., 416
– und Verhütung 420
– und Vernunft 116–118
– *siehe auch* Freie Liebe; Libertins und Libertinismus; Lust, sexuelle; Polygamie; Promiskuität
sexuelle Revolution *siehe* sexuelle Freiheit
Shaftesbury, 1. Earl of 262
Shaftesbury, 3. Earl of 121, 220f.
Shakespeare, William 27, 54, 176
Sharp, Ann, alias Bell 389f.
Sharp, Granville 270–272, Abb. 9
Sharples, Eliza 149
Shelley, Mary Wollstonecraft Godwin 150
Shelley, Percy Bysshe 95, 150f., 208 Anm., 274
Sheppard, Jack 400
Shepton Mallet (Somerset) 68
Sheridan, Richard Brinsley 391
Shore, Jane 194
Shower, John 97f.
Shrewsbury (Shropshire) 68
Shropshire 52
Sixtus V. 53
Sklaverei
– in der Ehe 147, 242f.
– von Frauen 186, 194, 199, *siehe auch* Frauenhandel (›white slavery‹)
– von Prostituierten 334f.
– von Afrikanern 334f., 419
Sligo (Irland) 321
Smith, Adam 120f., 137, 142, 189 Anm., 300
Smith, Hanna 189
Smith, Joseph, Jr. 275
Smith, Sidney 85
Smollett, Tobias 143f., 155, 309
Society for Promoting Christian Knowledge 287, 308, 392
Society for the Encouragement of Arts, Manufactures and Commerce 302
Society for the Propagation of the Gospel 287, 392
Society for the Suppression of Vice (Vice Society) 79, 81, 85, 92, 419
Sodom 42, 101 Anm., 155, 160, 179

Sokrates 116
Soldaten 76, 86, 134
Somerset, Alt-Herzogin von 293
Sonntagsruhe-Verstoß 67, 76
Sonntagsschulbewegung 419
Southampton (Hampshire) 24
Southwark 25, 29
soziale Unordnung 24, 38f., 68, 104, 281, 331
sozialer Status
– und Moral 219–231, 237–241, 324–333, 416
– und sexuelle Disziplin 13f., 30, 34, 38, 80f., 85, 421–424
– *siehe auch* Aristokraten; männliche Elite; niedere Stände bzw. Klassen
Sozialisten 148, 429
Spanien 192
Spectator 184f., 242, 378, 383
Spinoza, Baruch 124
Spitzelsystem 64, 77, 79–87
St. Botolph Aldgate (London) 41
St. Botolph Bishopsgate (London) 41
St. Clair, William 351
St. James's Park (London) 387
St. Martin in the Fields (London) 68
St. Martin's Ludgate (London) 79
St. Mary Whitechapel (London) 41
St. Petersburg 409
St. Thomas' Hospital 309
Städte und Großstädte
– Aufkommen 13, 18, 47–49, 247
– Dissidententum 62
– Laster 68
– Syphilis 24
– *siehe auch* London; sexuelle Disziplin; sexuelle Freiheit; städtisches Leben
Städte *siehe* Städte und Großstädte; städtisches Leben; London; Westminster
städtisches Leben
– Anwachsen 13, 47–49, 225, 417
– und gleichgeschlechtliche Kultur 153, 421–423, 429
– und heterosexuelle Freiheit 428f., *siehe auch* sexuelle Freiheit
– *siehe auch* London; Bevölkerung; sexuelle Disziplin; Städte und Großstädte
Staffordshire 68
Stand *siehe* Aristokraten; männliche Elite; niedere Stände bzw. Klassen

Stanhope, Ann 318
State Trials 67
Steele, Richard 110, 185, 219, 224
Steinigung 15, 23, 432
Stephen, James Fitzjames 145
Stephens, Edward 381, 443 Anm. 29 und 32
Stockton (Worcestershire) 39
Stoffels, Hendrickje 31
Stoiker 15
Stone, Lawrence 10f.
Strand (London) 89
Straßenprostituierte und Straßenstrich 30
– angegriffene 69f., 76, 79, 88f.
– nicht geahndet 88f.
– Rechtshilfe 91f.
– verteidigte 86f.
– verwarnte 69
– *siehe auch* Prostituierte und Prostitution; Huren
Struttwell, Lord *siehe* Smollett, Tobias
Stuart, Peggy 268
Stubbes, Philip 23
Sünde und Frevel
– Erb- 8, 105, 116, 145, 152f., 188, 194
– gestandene 45
– sexuelle 8, 52, 91, 116, 142, 193
– Sühne 247–249, 266–268, 270
– vergebbare 93, 196
Suter, Sarah 274
Sutton, William 389
Swedenborg, Emanuel 267, 274, 456 Anm. 52
Swift, Jonathan 69, 83, 181, 220
Syphilis 24f., 70, 77, 244, *siehe auch* Geschlechtskrankheit

Taliban 10
Tamworth (Staffordshire) 68
Tankerville, Lady 224 Anm.
Tate, Nahum 193
Tatler (literarische Wochenzeitschrift) 110, 242, 383
Taunton (Somerset) 58
Tavernen und Bierstuben
– anderweitig genutzt 27, 36, 101
– genutzt zu illegalem Sex 29f., 61, 65, 157, 174
– in Darstellungen 354 (Abb. 29), 358 (Abb. 32 und 33), 360 (Abb. 34 und 35)
Taylor, Barbara 143 Anm.

Taylor, Daniel 41
Taylor, Edward 153
Taylor, Elizabeth 41
Taylor, Harriet 150
Taylor, John 200, 400
Taylor, Sarah 41
Taylor, William 41
Temple Bar (London) 9
Temple, Sir William 251
Tenison, Thomas 68
Tennessee 151
Terling (Essex) 39
Teufel *siehe* Satan
Thaïs 357, Tafel 12
Theater *siehe* Schauspielhäuser und
    Theater
Thomas, Sir Keith 10f.
Thompson, Mary 318
Thompson, William 150
Thornton, Dorothy 52
Thynne, Maria 27f.
Thynne, Thomas 27f.
Times 304
Tindal, Matthew 128
Töchter
– angelsächsische 14
– biblisch 15
– gebildet 424
– Prostituierte 141 Anm., 187, 297f., 232,
    326
– Schutz vor Prostitution 135
– väterliche Autorität 251f.
– väterlicher Rat 203, 215
– väterliches Eigentum 143, 244
– von Kurtisanen 407, 421
– zugrunde gerichtet 203, 232f., 326f.
– *siehe auch* Kinder; Familie und Fami-
    lien; Väter; Mütter; Eltern
Toleration Act 97
Tories 104, 288, 397
*Tower Hamlets-Gesellschaft zur Reform
    der Sitten* 69–72, 74–77, *siehe auch* Ver-
    besserung der Sitten, Kampagnen und
    Gesellschaften zur
Towne, Robert 107
Townshend, Horatio 155 Anm.
Townshend, Viscountess 158
Trelawny, Edward 274
Trials for Adultery 411 (Abb. 51)
Trunksucht 187, 302 (Abb. 15), 356 (Abb. 31)

– Ahndung 25, 76, 90, 101
– bei Armen 326
– und sexuelle Sünde 38
Trusler, John 346, 350 (Abb. 23)
Tschaikowski, Pjotr Iljitsch 428
Tucker, Josiah 265, 325
Türken 23, 257, 264

Unehelichkeit *siehe* uneheliche Kinder
    und uneheliche Herkunft
uneheliche Kinder und uneheliche Her-
    kunft
– Befürchtungen 23f. Anm., 38–40, 102f.,
    142–145, 180
– Bestrafung 9, 23, 30f., 35f., 39–42, 51f.,
    55, 59f., 146, 175
– Beurteilung, abgeschwächte und relati-
    vierte 124, 128, 150f., 256 Anm.
– Gesetze 22, 60, 93
– Häufigkeit 51, 143 Anm., 245, 266
– *siehe auch* Kinder; Konkubinat und
    Konkubinen; Mütter, unverheiratete;
    Schwangerschaft, illegale
– und erzwungene Heirat 255
– und Findelhaus 265, 292
– und gleichgeschlechtliche Handlungen
    157f., 162
– des Hl. Augustinus 16
United Nations (UN) 279
United States of America (U.S.A.),
    siehe Amerika und amerikanische
    Kolonien
Unkeuschheit *siehe* Keuschheit;
    Lust, sexuelle; sexuelle Freiheit
Unzucht und Unzuchtsünder
– Anzeige 99, 114, 141, 264
– außergerichtliche Disziplinierung 35f.,
    93, 318
– Bestrafung 9, 15, 18f., 22–25, 39, 51, 58–
    60, 62–67, 93, 106
– Risiken 41
– Toleranz gegenüber 6, 10f., 18f., 49, 54,
    77f., 95f., 107, 118, 122, 175–178, 223
– vorehelich 29f., 245f.
– *siehe auch* uneheliche Kinder und un-
    eheliche Herkunft; sexuelle Disziplin
Urheberrecht 254, 351, *siehe auch Engra-
    vers' Copyright Act*
Utah 276
Utley, Jane 319

Vagrancy Act 89
Vanbrugh, John 125
Vane, Anne 348, 367 (Abb. 40)
Vane, Frances, Lady 143
Väter
– angelsächsische 13
– Philanthropen 298
– Polygamie 264
– Rat 203
– und Ehe 251f.
– *siehe auch* Töchter; Familie und Angehörige; Eltern
Vaughan, Sir John 124
Veil, Sir Thomas de 137
Venus 357
Verbesserung der Sitten, Kampagnen und Gesellschaften zur
– im Konflikt 80–88, 90–92, 110f., 134
– in den 1650ern 58, 104
– nach 1730er 79, 81, 83, 86f., 89–93, 111, 419
– von 1688 bis 1730 64, 68–78, 80–94, 104, 110, 181, 217–219, 287, 302f., 345 (Abb. 21), 350 (Abb. 22)
– *siehe auch Guardian Society for the Preservation of Public Morals; Proclamation Society;* Protestantische Reformation; sexuelle Disziplin; *Society for the Suppression of Vice*
Verbrechen und Kriminelle 32
– bestraft mittels Besserungsanstalten 24f.
– durch Unmoral 24, 38
– veränderte Definitionen 87f., 100f., 129f.
Verbrecher und Straftaten 77, 79
Verdammnis *siehe* Hölle und Verdammnis
Vereinigtes Königreich 431, *siehe auch* England; Schottland
Verelendung *siehe* Armut
Verführung
– Bestrafung 241–256
– Definition 176f., 237
– Häufigkeit 172, 201, 203f., 213, 241, 254
– in der Diskussion 145, 181–189, 191–202, 233, 243, 267f., 389f.
– in der Literatur 203–213, 219–230
– nicht strafbar 145f.
– und Homosexualität 157, 162
– und politische Arithmetik 265

– und Polygamie 260, 267–270
– und Prostitution 20, 134, 183–185, 187f., 237, 253, 259, 267f., 282, 313, 319f.
– unter Heiratsversprechen 41, 172, 176, 241, 245, 255f., 259, *siehe auch* Unzucht und Unzuchtsünder
– *siehe auch* Polygamie; Prostituierte und Prostitution: Mitgefühl und Philanthropie; Vergewaltigung
Vergewaltigung
– Häufigkeit 172–177, 203f., 360, 384
– im Drama 192f.
– in bildlichen Darstellungen Tafeln 3 und 5
– in der Ehe 173, 421
– in Romanen 203–207, 210f., Tafeln 3 und 5
– in Sodom 160
– und Heirat 256
– und Prostitution 20, 133f., 237
– Verharmlosung 176f., 237
– Verurteilung 172, 268
Verhütung 40
– Befürwortung 150–152, 163
– illegale 40
– massenhafte Verbreitung 253, 263, 420, 428
Vernon, James 88
Vernunft, menschliche
– hilfreiche 37, 95, 115–131, 155, 166, 225, 235, 266, 279, 384
– schwache 17, 45
– *siehe auch* Menschengeschlecht und menschliche Natur
Vertue, George 342
Verwarnung *siehe* Kaution
Vice Society siehe Society for the Suppression of Vice
Vickery, Alice 152
Viktoria, Königin 420
Viktorianisches Zeitalter und Viktorianer
– Philanthropie 335f.
– Privatheit 145
– sexuelle Enthaltsamkeit 141, 416f., 420–427
– sexuelle Freiheit 277f., 421, 423f., 426f.
– Stand und Moral 239f., 277f., 325f.
Völkerbund 336
Voltaire 387
Vorsehung *siehe* Gott, jüdisch-christlicher

Wachmänner und Nachtwache
- Amateur- 32, 74f. (Abb. 4), 78, 438
  Anm. 36
- Professionalisierung 77–79, *siehe auch*
  Konstabler; Pfarrbezirk: Amtsträger
Wadham College, Oxford 156
Wakefield, Priscilla 304
Wales, Frederick Lewis, Prinz von 348,
  365f., 367 Abb. 40
Wales, George Augustus Frederick, Prinz
  von (später Georg IV.) 406, 409, 411
Wallace, Robert 121
Walpole, Horace 121f., 293, 297, 312, 315,
  343f., 419
Walpole, Sir Robert 348
Waltham Holy Cross 173
Walwyn, William 100, 118
Ward, Edward 83, 85, *siehe auch London
  Spy*
Ward, Elinor 318
Ward, Susan 59
Warren, Emily Tafel 11
Warrington (Lancashire) 68
Waterford, Bischof von 318
Watson, Robert 10
Watt, Ian 170
Waugh, Evelyn 335
Webbe, Thomas 108
Welch, Saunders 89f., 133, 294, 308, 327
Weldon, Elizabeth 91
Wesley Familie 312
Wesley, John 126 Anm., 259, 274, 334
Wesley, Samuel 271f.
West End (London) 50 (Abb. 2), 68f., 209
Westgoten 136
Westindische Inseln 61, 281, 334, *siehe
  auch* Barbados
Westminster 9, 87, 91, *siehe auch* London
Wexford 322
Wheeler, Anna 150
Wheeler, Margaret 40
Whigs 68, 104, 257, 288, 397
Whitehead, George 82 Anm.
Whitgift, John 112
Whitland, Elizabeth 39
Wigan (Lancashire) 68
Wilberforce, William 79, 138, 312, 419
Wild, Jonathan 400
Wilde, Oscar 424
Wilhelm III. 64, 68

Wilhelm IV. *siehe* Clarence, Duke of
Wilkes, John 140, 293, 409
Williams, Roger 100
Williams, Sir Charles Hanbury 155 Anm.,
  158
Wilmot, John, 2. Earl of Rochester 101
  Anm., 126, 179
Wilson, Harriette 407, Tafel 20
Winnington, Thomas 158
Winstanley, Gerrard 95
Wirtschaftstheorien 38, 121, 136–138, 300–
  307, *siehe auch* politische Arithmetik;
  Bevölkerung
Wisebourne, Elizabeth 362
Witwen und Witwer
- Abgabe 265
- angelsächsische 14
- biblische 16
- mittelalterliche 17
- Sexualität von 172, 209, 246
Witze 21, 199, 293
Wohltätigkeit und Wohlfahrtsorganisa-
  tionen
- Anstieg der 264f., 282, 291f., 296
- Bestrafung 43, 286
- kritisierte 307
- moralische Unterstützung 109
- Schulen 288, 313
- *siehe auch* Philanthropen und Philanthropie; Prostituierte und Prostitution:
  Mitgefühl und Philanthropie
- Tudor und Stuart 313
*Wolfenden Report (Report of the Com-
  mitee on Homosexual Offences and Prostitution)* 95
Wollaston, William 120
Wollstonecraft, Mary
- *Maria: or, the Wrongs of Woman* 305,
  419
- über Ehe 419
- über Höflichkeit und Empfindsamkeit
  218, 227
- über Lust 167, 227
- über Philanthropie 334
- über Polygamie 270
- über Prostitution 304f.
- über Verführung 255
- und Freie Liebe 148–150
- *A Vindication of the Rights of Woman*
  235, 419

Wood, Peter 89
Wren, Christopher 218
Wright, Frances 151
Wroth, Lady Mary 397
Wycherley, William 167

Yarmouth, Comtesse von 122, 366
Yonger, William 53
York 51, 68, 376
York, James, Duke of *siehe* Jakob II.
York, Prinz Frederick, Duke of 406, 409
Yorkshire 107
Young, Arthur 300
Young, Brigham 275

Zeitschriften *siehe* Presse: Zeitschriften
Zeitungen *siehe* Presse: Zeitschriften
Zensur
– Fehlen 62, 390, 430
– Praxis 376, 423

Zivilisation
– abendländische 11, 169
– antike 13, 116
– christliche 10
– moderne 160, 258, 275
– überseeische 125
– und Behandlung von Frauen 215–217,
  220, 227 Anm.
– und Selbstbeherrschung 37
– und sexuelle Begierde 131
Zölibat, *siehe auch* Enthaltsamkeit;
  Keuschheit; Jungfrauen und Jungfräulichkeit
– Ablehnung 21f., 264
– Auswirkungen 210, 264
– Empfehlung 16–18
Zünfte 25
Zuhälter *siehe* Kupplerinnen und Unzucht
Zwingli, Huldrych 22
Zypern 357